房地产与中国经济

（新版）

盛松成　宋红卫　汪恒　王伟◎著

中信出版集团 | 北京

图书在版编目（CIP）数据

房地产与中国经济：新版 / 盛松成等著 . -- 2 版
. -- 北京：中信出版社，2021.1（2024.1重印）
ISBN 978-7-5217-2672-5

Ⅰ . ①房…　Ⅱ . ①盛…　Ⅲ . ①房地产业—关系—中国
经济—研究　Ⅳ . ① F299.233 ② F12

中国版本图书馆 CIP 数据核字（2020）第 271276 号

房地产与中国经济（新版）

著　　者：盛松成　宋红卫　汪恒　王伟
出版发行：中信出版集团股份有限公司
（北京市朝阳区东三环北路27号嘉铭中心　邮编　100020）
承 印 者：北京通州皇家印刷厂

开　　本：787mm × 1092mm　1/16　　印　　张：39　　字　　数：513 千字
版　　次：2021 年 1 月第 2 版　　印　　次：2024 年 1 月第 5 次印刷
书　　号：ISBN 978-7-5217-2672-5
定　　价：98.00 元

TOSPUR同策®

本书由同策集团学术委员会指导创作

目　录

第二篇　住房价格的影响因素研究

第三篇　房地产业与经济协调发展的模式与路径

目　录

序一

2016 年中央经济工作会议提出，要坚持“房子是用来住的、不是用来炒的”定位，综合运用金融、土地、财税、投资、立法等手段，加快研究建立符合国情、适应市场规律的基础性制度和长效机制，既抑制房地产泡沫，又防止出现大起大落。

这一新的房地产业定位一经提出就引起了全社会高度关注和广泛讨论。回顾 2013 年以来，以习近平同志为核心的党中央对我国房地产业做了系统性的科学论断，从“房住不炒”到“住有所居”，再到“不将房地产作为短期刺激经济的手段”，不仅明确了房地产业的地位及作用，也指明了未来房地产业发展的方向。

盛松成教授等人撰写的《房地产与中国经济》一书，正是在党中央提出这一具有全局视野和战略高度的改革思想后完成的。该书立意较高，也做了大量创新研究。从与经济协调发展的角度确立房地产业的合理地位，以经济发展过程中“挤泡沫”而非“刺破泡沫”的方式解决高房价问题，以“四位一体”的供给模式实现“住有所居”，并对长效机制的构建提出了多角度值得借鉴的建议，这些都与党中央的精神保持高度一致。

此外，本书还有一个比较突出的特点就是用数据说话，在每个重要问题上都有详细的数据论证，使结论更为可信。比如，我一直强调中国房地产业存在一二线和三四线市场分化的问题，盛教授等人的这本书里也有专门的论证，并且还从人口流动和产业发展角度探讨了不同城市间长期的潜在风险。我经常提到城镇化已经过了拐点，我们前几年用的方法跟后几年用的方法应该有所不同，现在如果再用房地产提振经济，那就是饮鸩止渴，由此带来的副作用非常大。盛教授等人在这本书里用房地产投资“倒U形”理论、土地财政等分析也得出了相同的结论。

这是一部研究房地产与经济协调发展的专业著作。盛教授等人在本书中的主要观点我是赞同的，也给读者带来了新的视角。房地产与经济协调发展方面的理论还是比较少的。我对盛教授等人做出的研究成果表示祝贺，也希望本书能服务于我国经济转型及房地产业的调整，为我国房地产业的健康发展及经济的稳定发展做出贡献。

仇保兴

2019年11月

序二

这是一本研究当代中国房地产业问题的著作。

我对盛松成教授等人出版的《房地产与中国经济》这一重要著作表示祝贺。本书立意较高，着眼于房地产业与我国经济协调发展，不仅体现了作者“经世济民”的情怀与学术关切，更反映了他们多年来对我国房地产业发展的深刻洞察及发展经验的分析总结。

本人亲历与推动了中国房地产业体制的早期改革，也见证了我国房地产业的蓬勃发展。我国房地产业快速发展不仅极大地改善了居民的居住质量和水平，对促进经济发展也有重要的作用。根据国家统计局公布的数据，2018 年底我国城镇居民人均建筑面积达到 39 平方米，比住房改革之前的人均 17 平方米提高了一倍多。1998 年启动住房改革时，中国经济总量排名世界第 7 位，房地产投资 3 580 亿元；2010 年中国经济总量超过日本升至世界第 2 位，房地产投资 15 万亿元。住房改革后 20 年的房地产投资增长 40 倍，拉动中国经济总量增长 10 倍。住房改革促使房地产业迅速成为国民经济主导产业，有力推动了国民经济的发展，助力我国经济 20 多年的大繁荣。2017 年党的十九大报告中确立“房住不炒”的定位，提出了构建我国房地产市场长效调控机制。我国房地产市场改革再次站在了十字路口，未来房地产业应该怎么改，怎样才能继续发挥房地产业的合理作用，如何解决好高房价、经济发展和居民购买力三者之间的关系，这些问题不仅是决策者关注的焦点，也是学者的研究热点。

盛松成教授等人的这本著作对上述问题都展开了较为详细的研究和

论述，很多结论和观点我也比较赞同，这与我对于房地产市场改革的理念基本是一致的。我主张房地产业要市场化，要警惕房地产调控出现“逆市场化”倾向，即从供给侧阻碍市场化，强制要求提高房屋“自持率”；从需求侧阻碍市场化，顽固“限购”阻碍居民购房。我认同盛教授等人在书中提出供需结合的调控理念，加大供给侧的改革力度，著作中构建的“四位一体”的住房供给蓝图与我提倡的市场化和政府保障的“双轨制”理念基本一致。我始终坚持认为应发挥房地产业合理的产业作用。本书量化测算了2030年前我国住房市场仍有较大的发展空间，这不仅关系到满足2亿多农民进城的住房需求，而且在未来经济发展中也起着不可替代的重要作用。

书中创新点也比较多，除了对住宅的“二重属性”进行量化研究，还对未来住房需求结构、相对房价水平、土地财政对经济的贡献、房地产业对经济的贡献及未来十年的发展空间都有详细的测算、研究和分析。此外，本书还提出一些创新性的理念，作者把在央行工作中关于汇率方面预期管理的成功经验引入房地产市场，提出了房地产调控的预期管理及策略。针对高房价问题，提出了“挤泡沫”的理念等。

盛松成教授在金融领域的著作颇丰，《房地产与中国经济》无疑是盛教授在房地产领域的尝试，这本著作紧扣时代脉搏，围绕当前房地产业的热点问题，勇于创新、理论联系实际。希望盛教授在房地产领域不断完善创新理论，在中国特色的社会主义新时代，做出更加出色的研究成果。

孟晓苏

2019年11月

再版前言

本书第一版于2020年初出版，是我国研究房地产业与经济增长相互关联的主要著作之一，较为全面和深入地对房地产领域进行研究，引发了专家和读者的关注和反响。第一版目前已基本售罄。这样一本偏向学术研究风格的作品能受到市场的欢迎，我们既感到高兴，对大家的认可表示感谢，又感到责任重大，希望结合最新情况，完善本书。

近年来，房地产市场发生了较大变化。突如其来的新冠疫情对房地产业造成巨大冲击，市场出现了新的特征。我国现行的土地制度也将发生重要变化，土地审批的部分权力已经下放到省级政府。《中共中央国务院关于新时代加快完善社会主义市场经济体制的意见》提出，要构建更加完善的要素市场化配置体制机制，包括对土地制度进行改革。

根据房地产市场的新变化及政策调整，我们对本书做部分修订和补充，将统计数据更新至2019年末（部分数据更新至2020年上半年），并对相关模型进行了修正，还新增了以下内容。

1. 第一章第五节“房地产企业的发展情况”。房地产企业是房地产市场的重要主体。第一版对房地产企业的分析相对较少。这一版予以补充，从企业的维度透视我国房地产市场的变化趋势和新特征。我们发现，目前我国房地产企业有几个主要特点：（1）杠杆率不断提高，高周转趋势明显；（2）行业利润较高；（3）行业集中度上升；（4）房企分化，中小房企生存压力增加。

2. 第十章“疫情影响下我国房地产业的发展”。新冠疫情对房地产业产生了巨大冲击，这就需要我们研究房地产业出现的新情况、新问题。该章研究了2003年“非典”疫情时我国房地产业所处的发展阶段、房地产政策及其对经济增长的影响等。该章还概括了2020年新冠疫情与2003年“非典”时期房地产业六个方面的不同特征。从房地产开发投资、房地产销售、房企资金链、人口净流出区域的房地产市场、整体经济状况和就业情况六个方面分析了本次疫情对房地产市场和经济的影响。总体上看，疫情造成了很大的冲击，尤其在2020年第1季度。但从2020年第2季度开始，房地产业就逐步恢复正常。对如何减缓疫情造成的冲击，我们提出了十条建议。

3. 第十五章（第一版第十四章）第二节“中国土地制度的未来发展与改革方向”。第一版较为详细地分析了我国土地制度和土地市场，但是缺乏对未来土地制度改革方向的系统阐述。在第一版研究的基础上，结合当前我国经济体制改革的目标，第二版对我国土地制度改革提出了一些建议。兼顾效率与公平，并结合房地产调控长效机制的建设，以实现“稳地价、稳房价、稳预期”为目标，我们提出了九条具体建议。

4. 第十五章（第一版第十四章）第三节“住房公积金改革建议”。疫情期间，由于企业遭受冲击引发了社会上关于减轻企业负担的讨论，而公积金则被视为企业的一大负担。为此，我们梳理了公积金制度将近30年的发展历程，并结合当前我国经济体制改革的目标，提出了公积金制度改革的四点建议：（1）扩大住房公积金的覆盖范围，提高公积金人群的缴纳基数；（2）加强全国公积金机构的统筹协调，提高公积金利用效率；（3）将缴存额度、费用率与经济发展挂钩，降低企业负担；（4）向低收入群体倾斜，凸显公积金的保障功能。

新增章节和第一版的修订、补充分别由同策研究院的宋红卫、汪恒和中国人民银行上海总部的王伟根据我的思路，完成初稿，并由我修改定稿。本书责任编辑马媛媛和王嘉晨为本书的出版和发行付出了很多努力，读者罗斌提出了宝贵的修改建议，在此一并诚致谢忱。感谢专家、学者对本书提出的意见、建议，也恳请读者不吝批评指正。

盛松成

2020年12月

前言

自 1998 年“房改”以来，我国房地产业进入市场化发展阶段。2003 年，《国务院关于促进房地产市场持续健康发展的通知》（国发〔2003〕18 号）把房地产业列为“支柱产业”，拉开了中国房地产市场火热发展的序幕。房地产规模迅速增加，房价频频创出新高，房价及房价预期始终处于上行通道，甚至在上行通道内的回调都难以出现，单边上涨趋势十分明显，持续 20 年未经历一个完整周期的现象世所罕见。

梳理我国十几年来的房地产调控政策，我们发现了一个明显的规律，那就是经济下行时放松调控以拉动经济，房价上涨过快时则收紧调控，平抑上涨势头，政策始终在两者间反复和摇摆。2016 年以来，我国房地产市场经历了“史上最严厉的调控”，确定了“房住不炒”的基调及房价“稳定”的指导方针，并提出了构建我国房地产市场长效调控机制。但到目前为止，不管是官方还是社会学术研究机构都没有对长效调控机制明确给出较为详细的条例框架及相关内容，甚至连粗线条的机制实现目标和相关说明都没有。这在一定程度上表明目前对于房地产业的研究仍然是薄弱和欠缺的。在面对所谓“高房价”问题的时候，调控政策从限购、限贷等政策发展到限价、限售，逐渐升级，调控方式仍然是摸着石头过河，走一步看一步，虽然短期能够起到稳定房价的作用，但也仅是权宜之计。从长期看，如果既要保持房地产业健康发展，又要实现与经济协调发展的目标，必须研究房地产业在经济中的作用，及其对民生和社会的影响，以此给房地产业合理定位，从而对未来房地产业健康持续发展和构建房地产业长效调控机制提出政策建议。这也是我们写作此书的初衷，并希望能抛砖引玉，有更多的专家学者参与对此的系统性探讨。

本书主要分为四篇。第一篇研究了我国房地产业与经济发展的关系，主要研究我国房地产业发展的历程和不同的发展阶段，重点提出了我国住宅市场已经从“数量型”步入“质量型”发展阶段。房地产业对经济增长的贡献符合“倒 U 形”规律，房地产相关指标已处于下行阶段，但是目前仍然在经济增长中发挥着较为重要的作用。从房地产业与其他产业之间的关系看，我国房地产业的产业关联属性在不断增强，金融属性尤为突出。第二篇研究房价的影响因素。从房地产市场自身供给、需求及库存等因素，可以看出房价受供给侧的影响较为明显，这为房地产业供给侧调控思路提供了基础。从外部宏观经济因素对房价的影响可以看出通货膨胀、利率等因素对房价也具有长期影响。但是，值得我们关注的是房地产“逆周期”调控的策略往往导致房价与经济之间的趋势背离，这一定程度上会集聚房地产业的风险，不能再依靠房地产业刺激经济发展。土地市场的双重供给机制使从土地供给到形成住宅预售大约需要一年左右的时间。土地供给不足会导致房价上涨，并且房价是影响地价的主要因素。本篇还对“土地财政”问题进行专门的研究，结论是土地财政不仅有碍于房价稳定，且自身也不可持续。第三篇研究房地产业与经济协调发展的模式和路径，尤其是研究房地产业对经济增长的合理驱动模式。通过借鉴国外发达国家房地产业发展规律，同时针对我国实际情况，我们研究了能够与经济协调发展的合理房价问题，提出了解决我国高房价的思路。本篇还预测了未来十年我国住房需求的规模和结构。读者不仅可以了解到未来十年我国房地产业仍有较大的发展空间、确立行业发展自信以及房地产业调控的重要性，还能够进一步了解未来需求结构的变化，这对房地产业及相关行业具有较大的参考意义。第四篇研究我国房地产市场长效调控机制，主要研究我国房地产市场制度改革的方向。这部分在分析发达国家房地产制度的利弊后，结合我国实际情况，提出我国未来制度改革的方向，并对房地产市场预期管理做了较为系统的研究，并提出要重视房地产市场预期管理的理念。全书最终提出了构建房地产业长效调控机制的设想和建议。

本书总结了以下一些创新观点。

（1）本书提倡房地产市场健康发展要侧重“供给侧”，要贯彻供给和需求相结合的调控思路，作者也是最早在国内提出这一思路的人之一。①

（2）本书强调要加强房地产市场的预期管理，作者在此把预期管理理念在汇率调控上的成功经验引入房地产市场，并较早在国内提出房地产市场的预期管理理念，② 这一理念比住建部明确提出“稳地价、稳房价、稳预期”早了两个月。

（3）本书分析了我国房地产市场的结构性问题，明确了要注重三四线城市的风险问题，尤其在没有产业支撑及人口净流出的地区要谨防由“去库存”变成“补库存”。作者也是最早提出这一观点的人之一。

（4）本书针对我国高房价问题提出了通过“挤泡沫”而非“刺破泡沫”的方式，从根本上解决我国房价过高问题，这是我国房地产调控唯一可选择的道路，也将创造房地产平稳发展的历史奇迹。我们在相关文章③中也提出过这一观点。

（5）本书还重新测算了我国房地产业对经济增长的贡献，结论是当前房地产业的贡献被低估。本书还通过与美国和日本对比得出我国房地产业在当前和未来经济发展中仍将发挥重要作用的结论。④

（6）本书预测了未来十年我国房地产市场的发展空间，同时还分

---

① 盛松成，龙玉．房价调控的有效方法是供需并重［J］．中国金融，2016（21）．

② 盛松成，宋红卫，汪恒．扭转房价只涨不跌的预期正当其时［EB/OL］．https：//www. yicai. com/news/100049555. html，2018－10－30.

③ 盛松成，宋红卫．目前我国房价平稳或者小幅下降是好事．华尔街见闻，2018－11－30.

④ 盛松成，宋红卫．房地产业对 GDP 的贡献被低估了多少［EB/OL］．https：//cn. ceibs. edu/new－papers－columns/13825，2018－05－28.

析了需求结构，由此得出结论，未来十年我国房地产市场还有一定的发展空间，所以保持房地产业的持续健康发展意义重大。

（7）本书专门研究了住宅的二重属性，尤其是对住宅的投资属性进行了量化分析。我们的研究发现，在房地产调控放松阶段，投资需求比例大约为11%~12%，在调控严厉的阶段为4%~5%。本书还进一步研究了我国住房使用效率问题，发现2018年我国住房使用效率为87.88%，主要由于居民住房改善过程中保留原有住宅并且闲置造成。

（8）本书量化分析了土地财政对于经济的贡献程度。研究表明，我国土地财政通过基础设施建设和其他途径，对我国经济增长的贡献率大致在8%~12%。这一作用呈现逐年下降的趋势，主要由投资的边际收益递减所致。

（9）本书研究了住宅市场量价关系的区域性差异，研究结果表明存在着明显的区域差异。一线城市，量价相互影响；二线城市主要是量变导致价变；三四线城市则是价变导致量变。同时，我国住宅市场的量价涨跌存在着明显的不对称关系，量涨伴随价涨，但量跌不伴随价跌，表现为价格变动的刚性。

（10）本书研究了我国的相对房价水平，即扣除必要生活成本后的剩余收入与房价的关系。我们比较分析了中美房价数据，结果表明，中美的房价负担差异不仅体现在房价上，还体现在中国在扣除必要消费之后的相对较低的收入水平上。

（11）本书还研究了我国房价增速与经济增速相背离的现象，我们的研究表明，由于我国技术没有大幅进步，要素成本的上升造成实体产业利润率低下；逆周期调控下，房地产业起到了刺激经济增长的作用，形成房价只涨不跌的预期。由于投资渠道短缺、房地产业与其他产业利润差别较大，生产要素向房地产业集聚，最终形成房价与经济背离的现象。

本书由我负责全书的总体规划、组织、统改和定稿，同策研究院宋红卫和汪恒参与全书的撰写。特别感谢同策房产咨询股份有限公司的领导对本书写作给予的大力支持和帮助。同时也很感谢李首均先生参与书稿写作初期的相关工作。感谢国务院参事、住房和城乡建设部原副部长仇保兴先生和著名房地产专家孟晓苏先生鼓励本书的写作，并为本书作序。责任编辑马媛媛为本书的出版和发行付出了很多努力，在此一并诚致谢忱。

对我国房地产业与经济稳定发展的关系，我们只是做了一些初步的研究分析工作。由于我们水平有限、时间仓促，不足或错误恐难避免，恳请读者不吝批评指正。

盛松成

2019 年 11 月

第一篇
房地产业与经济运行相互影响的规律研究

第一章　我国房地产业发展情况概述

从1998年住房制度改革以来，我国的房地产业经过了20多年的飞速发展，已成为我国经济的重要组成部分。房地产业不仅为居民提供住房和居住服务，也在经济增长、投资、就业、财政收入、金融信贷等方面发挥着重要作用。

第一节　我国房地产业基本情况

对房地产业的研究首先要厘清该行业的定义、划分以及其核算口径。房地产业属于第三产业，是土地和建筑物流通环节的产业，与属于第二产业的建筑业有紧密联系但也存在严格界限。对居民而言，住房是生活中不可或缺的部分，在居民的消费和投资中占较大比重。

一、　我国房地产业概述

（一）房地产业划分

房地产业是对房产和地产的开发、经营、管理等一系列经济活动的总称，在国民经济产业分类中属于第三产业。① 根据2017年《国民经济行业分类》，我国经济活动划分为20个经济门类，房地产业独立成为

① 叶剑平，谢经荣. 房地产业与社会经济协调发展研究［M］. 北京：中国人民大学出版社，2005.

一个门类，包含房地产开发经营、物业管理、房地产中介服务、房地产租赁经营、其他房地产业五个小类。

房地产是房地产业的经营对象，是指建筑地块和建筑地块上以房屋为主的永久性建筑物及其衍生的权利。① 房地产分为房产和地产。房产是指建筑在土地上的各种房屋，包括住房、仓库、厂房、商业、服务、文化、教育、办公医疗和体育用房等；地产则包括承载建筑物的土地和地下各种基础设施，例如供热、供水、供电、供气、排水、排污等地下管线以及地面道路等。房屋的建造、土地上各种设施的建设是实体物品的生产，属于第二产业中建筑业的范畴。而房地产业以建筑业的产成品为对象，主要限于房产和地产的流通领域，以建筑物实体或与之相关的权利为标的物，提供附加服务。

表 1. 1　房地产业的行业分类

代码				类别名称	说明
门类	大类	中类	小类		
K				房地产业	本门类包括 70 大类
	70			房地产业	
		701	7010	房地产开发经营	指房地产开发企业进行的房屋、基础设施建设等开发，以及转让房地产开发项目或者销售房屋等活动
		702	7020	物业管理	指物业服务企业按照合同约定，对房屋及配套的设施设备和相关场地进行维修、养护、管理，维护环境卫生和相关秩序的活动
		703	7030	房地产中介服务	指房地产咨询、房地产价格评估、房地产经纪等活动
		704	7040	房地产租赁经营	指各类单位和居民住户的营利性房地产租赁活动，以及房地产管理部门和企事业单位、机关提供的非营利性租赁服务，包括体育场地租赁服务
		709	7090	其他房地产业	

资料来源：国家统计局 2017 年《国民经济行业分类》。

① 曹振良，等．房地产经济学通论［M］．北京：北京大学出版社，2003.

根据土地及土地上建筑物的不同用途，房地产可以分为居住类地产、产业地产、商业办公类地产等。[①] 其中居住类地产，尤其是商品住房在房地产业中占较大比重。根据国家统计局数据，1997 年以来，在每年商品房新开工面积中，商品住房占比保持在 80% 左右；在每年商品房销售面积中，商品住房占比保持在 85%~90% 左右。2019 年全国商品房销售面积为 17.16 亿平方米，其中商品住房销售面积为 15.01 亿平方米，占比 87.52%。可见住房在我国房地产业中的关键地位。

房地产市场指土地和建筑物及其相关权益之交易关系的总和。房地产市场可按照不同的维度划分：按交易客体不同可以分为土地市场和商品房市场，其中土地市场也称为一级市场；按交易客体的存续时间不同可分为增量市场和存量市场，也叫作二级市场和三级市场，即新房市场和二手房市场；按照交易权责关系的不同分为销售市场和租赁市场。不同维度的划分相互交织，将房地产市场细分。房地产市场的作用是利用市场作为土地资源的配置方式，引导资源流向最有潜力的土地，进行土地开发投资，使稀缺的土地资源有最优经济产出。

（二）房地产业与建筑业的区分

房地产业与建筑业是国民经济中两个重要的行业，两者之间存在紧密的联系，同时也有严格的区分。

建筑业是生产建筑物实体的行业，属于第二产业。根据 2017 年《国民经济行业分类》，建筑业单独列为一个门类，包括房屋建筑业，土木工程建筑业，建筑安装业，建筑装饰、装修和其他建筑业四个大类；建筑业的范畴为各种建筑物及工程的施工活动、内部设施的安装和工程后期的装饰、装修、清理、维护活动。从中可以看到建筑业涉及的

① 根据《城市用地分类与规划建设用地标准》，城镇建设用地可分为居住用地、公共管理与公共服务用地、商业服务业设施用地、工业用地、物流仓储用地、道路与交通设施用地、公用设施用地、绿地与广场用地。

建筑物类型较广，不仅包括房屋的施工建设，还包括道路、桥梁、水利、园林等土木工程的建设。但是建筑业的经营活动仅包括建筑物从无到有的建筑施工环节，并不包括前期开发及建成后的运营环节。

房地产业属于服务业，包括房地产开发经营、物业管理、房地产中介服务、房地产租赁经营等大类。可以看到，房地产业的经营活动不仅包括建筑的前期评估策划和开发建设阶段，更覆盖建筑完工后的销售、租赁、运营维护等阶段，涵盖了建筑物的整个生命周期。

从房地产业和建筑业的经营活动范围看，两者在房地产开发这一活动中有一定的重合。以开发建设一栋住房的简化流程为例，房地产开发可以分为四个阶段：决策分析阶段、前期工作阶段、项目建设阶段和竣工阶段。[①] 一家房地产开发公司首先对市场进行研究，确定项目计划。然后，房地产开发公司拍下建设用地，确定建设方案并向管理机构报批，申请用地规划许可证、建设工程许可证以及施工许可证。之后，住房的施工建设及配套的市政设施建设发包给一家建筑企业完成。最后，在工程竣工后，房地产开发公司进行验收备案并向建筑企业支付工程款，之后房地产开发公司向房管部门办理销售许可，开盘销售，[②] 将住房出售给最终消费者。

从住房的开发流程看，房地产企业主导了整个住房开发的过程。在这一过程中，住房的开发涉及土地和住房有关规划、配套、法规、权益等事宜，而建筑物的施工建设仅是这一过程中的一个环节。并且建筑物的施工建设是以房地产企业向建筑企业发包的形式进行，即房地产企业购买建筑企业的最终产品。这说明建筑业作为第二产业，负责建筑物实体的生产，而房地产业作为第三产业为土地和房屋的开发提供服务。

① 施建刚．房地产开发与管理［M］．上海：同济大学出版社，2004.

② 大部分房地产企业往往在主体建筑结构完工后向房管部门申请期房销售许可，采用期房销售的方式。

（三）房地产业的经济核算

房地产业的经济核算是认识这一行业的重要途径，准确认识相关统计指标的定义、口径是了解房地产业发展的关键。本小节将根据国家统计局提供的指标解释，从投资、居民消费和房地产业产出三个方面考察房地产业的经济核算。

1. 房地产投资

对房地产业投资的核算有两个指标：一个是房地产业固定资产投资，另一个是房地产开发投资完成额，它们的内涵存在一定差异。

根据国家统计局的指标解释：固定资产投资（不含农户）指城镇和农村各种登记注册类型的企业、事业、行政单位及城镇个体户进行的计划总投资 500 万元及 500 万元以上的建设项目投资和房地产开发投资，包含原口径的城镇固定资产投资加上农村企事业组织项目投资。①

房地产业固定资产投资是固定资产投资中属于房地产业的投资，统计口径不仅包括房地产开发经营，还包括物业管理、中介服务、自有房地产业经营活动等项目。房地产开发投资是其子项，其比重约占房地产业固定资产投资的 80%。

表 1.2　2014—2017 年房地产业固定资产投资分项情况

年份	单位	房地产业固定资产投资完成额	房地产开发经营	物业管理	房地产中介服务	自有房地产经营活动	其他房地产业
2014	金额：亿元	123 558.24	100 211.70	409.04	20.01	2 151.44	20 766.05
	占比:%	100.00	81.10	0.33	0.02	1.74	16.81
2015	金额：亿元	126 706.16	100 500.98	442.91	41.65	2 286.36	23 434.27
	占比:%	100.00	79.32	0.35	0.03	1.80	18.49
2016	金额：亿元	135 283.69	106 943.41	512.31	55.15	2 440.88	25 331.95
	占比:%	100.00	79.05	0.38	0.04	1.80	18.73
2017	金额：亿元	139 733.52	112 835.51	455.42	56.15	2 194.62	24 191.82
	占比:%	100.00	80.75	0.33	0.04	1.57	17.31

资料来源：国家统计局《中国固定资产投资统计年鉴》，Wind 数据库，同策研究院整理。

① 《中国统计年鉴 2020》。

房地产开发投资是最常用的投资指标，国家统计局给出的指标解释为“各种登记注册类型的房地产开发法人单位统一开发的包括统代建、拆迁还建的住房、厂房、仓库、饭店、宾馆、度假村、写字楼、办公楼等房屋建筑物，配套的服务设施，土地开发工程（如道路、给水、排水、供电、供热、通信、平整场地等基础设施工程）和土地购置的投资；不包括单纯的土地开发和交易活动”。[①] 该定义说明：第一，其统计口径为房地产开发法人，不包括自然人的房地产开发活动。第二，房地产开发投资必须涉及土地上的建筑物，单纯的土地开发和交易不计入房地产投资。第三，房地产投资不仅包括住房，还包括工业、商业、办公等建筑物的投资。第四，房地产投资仅统计房地产开发投资公司的投资活动，居民个人建房或其他企业建房不计入房地产投资。

从统计口径的差异可以看到，房地产业固定资产投资的口径最大，包括房地产开发投资；房地产开发投资又包括商品住房开发投资。商品住房开发投资仅统计房地产开发企业的投资，而全社会住房投资不但包括房地产开发企业的投资，也包括其他企业及个人建房的投资。

国家统计局数据显示，2017 年、2018 年和 2019 年我国房地产开发投资完成额分别为 10.98 万亿元、12.03 万亿元和 13.22 万亿元，其中住房投资完成额分别为 7.51 万亿元、8.52 万亿元和 9.71 万亿元，占比分别为 68.40%、70.82% 和 73.45%。商品住房投资在房地产开发投资中占主要部分。对于住房投资，更广的统计口径是全社会住房投资：2017 年全社会住房投资为 8.70 万亿元，而同年房地产住房投资为 7.50 万亿元。[②] 相比而言，房地产业固定资产投资口径较大，2017 年该指标为 13.97 万亿元，比房地产开发投资多 2.99 万亿元。因为该指标涵盖了物业管理、中介服务、自有住房经营等项目。而房地产

① 《中国统计年鉴 2020》。

② 全社会住房投资数据自 2018 年起不再更新，而 2019 年房地产住房投资为 9.71 万亿元。

业固定资产投资中房地产开发经营项目的金额为 11.28 万亿元，仍然比房地产开发投资多 0.3 万亿元，因为前者还包括房地产经营项目相关的投资。

2. 居民居住消费

房地产业作为服务业，居住服务的产出与消费是同时发生的。居住消费是居民生活的基本需求之一，是居民安居乐业的必要条件。居民居住消费支出是居民最终消费支出的一个子项，指与居住有关的支出，包括房租、水、电、燃料、物业管理等方面的支出，也包括自有住房折算租金。[①] 在居民的居住消费中，房租、物业管理、自有住房折算租金等项目都属于房地产业。

以上指标解释区分了房租和自有住房的折算租金，这意味着虽然同样是提供居住服务，但居民租住他人房屋和居住于自己拥有的住房（包括购买商品房和农村自建住房）即自有住房适用不同的统计方式。这是因为在租房和自住这两种方式下，居住服务的获得与成本的支付存在较大的期限差距。在租房的方式下，居住服务的获得与成本的支付是同期发生的，当期支付的房租即是购买当期居住服务的成本。而自有住房属于长期消费品，一次性购买住房之后，享受住房寿命期之内的居住服务。这会造成统计数据的极大波动。因此，居民购买商品房的支出不直接计入居住支出，而是采用类似于固定资产折旧，将自有住房的居住支出采用折算租金的形式进行统计。

居民居住消费支出中，房租、水、电、燃料、物业管理、房屋维修等一系列支出用于购买实际的商品和服务，其金额都是确定的；而对居民自有住房的折算租金并没有实际发生，所以需要通过一定的方法进行估算。

联合国《2008 国民账户体系》中对自有住房提供的服务采用等价租金的原则，即其价值等于在市场上租用同样大小、质量和类型的

① 国家统计局《住户收支与生活状况调查方案（2017）》指标解释。

房屋支付的租金。[1] 但对居民自有住房租金的核算，我国目前采用的办法是房屋成本虚拟折旧法，这严重低估了居民自有住房服务的增加值。[2]

我国对居民居住消费支出的核算是通过抽样入户调查进行统计的。入户调查采用分层多阶段随机抽样的方法，在全国（不含港、澳、台）抽选 1 800 多个调查县（市、区）的 16 万调查户（约占全国家庭户数的万分之四）展开调查。在 2013 年前，入户调查并不统计自有住房折算租金，2013 年我国统计系统开始进行城乡一体化调查，对居住消费统计做了较大修改，其中最重要的就是将居民自有住房折算租金纳入统计，居民自有住房折算租金既表现为居民的支出，也表现为居民的收入。但对自住租金的计算仍然按照住房成本折旧法核算，而非国际通用的市场租金法，因此，依旧存在低估居住消费的情况。

根据国家统计局的指标解释，居民自有住房折算租金整体作为居民居住支出的一部分，这其中包括了住房折旧。而在居民的收入统计中，自有住房的折算租金与其折旧的差额，即自有住房折算净租金，计入居民收入。对于农村住户来说，由于租赁市场不存在，无法获取折算租金，因此将农村住房的折旧记为折算租金计入居住支出。对于收入项，农村的住房折算净租金为零。根据国家统计局公布的数据，2019 年我国全国人均居住消费支出为 5 055 元，城镇居民人均居住消费支出为 6 780元，农村居民人均居住消费支出为 2 871 元。

---

① 联合国《2008 国民账户体系》：对居住的房屋拥有所有权，视同为拥有一家非法人企业，该企业提供了住房服务并被其所属住户的居民消费。提供的住房服务价值等于在市场上租用同样大小、质量和类型的房屋支付的租金。需要关注针对房屋缴纳的税款。住房服务通常很少缴纳增值税等税款，但如果应缴纳并且自有住房所有者又被免除缴税，则此笔税款应从自有住房价值中扣除。住房服务的虚拟价值记作房主的最终消费支出。

② 康远志．中国居民自有住房虚拟租金的一个估算［J］．统计与信息论坛，2014（5）：15－19.

3. 房地产业的产出

房地产业的产出是房地产业经济活动的成果，其经济核算就是计算房地产业经济活动中创造的增加值。房地产业增加值是 GDP 的重要组成部分，衡量的是全社会提供的住房服务（包括出租和自住），以及房地产开发经营企业、物业管理和房地产中介公司等在建房和房屋使用及交易环节提供商业性服务活动创造的增加值。①

我国房地产业增加值核算包括房地产企业生产活动产生的增加值和居民居住消费活动产生的增加值。房地产企业增加值通过收入法计算，包括劳动报酬、固定资产折旧、生产税净额和营业盈余。② 居民居住消费活动增加值包括居民租赁住房的费用和居民自住房屋产生的居住服务的虚拟价值。由此可以看到，居民居住消费支出是房地产业增加值核算的重要组成部分。

国家统计局编制的 2017 年投入产出表对经济活动中各行业的产出来源和用途有详细的统计。房地产业产出按照来源分为中间投入和增加值。其中中间投入为以原料形式投入房地产业生产活动的其他行业的产品，2017 年中间投入价值为 1.99 万亿元。增加值总额为 5.83 万亿元，其中劳动报酬总额为 0.89 万亿元，占增加值的比重为 15.23%；生产税总净额为 1.21 万亿元，占比 20.81%；固定资产折旧总额为 0.30 万亿元，占比 5.06%；营业盈余总额为 3.44 万亿元，占比 58.89%。

从与其他行业的比较看，在其他各行业的增加值构成中，劳动报酬、生产税净额、固定资产折旧和营业盈余占比分别为 47.3%、14.8%、13.7% 和 24.1%。相比之下，房地产业中劳动报酬的比重大幅低于平均水平，而营业盈余的比重大幅高于平均水平。

从房地产业产出的用途看，产出可分为中间使用部分和最终使用部分。中间使用部分是房地产业提供的服务作为“原材料”投入其他部

---

① 许宪春，贾海，李皎，等. 房地产经济对中国国民经济增长的作用研究［J］. 中国社会科学，2015（1）：84－101.

② 董礼华. 房地产业总产出和增加值的计算方法［J］. 中国统计，1997（11）：22－23.

门生产中的部分，2017 年这一部分的价值为 3.22 万亿元。最终使用部分可分为最终消费支出、资本形成总额和出口。房地产业最终使用部分的总价值为 4.60 万亿元。而在房地产业的最终使用部分中，居民最终消费的总额为 3.55 万亿元，占比为 77.2%，固定资本形成的总额为 1.05 万亿元，占比为 22.8%。

从房地产业产出用途的比例看，其总产出的 41.2% 为中间产出，45.3% 为居民最终消费支出，13.5% 为固定资本形成。这说明在房地产业的产出中，约一半的份额被分配到居民部门，以居民居住服务的形式消费掉；约 14% 的份额被分配到企业部门，包括房地产开发、物业、中介、租赁等企业，作为企业扩大再生产的资本积累。

以上分析说明，居民的居住服务是房地产业的核心部分。2019 年，我国房地产业增加值为 6.963 1 万亿元，占 GDP 的 7.03%。[①] 一般而言，在经济中占比超过 5% 的行业可以成为支柱产业。而且由于统计方法、口径等原因，我国房地产业的产出存在被低估的情况，这一问题将在第二章中有较为详细的阐述。

二、 我国房地产制度的变迁

我国的房地产制度是建立在基本经济制度之上的，我国当前的经济体制发端于 1949 年。在 1956 年社会主义改造基本完成后建立起了计划经济体制，经过 20 多年的发展，1978 年我国第一产业比重下降到 27.69%，初步完成了工业化。但是，城市化水平一直没有得到显著提升，按人口比例计算，城镇人口比重 1949 年为 10.64%，到 1955 年上升为 13.48%，之后经过 20 多年的发展，到 1978 年也只上升为 17.92%。改

① 数据来自《2019 年国民经济和社会发展统计公报》。2020 年 12 月 30 日，国家统计局公布了 2019 年国内生产总值（GDP）最终核实结果，GDP 现价总量为 986 515 亿元，比初步核算数减少了 4 350 亿元；按不变价格计算，比上年增长 6.0%，比初步核算数下降 0.1 个百分点，其中房地产业增加值调整为 70 445 亿元，上调 814 亿元，占 GDP 比重为 7.14%，本书其他地方涉及本数据不做调整，仍采用原有结果。

革开放之后，我国开始放弃计划经济体制，逐步建立了以价格为资源配置导向的市场经济体制。1992 年，中国共产党第十四次全国代表大会通过建立社会主义市场经济体制的改革目标。到目前为止，价格信号已经在我国资源配置中起主导作用，政府已不作为市场中的直接参与者，符合市场经济主要特征的社会主义市场经济体制已经基本建立。当前的中国已经成为世界第二大经济强国，第一大制造业强国。2019 年人均 GDP 达到 10 276美元，第一产业比重下降至 7. 12%，城镇人口比重为 60. 60%。①

我国的房地产制度也是随着我国经济制度的变革而变迁的。新中国成立后，城市土地被收归国有，而农村土地则归集体所有。为了配合计划经济体制，城市实行“统一管理、统一分配、以租养房”的共有住房实物分配制度。城镇职工的住房由其所在单位解决，单位和各级政府按照国家的建设投资计划进行建设，资金由政府划拨，少量靠单位自筹，建好后单位分配给职工居住并收取少量租金，住房所有权归政府和单位所有，住房更多是一种福利而非商品。在农村，土地归集体所有，村集体会无偿划拨专门的宅基地给农民，由农民自行建房，但是农村宅基地及其附属住房不允许向集体外个体转让，这一制度延续至今，仍然是目前中国农村采用的房屋管理制度。

改革开放之后，由于经济体制转变和福利分房的弊病，房地产制度也开始改革，1978 年 9 月，针对国内住房困难问题，邓小平提出改革住房制度的可能性，国家建委起草了《关于加快城市住房建设的报告》，城镇住房制度改革由此开始。1980 年，中国内地第一个商品化居住区东湖丽苑在深圳开工。1980 年 6 月，中共中央、国务院批转《全国基本建设工作会议汇报提纲》，正式宣布中国将实施全价售房，逐步实现住房商品化。1988 年 1 月，首届全国住房制度改革工作会议召开，当年 2 月《关于在全国城镇分期分批推行住房制度改革的实施方案》

① 本段中的数据均来自中国国家统计局。根据 2020 年 12 月 30 日最终核实结果，2019 年我国人均 GDP 10 227 美元，第一产业比重 7. 14%。

印发，住房制度改革被正式纳入整体改革计划之中，该方案提出的改革步骤是首先将公房租金按实际成本核算，然后把住房消费的成本纳入工资，改暗补为明补，逐步推进住房商品化进程。这一方案由于触及既得利益群体利益并遇到了严重通货膨胀而被搁置。

1992 年中共十四大确立我国要建立社会主义市场经济，房地产制度改革也开始加速，1994 年 7 月国务院发布《国务院关于深化城镇住房制度改革的决定》，明确提出建立与社会主义市场经济体制相适应的新的城镇住房制度，实现住房商品化、社会化。

1998 年 7 月《国务院关于进一步深化城镇住房制度改革加快住房建设的通知》印发，明确提出深化城镇住房制度改革的目标是：停止住房实物分配，逐步实行住房分配货币化；建立和完善以经济适用住房为主的多层次城镇住房供给体系；发展住房金融，培育和规范住房交易市场。这是中国房地产改革的里程碑式文件，计划经济体制遗留下的福利分房制度从此走向终结，中国房地产业市场化的大门正式打开。1999 年 4 月，国务院发布《住房公积金管理条例》，公积金管理走向正规化、法制化，该条例又经过多次修改，成为我国房地产制度的重要基础性文件。

2003 年 8 月，国务院发布了《国务院关于促进房地产市场持续健康发展的通知》，明确了房地产业在国民经济中的支柱产业地位，还指出要坚持住房市场化的基本方向，不断完善房地产市场体系，更大程度地发挥市场在资源配置中的基础性作用。该通知还要求逐步实现多数家庭购买或承租普通商品住房。中国房地产业市场化后第一次价格快速上涨也是在该文件发布后不久出现，此后中国房地产市场的收紧与放松交互出现的情况开始常态化，中国房地产制度的建设基本告一段落。

最近一次房地产业调控收紧开始于 2016 年，当时面对房地产市场反复调控与放松以及住房价格持续上涨带来的问题，中央转变思路，当年年底的中央经济工作会议首次提出“房子是用来住的、不是用来炒的”，次年中共十九大报告再次强调该点。2017 年 4 月 25 日的政治局会议提出要加快形成房地产长效机制。2018 年 7 月的政治局会议更是提出“坚决遏制房价上涨”的政策目标。2019 年 4 月 19 日，政治局会议再次对房地产定调：“要坚持房子是用来住的、不是用来炒的定位，落实好一城一策、因城施策、城市政府主体责任的长效调控机制。”2019 年 7 月 30 日，政治局会议提出“不将房地产作为短期刺激经济的手段”。2020 年 4 月 17 日和 7 月 30 日，在新冠疫情对经济造成极大冲击的背景下，政治局会议仍两次提及“房子是用来住的、不是用来炒的”，严控房地产市场的趋势短期未发生变化。2020 年 12 月的中央经济工作会议继续提及“房子是用来住的、不是用来炒的”，政策一以贯之，连续性十分强。

三、 我国房地产业与人民生活

“居者有其屋”是人们安居乐业的必要条件，与人民生活息息相关。我国住房制度市场化改革后，房地产业的高速发展与我国居民提高居住条件的需求一致，推动了我国居民居住水平的提高。

（一）居民住房数量情况

1998 年住房制度改革之后，住房供给市场化带来了住房供给的快速上升。根据国家统计局公布的数据，1995—2017 年，全社会住房竣工面积[①]从 10.7 亿平方米上升到 15.5 亿平方米，年均增速为 1.7%。其中，商品住房竣工面积从 1.2 亿平方米上升到 7.2 亿平方米，[②] 年均增速为 8.5%。商品住房所占的比例从 1995 年的 11% 上升到 2017 年的 46%。从 2000 年到 2019 年，商品住房的销售面积从 1.7 亿平方米上升到 15.0 亿平方米，累计销售面积达到 164.6 亿平方米。这说明购买商品住房成为居民获取住房的主要方式，市场化的房地产体系基本建立。

---

① 根据国家统计局指标解释，住房指专供居住的房屋，包括别墅、公寓、职工家属宿舍和集体宿舍（包括职工单身宿舍和学生宿舍）等。房屋竣工面积指报告期内房屋建筑按照设计要求已全部完工，达到住人和使用条件，经验收鉴定合格或达到竣工验收标准，可正式移交使用的各栋房屋建筑面积的总和。

② 2018 年和 2019 年的这一数据分别为 6.601 6 亿平方米和 6.801 1 亿平方米。

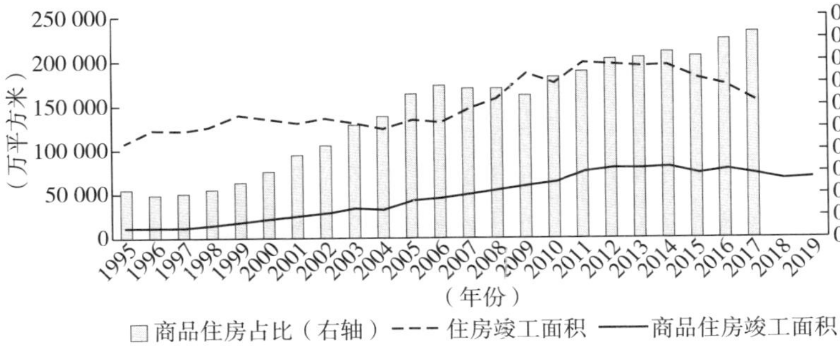

图 1.1　1995—2019 年我国住房竣工情况

资料来源：国家统计局。

房地产业的高速发展使城镇居民的人均居住面积得以大幅提高。国家统计局数据显示，2018 年我国城镇人均居住面积为 39 平方米;① 而国家统计局的一份报告显示，2017 年，城镇居民、农村居民人均住房建筑面积分别比 1978 年增加 30.2 平方米、38.6 平方米。② 从这一点看，我国房地产业的发展满足了居民对住房数量的需求。

从住房套数看，我国住房套数基本满足户均 1 套住房的需求。根据《人民日报》2013 年 4 月 12 日发表的文章《住房：总量充足，区域性短缺》的报道，时任国务院发展研究中心市场经济研究所所长任兴洲在 2013 年“中国发展高层论坛”中称，当年我国人口户均 1.02 套住房。文章还提到，央行统计调查司的研究显示，2012 年我国住房存量为 2.2 亿~2.5 亿套，户均套数约为 1 套。③ 以这一数据为基础，通过历年竣

---

① 数据来自国家统计局，统计口径为住房建筑面积。

② 国家统计局报告：《居民生活水平不断提高 消费质量明显改善——改革开放 40 年经济社会发展成就系列报告之四》。

③ 央行调查统计司的有关研究显示，1991 年到 2012 年我国城镇住房竣工套数约为 1.4 亿~1.7 亿套，以 1990 年城镇居民住房存量为 8 000 万套计，2012 年我国城镇住房存量约为 2.2 亿~2.5 亿套。2012 年我国城镇人口数为 7.12 亿人，以 2011 年城市户均人口数（2.87 人/户）计算，当时我国城镇居民家庭数已达到 2.48 亿户。因而，估算我国城镇户均住房套数约为 1 套。

工套数估算，2017 年我国城镇住房存量达到 2.8 亿～3.1 亿套，户均 1.04～1.16 套房。

从住房自有率看，根据 2010 年第六次全国人口普查数据，我国全国住房自有率①为 85.4%，其中城市的住房自有率为 69.8%，镇的住房自有率为 83.2%，乡村的住房自有率为 96.3%。中国家庭金融调查的数据显示，截至 2017 年，我国城镇家庭住房自有率达到了 90.2%，远高于发达国家水平。同时期美国的住房自有率仅为 64.8%，欧盟国家平均为 70% 左右，其中德国为 52.5%、法国为 65%、英国为 64.4%、意大利为 73%、瑞典为 65.6%。② 我国住房数量能够满足居民需求。

（二）居住消费与住房购买

国家统计局数据显示，2019 年我国全国居民人均居住消费支出为 5 055元，占全部消费支出的 23.4%，城镇居民 2019 年人均居住消费支出为 6 780 元，占全部消费支出的 24.2%；农村居民 2019 年人均居住消费支出为 2 871 元，占全部消费支出的 21.5%。住房的消费支出在居民消费性支出中占重要部分。在各类消费支出中的占比仅次于食品消费，居第二位。根据国家统计局 2013 年起开展的城乡一体化调查，2013 年以来，全国居民人均居住消费支出从 2013 年的 2 999 元上升到 2019 年的 5 055 元。但是居民人均居住消费支出在全部消费支出中的占比较为稳定，一直保持在 22% 左右。

1998 年住房体制市场化改革以来，购买住房逐渐成为居民获取住房的主要方式。表 1.4 给出了我国居民购买住房的数据，以购买方式获得住房的户数比重从 2000 年的 16% 上升到 2015 年的 26.39%，其中城市居民购买住房的比例超过 50%，购房成为城市居民获得房屋的最主

---

① 根据国家统计局《中国 2010 年人口普查资料》长表数据第九卷 9－4 估算，自有住房包括自建住房、购买商品房、购买经济适用房和购买原公有住房。

② 美国数据来源于美国商务部，欧洲数据来源于欧洲统计局。

表 1.3　2019 年我国居民各项消费支出比例　（单位:%）

占总消费支出的比例	食品	衣着	居住	生活用品及服务	医疗保健	交通通信	教育文化和娱乐	其他商品及服务
全国居民	28.2	6.2	23.4	5.9	8.8	13.3	11.7	2.4
城镇居民	27.6	6.5	24.2	6.0	8.1	13.1	11.9	2.7
农村居民	30.0	5.3	21.5	5.7	10.7	13.8	11.1	1.8

资料来源：国家统计局，城乡一体化住户调查。

表 1.4　我国居民购买住房情况

区域	总户数（户）	购买商品房比例（%）	购买经济适用房比例（%）	购买原公有住房比例（%）	购买二手房比例（%）	总计（%）
			2000 年			
全国	33 188 549	3.9	2.6	9.5	—	16.0
城市	8 154 917	9.2	6.5	29.4	—	45.2
镇	4 405 331	8.4	4.9	12.5	—	25.8
乡村	20 628 301	0.8	0.6	1.0	—	2.4
			2010 年			
全国	39 270 972	11.3	2.2	6.8	2.7	23.1
城市	12 416 562	26.0	5.1	17.3	5.0	53.4
镇	7 554 783	14.7	2.5	5.8	4.1	27.0
乡村	19 299 627	0.6	0.2	0.5	0.8	2.1
			2015 年			
全国	6 234 771	13.53	1.82	6.51	4.53	26.39
城市	2 104 809	28.21	3.89	15.94	8.84	56.89
镇	1 411 884	16.38	1.71	4.34	4.97	27.40
乡村	2 718 079	0.67	0.27	0.33	0.96	2.24

注：第五次全国人口普查（2000 年）没有统计通过购买二手房获得住房的比例。

资料来源：国家统计局 2000 年全国人口普查、2010 年全国人口普查、2015 年 1% 抽样人口调查。

要途径。从住房类型看，城市居民购买商品房的比例上升最多，从2000年的9.2%上升至2015年的28.21%。根据中国人民银行的储户问卷调查数据，我国居民的购买住房意愿比例在2015年第1季度为13.8%，到2019年第1季度达到21.5%，可以推断我国目前居民购买住房比重更高。我国居民住房来源结构的变化从侧面反映了我国房地产业的快速发展。

购买住房也是我国居民重要的投资方式。2019年我国新建商品住房销售额达到13.94万亿元。而我国城镇居民可支配总收入为35.9万亿元，城镇居民总消费支出为23.8万亿元。总收入与总消费支出的差额，即广义储蓄总额为12.1万亿元。[①] 广义储蓄总额低于商品住房销售额。这在一定程度上说明购房已经成为居民投资的主导途径。

住房的消费与投资是我国居民住房支出的两个方面。根据上文对统计口径的分析，居民消费性支出中的居住消费部分不包含购房支出。因此可以将住房消费支出与商品房销售额加总作为居民住房总支出。对于城镇居民来说，2019年总居住消费支出为5.75万亿元，[②] 总购房支出为13.94万亿元，居住总支出为19.69万亿元。对于农村居民来说，2019年总居住消费支出为1.58万亿元，[③] 农村住房投资额0.59万亿元，[④] 居住总支出为2.17万亿元。

此外，住房也是居民积累财富的重要方式。根据中国社科院的《中国国家资产负债表2017》，2016年我国居民总资产中，金融资产约为180.6万亿元，非金融资产约为177.2万亿元，其中房地产资产约为164万亿元。房地产资产占非金融资产的比重为92.55%，占全部资产的比重为45.84%。可见住房是居民积累财富的主要方式。

---

① 《2019年国民经济和社会发展统计公报》。

② 人均6 780元乘以8.484 3亿城镇人口。

③ 人均2 871元乘以5.516 2亿农村人口。

④ 国家统计局，农村农户竣工住房投资额，2017年数据。

表 1.5　2016 年中国居民资产情况

	非金融资产	房地产	汽车	农村生产性固定资产	金融资产	居民总资产
金额（亿元）	1 771 943	1 640 149	99 984	31 809	1 805 676	3 577 619
占总资产比例	49.53%	45.84%	2.79%	0.89%	50.47%	100.00%

资料来源：中国社科院，数据截至 2016 年。

综上所述，从居住、投资和财富积累的角度看，住房在我国人民生活中占有重要地位。因此，房地产业是关系国计民生的重要行业，其稳定健康发展有重大意义。

第二节　我国房地产业发展的历程

1952 年，我国房地产业增加值为 14 亿元，到 2019 年，以名义价格计算的房地产业增加值为 6.96 万亿元，如果以 1952 年的价格水平计算，房地产业增加值也达到了 2 564 亿元。房地产业增加值在 GDP 中的比重不断上升，从 1952 年的 2.1% 上升至 2019 年的 7.0%。[①]

1978 年改革开放以来，我国经济体制开始从计划经济向市场经济转型。在此背景下，房地产业也开始由计划经济体制下的福利住房制度向市场经济下的商品化住房制度转变。市场经济为房地产业带来了活力，极大地促进了房地产业的发展，房地产业在国民经济中的规模不断上升。我国人口的增长、工业化与城镇化的不断发展也为房地产业的发展提供了有力支撑。

一、　我国人口增长与房地产业发展

新中国成立以来，我国人口总量增长较快，同时人口的城乡结构也

① 数据来自国家统计局。

发生了巨大变化。我国人口增长为房地产业发展提供了基础。

（一）新中国成立以来我国人口的增长

我国人口数量庞大，增速渐缓。从人口总量看，1949 年新中国成立以来，我国人口从 5. 42 亿人上升到 2019 年的 14. 00 亿人。[①] 我国人口的自然增长率在 20 世纪 50 年代到 60 年代较高，且呈上升趋势，在 1963 年达到峰值 33. 5‰。这是新中国成立后第一次“婴儿潮”的表现。20 世纪 60 年代以来，人口自然增长率整体呈现逐步下降趋势，从 30‰ 的水平降低到 2018 年的 3. 81‰。在此期间，可以看到在 20 世纪 80 年代人口自然增长率有小幅上升，这是第一代“婴儿潮”出生的人口进入了生育年龄。1987 年我国人口自然增长率达到另一个峰值 16. 6‰，距离上一次峰值 1963 年相差 24 年。

从人口的城乡构成看，我国的城镇人口占比不断提高。新中国成立初期，我国城镇人口仅占总人口的 11%，而到 2019 年这一比例已经上升到 60. 6%。人口向城市转移是工业化与城镇化的内涵之一，与经济发展相辅相成。20 世纪 90 年代后期以来，城镇人口迅速上升，为房地产业高速发展提供了有力支撑。李嘉楠等人发现，外来人口占比每高出 10 个百分点，城市住房价格就会高出 7. 5%，城市化对外来人口的吸纳必然会不断推高住房价格。[②]

从人口年龄结构看，我国 0 ~ 14 岁的少年儿童人口在新中国成立后到 20 世纪 80 年代逐步上升，从 1953 年的 2. 1 亿人上升到 1982 年的 3. 4 亿人。之后，由于计划生育政策的施行，少年儿童人口数量开始下行，到 2011 年达到谷底的 2. 22 亿人。由于二孩政策的实施，少年儿童人口数量开始回升，到 2019 年上升到 2. 35 亿人。我国 15 ~64 岁的劳动年

---

① 本小节数据均来自《中国统计年鉴》和《国民经济和社会发展统计公报》。

② 李嘉楠，游伟翔，孙浦阳．外来人口是否促进了城市房价上涨？——基于中国城市数据的实证研究［J］．南开经济研究，2017（1）：58.

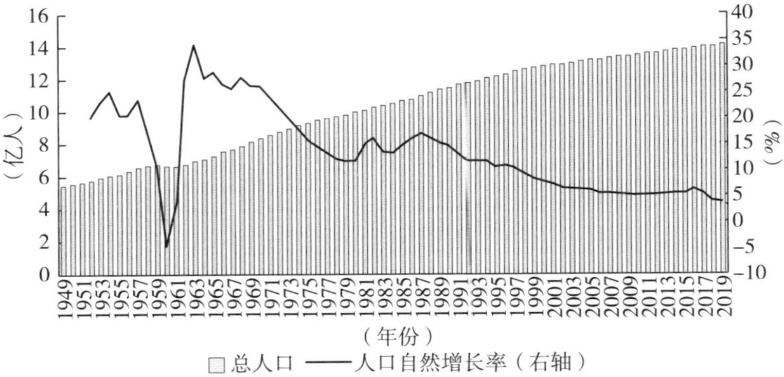

图 1.2　1949—2019 年中国人口情况

资料来源：国家统计局。

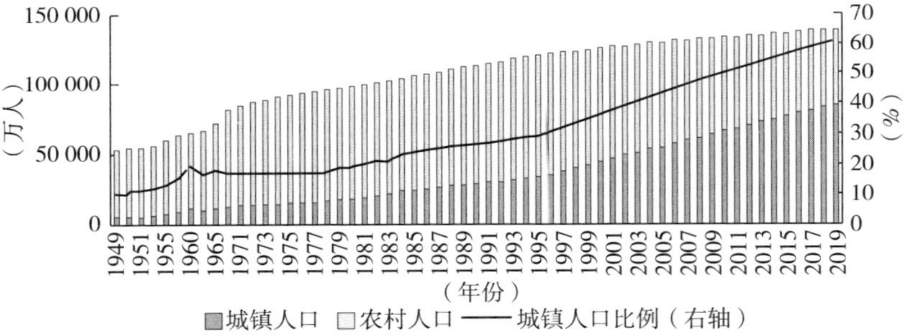

图 1.3　1949—2019 年中国城乡人口构成情况

注：城镇人口、农村人口的统计口径为常住人口。

资料来源：国家统计局。

龄人口的数量在 1949 年后逐年提升，从 1953 年的 3.5 亿人上升到 2013 年峰值的 10.06 亿人。劳动年龄人口占比从 1953 年的 59.3% 上升到 2010 年峰值的 74.5%。我国老年人口[①]数量加速上升，从 1953 年的 0.26 亿人上升到 2019 年的 1.76 亿人。

我国的房地产业发展与年龄结构表现出明显的相关性，2011—2013 年我国住房新开工面积达到近年来的峰值，2013 年峰值为 14.58 亿平方

① 65 周岁及以上。

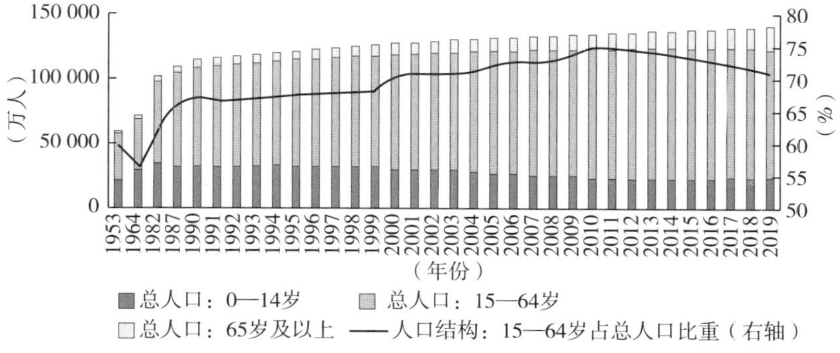

图 1.4　我国人口年龄结构情况

资料来源：国家统计局。

来，这恰恰跟我国 15 ~ 64 岁适龄劳动力人口峰值重合。而且，人口年龄结构对住房价格也有显著影响，在中国这一影响还有着独特的中国特色。徐建炜等人[①]发现，在中国，老年抚养比越高，住房价格越高；而少年抚养比越高，住房价格越低，这可能与中国年轻人需要父辈资助买房有密切的关系，其最终来源是上一代人沉淀下来的积蓄。但是从长期看，老年人的收入终究不如年轻人，老龄化社会发展的最终结果是住房价格上涨动力的消失。就人口结构带来的影响而言，作者认为 2015 年以后中国的住房价格将不再具备快速上涨的条件。而法卡斯（Farkas，2011）[②] 以匈牙利为样本进行了研究，并考虑老龄化与利率的相互作用，他的研究表明，2011—2020 年，人口老龄化将导致匈牙利住房价格下降 6% ~ 8% 。

从我国人口的发展情况看，在新中国成立后的很长一段时间内，我国人口总数、城镇人口以及劳动年龄人口都在增加。这意味着房地产业的需求潜力总体处于上升态势。新中国成立以来，我国房地产业加速发

① 徐建炜，徐奇渊，何帆．房价上涨背后的人口结构因素：国际经验与中国证据［J］．世界经济，2012（1）：24 -42.

② Farkas M. Housing Demand and Demographic Trends：Evidence from Hungary［D］. Central European University，2011.

展。1953—1963 年，我国房地产业增加值增速略低于城镇人口增速；1964—1984 年，我国房地产业增加值增速略高于城镇人口增速；1985 年以后，我国房地产业增加值增速大幅高于城镇人口增速。人口增长为房地产业的发展提供了必要条件。

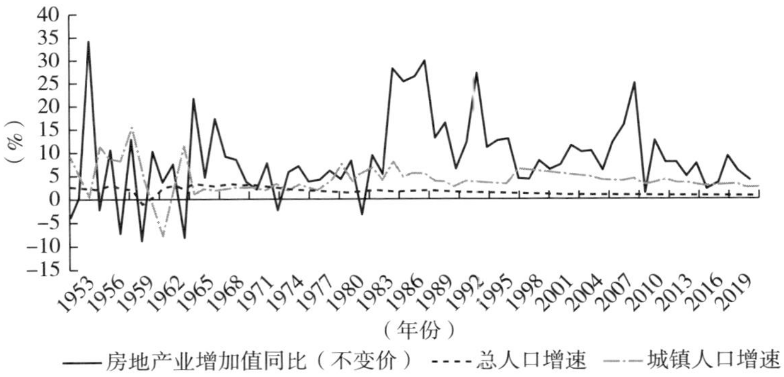

图 1.5　1953—2019 年中国人口与房地产业增加值增长情况

资料来源：国家统计局。

（二）未来我国人口变化趋势

人口老龄化、家庭小型化与人口集中化是未来我国人口情况发展的三大趋势。①

1. 2030 年以后，我国总人口将呈现净减少趋势，并且老龄化趋势加快

国务院《国家人口发展规划（2016—2030 年）》指出，自 2016 年起之后的 15 年，我国人口变动将呈现人口增长惯性减弱，劳动年龄人口下降，人口聚集进一步增强等趋势。一方面，我国人口的老龄化呈加速上升的趋势。国家统计局数据显示，65 岁以上的人口占比从 2000 年的 7.1% 逐年上升至 2019 年的 12.6%。据世界卫生组织估计，到 2050 年中国 60 岁以上的人口将占 35%。

① 除特别说明外，本小节数据来自《中国统计年鉴》、各地统计年鉴和 2018 年中国及各地统计公报。

另一方面，我国人口出生严重不足。我国人口出生率持续下行，在2010年达到11.9‰的阶段最低值；虽然从2014年开始实施“二孩政策”，但是2014—2017年的出生率依然维持在12‰左右，低于2000年的14‰和1990年的20‰，2019年更是下降到10.48‰，达到近几十年的最低值。从育龄妇女的总和生育率①看，2001—2010年，总和生育率在1.3左右，2010年以后降为1.2左右的水平，虽然2014年实施“二孩政策”以后这一数字有所上升，但是仍然远远低于2.1这一人口世代更替水平。长期生育限制、生育成本高等问题使居民生育观念和生育意愿发生了转变，鼓励生育的政策短期内无法从根本上扭转人口出生不足的情况。

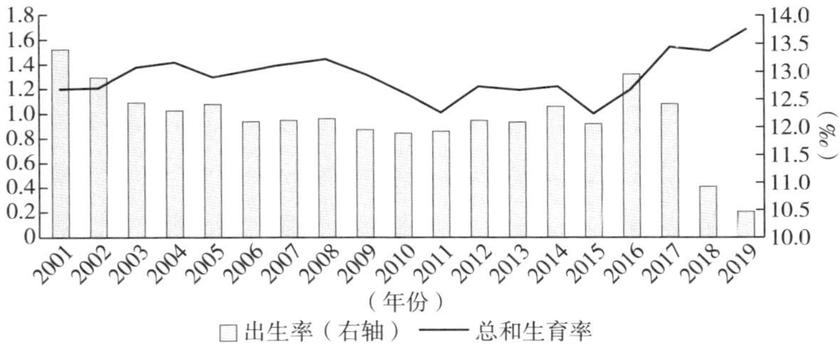

图1.6　2001—2019年我国人口出生情况

资料来源：《中国统计年鉴》、《中国人口和就业统计年鉴》、2010年全国人口普查资料。

为了更准确地了解中国人口变化情况，根据2010年我国第六次全国人口普查数据并利用此次普查得到的出生率和死亡率数据，本书对2011—2030年的人口情况和年龄结构进行预测。具体计算方法为根据每一年龄段的育龄妇女生育率和育龄妇女人口数计算出生人口数（其中2014年、2016年和2017年由于人口政策调整，真实数据与预测数据差异较大，本书利用真实数据进行了调整），根据每一年龄段的人口数

① 总和生育率（total fertility rate）表示一位女性在经历整个生育年龄（一般为15～50岁）后平均生育孩子的数量。这一指标根据《中国统计年鉴》《中国人口和就业统计年鉴》公布的抽样调查数据计算，其中2010年根据全国人口普查数据计算。

和死亡率计算死亡人数。每年除新生儿外的每一年龄段人口数量由前一年的前一年龄段人口数量乘以存活率而得。根据计算，2019—2030 年中国的总体人口情况和劳动力人口比重预测如图 1. 7 所示。

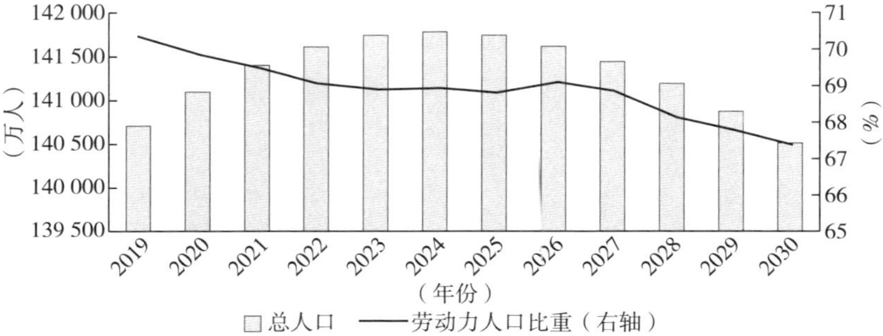

图 1. 7　2019—2030 年我国人口与劳动力比重预测情况

资料来源：2010 年全国人口普查资料，由同策研究院整理而得。

从图 1. 7 可以看出，我国的人口总量将在 2024 年达到顶峰，约为 14. 18 亿人，而我国劳动力人口比重将持续下降，从 2019 年的 70. 33% 下降到 2030 年的 67. 37% 。我国人口形势的变化将对包括房地产业在内的经济发展带来重大影响。

2. 我国家庭结构发生重大变化

家庭结构是指家庭中成员的构成及其相互作用、相互影响的状态，以及由这种状态形成的相对稳定的联系模式。家庭结构涉及多方面的内容，包括家庭类型结构、家庭（户主）年龄结构和家庭规模结构等。本书将家庭人口规模作为衡量家庭结构的重要指标，这一指标含义明确，衡量简单，而且很容易换算成家庭的年龄结构和类型结构，是衡量家庭结构的核心指标。

伯奇（Burch，1967）① 通过总结发达国家的家庭变化情况认为，

---

① Burch T K. The size and structure of families：A comparative analysis of census data [J]. American Sociological Review，1967：347 -363.

随着工业化和城镇化的推进，家庭结构也会随之发生变化，发达国家的数据表明，在工业化和城镇化推进初期，家庭规模会呈现先轻微上升，然后快速下降，最后开始平缓以至于不再变化的规律。家庭规模随着工业化进程而逐渐变小的理论被称为家庭规模收敛理论，这一理论不仅在发达国家得到验证，在我国也被逐渐证实。

图 1.8 为我国家庭人口规模自 1953 年以来的变化示意图，从中可以看出，除了 1958—1960 年的特殊时期及紧随而来的恢复期之外，中国的家庭规模的确符合家庭规模收敛理论，平均家庭规模在我国工业化发展初期（20 世纪 70 年代中期之前）逐渐上升，1974 年达到顶峰 4.81 人。然后，随着我国工业化和城市化的发展开始逐步下降，到 2017 年已经下降至 3.03 人。

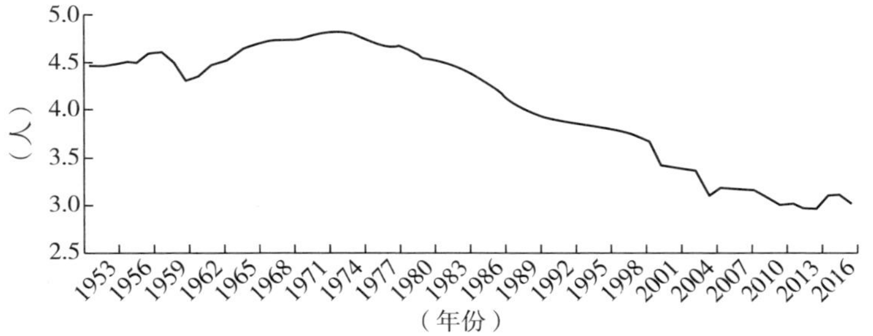

图 1.8 中国家庭人口规模变化图

资料来源：1953—1994 年原始数据来自《中国人口统计年鉴（1995）》，1995—2006 年原始数据来自历年《中国人口统计年鉴》，2007—2017 年原始数据来自历年《中国人口和就业统计年鉴》，由同策研究院整理而得。

根据这一变化规律可以进一步预测未来的家庭结构变化，本书参考李崇梅等人[①]的研究成果，获取了 2015—2030 年中国家庭规模预测结果，具体见表 1.6。

① 李崇梅，焦桂花，刘文斌. 基于平均家庭规模的家庭结构预测方法 [J]. 人口与经济，2017 (4)：98 – 107.

表 1.6　2015—2030 年中国家庭规模预测

年份	预测值（人/户）	年份	预测值（人/户）
2015	2.91	2023	2.68
2016	2.87	2024	2.66
2017	2.84	2025	2.65
2018	2.80	2026	2.63
2019	2.77	2027	2.62
2020	2.74	2028	2.61
2021	2.72	2029	2.60
2022	2.70	2030	2.59

资料来源：李崇梅，焦桂花，刘文斌，等．基于平均家庭规模的家庭结构预测方法[J]．人口与经济，2017（4），98－107.

3. 年轻劳动力向一二线城市集中

从我国人口流动情况看，我国人口流动程度提高。按照居住地与户口登记地不在同一个市辖区的口径统计，我国流动人口从 2000 年的 1.2 亿人上升到 2018 年的 2.41 亿人。流动人口主要向一二线城市集中。2006—2018 年的十多年间，一线城市北京、上海的常住人口分别增长了 573 万人和 609 万人；在二线城市中，天津、武汉、苏州的常住人口分别增长了 485 万人、233 万人和 262 万人。

从人口的净流入情况看，一二线城市的常住人口数量大于户籍人口数量，整体呈现人口净流入，而三四线城市呈现人口净流出。以城市常住人口为基准计算，2018 年，一线城市（4 个样本城市）外来人口流入占比 43.55%，二线城市（30 个样本城市）外来人口流入占比 11.87%，三四线城市（103 个样本城市）为人口净流出状态，流出占比 3.12%。从三四线城市流向一二线城市的主要是年轻的劳动人口。根据国家统计局的人口抽样数据，2004—2016 年，15～64 岁的人口在京、津、沪、粤地区呈现明显增长，年增长率为 1.8%～2.5%。而在中西部地区明显减少，其中四川、贵州的减幅最大，达到年均－1.8%。同一时期，全国老年人口抚养比年均上升 1.9%。京、津、沪、粤地区的老年人口抚养比上升速度均大幅低于全国水平，其中上海和广东出现了负增长。而中西部地区老年人口抚养比的上升速度明显高于全国平均水平，其中甘肃、四川的年上升速度高达3.3%和4.0%。

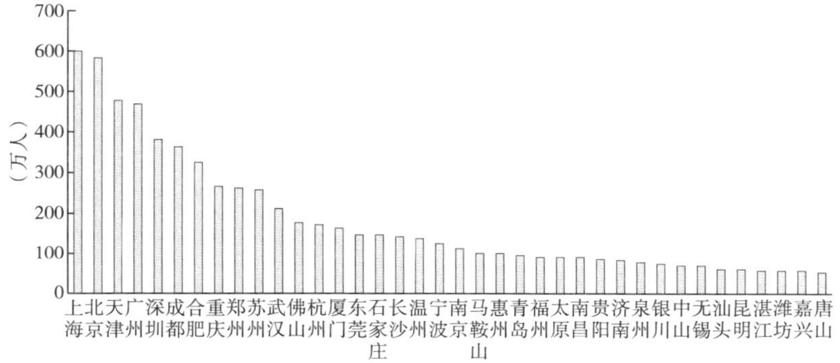

图1.9　2006—2018年中国主要城市常住人口增长情况

资料来源：国家统计局。

我国城市人口仍然有一定的增长空间。《国家新型城镇化规划（2014—2020年）》报告显示，2014年我国常住人口城镇化率为53.7%，户籍人口城镇化率只有36%左右，不仅远低于发达国家80%的平均水平，也低于人均收入与我国相近的发展中国家60%的平均水平。2019年我国人口总量为14.00亿人，常住人口城镇化率达到了60.6%，提前一年实现了《国家新型城镇化规划（2014—2020年）》的目标，但如果以发达国家80%的水平计算，我国未来城镇人口还将增加2.72亿人。从人口迁移的趋势规律看，新增城镇人口将继续向一二线城市转移，三四线城市人口将继续保持净流出的态势。

人口老龄化与集中化趋势说明未来对住房的总体需求减缓，我国2013年的适龄劳动力人口就已经达到了最大值，我国的新建住房规模当年就已经达到最高峰。尽管我国城镇化率对比发达国家仍然相对较低，但是城镇化对房地产业的正面影响从长期看可能无法抵消人口结构变化带来的负面影响。这一判断基于如下两个事实：首先我国城镇化水平已经达到60%，未来的增长速度不一定按以前的速度继续发展，即使能够保证当前每年 1.226% 的城镇化增速，[1] 到 2040 年我国城镇化就将达到 80% 以上，再向上提升的空间很小；其次是我国现有的 15～64 岁年龄段的人口比例过高，2010 年（我国劳动力人口比重最高的年份）这一比例达到 74.5%，显著高于15～64 岁年龄段比例最高时的日本和欧美，在当前阶段意味着巨大的青壮年劳动供给，有利于经济发展，但是这也同样意味着适龄人口老龄化之后，我国面临的人口老龄化问题要严重于日本和欧美，对于房地产市场的负面冲击可能会远远超出预期。

长期看，在没有外力措施的支撑下我国大多数地区房地产业的规模将难以再继续扩大，但是不同城市间的结构性差异将增大。一二线城市由于有产业支撑，存在明显的集聚效应，就业机会较多，工资较高，仍在不断吸引外来人口进入，而且主要是年轻人和素质较高人群，他们的收入水平处于社会上层，一二线城市对于房地产的需求仍然强劲，房地产业的发展仍然有较大潜力。相比之下，大多数三四线城市产业基础较差，经济集聚效应不明显，而且城市数量较多，不但面临一二线城市的虹吸效应，还要面对其他三四线城市的激烈竞争，人口形势不容乐观，三四线城市房地产业的发展动力下降，需要谨防住房供给过剩的问题。

二、 中国工业化和城镇化进程与房地产业发展

人口是房地产业发展的基础，而工业化与城镇化是房地产业发展的动力。我国房地产业的发展在我国工业化和城镇化进程中呈现阶段性特点。

（一）改革开放以前我国房地产业发展情况

一般而言，工业化初期，工业化生产方式的展开使劳动力向城市聚集，带动了城镇化的起步。城镇居民的增加带动了对住房的大量需求，

① 根据 2009—2019 年中国城镇化率数据推算。

住房投资因此不断扩大，带动了房地产业的高速发展。但对我国来说，新中国成立初期的工业化建设与城镇化发展并没有直接带动房地产业的高速发展。1949—1960 年，我国第二产业在经济中的比重迅速增加，从 1952 年的 21% 上升到 1960 年的 44% 。[①] 工业化的起步伴随着人口向城市的转移。在这段时间，城镇人口比重相应地从 1949 年的 11.2% 上升到 1960 年的 19.7% 。而房地产业的比重反而降低，从 1952 年的占比 2.1% 下降到 1960 年的 1.4% 。从绝对量上看，1952—1960 年，第二产业增加值从 141 亿元上升到 652.6 亿元，上升了 3.6 倍；城镇人口从 0.7 亿人上升到 1.3 亿人，上升了 85% ；而第三产业增加值从 14 亿元上升到 20.9 亿元，仅上升了 49% 。这段时期是我国工业化的起步阶段，为了摆脱“一穷二白”的状况，工业化建设是当务之急。因此有必要把有限的资源集中到工业化建设之中。而在计划经济体制下，国家通过行政手段配置资源，住房作为不能直接用于生产活动的固定资产，对其投入要让位于工业化投入。因此，在特殊的历史环境下，房地产业发展滞后于工业化和城镇化进程。

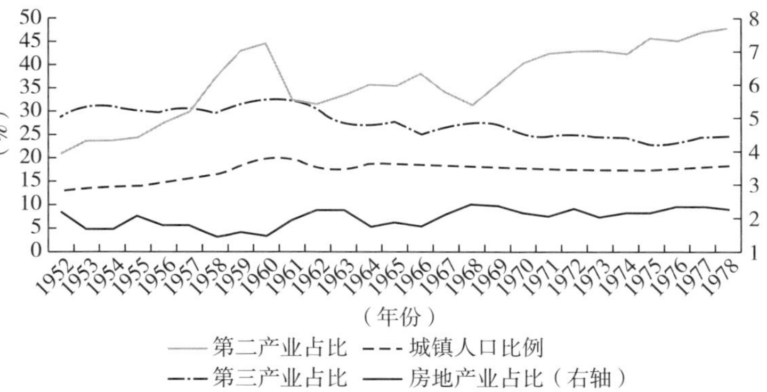

图 1.10　1952—1978 年我国产业、人口及房地产业发展情况

资料来源：国家统计局。

---

① 除特别说明外，本节数据均来自《中国统计年鉴》。

20 世纪六七十年代，我国经济工作重心由经济建设转为以备战为目的的三线建设。这段时期表现为工业化进程稳步推进，而城镇化进程延缓。第二产业占比从 1961 年的 32% 上升到 1979 年的 47%，而城镇人口比例从 1961 年的 19.3% 下降到 1972 年的 17.1%，到 1980 年恢复至 19.4%。这段时期房地产业平稳发展，在经济中的比重维持在 2% 左右。

我国白手起家进行工业化建设，由于资本和物资的极度短缺，国家只能将资源集中进行工业建设，这段时期第三产业占比也呈现下降趋势。1978 年我国城镇人均居住面积仅为 6.7 平方米，① 住房数量严重不足。居民的居住需求长期处于被抑制的状态。

（二）改革开放以后我国房地产业发展情况

改革开放以来，随着房地产业的市场化程度逐渐加深，房地产业发展迅速。我国房地产业增加值从 1978 年的 79.9 亿元发展到 2019 年的 6.96 万亿元。剔除通货膨胀因素后，2019 年的房地产业增加值比 1978 年增长了 49 倍。房地产业在经济中的比重从 1978 年的 2.2% 上升到 2019 年的 7.0%。我国居民的住房情况持续得到改善，国家统计局数据显示，到 2018 年，我国城镇人均住房建筑面积达到 39 平方米，农村居民人均住房建筑面积达到 47.3 平方米。

1978—1998 年是房地产业市场化试点阶段，房地产业表现出极大的发展潜力。1998—2008 年是住房全面市场化以来房地产业高速发展时期，长期被抑制的居住需求的释放带动了房地产业高速发展，同时也推动了城镇化的进程。2008 年以来，随着居住需求释放的完成以及经济发展带来的对居住质量的要求，房地产业进入由住房数量向居住质量转变的阶段，房地产业呈现波动式发展。

---

① 数据来自 Wind 数据库。

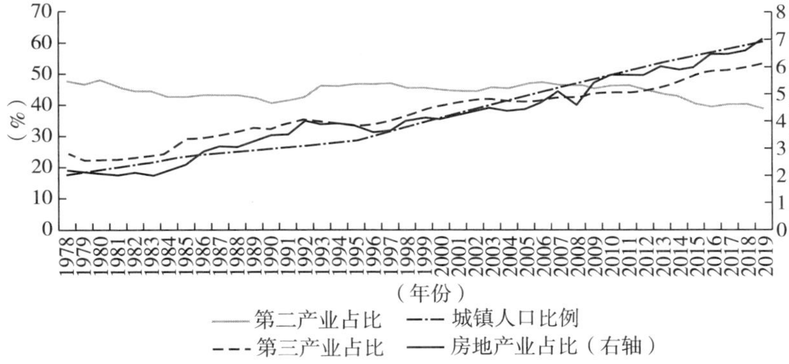

图 1.11　1978—2019 年我国产业、人口及房地产业发展情况

资料来源：国家统计局。

1. 1978—1997 年：我国房地产业市场化的试点阶段

1978 年改革开放标志着我国经济由计划经济体制向市场经济体制转轨，市场的活力刺激了经济发展，特别是第三产业的高速发展。随着经济发展和工业化进程的加深，人口流向城镇的速度在加快。1978 年以来，城镇人口比例再次出现明显的上升趋势，从 1978 年的 17.9% 上升到 1996 年的 30%。在经济市场化转型的背景下，房地产业也开始了市场化转型的尝试。1984 年，《国务院关于改革建筑业和基本建设管理体制若干问题的暂行规定》中提出建立城市综合开发公司，对城市土地、房屋实行综合开发，以及推行住房商品化。1984 年起，房地产业开始了高速发展，房地产业增加值占经济的比重逐年增加。

2. 1998—2008 年：我国房地产业的持续快速发展阶段

1998 年，我国结束了单位福利分房的住房制度，住房全面市场化直接刺激了房地产业的发展。同时，第三产业的高速发展以及城镇化的加速推进也为房地产业发展提供了支撑。1998—2008 年，第三产业在经济中的比重从 37% 上升到 42%，城镇人口的比例从 33% 上升到 47%。这一时期，房地产业名义增加值从 1998 年的 0.37 万亿元上升到 2008 年的 1.47 万亿元，上升了约 4 倍；房地产业在经济中的比重从 4% 上升到 5% 左右。

商品住房销售面积从 1999 年的 1.2 亿平方米上升到 2008 年的 5.9 亿平方米，销售额从 1999 年的 2 000 亿元上升到 2008 年的 2.1 万亿元。住房销售面积和销售额长时间保持在 20% 左右的增速。房地产投资也保持高速增长，从 1999 年的 4 000 亿元上涨到 2008 年的 3.1 万亿元，同比增幅长时间保持在 20% ~ 40%。住房新开工面积从 1999 年的 1.8 亿平方米上升到 8 亿平方米，同比增幅长期保持在 20% 以上。而房地产市场的需求侧也保持着活力。这段时期的商品房待售面积从 2000 年的 1.1 亿平方米上升到 1.8 亿平方米，年增长率仅为 6%。新增住房能够被迅速消化。相对于同时期 10% 左右的经济增长速度，房地产市场经历了高速发展时期，增速超过同时期 GDP 增速一倍以上。

3. 2009—2019 年：波动式发展阶段

这一阶段，房地产市场继续保持较高的发展速度，市场量价增速表现出明显的波峰和波谷。在波峰时期，房地产市场迅速发展，增幅远远超过宏观经济的增速；而在波谷时期，房地产市场出现了短时间的衰退情况，量价都出现增长率小于零的现象。这是在这一阶段出现的新情况。图 1.12 显示，三次销量增速波谷分别为 2009 年 1 月、2011 年 11 月和 2015 年 2 月。商品住房销售面积和销售额的同比跌幅都达到或者接近 20%。如图 1.15 所示，70 城新建住房价格也分别在 2009 年 2 月、2012 年 5—6 月和 2015 年 3—4 月达到波谷，其中 2015 年 3—4 月的价格下跌幅度超过 5%。销量的三次波峰时期分别为 2010 年 1 月、2013 年 3 月和 2016 年 5 月，其销售面积同比增幅都在 40% 以上，销售额最高时涨幅超过 80%。70 城新建住房价格也分别在 2010 年 4 月、2013 年 12 月、2016 年 11—12 月和 2019 年 4 月达到波峰，其中 2010 年 4 月涨幅超过 15%。从历次量价波动看，销量都领先于价格先行变动，平均看，在销量达到波谷时，价格会在 3 个月后达到波谷；在销量达到波峰时，价格会在 5.83 个月后达到波峰。

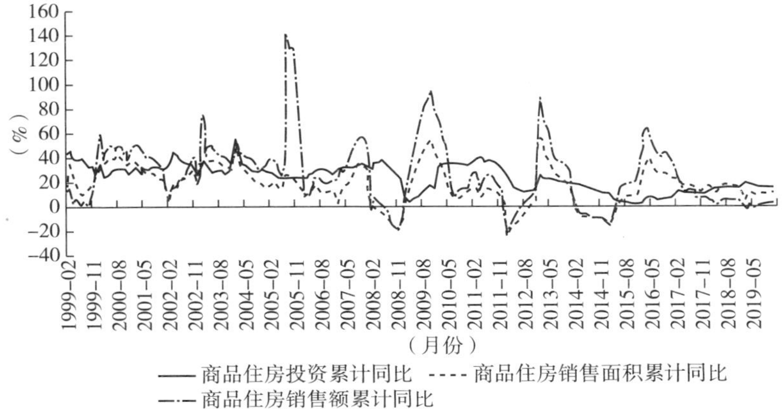

图 1.12　1999—2019 年我国商品住房销售、投资情况

资料来源：国家统计局。

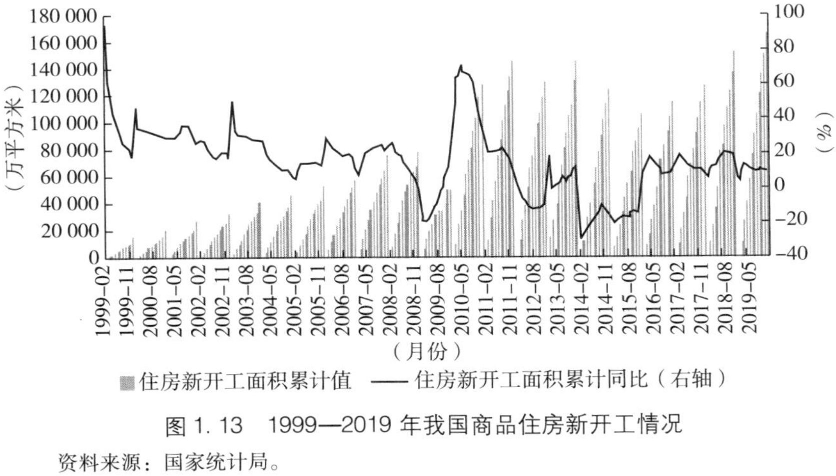

图 1.13　1999—2019 年我国商品住房新开工情况

资料来源：国家统计局。

投资方面，这一阶段的商品住房开发投资额呈现减速增长的情况，同比增速在 2010 年 5 月达到 40% 之后持续降低，在 2019 年底降至 13.9%，其中 2015 年底最低时仅有 1% 的同比增速。这种减速增长的趋势与上一个阶段持续高速增长的房地产投资额形成反差。这一阶段房地产市场的供求力量对比发生了变化。市场供给大幅增加，房屋新开工面积在 2009 年突破 10 亿平方米，并在 2010 年突破 15 亿平方米。但市场

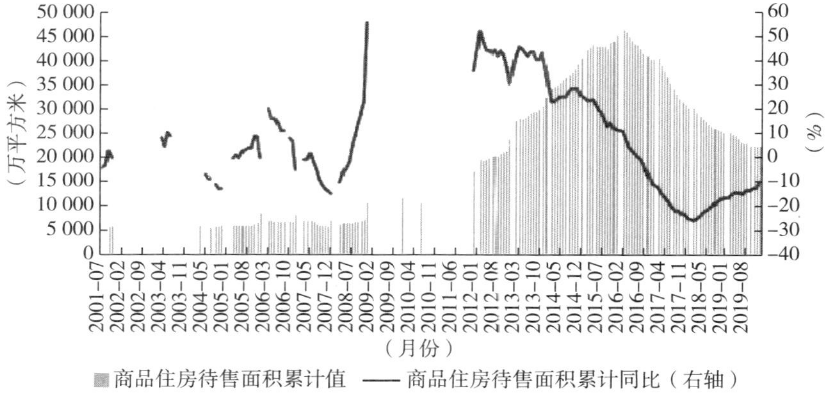

图 1. 14　2001—2019 年商品住房待售情况

注：因原始数据来源原因，本数据不连续。

资料来源：国家统计局。

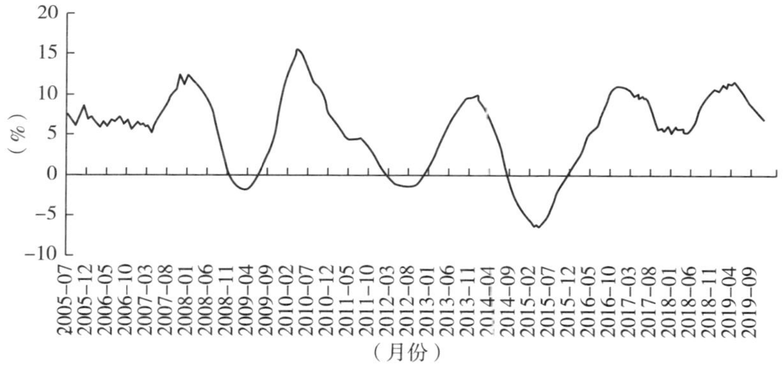

图 1. 15　2005—2019 年 70 城新建住房价格指数

资料来源：国家统计局。

的需求方并没有出现与之对等的增强。因此，这一阶段的商品房待售面积持续增长，从 2009 年 4 月的 1. 7 亿平方米增长到 2016 年 4 月的 7. 3 亿平方米，年增长率高达 23. 4%。这一阶段供给强、需求弱的情况与上一阶段供求相对平衡的情况形成对比。之后，在国家“去库存”战略的推动下，待售面积在 2019 年底回落到 4. 98 亿平方米。2020 年第 1 季度，由于新冠疫情冲击，待售面积再次上升到 5. 27 亿平方米。

三、 我国房地产业发展由数量型向质量型转变

由住房数量的满足转向居住质量的提升是发达国家房地产业的发展规律之一。我国房地产业目前也面临这一转变。这可以通过我国住房投资变化以及房地产业投资与产出关系的变化反映。

（一）我国住房投资的“倒 U 形”曲线

房地产投资与 GDP 的比值能够代表新建住房在全年经济产出中的比例。从较长的时间跨度看，随着工业化与城镇化的兴起与完成，经济体中住房投资的相对份额会经历先上升、后下降的趋势，即住房投资的“倒 U 形”曲线。①

从新中国成立以来，我国经历了从以农业为主的经济体转变成以工业为主的经济体的过程。1978 年以前，是我国工业体系初步建立的时期，我国集中资源进行工业化建设，第二产业在我国经济中的比重从 1952 年的 20% 扩大到 80 年代初的 50% 。这一时期的房地产业规模相当小，仅占 GDP 的 2% 左右。

20 世纪 80 年代以后，房地产业开始加速发展，弥补以前的不足。1980—1998 年，我国全社会住房投资占 GDP 的比重在 7% 上下波动，这一比例与发达国家同阶段相比偏高，这是因为前期工业化建设时期被抑制的居住需求开始释放，住房投资的增加说明新建住房开始大量供给。1998 年住房制度全面市场化，居住需求全面释放。住房投资占 GDP 的比重大幅上升，在 2013 年达到 12. 57% 的峰值。

2012 年，我国第三产业增加值占 GDP 的比重超过第二产业，2013 年，我国三大产业占比分别为 8. 9% 、44. 2% 和 46. 9% 。对比发达国家的经验，三大产业的比重接近 10% 、40% 和 50% 时标志着经济开始进入

① Burns 和 Grebler 在其著作 *The Housing of Nations*（1977）中提出了住房投资“倒 U 形”曲线的假说。

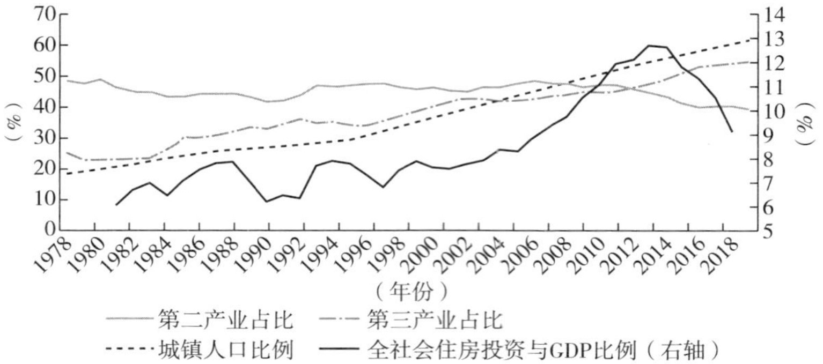

图 1.16　1978—2019 年产业、人口与住房投资的发展情况

资料来源：国家统计局，2018 年和 2019 年全社会住房投资数据未公布，但国家统计局在《固定资产投资水平不断提升 对发展的关键性作用持续发挥——新中国成立 70 周年经济社会发展成就系列报告之九》一文中公布 1983—2018 年我国社会住房投资平均增长率为 17%，由此推出 2018 年我国社会住房投资增长率为 -4.37%，住房投资额为 83 187.47 亿元。2019 年数据尚缺。

工业化的中后期。这一阶段起，房地产业发展的主要方向开始由住房数量向居住质量转变。2013 年以后，我国住房投资相对规模开始下降，其占 GDP 的比重到 2017 年下降至 10.6%。可以看到，我国住房投资的“倒 U 形”曲线开始显现，这与发达国家房地产业发展经验一致。

1998—2019 年，我国常住人口的城镇化率从 33.87% 上升到 60.6%，增长速度相对稳定，每年增长约 1.27%。这说明在这一时期，城镇居民刚性居住需求的增长相对比较稳定。但是，城市人均住房面积从 1998 年的 18.66 平方米上升到 2008 年的 30.60 平方米，增长速度为每年 1.12 平方米。而在 2009 年以后，城市人均住房建筑面积增速缓慢，从 2009 年的 31.30 平方米增长到 2018 年的 39 平方米，每年增长约 0.86 平方米。这说明，在 2008 年以前，城市居民住房条件较差，住房数量不足的问题较为突出，对新增住房的数量需求旺盛。而 2008 年以后，住房数量问题得以缓解，居民开始要求更舒适的居住环境。

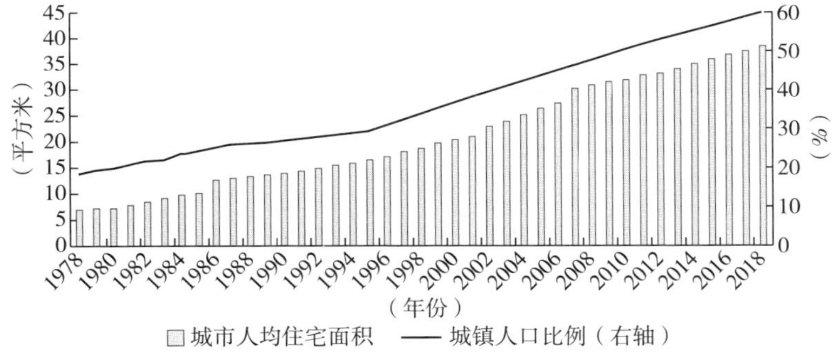

图 1. 17　1978—2018 年我国城镇化率和人均居住面积

注：人均居住面积数据部分年份缺失，通过插值法估算；2017 年数据通过历史趋势估算。

资料来源：国家统计局、Wind 数据库。

（二）我国住房投资与产出的关系对比

从房地产业的投资和产出对比看，一定规模的住房投资在不同阶段产生的住房服务产出有所不同。两者在房地产业发展不同阶段表现出的差异关系反映了我国居住需求从住房数量向居住质量的转变。

本书通过绘制房地产业产出和投资的散点图直观地反映两者之间的关系。散点图的纵轴表示房地产业增加值，横轴表示不同口径下房地产业的相关投资，包括房地产业固定资产投资、房地产业固定资本形成和全社会住房投资。以上三个投资指标互相联系并且互有区别。房地产业固定资产投资是各地上报的房地产全行业（包括开发投资、物业管理、中介服务等全口径）的投资额，房地产业固定资本形成是房地产全行业每年新形成的可以投入生产活动中的固定资本的价值，而全社会住房投资统计的是包括房地产业在内的所有有关住房的投资。①

由于数据有限，以上指标选取了 1995—2017 年这一时间段，并通过房地产业增加值不变价格指数和固定资产投资价格指数，将所有指标

① 张清勇，郑环环．中国住房投资引领经济增长吗？［J］．经济研究，2012（2）：68 – 80.

转化为1995年的价格水平。散点图将每年房地产业的投资和产出情况一一对应，由于我国房地产业增加值呈逐年上升的趋势，所以图中各个点由低到高的排列顺序实际上可以反映出我国房地产业逐年发展变化的情况。

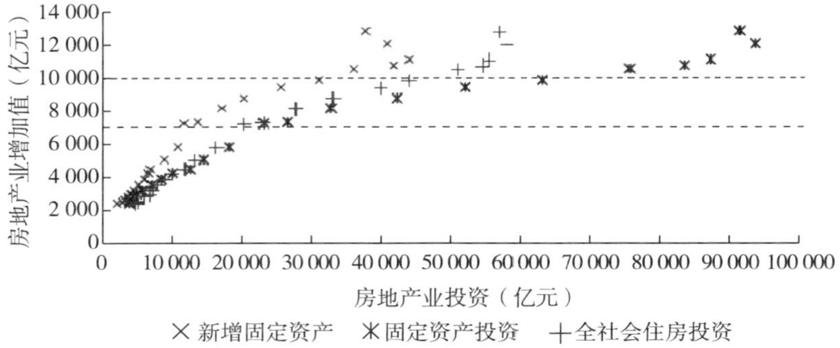

图1.18　1995—2017年我国房地产业投资和产出情况

注：房地产业增加值以1995年不变价格计算，不同口径的投资也通过固定资产投资价格指数转换为1995年不变价格水平。

资料来源：国家统计局。

从图中可以观察到，以房地产业增加值等于7 000亿元和10 000亿元为界线，散点的分布可以被划分为三个区域。在7 000亿元以下区域中，随着投资的增长，房地产业产出的增长较快；在7 000亿～10 000亿元区域，投资增长带动房地产业产出的增长明显减慢；而在10 000亿元以上区域，点阵出现竖直向分布，即房地产业产出的增长与房地产业投资的相关性大幅减弱。由于房地产业增加值单调递增，可以将以上三个区域对应到相应的时间阶段上。原始数据显示，7 000亿元以下区域对应2006年以前，7 000亿～10 000亿元区域对应2007—2012年，10 000亿元以上区域对应2013年以后。对比不同口径的投资可以看到，点阵的分布特点较为一致，因此可以认为上述房地产业产出与投资的关系具有普遍意义。但需要指出的是，由于统计口径的变化，2013年前后点阵代表的含义不完全相同，不能简单对比。

以上观察说明，2008年以前，房地产投资对其产出有较强的推动力。结合前文对我国房地产业发展阶段的划分看，2008 年以前是房地产业高速发展阶段，住房销售量逐年攀升，库存保持在较低水平。这一阶段的特点是大量的住房供给弥补了我国长期以来住房数量不足的问题，人均住房面积有较快的提升。这表明大量新建住房满足了居民对住房数量的需求。

2008 年以后，房地产投资对其产出的推动作用明显下降。这一段时期对应了前文中的房地产业波动式发展阶段。这一时期房地产市场的一个明显特征是库存大量增加，人均住房面积超过 30 平方米，而且居住面积提升的速度明显下降。这说明这一时期住房数量的需求已经得到基本满足。继续大规模开发建设、增加住房数量已经不是居民最急切的需求，在不考虑房地产自住价值的情况下，投资规模的增加对房地产业产出的推动作用下降。

随着经济的发展，房地产业先满足居民住房数量的需求，之后满足居民居住质量的需求。我国当前的经济发展阶段和房地产业发展状况显示我国处在由住房数量向居住质量转变的节点，提供优质的居住服务是房地产业未来的发展趋势。

第三节　房地产业发展的区域差异

我国房地产业存在地区发展不均衡的现象。从房地产业的产出、投资、就业等角度看，沿海地区的房地产业规模较大，内陆地区的规模较小。这种区域间的差异也反映了房地产业发展与当地的经济发展阶段相匹配的规律。但是，随着 2016 年新一轮房地产市场上涨行情，出现了一二线城市的住房相对不足，三四线城市的住房相对过剩的情况。三四线城市房地产业的高速发展与其经济、产业、人口情况脱节，带来风险。

一、　我国房地产业发展的区域差异

我国东部沿海地区的房地产业较为发达，而中西部地区的房地产业发

展较为落后。地区经济发展差异是我国房地产业地区间差异的重要原因。

（一）房地产业发展的区域差异表现

从房地产业的产出、投资和就业这三个方面看，我国不同地区的房地产业发展表现出较大的差异。沿海经济发达地区的房地产业较为发达，而内陆地区的房地产业发展相对薄弱。

产出方面，房地产业增加值占地区生产总值的比重反映了一个地区房地产业的地位和发展水平，而房地产业的发展同样与当地经济、产业水平密切相关。2019 年全国房地产业增加值为 6.96 万亿元，占 GDP 比重为 7.0%。2017 年，在本书统计的 31 个省级行政区①中，超过全国平均水平的地区为：海南（9.75%）和广东（8.51%）。北京（6.30%）、浙江（6.22%）、上海（6.11%）三地的房地产业增加值比重略低于全国平均水平。而位于中西部地区的青海、贵州、云南的房地产业占比最低，低于 2.50%。

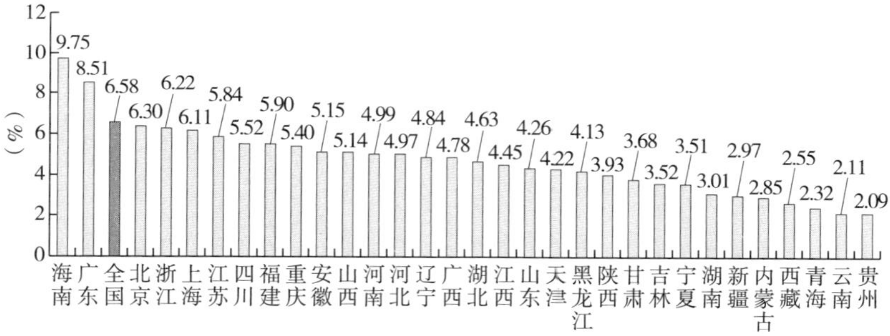

图 1.19　2017 年各地区房地产业增加值占地区 GDP 比重

资料来源：国家统计局，同策研究院整理。

房地产业对经济增长的贡献通过房地产业增加值的增量与 GDP 增量的比值计算。这一指标反映了一个地区的经济增长对房地产业的依赖

---

① 不包括香港、澳门、台湾，下同，为 2017 年数据。

程度。2017 年全国房地产业的平均贡献率为 7.16%，较 2016 年的 11.9% 有所下降。31 个省级行政区中，17 个行政区的房地产业贡献率超过全国平均水平。其中广西（66.36%）、吉林（29.21%）、海南（20.75%）最高，20% 以上的经济增长来自房地产业。贡献率最低的三个地区为内蒙古（-0.24%）、天津（-3.41%）和上海（-10.29%）。

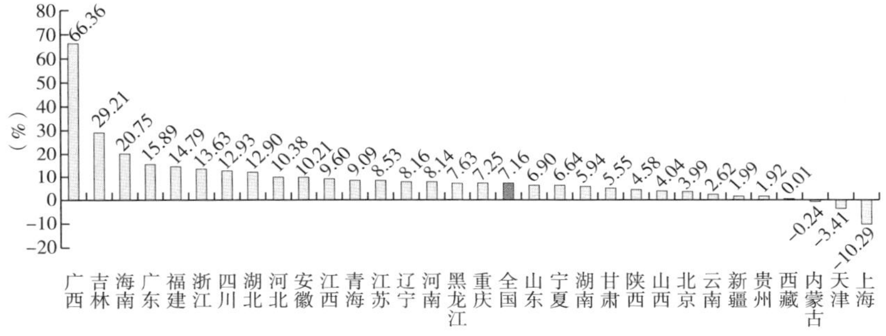

图 1.20　2017 年各地区房地产业对经济增长贡献率

资料来源：国家统计局，同策研究院整理。

投资方面，房地产开发投资与 GDP 的比例可以用来衡量一个地区对房地产业投入的比重。图 1.21 列出了 2019 年各地区房地产开发投资和房地产开发投资中住房投资分别占 GDP 的比例。海南、天津、重庆等地对房地产开发的投资比例最高，海南的房地产开发投资占 GDP 的比例高达 25.17%，住房开发投资与 GDP 的比例为 19.49%；天津分别为 19.34% 和 15.6%；重庆分别为 18.81% 和 13.75%。内蒙古、黑龙江、西藏的投资占 GDP 的比例最低，房地产开发投资占比分别为 6.05%、7.04%、7.63%，住房开发投资占比分别为 4.54%、5.05%、5.71%。

就业方面，从分行业的城镇就业人员看，2018 年海南、北京、上海、天津的房地产业就业人口比重较高，明显高于全国平均水平，其中海南房地产业的就业人口占比高达 8.63%，北京为 5.77%。而青海、河北、山西和西藏的房地产业就业人口占比最低，其中山西和西藏分别仅为 0.86% 和 0.57%。可以看到，除了北京、上海、广东、天津和海南，其他东部省份的房地产业就业人口比重均低于全国平均水平。

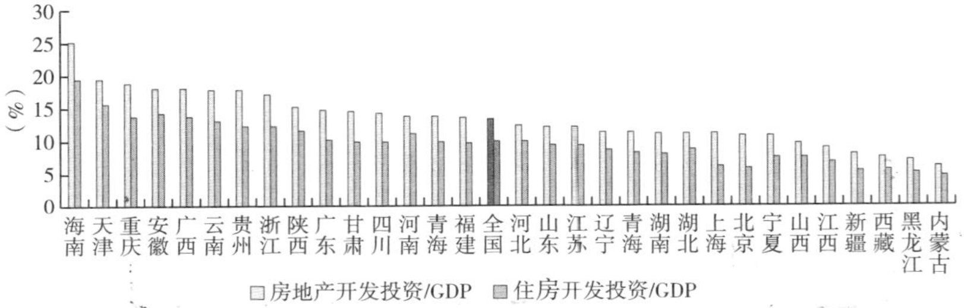

图 1.21　2019 年各地区房地产投资占 GDP 比例

资料来源：国家统计局。

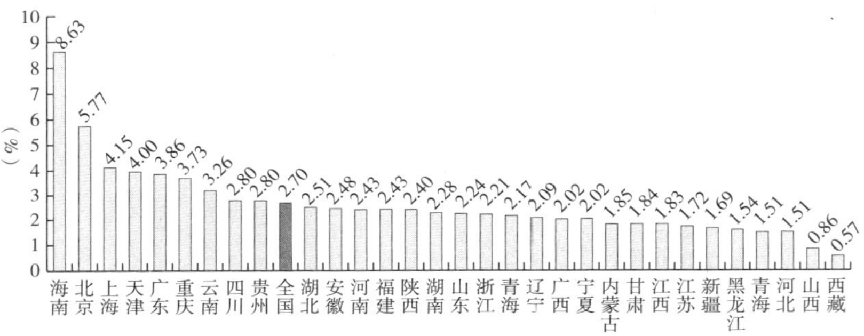

图 1.22　2018 年各地区房地产业城镇就业人口占比

资料来源：国家统计局。

（二）房地产业发展与地区经济发展水平的关系

房地产业的发展与一个国家或者地区的经济发展水平，尤其是工业化水平有着密切的关系。这在我国房地产业发展历程中有很好的体现。从截面数据看，我国不同地区的房地产业发展差异与当地的经济发展水平和工业化水平存在紧密联系。

对比图 1.23 中我国 2017 年各省级行政区（不包括香港、澳门、台湾）的第二产业比重和人均 GDP 的关系可以看到，两者之间呈现先上升、后下降的关系：在人均 GDP 较低时，第二产业比重的上升会带来人均 GDP 的上升；而在人均 GDP 较高时，产出的提高主要来自发达的第三产业，因此第二产业比重反而会随着人均 GDP 的上升而降低。

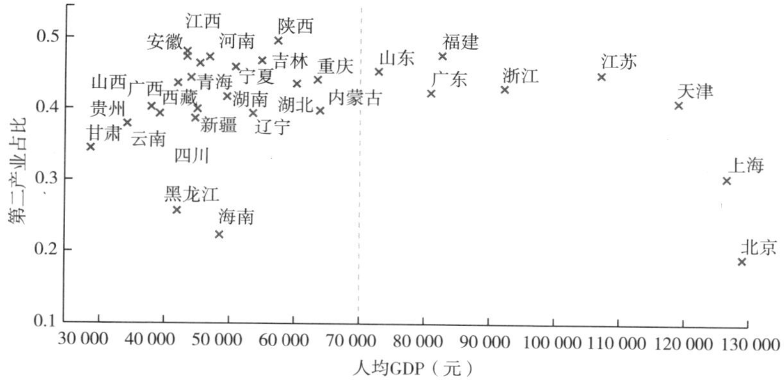

图 1.23　2017 年我国各省产业与经济情况

注：样本不包括香港、澳门、台湾。

资料来源：国家统计局，同策研究院整理。

根据以上观察，本书以人均 GDP 70 000 元为界线，将样本地区分为初级工业化地区和高级工业化地区两组（图 1.24）。以 70 000 元为划分界线的依据是，首先，人均 GDP 在 70 000 ~ 90 000 元之间是整体曲线的拐点所在区域；第二，划分后高级工业化地区包括除了河北和海南以外的所有东部地区①的行政区，有较高的地区一致性；第三，如果以更高的人均 GDP 水平划分，则两组间的样本数量差距过于悬殊。

通过分组对比可以看到，处于不同经济发展阶段的地区，其住房投资的比重呈现不同的特点。处于初级工业化阶段的地区，住房投资的比重与第二产业之间呈现较为明显的正向关系。第二产业发展能够带动人口的聚集和城镇化的发展，从而增加对住房的需求，导致住房投资的扩大。而处在高级工业化阶段的地区，住房投资的比重与第二产业之间没有明显的正向关系。

---

① 根据国家统计局解释，东部地区是指北京、天津、河北、上海、江苏、浙江、福建、山东、广东和海南 10 省（市）；中部地区是指山西、安徽、江西、河南、湖北和湖南 6 省；西部地区是指内蒙古、广西、重庆、四川、贵州、云南、西藏、陕西、甘肃、青海、宁夏和新疆 12 省（区、市）；东北地区是指辽宁、吉林和黑龙江 3 省。

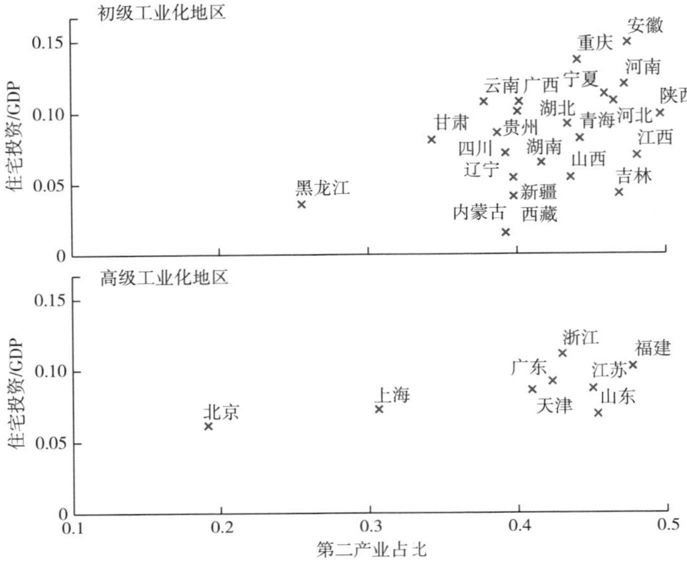

图 1.24　2017 年全国各地区住房投资与产业关系

注：样本不包括香港、澳门、台湾；海南省由于其产业具有特殊性，作为异常值排除。

资料来源：国家统计局，同策研究院整理。

从房地产业的产出看，房地产业增加值在 GDP 中的比重随经济的发展持续增加。对两个样本组别来说，具体表现为对于处于工业化初级阶段的地区，第二产业占比与房地产业占比同向增长；对于处于工业化高级阶段的地区，房地产业占比与第二产业占比呈现相反的关系（图 1.25）。

以上各图通过对我国 2017 年各地区截面数据的展示，说明了房地产业的投资与产出在不同经济发展阶段的表现。随着经济增长和工业化的进程，产业结构呈现第二产业的比重先增加后下降的情况。第二产业比重的上升标志着工业化的推进，带动农业人口转变为工业人口，并向城市转移，推动城镇化进程。在这一过程中，城市的住房需求增加，从而带动住房投资的上升。住房数量的增加是这一阶段房地产业发展的主要特点。

当工业化基本完成，经济发展的新增长点由第二产业转变为第三产

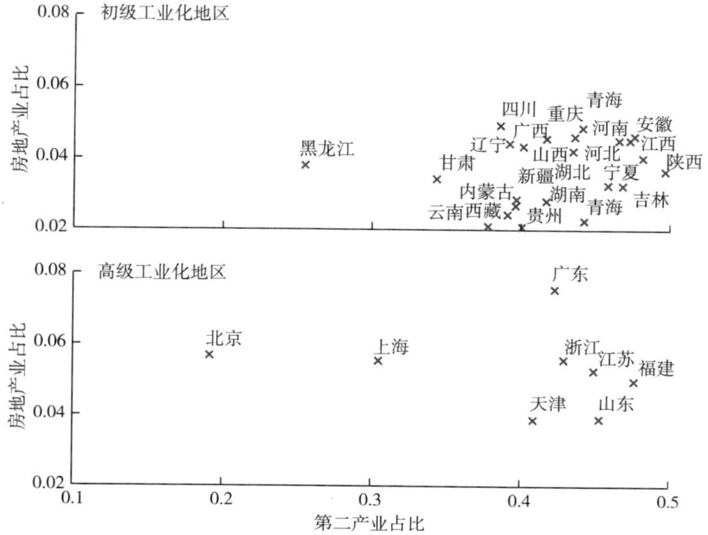

图 1. 25　2017 年全国各地区房地产业与第二产业关系

注：样本不包括香港、澳门、台湾；海南由于其产业具有特殊性，作为异常值排除。

资料来源：国家统计局，同策研究院整理。

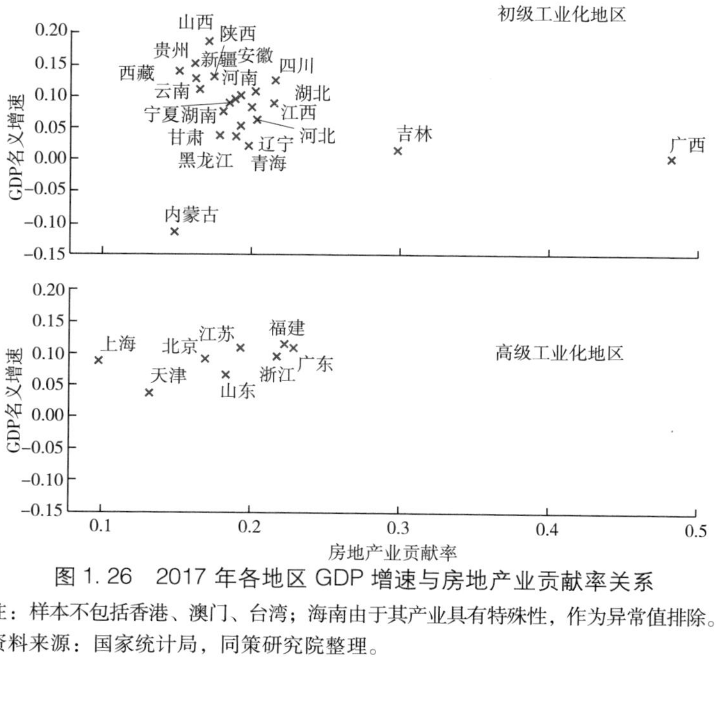

图 1. 26　2017 年各地区 GDP 增速与房地产业贡献率关系

注：样本不包括香港、澳门、台湾；海南由于其产业具有特殊性，作为异常值排除。

资料来源：国家统计局，同策研究院整理。

业。第二产业的比重逐渐下降，城镇化进程减慢。随着居民收入的增长，居民对住房数量的需求逐步转变为对高质量居住条件的需求。因此房地产业增加值持续上升，而住房投资的比重下降。

从以上房地产业与经济发展之间的关系可以看到，房地产业的发展是从属于工业化进程的。通过比较 GDP 增速与房地产业的贡献率可以看到，处于工业化初级阶段的地区，GDP 增速与房地产业贡献率呈现负相关关系，而在工业化高级阶段的地区，两者正相关。这在一定程度上说明在经济发展的初期，工业化是经济增长的主要动力；只有经济发展到较高阶段，房地产业才逐渐成为经济增长的动力。

二、 我国三四线城市房地产业的风险①

2016 年以来，房地产调控手段不断升级，除了传统的限购、限贷等，还出现了“限售、限商、竞自持面积”等新举措。在这种形势下，一二线核心城市房地产市场开始明显降温，而开发商和投资者向非调控的三四线城市转移，造成 2016 年以来三四线城市房地产市场出现过热的情况。

这一现象尽管响应了国家“去库存”战略，但是随着土地市场的升温，带来的却是进一步的“补库存”结果。从长期看，三四线城市整体处于人口净流出的状态，在缺乏人口支撑的背景下，大力发展房地产市场带来的短期影响是房地产市场风险的快速上升；长期影响是住房供给量过剩及大量不可再生土地资源的闲置浪费，进而影响区域经济甚至国家经济的整体平稳健康发展。

解决三四线城市房地产市场的风险问题最根本的途径就是以十九大报告精神为准则，以国家中心城市为引领，协同带动发展三四线城市，把三四线城市发展纳入整体区域规划中，要依托特色优势，发展模式要“去房地产”化，从而化解三四线城市房地产市场风险，促进三四线城

① 盛松成，宋红卫，李首均．高度警惕房地产泡沫出现在三四线城市 应加快制定房地产市场长效调控机制［J］．人民日报内参，2018（54）．

市经济健康长期稳定发展。

（一）2017 年三四线城市房地产市场明显升温

2017 年以来，在一二线城市房地产市场深度调控的背景下，三四线城市房地产市场（主要指商品住房市场，下同）出现明显升温，与一二线城市形成鲜明对比。这主要体现在成交价格、成交量、开发投资和土地市场四个方面。

成交价格方面，三线城市住房价格上涨趋势明显超过一二线城市。2017 年房地产价格上涨主要集中在三四线城市。截至当年 10 月，三线城市新建商品住房和二手住房价格上涨趋势均超过一二线城市。新建商品住房市场方面，三线城市住房价格指数 10 月同比增长 6.8%，比上一年同期高出 1.9 个百分点，且超过当期一二线城市（一线城市为 1%，二线城市为 4.3%）。而一二线城市与上一年同期相比均出现大幅下降（一线城市下降 29.9 个百分点，二线城市下降 14.1 个百分点）。二手房市场方面，三线城市住房价格指数 10 月同比增长 5%，超过一线城市上涨幅度，尽管比二线城市低 0.9 个百分点，但是从趋势看，三线城市仍然呈上涨态势。

成交量方面，三四线城市房地产市场热度也超过一二线城市。三四线城市是 2017 年唯一整体仍然保持规模正增长的城市群体。108 个样本城市[①]的商品住房成交数据显示，2017 年 1—3 季度三四线城市成交量

---

① 样本城市名单为北京、上海、深圳、广州、天津、重庆、南京、成都、大连、厦门、西安、无锡、福州、沈阳、青岛、济南、南昌、郑州、太原、石家庄、哈尔滨、呼和浩特、海口、南宁、兰州、昆明、贵阳、西宁、银川、乌鲁木齐、温州、北海、杭州、武汉、苏州、长沙、宁波、合肥、长春、东莞、包头、常州、桂林、南通、唐山、徐州、蚌埠、扬州、佛山、惠州、昆山、廊坊、连云港、洛阳、秦皇岛、汕头、烟台、中山、锦州、吉林、金华、安庆、泉州、九江、赣州、济宁、平顶山、宜昌、襄阳、岳阳、常德、湛江、韶关、南充、遵义、大理、莆田、舟山、泰安、东营、湖州、江阴、马鞍山、淮安、泰州、威海、芜湖、湘潭、张家港、株洲、衡水、绍兴、常熟、固安、香河、沧州、焦作、肇庆、运城、宿州、南平、三明、龙岩、黄石、滁州、新余、盐城和孝感。

为 16 216. 92 万平方米，比上一年同期上涨 3. 06%，一线城市成交量为 1 766. 25 万平方米，比上一年同期下降 44. 45%，二线城市成交量为 20 135. 92万平方米，比上一年同期下降 23. 21%。

投资开发方面，三四线城市住房开发投资也超过一二线城市。自 2017 年 1 月开始，三线城市投资热度就明显超越一二线城市，并一直持续至 2017 年底。从 40 个城市房地产住房投资开发情况看，截至 2017 年 10 月，三线城市累计同比增长 14. 37%，一二线城市分别为 0. 22% 和 10. 62%。三线城市分别比一二线城市高出 14. 15 和 3. 75 个百分点。从增长趋势看，三线城市仍然呈现上涨态势，一线城市呈现大幅的趋势性下降，二线城市保持稳中下降的态势。

土地市场方面，三四线城市住房类土地升温迹象更明显。从全国 300 个城市看，2017 年 1—10 月成交的住房类用地中，三四线城市的平均楼板价为 2 426. 74 元/平方米，较 2016 年同期增长 75. 53%，分别较全国、一线和二线城市平均楼板价增速高出 49. 29、93. 14 和 62. 18 个百分点。三四线城市的住房类土地的溢价率为 51. 18%，较 2016 年同期的 34. 09% 高出 17. 09 个百分点。一二线城市住房类土地溢价率出现不同程度的下降。

（二）不同地区三四线城市房地产业的潜在风险

2016 年以来三四线城市房地产市场的升温带来了住房价格上涨、供地规模增加、商品住房投资扩大的情况。然而，三四线城市的经济相对落后，居民收入较低，城市吸引力较弱，人口净流出，产业基础相对薄弱。这些城市相对薄弱的经济基本面难以持久支撑持续升温的房地产市场，其风险在不断积聚。

三四线城市的房地产业风险可以从以下三个维度分析：持续高速上涨的住房价格高于收入的增长速度，造成居民购房压力上升带来住房价格风险；“去库存”之后的“补库存”造成的库存压力上升与城市人口净流出之间的错配带来住房供给过剩的风险；过高的商品住房投资比例与相对薄弱的产业基础错配带来房地产过度投资的风险。

1. 三四线城市住房价格风险

我国住房制度市场化改革以来，高房价的问题长期困扰一二线城市，但是三四线城市的住房价格水平总体相对平稳，住房价格增速低于居民收入的增速，居民购房负担较低。但是，2016 年以来三四线城市住房价格普遍上涨，这使原本局限于一二线城市的高住房价格问题开始出现向三四线城市蔓延的趋势。住房价格问题涉及三四线城市的民生和社会稳定，需要引起重视。

本书采用收入住房价格比表示居民购房负担水平，即城镇居民人均可支配收入除以当年该城市的商品住房平均销售价格，其经济学意义为居民一年的收入可以购买的商品住房面积，代表住房购买力。本书采用 2014—2018 年收入住房价格比的算术平均数代表近年来该城市居民的购房负担水平，采用 2016—2018 年的年均收入住房价格比的变化表示本轮住房价格上涨以来，居民购房负担的变化情况。该指标大于零说明居民的住房购买力提升，购房负担减轻；小于零说明居民购房负担加重。

从表 1.7 可以看到，三四线城市的收入住房价格比在 5 左右，远低于一线城市 1.8 左右的水平，也低于二线城市 4 左右的水平。三四线城市居民的购房负担整体低于一二线城市。但是三四线城市居民的购房负担整体在增加。从住房价格上涨城市的个数看，77 个三四线样本城市中有 46 个在 2016—2017 年住房价格涨幅高于收入增速。2016—2017 年，三四线城市的平均收入住房价格比平均每年下降 0. 12，而同期一线城市该指标平均每年下降 0. 09。

表 1.7　2014—2018 年三四线城市收入住房价格比情况

东部邻近中心城市			东部远离中心城市			中西部邻近中心城市			中西部远离中心城市		
城市	I/HP	Δ	城市	I/HP	Δ	城市	I/HP	Δ	城市	I/HP	Δ
东莞	3. 45	-0. 61	潍坊	6. 66	-0. 30	洛阳	5. 78	-0. 23	包头	7. 55	0. 00

（续表）

东部邻近中心城市			东部远离中心城市			中西部邻近中心城市			中西部远离中心城市		
城市	I/HP	Δ	城市	I/HP	Δ	城市	I/HP	Δ	城市	I/HP	Δ
常州	6.01	-0.54	南通	4.00	-0.21	马鞍山	6.20	0.36	桂林	4.38	0.02
唐山	5.15	-0.25	徐州	4.73	-0.25	芜湖	4.86	-0.51	蚌埠	4.89	0.26
镇江	5.02	-0.87	连云港	4.30	0.18	株洲	7.32	0.02	锦州	5.87	0.22
佛山	4.53	0.01	秦皇岛	4.90	0.18	焦作	5.59	-0.76	吉林	5.07	0.01
惠州	4.02	-0.59	三亚	1.42	0.12	黄石	5.41	0.58	安庆	5.13	-0.15
昆山	4.38	-0.59	汕头	3.12	-0.22	孝感	4.92	-0.20	九江	5.52	-0.56
廊坊	3.72	-0.01	烟台	5.49	-0.14				赣州	3.57	-0.22
中山	5.83	-0.26	金华	4.58	-0.25				平顶山	6.13	0.05
珠海	2.45	-0.08	泉州	4.34	0.15				宜昌	5.22	0.22
湖州	5.22	-0.14	济宁	6.07	0.16				襄阳	5.11	-0.07
张家港	5.39	-0.04	湛江	3.36	-0.02				岳阳	4.37	-0.17
绍兴	4.61	-0.41	韶关	4.88	0.15				常德	5.30	0.18
常熟	5.23	0.47	莆田	3.61	-0.19				泸州	5.61	0.42
固安	3.49	-0.86	舟山	3.93	-0.12				南充	5.18	0.50
香河	4.84	-1.02	泰安	5.17	0.23				遵义	6.26	0.03
肇庆	4.24	-0.72	东营	7.16	0.14				大理	4.88	-0.23
太仓	4.25	-0.63	江阴	5.53	0.41				池州	4.61	0.18
张家口	3.38	-0.50	淮安	6.62	-0.13				淮北	4.50	0.00
			泰州	5.87	-0.29				宣城	5.64	-0.04
			衡水	4.17	-0.75				宿州	5.59	0.04
			沧州	3.82	-0.61				南平	4.87	0.06
			丽水	3.20	0.25				上饶	3.99	0.27
			龙岩	3.72	0.35				六安	4.43	-0.01
			衢州	4.52	-0.43				齐齐哈尔	4.17	-0.44
			盐城	4.87	-0.29						
均值	4.49	-0.40	均值	4.62	-0.07	均值	5.73	-0.75	均值	5.11	0.57

（续表）

东部邻近中心城市			东部远离中心城市			中西部邻近中心城市			中西部远离中心城市		
城市	I/HP	Δ	城市	I/HP	Δ	城市	I/HP	Δ	城市	I/HP	Δ
住房价格上涨	17 城	住房价格上涨	15 城	住房价格上涨	4 城	住房价格上涨	10 城				
样本城市	19 城	样本城市	26 城	样本城市	7 城	样本城市	25 城				

注：I/HP 表示 2014—2018 年平均收入住房价格比；Δ 表示 2016—2018 年收入住房价格比年均变动；收入住房价格比与其变动的均值采用算术平均数计算。

资料来源：国家统计局，各省市统计年鉴、统计公报。

从不同的区域看，东部三四线城市的住房价格水平相对偏高，收入住房价格比在 4.5 左右的水平，而中西部邻近和远离中心城市的三四线城市的这一指标分别为 5.73 和 5.51。东部地区经济较发达，而且人口密度高，土地资源相对稀缺，导致住房价格水平较高。此外，邻近中心城市的三四线城市住房价格上涨速度较快，均高于相应地区远离中心城市的三四线城市，反映了中心城市房地产市场的外溢效应。

虽然三四线城市的住房价格压力相对较低，但是仍需要警惕住房价格上涨过快的风险，对于邻近中心城市的三四线城市尤其要警惕住房价格上涨过快的风险。因为 2016—2017 年，多数城市住房价格的涨幅高于收入的涨幅。这对居民生活水平的提高产生了消极影响，也不利于扩大居民消费水平、拉动居民消费需求，从长期看，不利于经济的健康发展。

2. 三四线城市住房供给过剩风险

2016 年开始推行的房地产“去库存”战略有效地带动了房地产库存消化。本书根据中指数据*计算的广义库存（成交土地规划面积减去商品住房销售面积）的变化情况显示，全部 116 个城市在 2016 年当年实现去库存面积 2 亿平方米，其中 78 个三四线城市实现去库存面积 1 亿平方米。但是在“去库存”的同时，三四线城市房地产市场升温、

* 中国指数研究院建立的房地产业数据库。——编者注

住房价格上涨，吸引了新一轮的房地产投资和土地供给，进而出现了“去库存”之后的“补库存”现象。数据显示，2017 年三四线城市广义库存增加了 818 万平方米，而 2018 年的广义库存增加了 2 989 万平方米。

对于三四线城市，其经济水平相对较低，人口整体呈现流出的趋势。而“去库存”之后的“补库存”现象无疑造成了三四线城市住房与人口的错配，带来潜在的供给过剩风险。由于我国地区间经济发展存在较大差异，较发达三四线城市的风险相对较低，但是对于欠发达三四线城市，住房供给过剩风险需要重视。

本书比较了三四线城市的库存变动情况与人口流动情况。库存变动的计算采用当年成交的土地规划建筑面积减去当年商品住房销售面积得到当年的库存增量，再进行加总得到 2016—2018 年的累计库存增量，然后除以 2014—2018 年的年平均销售面积。这样计算得到的库存变动是以长期销售面积为基准的去库存周期，能够排除城市规模对库存量的影响。

对于人口流动情况，本书分为长期和短期的人口流动。长期人口流动通过该城市的常住人口与户籍人口的差额除以常住人口计算，反映了该城市外来人口的比例，并以 2014—2017 年外来人口比例的平均值作为长期人口流动指标。短期人口流动通过 2014—2017 年常住人口的年均变动幅度减去同时期全国人口自然增长率的算术平均数。其含义是以全国人口增长为基准，常住人口增速高于基准值的为人口流入，低于基准值的为人口流出。

区分短期和长期人口流动可以更准确地反映一个城市产业发展的趋势。常住人口与户籍人口的差额往往是城市的产业和经济发展的结果。特别是改革开放以来，出口导向的劳动密集型经济发展造成大量人口向东部沿海地区集中。但随着近年来外部市场疲软，以及劳动密集型产业向内陆和东南亚国家迁移，人口流动开始出现新的趋势。因此，区分短期和长期人口流动能够更精确地描述一个城市的经济和产业情况。

通过分析可见，东部地区的供给过剩风险较低，在 44 个有数据的三四线样本城市中，有30个城市的库存在2016—2017年呈现下降的情况，而部分库存上升的城市也呈现人口净流入的趋势。中西部地区的供给过剩风险相对较高，在30个有数据的样本城市中，15个城市呈现库存上升的情况，另外有5个城市的库存去化时间下降小于6个月，说明“去库存”不明显，或者存在“去库存”后的“补库存”情况。值得注意的是，大部分库存增加的城市都呈现人口外流的趋势，缺少人口支撑成为这些城市房地产业风险的重要隐患。

分组看，东部邻近中心城市的三四线城市主要呈现长期人口净流入和库存增加的情况。长期人口净流入主要得益于中心城市的带动和长期以来的外向型经济的拉动，导致其常住人口大于户籍人口。但是这些城市的短期人口变动并不乐观，由于经济下行、淘汰落后产能、产业升级、大城市的虹吸效应等多方面原因，这些城市的常住人口近几年来呈现下降的趋势。这类城市的住房供给过剩风险也需要防范。

东部远离中心城市的三四线城市主要呈现库存下降的趋势，整体供给过剩风险较低。中西部邻近中心城市的三四线城市总体呈现库存下降的情况，个别城市库存上升。从人口变动看，这些城市都呈现人口净流出的长期趋势：常住人口数量低于户籍人口数量，但是部分城市的常住人口近年来呈现流入的趋势，其常住人口增速高于全国水平。这说明其经济已经有了一定的吸引力，总体风险较小。

中西部远离中心城市的三四线城市的住房供给过剩风险较高，表现为人口净流出的同时库存却在增长。这些城市不仅长期处于人口流出的状态，常住人口小于户籍人口，而且其常住人口增长率还低于全国人口的自然增长率。这说明这些城市人口流出的情况依然延续。在此背景下，这些城市实际上不仅没有“去库存”，反而在2016—2017年进一步增加了库存，加剧了住房供给过剩的风险。

对比东部和中西部邻近中心城市的三四线城市，可以看到这两类城市虽然都在中心城市周边，却表现出截然相反的库存、人口流动特征：东部城市库存上升，人口呈现长期净流入、短期流出的情况；而中西部

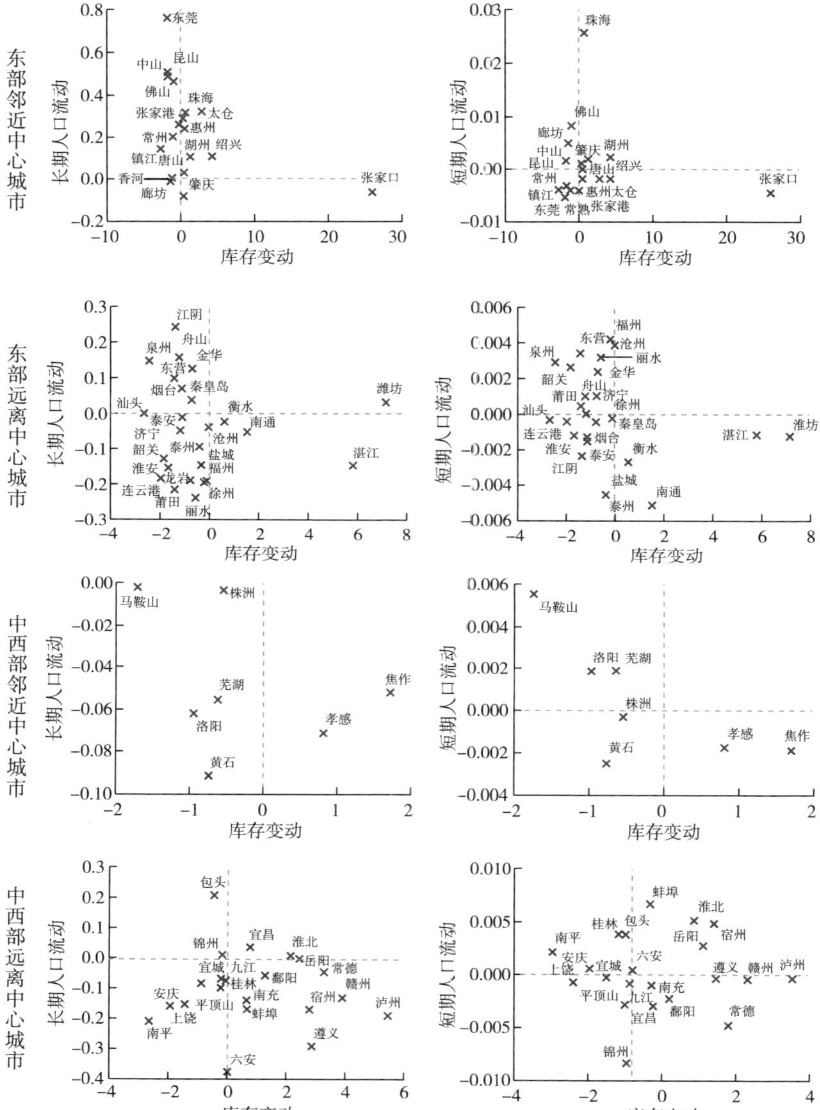

图 1.27　2014—2017 年三四线城市库存与人口变动情况

资料来源：中指数据，国家统计局，各省市统计年鉴、统计公报。

呈现库存下降，人口长期净流出、短期流入的情况。这两类城市人口此消彼长的变动差异背后反映了我国经济结构调整和产业迁移的进程。东部城市在改革开放以来，凭借外向型经济的有利条件获得了快速发展，吸引了大量内陆地区人口的进入，形成了长期的人口净流入。但是随着外部需求降低，经济下行压力增大，以及土地、劳动力成本上升等原因，这些地区面临着传统产业外移和产业升级的压力。而中西部地区以中心城市为核心节点，利用自身的低成本优势承接了一部分东部城市外移的产业，逐渐形成自身的优势产业并在中西部地区形成局部发展极，吸引人口进入。

在此背景下，可以看到2016年以来东部邻近中心城市的三四线城市呈现住房库存上升的情况更多的是中心城市房地产市场受到调控之后，房地产投资向周边城市外溢的表现。虽然这些城市有较好的产业基础，人口呈现净流入，但是同样要警惕传统劳动密集型产业的外移对这些城市的长期影响，谨防这些地区的房地产过度供给风险。而发展中西部地区的中心城市有利于带动周边三四线城市的经济发展，提高中西部地区的城镇化水平，降低这类城市的房地产风险。

3. 三四线城市房地产过度投资的风险

房地产业的发展需要与一个城市的经济发展水平相匹配。城市的产业发展、工业化和城镇化的加深带动了住房需求，进而推动住房投资的扩大。这是房地产业发展的健康途径。然而房地产市场的升温加强了住房的投资属性，吸引大量资金投资住房建设。这会导致房地产投资水平偏离合理水平，带来住房过度投资风险。

表1.8反映了不同类型城市的商品住房投资及产业发展情况。越是远离沿海和远离中心城市的三四线城市，其经济水平和产业水平越低。东部邻近中心城市的三四线城市的人均GDP超过10万元，而中西部远离中心城市的三四线城市的人均GDP仅不到5万元。

从产业构成看，这四类城市都处在第二产业占比约50%的水平，但是第一产业比重存在较大差异。东部邻近中心城市的三四线城市第一产业比重仅为4.13%；而中西部远离中心城市的三四线城市第一产业比例仍然较高，为12.83%。较高的第一产业比例说明这些城市的产业

表 1.8　2014—2017 年三四线城市商品住房投资与产业情况

类型	商品住房投资比例（%）	第一产业比例（%）	第二产业比例（%）	人均 GDP（元）
东部邻近中心城市	9.41	4.13	51.61	102 977.40
东部远离中心城市	6.98	7.86	48.80	73 842.74
中西部邻近中心城市	8.04	7.53	54.93	57 755.05
中西部远离中心城市	7.32	12.83	47.85	47 663.40

注：样本时间为 2014—2017 年，各指标按城市 GDP 为权重计算平均值。

资料来源：国家统计局，各省市统计年鉴、统计公报。

水平较为薄弱，其较低的人均 GDP 水平也印证了这一点。

但是，可以看到邻近中心城市的三四线城市的第二产业比重略高于远离中心城市的三四线城市，尤其是在中西部地区，邻近中心城市使城市的第二产业比重提高了 7 个百分点。这在一定程度上反映了中西部中心城市的发展对周边城市造成的产业外溢效果。

对比各类城市的产业水平与商品住房投资水平可以看到，虽然东部邻近中心城市的三四线城市有较高的第二产业比例和最高的人均 GDP，但是这类城市的商品住房投资比例仍然偏高。相对于中西部地区，邻近中心城市为其带来第二产业比例约 7 个百分点的提升，而商品住房投资比例的提升仅约 0.7 个百分点；但在东部地区，邻近中心城市带来第二产业比例约 2.8 个百分点的提升，而商品住房投资比例提升了约 2.4 个百分点；并且仅从第二产业比例看，东部邻近中心城市的第二产业占比略低于中西部同类城市，但商品住房投资比例更高。这在一定程度上反映了 2016 年房地产调控以来，一线城市房地产投资、投机活动受到抑制，转而向周边三四线城市外溢的现象。在东部城市产业升级和转移的背景下，这类城市依然维持偏高的住房投资比例，存在一定的房地产过度投资风险。

中西部远离中心城市的三四线城市的商品住房投资比例相对较高。这类三四线城市的人均 GDP 仅不到 5 万元，第二产业占比最低，仅为 47.85%，第一产业占比最高，为 12.83%；但是商品住房投资的比例接近其他类型的三四线城市，甚至比东部远离中心城市的三四线城市高出了约0.3个百分点。这类城市的产业基础较为薄弱，但商品住房投资占据了较高的比例，因此这类城市存在相对较高的房地产过度投资风险。

比较各三四线城市的第一产业比重与商品住房投资的比重可以更直观地反映不同类型的三四线城市之间的特点。本书选取第一产业比重作为反映一个城市产业水平的指标。其原因是，首先，如表1.8所示，第一产业比重与城市的人均GDP呈较为明显的负相关关系，可以在一定程度上代表该城市的经济水平。其次，工业和服务业都是一个城市产业的重要组成部分，而且各城市之间第二产业的比重差距相对较小，不足以反映城市间的产业水平差距。最重要的是，第一产业为农业，代表了传统的生产方式和分散化的生产关系，而第二产业和第三产业代表了现代化的、集中式的生产关系，是城镇化和房地产业发展的基础。因此，第一产业的比例能够提供一个可行的代表城市产业水平的指标。

从图1.28可以看到，商品住房投资比例存在一定的地域性特点：在每一类三四线城市中，商品住房投资比例最高的城市都位于河北、安徽、福建这三个省。排除省际差异以后可以发现，邻近中心城市的三四线城市的商品住房投资比例与第一产业的比例呈现一定程度的负相关关系，而远离中心城市的三四线城市的这两个指标呈现一定程度的正相关关系。

这两类三四线城市间商品住房投资和第一产业之间关系的相反表现，可以在一定程度上反映房地产业在当地经济中的地位和作用差异。邻近中心城市的三四线城市中，第二产业和第三产业越发达则住房投资比例越高。这反映了该类型城市的经济发展是以产业为先导，住房作为产业发展的补充。而远离中心城市的三四线城市，第二产业和第三产业相对落后，住房投资比例相对较高。考虑到我国存在的“土地财政”现象，可以认为这些城市的产业发展动力相对较弱，地方政府倾向于依靠土地融资推动经济增长，因此导致了住房投资与第一产业比例的正相关关系。

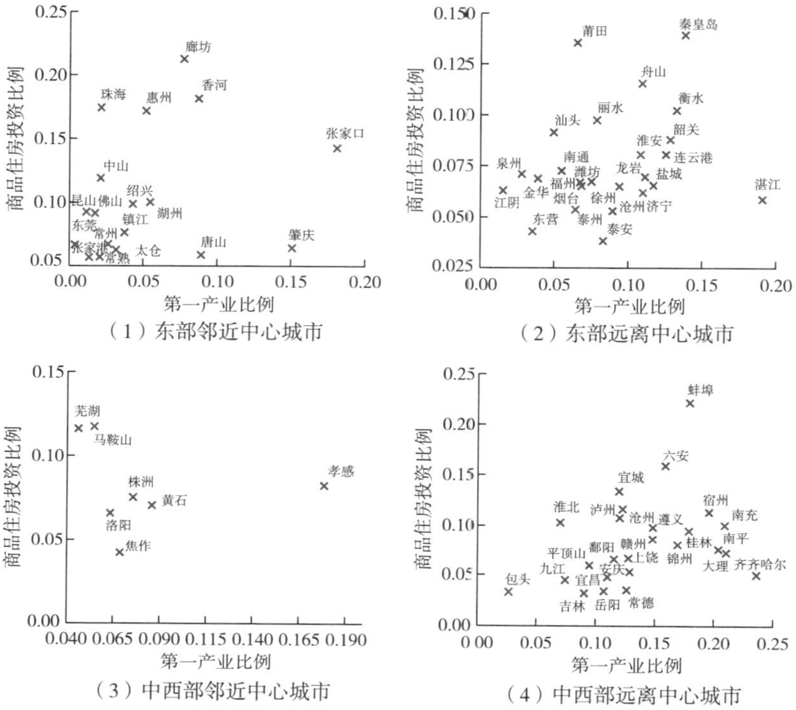

图 1.28　2017 年三四线城市商品住房投资与第一产业情况

资料来源：国家统计局，各省市统计年鉴、统计公报，同策研究院整理。

相比之下，由于邻近中心城市带来的产业溢出效应，这类三四线城市更容易获得中心城市的产业承接，从而获得产业发展的动力。对于远离中心城市的三四线城市而言，虽然缺少中心城市的拉动作用，但是仍然需要因地制宜，寻找适合自身城市的产业发展点，而不是依赖房地产业拉动经济增长。从历史上看，房地产业的发展是工业化的结果而不是原因。产业发展不能以房地产业为先导，有限的资源应该用来发展产业，而不是投入住房这一消费品的建造中，这不利于有限资源的优化配置；房地产市场繁荣带来的住房价格、土地价格上涨会加剧当地居民的购房压力，也会在一定程度上提高企业的用地、用人成本，不利于产业发展。

（三）三四线城市房地产市场风险对中国未来的影响

1. 短期看，三四线城市风险将影响行业健康稳定发展

（1）从居民购买力看，大部分三四线城市住房价格上涨速度远超过收入水平的增长速度。这将造成居民的边际购买力加速递减，对高住房价格的承受能力下降。

（2）大量投资客进入三四线城市，将会扰乱当地房地产市场秩序。高住房价格有可能会使当地居民购买能力出现“断层”，造成实际的居住需求得不到满足。

（3）企业大量布局三四线城市会提高企业的资金链风险。纵观过去房地产企业跑路和房地产企业倒闭的现象，主要发生在三四线中小城市。三四线城市房地产开发融资普遍存在民间借贷的方式，民间借贷往往会伴随“联保互保”等现象，一旦问题产生就会引发多米诺骨牌连锁反应，引发多个公司或者个人出现资金危机，导致局部金融风险，甚至还可能出现“群体讨债”事件。资金链断裂导致的烂尾现象也会引发业主的群体维权事件，危害社会稳定。

2. 长期看，三四线城市风险将影响国家经济的发展

（1）三四线城市人口处于净流出状态，根据社会发展规律，未来三四线城市人口将继续外流。因此，在人口总量上，三四线城市人口对房地产市场的支撑力将会进一步减弱。房地产市场过度发展会造成土地与人口的错配，以及土地资源浪费。国家 18 亿亩耕地红线是我国粮食安全的基准线，在未来一定时期内也不会动摇。因此，土地作为不可再生资源，是愈加稀缺和珍贵的。土地资源的浪费往往是一个不可逆的过程，这会对一个城市，进而对一个国家造成长期的不利影响。

（2）我国地方政府普遍面临“土地财政”的问题，这种情况在三四线城市更为普遍和严重。地方政府会制定一些招商引资政策，如拿地成本和税收等方面的优惠吸引房地产企业加大投资力度。最近几年来，地方政府都在大力发展支柱产业，并大力培植创新产业，因此产业地产以及特色小镇等成为三四线城市的热点。目前行业中只有少数企业专注于产业地产领域，部分房地产企业只是借发展产业之名，目的在于低价拿地，开发住房。因此，当政府为那些借发展产业之名的企业提供大量土地的时候，结果往往与初衷相悖。这不仅造成了大量优质土地资源的浪费，更重要的是会丢失地方的比较优势产业的发展，导致地方经济发展的不可持续。地方经济也会因为错失优势产业的最佳发展时机而陷入经济发展的困境。

（3）对中西部三四线城市而言，过度发展房地产业有可能导致城市“空心化”现象，进而引发一系列社会问题。中国目前面临严重的老龄化问题，尤其是中西部的三四线城市等人口外流城市，留下的都是老人和儿童。如果中西部地区的三四线城市政府以房地产市场为主导，不能合理地发展地方优势产业，留住人才或者吸引人才，地方经济发展将会停滞，甚至会倒退，造成类似日本和俄罗斯那样的“空心化”现象。这不仅造成资源浪费，引发一系列社会问题，同时也影响整个国家经济的发展。

第四节　我国住房交易市场的结构

住房类地产是我国房地产业最主要的组成部分，也是房地产业与广大群众的利益最密切相关的部分，了解并研究我国住房类地产的交易结构有着重要意义。

一、 中国住房交易市场的新旧结构特点与原因

自 1998 年以来，我国的住房市场就是以新房为主，这一态势截至 2018 年仍未改变。但是从变化趋势看，新旧房成交面积比在不断下降，从表 1.9 可以看出，即使只从数据观测值较多的 2012 年开始观测，样本城市的新旧房成交面积比也从 2.71 下降到 2018 年的 1.73。

新旧房成交面积比对房地产业有重要意义，直接影响企业的决策和

政府政策制定，对其进行研究有着重要的现实意义。研究新旧房成交面积比的影响因素同样可以加深我们对房地产相关方面的认识，丰富房地产发展的相关理论，因此有着重要的理论意义。

表 1.9　2007—2018 年我国新旧房成交面积比情况

年份	新旧房成交面积比	新旧房成交面积比最大值	新旧房成交面积比最小值	观测城市数
2007	3.77	5.41	1.91	3
2008	3.07	5.35	1.22	5
2009	2.30	3.83	0.99	5
2010	2.18	3.61	0.73	7
2011	2.57	4.49	0.93	11
2012	2.71	6.01	0.76	16
2013	2.14	4.39	0.60	18
2014	2.93	7.89	0.83	19
2015	2.44	6.77	0.63	19
2016	2.05	6.83	0.37	21
2017	1.83	4.56	0.35	21
2018	1.73	3.88	0.31	18

注：由于数据来源限制，只能追溯到 2007 年，同时只有城市层面数据。观测城市包括东营、佛山、北京、北海、南京、南昌、厦门、呼和浩特、大连、宿州、岳阳、广州、成都、扬州、无锡、杭州、武汉、江门、泸州、深圳、苏州、郑州、青岛和上海。

资料来源：Wind 数据库，同策研究院整理。

本书认为，影响新旧房成交面积比的因素有如下几点。

第一，城镇化发展水平与速度。一般而言，在城镇化起步和快速发展阶段，新旧房成交面积比往往很高，因为大量人口涌入城市，城市需要新建住房满足这些新入城人员的居住需求。而在城镇化已经基本完成的国家和地区，每年新建住房只是用来满足新生及零星的外来人口和折旧需求，新房比重就会下降。例如美国，根据美国商务部和全美地产经纪商协会相关数据统计，自 1999 年有统计数据以来，美国的新旧房成交套数比长期低于 0. 2，2007 年以来更是一直低于 0. 1。

第二，城镇居民收入水平。除了城镇化之外，城镇居民收入水平和投资也会显著影响新旧房成交面积比。图 1. 29 是 2017 年我国新旧房成交面积比与可支配收入的散点图，从中可以看出，在 21 个有数据的城市中，7 个城市的新旧房成交面积比已经小于 1，同时新旧房成交面积比与可支配收入呈现负相关关系，拟合曲线向右下方倾斜，可支配收入越高的城市，新房在总成交量中的比重越低。

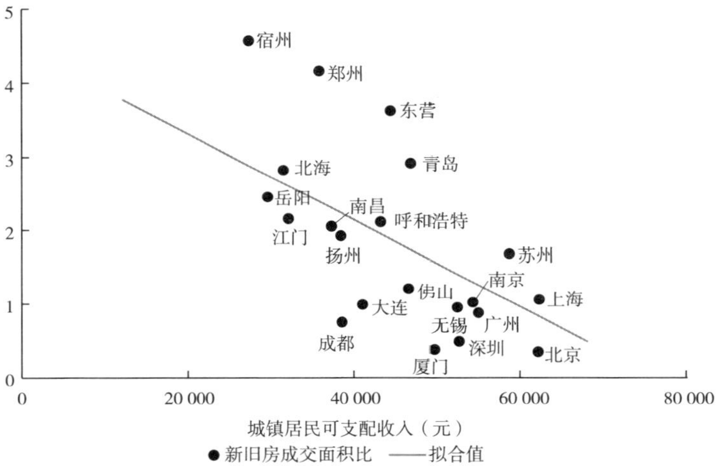

图 1. 29　2017 年我国新旧房成交面积比与城镇居民可支配收入图

资料来源：Wind 数据库，经 Stata 处理。

造成城镇居民收入与新旧房成交面积比的负相关关系的原因有：①收入越高的地方城镇化水平也越高，而根据上文的结论，城镇化水平会拉低新旧房成交面积比，但在中国，不同地区发展差异很大，许多城镇化水平很高的城市仍在吸引低城镇化地区的外来人口大量进入，只依靠城镇化的说服力不足。②从经济发展的角度看，土地是经济发展的必要要素，经济越发达地区的土地开发程度也越高。这也意味着越发达的地区土地资源往往也越紧张，新增的土地资源要么来自郊区，要么来自市区的拆迁供给；前者供给的新房会过于偏僻，后者则会成本过高，这都会降低新房的吸引力而使购买者转向购买二手房，从而降低新旧房成交面积比。①

第三，土地供给情况。土地供给情况也是影响新旧房成交面积比的重要指标。图 1.30 是 2017 年我国城市新增人口的人均居住用地面积和新旧房成交面积比的散点图。从图中明显可以看出，土地供给较为充分的城市，新旧房成交面积比也较高。

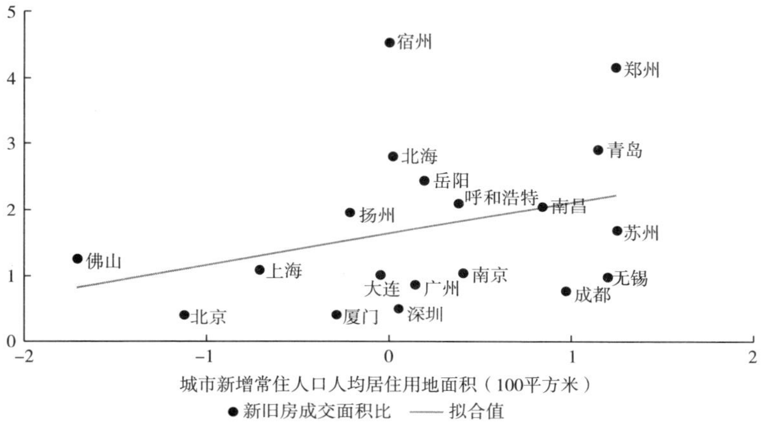

图 1.30　2017 年我国新旧房成交面积比与城市新增人口人均用地图

注：城市新增常住人口由 2017 年人口减去 2016 年人口，新增居住用地面积由 2017 年居住用地面积减去 2016 年居住用地面积，后者除以前者即可得到新增人口的人均居住用地面积，由于人口和居住用地面积都有正负两种变化趋势，故部分城市该值为负，含义为该城市的实际人均居住用地面积在下降。

资料来源：原始数据来自 2016 年、2017 年《中国城市建设统计年鉴》和 Wind 数据库。已剔除江门和东营两个异常值。

土地供给影响新旧房成交面积比的逻辑十分直观，土地供给多，新房供给也就多，进而新旧房成交面积比就会上升。

第四，人口年龄结构变化。人口年龄结构并不直接影响新旧房成交面积比，但是它会通过一系列传导途径产生间接影响。从传导方式看，人口年龄结构首先会影响住房投资占 GDP 的比重，这一现象在美国、

① 对于这一理由的证明见附录 1 - 1。

日本和我国均已发生，如图 1. 31 至图 1. 33 所示。从这些图中明显可以看出，在三国劳动年龄人口占比极高值点附近都存在住房投资占 GDP 的比重同样到达极高值点的现象，这也是住房投资占 GDP 的比重呈“倒 U 形”的重要原因。进入工业化时代之后，人口出生率和死亡率（包括新生儿死亡率）都会下降，死亡率会首先一次性大幅下滑，而后逐渐下降直至不再变化，而出生率的下降则要缓慢而平缓得多，这一现象造成的结果是人口增长率和新生儿比重大幅上升。但随着出生率的下降，新生儿数量会逐渐变少，最终形成“倒 U 形”的人口年龄结构，而“倒 U 形”的人口年龄结构最终又导致“倒 U 形”的住房投资比。

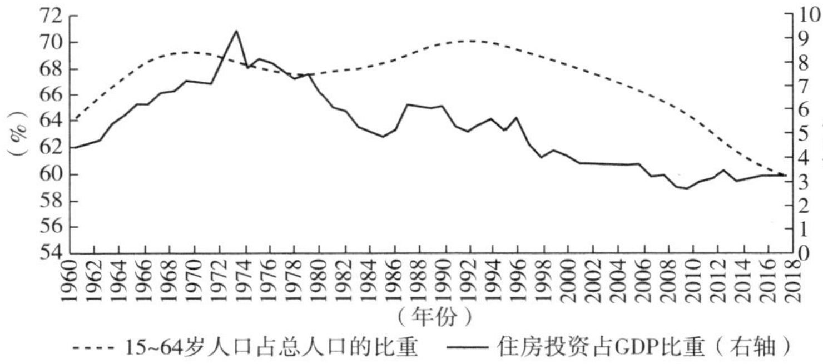

图 1. 31　日本人口年龄结构与住房投资占 GDP 比重

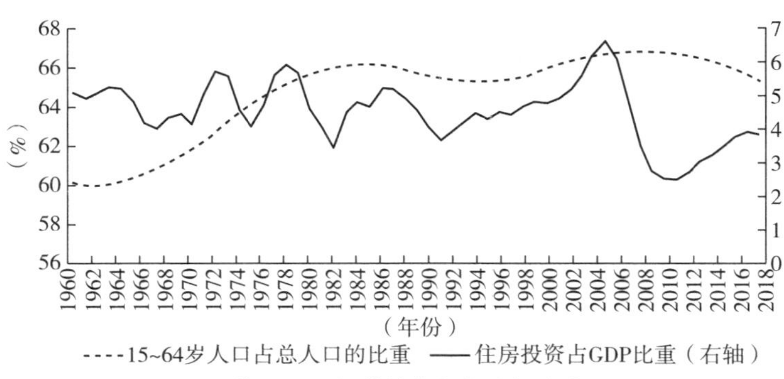

图 1. 32　美国人口年龄结构与住房投资占 GDP 比重

资料来源：图 1. 31 和图 1. 32 数据来自 Wind 数据库。

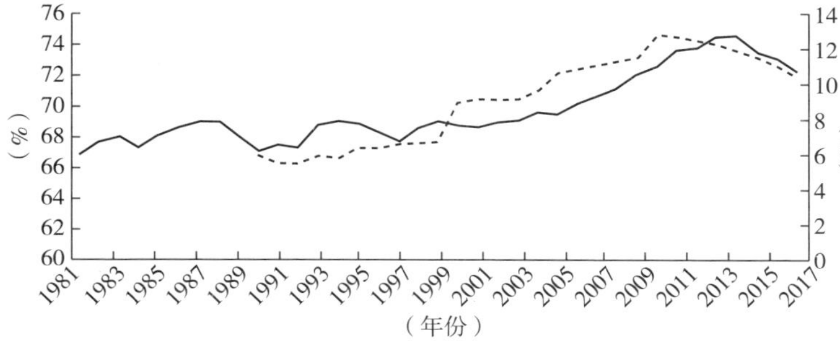

图 1.33　中国人口年龄结构与住房投资占 GDP 比重

资料来源：国家统计局。

住房投资与 GDP 之比对于新房供给有着直接的影响，住房投资与 GDP 之比的上升说明新房投资的增速加快，新房供给随之增加，而这会带来新房比重的增加，这一现象同样已经在美国、日本和我国一线城市出现，如图 1.34 至图 1.36 所示。从这些图中可以看出由于住房投资占比的下行，日本东京圈和近畿圈新房在总成交量中的占比在逐渐下降，两者之间的相关系数达到 0.63，而通过交叉相关分析，可以发现两者的相关关系在统计学上显著。这表明住房投资与 GDP 之比的下行最终会带动新旧房成交比的下行。由于住房投资占比下行，我国新房成交占比也会随之下行（图 1.35 和图 1.36），上海住房投资占 GDP 比重与滞后一年的新旧房成交比的相关系数为 0.57，广州为 0.46，这表明

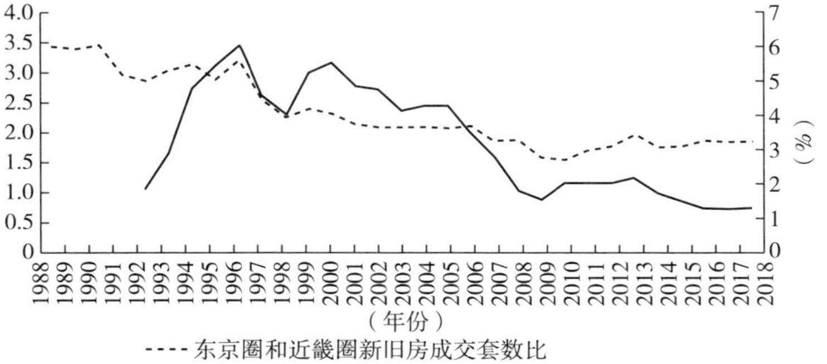

图 1.34　日本住房投资占 GDP 比重与新旧房成交套数比

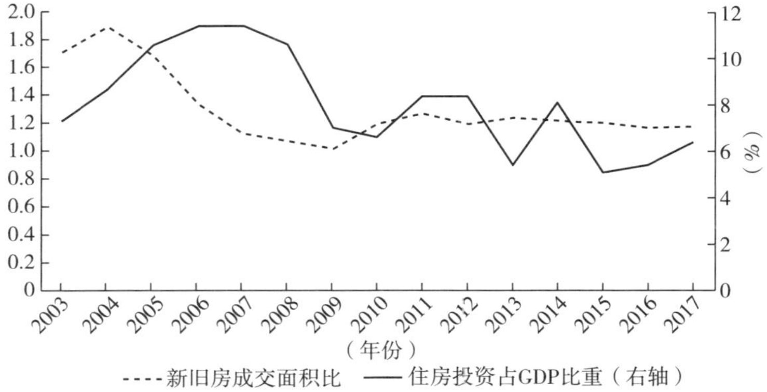

图 1.35　上海住房投资占 GDP 比重与新旧房成交面积比

图 1.36　广州住房投资占 GDP 比重与新旧房成交面积比

资料来源：以上三图数据均来自 Wind 数据库，由同策研究院整理。

新旧房成交比紧随着住房投资比的变化而开始变化。可以预计的是，我国新旧房成交面积比会一直下行，最终会带动新房成交市场绝对量的下降。

二、 中国住房市场的面积结构特点与成因

表 1.10 为我国近年来的住房成交面积结构，从表中可以发现，在我国的住房成交面积结构中，90～144 平方米为主力户型，2017 年占比达到 63%，超过其余两种户型的住房成交面积之和，且成交面积占比还在不断上升，从 2011 年的 53.08% 上升到 2017 年的 63%，而其他两

种户型的住房成交面积占比在不断下降。

表 1.10　2011—2017 年我国住房成交面积结构

年份	90 平方米以下住房比重（%）	90～144 平方米住房比重（%）	144 平方米以上住房比重（%）
2011	29.63	53.08	17.28
2012	31.20	53.07	15.73
2013	29.39	56.32	14.29
2014	29.32	57.37	13.30
2015	27.39	58.68	13.93
2016	25.69	60.14	14.17
2017	22.45	63.00	14.54

资料来源：国家统计局。

住房面积结构对房地产业同样有着重要意义，直接影响企业的决策和政府政策的制定，对不同面积户型住房的投资与人民群众的切实利益密切相关，对其进行研究有着重要的现实意义。同时，搞清面积结构的决定因素对于我们以后研究此类问题有重要的启示意义，因此对其进行研究也有重要的理论意义。

本书认为，影响住房面积结构的因素有如下几点。

（1）人口年龄结构。人口年龄对于住房面积结构的影响分为多个途径。首先，收入与年龄存在明显的对应关系，而收入又与住房消费存在明显的因果关系，所以，人口年龄结构与住房面积结构存在对应关系。其次，年龄与家庭构成和家庭规模也有明显的相关关系，这也造成年龄结构与住房面积结构的相关性。从图 1.37 可以看出，90 平方米以下住房成交比重与劳动力人口比重有明显的正相关关系，而 90～144 平方米及 144 平方米以上住房成交比重与劳动力人口比重有着明显的负相关关系。

（2）家庭规模。家庭规模与住房面积结构的关系显而易见，家庭规模越大，对于大户型住房的需求就越大，反之亦然。因此，平均家庭规模越大的省份，大户型住房的比重就应该越高，反之亦然。从图 1.38

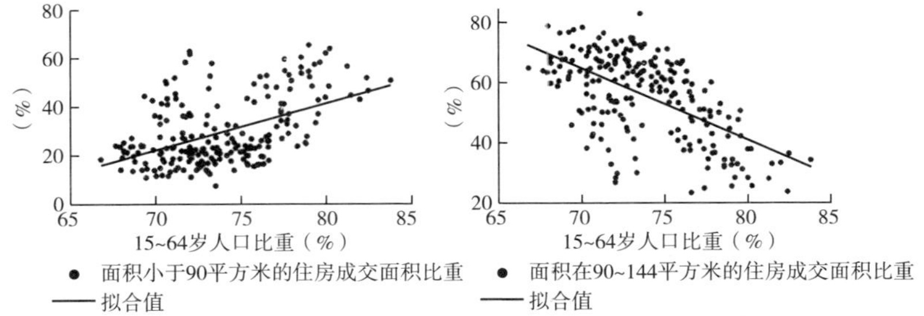

图 1.37　90 平方米以下和 90 ~144 平方米住房
成交面积比重与劳动力人匚比重散点图

注：图中数据为各省级行政区 2011—2017 年数据，本小节以后各图数据均与此一致，不再单独说明。

资料来源：国家统计局，由同策研究院整理制图而得。

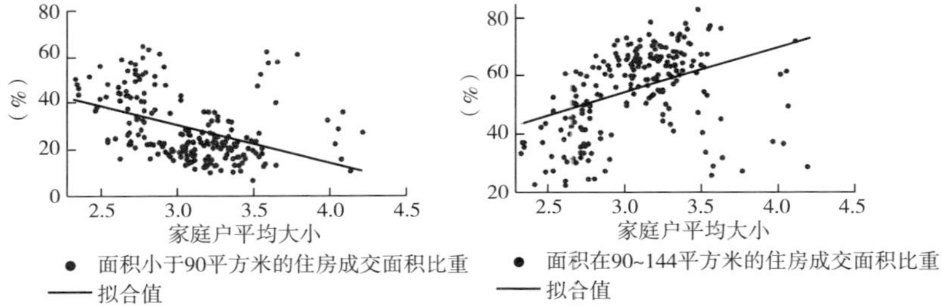

图 1.38　90 平方米以下和 90 ~144 平方米住房
成交面积比重与家庭规模散点图

资料来源：国家统计局，由同策研究院整理制图而得。

可以明显看出，平均家庭规模越小，90 平方米以下的住房比重越高；而平均家庭规模越大，90 ~ 144 平方米的住房比重越高。而对于 144 平方米以上的住房，由于中国家庭规模已经降至 3. 03 人（2017 年），5 人户以上家庭的比重只有 6. 37%（2017 年），[①] 家庭户规模的增加已经对 144 平方米以上住房的比重不再敏感。再考虑价格因素，144 平方米以上的大户型成交比重与家庭规模的关系不再明显。

（3）收入水平。由于收入水平的提高，人们对生活水平的追求必

① 数据来自《中国统计年鉴 2018》。

然提高，居住质量改善的一个重要指标就是居住面积的提升，因此可以预计收入水平越高的地区对大户型住房的追求也越强烈，较小户型的比重也会越低，反之亦然。图 1.39 展示了这种情况。

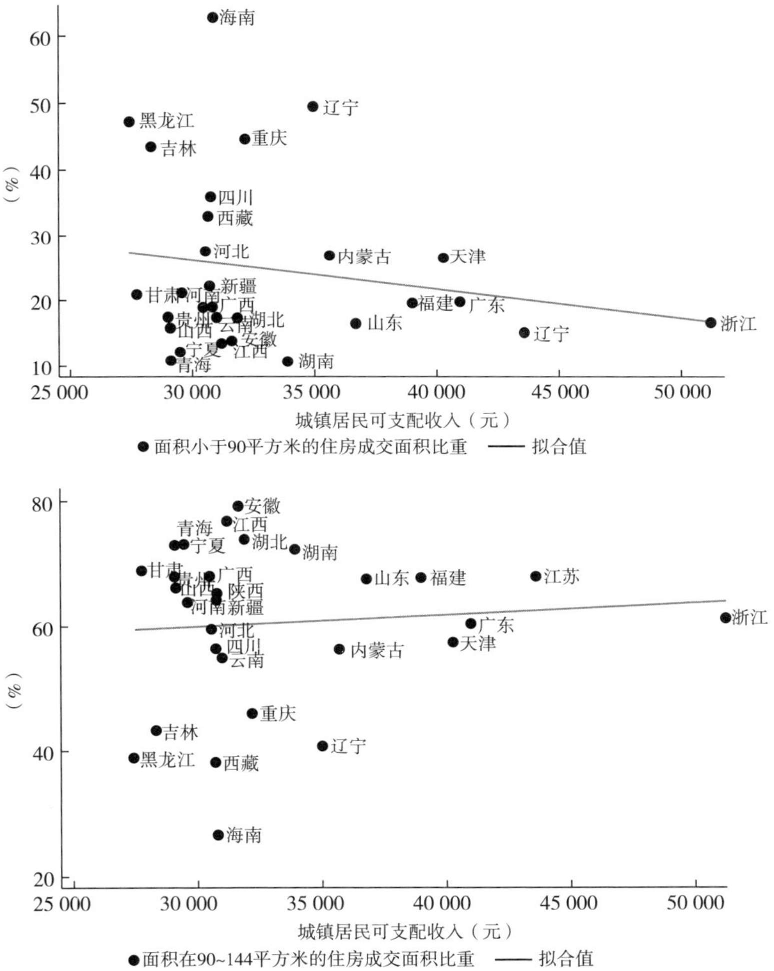

图 1.39　90 平方米以下和 90 ~144 平方米住房成交面积比重与收入散点图（2017 年）

注：上海和北京两地居民可支配收入过高，被作为异常值剔除。由于不同年份的面积结构数据存在固定效应问题，故只采用 2017 年的横截面数据进行展示。

资料来源：国家统计局，由同策研究院整理制图而得。

（4）城镇化水平。城镇化水平对住房结构也有明显影响，一方面城镇化意味着收入水平的提高，这会影响住房成交面积结构。另一方面，城镇化也意味着生活方式的变化，农村居民大多居住面积较大，2018 年中国城镇人均建筑面积为 39 平方米，而农村为 47.3 平方米。[①] 这也意味着城镇化率越高的地方，90 平方米以下的住房比重也越高，反之亦然。这与图 1.40 中展示的情况一致。

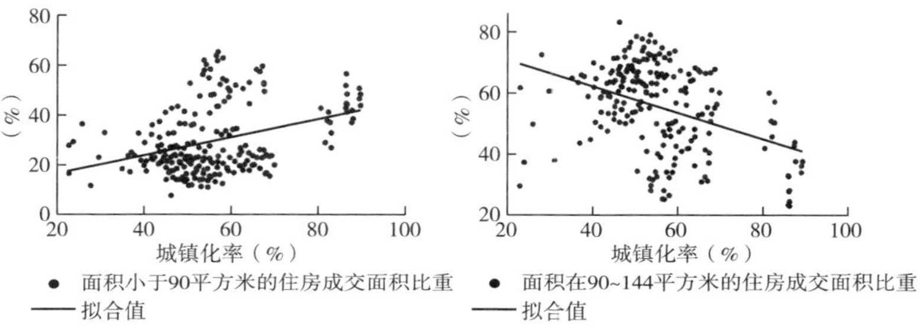

图 1.40　90 平方米以下和 90 ~144 平方米住房成交面积比重与城镇化率的散点图

资料来源：国家统计局，由同策研究院整理制图而得。

总体上看，我国目前的住房交易结构仍处在快速变化之中，尚未达到相对稳定的结构，这与我国经济快速发展、城镇化快速推进以及人口形势的历史性变化密切相关，这也是把握我国住房交易结构变化的根本性因素。但随着我国经济社会人口因素的进一步发展，我国的住房交易结构将在未来一段时间发生巨大变化，住房交易结构未来如何演变将在本书第十一章讨论。

第五节　房地产企业的发展情况

1998 年我国房地产市场化改革后，房地产业逐渐成为国民经济发

① http：//www. gov. cn/xinwen/2019 －07/31/content_5417485. htm.

展的重要支柱，在经济发展中发挥着举足轻重的作用。伴随着行业的快速发展，房地产企业增长迅速。1998 年我国房地产企业有 24 378 家，到 2019 年达到 99 544 家，年均复合增长率为 6.93%。从房地产企业性质看，内资房地产企业 95 619 家，占比 96.13%；港澳台投资房地产企业 2 664 家，占比 2.68%；外商投资房地产企业 1 189 家，占比 1.19%。

一、行业杠杆率不断提高、高周转模式成为趋势

高杠杆是我国房地产业的重要特征，负债率这一指标很好地说明这一问题。我国住房市场化改革以后，房地产市场迅速发展。2002 年土地招拍挂制度出台，土地成为房地产企业集中争夺的核心资源。土地价格的不断上涨以及我国房地产市场间接融资模式决定了房地产业高杠杆的发展模式。2001 年我国国内上市房地产企业平均负债率为 53.85%，2004 年上升到 58.70%。经历了 2008 年金融危机之后的救市政策及 2014—2015 年的房地产调控放松后，2019 年我国国内上市房地产企业平均负债率达到 79.02%（见图 1.41）。

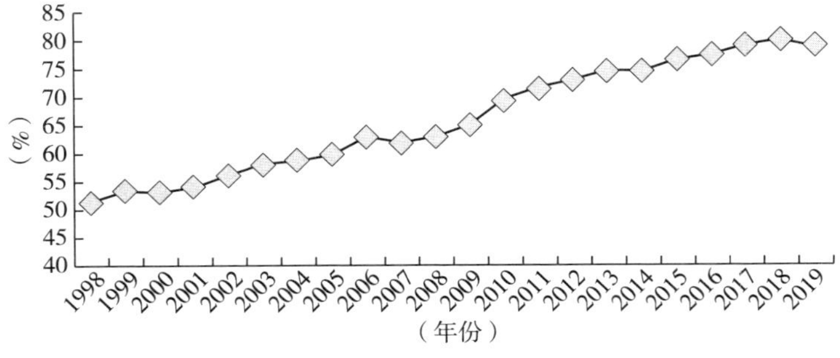

图 1.41　国内 A 股上市房地产企业平均负债率情况

资料来源：Wind 数据库，同策研究院整理。

2010 年房地产调控政策对房地产企业融资进行了严格限制，此后房地产企业融资难度和融资成本不断上升。面对住房价格不断上涨的形势，房地产企业开启多元化融资模式，可以承担更高的负债水平，同时房地产企业的资金使用效率面临更高的要求。房地产企业“高周转”

模式也从这个时候开始大范围流行。有房地产企业提出“速度第一、完美第二”的口号；有的提出“5986”原则，即拿地5个月内动工，9个月可以预售，首月销售超过8成，6成产品为住房；有些房地产企业进一步提出“456”原则，即拿地4个月开盘，5个月资金回笼，6个月资金再周转。

从净资产收益率及销售净利率可以看出“高周转”的重要性。按照杜邦财务分析公式，“净资产收益率 = 销售净利率 × 资产周转率 × 权益乘数”，净资产收益率受三个指标影响，其中，销售净利率因为土地价格高、融资成本高、限价等因素的限制难以走高，权益乘数反映了企业的财务杠杆大小，涉及企业负债风险的限制，因此要提高净资产收益率最有效的办法就是提高资产的周转率。2002—2005年，房地产业的净资产收益率基本保持在5%左右，2009年上升到11.2%，2010年达到13%，此后一直保持在这一较高的水平，2019年净资产收益率为13.24%（见图1.42）。房地产企业高周转模式推进节奏与净资产收益率变化节奏基本一致，企业争相效仿这一模式，并持续至今。

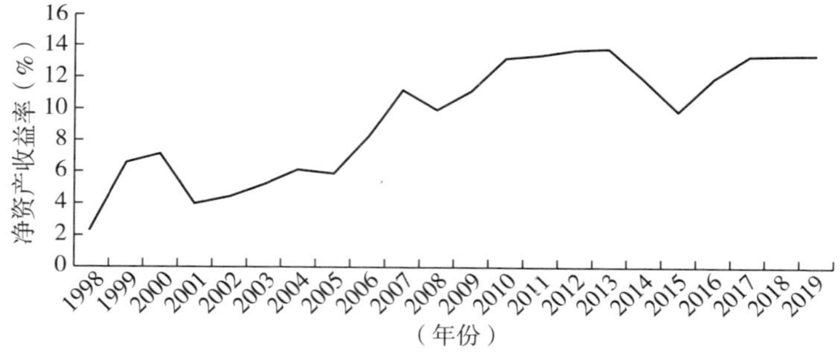

图1.42 国内A股上市房地产企业盈利情况

资料来源：Wind数据库，同策研究院整理。

二、 房地产业的利润空间优势明显

房地产业被冠以暴利行业，不仅指利润率水平高，还指其利润率持续高于其他行业水平。2003年确立了房地产业的国民经济支柱产业地位，此时，房地产业的销售毛利率为24.13%，制造业、批发和零售业、金融业销售毛利率分别为21.28%、10.23%、15.02%（见图1.43），房地产业与其他行业的毛利率差相对较小，尤其与制造业仅有2.85个百分点利润率差，此时，不存在大量资金从其他行业退出，进入房地产业的情况。

2003年以后，行业利差呈现不断扩大的趋势，2006年房地产业与制造业的利差扩大到9.59%，金融危机后，随着房地产救市政策接连出台，叠加"4万亿"政策刺激，房地产市场热度不断升温，行业利差进一步扩大，2011年房地产业的销售毛利率为39.12%，较2003年增长了62.12%，制造业、批发和零售业、金融业销售毛利率分别为17.95%、11.35%、18%（见图1.43），房地产业销售毛利率分别是这三个行业的2.18、3.45、2.17倍。

房地产调控不断收紧也没有改变行业盈利格局，利差的不断扩大与住房价格的持续上涨以及上涨预期有重要关系，但是不可否认，实体产业因产能过剩及成本上升造成利润率下降是利差扩大的又一原因。利差造成了资金大量进入房地产业，这进一步推高了土地价格及住房价格，到2019年不同行业之间的利差状况仍未改观。

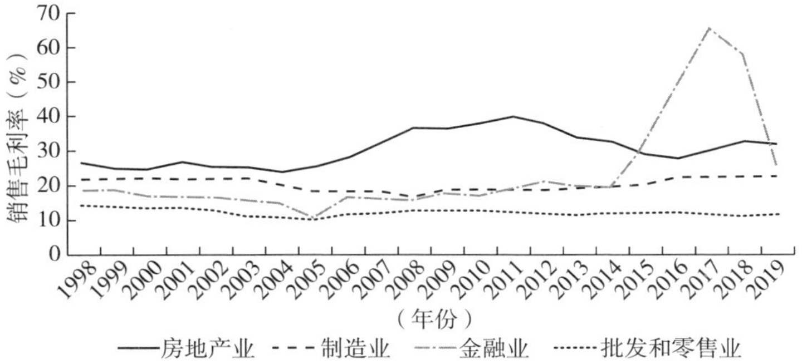

图1.43　不同行业销售毛利率趋势变化情况

注：本图行业按证监会标准分类。

资料来源：Wind数据库，同策研究院整理。

三、 房地产业集中度上升

随着房地产市场快速发展，房地产企业开始实施规模化扩张战略。即使在强调控下，大型及品牌房地产企业在资金实力、管理经验、抗风险能力等多个方面也具备绝对优势，中小房地产企业因在融资等方面的劣势经常面临倒闭或者被收购，因此，调控加剧了房地产业的“马太效应”，导致房地产企业的市场集中度不断上升。

2014—2019 年数据呈现了房地产企业的两个特征。

第一，房地产企业市场集中度呈现明显的上升趋势。排名前 100 家的房地产企业的市场占有率从 37.78% 上升到 72.65%，增长了 92.27%。其中，前 10 家房地产企业市场占有率从 16.92% 上升到 28.38%，增长了 67.77%；前 10 ~ 20 家房地产企业市场占有率从 5.87% 上升到 12.12%，增长了 106.63%；前 20 ~ 50 家房地产企业市场占有率从 8.16% 上升到 19.17%，增长了 134.98%（见表 1.11）。

第二，房地产企业的头部效应明显，梯队间差异增大。2019 年第一梯队（前 10 家）10 家房地产企业市场占有率达到 28.38%；第二梯队（前 10 ~ 20 家）10 家房地产企业市场占有率为 12.12%；第三梯队（前 20 ~ 50 家）平均每 10 家房地产企业市场占有率为 6.39%；第四梯队（前 50 ~ 100 家）平均每 10 家房地产企业市场占有率为 2.59%（见表 1.11）。

房地产企业的头部效应还表现在抗风险能力上。2020 年新冠疫情对房地产市场造成较大的影响，从 1 ~ 4 月房地产企业成交数据看，前 10 家房地产企业销售规模为 8 855.7 亿元，2019 年同期为 9 599.4 亿元，同比下降 7.75%；而前 90 ~ 100 家房地产企业销售规模为 331.6 亿元，2019 年同期为 512.7 亿元，同比下降 35.32%。头部房地产企业不但在疫情冲击中表现出更强的抗跌特性，在疫情后的市场恢复过程中也表现得更加优异。2020 年 5 ~ 6 月，前 10 家房地产企业销售规模为 7 136.2 亿元，2019 年同期为 6 568.1 亿元，同比增长了 8.65%，而前

90～100家房地产企业销售规模为398.5亿元，2019年同期为401.8亿元，仍然下降了0.82%，可见头部房地产企业抗风险能力更强。

表1.11　前100家房地产企业市场集中度变化趋势　（单位：%）

	2014年	2015年	2016年	2017年	2018年	2019年
前10家	16.92	17.05	18.72	24.16	26.89	28.38
前10～20家	5.87	6.01	6.50	8.30	11.42	12.12
前20～50家	8.16	9.01	10.07	13.32	16.78	19.17
前50～100家	6.84	7.98	9.65	9.73	11.63	12.97
前100家合计	37.79	40.05	44.94	55.51	66.72	72.64

资料来源：根据CRIC百强排行榜，同策研究院整理。

四、房地产企业分化、中小房地产企业生存压力上升

通过分析2019年房地产企业的业绩表现（见表1.12），可以发现大、中、小型房地产企业在盈利能力、资产质量、债务风险、经营增长等方面呈现不同程度的分化，整体表现为大型房地产企业优势明显，中小型房地产企业生存压力较大。

盈利能力方面，大型房地产企业的净资产收益率和总资产报酬率分别为9.1%和4.8%，中型房地产企业分别为5.7%和3.2%，小型房地产企业为3.1%和2%。大型房地产企业明显优于中小型房地产企业。资产质量方面，大型房地产企业应收账款周转率为8.5次，高于5.1次的行业平均水平，分别是中小型房地产企业的2.02倍和1.98倍。大型房地产企业在获取现金流方面具有绝对的优势，其资产现金回收率为2.4%，分别是中小型房地产企业的3倍和2倍。债务风险方面，大型房地产企业已获利息倍数为4.6，分别是中小型房地产企业的2.09倍和2.09倍，说明大型房地产企业的长期偿债能力安全性高于中小型房地产企业。从短期偿债能力看，大型房地产企业的速动比率为63.4%，现金流动负债比率为4.5次，两个指标均优于中小型房地产企业，说明大型房地产企业短期偿债能力安全性也高于其他两类。经营增长方面，

大型房地产企业的销售增长率及销售利润增长率分别为6.8%、8.3%，中小型房地产企业这两个指标均为负增长，说明大型房地产企业成长性优于中小型房地产企业。

表1.12 2019年房地产企业业绩评价情况

	全行业	大型房地产企业	中型房地产企业	小型房地产企业
一、盈利能力状况				
净资产收益率（%）	6.80	9.10	5.70	3.10
总资产报酬率（%）	3.40	4.80	3.20	2.00
二、资产质量状况				
应收账款周转率（次）	5.10	8.50	4.20	4.30
流动资产周转率（次）	0.50	0.40	0.60	0.40
资产现金回收率（%）	1.10	2.40	0.80	1.20
三、债务风险状况				
已获利息倍数	3.10	4.60	2.20	2.20
速动比率（%）	61.80	63.40	60.60	54.80
现金流动负债比率（次）	1.80	4.50	0.70	4.90
带息负债比率（%）	44.50	39.90	44.90	40.50
四、经营增长状况				
销售（营业）增长率（%）	4.50	6.80	-3.30	-4.90
销售（营业）利润增长率（%）	3.10	8.30	-5.30	-0.40
总资产增长率（%）	9.10	12.40	8.00	9.20
五、其他指标				
资本积累率（%）	10.70	13.50	8.60	6.30
两金占流动资产比重（%）	51.40	56.70	47.60	46.20
成本费用占主营业务收入比重（%）	86.50	84.10	86.70	87.30
经济增加值率（%）	1.50	3.60	1.50	-0.60

资料来源：Wind数据库，同策研究院整理。

此外，大型房地产企业的资本积累率为13.5%，中小型房地产企业分别为8.6%和6.3%；大型房地产企业的成本费用占主营业务收入比重为84.1%，中小型房地产企业分别为86.7%和87.3%；大型房地产企业的经济增加值率为3.6%，中小型房地产企业分别为1.5%和-0.6%。这说明大型房地产企业在企业发展潜力、成本控制及创造价值方面均优于中小型房地产企业。

第二章　房地产业对中国经济的贡献

第一节　房地产业对中国经济的拉动作用

房地产业是我国经济的支柱产业之一，在投资、消费和经济产出中占重要地位。对我国经济增长有显著的直接贡献。此外，房地产业能够吸引居民投资，加速资本积累，间接地对经济增长做出贡献。

一、 房地产业对于中国经济增长的贡献

（一）房地产业增加值对经济的贡献

住房体制全面市场化以来，房地产业发展迅速，在国民经济中的比重逐年增加。1998 年，房地产业增加值 3 435 亿元，占 GDP 比重 4%；[①] 2007 年，房地产业增加值上升到 1.4 万亿元，占 GDP 比重上升到 5.1%。尽管 2008 年以后经济增速放缓，但是房地产业依然保持了高于 GDP 的增长速度。2019 年，房地产业增加值上升到 6.96 万亿元，占 GDP 比重上升到 7.0%。

住房制度全面市场化以来，房地产业对经济增长的贡献率也在增加。1999—2007 年，房地产业对 GDP 增长的平均贡献率[②]为 5.28%；2009—2019 年，房地产业对 GDP 增长的平均贡献率增长到 7.96%。这也印证了房地产业在国民经济中的比重不断上升的情况。

---

① 本小节数据均来自中国统计局。

② 平均贡献率计算方法：平均贡献率 $= \frac{\sum \text{当年房地产业增加值的增长量}}{\sum \text{当年 GDP 的增长量}}$。

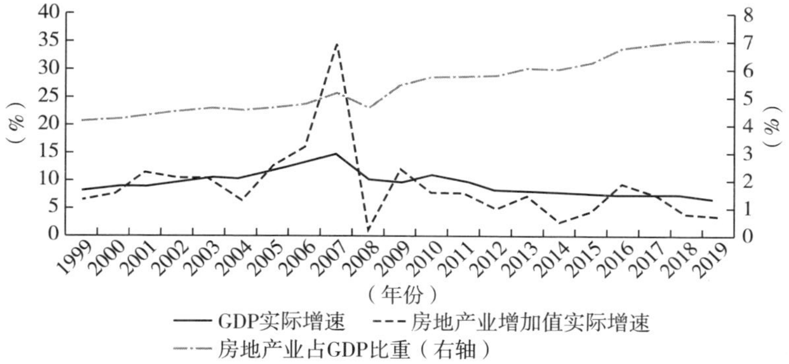

图 2.1　1999—2019 年房地产业增加值情况

资料来源：国家统计局。

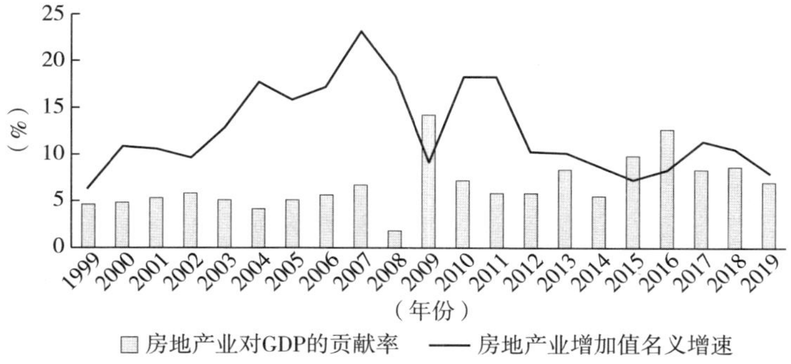

图 2.2　1999—2019 年房地产业对 GDP 增长的贡献率

资料来源：国家统计局。

从时间点上看，在 2009 年、2015 年和 2016 年，GDP 增速降低而房地产业对经济增长的贡献率均高于平均水平。在这几段时期中，宏观经济出现巨大的下行压力，而政府的宏观调控政策出现了对房地产市场放松的现象：2008 年底，国家加大对中低价、中小户型住房的信贷支持，降低城市房地产交易税费；2013 年，国家开始施行差别化信贷政策，支持首套房贷款和改善性二套房贷款，降低首付比例和贷款利率。这些措施刺激了房地产业的增长，进而通过房地产业拉动了整体经济的增长。

（二）房地产业对投资的作用

经济学意义上的投资是指将财富用于扩大再生产，从而能在将来生产出更多的财富。投资，特别是对固定资产等生产资料的投资，是经济增长的直接动力。

从固定资产投资的角度看，1998 年住房制度全面市场化以来，房地产业固定资产投资大幅增长。全国房地产业固定资产投资从 2004 年的 1.4 万亿元上升到 2018 年的 15.1 万亿元，年均复合增长率为 18.2%。其中，房地产开发投资完成额从 2004 年的 1.3 万亿元上升到 2018 年的 12 万亿元，年均复合增长率为 17.1%。而房地产开发投资中商品住房的投资从 2004 年的 0.88 万亿元上升到 2018 年的 8.5 万亿元，年均复合增长率为 17.6%。房地产开发投资占全社会固定资产投资的比重维持在 20% 以上。这意味着每年全国进行固定资产投资的资金中，20% 以上投入到房地产业。商品住房是房地产投资的主要对象。2018 年商品住房投资占房地产开发投资的比重为 79.4%，占房地产业固定资产投资的比重为 56.3%。

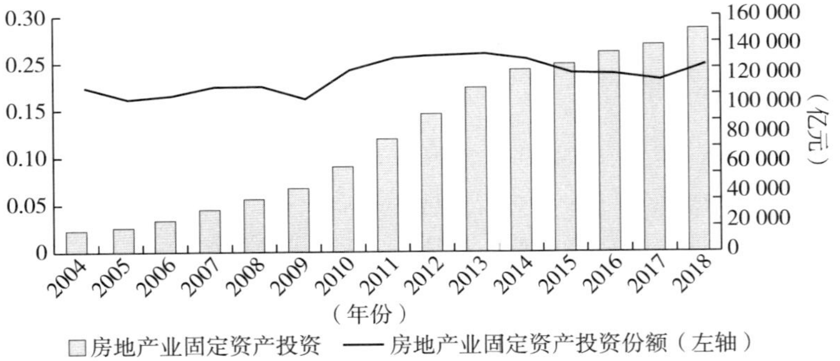

图 2.3　2004—2018 年房地产业固定资产投资情况

资料来源：国家统计局，2018 年房地产业固定资产投资由同比增长率推算而得，国家统计局根据第四次全国经济普查、统计执法检查和统计调查制度规定，对 2018 年固定资产投资数据进行修订（数值尚未公布），2019 年增速按可比口径计算，故 2019 年数据与以前年份数据不能比较，未列入统计。

固定资产投资表示投资的规模，而真正能够反映投资成果和生产能力的提升则需要看形成了多少新的固定资产。城镇新增固定资产这一指标正是衡量固定资产投资成果的重要指标。根据国家统计局的指标解释，该指标计算“已经完成建造和购置过程，并已交付生产或使用单位的固定资产的价值，包括已经建成投入生产或交付使用的工程投资和达到固定资产标准的设备、工具、器具的投资及有关应摊入的费用”。

2017 年房地产业新增固定资产 5.78 万亿元，占全部城镇新增固定资产的 15.11%，在国民经济的 19 个行业中（不包括国际组织）排在第二位。可见房地产业的新增固定资产在各行业中占重要地位。

表 2.1　2005—2017 年各行业新增固定资产比例情况　（单位：%）

年　份	2005	2010	2015	2016	2017
农、林、牧、渔业	1.35	2.09	4.30	4.94	4.98
采矿业	4.46	4.27	2.58	2.13	1.66
制造业	29.37	35.59	37.40	36.42	35.95
电力、燃气、水的生产和供应业	7.59	6.16	4.78	5.00	5.02
建筑业	0.83	1.00	0.97	0.89	0.68
交通运输、仓储和邮政业	11.58	9.04	7.63	7.08	7.76
信息传输、计算机服务和软件业	2.12	1.11	1.03	1.07	1.25
批发和零售业	2.25	2.55	3.96	3.67	3.24
住宿和餐饮业	0.96	1.35	1.33	1.12	1.15
金融业	0.18	0.17	0.24	0.20	0.17
房地产业	23.05	20.18	16.54	16.69	15.11
租赁和商务服务业	0.59	0.97	1.66	2.07	2.26
科学研究、技术服务和地质勘查业	0.43	0.55	0.98	1.03	1.03
水利、环境和公共设施管理业	6.79	8.73	10.66	11.62	13.14
居民服务和其他服务业	0.17	0.30	0.54	0.55	0.54
教育	3.16	1.73	1.56	1.70	1.92
卫生、社会保障和社会福利业	0.87	0.89	0.99	1.03	1.17
文化、体育和娱乐业	0.83	1.06	1.20	1.22	1.42
公共管理和社会组织	3.43	2.27	1.64	1.54	1.56

资料来源：国家统计局。

从时间变化上看，房地产业新增固定资产在2005—2017年经历了较快增长，从1.04万亿元增长到5.78万亿元，年均复合增长率为15.9%，其中2015年最高达到6.39万亿元。同一时期，房地产业新增固定资产在全部新增固定资产中的比重呈现下降的趋势。2005年，房地产业新增固定资产占比为23.05%，而到2017年，该比例下降为15.11%。这说明国民经济对其他行业，如农、林、牧、渔业，制造业，水利、环境和公共设施管理业等行业进行了更大规模的投入。

比较房地产业的开发投资额和新增固定资产两个指标可以分析各行业固定资产投入和实际形成情况。对比结果显示，大多数行业的固定资产投资比例与其固定资产形成比例比较接近，[①] 只有房地产业与制造业

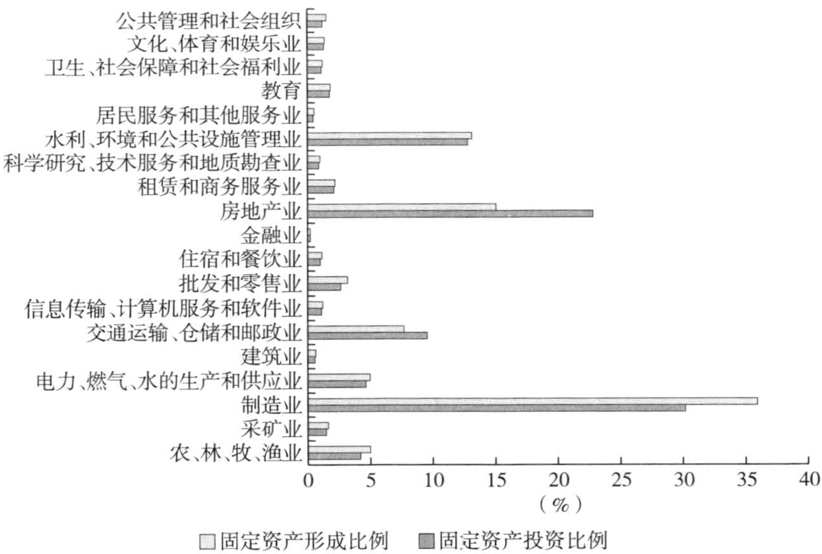

图2.4　2017年各行业固定资产投资、形成比例

资料来源：国家统计局。

① 交通运输、仓储和邮政业的固定资产投资与形成比例间也存在一定差距，但是考虑到该行业的投资主要涉及道路、桥梁等基础设施，具有投资规模大、周期长的特点，因此认为其差距在可接受范围内。

的这两个指标之间存在较大的差异：房地产业固定资产投资比例高于其形成比例 7.7 个百分点，而制造业的固定资产投资比例低于其形成比例 5.7 个百分点。

从指标的统计口径看，固定资产投资和固定资产形成这两个指标间的差异主要来源于土地购置费用计入固定资产投资，而建筑物的固定资产形成则按照建造施工成本统计。居住用地的土地价格远远高于工业用地，这实际上导致地方政府通过高价出售居住用地获得资金，并以补贴的形式招商引资，扩大制造业的固定资本形成。

从指标的经济意义看，以上现象反映了房地产业和制造业在固定资产上的资金投入与实际资产的形成存在差异。房地产业的资金投入大于其实际形成的资产，而制造业的资金投入低于其实际形成的资产。这在一定程度上可以说明房地产业投入的开发投资资金有一部分被转移到其他行业，尤其是制造业，形成了房地产业补贴制造业的情况。

（三）房地产业对就业和财政的作用

从就业的角度看，房地产业的发展也直接促进了城镇就业。2003—2019 年房地产业的城镇就业人数从 120 万人增长到 510 万人，年均增长速度为 9.5%。同一时期，我国经济活动人口①的年均增速为 0.5%，而城镇就业人口总数的年均增速为 3.45%。房地产业的就业增速远高于平均水平。

房地产业的城镇就业人口占城镇单位就业人口的比例也随之增加，从 2003 年的 1.1% 上升到 2019 年的 2.97%，增长接近两倍。尽管增速较快，但是由于房地产业的就业人口绝对数量较低，对国民经济整体而言，房地产业对就业的直接吸纳作用较为有限。

① 根据国家统计局数据，2003 年我国经济活动人口为 7.49 亿人，2019 年为 8.06 亿人。

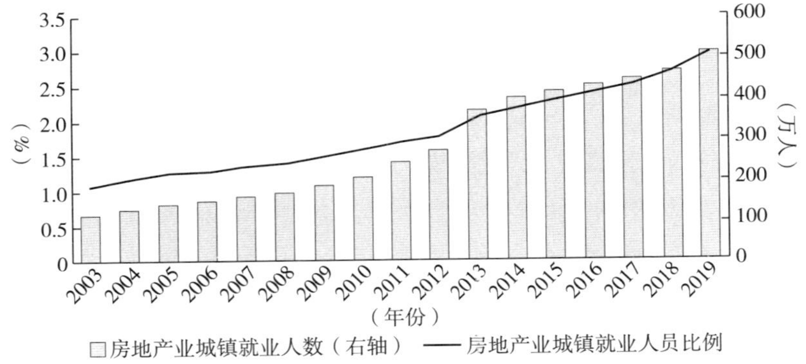

图 2.5　2003—2019 年房地产业城镇就业人员情况

资料来源：国家统计局。

相对于其他行业，房地产业的就业人员所占比重相对较小，仅占所有城镇就业人口的 2.70%。各行业中城镇就业人员占比最大的 4 个行业是制造业、建筑业、教育以及公共管理和社会组织。其中建筑业就业人口占比达 15.71%，是吸纳就业的重要行业，房地产业与建筑业的联系非常紧密，房地产业的繁荣能大幅带动建筑业的就业人口增长。

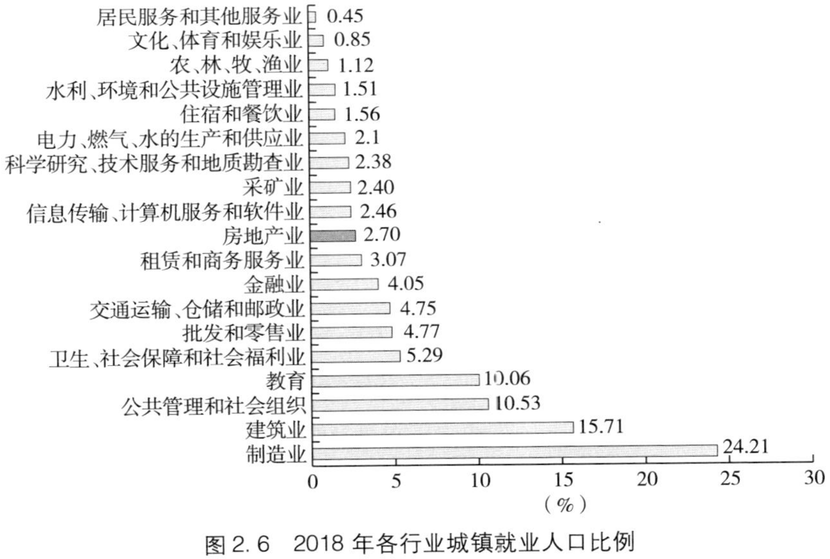

图 2.6　2018 年各行业城镇就业人口比例

资料来源：国家统计局。

房地产业对国家财政收入也有巨大贡献。具体可以反映在税收和土地使用权出让收入两方面。

住房制度全面市场化以来，房地产业发展迅速，其上缴的税金也经历了大幅增长。国家税务总局公布的分行业税收收入数据显示，房地产业税收收入从 2010 年的 0.69 万亿元上升至 2018 年的 2.45 万亿元，在税收收入中的比例相应从 2010 年的 8.9% 上升到 2018 年的 14.4%。房地产业税收收入占比与其在 GDP 中的份额（7.0%）相比，高出 7.4 个百分点。房地产业是仅次于制造业（32.22%）的第二大税收贡献产业，批发零售业（13.99%）排名第三。

房地产企业的税金对财政的贡献程度也在增加，国家统计局数据显示，房地产企业经营税金及附加从 1998 年的 139 亿元上升到 2019 年的 7 421 亿元，平均年复合增长率为 20.86%。

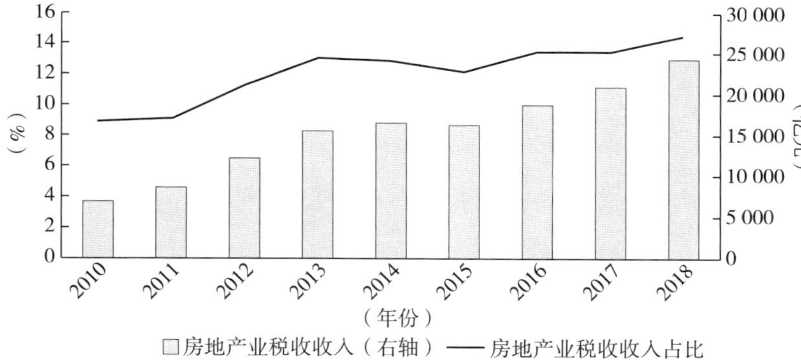

图 2.7　2010—2018 年房地产业税收收入情况

资料来源：国家统计局。

房地产业对于地方财政的作用主要体现为国有土地使用权出让金。2010—2019 年，土地出让金从 2.8 万亿元上升到 7.1 万亿元，年均复合增长率为 10.8%。土地出让金与全国一般公共预算收入的比值在 2010—2015 年整体呈下降趋势，从 33.9% 下降到 20.2%，2015 年以后随着房地产市场新一轮的上涨行情，土地出让金占比回升，到 2019 年上升到 37.1%。

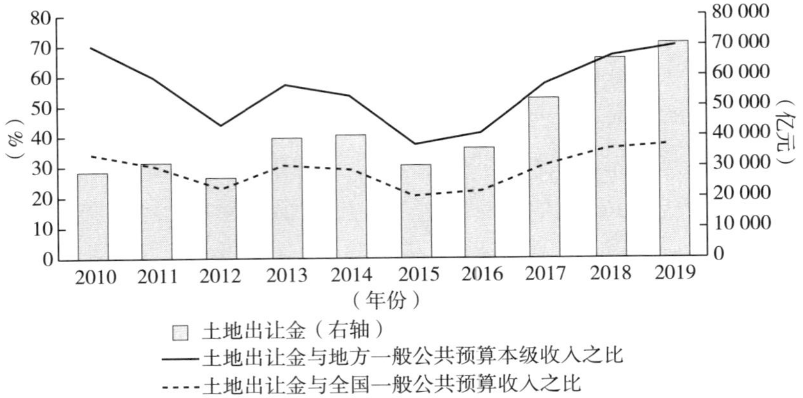

图 2.8　2010—2019 年国有土地使用权出让金增长情况

资料来源：国家统计局。

地方政府财政收入对土地出让金的依赖较大。由于分税制改革后，中央回收了部分财权，地方政府的本级财政收入大幅减少，导致对财政收入的灵活支配能力不足。因此，收归地方政府的土地出让金成为地方政府财政收入的重要补充。土地出让金与地方政府本级财政收入的比值在 2019 年高达 70%。

二、 中国房地产业对经济增长的贡献被低估①

根据各国官方统计部门的数据，2017 年，美国的房地产业增加值占 GDP 的比重为 12.2%，法国为 13%，德国为 10.8%，日本为 11.4%，而中国的房地产业增加值占 GDP 的比重为 6.6%。相较于发达国家，中国房地产业增加值占 GDP 的比重较低。这一方面反映了我国房地产业的发展与发达国家存在一定差距；另一方面，由于我国房地产业的市场化程度较低，对房地产业增加值的统计方法可能无法准确地反映该产业的产出，导致对房地产业增加值及其对经济增长的贡献存在一

① 盛松成，宋红卫．中国房地产业对经济增长的贡献被严重低估［EB/OL］．https：//cn.ceibs.edu/new－papers－columns/13825，2018－05－28．

定程度的低估。

2013 年以前，我国对居民自有住房提供的居住服务的价值是以住房的固定资产折旧计算的，而发达国家以住房的市场租金计算。前者仅反映住房的成本，而后者通过市场定价，能更准确地反映房屋居住服务的价值。因此对房地产业增加值的核算存在较大的低估。

21 世纪初的一些研究显示，如果按照发达国家通行的市场租金统计，我国房地产业增加值占 GDP 的比重可以上升到 10% 左右。① 对上海房地产的研究显示，修正后的房地产业增加值可占上海 GDP 的 12% 左右。② 当时美国房地产业增加值占 GDP 的比重为 11%，日本为 10%。可见当时我国房地产业的占比已经接近发达国家水平。而经过十余年的高速发展，我国房地产业的占比很可能已经达到或超过发达国家水平。

虽然经过 2013 年的统计口径调整，自有住房的居住价值以国际上通行的虚拟租金计算，但是房地产业被低估的情况仍然存在。因此，本书尝试重新评估房地产业增加值及其对经济增长的贡献。

（一）中国房地产业对经济增长的贡献被低估的原因

中国房地产业增加值被低估有以下几方面原因。一是自有住房核算使用的指标会造成遗漏统计。以人均居住面积和城镇常住人口这两个指标衡量的城镇存量住房，不能涵盖短期流动人口居住房屋的增加值。二是企事业及行政单位向员工提供的住房服务未被统计。三是对空置房的测算也存在争议，目前我国未包含这一项。四是我国城镇化率相对较低，广大乡村区域主要以自建房和城乡接合部的少量小产权房为主，这

---

① 刘洪玉，郑思齐，许宪春．房地产业所包含经济活动的分类体系和增加值估算［J］．统计研究，2003（8）：24－27.

② 印堃华，赵传葆，胡彬．房地产业在上海经济发展中的支柱地位研究——房地产业增加值统计数据剖析及思考［J］．财经研究，2000（12）：44－50.

部分核算仅依据成本核算自有居住价值，而开发经营等价值未被统计。五是产业的统计口径也存在一定差异。

（二）房地产业增加值统计口径的国内外比较

美国房地产业分类主要依据北美产业分类体系（NAICS 2002），该体系是由美国、加拿大、墨西哥三国协议开发使用的行业分类体系。美国房地产业主要包括房地产出租、房地产代理和经纪两大部分，具体内容见表2.2。

表2.2　美国房地产业主要构成

代码	类别名称	代码	类别名称
5311	房地产出租	5312	房地产代理和经纪
53111	住房出租（公寓、单身公寓、排屋等）	5313	与房地产相关的其他活动
53112	非住房建筑出租（除小型仓库）	53131	房地产物业管理者
53113	小型仓库和储藏区出租	53132	房地产估价机构
53119	其他房地产出租	53139	其他与房地产相关的活动

日本房地产业的核算是根据2008年国民经济核算体系（2008SNA）进行统计，房地产业主要包括租金和服务费两大类别，具体内容见表2.3。

表2.3　日本房地产业主要构成

代码	类别名称
75和77	房地产租赁
76	房地产经纪中介

我国房地产业分类是依据中华人民共和国《国民经济行业分类》（GB/T4754－2011）的分类标准，主要包括房地产开发经营、物业管理、房地产中介服务和其他房地产市场活动，具体内容见表2.4。

表2.4　我国房地产业主要构成

代码	类别名称	代码	类别名称
7010	房地产开发经营	7020	物业管理
7030	房地产中介服务	7040	自有房地产经营活动
7090	其他房地产业		

由上可见，中国和美国、日本尽管都将房地产业划分为第三产业，但是具体统计内容和方法有一定的差异。一是按照美国、日本统计口径，以交易为主的房地产和土地开发归为建筑业，而在中国仍然被归为房地产业。二是在自有住房服务方面，美国和日本以市场租金的方式评估，而我国目前采用的是以初始的成本值核算（住房价格上涨带来的资产升值不能体现），二者存在较大的差异。

（三）中国房地产业对GDP贡献率的评估

我国目前自有住房服务增加值在房地产业增加值中占比最大，而该部分核算方法并不合理。统计部门按照城镇房屋成本的2%、农村房屋建筑成本的3.03%折旧估算该值。近年来住房价格大幅上涨，若仍沿用成本折旧核算，服务增加值就会被大大低估。① 因此本书尝试对这部分重新核算，其他部分仍然按照国家统计局的结果。在评估方法上需要做几点说明。

第一，在计算方法上采用房地产市场较为成熟的国家沿用的市场租金法。

第二，租赁市场主要集中在城市，农村主要以自建房为主，并且农村住房一般不能上市流通销售，这导致农村住房资产价格及相应的租金不能评估。因此这部分仍采用国家统计局的成本折旧值。

第三，目前统计数据还不能精准区分自有住房和租赁住房，并

① 蔡波，程顺森，赵智群．网络大数据在自有住房折算租金推算上的应用［J］．统计科学与实践，2016（10）：20－24.

且市场租金法就是以同质租赁住房的租金水平评估自有住房服务增加值，换句话说就是同质的房子不管是自住还是租赁，提供的服务增加值是一样的，所以就不必区分住房是租赁还是自住，可以整体评估。

第四，城镇住房是以城镇常住人口和人均居住面积衡量的。做这样的处理，就能把遗漏统计的单位提供的职工宿舍的服务增加值及居民投资租赁部分的服务增加值补充进来，相对减少低估价值。

第五，借鉴刘洪玉等人①的核算标准，同时借鉴朱天和张军②关于虚拟房租的估算方法。由于国家统计局数据没有直接公布原城镇居民自有住房服务增加值，本书参考上述两文对该部分估算值占 GDP 的比重进行评估。上述两文计算的该部分占 GDP 的比重分别为 1.7% 和 1.6%，故本书采取其均值 1.65% 予以估算。

第六，目前市场上房屋的租金资产回报率为 3%，以此评估租金水平。有些报告以五年期基准利率和 CPI（居民消费价格指数）的移动平均值评估租金，这是理想状态的资产回报水平，但实际情况远低于这一水平。

第七，存量住房大部分是二手房，当年新房占比较小，但新房价格对二手房价格有较大的影响，因此本书假设全部为二手房，其价格按照当年新房价格的 85%（经验值）估算。

运用上述方法重新评估测算自有住房服务增加值，可得到 2019 年城镇居民自有住房服务增加值为 79 365 亿元（见表 2.5）。按照成本核算的服务增加值仅为 16 349 亿元，明显低估了 63 016 亿元（见表 2.6）。经过重新评估的 2019 年房地产业增加值为 132 648 亿元，房地产业对 GDP 的贡献率达到 13.39%，基本与美国和日本同期的水平相当。

---

① 刘洪玉，郑思齐，许宪春．房地产业所包含经济活动的分类体系和增加值估算［J］．统计研究，2003（8）：24－27.

② 朱天，张军．中国的消费率被低估了多少？［J］．经济学报，2014，1（2）：42－67.

表 2.5　2010—2019 年中国城镇自有住房服务增加值的估值

年份	住房均价（元/平方米）	租金资产回报率 3%（元/年）	城镇人均居住面积（平方米/人）	城镇常住人口（万人）	本书评估自有住房服务增加值（亿元）
2010	4 016.27	120.49	31.60	66 978	25 501.36
2011	4 244.20	127.33	32.65	69 079	28 717.47
2012	4 615.44	138.46	32.91	71 182	32 436.40
2013	4 972.29	149.17	33.83	73 111	36 897.42
2014	5 043.30	151.30	34.76	74 916	39 393.88
2015	5 502.45	165.07	35.68	77 116	45 416.94
2016	6 122.19	183.67	36.60	79 298	53 305.41
2017	6 471.74	194.15	37.80	81 347	59 699.51
2018	7 262.54	217.88	39.00	83 137	70 644.17
2019	7 894.00	236.82	39.50	84 843	79 365.45

注：2017 年城镇人均居住面积为 2016 年和 2018 年的均值，2019 年为趋势值。

资料来源：国家统计局，同策研究院整理。

表 2.6　2010—2019 年中国城镇自有住房服务和房地产业增加值及其对 GDP 贡献的评估比较

年份	自有住房服务增加值（亿元）		房地产业增加值（亿元）		GDP（亿元）	房地产业对 GDP 贡献率	
	原值	重新评估增加值	原值	重新评估增加值		原值	重新评估增加值
2010	6 799.97	18 701.39	23 326.60	42 027.99	412 119.3	5.66%	10.20%
2011	8 051.01	20 666.46	27 780.70	48 447.16	487 940.2	5.69%	9.93%
2012	8 886.57	23 549.83	30 751.90	54 301.73	538 580.0	5.71%	10.08%
2013	9 783.89	27 113.53	35 340.40	62 453.93	592 963.2	5.96%	10.53%
2014	10 618.79	28 775.09	38 086.40	66 861.49	643 563.1	5.92%	10.39%
2015	11 366.16	34 050.78	42 573.80	76 624.58	688 858.2	6.18%	11.12%
2016	12 315.52	40 989.89	49 969.40	90 959.29	746 395.1	6.69%	12.19%
2017	13 728.59	45 970.92	57 086.00	103 056.92	832 035.9	6.86%	12.39%
2018	15 168.14	55 476.03	64 623.00	120 099.03	919 281.1	7.03%	13.06%
2019	16 349.27	63 016.18	69 631.50	132 647.68	990 865.0	7.03%	13.39%

资料来源：国家统计局，同策研究院整理。

以上研究表明，我国房地产业对 GDP 的贡献率确实存在被低估的现象，国家统计局公布 2019 年该值为 7.03%。本书测算该值为 13.39%左右，被低估了 6.36 个百分点。本书的测算值与美国和日本水平相当，基本都保持在 12%左右。

第二节　房地产业对中国经济的稳定作用

经济稳定增长、通货膨胀水平适度和贫富差距缩小是经济稳定的重要组成部分。我国房地产业在这些方面都发挥了一定的积极作用。

一、 房地产业的逆周期调节作用

虽然房地产业自身具有较强的顺周期特点，但是由于房地产业投资规模大、产业链长、影响范围广等特点，使之成为在经济下行时拉动经济增长的重要逆周期调节手段。

（一）1998 年以来三次房地产逆周期调节

1998 年我国住房全面市场化一定程度上也是对亚洲金融危机的应对措施。由于东南亚经济危机的冲击，我国经济增长速度由 14%左右下降到 7%。国内的财政、就业等方面也出现了严重问题。在此背景下，1998 年实行住房全面市场化改革，企业不再为职工提供福利住房，这在客观上减轻了国有企业的负担；通过出售土地使用权，地方政府得以扩大收入；对住房的大规模投资能缓解大规模下岗带来的就业问题，同时能增加对建材等产品的需求，吸收过剩产能；对居民来说，住房全面市场化使计划经济以来被长期抑制的住房需求得到释放，房地产投资高速增长，提高了资本形成，从而拉动经济增长。从某种意义上说，住房市场化和房地产业的高速发展为当时下行的中国经济打了一针“强心剂”。

2008 年，美国房地产泡沫破裂，次贷危机爆发，受其影响全球经济下滑。我国经济增速大幅下滑，从前一时期 12% 左右的同比增速下降到最低时 2009 年第三季度的 6.4%。在经济危机的背景下，国家对房地产业的调控政策从 2008 年下半年起由收紧转向放开。国务院、财政部、中国人民银行等部门陆续出台政策，通过降低房贷利率、首套房的首付比例等措施加大信贷支持，同时减免房地产业交易税费。

2014 年下半年，我国经济面临持续下行、政府债务加剧等问题。2014 年第三、四季度 GDP 增速分别为 7.1% 和 7.2%，经济增速面临跌破 7% 大关。中国社科院公布的数据显示，① 地方政府总债务（含隐性负债）从 2010 年的 16.5 万亿元上升到 2014 年的 34.9 万亿元。而政府部门整体的负债率（债务/GDP）从 2008 年的 28.06% 上升到 2014 年的 38.82%，为 1997—2017 年的最高值。在此背景下，国家采取降低购房贷款利率及首付比例的方式刺激房地产市场，同时推行房地产业“去库存”战略，推进棚户区改造的货币化安置，降低三四线城市待售库存。

整体上看，房地产业对 GDP 增长的贡献率能反映出经济下行时房地产业对经济的拉动作用。在经济下行时期，房地产业的贡献率往往高于其平均水平。1998 年，在经济下滑的背景下房地产业对经济增长的贡献率大幅上升，从 1997 年的 3.8% 上升到 9.4%。在 2008 年金融危机的影响下，经济增长陷入低谷，而房地产业对经济增长的贡献率再次跃升到 14.3%。2015 年以来，房地产业对 GDP 增长的贡献率又出现上升，从 2014 年的 4% 上升到 2016 年的 12%。由此可见，房地产业在经济下行时对经济有明显的拉动作用。

（二）依靠房地产业拉动经济的潜在风险

房地产业对经济的短期拉动具有立竿见影的效果，因为对房地产的投入可以在较短时间内形成房屋、建筑等固定资产，计入 GDP。然而，

① 中国社会科学院财政税收研究中心“中国政府资产负债表”项目组，汤林闽．中国政府资产负债表 2017 [J]．财经智库，2017，2（5）：103－138，144.

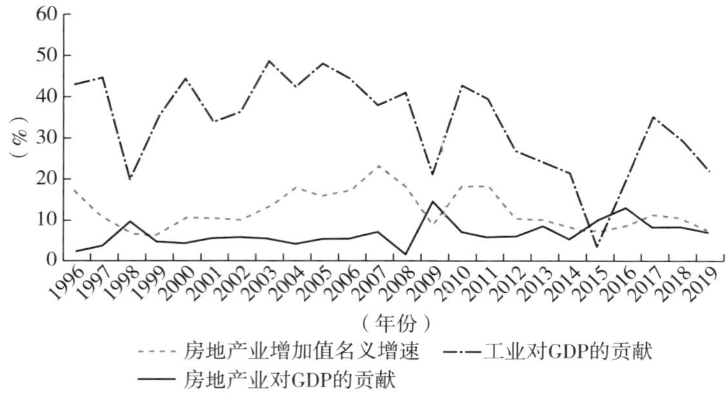

图 2.9　1996—2019 年工业、房地产业对经济增长的贡献率

资料来源：国家统计局。

过度依赖房地产业拉动经济从长期看会产生不利影响。

房地产业属于生产消费资料的部门，特别是住房的建设，是居民进行居住消费的重要承载物。广义的房地产还包括厂房、办公楼、商铺等建筑，这些建筑物属于生产活动的固定资产，但是其作用在于提供生产活动场所，而非直接产生产品。相对于机器设备等固定资产，房地产在生产活动中处于次要地位。在资源有限的情况下，对房地产业的过多投入，从生产的角度看并不能提升全社会的经济产出水平，反而会减少对机器设备、生产技术、开发创新等关键领域的投入，阻碍经济长期增长。

对房地产业的过度投入可能引发房地产泡沫。房地产业有一定的顺周期和正反馈特性。经济向好时，房地产业繁荣，房地产投资增加，住房价格上涨；而通过房地产抵押贷款，住房价格上涨可扩大信贷规模，进一步推动经济繁荣，形成正反馈。在这种机制的作用下，经济过热催生房地产泡沫。20 世纪 90 年代日本的房地产泡沫、2008 年美国的房地产泡沫破灭对经济影响深远，不可重蹈其覆辙。

房地产业过度繁荣导致的房价过高问题会严重消耗经济发展潜力。高房价使居民购房负担加重，导致消费能力降低。高房价导致的土地价格上涨以及高房价下居民要求的薪资上涨会导致当地企业的经营成本上升。消费水平下降和经营成本上升使企业利润水平下降，企业无力进行新一轮投资，因而造成经济增长停滞，严重时还会导致企业倒闭或者外迁。企业减少造成产业外迁、就业减少，城市的经济活力不足，严重时还会造成城市的空心化。

以上问题说明房地产业的短期拉动效果与经济的长期健康增长存在一定程度的对立关系，而在我国经济发展过程中，这些问题都有不同程度的体现。因此，需要用长远眼光看待房地产业，不能急功近利，为了短期增长而破坏经济长期健康发展。

二、房地产业与控制通货膨胀水平

通货膨胀问题一直是伴随我国经济发展的一个阴影。新中国成立以来，多次大规模经济建设都引发了经济过热，造成比较严重的通货膨胀，使人民生活受到影响。其原因是政府大多通过举债的方式筹集资金，进行基础设施建设。过于激进的投资造成政府财政赤字，政府进而通过超发货币来弥补财政赤字，超发的货币则直接引发通货膨胀。而2003年确立土地出让“招拍挂”以来，政府通过出让土地的使用权获得资金，而超发的货币也可以流入房地产业这一资金的“蓄水池”，减少对粮食、日用品等生活必需品的价格冲击。

（一）新中国成立以来我国经历的几次严重通货膨胀

一般而言，较为理想的通货膨胀率水平在2%~3%，这也是多国货币当局的目标之一。[①] 而通货膨胀率在10%以下时被称为爬行式通货膨胀；通货膨胀率达到两位数甚至三位数时被称为奔跑式通货膨胀，这种通货膨胀水平已经对经济产生了恶劣影响；而物价出现天文数字式的上涨时被称为恶性通货膨胀。[②] 图2.10显示了1950年以来我国的通货膨胀情况。图中选取了CPI和GDP平减指数作为反映通货膨胀情况的指

① Jahan S. Inflation Targeting: Holding the Line [J]. Finance & Development, 2012 (4): 72-73.

② 易纲，吴有昌. 货币银行学 [M]. 上海：上海人民出版社，2004.

标。以5%的通货膨胀率为标准衡量，新中国成立以来，我国在20世纪50年代初、50年代末、改革开放初期的1979—1980年、1985—1989年、1993—1996年，以及2008年发生过较为严重的通货膨胀。其中1961年的通货膨胀水平达到15.1%、1988年的通货膨胀水平达到18.8%，而1994年的通货膨胀水平更是高达24.1%。

20世纪我国的通货膨胀往往与政府主导的大规模经济建设投入相关。政府主导的对工业、基础设施的大规模投入是我国经济发展的一个重要途径，尤其在计划经济体制下，财政金融不分家，因此资金的投入对国家财政的依赖较高。大规模资金投入导致财政支出攀升，财政赤字扩大。为了弥补赤字，国家超发货币，引发通货膨胀。崔惠民等人①的研究也验证了在政府融资体制下，我国的通货膨胀很大程度上是一种财政现象。

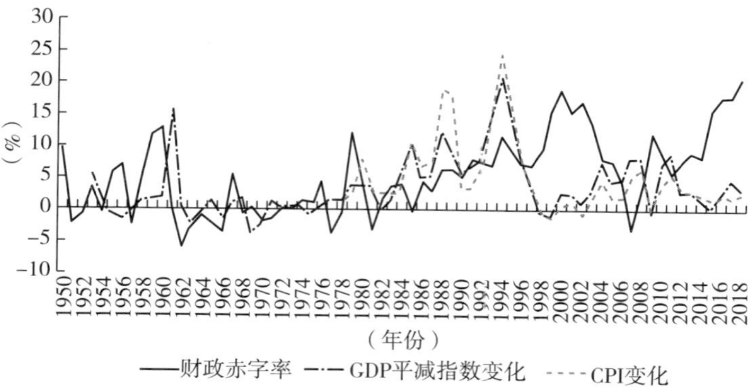

图2.10　1950年以来我国财政赤字与通货膨胀情况

注：财政赤字率=（当年全国公共财政支出－当年全国公共财政收入）/当年全国公共财政收入。

资料来源：财政部、国家统计局。

从图2.10中可以看到，我国1950—1997年，财政赤字率与通货膨

① 崔惠民，马涛，崔永．中国的财政赤字与通货膨胀：1952—2012［J］．经济学家，2014（4）：61－71.

胀水平呈现一致波动。例如1960年我国的财政赤字率上升到12.5%，随后1961年出现了高达15.3%的通货膨胀情况；同样在1979年，我国的财政赤字率上升到11.8%，随后1980年出现了7.5%的通货膨胀。改革开放以后，随着金融系统在经济中的作用增强以及民营经济的发展，财政对经济建设的直接投入份额相对降低，而金融系统通过贷款融资的份额提升，货币乘数远高于计划经济体制时期。因此可以看到在20世纪八九十年代，通货膨胀水平远高于财政赤字水平。

（二）房地产业缓解通货膨胀压力

从新中国成立以来的经济发展经验看，大规模经济建设带来的长期财政赤字压力不可避免地带来货币超发。因为我国长期处于资本极度短缺的状态，而工业化初期的经济建设则是以大规模资本积累为特点。在经济高速增长的要求下，两者是一对不可调和的矛盾。如果对超发的货币没有进行有效引导，则会对人们的生活造成较大冲击。房地产业市场化改革以及“土地财政”机制的引入，是对已往经济增长模式的一次重要改进。这一改进虽然无法从根本上解决大规模经济建设投入与货币超发这一对矛盾，但是可以通过住房这一高价值商品增值的方式吸收通货膨胀压力，使其他生活必需品得以在短期内免受超发货币的冲击。

从图2.10中可以看到，1998年住房制度改革以来，我国的通货膨胀水平与政府财政赤字的变化情况出现了明显的背离。2000—2002年全国财政赤字率达到15%以上，而其间的通货膨胀水平很低，CPI仅上升了1%左右，GDP平减指数也仅上升了2%左右。考虑到滞后效应，2004年的通货膨胀水平也仅为3.9%，属于温和通货膨胀，没有对经济产生较大冲击。

政府赤字与通货膨胀水平背离的一个重要原因是土地出让金对财政的补充作用。根据财政部数据，2010—2019年，土地出让金从2.8万亿元上升到7.1万亿元；根据公布的土地出让金的用途数据，约50%~60%的土地出让金用于拆迁补偿、土地开发。这说明大约40%~50%的土地出让金是可以由政府相对灵活支配的。表2.7以平均45%的水平估算了政府可支配的土地出让金，结果显示2010—2019年，可支配的总土地出让金与公共财政总赤字基本持平。

表2.7　2010—2019年我国财政收支与土地出让金情况　（单位：亿元）

年份	公共财政收入	公共财政支出	公共财政赤字	可支配土地出让金
2010	83 101.51	89 874.16	6 772.65	12 688.97
2011	103 874.43	109 247.79	5 373.36	14 013.19
2012	117 253.52	125 952.97	8 699.45	12 011.18
2013	129 209.64	140 212.10	11 002.46	17 613.91
2014	140 370.03	151 785.56	11 415.53	18 215.86
2015	152 269.23	175 877.77	23 608.54	13 852.71
2016	159 604.97	187 755.21	28 150.24	16 037.86
2017	172 592.77	203 085.49	30 492.72	22 498.68
2018	183 352.00	220 906.00	37 554.00	29 293.20
2019	190 390.08	238 858.37	48 468.00	31 805.69
合计			211 536.95	188 031.25

注：可支配土地出让金＝当年土地使用权出让金×45%。
资料来源：财政部。

2000年以来，我国通货膨胀压力的主要来源从内部性的政府货币超发转变为外部性的外汇占款大幅增加。由于加入世界贸易组织（WTO）之后，我国出口大幅上升，外汇储备不断增加，而我国采取强制结汇的制度，每笔外汇都需要发行相应金额的本币，因此基础货币大幅增加。图2.11显示，我国中央银行外汇占款从2000年初的1.4万亿元上升到峰值时2014年的27万亿元，上升了接近20倍。2002—2005年外汇占款增速最快，其中2005年前三个季度的同比增速超过50%。

2001—2005年，商品房销售价格的同比增速持续增加，其变动趋势与外汇占款同比增速一致，在2005年底、2006年初达到15%左右的2008年以前的最高水平。而这一时期的通货膨胀率仅为2%左右。这足

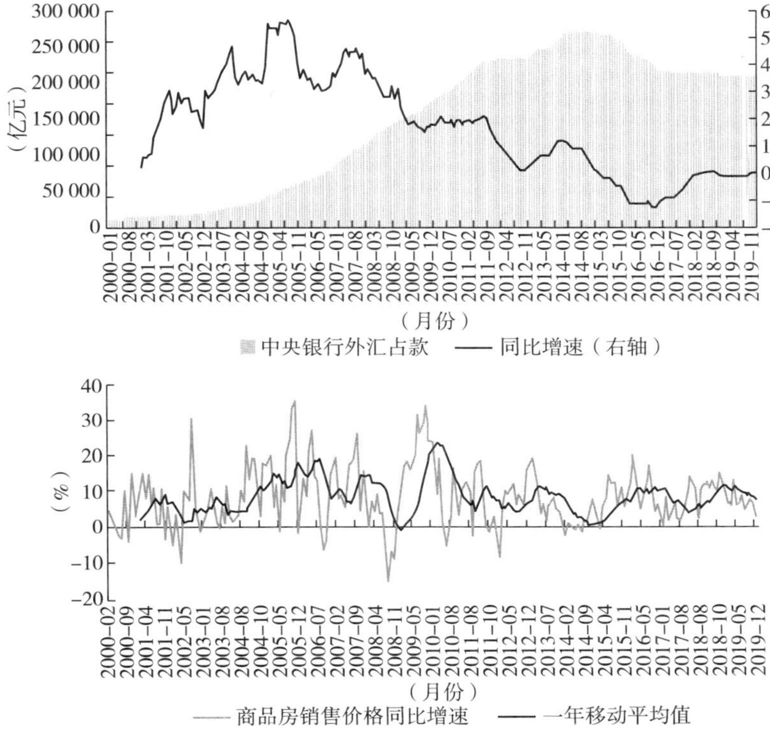

图 2. 11　2000—2019 年中央银行外汇占款与商品房销售价格变动

资料来源：中国人民银行、国家统计局。

以说明房地产业对稳定物价、遏制通货膨胀起到的重要作用。

（三）房地产业抑制通货膨胀的局限性

依靠房地产业抑制通货膨胀有其局限性。因为在我国现阶段的经济增长模式下，大规模经济建设投入与货币超发这一根本矛盾无法通过房地产业和土地财政得到根本解决。房地产业抑制通货膨胀是通过住房价格上涨的方式吸纳超发货币，从而维持基本生活物品的价格稳定。因此，住房价格上涨和全面通货膨胀相比，仅仅是“两害相权取其轻”的妥协办法。

然而，首先，现阶段我国的住房价格水平已经过高，对民生已经造成严重影响。其次，住房价格过快上涨使购房投资收益过高，吸引大量资本流向房地产业，不利于实体经济的发展和就业的扩大。最后，房地产业与金融业联系密切，住房价格不断上涨可能引发房地产泡沫，增加系统性金融风险。日本、美国房地产泡沫崩溃引发经济危机的教训值得关注。

三、保障性住房促进社会稳定

1998年住房制度改革以来，我国由福利分配住房制度转向市场化的住房制度。市场机制能极大地提高住房供给和分配的效率，而保障性住房制度的发展和完善是保障住房分配公平的重要措施。

（一）我国住房保障制度的演进

我国住房保障制度的建设和实施与住房体制改革的试点同步开展。1994年7月国务院发布的《国务院关于深化城镇住房制度改革的决定》中明确提出加快经济适用房的开发建设，规定房地产开发公司每年的建房总量中，经济适用住房要占20%以上，优先安排离退休职工、教师和住房困难户入住。1995年“安居工程”正式启动，计划用5年时间新建1.5亿平方米的住房，并以成本价出售给中低收入家庭。

保障性住房供给也是住房制度市场化的重要一环。1998年7月，《国务院关于进一步深化城镇住房制度改革加快住房建设的通知》正式终结了福利分房制度，同时该文件提出建立和完善以经济适用房为主的多层次城镇住房供给体系：最低收入家庭租住国家提供的廉租房，中低收入家庭购买经济适用房，其他收入高的家庭购买商品住房。2007年8月，《国务院关于解决城市低收入家庭住房困难的若干意见》将农民工和棚户区居民等住房困难群体纳入保障范围。

2010年以来，中央对保障性住房建设愈加重视，并且将保障性住房作为房地产市场调控的手段之一。2010年1月，《国务院办公厅关于促进房地产市场平稳健康发展的通知》（“国十一条”）提出在房价过高、上涨过快的城市要切实增加限价住房、经济适用房、公共租赁住房等保障性住房的供给。同年9月，财政部发布通知，对公共租赁住房的建设提供税费减免。2011年“十二五”规划纲要提出新建保障性住房3 600万套，建立健全以公共租赁住房为主的住房保障体系，强化政府的住房供给责任。

2013年12月，住建部、财政部、发改委发布《关于公共租赁住房和廉租住房并轨运行的通知》，将原有的廉租房并入公共租赁住房进行统一管理。公共租赁住房成为建设保障性住房的主要方式。2014年9月，财政部发布《关于推广运用政府和社会资本合作模式有关问题的通知》，提出社会资本合作参与保障性安居工程建设。2015年4月，财政部等四部委联合发布通知，推进运用政府和社会资本合作模式进行公共租赁住房的投资建设和运营管理。

2016年7月，住建部、财政部、国土部发布《关于进一步做好棚户区改造工作有关问题的通知》，提出进一步加大棚改规模，提高棚改货币化安置比例。2016年12月，住建部、财政部发布《关于做好城镇住房保障家庭租赁补贴工作的指导意见》，提出城镇住房保障由采取实物配租与租赁补贴相结合的方式，逐步转向以租赁补贴为主。住房保障手段开始从实物保障向货币化保障转变。

（二）保障性住房的投入和建设成果

根据“十三五”规划，基本住房保障是政府提供的基本公共服务内容之一，是政府保障全民基本生存发展需求的制度性安排。目前我国政府的保障性住房工作主要分为公共租赁住房、城镇棚户区住房改造、农村危房改造等项目，由住建部、财政部牵头负责。

保障性住房的资金投入不断增加。根据审计署的城镇保障性安居工程跟踪审计结果公报，全国各级财政筹集到的保障性住房资金从2013年的4 723亿元上升到2017年的7 842亿元。通过银行贷款、发行企业债券等渠道筹集的资金从2013年的0.56万亿元上升到2017年的2.17

万亿元。中国人民银行的数据显示，保障性住房开发贷款余额从2011年第三季度的0.28万亿元上升到2019年的4.61万亿元。

表2.8 政府基本住房保障项目

服务项目	服务对象	服务指导标准	支出责任
公共租赁住房	符合条件的城镇低收入住房困难家庭、城镇中等偏下收入住房困难家庭、新就业无房职工、城镇稳定就业的外来务工人员	实行实物保障与货币补贴并举，并逐步加大租赁补贴发放力度	市、县级人民政府负责，引导社会资金投入，省级人民政府给予资金支持，中央财政给予资金补助
城镇棚户区住房改造	符合条件的城镇居民	实物安置和货币补偿相结合，具体标准由市、县级人民政府确定（有国家标准的，执行国家标准）。全国开工改造包括城市危房、城中村在内的各类棚户区住房2 000万套	政府给予适当补助，企业安排一定的资金，住户承担一部分住房改善费用
农村危房改造	居住在危房中的建档立卡贫困户、分散供养特困人员、低保户、贫困残疾人家庭等贫困农户	支持符合条件的贫困农户改造危房，各省份确定不同地区、不同类型、不同档次的省级分类补助标准，中央财政给予适当补助，基本完成存量危房改造任务。地震设防地区结合危房改造，统筹开展农房抗震改造	地方人民政府负责，中央财政安排补助资金、地方财政给予资金支持、个人自筹等相结合

资料来源：《国务院关于印发“十三五”推进基本公共服务均等化规划的通知》。

从财政支出看，国家财政用于保障性住房的支出呈上升趋势。财政部数据显示，保障性安居工程支出从2010年的1 228.66亿元上升到2017年的3 791.56亿元，其中2016年达到4 390.87亿元。从保障性住房投入的类型看，全国公共财政对城镇棚户区改造和农村危房改造的投入力度大幅增加。棚户区改造支出从2010年的231亿元上升到2017年的 1 685 亿元；农村危房改造支出从 2010 年的 139 亿元上升到 2017 年的 419 亿元。

在不断增长的资金投入下，保障性住房建设的成果明显。审计署公告数据显示，保障性住房投资完成额从 2013 年的 1. 27 万亿元上升到 2017 年的 1. 84 万亿元。保障性住房和棚改住房的基本建成套数从 2013 年的 589 万套上升到 2017 年的 686 万套。廉租房与公共租赁住房的受益人口从 2012 年的 2 668 万人上升到 2017 年的 4 100 万人。棚户区新增拆迁面积从 2014 年的 4. 81 亿平方米上升到 2017 年的 6. 68 亿平方米。住建部公布的数据显示，2009—2017 年，棚户区改造计划建设套数从 80 万套上升至 600 万套，实际开工套数从 130 万套上升至 609 万套。保障性住房建设为居民的基本居住需求提供保障，推进保障性住房建设具有重要的经济及社会意义。

表 2. 9　全国公共财政支出中保障性安居工程支出情况　（单位：亿元）

年份	总计	廉租住房	沉陷区治理	棚户区改造	少数民族地区游牧民定居工程	农村危房改造	公共租赁住房	保障性住房租金补贴	其他保障性安居工程支出
2010	1 228. 66	689. 64	7. 33	231. 25	37. 30	138. 76			124. 38
2011	2 609. 54	840. 28	7. 38	555. 12	32. 28	256. 40	645. 01		273. 09
2012	3 148. 81	596. 85	8. 49	580. 08	47. 30	497. 58	858. 59	25. 45	534. 47
2013	3 013. 27	389. 94	4. 26	713. 05	38. 81	381. 58	789. 94	30. 99	664. 70
2014	3 428. 55	175. 59	5. 10	886. 90	12. 50	375. 94	715. 11	51. 01	1 206. 41
2015	3 907. 35	119. 63	14. 90	1 289. 73	0. 99	536. 02	639. 38	49. 86	1 256. 84
2016	4 390. 87	84. 82	22. 35	1 722. 44	9. 29	445. 79	597. 43	62. 73	1 446. 00
2017	3 791. 56	46. 01	4. 28	1 684. 84	6. 42	419. 33	390. 71	59. 94	1 180. 04

资料来源：财政部。

城乡二元结构是我国经济发展的特点之一，大量农村劳动力向城市转移，推动经济增长和城镇化进程。而城镇化的发展不仅仅是人口在空间上由农村转向城市，更关键的是由农村的生产生活方式向城市的生产生活方式转变，即从“以地为本”转向“以人为本”的新型城镇化。保障性住房建设有助于农村劳动力在城市获得基本公共服务，完成从农民到市民的转化；同时也能提高劳动力的流动性，有利于经济发展。

作为社会保障手段之一，保障性住房具有调节收入分配的作用。政府通过对高收入者征税，并将之用于给低收入者提供与住房相关的补贴：在住房数量相对不足的城市，将补贴用于大量新建公共租赁住房，提高住房供给；在住房数量相对充足的城市，通过资金补贴的方式对低收入者发放住房补贴。通过住房相关税收和补贴对收入进行再分配，以此调节收入差距，是维持社会稳定的重要措施。

第三章　房地产业与其他产业的关系

2003 年国务院颁布《国务院关于促进房地产市场持续健康发展的通知》，通知提出房地产业关联度高，带动力强，已经成为国民经济的支柱产业。[①] 房地产业的发展不仅能促进消费，扩大内需，拉动投资增长，保持国民经济持续快速健康发展，还能充分发挥人力资源优势，扩大社会就业。

随着房地产市场的不断发展，房地产与其他产业之间的关系日益紧密，行业自身变动以及对其他行业的冲击会对整个国民经济造成较大的影响。反过来讲，整个经济的波动对不同行业的影响也会通过产业之间的关联关系间接影响房地产业。本书通过产业之间的关联关系以及与国民经济间的相互影响判断产业波动及趋势。

第一节　我国房地产业的产业关联特征

一、 投入产出分析法

（一）投入产出法的发展及模型介绍

投入产出法由美国经济学家里昂惕夫（Wassily W. Leontief）创立，

---

① 2003 年 8 月 12 日国务院颁布《国务院关于促进房地产市场持续健康发展的通知》（国发〔2003〕18 号），在充分认识房地产市场持续健康发展的重要意义的问题上明确指出房地产业关联度高，带动力强，已经成为国民经济的支柱产业。

并在著作《1919—1939 年美国经济结构》中使用了投入产出模型，系统性地论述了投入产出法的原理和方法，由此开启了产业关联定量研究的先河。[①] 对投入产出法的研究在我国起步相对较晚，20 世纪 50 年代，我国开始研究和应用投入产出法。在孙冶方和钱学森的倡导下，中国科学院成立了投入产出专门研究小组。国家计委和统计局主持编制了 1973 年全国实物型投入产出表，这标志着投入产出法在我国进入实际运用阶段。此后又编制了 1979 年、1981 年投入产出表。在相关专家的建议下，国务院办公厅发布了《关于进行全国投入产出调查的通知》，明确规定每 5 年（尾数逢 2、逢 7 的年度）开展全国投入产出调查，编制投入产出表。[②]

投入产出分析是一种经济数量分析方法，与经济学和财务分析中的“投入产出”有所不同，后者是一个经济效益指标。投入产出分析是以投入产出表为分析基础，详尽地反映经济体系（国家、地区、企业）在一定时期内，各个部门中发生的产品及服务的生产和交换关系以及这种关系的结果，还可以通过产业间投入与产出的相关数量比例研究国民经济中的其他相关问题。

投入产出分析模型按照采用的不同计量单位可划分为实物型模型和价值型模型，它们构成了两种最基本的模型类型。我们常用的是价值型投入产出分析模型，如表 3. 1 所示。

（1）第一象限

第一象限由中间投入和中间需求的交叉部分构成，这也是投入产出表最核心的部分。横向数值表示某产业向包括本产业在内的所有产业提供中间产品的情形。纵向数值表示包括本产业在内的所有产业向本产业提供中间投入的情形。

---

① 刘起运，陈璋，苏汝劼．投入产出分析［M］．北京：中国人民大学出版社，2006：6.

② 刘起运，陈璋，苏汝劼．投入产出分析［M］．北京：中国人民大学出版社，2006：9.

（2）第二象限

第二象限由中间投入和最终需求两个部分交叉构成。横向表示不同产业用作最终需求的情况，也是第一象限数值在水平方向的延伸。纵向表示不同的最终需求（消费、资本形成、净出口）在不同产业上的构成。

（3）第三象限

第三象限由初始投入和中间需求两部分交叉构成，代表不同产业的最终投入部分，也是产业增加值部分（固定资产折旧、从业人员报酬、生产税净额及营业盈余）。横向代表不同的增加值部分在产业之间的分布。纵向代表产业的增加值构成。

（4）第四象限

第四象限由初始投入和最终需求两部分交叉构成。该部分也被称为再分配象限，表示各个产业在第三象限提供的初始投入通过资金运动转变为第二象限最终需求的过程，反映国民收入再分配的情况。由于资金运动和再分配运动过程比较复杂，难以通过一个象限的简单数据构成描述，因此，一般编制投入产出表不考虑该象限。①

表 3.1　价值型投入产出表

产出／投入		中间需求				最终需求	总产出
		1	2	…	n		
中间投入	1		Q_{12}	…	Q_{1n}	Y_1	X_1
	2	Q_{21}	Q_{22}	…	Q_{2n}	Y_2	X_2
	…	…	…	…	…	…	…
	n	Q_{n1}	Q_{n2}	…	Q_{nn}	Y_n	X_n
初始投入		Z_1	Z_1	…	Z_n		
总投入		X_1	X_2	…	X_n		

投入产出模型主要是基于一二三象限建立起来的平衡关系。从横向

① 陈锡康，杨翠红，等．投入产出技术［M］．北京：科学出版社，2011.

看表示各个产业在国民体系中的分配使用情况，可分为中间需求和最终需求。每个产业的产出量等于中间需求量和最终需求量之和，因此，横向存在如下平衡关系：

总产出 = 中间需求 + 最终需求

根据横向平衡关系，各个产业可以构建如下平衡关系式：

$$\sum_{j=1}^{n} Q_{ij} + Y_i = X_i \qquad (i = 1,2,3,\cdots,n) \tag{3.1}$$

纵向表示各个产业的投入构成情况，可分为中间投入和初始投入，每个产业的投入量等于中间投入量和初始投入量的和，因此，纵向存在如下平衡关系：

总投入 = 中间投入 + 初始投入

根据纵向平衡关系，各产业可以构建如下平衡关系式：

$$\sum_{i=1}^{n} Q_{ij} + Z_j = x_j \qquad (j = 1,2,3,\cdots,n) \tag{3.2}$$

此外，根据总量平衡关系，可以得出每个产业的总投入等于总产出，其关系式如下：

$$\sum_{i=1}^{n}\sum_{j=1}^{n} Q_{ij} + \sum_{i=1}^{n} Y_i = \sum_{j=1}^{n}\sum_{i=1}^{n} Q_{ij} + \sum_{j=1}^{n} Z_j \quad (i,j = 1,2,3,\cdots,n) \tag{3.3}$$

根据（3.1）式、（3.2）式、（3.3）式的平衡关系，可以得到投入产出模型的主要指标，从而可以进一步研究产业之间的关联关系。

需要注意的是上述平衡关系仅在价值型投入产出表中才成立，实物型投入产出表由于产业间计量单位的差异，不能直接相加。同时，投入产出表的成立建立在五个假设的基础上。

（1）产业同质性。每个产业都生产单一产品，并且具有单一的投入结构。“产出”的同质是指产品的用途和分配一致，“投入”的同质是指生产消耗结构的一致。

（2）产业活动独立性。各产业的经济活动除了投入产出联系外不再有其他的相关影响，各产业活动既不会对其他产业带来外部经济，也不会产生外部不经济。

（3）规模报酬不变。各产业的投入和产出成正比，不存在规模报酬递增或者递减的情况。

（4）技术稳定性。为了能反映各产业间的关系，假定投入产出表中的技术在一定时期内总是相对稳定的。在此假设前提下，才能推导出直接消耗系数等相关指标。

（5）价格体系的公正性。价格体系要能公正客观地反映各个产业的供求状况，可以从价值上准确地表达各个产业间的投入产出关系。

（二）产业关联分析

产业关联是指在经济活动中，各产业之间存在的广泛的、复杂的和密切的技术经济联系。产业关联方式是指产业部门间发生联系的依托或基础，以及产业间相互依存的不同类型。这些关系按照特点可以分为前向联系和后向联系。

（1）后向关联效应

后向联系又称后向关联，是指本产业与为其提供必要生产要素、产品或者服务的产业之间的联系和依存关系。一般来讲，一个产业在生产过程中对于其他产业的投入要素有较大需求量，即中间消耗量比较大，就说明该产业与其他产业的关联度较大，需求的影响也比较明显。后向关联效应可以从直接关联和完全关联两个方面分析。①

第一，后向直接关联效应。直接消耗系数一般用来衡量产业的后向

① 艾伯特·赫希曼. 经济发展战略［M］. 北京：经济科学出版社，1991：88－105.

直接关联程度，具体含义是一个产业生产单位产品需要直接消耗的其他产业的产品数量。用公式表示为：

$$\alpha_{ij} = Q_{ij}/X_j \qquad (i,j = 1,2,\cdots,n) \tag{3.4}$$

α_{ij} 表示第 j 产业对第 i 产业的直接消耗系数，Q_{ij} 表示第 j 产业对第 i 产业的直接消耗数量。α_{ij} 代表了在一定技术水平下 j 产业与 i 部门的技术经济联系，反映了对该产业的依赖程度。产业间的直接消耗系数组成了直接消耗系数矩阵 A。

第二，后向完全关联效应。产业的后向完全关联程度可以用完全消耗系数衡量。完全消耗是产业间直接消耗和间接消耗之和，完全消耗系数表示第 j 产业单位最终产品对第 i 产业的总消耗量。由直接消耗系数矩阵可以推导出完全消耗系数矩阵，公式如下：

$$B = (I - A)^{-1} - I \tag{3.5}$$

其中，A 为直接消耗系数矩阵，B 表示完全消耗系数矩阵，$(I - A)^{-1}$ 为完全需求系数矩阵，也称之为里昂惕夫逆矩阵。$(I - A)^{-1}$ 代表生产 1 单位最终产品对总产品的完全需求量，与完全消耗系数的区别是包括最终产品本身。

（2）前向关联效应

前向联系又称前向关联，是指本产业作为生产要素、产品或者服务的供给方与其他有需求的产业之间的联系和依赖关系。一般来讲，如果本产业对其他产业的供给量比较大，意味着该产业对其他产业的推动关联作用比较明显。前向关联效应也可以从直接关联和完全关联两个方面分析。①

第一，前向直接关联效应。直接分配系数一般用来衡量产业间的前

① 艾伯特·赫希曼. 经济发展战略［M］. 北京：经济科学出版社，1991：88 - 105.

向关联程度，具体含义是一个产业的产品作为其他产业的中间产品的使用量占该产业全部产品的比重。用公式可以表示为：

$$\beta_{ij} = Q_{ij}/X_i \quad (i,\ j=1,\ 2,\ \cdots,\ n) \tag{3.6}$$

β_{ij} 表示第 i 产业对第 j 产业的直接分配系数，Q_{ij} 表示第 i 产业对第 j 产业的直接分配数量。直接分配系数越大，说明 i 产业对 j 产业的直接供给推动作用越大，产业间的前向直接关联度也就越大。产业间的直接分配系数组成了直接分配系数矩阵 H。

第二，前向完全关联效应。完全分配系数一般用来衡量产业间的完全前向关联程度，具体含义是一个产业单位最终产品作为其他产业的直接和间接使用量的和。用公式可以表示为：

$$G = (I - H)^{-1} - I \tag{3.7}$$

G 为完全分配系数矩阵，H 为直接分配系数矩阵，$(I-H)^{-1}$ 为完全供给系数矩阵。

（3）中间需求率和中间投入率

第一，中间需求率。中间需求率指一个产业的产品用作中间产品投入的部分占该产业全部产品数量的比例。该比例越高代表这一产业的中间产品特征越明显，反之，表明该产业具备提供最终产品的特征。用公式可以表示为：

$$R_i = \sum_{j=1}^{n} Q_{ij}/X_i \quad (i,j = 1,2,\cdots,n) \tag{3.8}$$

R_i 为中间需求率，$\sum_{j}^{n} Q_{ij}$ 为各个产业对 i 产业的中间需求总量，X_i 为 i 产业的总产出。

第二，中间投入率。中间投入率指一个产业的中间投入数量和总投入数量的比例。该指标表示单位产值的产出需要其他产业中间投入的比重。中间投入率高代表该产业对于其他产业的带动作用较为明显，但是属于附加值较低的产业，反之，则是高附加值行业。用公式可以表示为：

$$P_j = \sum_{i=1}^{n} Q_{ij}/X_j \qquad (i,j = 1,2,\cdots,n) \qquad (3.9)$$

P_j 为中间投入率，$\sum_{j}^{n} Q_{ij}$ 为各个产业对 j 产业的中间投入总量，X_j 为 j 产业的总投入。

二、我国房地产业的产业关联分析

我国房地产业的产业关联是指房地产业与其他产业之间的供给和需求关联关系。我们通过投入产出分析，研究房地产业与其他产业的内在结构关系；通过产业关联的变化趋势，研究房地产业未来发展趋势以及房地产对其他产业要素配置的影响变化特征。

（一）房地产业的后向关联效应

（1）房地产业的后向直接关联效应分析①

截至 2020 年 6 月，能够获取的最新的投入产出表为 2019 年国家统计局公布的 2017 年的投入产出表。② 本书采用 1997 年、2002 年、2012 年、2017 年的投入产出数据，通过计算直接消耗系数研究房地产业对不同产业的需求情况，进而研究房地产业的后向直接关联关系。根据不同年份的直接消耗系数可以得出房地产业的后向直接关联变化趋势和特征。通过数据测算，房地产业后向直接关联有以下三个

---

① 本书按照国家统计局的 42 个行业分类标准进行相关行业的分类与计算。

② 我国投入产出编表制度规定尾数逢 2、逢 7 的年份编表，尾数逢 0、逢 5 的年份编制延长表，在本书第一版中本部分采用的是 2015 年投入产出延长表，本版采用国家统计局公布的 2017 年投入产出表。2017 年投入产出表为 149 个行业分类标准，为了跟历年数据统一口径，作者对 149 个行业进行了对应类别汇总，整理成 42 个行业。

方面的特征。

特征一，房地产业的产业关联性较强，与国民经济分类中的绝大多数行业都有后向直接关联。1997 年与 42 个行业中的 38 个行业有关联，直接消耗系数和为 0. 240 93，仅与 4 个行业无关联，分别是石油与天然气开采、金属矿采选业、废品废料以及公共管理和社会组织。2017 年与 42 个行业中的 39 个行业有关联，直接消耗系数和为 0. 254 45，3 个无关联的行业分别是石油与天然气开采、金属矿采选业和废品废料。

特征二，房地产业的服务业特征不断增加，金融属性不断强化。近年来与房地产业后向关联程度较高的产业呈现服务业的特征。1997 年和 2002 年与房地产业关联的前 10 个产业中有 5 个属于服务业，2012 年和 2017 年与房地产业关联的前 10 个产业中分别有 7 个和 6 个属于服务业。表 3. 2 中建筑业的排名从 1997 年的第二位下降到 2017 年的第四位，相关系数从 0. 038 95 下降到 0. 008 91。租赁和商务服务业由 2002 年的第三位提升到 2017 年的第二位，相关系数提高了 31. 91%。房地产业由 2002 年的第六位提升到 2017 年的第三位，相关系数提高 472. 29%。金融业始终居排名首位，2017 年相关系数较 2002 年提高 142. 24%，房地产业的服务业特征在增强，金融属性也在不断强化（见表 3. 2）。

特征三，房地产关联行业的集中度在增加。1997 年、2002 年、2012 年及 2017 年房地产后向直接关联的前 10 个行业的直接消耗系数和分别为 0. 190 35、0. 224 00、0. 230 21 以及 0. 235 37。同期，前 10 个行业占所有行业的比例分别为 79. 01%、83. 36%、90. 50% 和 92. 50%。房地产的关联行业属性在不断加强，服务业特征愈加明显（见表 3. 2）。

（2）房地产业的后向完全关联效应分析

通过直接消耗系数，参考（3. 5）式，可以计算出完全消耗系数。根据计算结果可以得出房地产行业完全后向关联的变化趋势和特征。

特征一，房地产业的关联性不断扩大，已经与所有行业均有完全关

表 3.2　不同时期与房地产业关联的前 10 个产业的直接消耗系数

1997 年		2002 年		2012 年		2017 年	
金融保险业	0.046 07	金融保险业	0.077 46	金融	0.105 23	金融	0.111 60
建筑业	0.038 95	建筑业	0.040 48	租赁和商务服务	0.039 96	租赁和商务服务	0.052 71
非金属矿物制品业	0.038 90	租赁和商务服务业	0.036 94	房地产	0.032 15	房地产	0.034 28
社会服务业	0.021 13	住宿和餐饮业	0.014 38	建筑	0.023 99	建筑	0.008 91
电气机械及器材制造业	0.008 99	非金属矿物制品业	0.011 86	交通运输、仓储和邮政	0.005 93	信息传输、软件和信息技术服务	0.005 77
商业	0.008 66	房地产业	0.009 55	造纸印刷和文教体育用品	0.005 10	造纸印刷和文教体育用品	0.004 77
其他制造业	0.008 01	交通运输及仓储业	0.009 28	电力、热力的生产和供应	0.004 83	交通运输、仓储和邮政	0.004 57
造纸印刷及文教用品制造业	0.006 92	交通运输设备制造业	0.008 48	住宿和餐饮	0.004 69	电力、热力的生产和供应	0.004 32
饮食业	0.006 72	电气机械及器材制造业	0.008 40	信息传输、软件和信息技术服务	0.004 19	食品和烟草	0.004 28
房地产业	0.005 99	通用、专用设备制造业	0.007 17	批发和零售	0.004 14	住宿和餐饮	0.004 16
前 10 个产业合计	0.190 35	前 10 个产业合计	0.224 00	前 10 个产业合计	0.230 21	前 10 个产业合计	0.235 37
全产业合计	0.240 93	全产业合计	0.268 72	全产业合计	0.254 37	全产业合计	0.254 45
前 10 个产业占比	79.01%	前 10 个产业占比	83.36%	前 10 个产业占比	90.50%	前 10 个产业占比	92.50%

资料来源：国家统计局数据，由同策研究院整理。

联关系。1997 年的行政机关及其他行业和 2002 年的公共管理和社会组织与房地产业没有完全关联关系，到 2017 年与所有行业均有后向完全关联关系，说明房地产业的发展能够带动所有行业发展。

特征二，房地产业与其他产业的关联关系主要通过间接关联体现。1997 年、2002 年、2012 年和 2015 年的房地产业完全消耗系数和分别为 0. 626 26、0. 658 03、0. 623 52 和 0. 576 40（见表 3. 3）。直接关联关系占完全关联关系的比重分别为 38. 47%、40. 84%、40. 80% 和 44. 14%，间接关联关系占比分别为 61. 53%、59. 16%、59. 20% 和 55. 86%，这说明房地产业对其他产业的带动作用更多是间接实现的。

特征三，第三产业、第二产业与房地产业的关联关系存在直接和间接的差异。第二产业与房地产业间的关系更多地表现为间接关联，比如化学产品、金属冶炼和压延加工品、仪器仪表、通用设备、交通运输设备制造业等行业不仅与房地产业关联度较高，并且间接贡献率超过 90%。第三产业中与房地产业关联性较高的产业主要体现在直接关联关系。比如，金融保险业、租赁和商务服务业、公共管理、社会保障和社会组织等行业，房地产业的直接关联贡献率超过 60%（见表 3. 4）。

（二）房地产业的前向关联效应

（1）房地产业的前向直接关联效应分析

按照国家统计局发布的 1997 年、2002 年、2012 年、2017 年投入产出表计算房地产行业直接分配总系数分别为 0. 302 522、0. 282 306、0. 281 123、0. 411 864，由此可见房地产业对于其他产业的整体推动作用呈现“先降后升”的趋势。

从直接分配系数的产业变化看，房地产推动的产业随着新兴产业的兴起而变化。1997 年房地产业直接前向关联的前五个产业分别为商业（0. 077 963）、金融保险业（0. 073 202）、社会服务业（0. 035 445）、行政机关及其他行业（0. 027 414）和化学工业（0. 007 923）。2002 年房地产业直接前向关联的前五个产业分别为公共管理和社会组织（0. 100 204）、

表 3.3　不同时期与房地产业关联的前 10 个产业的完全消耗系数

1997 年		2002 年		2012 年		2017 年	
非金属矿物制品业	0.065 76	金融保险业	0.095 71	金融	0.133 23	金融	0.143 554
金融保险业	0.058 92	租赁和商务服务业	0.046 47	租赁和商务服务业	0.063 52	租赁和商务服务业	0.083 963
建筑业	0.042 61	建筑业	0.044 54	房地产	0.044 36	房地产	0.055 327
化学工业	0.040 73	金属冶炼及压延加工业	0.038 92	化学产品	0.031 17	交通运输、仓储和邮政	0.023 288
社会服务业	0.035 36	化学工业	0.034 80	建筑	0.028 02	造纸印刷和文教体育用品	0.022 831
金属冶炼及压延加工业	0.032 37	交通运输及仓储业	0.031 78	金属冶炼和压延加工品	0.026 08	化学产品	0.020 803
商业	0.031 14	通信设备、计算机及其他电子设备制造业	0.027 87	交通运输、仓储和邮政	0.024 60	食品和烟草	0.018 88
机械工业	0.023 54	批发和零售贸易业	0.026 45	造纸印刷和文教体育用品	0.023 25	批发和零售	0.016 866
造纸印刷及文教用品制造业	0.022 24	通用、专用设备制造业	0.025 97	电力、热力的生产和供应	0.020 97	住宿和餐饮	0.016 257
电气机械及器材制造业	0.021 64	交通运输设备制造业	0.022 99	批发和零售	0.018 82	信息传输、软件和信息技术服务	0.015 737
前 10 个产业合计	0.374 304	前 10 个产业合计	0.395 505	前 10 个产业合计	0.414 014	前 10 个产业合计	0.417 505
全产业合计	0.626 26	全产业合计	0.658 03	全产业合计	0.623 52	全产业合计	0.576 404
前 10 个产业占比	59.77%	前 10 个产业占比	60.10%	前 10 个产业占比	66.40%	前 10 个产业占比	72.43%

资料来源：国家统计局数据，由同策研究院整理。

表 3.4　2017 年房地产业关联关系的直接和间接表现

行业	间接贡献率（%）	直接贡献率（%）	行业	间接贡献率（%）	直接贡献率（%）
农林牧渔产品和服务	98.11	1.89	其他制造产品	48.50	51.50
煤炭采选产品	98.67	1.33	废品废料	100.00	0.00
石油和天然气开采产品	100.00	0.00	金属制品、机械和设备修理服务	76.27	23.73
金属矿采选产品	100.00	0.00	电力、热力的生产和供应	71.25	28.75
非金属矿和其他矿采选产品	99.98	0.02	燃气生产和供应	37.28	62.72
食品和烟草	77.31	22.69	水的生产和供应	42.33	57.67
纺织品	99.93	0.07	建筑	15.40	84.60
纺织服装鞋帽皮革羽绒及其制品	68.37	31.63	批发和零售	84.33	15.67
木材加工品和家具	81.84	18.16	交通运输、仓储和邮政	80.38	19.62
造纸印刷和文教体育用品	79.11	20.89	住宿和餐饮	74.39	25.61
石油、炼焦产品和核燃料加工品	81.97	18.03	信息传输、软件和信息技术服务	63.36	36.64
化学产品	96.39	3.61	金融	22.26	77.74
非金属矿物制品	99.26	0.74	房地产	38.05	61.95
金属冶炼和压延加工品	99.99	0.01	租赁和商务服务业	37.22	62.78
金属制品	83.46	16.54	科学研究和技术服务	75.55	24.45

（续表）

行业	间接贡献率（%）	直接贡献率（%）	行业	间接贡献率（%）	直接贡献率（%）
通用设备	92.09	7.91	水利、环境和公共设施管理	75.59	24.41
专用设备	99.49	0.51	居民服务、修理和其他服务	63.89	36.11
交通运输设备	99.65	0.35	教育	76.30	23.70
电气机械和器材	99.01	0.99	卫生和社会工作	98.38	1.62
通信设备、计算机和其他电子设备	96.25	3.75	文化、体育和娱乐	70.16	29.84
仪器仪表	98.79	1.21	公共管理、社会保障和社会组织	27.17	72.83

资料来源：国家统计局数据，由同策研究院整理。

批发和零售贸易业（0.045 032）、金融保险业（0.041 819）、其他社会服务业（0.016 651）、房地产业（0.009 551）。2012 年房地产业直接前向关联的前五个产业分别为金融（0.088 977），批发和零售贸易业（0.079 124），房地产业（0.032 148），居民服务、修理和其他服务（0.018 635），信息传输、软件和信息技术服务（0.012 824）。2017 年房地产业直接前向关联的前五个产业分别为金融（0.097 864），批发和零售贸易业（0.091 068），租赁和商务服务（0.045 437），信息传输、软件和信息技术服务（0.037 247），房地产业（0.034 276）。

随着我国产业不断升级，第三产业的快速发展对房地产业直接分配系数产生较为明显的影响。房地产业对金融业有明显的直接推动作用，2012 年房地产业对金融业的直接分配系数就上升到行业第一位，2017 年该系数达到 0.097 864，较 2012 年提高了 10%。房地产业对批发和零售贸易业也有明显的促进作用，二者前向直接分配系数自 2002 年始终居第二位，系数由 2002 年的 0.045 032 上升到 2017 年的 0.091 068，15 年间上升了 102.23%。房地产业对租赁和商务服务，住宿和餐饮，交通运输、仓储和邮政行业的促进作用也比较明显，行业与房地产业分配系数的排名均有所提高。与房地产业有关联的前 10 个行业中的其他行业尽管排名没有提升，有些甚至还有所下降，但是直接分配系数仍然有所提高，比如居民服务、修理和其他服务，2017 年排名第六位，比 2012 年下降了 2 位，但是直接分配系数较 2012 年增加了 48.43%，代表房地产业对它们的促进作用也在增加。

（2）房地产业的前向完全关联效应分析

按照国家统计局发布的 1997 年、2002 年、2012 年、2017 年投入产出表计算房地产业完全分配总系数分别为 0.789 885、0.581 220、0.781 724、1.089 746，分别是同期直接分配系数的 2.61、2.06、2.78、2.65 倍。房地产业对其他行业的间接推动作用要大于直接推动作用。

从完全分配系数的行业变化看，1997 年房地产业完全前向关联的前五个产业分别为商业（0.113 557）、金融保险业（0.086 492）、社

表 3.5　房地产业直接分配系数排名前 10 的产业

1997 年		2002 年		2012 年		2017 年	
行业	直接分配系数	行业	直接分配系数	行业	直接分配系数	行业	直接分配系数
商业	0.077 963	公共管理和社会组织	0.100 204	金融	0.088 977	金融	0.097 864
金融保险业	0.073 202	批发和零售贸易业	0.045 032	批发和零售贸易业	0.079 124	批发和零售贸易业	0.091 068
社会服务业	0.035 445	金融保险业	0.041 819	房地产业	0.032 148	租赁和商务服务	0.045 437
行政机关及其他行业	0.027 414	其他社会服务业	0.016 651	居民服务、修理和其他服务	0.018 635	信息传输、软件和信息技术服务	0.037 247
化学工业	0.007 923	房地产业	0.009 551	信息传输、软件和信息技术服务	0.012 824	房地产业	0.034 276
房地产业	0.005 992	信息传输、计算机服务和软件业	0.007 123	公共管理、社会保障和社会组织	0.007 921	居民服务、修理和其他服务	0.028 868
电子及通信设备制造业	0.005 416	租赁和商务服务业	0.007 029	租赁和商务服务	0.007 239	住宿和餐饮	0.017 405
电气机械及器材制造业	0.005 140	住宿和餐饮业	0.006 875	住宿和餐饮	0.005 590	教育	0.012 483
教育文化艺术及广播电影电视业	0.005 014	化学工业	0.004 789	交通运输、仓储和邮政	0.005 347	公共管理、社会保障和社会组织	0.010 453
金属制品业	0.004 519	教育事业	0.004 307	教育	0.004 481	交通运输、仓储和邮政	0.009 937

资料来源：国家统计局数据，由同策研究院整理。

表 3.6　房地产业完全分配系数排名前 10 的产业

1997 年		2002 年		2012 年		2017 年	
行业	完全分配系数	行业	完全分配系数	行业	完全分配系数	行业	完全分配系数
商业	0.113 557	公共管理和社会组织	0.109 825	金融业	0.109 665	金融业	0.134 280
金融保险业	0.086 492	批发和零售贸易业	0.063 724	批发和零售业	0.098 695	批发和零售业	0.123 381
社会服务业	0.051 373	金融保险业	0.049 126	建筑业	0.046 603	建筑业	0.080 162
建筑业	0.051 071	建筑业	0.031 168	房地产业	0.044 389	租赁和商务服务业	0.078 334
化学工业	0.048 860	化学工业	0.027 444	化学产品	0.040 422	信息传输、软件和信息技术服务业	0.059 221
行政机关及其他行业	0.040 855	其他社会服务业	0.022 198	金属冶炼和压延加工品	0.033 695	房地产业	0.055 327
农业	0.031 127	通信设备、计算机及其他电子设备制造业	0.021 860	交通运输、仓储和邮政	0.030 048	交通运输、仓储和邮政	0.048 055
食品制造及烟草加工业	0.028 787	农业	0.017 100	通信设备、计算机和其他电子设备	0.030 020	化学产品	0.044 719
非金属矿物制品业	0.027 100	交通运输及仓储业	0.016 406	交通运输设备	0.024 874	通信设备、计算机和其他电子设备	0.037 018
机械工业	0.025 383	通用、专用设备制造业	0.016 186	居民服务、修理和其他服务	0.023 441	居民服务、修理和其他服务	0.036 053

资料来源：国家统计局数据，由同策研究院整理。

会服务业（0.051 373）、建筑业（0.051 071）、化学工业（0.048 860）。2002 年房地产业完全前向关联的前五个产业分别为公共管理和社会组织（0.109 825）、批发和零售贸易业（0.063 724）、金融保险业（0.049 126）、建筑业（0.031 168）、化学工业（0.027 444）。2012 年房地产业完全前向关联的前五个产业分别为金融业（0.109 665）、批发和零售业（0.098 695）、建筑业（0.046 603）、房地产业（0.044 389）、化学产品（0.040 422）。2017 年房地产业完全前向关联的前五个产业分别为金融业（0.134 28），批发和零售业（0.123 381），建筑业（0.080 162），租赁和商务服务业（0.078 334），信息传输、软件和信息技术服务业（0.059 221）。

第二节　房地产业与金融业的关系

房地产业作为资金密集型产业与金融业有紧密的联系。1998 年《国务院关于进一步深化城镇住房制度改革加快住房建设的通知》（国发〔1998〕23 号）发布了新的深化城镇住房制度改革。通知指出，1998 年下半年开始停止住房实物分配，逐步实行住房分配货币化，停止住房实物分配后，新建经济适用住房原则上只售不租。职工购房资金来源主要有：职工工资、住房公积金、个人住房贷款，以及有的地方由财政、单位原有住房建设资金转化的住房补贴等。这不仅标志着我国住房市场化的开始，也是我国房地产市场与金融市场关系日益密切的起点。

1998 年“房改”后，我国金融市场对房地产业的支持由过去单一的开发贷款支持转变为对投资和销售的双重支持。金融业加快了我国房地产业的发展速度，同时，也加剧了房地产业对金融业的依赖。房地产业也成为金融业重点发展的领域，房地产业的快速发展及投资属性吸引大量资金进入。房地产业还促进金融业务的创新及多元化发展，二者的关系日益紧密。

一、　金融业对中国房地产业发展的影响

（一）房地产开发投资情况

1999—2019 年，我国房地产市场发展迅速，国家统计局数据显示，2019 年房地产开发投资完成额为 132 194 亿元，是 1999 年投资完成额的 33 倍。从增长速度看，1999—2010 年是投资开发持续高速增长时期，年均增速保持在 23% 左右，2011 年后受调控政策的影响投资开发增速开始放缓，2015 年达到 1%，创历史新低。此后，房地产调控放松带动投资回升，2016 年政策再度收紧，房地产投资增速上涨受限，2019 年投资增速为 9.9%。

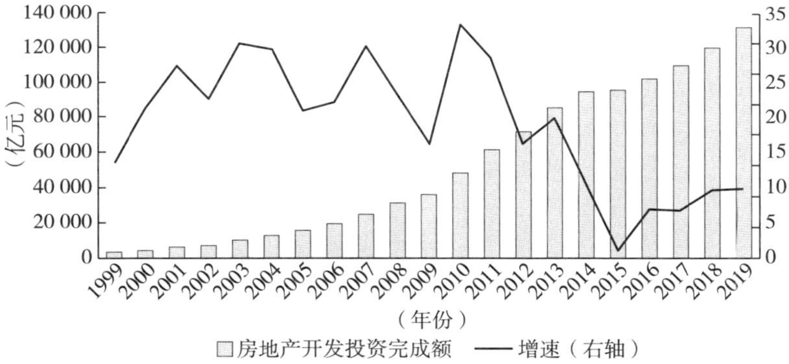

图 3.1　我国房地产开发投资完成额情况

资料来源：国家统计局数据，同策研究院整理。

（二）房地产开发资金来源

金融市场的发展为房地产开发投资拓宽了资金渠道。1998 年我国房地产开发资金来源总额为 4 144 亿元，其中国内贷款[①] 953 亿元，自

① 主要为国内银行贷款和非银行金融机构贷款。

筹资金1 156亿元，其他资金[①]1 651亿元，利用外资363亿元。2019年开发资金来源总规模增长到178 609亿元，是1998年的43倍，如果仅靠房地产企业自有资金的原始积累，很难达到如此规模。从资金来源的结构看，国内贷款规模增加了25.5倍，自筹资金规模增加了49.3倍，其他资金规模增加了56.6倍，利用外资下降了51.5%。

表3.7　房地产开发资金来源情况　（单位：亿元）

年份	合计值	国内贷款	自筹资金	其他资金	利用外资
1998	4 144	953	1 156	1 651	363
1999	4 509	1 032	1 323	1 891	241
2000	5 686	1 289	1 599	2 620	165
2001	7 378	1 640	2 101	3 490	130
2002	9 542	2 149	2 720	4 501	156
2003	13 128	3 125	3 758	6 049	184
2004	17 169	3 158	5 208	8 563	228
2005	21 398	3 918	7 000	10 222	258
2006	27 136	5 357	8 597	12 781	400
2007	37 478	7 016	11 773	18 049	641
2008	39 619	7 606	15 312	15 973	728
2009	57 799	11 365	17 949	28 006	479
2010	72 944	12 564	26 637	32 952	791
2011	85 689	13 057	35 005	36 842	785
2012	96 537	14 778	39 082	42 274	402
2013	122 122	19 673	47 425	54 491	534
2014	121 991	21 243	50 420	49 690	639
2015	125 203	20 214	49 038	55 655	297
2016	144 214	21 512	49 133	73 428	140
2017	156 053	25 242	50 872	79 770	168
2018	165 963	24 005	55 831	86 020	108
2019	178 609	25 229	58 158	95 046	176

资料来源：国家统计局数据。

① 主要为房地产销售款项。

从资金来源的结构看，不同资金渠道对于房地产业的支持力度存在差异，并且受政策影响较为明显。1998 年到 2003 年是我国房地产业快速发展的初始阶段，也是国家鼓励金融支持房地产业发展的阶段，其间资金规模增长迅速，1999 年增速仅为 8.8%，2003 年增速达到 37.6%，国家对房地产业的信贷政策较为宽松，国内贷款占资金来源的比例保持在 23% 左右。2003 年到 2007 年是我国房地产市场调控阶段，国内贷款占比呈现下降趋势，到 2007 年占比为 18.7%。该阶段企业主要靠自筹资金发展，因此，该项占比从 28.6% 提高到 38.6%。其间其他资金占比相对稳定，利用外资规模相对较小。此后，2008 年受到全球金融危机的影响，房地产市场短暂放松后，2010 年再度进入调控阶段，此后，国内贷款占比逐渐缩小，销售回款成为最主要的资金来源，自筹资金比例呈现小幅上涨，利用外资占比进一步缩小。

（三）房地产贷款

金融业对房地产业的贷款支持近年来呈现上升趋势，主要包括开发贷款和个人按揭贷款两个部分。2005 年主要金融机构房地产业贷款余额为 2.77 万亿元，增速为 16.1%，2019 年贷款余额达到 44.41 万亿元，增速为 14.8%。十几年间贷款余额规模增长了 15 倍，尽管 2019 年增速较 2015 年和 2016 年有所下降，但仍保持在较高的水平。2019 年房地产开发贷款余额为 1.22 万亿元，增速为 16.74%。2019 年个人按揭贷款规模为 30 万亿元，增速为 16.78%，居民部门的按揭贷款在整个房地产业贷款中占比最大。

（四）房地产企业负债

负债率高是我国房地产企业的重要特征之一。1998 年我国上市房地产企业平均负债率为 51.24%，2008 年达到 62.69%，截至 2019 年达到 79.63%。“房改”后十年负债率提高了 11.45 个百分点，2008—2019 年负债率提高了 16.94 个百分点，房地产企业的负债率在加速提高。美

表 3.8　我国房地产开发贷款余额情况

年份	房地产贷款余额（亿元）	增速（%）	房地产开发贷款①（亿元）	增速（%）	个人按揭贷款（亿元）	增速（%）
2005	27 700	16.10	9 141	19.00	—	—
2006	36 800	22.10	14 100	27.00	—	—
2007	48 000	30.60	18 000	25.70	—	—
2008	52 800	10.40	19 300	10.30	—	—
2009	73 300	38.10	25 278	30.75	—	—
2010	93 500	27.50	31 325.8	23.45	—	29.40
2011	107 300	13.90	34 880	10.50	—	15.60
2012	121 100	12.80	38 630	11.08	81 000	13.50
2013	146 100	19.10	46 000	14.68	98 000	21.00
2014	173 700	18.90	56 300	22.66	115 200	17.50
2015	210 100	21.00	65 600	16.52	141 800	23.20
2016	266 800	27.00	71 100	8.38	191 400	35.00
2017	322 000	20.90	83 000	16.74	219 000	22.20
2018	387 000	20.00	101 900	22.62	257 500	17.80
2019	444 100	14.75	112 200	10.11	300 700	16.78

资料来源：国家统计局数据，同策研究院整理。

国 2014—2018 年的房地产业平均负债率为 55.8%，即使在次贷危机爆发前的 2006 年也仅为 61.4%，[②] 对比下，我国房地产企业的负债率已经处于较高的水平。金融市场的不断发展和对房地产市场的支持力度日益加大是房地产企业高负债的基础。

房地产业属于资本密集型产业，房地产企业对于资本有高度的依赖特性。在房地产业发展初期，房地产企业自身的资金实力整体较弱，外

① 房地产开发贷款包括房产开发贷款和地产开发贷款两部分，本数据的依据是统计局公布的二者合计值。

② 按照 Wind 行业标准分类的美国上市房地产企业年报。

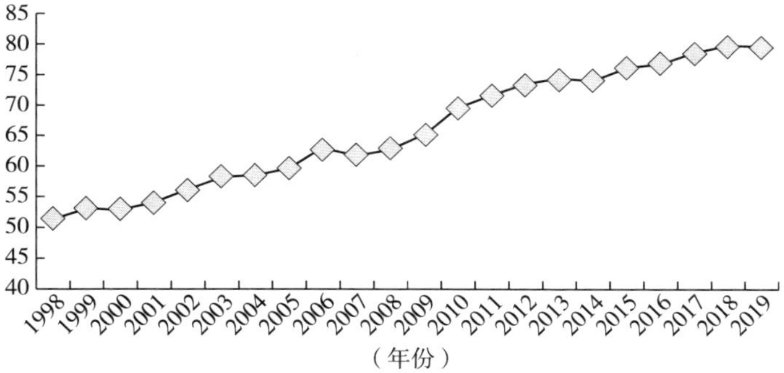

图 3.2　我国上市房地产企业资产负债率情况①

资料来源：Wind 数据库，同策研究院整理。

部融资成为企业快速增长的基础。随着房地产市场的快速发展，房地产企业之间竞争日益激烈，规模扩张成为房地产企业的重要发展战略，因此房地产企业会选择高杠杆的负债式扩张，这就进一步推高了企业的负债率水平。我国实行的房地产“预售”制度也增加了企业的负债率，在房屋竣工交付前收到的预售房款在财务上是以负债入账，尽管这部分负债不需要支付利息。只有到项目竣工交付后才会转化为结算收入，也就是企业的资产。

二、 房地产业对中国金融业发展的影响

（一）房地产业促进了金融业相关业务规模的增长

2005 年房地产贷款余额为 2.77 万亿元，房地产贷款余额占贷款余额的比例为 14.23%。2019 年房地产贷款余额规模达到 44.41 万亿元，14 年间增长了 15 倍，年均复合增长率达到 21.91%。房地产贷款占全部贷款的比例达到 29.00%，较 2005 年也增长了一倍。

---

① 1998—2011 年按申万行业分类标准进行分类，2011 年后证监会推出相应分类标准，改为采用证监会标准。

表3.9　金融机构房地产贷款增长情况

年份	商品房销售面积（万平方米）	销售面积增速（%）	贷款余额（亿元）	房地产贷款余额（亿元）	房地产贷款余额增速（%）	房地产贷款占比（%）
2005	55 486	45.13	194 690	27 700	—	14.23
2006	61 857	11.48	225 285	36 800	32.85	16.33
2007	77 355	25.05	261 691	48 000	30.43	18.34
2008	65 970	-14.72	303 395	52 800	10.00	17.40
2009	94 755	43.63	399 685	73 300	38.83	18.34
2010	104 765	10.56	479 196	93 500	27.56	19.51
2011	109 367	4.39	547 947	107 300	14.76	19.58
2012	111 304	1.77	629 910	121 100	12.86	19.22
2013	130 551	17.29	718 961	146 100	20.64	20.32
2014	120 649	-7.58	816 770	173 700	18.89	21.27
2015	128 495	6.50	939 540	210 100	20.96	22.36
2016	157 349	22.46	1 066 040	266 800	26.99	25.03
2017	169 408	7.66	1 201 321	322 000	20.69	26.80
2018	171 654	1.33	1 362 967	387 000	20.19	28.39
2019	171 558	-0.10	1 531 123	444 100	14.75	29.00

资料来源：Wind数据库，同策研究院整理。

房地产业快速发展带动了房地产贷款规模的增长。商品房销售面积与房地产贷款余额相关性较高，2005—2019年两者的相关系数达到93.95%，在房地产市场表现较好的2007年、2009年及2016年，房地产贷款余额增速均有较大提高。

（二）房地产业促进了我国金融业务创新及房地产企业融资渠道多元化发展

1958年到1977年，我国城镇住房实行“统一管理、统一分配、以租养房”的公有住房实物分配制度，因此住房投资主要由国家财政负担。当时我国政府主要以“重工业”建设为主，对城镇住房投入不足，住房短缺比较严重。①

改革开放后，我国住房投资模式进入改革探索期。1982 年国家有关部门在部分城市试点推行住房投资建设“三三制”模式，即国家、单位和个人各负担三分之一。1985 年部分城市开展发行住房建设企业债券等住房金融改革试点。为了配合城市土地与房屋的综合开发活动，政府授权中国建设银行从流动资金贷款指标中专门拨出一部分用于支持城市综合开发和商品房供给，这形成了真正意义上的房地产信贷基金。为了推动城镇住房制度改革，国务院提出对金融体制进行改革，房地产金融在政策支持下获得了快速发展，到 20 世纪 80 年代末，我国房地产金融机构、业务种类、与信贷有关的其他中介服务均获得了一定程度的发展。②

20 世纪 90 年代初期，随着房地产市场改革的推进，我国金融市场改革也在不断推进。十四届三中全会后，《中华人民共和国人民银行法》《中华人民共和国商业银行法》《中华人民共和国票据法》《中华人民共和国保险法》《中华人民共和国证券法》等一系列法律法规相继颁布。各类金融机构开始布局房地产相关金融业务，除建行外，工行、农行在全国范围内设立了房地产信贷部。当时的资金来源主要由企业存款、个人存款和政策性住房存款为主，资金投向主要是房地产开发领域。

1991 年诞生了我国首家上市房地产企业万科，这也开启了我国房地产企业上市融资的序幕。1990 年 12 月深圳证交所成立，1991 年 1 月万科进入深交所挂牌上市，代码 0002。当时是我国证券交易所成立初期，有关部门对房地产企业进入股市融资持支持的态度，相关政策环境

---

① 穆子犁．住房制度改革开启了美好生活的大门——纪念改革开放 40 周年［J］．上海房地，2018（4）：9－13．

② 胡彬．制度变迁中的中国房地产业：理论分析与政策评价［M］．上海：上海财经大学出版社，2002．

也比较宽松，此后出现一批上市房地产企业，比如万科、珠江实业、陆家嘴、深深房等。

1992 年我国最早的房地产债券出现在海南，由海南经济特区开发商推出，分别是“万国投资券”“伯乐投资券”“富岛投资券”，总计发行规模 1.5 亿元。1993 年到 1998 年上半年受政策限制，房地产企业公开发行债券规模相对较小，1998 年后政策放松，房地产企业开始恢复债券发行。①

1994 年颁布《国务院关于深化城镇住房制度改革的决定》，这体现了我国住房制度向市场经济体制方向的转变，1998 年 7 月颁布了《国务院关于进一步深化城镇住房制度改革加快住房建设的通知》，明确提出停止实物分房，逐步推行住房分配货币化模式。其间《城市商品房预售管理办法》《城市房地产开发管理暂行办法》《中国银行自营房地产贷款业务操作规程》等一系列房地产权属、交易、投融资工具等制度不断创新完善，我国房地产市场进入快速发展时期。1998 年房地产企业个数 24 378 家，较 1997 年增加了 14.53%，房地产投资额 1998 年为 3 614.23亿元，较 1997 年增长了 13.71%。2001 年我国房地产市场出现过热迹象，开发房地产企业达到 29 552 家，较 1997 年增长了 38.83%，房地产投资额达到 7 696.39 亿元，较 1997 年增加了 101.63%。从资金来源看，房地产开发投资对于财政的依赖度已经很低，2001 年国家预算内资金仅占资金来源总额的 0.18%，银行贷款占比在 20% 左右，自筹资金和其他资金占比越来越高（见表 3.10）。

2001 年房地产领域的投融资出现较快发展，为了规范金融市场秩序，国家陆续制定并颁布了《中国人民银行关于规范住房金融业务的通知》（195 号文件）、《中国人民银行关于进一步加强房地产信贷业务管理的通知》（121 号文件）、《国务院关于促进房地产市场持续健康发展

---

① 周雪飞. 房地产融资与商业银行信贷业务创新 [J]. 中国房地产金融，2007（4）：7－11.

表 3.10　1997—2001 年房地产企业资金来源情况　（单位：亿元）

年份	资金来源总额	国家预算内资金	国内贷款	债券	利用外资	自筹资金	其他资金来源
1997	3 817.07	12.48	911.19	4.87	460.86	972.88	1 454.79
1998	4 414.94	14.95	1 053.17	6.23	361.76	1 166.98	1 811.85
1999	4 795.91	10.05	1 111.57	9.87	256.60	1 344.62	2 063.20
2000	5 997.63	6.87	1 385.08	3.48	168.70	1 614.21	2 819.29
2001	7 696.39	13.63	1 692.20	0.34	135.70	2 183.96	3 670.56

资料来源：国家统计局 2002 年统计年鉴数据，同策研究院整理。

的通知》（18 号令）（国发〔2003〕18 号）等相关政策法规以规范引导房地产市场投融资发展。在这些政策的影响下，银行信贷收紧，房地产企业融资形势比较严峻，尤其是 2003 年 121 号文件发布后，以房地产信托为代表的金融创新产品开始在国内市场出现并获得较快发展，2002 年房地产业信托规模为 24.08 亿元,[①] 2003 年全年募集资金规模约为 70 亿元,[②] 这一年也被行业称为信托“井喷”年。

2002 年，我国房地产基金开始起步。尽管在 20 世纪 90 年代外资房地产基金已经进入中国，2002 年，以中城联盟为代表的国内房地产基金开始出现。2003 年后，针对房地产市场快速升温，调控政策开始收紧。房地产基金作为房地产企业融资渠道的有效补充得到快速发展。

2014 年，央行与原银监会发布《关于进一步做好住房金融服务工作的通知》，2015 年住建部发布《关于加快培育和发展住房租赁市场的指导意见》，提出要多渠道发展租赁市场，推进房地产投资信托基金（REITs）试点。2015 年 6 月成立的鹏华前海万科 REITs，是国内首只公募 REITs，发行规模为 30 亿元。

---

① 周雪飞．房地产融资与商业银行信贷业务创新［J］．中国房地产金融，2007（4）：7－11.

② 王猛．略论房地产信托的兴起与发展前景的分析［J］．科协论坛（下半月），2009（11）：139－140.

十九大确立了“房子是用来住的、不是用来炒的”产业定位，提出要构建“租售并举”的住房供给体系。但是大力发展租赁住房面临较多的困难。其中最大的问题就是投资回报期太长，收益期与贷款偿还期错配，只有解决融资问题，才有大面积推广的可能。因此，2017 年住建部、国家发改委、财政部、中国人民银行、证监会等九部委印发《关于在人口净流入的大中城市加快发展住房租赁市场的通知》，通知还提出加大对住房租赁企业的金融支持力度，拓宽直接融资渠道，支持发行企业债券、公司债券、非金融企业债务融资工具等公司信用类债券及资产支持证券，专门用于发展住房租赁业务。鼓励地方政府出台优惠政策，积极支持并推动发展 REITs。2017 年 10 月 23 日，国内首单租赁住房 REITs 获批通过，由保利地产联合中联基金推出，总规模为 50 亿元，以保利地产自持的租赁住房为底层物业资产，采取储架发行机制。这也预示了房地产市场改革驱动金融业务的进一步创新发展。

综上可见，房地产业不仅带动金融业的发展，还推动了金融业的创新。从政策角度看，由于我国市场经济起步较晚，金融方面的相关制度法规还不完善，房地产业作为资金密集型产业，融资始终是制约行业发展的核心要素，因此，房地产业的发展离不开相关金融制度的改革及金融产品的不断创新。

（三）房地产业促进了住房消费金融业务的发展

自 20 世纪 80 年代以后，我国住房制度改革进入快速发展阶段，金融业务除了住房建设方面的创新发展以外，在住房消费方面也进行积极的探索。

1987 年 10 月 29 日，中国人民银行正式批准山东烟台成立住房储蓄银行，这也是全国第一家办理房地产信贷结算业务的专业银行，同年在安徽蚌埠成立第二家住房储蓄银行作为试点。两家住房储蓄银行试点加快了我国在住房基金制度方面的建设探索，并尝试适应房改资金运转和具有住房金融特点的住房资金结算管理办法。

1999 年 2 月，上海正式出台以“推行公积金，提租发补贴，配房买债券，买房给优惠，建立房委会”为主要内容的住房制度改革方案，住房公积金制度开始在上海试行，为全国推广奠定基础。2002 年，住房公积金制度正式纳入法制化轨道，在全国普遍建立。住房公积金制度加快了我国住房消费市场的发展。

2004 年 2 月 6 日，我国首家中外共同投资的住房储蓄银行获得国家工商行政管理局颁发的营业执照，该住房储蓄银行由中国建设银行和欧洲住房储蓄专业银行德国施威比豪尔住房储蓄银行合资成立，旨在把欧洲住房储蓄专业银行在住房金融制度方面的成功经验、先进技术和管理理念不断引进中国。

2005 年 12 月，经中国人民银行批准，建设银行“建元 2005－1”个人住房抵押贷款证券化试点正式实施，标志着我国资产证券化金融创新工具在房地产领域的应用。此后，浦发银行、中国工商银行开始尝试该项业务。2014 年，央行和银监会联合发文，鼓励银行业金融机构通过发行住房抵押贷款支持证券（MBS），专门用于增加首套普通自住房和改善型普通自住房贷款投放。

随着我国老龄化问题越来越突出，一种新型住房金融创新产品开始出现，即“以房养老”模式的倒按揭业务。2013 年 9 月 16 日，国务院发布了《国务院关于加快发展养老服务业的若干意见》，责成保监会在 2014 年第一季度出台有关金融养老的一些具体办法，也就是老年人住房反向抵押贷款的具体办法，即“以房养老”模式。该模式不仅能够解决我国养老金的缺口问题，也是对传统养老模式的有效补充，体现了金融创新的时代必要性。

三、房地产业与金融业相互影响研究

（一）房地产业与金融业的产业关联作用

从产业关联的角度看，房地产业与金融业的相互影响关系日益增强。

从后向关联关系看，房地产业对金融业的拉动作用呈上升态势，1997 年直接消耗系数和完全消耗系数分别为0. 046 07 和0. 058 92，2002 年分别提高到0. 077 46 和0. 095 71，2017 年进一步提高到0. 111 598 和0. 143 554。2012 年两个系数分别较1997 年提高了142. 24%和143. 64%。从前向关联关系看，金融业对房地产业的拉动作用也在提高。1997 年直接分配系数和完全分配系数分别为0. 073 202 和0. 086 492，2002 年有所下降，分别为0. 041 819 和0. 049 126，2012 年两者开始上升，分别为0. 088 977和0. 109 665，2017 年两者进一步上升到0. 097 864 和0. 134 280。自2008 年房改后，房地产业的金融属性一直呈上升趋势。

表3. 11　我国房地产业与金融业的产业关联关系

指标	1997 年	2002 年	2012 年	2017 年
直接消耗系数	0. 046 07	0. 077 46	0. 105 23	0. 111 598
完全消耗系数	0. 058 92	0. 095 71	0. 133 23	0. 143 554
直接分配系数	0. 073 202	0. 041 819	0. 088 977	0. 097 864
完全分配系数	0. 086 492	0. 049 126	0. 109 665	0. 134 280

资料来源：国家统计局统计年鉴数据，同策研究院整理。

（二）房地产业与金融业的相互影响

我们还可以通过房地产业和金融业的增加值量化研究两个行业之间的关系。这里选取国家统计局公布的1999 年一季度至2020 年一季度两个行业的增加值进行研究。由于数据存在明显的季节性波动，所以采用X12 季节调整的方法对两个指标进行季节调整，经调整后的数据季节波动性不明显（见图3. 3）。

为了更好地量化房地产业和金融业两者的相互关系并保持数据的完整性，故采用VAR（向量自回归）及VEC（向量误差纠正）模型。由于VAR 模型要求数列具有平稳性，而VEC 要求所有变量为同阶单整，因此，先对两个变量进行单位根检验。通过ADF 检验可以断定两个指标序列为一阶单整（检验结果见表3. 12）。

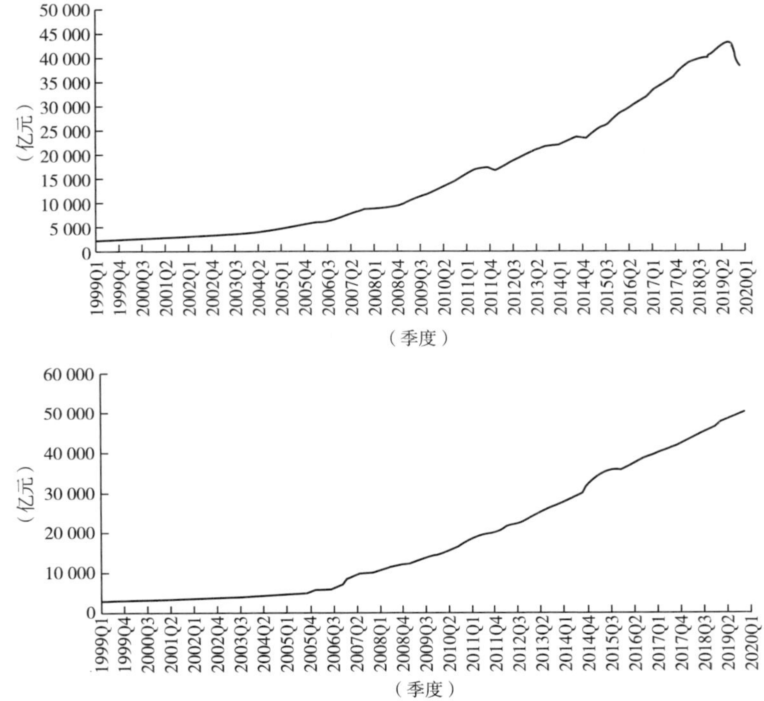

图 3. 3　房地产业（上图）和金融业（下图）经季节调整后的行业增加值

资料来源：同策研究院整理。

表 3. 12　房地产业和金融业增加值数列的 ADF 检验结果

指标	房地产业增加值		金融业增加值	
	原数列	一阶差分	原数列	一阶差分
ADF 值	-1. 883 016	-2. 541 476	-1. 897 413	-7. 208 368
临界值（1%）	-4. 071 006	-2. 593 121	-4. 071 006	-4. 072 415
临界值（5%）	-3. 464 198	-1. 944 762	-3. 464 198	-3. 464 865
临界值（10%）	-3. 158 586	-1. 614 202	-3. 158 586	-3. 158 974

资料来源：同策研究院整理。

两个指标数列均为一阶单整，可以用 Johansen 方法进行协整检验，我们先建立 VAR 对象，并确定滞后期长度（表 3. 13）。

表 3.13　EViews 滞后期选择结果

Lag	LogL	LR	FPE	AIC	SC	HQ
0	－1 512.82	NA	4.20E＋14	39.345 96	39.406 84	39.370 32
1	－1 185.71	628.737 3	9.51E＋10	30.953 41	31.136 05*	31.026 46
2	－1 179.72	11.197 84	9.03E＋10*	30.901 78*	31.206 17	31.023 53*
3	－1 177.88	3.336 717	9.56E＋10	30.958 01	31.384 16	31.128 47
4	－1 177.29	1.045 374	1.05E＋11	31.046 53	31.594 44	31.265 69
5	－1 167.85	16.186 74*	9.09E＋10	30.905 18	31.574 83	31.173 03
6	－1 164.86	4.963 324	9.36E＋10	30.931 52	31.722 93	31.248 08
7	－1 161.77	4.983 899	9.62E＋10	30.955 03	31.868 2	31.320 29

注：* 代表根据极大似然准则选定的滞后阶数。

资料来源：同策研究院整理。

结合上表及判断准则，VAR 模型的滞后期为 2，接着用 Johansen 方法进行协整检验。根据迹（Trace）统计量检验，以检验水平 0.05 判断，迹统计量显示 18.395 0＞15.494 71，5.523 195＞3.841 466，说明两个变量之间存在协整关系（表 3.14）。

表 3.14　Johansen 协整检验结果

原假设数量	迹		
	特征值	统计量	0.05 临界值
None*	0.145 273	18.395 00	15.494 710
At most 1*	0.065 138	5.523 195	3.841 466

注：迹和最大特征值检验表明在 5% 显著性水平下存在着两个协整方程。* 代表在 5% 显著性水平下拒绝原假设。

资料来源：同策研究院整理。

这说明了房地产业和金融业存在长期均衡稳定关系，但是不能确定是否存在因果关系，因此，需要进一步通过格兰杰因果检验进行验证。因为格兰杰因果检验是建立在稳定序列，即零阶单整的基础上进行的，而房地产业和金融业两个序列是一阶单整，所以要通过一阶差分后进行格兰杰因果关系检验（表 3.15）。

表 3.15　Johansen 协整检验结果

原假设	F 统计量	P 值	决策
房地产业不是金融业的格兰杰原因	0.117 94	0.888 9	接受
金融业不是房地产业的格兰杰原因	3.879 51	0.024 8	拒绝

资料来源：同策研究院整理。

从上述分析可见，房地产业对于金融业的影响不显著，而金融业对于房地产业的影响显著。纵观过去我国房地产市场走势，当金融市场宽松时，在降息、降准、降低首付标准等因素的影响下，房地产市场都会迎来较快的发展，并且伴随着住房价格的显著上涨；当金融市场收紧时，房地产市场发展就会放缓，住房价格上涨的动力就会减弱，甚至还会伴随住房价格下跌的情况发生。

第三节　房地产金融业的发展

一、　房地产金融业的定义与现状

近年来我国房地产市场发展迅速，资金密集型的行业特征决定了房地产业对金融业的高度依赖。房地产业从投资拿地到开工建设，再到成屋销售一般需要两三年的建设周期，整个过程需要投入大量资金，形成了开发建设的资金密集型特征。从房地产消费端看，购买不动产房屋也需要大量的资金投入，一般居民购房将会耗费家庭大部分的储蓄，因此，房地产消费端也具备典型的资金密集型特征。资金密集型特征决定了房地产业发展需要金融业的大力支持，需要金融制度的与时俱进，同步创新，两者相互融合促进，形成了事实上的房地产金融业。但是，与房地产相关的金融制度和产品落后于房地产业本身的发展。

房地产金融是指在房地产开发、流通和消费过程中，通过货币流通和信用渠道进行融资及相关金融服务的一系列金融活动的总称。房地产金融的具体业务包括房地产企业存贷款、生产性开发贷款、证券（股票、债券）融资、住房消费信贷（住房抵押贷款）、住房公积金、房地产保险、房地产信托及房地产证券化等方面的资金融通活动。[1] 从房地产金融的定义看，我国房地产金融市场基本能够涵盖自身定义涉及的各个方面。但是，房地产金融相关的制度滞后于市场发展的趋势，主要体现在以下几个方面。

（一）融资结构失衡，以间接融资为主，主要依靠银行机构

我国房地产市场经过近 20 年快速发展，建立了以银行信贷为主的房地产金融市场体系。从房地产贷款余额看（见表 3. 16），1998—2019 年，我国房地产业贷款余额由 3 160 亿元增加到 444 100 亿元，21 年增长了 139. 5 倍，年均复合增长率为 26. 56%，同期金融机构贷款余额年均复合增长率仅为 14. 66%。房地产贷款余额占金融机构贷款余额的比例也从 3. 65% 增长到 29. 00%。其中，个人购房贷款是银行比较重要的贷款，其占房地产贷款的比例从 1998 年的 13. 48% 增长到 2019 年的 67. 71%。20 年间个人购房贷款规模增长了 705 倍，年均复合增长率达到 36. 67%，每年增速比房地产业贷款增速高 10. 11 个百分点，比金融机构贷款规模增速高 22. 01 个百分点。

表 3. 16　房地产各项贷款余额及在金融机构贷款中占比

年份	金融机构贷款余额（亿元）	房地产贷款余额（亿元）	房地产开发贷款（亿元）	个人购房贷款（亿元）	房地产贷款占金融机构贷款比例（%）	按揭贷款占比（%）
1998	86 524	3 160	2 680	426	3. 65	0. 49
1999	93 734	4 330	2 792	1 358	4. 62	1. 45
2000	99 371	6 658	3 281	3 377	6. 70	3. 40
2001	112 315	9 802	4 204	5 598	8. 73	4. 98
2002	131 294	14 869	6 616	8 253	11. 32	6. 29
2003	158 996	21 421	9 642	11 779	13. 47	7. 41

① 李海涛. 房地产金融［M］. 天津：天津大学出版社，2013.

（续表）

年份	金融机构贷款余额（亿元）	房地产贷款余额（亿元）	房地产开发贷款（亿元）	个人购房贷款（亿元）	房地产贷款占金融机构贷款比例（%）	按揭贷款占比（%）
2004	177 363	26 306	10 384	15 922	14.83	8.98
2005	194 690	27 700	12 300	18 400	14.23	9.45
2006	225 285	36 800	14 076	19 854	16.33	8.81
2007	261 691	48 000	18 000	30 000	18.34	11.46
2008	303 395	52 800	19 300	29 800	17.40	9.82
2009	399 685	73 300	—	—	18.34	—
2010	479 196	93 500	—	—	19.51	—
2011	547 947	107 300	34 880	71 426	19.58	13.04
2012	629 910	121 100	38 630	81 000	19.22	12.86
2013	718 961	146 100	45 900	98 000	20.32	13.63
2014	816 770	173 700	56 300	115 200	21.27	14.10
2015	939 540	210 100	65 600	141 800	22.36	15.09
2016	1 066 040	266 800	71 100	191 400	25.03	17.95
2017	1 201 321	322 000	83 000	219 000	26.80	18.23
2018	1 362 967	387 000	101 900	257 500	28.39	18.89
2019	1 531 123	444 100	112 200	300 700	29.00	19.64

资料来源：Wind 数据库，同策研究院整理。

从房地产企业开发资金来源看（见表3.17），2019 年国内贷款（主要是国内银行贷款）、利用外资、自筹资金和其他资金（主要是定金、预收款和按揭贷款构成）占比分别为 14.13%、0.10%、32.56% 和 53.21%，根据中国人民银行报告披露，[①] 自筹资金中 70% 左右来自银行，定金和预收款中 30% 来自银行。粗略估算，大约 55% 左右的资金来自银行。数据表明我国房地产企业融资主要是间接融资。我国房地产

① 中国人民银行房地产金融分析小组的《2004 中国房地产金融报告》。

企业高负债率特征也是间接融资模式所致。2019年，根据申万行业分类，国内A股上市房地产企业的行业平均负债率达到79.02%，远高于国外上市房地产企业的负债水平。

表3.17　房地产企业开发资金来源各项占比　（单位：%）

年份	国内贷款	利用外资	自筹资金	其他资金
1998	23.87	12.07	25.49	38.11
1999	23.01	8.75	27.88	39.83
2000	22.89	5.35	29.33	41.95
2001	22.67	2.89	28.12	46.07
2002	22.22	1.77	28.47	47.31
2003	22.52	1.64	28.51	47.18
2004	23.80	1.40	28.63	46.08
2005	18.40	1.33	30.33	49.87
2006	18.31	1.20	32.72	47.77
2007	19.74	1.47	31.68	47.10
2008	18.72	1.71	31.41	48.16
2009	19.20	1.84	38.65	40.32
2010	19.66	0.83	31.05	48.45
2011	17.22	1.08	36.52	45.17
2012	15.24	0.92	40.85	43.00
2013	15.31	0.42	40.48	43.79
2014	16.11	0.44	38.83	44.62
2015	17.41	0.52	41.33	40.73
2016	16.15	0.24	39.17	44.45
2017	14.92	0.10	34.07	50.92
2018	16.18	0.11	32.60	51.12
2019	14.13	0.10	32.56	53.21

资料来源：Wind数据库，同策研究院整理。

（二）房地产资产证券化发展缓慢

房地产资产证券化是指将流动性较差但未来能够产生稳定现金流

的房地产资产通过一系列的结构性重新组合，并实施相应的信用增级，从而将房地产资产未来的现金流转化成具备一定信用等级并可以在市场上流通的金融产品。我国房地产市场以间接融资为主导的融资模式也反映了房地产金融制度发展较慢，尤其是在房地产资产证券化方面。2014 年房地产资产证券化规模①仅为 245. 19 亿元，2015 年达到 598. 98 亿元，2016 年房地产资产证券化进入快速发展阶段，达到 2 473. 08 亿元。2018 年快速增长达到 9 126. 01 亿元（见图 3. 4），2019 年增速放缓，全年发行规模为 9 497. 97 亿元，比 2019 年上涨 4. 08%。

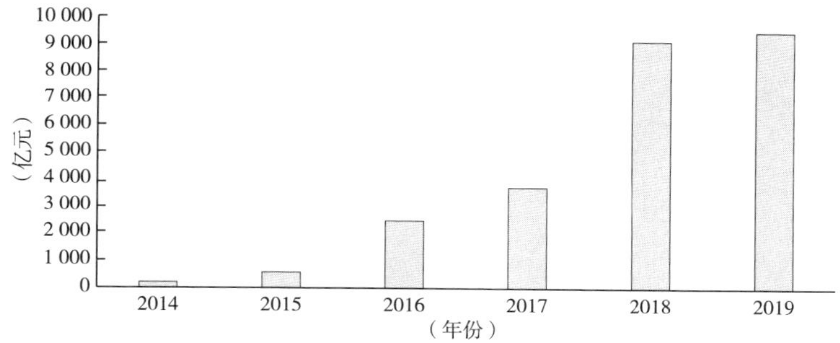

图 3. 4　我国房地产资产证券化每年发行资产规模

资料来源：Wind 数据库，CNABS 网站，同策研究院整理。

房地产资产证券化根据基础资产不同可以分为住房抵押贷款证券化（mortgage-backed securitization，MBS）和资产证券化（asset-backed securitization，ABS）两大类。

（1）住房抵押贷款证券化（MBS）

2004 年 1 月 31 日，国务院发布《国务院关于推进资本市场改革开放和稳定发展的若干意见》，意见提出丰富资本市场投资品种，提

---

① 我国资产证券化规模统计主要包括三个方面：一是金融机构信贷资产证券化产品，二是企业资产证券化产品，三是资产支持票据。本书资产证券化规模及房地产资产证券化规模统计数据口径均包括上述三个方面。

高直接融资比例，推进资产证券化业务发展。同年4月，中国人民银行和原银监会联合向国务院报送《关于在我国银行业开展信贷资产证券化业务试点的请示》，建议由国家开发银行和中国建设银行作为我国首批开展资产证券化业务试点的银行。同年9月，中国人民银行根据国务院领导意见召开信贷资产证券化专家论证会。2005年2月25日，国务院批准同意开展信贷资产证券化业务试点，提出由中国人民银行牵头成立“信贷资产证券化试点工作协调小组”设计试点方案，并建立和完善规章制度。同年3月21日，由中国人民银行牵头，发改委、财政部、原劳动和社会保障部等10个部门参加的“信贷资产证券化试点工作协调小组”正式成立，我国资产证券化试点工作正式启动。①

房地产MBS业务发展缓慢，由于我国住房抵押贷款二级市场还没有形成，因此MBS仍然处于试水阶段。2005年12月15日，中国建设银行MBS“建元2005－1”个人住房抵押贷款支持证券发行成功，发行规模30.18亿元。间隔2年后，中国建设银行在2007年12月14日再次成功发行“建元2007－1”个人住房抵押贷款支持证券，发行规模41.6亿元。2008年受美国次贷危机的影响，我国MBS业务暂停发放。直到2014年7月22日，中国邮政储蓄银行“邮元2014”第一期个人住房贷款支持证券首次在全国银行间债券市场成功发行，发行规模68.14亿元，这也是我国第三单MBS业务。

2015年后，MBS开始进入增长阶段，发行规模②达到329.43亿元，较2014年增长了383.46%。2018年发行规模达到5 842.63亿元，2015—2018年，年均复合增长率达到156%。MBS融资规模占银行间资

① 黄嵩，魏恩遒，刘勇．资产证券化理论与案例［M］．北京：中国发展出版社，2007：237－238.

② 本文中的房地产MBS涉及的住房抵押贷款包括住房公积金贷款和银行商业信贷资金贷款两部分，但是不包括商用房地产抵押贷款证券化（CMBS），CMBS包括在房地产ABS中。

产证券化规模的比例从 2014 年的 2.42% 提高到 62.70%。2019 年，MBS 发行规模为 5 162.71 亿元，较上一年相比下降了 11.64%，其发行规模占银行间资产证券化规模比例仍然达到 53.59%（见表 3.18）。

表 3.18　近年来我国 MBS 发行规模及趋势

年份	银行间资产证券化规模（亿元）	MBS 发行规模（亿元）	MBS 占银行间 ABS 比例（%）
2014	2 819.80	68.14	2.42
2015	4 056.33	329.43	8.12
2016	3 908.53	1 396.57	35.73
2017	5 977.29	1 707.51	28.57
2018	9 318.35	5 842.63	62.70
2019	9 634.59	5 162.71	53.59

资料来源：Wind 数据库，同策研究院整理。

尽管 2015 年后我国 MBS 有了较快的增速，但是从 MBS 与住房抵押贷款规模的占比看，仍然偏低。2018 年我国 MBS 占比为 2.26%，尽管较 2017 年增长了 242.17%（见表 3.19），但是同期美国的占比为 18.19%（见表 3.20），是我国的 8.05 倍。

表 3.19　我国 MBS 及住房抵押贷款规模情况

年份	个人住房贷款余额（亿元）	MBS 规模（亿元）	MBS 规模占比（%）
2014	106 000.00	68.14	0.06
2015	131 000.00	329.43	0.25
2016	180 000.00	1 396.57	0.78
2017	219 000.00	1 707.51	0.78
2018	258 000.00	5 842.63	2.26
2019	302 000.00	5 162.71	1.71

资料来源：Wind 数据库，同策研究院整理。

表 3.20　美国 MBS 及住房抵押贷款规模情况

年份	MBS 规模（亿美元）	住房抵押贷款规模（亿美元）	MBS 占比（%）
2010	11 070.32	99 919.63	11.08
2011	12 553.39	97 763.68	12.84
2012	13 443.67	95 620.28	14.06
2013	13 246.82	94 784.83	13.98
2014	14 053.80	94 525.30	14.87
2015	15 660.11	95 767.88	16.35
2016	16 737.97	97 613.59	17.15
2017	18 163.51	100 485.06	18.08
2018	18 763.11	103 162.33	18.19
2019	20 724.68	106 101.39	19.53

资料来源：Wind 数据库，同策研究院整理。

（2）资产证券化（ABS）

ABS 是指以住房抵押贷款以外的房地产领域其他资产为基础资产的证券化产品。我国房地产 ABS 也处于起步阶段，2014 年我国住房 ABS 规模仅为 177.05 亿元，资产类型也相对较少，主要包括 REITs、物业收入收益权、保障房开发和委托贷款收益权。2016 年后，房地产 ABS 也进入快速发展阶段，2016—2019 年每年发行规模分别达到 1 076.51 亿元、2 004.38 亿元、3 283.38 亿元和 4 335.26 亿元（见图 3.5）。

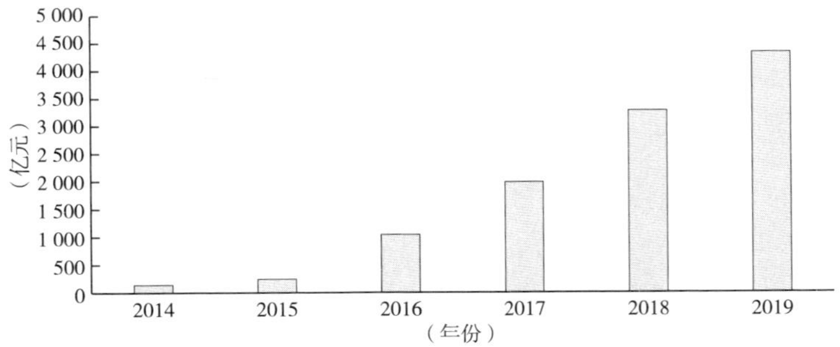

图 3.5　近年来我国房地产 ABS 发行资产规模

资料来源：Wind 数据库，CNABS（资产证券化分析网），同策研究院整理。

2019 年房地产 ABS 发行规模约为 4 335.26 亿元，同比增长 32.04%。发行产品的资产类型也不断丰富，包括购房尾款、CMBS（商用房地产抵押贷款证券化）、供应链 ABS、保理融资，还包括不同的资产支持票据的发行。从资产结构看，供应链 ABS 占比最大，达到 40.49%，其次为 CMBS，规模占比达到 23.88%。CMBS 规模的快速增长主要受近两年我国大力发展租赁住房政策的影响，长租公寓（主要包括自持模式）近两年发展迅速，国家出台相关融资支持政策，鼓励长租公寓发展。

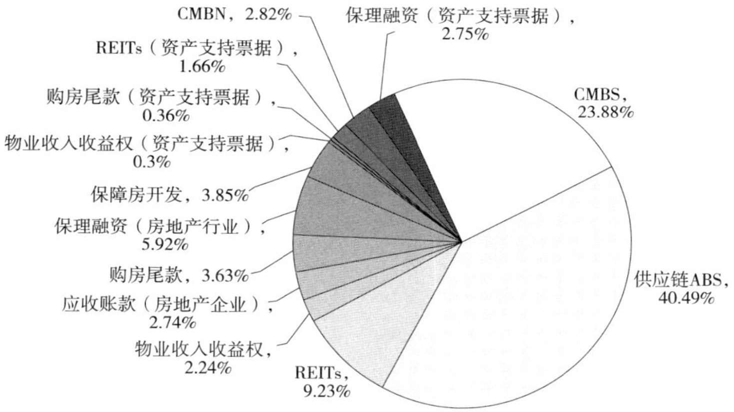

图 3.6　2019 年房地产 ABS 资产结构情况

资料来源：Wind 数据库，CNABS，同策研究院整理。

尽管 REITs 在我国起步较早，但是市场发展迟缓。早在 2005 年，香港证监会发布修订的《房地产投资信托基金守则》，撤销了香港房地产投资信托基金投资海外物业的限制，当时国内房地产企业可以根据守则成立房地产投资信托基金，将旗下的商业地产项目赴港上市。在此背景下，越秀 REITs 拆分部分资产在港交所上市，成为我国内地第一只海外上市的 REITs。2008 年国务院发布《关于当前金融促进经济发展的若干意见》，其中第十八条提出开展房地产信托投资基金试点，拓宽房地产企业融资渠道。发挥债券市场避险功能，稳步推进债券市场交易工具和相关金融产品创新。2008 年 11 月，中国房地产投资信托基金的方案获国务院原则性同意。2009 年初，中国人民银行会同有关部门形成了 REITs 初步试点的总体构架。2010 年 6 月，国务院先后批准了北京、上海、天津和广州作为首批 REITs 试点城市。

2014 年 5 月，中信启航专项资产管理计划正式发行，这是国内首单物业资产专项计划。2015 年 6 月，鹏华前海万科 REITs 正式获批并完成注册，开始限量发行，这成为国内首单投资 REITs 的公募基金。2017 年 10 月，新派公寓权益型房地产信托资产支持专项计划正式发行，并在深交所综合协议交易平台挂牌转让。这是我国首单长租公寓 REITs。为贯彻落实党的十九大精神和 2017 年中央经济工作会议提出的关于加快建立多主体供应、多渠道保障、租购并举的住房制度要求，按照《国务院办公厅关于加快培育和发展住房租赁市场的若干意见》和《关于在人口净流入的大中城市加快发展住房租赁市场的通知》，2018 年 4 月，住建部、证监会联合发布《关于推进住房租赁资产证券化相关工作的通知》，加快培育和发展住房租赁市场特别是长期租赁，支持专业化、机构化住房租赁企业发展，鼓励发行住房租赁资产证券化产品。当月 27 日，前海开源－碧桂园租赁住房一号资产支持专项计划成功发行，这是国内首单百亿级规模的租赁住房 REITs。

目前我国在 REITs 制度方面给予了政策支持，REITs 产品也不断创新和扩容，但是整体规模仍然较小。2014 年发行规模为 96.05 亿元，

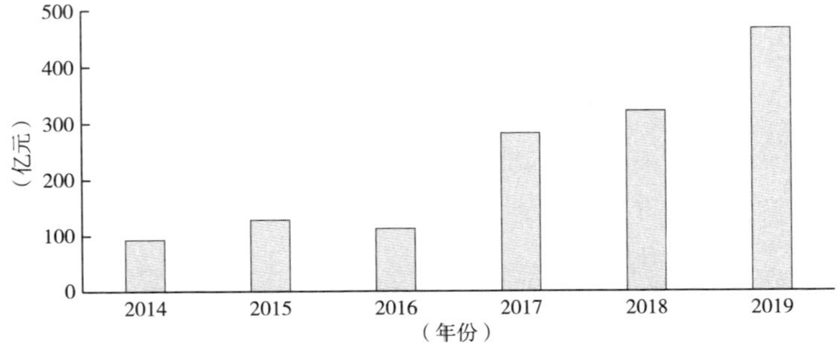

图 3.7 近年来我国房地产 REITs 规模变化情况

资料来源：Wind 数据库，CNABS，同策研究院整理。

2015 年和 2016 年发行规模均在 130 亿元左右，2017 年规模快速增长，达到 285.84 亿元，2019 年，我国新发行的 REITs 规模约 471.80 亿元。

我国的 REITs 市场严格来讲是“类 REITs”市场，因此，在“投、融、管、退”方面与成熟市场的公募 REITs 还有较大区别。目前我国 REITs 主要以私募为主，因此个人投资者的门槛相对较高。在税收方面，我国 REITs 市场也没有明显的税收优惠政策。在退出方式上，我国 REITs 主要是以发行人回购或者引入公募 REITs 的方式，二级市场不成熟。

表 3.21　我国 REITs 与成熟公募 REITs 市场的区别比较①

主要区别	中国 REITs	成熟公募 REITs
募集方式	私募	公募
基础资产	固定的基础资产	不断收购新的基础资产
交易结构	私募基金 + 专项资产管理计划	REITs 直接持有物业股权
收益分配	优先级呈现债权特征，次级大多自持	绝大部分分配给投资者，呈现股权特征
税收优惠	无	符合条件的分红可以免税
产品期限	存在到期日，既有 3—5 年的短期产品，也有 15 年以上的长期产品	长期/永久存续
退出方式	引入公募 REITs、发行人回购等	二级市场减持

资料来源：同策研究院整理。

二、房地产金融发展缓慢对住房市场的影响

（一）“单边上扬交易利差”获利模式

我国商品住房市场具有居住和投资的双重属性。从投资的角度看，我国住房投资长期以来形成“单边上扬交易利差”的获利模式。该模式造成市场单边上涨的驱动力和上涨预期，正是因为如此，也增加了住

① 参考兴业证券于 2019 年 5 月 20 日发布的《一文知晓中国类 REITs 市场——ABS 系列之房地产 REITs 篇一》。

房市场的投资需求。

自1998年我国实施住房市场化改革以来，银行对于住房市场的信贷政策不断增加，居民可以通过“加杠杆”的方式购房，个人按揭贷款也成为银行中最优质的资产之一。“单边上扬交易利差”获利模式吸引了资本市场介入，甚至产生了专业的“投资炒房团”。有些著作专门分析“炒房”行为，例如张捷在其专著《房噬：楼市食利本质》中描述，最初的炒房团成员并不是我们想象中的都是富人，恰恰相反，其中大部分是农民。这些人通过民间借贷及套取银行资金等行为，短时间内获取巨额财富。房地产企业的资金本质上还可以理解为实业资本，但是投资炒作房地产的资金，大部分是民间金融资本，一旦民间资金介入，就会裹挟实业资金，产生资本泡沫。“单边上扬交易利差”的获利模式及利用银行信贷和民间借贷的利差获利是民间资本的主要目的。“炒房团”是有组织、有策划的专业团队，在庞大的资金规模下，① 一定程度上可以达到影响市场走势的效果，因此，也会进一步强化“单边上扬交易利差”的获利模式。张捷在著作中还强调我国房贷普遍实行浮动利率制度，而国外成熟市场主要以固定利率为主，国外银行一般会把固定利率贷款通过证券化转移利率风险，因此，国外成熟市场也就不存在像中国这样的银行信贷与民间借贷利差，也就没有了民间资本利用利差套利的行为。

（二）提高购房门槛，造成社会贫富差距的进一步扩大

近年来，我国商品住房的价格增长迅速，直接提高了城市的购房门槛。从2019年12月34个主要城市的住房价格水平看，即使按照3成首付计算，深圳、上海、北京和厦门四个城市的首付门槛已经超过100万元。从月供的角度看，购房的门槛和压力更大，34个主要城市中除

① 张捷在专著《房噬：楼市食利本质》中透露，保守估计，炒房团在楼市的市场份额在5%～10%左右。

了长沙、呼和浩特和贵阳外，其他城市的月供负担均超过当地城镇居民的可支配收入水平，深圳、上海、北京等城市的月供水平是可支配收入的3~4倍（见表3.22）。

表3.22　34个主要城市2019年12月住房价格情况①

城市	住房价格（元/平方米）	30%首付（万元）	70%贷款（万元）	年可支配收入（元）	月可支配收入（元）	月供还款（元）
深圳	59 892.46	179.68	419.25	62 522	5 210.20	22 250.57
上海	55 678.45	167.04	389.75	73 615	6 134.58	20 685.03
北京	47 982.35	143.95	335.88	73 849	6 154.08	17 825.86
厦门	46 848.69	140.55	327.94	59 018	4 918.17	17 404.70
南京	29 292.00	87.88	205.04	64 372	5 364.33	10 882.23
苏州	27 569.30	82.71	192.99	68 629	5 719.08	10 242.23
广州	27 349.98	82.05	191.45	65 052	5 421.00	10 160.76
福州	23 699.48	71.10	165.90	47 920	3 993.33	8 804.56
东莞	20 946.78	62.84	146.63	55 156	4 596.33	7 781.91
宁波	19 700.75	59.10	137.91	64 886	5 407.17	7 319.00
大连	19 229.60	57.69	134.61	46 468	3 872.33	7 143.96
无锡	18 582.97	55.75	130.08	61 915	5 159.58	6 903.74
合肥	16 963.00	50.89	118.74	45 404	3 783.67	6 301.90
石家庄	16 781.00	50.34	117.47	38 550	3 212.50	6 234.29
海口	16 229.48	48.69	113.61	38 977	3 248.08	6 029.39
天津	15 776.00	47.33	110.43	46 119	3 843.25	5 860.92
昆明	15 508.05	46.52	108.56	46 289	3 857.42	5 761.38

① 住房的首付及贷款是按照每个城市住房套均面积均为100平方米测算的。可支配收入均为2019年城镇常住人口的可支配收入水平，利率水平按照2019年的基准利率4.9%计算，月供按照30年等额本息法计算。

（续表）

城市	住房价格（元/平方米）	30%首付（万元）	70%贷款（万元）	年可支配收入（元）	月可支配收入（元）	月供还款（元）
济南	14 829.00	44.49	103.80	51 913	4 326.08	5 509.10
成都	14 526.70	43.58	101.69	45 878	3 823.17	5 396.80
南昌	14 102.70	42.31	98.72	44 136	3 678.00	5 239.28
青岛	13 736.46	41.21	96.16	54 484	4 540.33	5 103.21
西安	13 614.20	40.84	95.30	41 850	3 487.50	5 057.79
郑州	13 555.23	40.67	94.89	42 087	3 507.25	5 035.89
武汉	13 390.85	40.17	93.74	51 706	4 308.83	4 974.82
重庆	12 780.85	38.34	89.47	37 939	3 161.58	4 748.20
太原	11 381.50	34.14	79.67	36 362	3 030.17	4 228.33
呼和浩特	10 673.00	32.02	74.71	49 397	4 116.42	3 965.11
沈阳	10 191.36	30.57	71.34	46 786	3 898.83	3 786.18
贵阳	10 151.82	30.46	71.06	38 240	3 186.67	3 771.49
哈尔滨	9 935.40	29.81	69.55	40 007	3 333.92	3 691.09
长沙	9 870.83	29.61	69.10	55 211	4 600.92	3 667.10
兰州	9 824.30	29.47	68.77	38 095	3 174.58	3 649.81
长春	9 782.00	29.35	68.47	37 844	3 153.67	3 634.10
西宁	8 386.64	25.16	58.71	34 846	2 903.83	3 115.71

资料来源：中指数据，各城市2019年统计公报，同策研究院整理。

住房价格快速上涨更快地拉大了有房群体和无房群体的财富差距。根据中国家庭金融调查与研究中心发布的《2017中国城镇住房空置分析》报告，近年来，我国城镇新成交住房中，首套房占比呈现不断下降趋势，2008年该比例为70.3%，到2018年第3季度，这一比例下降到12.8%。有房群体购房的比例不断上涨，其中将近三分之二的新增购房是被已有一套住房的群体购买（见表3.23）。

表 3.23　城镇地区新购住房分布情况

年份	首套房占比（%）	已有一套（%）	已有两套（%）
2008	70.3	26.5	3.2
2009	71.0	24.9	4.1
2010	70.7	22.7	6.5
2011	66.7	25.1	8.3
2012	64.3	29.2	6.5
2013	58.0	34.0	8.0
2014	59.1	33.2	7.7
2015	57.9	34.8	7.3
2016	51.1	36.9	12.0
2017	45.8	39.2	15.0
2018Q3	12.8	65.7	21.5

资料来源：中国家庭金融调查与研究中心发布的《2017 中国城镇住房空置分析》。

从收入结构看，高收入群体购置住房的需求要高于低收入群体，《2017 中国城镇住房空置分析》报告中数据显示，2017 年，25% 的最高收入群体多套房拥有率为 38.4%，其次 50%～75% 的收入群体多套房拥有率为 19.1%，25% 的最低收入群体多套房拥有率仅为 10.8%。多套房拥有率的增长幅度与收入也呈正相关关系，2013—2017 年，25% 的最高收入群体多套房拥有率提高了 10.1 个百分点，收入介于 50%～75% 的群体提高了 5.3 个百分点，介于 25%～50% 的收入群体提高了 3.9 个百分点，25% 的最低收入群体提高了 3.8 个百分点（见图 3.8）。

综合来看，高收入群体在住房上的资产配置相对较多，随着住房价格的不断上涨，高收入群体的资产会带来较大幅度的增长，进一步拉大了高收入群体和中低收入群体的财富差距，进而造成我国贫富差距进一步扩大。从购房套数结构看，新购住房中二套及以上的比例超过 85%，尽管有改善目的，但我们也应认识到其中也有投资和资产保值的需求。

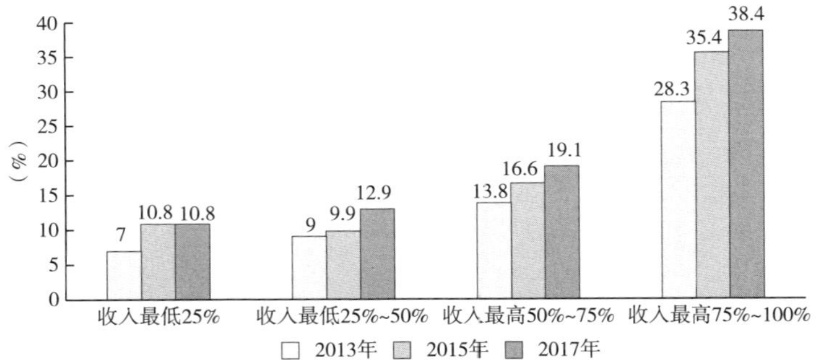

图 3.8　城镇不同收入群体多套房拥有率

资料来源：中国家庭金融调查与研究中心发布的《2017 中国城镇住房空置分析》。

城市的购房门槛目前仍然较高，动辄上百万的首付及较高的月供压力也不是普通老百姓轻松就能负担得起的。换句话说，高收入群体购房配置资产相对更容易。对比美国来看，美国房地产金融相对比较发达，截至 2019 年 3 月，美国房地产信托基金的规模为 1.216 万亿美元，其中权益型房地产信托基金的规模为 1.132 万亿美元，占比为 93%。[①] 8 000多万的美国人通过退休储蓄金和其他投资基金的方式拥有 REITs。[②] 美国 REITs 最初的设计就是为中小投资者提供大型地产项目的一个平台，打破了机构投资者或者高收入群体对房地产投资的垄断。美国制定相关政策严格规定了 REITs 的分红比例，从而保障了众多投资者的权益。REITs 的回报率也比较可观，2019 年第 1 季度，美国的工业地产、写字楼、基础设施的 REITs 回报率分别为 21.28%、20.31%、21.35%。度假酒店、住房、健康医疗 REITs 的回报率也分别达到 15.82%、16.53%、13.02%（见表 3.24）。在美国，REITs 的投资收益 90% 以上来自相关物业的租金收入，相对比较稳定。从底层资产的结构看，住房类 REITs 仅占 14.83%，其他非住房类资产占比为 85.17%。

① 该数据来自国盛证券的《固定收益点评：他山之石，公募 REITs 如何发展》，2019 年 4 月 22 日。

② 数据来自 https://www.reit.com/what-reit/reit-basics#。

美国的 REITs 模式既实现了居民的资产保值升值、抵御通货膨胀的效果，又把资产主要配置到非住房领域，既解决了持有型物业的企业融资问题，又实现了居民的资产配置需求，尤其对我国当前具有较大的借鉴意义。

表 3.24　美国不同底层资产权益型 REITs 情况

分类	REITs 数量（只）	总回报率（%）				市值（亿美元）	市值占比（%）
		2016	2017	2018	2019Q1		
富时指数美国不动产投资信托协会所有 REITs	169	8.63	8.67	-4.04	17.17	11 321.58	100.00
工业	12	30.72	20.58	-2.51	21.28	921.83	8.14
写字楼	21	13.17	5.25	-14.50	20.31	983.22	8.68
零售	33	0.95	-4.77	-4.96	14.42	1 751.65	15.47
住房	21	4.54	6.63	3.09	16.53	1 679.42	14.83
多元化用途	16	10.27	-0.10	-12.52	16.59	561.67	4.96
酒店/度假	17	24.34	7.16	-12.82	15.82	536.58	4.74
健康医疗	18	6.41	0.87	7.58	13.02	1 105.68	9.77
自助仓储	5	-8.14	3.74	2.94	9.86	628.87	5.55
林场	4	8.28	21.92	-31.96	21.11	268.48	2.37
基础设施	6	10.04	35.38	6.99	21.35	1 661.2	14.67
数据中心	5	26.41	28.43	-14.11	20.16	738.88	6.53
其他	11	19.95	13.22	-6.68	16.75	484.08	4.28

注：2019Q1 为 2019 年第 1 季度。

资料来源：国盛证券的《固定收益点评：他山之石，公募 REITs 如何发展》，2019 年 4 月 22 日。

第二篇
住房价格的影响因素研究

第四章　住房市场的内在机制对价格的影响

第一节　住房与住房市场的特性

与其他行业相比，房地产业具有一定的自身特点，本书归纳为住房本身的内在经济学属性以及住房特性带来的住房市场的特征表现。

一、 住房的属性分析

“属性是事物的质在同别种事物发生关系时的表现。”[①] 住房的属性可以从其自然属性和经济学属性两个角度分析，而住房的自然属性也是其经济学属性的基础。

（一）住房的自然属性

住房具有居住属性，这是住房提供遮风避雨的居住场所这一使用价值决定的。住房的居住属性是其最基本的属性。住房作为房地产业的主要产品，承接了人的居住需求。居住需求是人生存的基本需求之一。《世界人权宣言》第二十五条指出，人人有权享受为维持其本人和家庭的健康及福利所需的生活水准，包括食物、衣着、住房、医疗和必要的社会服务。马斯洛的需求层次理论也把居住需求列为人最基本的生存需求之一。住房是一种必需品，保障居民的基本居住需求是社会稳定的重要基础。

---

① 李达．唯物辩证法大纲［M］．北京：人民出版社，1978.

住房具有不动性。住房是土地上的建筑，是土地的附属物。住房的不动性并不局限于住房本身不可移动，更在于与其具有附属关系的土地所处空间方位的独特性。虽然目前工程技术的发展已经可以实现建筑物的整体移动，① 但是这种情况仅仅是建筑物与土地的附属关系发生了改变，土地的空间位置并没有发生变化。

住房具有异质性。住房的本质是对特定空间的占用，而物理空间不可重复占用，因此每一块土地、每一间住房的地理位置不同。此外，从社会与经济的角度看，即使住房的大小、房型、建筑质量相同，但是不同的空间位置使住房对应的便利设施、配套服务也存在差异。因此，每一套住房都有其独特之处，并非完全相同的产品。

住房具有耐用性。根据建设部颁布的《住宅建筑规范》（GB50368－2005），住房结构的设计使用年限不应低于 50 年。住房的使用期限较长，一般经营用建筑的折旧期限为 20 年以上，而居住用的建筑折旧期限更长，按照国民经济核算中对城镇住房 2% 的折旧率计算，住房的使用年限为 50 年以上。

（二）住房的经济学属性

住房具有稀缺性，经济学上的稀缺性是指“相对于需求，物品总是有限的”。② 对于住房来说，其稀缺性一方面体现为土地的稀缺性，另一方面体现为住房依托的配套服务的稀缺性。土地是住房的根本，住房是土地的附属品。土地的稀缺性首先体现为其不可再生性。土地是人类生存的场所，其总量是有限的。另外，对我国来说，土地供给由国家垄断。我国《宪法》规定，城市的土地归国家所有；农村和城市郊区的土地，除法律规定属于国家所有的以外，属于集体所有。我国《土地管

① 姚忠国，黄自新，陈高瞻，等．房屋整体平移技术及模拟试验研究［J］．建筑结构，1995（11）：53－57.

② 萨缪尔森，诺德豪斯．经济学（第十九版）［M］．北京：商务印书馆，2012.

理法》明确指出，任何单位和个人不得侵占、买卖或者以其他形式非法转让土地。土地用途的变更必须通过政府批准。

现代社会中，住房不仅仅是遮风避雨的场所，还与众多增值服务联系在一起，比如社会治安、交通便利、环境适宜、教育医疗便捷等。这些配套增值服务构成了住房价值的重要部分，配套服务的稀缺性是现阶段住房稀缺性的主要来源。

住房具有投资品属性。投资是指投入当前资金或其他资源以期望在未来获得收益的行为。① 从形式上看，住房的建设或购买都需要初期的大量投入，而其回报则是通过长期使用获得的。住房投资属于实物资产投资，但是具有很强的金融资产特性。这与股票、债券等投资品的投入回报模式相同。住房价格相当于股票、债券的销售价值，住房每年提供的居住服务折算的价值（租金价值）相当于股息、利息收入，按照金融资产的定价方式，住房价格可以视为在一定风险水平下的未来租金收入的折现。

从内涵上看，住房是土地的附属物，住房的获取意味着对土地这一生产要素的占有。土地要素的潜在产出是住房投资价值的保障。对此，恩格斯有过论述："在一百年终了之后，这所房屋就用坏了，消耗掉了，不能再住人了……在此期间终了之后，承租人并没有房屋，可是房屋所有者也没有房屋了。房屋所有者只有地皮（如果这是属于他的）及其上面的建筑材料，但这些材料已经不是房屋了。如果房屋在此期间'原先的费用得到了五倍或十倍的补偿'，那么我们将看到，这全是由于地租的上涨。"②

住房具有消费品属性。从生产的角度看，资本品与消费品的界定是与扩大再生产紧密联系的。资本品的投入能在将来生产出更多的产品，而消费品则不能。广义的住房具有一定的资本品属性，如厂房、商铺的

① 博迪，凯恩，马库斯．投资学（第九版）［M］．北京：机械工业出版社，2012.

② 恩格斯．论住宅问题［M］．北京：人民出版社，1951.

建设能够参与扩大再生产，产出更多的产品和服务。而狭义的住房不具备资本品属性，因为住房是直接为居民提供居住服务的物品，不参与扩大再生产。虽然住房具有耐用性，可以在相当长的时期内提供居住服务，而且在经济核算中也作为固定资产进行核算，但是其本质只是延期的消费，而非扩大再生产。因为如果需要提供更多的居住服务则需要新建更多的住房，而新建住房需要的是建筑机械和设备的投入，已有住房并不能提高新建住房的生产能力。因此，住房从本质上看是消费品而非资本品。

（三）住房的投资属性与消费品属性之间的关系

住房属性中的投资属性与其消费品（非资本品）属性共存并不矛盾，但两者的关系必须厘清。住房的投资属性是指资产价值或价格的增长，使持有者的财富增长。这是从货币角度看待住房的。住房的消费品属性是从扩大再生产的角度，尤其是从实际生产的货物和服务的角度看待住房的。从有利于经济长期增长的标准看，经济增长的动力在短期是资本品的积累，在长期是技术水平的提高。单纯货币层面上的财富增加并不意味着经济增长。因此，住房作为消费品，并不能直接推动长期经济增长。

在现阶段我国经济建设活动中，对住房的投资属性和消费品属性的认识存在一定的混淆。因为财富增长意义上的投资并不等同于经济增长意义上的投资。国家统计局将住房作为固定资产进行核算在一定程度上弱化了其消费品属性。① 固定资产是用于扩大再生产的资本品，而住房作为消费品，实际上不参与扩大再生产，因此住房形成的新增固定资产并不是有效的资本积累，不能带来未来产出水平的增长。从房地产业对经济增长的贡献看，2019 年其直接贡献约占 GDP 的 7.03%。这其中 70% 以上是通过居民居住服务实现的，并非资本品的积累。而房地产业

① 易宪容. 房地产业作为支柱产业可持续吗［J］. 中国房地产，2006（7）：11－13.

对经济增长的间接贡献在于“土地财政”。其实质是地方政府将持有土地的增值收益用于基础设施建设。土地使用权出让金本质上是一种租金收益，而住房用地的土地出让金（可以近似地看作房租）是其主要来源。地方政府获取土地出让金实际上是获取土地（住房）的部分投资收益。这些收益只是货币形式的收益，必须将其转化为资本品，如基础设施、厂房、设备等，才能推动经济增长。

二、 中国住房市场投资属性的衡量及影响

2017 年，习主席在十九大报告中提出“房子是用来住的、不是用来炒的”，这体现了我国对住房属性认识的里程碑式转变。正如前文分析的那样，住房的本质属性是消费品，而非投资品，但自 1998 年“房改”以来，我国住房的属性没有很好地厘清，住房投资属性不断加强，导致调控政策难以达到预期目标，高住房价格、高土地价格、房地产库存等一系列问题制约了房地产业健康发展，甚至对经济增长也造成一定的负面影响。为了研究这一问题，本书需要对当前市场住房的投资属性进行定量分析。

（一）从住房价格的需求弹性研究投资属性

众所周知，购买住房已经成为我国居民家庭资产配置的重要方式，也就是说住房的需求结构发生了较大变化，一般来讲，商品住房的价格需求弹性可以反映商品的消费属性或者投资属性。传统回归模型采用的固定参数无法表现结构性的变化，本书借鉴杨东、赵树宽关于商品住房需求价格弹性的研究方法，① 采用状态空间构建变参数模型，进而研究住房投资需求的变化。

一般来讲，商品住房的需求主要受居民收入、住房价格水平的影

① 杨东，赵树宽．我国近十年商品住宅需求的弹性变化［J］．社会科学研究，2013（4）：27－31.

响，此外，我国居民的资产配置类购房需求主要基于资产保值和抵抗通货膨胀的需要。因此，我们引入通货膨胀预期指标。对住房投资回报率这一指标仍然有争议，有研究倾向于考虑该指标，用上一年的投资收益（住房价格涨幅）作为下一年度的投资决策指标。也有观点认为，我国市场的特点是投资者把住房价格下跌后作为投资洼地或者最佳投资时间点抄底，背后的原因是长期通货膨胀预期。因此，本书不把短期内的住房价格涨幅作为决定投资预期的关键影响指标，而是选择央行储户的未来物价预期指数作为购房的预期参考性指标。因此，住房一般需求函数可以构建为：

$$X = kP^{\alpha} I^{\beta} E^{\gamma} \tag{4.1}$$

$$LnX = Lnk + aLnP + \beta LnI + \gamma LnE \tag{4.2}$$

其中，X 表示住房成交量，P 表示住房成交价格，I 表示城镇居民可支配收入，E 表示未来物价的通货膨胀预期。α 为价格需求弹性，β 为收入需求弹性，γ 为预期需求弹性。

状态空间模型构建如下：

量测方程为

$$LnX_t = Lnk_t + aLnP_t + \beta LnI_t + \gamma LnE_t$$

状态方程为

$$\alpha_t = \alpha_{t-1}$$

$$\beta_t = \beta_{t-1}$$

$$\gamma_t = \gamma_{t-1}$$

图 4.1 是通过状态空间方程估计的我国住房市场价格需求弹性随时间变化图，从中可以看到我国商品住房需求的价格弹性表现出以下两个方面的特征。

（1）我国住房需求的价格弹性为正值，按照一般经济学理论，消

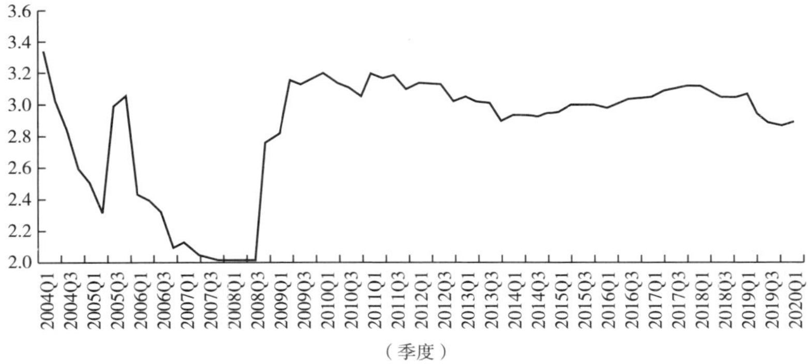

图 4.1　价格需求弹性变动趋势

注：本图由 EViews 估计而得。

费品的需求与价格成反比，价格上涨需求下降，价格下跌需求上升，需求的价格弹性为负值。住房需求的价格弹性与经济学中消费品的价格需求弹性为负值正好相反，这也论证我国住房市场的投资属性。

（2）我国住房需求的价格弹性表现出的投资需求特征与我国房地产市场调控政策方向基本一致。当房地产市场调控处于放松阶段时，投资需求上升；当房地产市场调控处于收紧阶段时，投资需求下降。

（二）住房投资属性的历史演变

本书从“房住不炒”的住房消费本源属性来对比其投资属性。通常来讲，房地产业中工业用房、商业和办公用房的本源属性为投资，居民住房的本源属性为居住消费，通过两者的对比可以研究住房投资属性。

（1）住房“倒 U 形”曲线走势反转

根据住房“倒 U 形”曲线理论，房地产业发展规模与国民经济总量存在较强的规律性，当一国经济发展到一定阶段后，随着工业化阶段逐渐成熟，城镇人口转移速度会放缓，新增住房需求也会放缓，表现为住房投资与 GDP 比值的趋势性下降。

根据国家统计局数据，2012 年我国第三产业超过第二产业，开始向服务型经济转型。我国15—64岁劳动力人口数量在2013年达到峰值（10.06亿人），此后，开始逐渐下降。2014年人户分离的人口数也达到峰值（2.98亿人），并且2013年我国户均住房超过1.1套，因此，可以预判我国住房投资“倒U形”曲线顶点应该在2013年、2014年左右。我国住房投资趋势也确实符合这一规律（见图4.2），但是后期走势出现了反转，2018年这一数值开始重新上涨，2019年达到9.80%，比2015—2018年任何一年的比重都要高，仅低于2013年和2014年，投资需求能够很好地解释这一趋势变化。

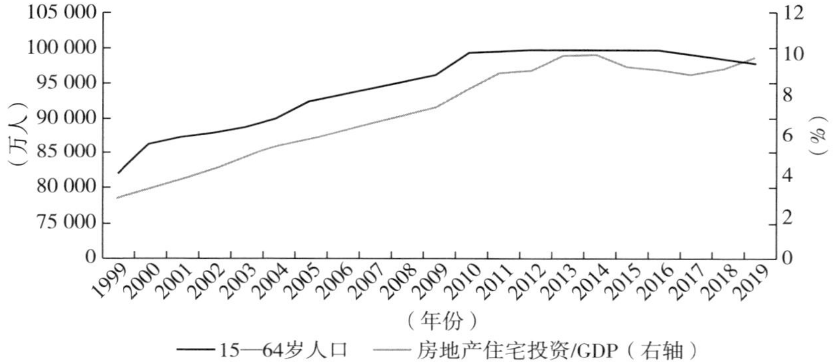

图4.2　1999—2019年劳动力人口与房地产住宅投资趋势变化

资料来源：国家统计局，由同策研究院整理而得。

（2）住房价格反超商业和办公楼凸显投资属性

从物业性质看，商业和办公楼属于生产资料，具备投资品的属性，而住房是生活必需品，属于消费资料。因此，商业和办公楼能够体现房地产市场投资产品的特征。商业和办公楼的价值应该高于住房，其升值空间也应该大于住房。1998年房改初期，我国房地产表现了投资品和消费品的价格特征，随着市场不断发展，我国住房的价格增速和最终价格超过商业和办公楼的价格。住房作为消费资料却表现出升值空间高于作为投资品的商业和办公楼产品，明显地反映出投资品属性。

以上海房地产市场为例，2006年住房月度均价为8 639元/平方米，商业和办公楼分别为11 173元/平方米和13 799元/平方米，住房价格低于商办。2008—2010 年，住房价格年均增幅超过 30%，而商业和办公楼分别为 7.2% 和 10.7%。2010 年住房价格全面超过商办，三者价格分别为 21 009 元/平方米、13 337 元/平方米和 20 008 元/平方米。到 2019 年，三者价格分别达到 54 745 元/平方米、34 124 元/平方米和 40 136元/平方米。从升值空间看，2006—2019 年，住房价格增长了 534%，商业和办公楼分别增长 205% 和 191%（见图 4.3）。

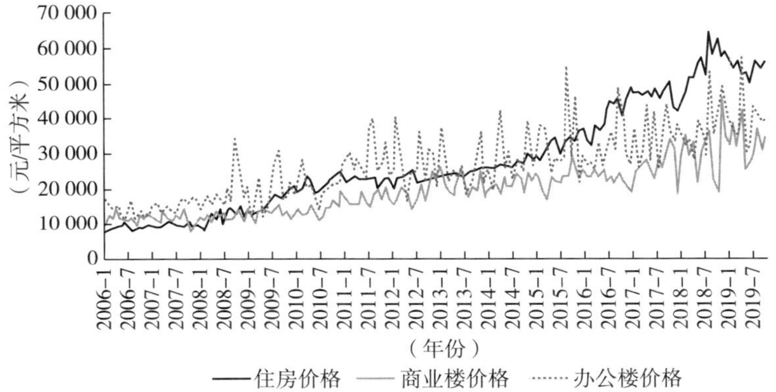

图 4.3　2006 年 1 月—2019 年 7 月上海住房以及商业和办公楼价格走势情况

资料来源：Dataln，同策研究院整理。

从价格增长趋势看，也有明显的阶段性特征，主要表现为调控政策和价格增长之间的关系。在调控政策收紧的阶段，比如 2006—2007 年、2010—2014 年，住房的投资属性不明显；在调控政策放松阶段，比如 2009—2010 年、2015—2016 年，住房的投资属性较为明显。

（3）住房投资属性体现在资产升值而非租金收益上

住房的投资属性体现在单边价格上涨带来的资产升值上。以上海为例，2007 年，住房月度平均租金为 1.95 元/平方米/天，办公楼租金为 3.31 元/平方米/天，按照当时的住房价格水平测算，住房的租金回报率为 7.6%，办公楼的租金回报率为 8.1%。2019 年，住房月度平均租金为 2.55 元/平方米/天，办公楼为 4.25 元/平方米/天，按照此时的住房价格水平测算，住房的租金回报率为 1.7%，办公楼的租金回报率为 3.86%。[①]

2007—2019 年，住房价格涨幅为 488.1%，而租金水平仅上涨了 33.5%。办公楼的价格和租金分别上涨了 167.5% 和 28.4%。上海市城镇居民的人均可支配收入在该期间上涨了 211.6%。住房价格的涨幅远超办公楼，并且比收入增幅还要高出 276.5%，而租金回报率的涨幅不仅远低于住房价格涨幅，并且比收入涨幅也小很多，仅相当于一年期银行存款基准利率。住房较大的增值空间凸显了投资属性，租赁价格表现出较强的消费品特征，租金上涨幅度小于收入水平的增长有利于提高居民的消费能力，还能解决高住房价格带来的居住压力问题，因此，租赁住房将是热点城市解决高住房价格问题的方式之一。

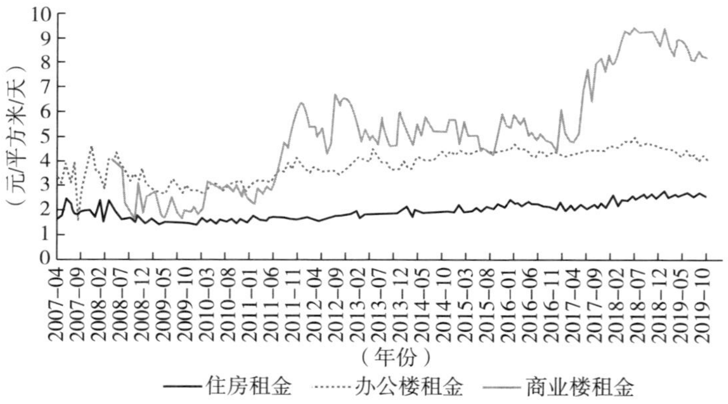

图 4.4　2007 年 4 月—2019 年 10 月上海住房、商业和办公楼租金情况

资料来源：Wind 数据库，同策研究院整理。

（三）住房投资属性对于市场的影响

从住房的二重属性出发，可将住房需求分解为居住需求和投资需求。[②] 1998 年“房改”后，住房市场化初期供给相对不足。而随着经济

---

① 本段及下段数据来自 Wind 数据库。

② 本部分的需求指有效需求，既有购买住房的需求，同时具备购买住房的经济实力。

发展、收入水平的提高以及快速城镇化带来大量的住房需求，需求大于供给导致住房价格上涨。

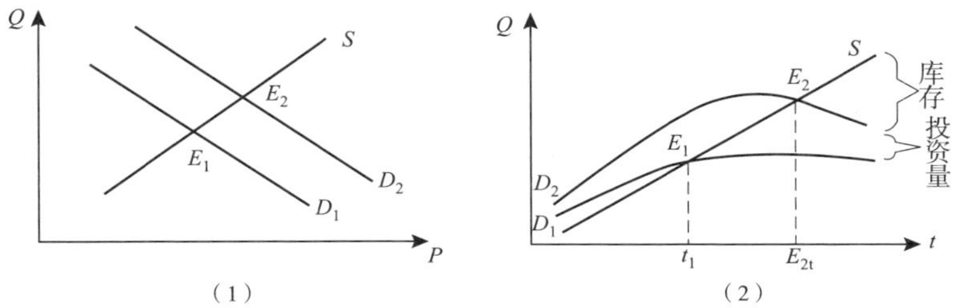

图 4.5　住房市场供给与需求均衡变动情况

假定 D_1 为居住需求，D_2 为整体需求，即居住需求和投资需求的和。如图 4.5（1）所示，E_1 为居住需求和供给的均衡点，由于存在投资需求，整体需求曲线向右移动到 D_2 的位置，均衡点变为 E_2，在投资需求的影响下，造成均衡价格的提高。

从整体看，如图 4.5（2）所示，纵轴代表整个市场的存量，随着时间推移，存在投资需求上升的情况下，实际需求曲线为 D_2，供需的缺口及价格上涨会促使市场增加供给。根据住房投资“倒 U 形”曲线理论，需求曲线会随着工业化和城镇化发展到一定阶段后向下倾斜，因此可以计算出：

$$\text{投资需求} = \int_0^{t_1} (D_{2t} - D_{1t})\,d(t)\ \ (t_1\ \text{为投资需求减少到 0 的时刻})$$

$$\text{库存量} = \int_{E_{2t}}^{\infty} (S_t - D_{2t})\,d(t)\,(E_{2t}\ \text{为均衡点}\ E_2\ \text{对应的时刻})$$

从公式可见，投资需求还会导致库存的问题。

我国情况基本符合该理论。根据上文的研究，2013—2014 年是我国住房投资“倒 U 形”曲线的顶点，此后，将会造成库存量的明显上涨。果然，2015 年我国实行“去库存”战略。根据国家统计局数据，2014 年住房待售面积达到 4.1 亿平方米，2016 年 2 月达到库存顶峰 4.7

亿平方米。尽管到 2019 年 4 月，住房待售面积下降到 2.4 亿平方米，“去库存”战略取得了一定的成功，但是从曲线可以看出，实际发生的只是库存的转移，即从库存面积转化为投资需求的量，并没有真正改变过剩住房的资源闲置问题。2014 年，西南财经大学中国家庭金融调查与研究中心主任甘犁教授估算我国城镇住房的空置率已经达到 22.4%。2018 年 3 月，全国政协经济委员会副主任、中央农村工作领导小组原副组长兼办公室主任陈锡文在解读“乡村振兴”的专访中指出，2017 年大中城市房屋空置率是 11.9%，小城市房屋空置率是 13.9%，农村房屋空置率是 14%。尽管在空置率具体数值上存在较大争议，但是较高的空置住房已经成为影响我国房地产市场健康发展的重要问题已获公认。

（四）住房投资需求的测算

尽管我们对住房的投资属性讨论比较多，但是目前市场仍然没有专门对投资需求的测算。更进一步讲，甚至连投资需求的界定也没有统一规则。本书主要依据 2018 年 12 月 21 日中国家庭金融调查与研究中心公布的《2017 中国城镇住房空置分析》的调研数据估计测算。

（1）根据空置率测算投资需求

一般来讲，长期空置的住房可视为投资需求。本书引用中国家庭金融调查与研究中心对空置住房的界定，即无人常住。[①] 我们选定居民的第一住所为住房消费需求，第一住所之外的住房在一定程度上都有资产配置的需求，带有一定的投资属性。这样界定的空置率可能会导致某一城市或者区域因为外地常住人口的租赁需求导致空置率下降，但是从全国范围内可以抵消该因素造成的区域间影响。

根据该调查报告，2017 年全国住房空置率为 21.4%，较 2011 年提高了 3 个百分点。2017 年的城镇常住人口为 81 347 万人，城镇人口人

① 无人常住是指在调查时，某套房虽然有人使用，但是如果这套房的使用人有其他常住房屋，则将该住房视为第二住所，界定为空置。

均住房面积[①]为 37.8 平方米，可以计算出存量面积为 307.49 亿平方米。按照全国空置率可以计算出全国空置房的面积为 65.8 亿平方米。因此可以说全国投资住房面积为 65.8 亿平方米。

从不同级别城市看，一线城市住房空置率呈现下降趋势，2017 年为 16.8%，较 2011 年下降了 1.1 个百分点；二线城市和三四线城市均呈现上涨趋势，2017 年两者的空置率分别为 22.2% 和 21.8%，较 2011 年分别提高了 4.4 个百分点和 2.8 个百分点。同理，可以计算出一线城市的投资住房面积为 4.63 亿平方米，二线城市投资住房面积为 37.03 亿平方米，三四线城市投资住房面积为 24.66 亿平方米。[②]

表 4.1　不同年份的住房空置率情况　（单位：%）

区域	2011 年	2013 年	2015 年	2017 年
全国	18.4	19.5	20.6	21.4
一线城市	17.9	17.9	17.4	16.8
二线城市	17.8	19.6	20.3	22.2
三四线城市	19.0	19.7	21.3	21.8

资料来源：《2017 中国城镇住房空置分析》。

（2）从居民资产配置的角度衡量投资需求

从城镇居民资产配置的角度也可以对投资需求进行研究。一般来讲，由于我国城镇化进程相对比较平稳，以每年一个百分点左右的速度

① 2017 年城市人均住房建筑面积根据国家统计局公布的 2016 年的 36.6 平方米和 2018 年的 39 平方米的平均值估算。

② 一线城市主要包括北京、上海、广州和深圳。二线城市主要包括南京、天津、苏州、佛山、武汉、无锡、沈阳、重庆、成都、杭州、济南、大连、哈尔滨、青岛、汕头、宁波、西安、石家庄、郑州、南通、长春、福州、长沙、太原、常州、唐山、徐州、包头、南昌、泉州、江门、盐城、扬州、淄博、合肥、邯郸、厦门、惠州、大庆、昆明、珠海、温州、绍兴、吉林、鞍山、乌鲁木齐、东莞、嘉兴、保定、烟台、临沂、茂名、兰州、湛江、呼和浩特、镇江、洛阳、泰州、柳州，其他城市归为三四线城市。

在增加，因此，从长期看，纯居住需求相对比较平稳。房改后，首轮房地产收紧政策在2003年出台，提高了高档房、别墅或者第二套及以上商品房的首付款比例，此时，也正是温州“炒房团”声名鹊起的时期，这意味着2003年出现了明显的房地产市场过热。我们把此前2000—2002年的市场需求视为基本上是居住需求的阶段。2000—2002年，居民的资产配置比例年均增长0.97%（主要针对新建商品住房市场，不包括二手住房，下同），这可以视为我国城镇化进程中增加的居住需求量。由于我国城镇化进程较为平稳，每年以一个百分点左右的速度在提高，我们可以假设每年居民资产配置增加幅度为0.97%，超过这一部分的可以视为投资性需求（见表4.2）。

根据上面的假设条件，可以推测出2000—2019年以来每年的投资需求比例（见表4.2）。2005—2007年、2009—2011年、2016—2019年三个阶段是投资需求比较高的年份，平均投资比例达到11.69%，这三个阶段也是我国房地产调控明显收紧的阶段，与较高的投资需求背景相符。2008年、2014年和2015年投资需求相对较低，分别为3.51%、5.05%和5.44%。同时，我们还可以测算出2000—2019年，我国新建商品住房的投资需求金额为9.59万亿元，占这期间新建商品住房成交总量的9.91%。

（3）投资需求下的住房使用效率

根据上文对空置率及新房投资需求的测算，还可以进一步研究我国住房使用效率的问题。

首先，如果把时间段拉长，可以把2000—2019年新建商品住房的投资需求比例视为整个商品住房行业的投资需求比例，即该比例为9.91%。其次，中国家庭金融调查与研究中心公布的2017年我国商品住房市场的空置率为21.8%，根据近几年的变化趋势推测，2019年大概为22%左右。空置率与投资需求的差值就可以视为目前住房使用效率的监测指标。2019年该差值为11.88%，这意味着非投资性住房中，也就是刚需和改善性需求中，仍然存在着约11.88%的空置房源。这主

表4.2　我国居民资产配置情况

年份	城镇人口（万人）	城镇人均收入（元/年）	商品住房销售额（亿元）	城镇居民收入总额（亿元）	城镇居民资产的房产配置比例（%）	每年投资需求的配置比例（%）
2000	45 906	6 280. 00	2 954. 12	28 828. 97	10. 25	0. 38
2001	48 064	6 859. 60	3 825. 31	32 969. 98	11. 60	0. 38
2002	50 212	7 702. 80	4 709. 96	38 677. 30	12. 18	-0. 01
2003	52 376	8 472. 20	6 303. 85	44 373. 99	14. 21	1. 05
2004	54 283	9 421. 60	8 619. 37	51 143. 27	16. 85	2. 72
2005	56 212	10 493. 00	14 563. 76	58 983. 25	24. 69	9. 59
2006	58 288	11 759. 50	17 287. 81	68 543. 77	25. 22	9. 15
2007	60 633	13 785. 80	25 565. 81	83 587. 44	30. 59	13. 55
2008	62 403	15 780. 68	21 196. 00	98 476. 18	21. 52	3. 51
2009	64 512	17 174. 70	38 432. 90	110 797. 42	34. 69	15. 71
2010	66 978	19 109. 44	44 120. 65	127 991. 21	34. 47	14. 52
2011	69 079	21 809. 78	48 619. 39	150 659. 78	32. 27	11. 35
2012	71 182	24 564. 70	53 467. 18	174 856. 45	30. 58	8. 69
2013	73 111	26 955. 00	67 694. 94	197 070. 70	34. 35	11. 49
2014	74 916	28 844. 00	62 410. 95	216 087. 71	28. 88	5. 05
2015	77 116	31 194. 83	72 753. 00	240 562. 05	30. 24	5. 44
2016	79 298	33 616. 00	99 064. 17	266 568. 16	37. 16	11. 39
2017	81 347	36 396. 19	110 239. 51	296 072. 12	37. 23	10. 49
2018	83 137	39 251. 00	126 392. 60	326 321. 04	38. 73	11. 02
2019	84 843	42 359. 00	139 440. 00	359 386. 46	38. 80	10. 12

资料来源：Wind 数据库，同策研究院整理。

要是由于我国居民购买改善性住房的同时还保留着原来的住房，该购房需求尽管目前尚处在我国调控政策支持的范围内，但是在一定程度上降低了住房的使用效率，如果住房没有出租给别人使用而空置的话，就会造成住房资源的浪费。

三、住房市场特征分析

（一）住房市场的内在特征

住房市场呈现不完全竞争特性。在经典经济学理论框架下，完全竞争市场是指没有一家企业或一位消费者足以影响整个市场的价格，这样的市场能够实现资源的有效配置和社会净福利最大化。[①] 一个完全竞争市场需要具备以下特征：市场上存在大量的供给者和需求者；供给者可以无成本地自由进入和退出市场；各个供给者生产的产品是同质的，不存在差异；供给者与需求者之间的信息是完全的。而上文对住房的经济学属性分析显示，住房本身存在不动性、异质性，不符合以上条件。住房的建设周期长、资金需求大，因此行业的进入门槛较高；不同区位的住房差异性较大，非同质产品，而且由于土地稀缺，某一区域的住房可能呈现垄断的特性；房地产商与购房者之间也存在着严重的信息不对称。对于某一区域，住房市场呈现寡头垄断市场的特点，而对于整体而言，住房市场呈现垄断竞争市场的特点。

（二）住房市场特征的外在表现

住房市场呈现较强的政策性。一方面住房市场自身具有不完全竞争的特性，另一方面住房的必需品和准公共物品属性决定了其必须具备保障性物品的定位。因此，政府对住房市场的调控和干预是必要的。在市场出现过热的情况下，政府积极出台调控政策，通过限购、限贷等手段打压投资投机需求，稳定市场秩序。2005 年 3 月，面对住房价格上涨过快的压力，央行取消了房贷优惠利率，国务院发布通知稳定住房价格。2009 年 12 月，宏观经济从国际经济危机的冲击下复苏，房地产市场再次出现过热的势头，国务院提出增加供给、抑制投机、加强监管、

---

① 萨缪尔森，诺德豪斯．经济学（第十九版）［M］．北京：商务印书馆，2012.

推进保障房建设的“国四条”，遏制住房价格过快上涨。2013 年 2 月，房地产市场再次出现过热情况，商品住房销售额同比增长高达 87.2%，[①] 国务院出台抑制投机投资性购房、增加普通商品住房及用地供给、加强市场监管等五项措施稳定住房价格。2017 年，在坚持“房子是用来住的、不是用来炒的”定位下，政府开始建立宏观调控的长效机制，确保房地产业健康稳定发展。

房地产市场呈现明显的周期性特征。一个周期分为复苏、上升、繁荣、衰退四个阶段。每个周期的长度并不一致。以美国的房地产市场为例，从 1818 年以来，房地产市场周期平均约为 18 年。个别周期时间较短，为 6 年。[②] 我国的房地产市场始于 1998 年的住房市场化改革，其发展时间相对较短，很难像美国一样用较长的时间尺度观测我国的房地产市场。而且我国房地产市场的发展一方面在很大程度上是弥补计划经济时期住房不足的欠账，另一方面也得益于 21 世纪以来我国经济的持续高速增长，所以总体呈现持续上涨的情况。但是，即使用较短的时间尺度看，我国房地产市场也呈现周期性的波动。如果以商品房销售面积同比涨幅接近或者小于零为标准判定房地产市场的衰退阶段，在 1998—2019 年，我国房地产市场出现了 6 次衰退阶段，分别是 1999 年、2002 年、2007 年、2008 年、2012 年和 2015 年。平均看，我国房地产市场的波动周期约为 3 年。

房地产市场呈现较强的地区分化。住房属于不动产，不同地区的住房不同质，不具备替代性。因此，不同能级城市间的房地产市场并非一个完整的市场，而是许多个分散的市场，其表现存在较大差异。从绝对量看，一二三线城市的住房价格水平呈阶梯状分布。根据中指数据，2018 年一线城市平均住房价格为 37 711 元/平方米，其中深圳住房价格高居榜首，为 54 000 元/平方米。二线城市住房价格大多分布在

① 中国统计局。

② Foldvary F E. The depression of 2008 [J]. SSRN 1103584, 2007.

10 000～20 000 元/平方米，其中厦门、杭州住房价格分别高达 34 314元/平方米和 41 773 元/平方米，而西宁、银川住房价格最低，为 6 000 元/平方米左右。三四线城市住房价格大多在 10 000 元/平方米以下，部分中心城市周边的三四线城市住房价格超过 10 000 元/平方米。

从变化趋势看，三四线城市房地产市场热度与一二线城市也呈现不断变化的情况。Wind 数据库显示 2018 年 12 月 70 个大中城市中，三四线城市的新建商品住房和二手住房价格指数分别为 10. 8% 和 8. 2%，均高于 2016 年同期的 6. 9% 和 5. 4%，三四线城市住房价格呈现加速增长的情况。相比之下，一二线城市的住房价格增速在 2017 年大幅下降，而在 2018 年有所回升。2017 年 12 月，一线城市新建住房价格指数同比增长仅为 0. 6%，二线城市增长为 4. 3%，比 2016 年同期的新建住房价格同比增速（分别为 27. 1% 和 18%）有所降低；而 2018 年两者分别上升为 2. 8% 和 11. 3%。很明显，当时三四线城市住房市场热度高于一二线。随着住房市场的发展，到 2019 年底，三四线城市的新建商品住房和二手住房价格指数分别为 6. 7% 和 3. 9%，已经低于 2016 年同期，加速增长的趋势得到了初步遏制。相比之下，2019 年底一线城市的新建商品住房和二手住房价格指数分别为 3. 8% 和 1. 7%，仍然维持在较低水平，而二线城市的两个指标变为 7. 3% 和 3. 7%，在不同能级城市中依然是上涨最快的。

商品住房成交量也呈现不同能级城市间的差异。同策研究院监测的 108 个城市中，2017 年一线城市新建商品住房销售面积同比下降 42. 76%，二线城市下降 23. 57%，而三四线城市仅下降 9. 28%；2018 年三类城市的新建商品住房销售面积同比变化分别为 4. 4%、4. 7% 和 -5. 8%。针对房地产市场的差异化表现，政府的宏观调控政策也强调差别化调控。满足首套刚需，支持改善性需求，遏制投机炒房，库存压力较大的三四线城市继续实行去库存措施。

第二节　住房供需对其价格的影响

在市场条件下，供给与需求的变动与住房价格变动有着紧密的联系。住房的供给直接表现为住房的施工、竣工数量以及批准销售数量，而住房的需求则直接表现为住房的销售量。住房供需的深层决定因素与人口、宏观经济等因素有关，本书将在其他章节讨论。本节仅在市场表现层面讨论住房供需与价格之间的关系。

一、　供给对价格的影响

在住房市场上，衡量住房供给常用指标有住房的新开工面积、竣工面积、批准上市面积。其中住房的新开工和竣工面积是住房建设层面的指标，而批准上市面积指房屋交易管理部门批准的可以上市交易的房屋面积，是直接在市场上新增的住房供给量。

从上海市住房供给指标看，2008 年以后，商品住房的新开工面积和竣工面积走势相对平稳，基本保持在 300 万～400 万平方米之间，新开工面积在 2010 年和 2011 年逐步上升到 600 万平方米的水平，之后在 2013 年恢复到正常水平。然而，上海市的商品住房批准上市面积从 2008 年以来整体呈现下降趋势，从 2008 年的 532 万平方米下降到 2018 年的 91 万平方米。对比同时期的商品住房价格变动情况，可以看到两者呈现此消彼长的情况。商品住房销售价格从 2008 年的 12 523 元/平方米上升到 2018 年的 44 177 元/平方米。特别是在 2016 年以后，批准上市面积急速下降的同时，住房价格快速上涨。而自 2018 年第二季度批准上市面积达到谷底开始反弹后，上海住房价格也随之达到顶点并开始下行。

通过观察上海商品住房的供给和价格变动情况可以看到，住房建设层面的指标与价格的变动联系并不紧密，但是住房的批准上市面积与价格呈现明显的反向运动。这说明影响住房价格的是住房的市场供给量而

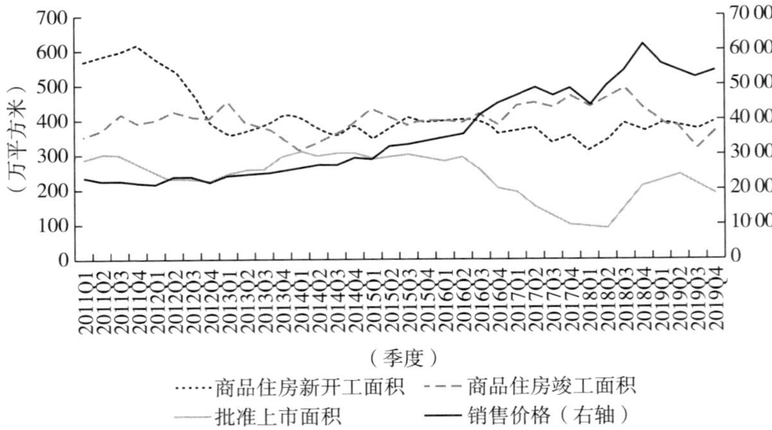

图 4.6　2011—2019 年上海市住房供给与价格变动情况

注：数据频率为季度数据，批准上市面积、新开工面积、竣工面积为前 4 个季度的移动平均值。

资料来源：中指数据，同策研究院整理。

并非实际建成并交付使用的数量。

考虑到住房的建设周期较长，房地产开发从规划设计一直到交付使用，形成住房的实物供给，一般需要两三年甚至更长的时间。① 而住房的竣工到其交付使用之间也有一定的时间间隔。因此，使用商品住房的新开工面积和竣工面积表示住房实物供给时，需要考虑住房建设周期造成的滞后影响。

为了检验这一关系，本书选取了 20 个一二线城市②从 2011 年第一季度到 2019 年第四季度的新建商品住房销售价格、批准上市面积、商品住房的新开工面积和竣工面积的季度数据，进行了面板数据的回归分析。③ 分析使用商品住房的批准上市面积代表住房的市场供给，使用当

① 张洪力．房地产经济学［M］．北京：机械工业出版社，2004. 张永岳，陈伯庚，孙斌艺，等．房地产经济学（第二版）［M］．北京：高等教育出版社，2011.

② 北京、上海、天津、重庆、深圳、广州、杭州、南京、武汉、成都、苏州、大连、长沙、无锡、沈阳、青岛、济南、南昌、郑州、长春。

③ 详见附录 4－1。

表 4.3　20 城住房价格与供给的面板数据回归分析结果汇总

$P_{i,t}=\alpha_i+\beta_1 permit_{i,t}+\beta_2 new_{i,t}+\beta_3 completed_{i,t}+\varepsilon_{i,t}$								
		截距	当期批准上市面积	当期新开工面积	当期竣工面积			Adj－R^2
2011Q1—2019Q4	系数（P 值）	17 842. 67（0. 00***）	－12. 22（0. 00***）	0. 95（0. 41）	－0. 15（0. 89）			0. 85
$P_{i,t}=\alpha_i+\beta_1 permit_{i,t}+\beta_2 new_{i,t-\varepsilon}+\beta_3 new_{i,t-10}+\beta_4 new_{i,t-12}+\beta_5 completed_{i,t}+\varepsilon_{i,t}$								
		截距	当期批准上市面积	8 季度前新开工面积	10 季度前新开工面积	12 季度前新开工面积	当期竣工面积	Adj－R^2
2011Q1—2019Q4	系数（P 值）	20 534. 35（0. 00***）	－11. 69（0. 00***）	1. 15（0. 78）	－0. 68（0. 56）	－0. 39（0. 77）	－1. 04（0. 37）	0. 92
$P_{i,t}=\alpha_i+\beta_1 permit_{i,t}+\beta_2 new_{i,t}+\beta_3 completed_{i,t-1}+\beta_4 completed_{i,t-2}+\beta_5 completed_{i,t-3}+\varepsilon_{i,t}$								
		截距	当期批准上市面积	当期新开工面积	1 季度前竣工面积	2 个季度前竣工面积	3 个季度前竣工面积	Adj－R^2
2011Q1—2019Q4	系数（P 值）	17 460. 77（0. 00***）	－12. 46（0. 00***）	1. 01（0. 40）	0. 82（0. 46）	0. 8（0. 48）	1. 45（0. 19）	0. 86

注：P 表示销售价格，*permit* 表示批准上市面积，*new* 表示新开工面积，*completed* 表示竣工面积；** 表示在 5% 水平下显著，*** 表示在 1% 水平下显著。

期商品住房的新开工面积和竣工面积代表住房的实物供给信息在当期对市场价格的影响；还使用两三年之前的新开工面积和1～3个季度之前的竣工面积表示住房实际交付使用的数量对市场价格的影响。

回归结果显示，在控制了时间效应和不同城市之间固定效应的条件下，住房价格与当期批准上市面积之间存在着显著的负相关关系，而住房价格与当期的新开工面积和竣工面积之间没有显著的相关关系，说明增加住房实物供给的信息对住房价格没有明显的影响。引入滞后影响的回归分析也得出了相似的结果：领先期的新开工面积和竣工面积与住房价格之间的相关关系不显著，说明住房实物的交付使用对住房价格也没有明显的影响。

以上分析说明，住房价格与住房建设之间的联系并不紧密，住房的开工、竣工对住房价格都没明显的影响。虽然住房建设是形成住房的必要环节，但是由于住房的开发周期较长，行政审批手续也较为复杂，并且存在期房销售的方式，所以住房建设环节的信息向房地产市场的传导时间过长，不确定性过高，对于住房价格没有直接影响。

住房价格与住房的批准上市面积之间存在着明显的负相关关系。批准上市面积是市场上直接的住房供给量，其变化能够直接影响住房市场的供求力量对比。住房供给的增加带动住房价格下降是符合一般供求规律的，这也说明增加住房供给对稳定住房价格有着重要意义。而反观2016年以来，在住房价格快速上涨的情况下，一线城市的住房批准上市面积不增反降，这无疑加剧了住房价格上涨的压力。

二、需求对价格的影响

在市场层面，住房的交易量是住房需求的直接体现。住房销售的量价关系能在一定程度上反映出两者之间直接的相互作用机制。这种机制体现为住房价格或者需求的波动对另一方带来的影响。

住房需求和住房价格的长期发展趋势都是由一系列宏观因素共同决定的，住房需求和价格趋势的比较往往体现为宏观层面各种因素的变动，是供求与量价关系的深层决定因素；而住房销量波动和价格波动之间的相互关系体现在某个价格或销量的异常表现在短期对另一方带来的冲击，这往往反映了市场短期内的作用机制。因此本书将住房销量和价格数据分解为代表长期变动的趋势项和代表短期影响的波动项，分别进行对比分析。

在样本城市和时间的选择上，由于部分城市有数据记录的时间有限，出于对样本城市覆盖面与时间跨度之间的权衡，研究选取了全国57个城市，包括4个一线城市、20个二线城市和33个三四线城市，①样本时间段为2008年1月至2019年12月，数据频率为月度数据。通过销售面积加权计算一线、二线、三四线城市的平均住房价格，通过累加的方式计算各能级城市的总销售面积，然后除以城市数获得城市销售量均值。对于住房价格与销售面积的趋势项与波动项的分解，本书采用H－P滤波（Hodrick-Prescott Filter，Hodrick and Prescott）② 的方法。下文将对分解后的价格与销量的趋势项和波动项分别进行分析。

（一）住房销售价格与销售面积趋势的变动情况

从趋势项看，各能级城市间的销售价格和销售面积的走势存在一定的一致性。各个能级城市的销售价格在2011年1月至2019年12月间整体呈现上升趋势，对于一二线城市，价格上升的幅度在2015年明显加快，这恰好是经济刺激措施发挥作用的时期，在2014年以后有小幅

① 一线城市包括北京、上海、深圳、广州，二线城市包括天津、重庆、南京、成都、大连、厦门、西安、无锡、福州、沈阳、青岛、南昌、郑州、海口、杭州、武汉、苏州、长沙、合肥、长春，三线城市包括东莞、常州、唐山、镇江、佛山、惠州、中山、绍兴、肇庆、南通、徐州、连云港、汕头、金华、泉州、济宁、韶关、莆田、东营、江阴、淮安、洛阳、芜湖、焦作、包头、蚌埠、锦州、吉林、宜昌、岳阳、泸州、淮北、宿州。

② Hodrick R J，Prescott E C. Post－War U. S. Business Cycles：An Empirical Investigation [J]. Social Science Electronic Publishing，1997，29（1）：1－16. 高铁梅. 计量经济分析方法与建模：EViews 应用及实例（第3版）[M]. 北京：清华大学出版社. 2016.

增强。二线城市和三四线城市的住房价格变化情况与一线类似。而各个能级城市的销售面积则呈现先上升后下降的趋势，趋势改变的拐点发生在2016年年初到年中。

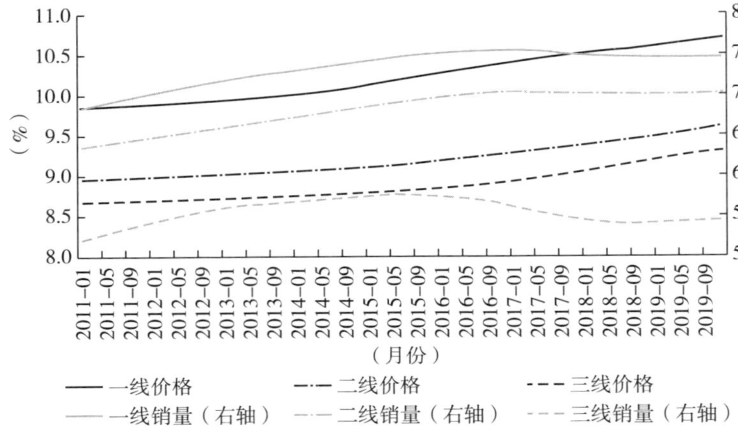

图4.7　2011年1月—2019年12月各能级城市商品住房平均价格与销售面积同比变化趋势

资料来源：中指数据，经同策研究院整理而得。

从销售面积的趋势项看，2016年以来，国家调控政策出现了史无前例的收紧，各城市的限购、限价、限售等政策高密度出台。国家的强力调控政策出台可以解释一二线城市销售面积趋势项的由升转降。相比之下，2014年房地产业的低谷期并没有对趋势项产生明显的影响，可见2016年以来调控力度之大。而对于三四线城市，2016年以来推行的是“去库存”的战略，刺激三四线城市住房的销售。可以看到在2016年三四线城市的销售面积趋势项达到最高，但是之后仍然进入下行趋势。

对比销售价格与销售面积的趋势，二者在2016年以前呈同向变动，而在2016年以后呈反向变动。2016年是我国住房市场新一轮上涨行情中热度最高的时期。相对于以前，这一轮住房价格上涨的时间和幅度都创历史新高。例如深圳在2014年10月到2016年9月住房价格的平均每月复合增长率高达0.9%，平均住房价格也上涨到6.2万元/平方米。而且2016年以来，三四线城市住房价格持续上涨。在住房价格高速上涨的背景下，住房销售面积却转变为下降趋势。这说明在去库存的背景下，虽然短时期销售量有一定提升，缓解了库存问题，但是去库存带动的住房价格上涨在长期抑制了住房的销量。总的来说，住房价格上涨速度过快，特别是住房价格增速超过居民收入增长速度时①，会对住房销售数量产生负面影响，反映了高住房价格对住房需求的抑制作用。

（二）住房销售价格与销售面积的关系

对住房销售价格波动与销售面积波动的关系主要通过定量分析的方式进行研究。分析方法为单位根检验、协整检验、格兰杰因果检验和非对称协整模型。借助于格兰杰因果检验，本书可以对我国住房价格与销量之间的短期关系予以分析。格兰杰因果检验与日常生活中的因果关系并不相同，如果说变量Y是变量X的格兰杰原因，则认为Y的滞后值有利于提高变量X的预测精度。从具体的应用看，格兰杰因果检验主要使用在平稳序列上，非平稳序列直接采用这一方法可能使检验产生的渐进统计量不符合假设，造成误差。② 而协整关系则可以判断出两者长期存在的相互关系。由于非平稳数据的存在，本书首先对数据进行了处理，利用X12的方法将数据进行季节调整，再将数据进行对数化处理。然后，本书再利用LM检验和AC准则确定格兰杰检验的滞后期。具体分析流程如下：首先对各能级城市的价格和销量进行单位根检验，以确定两列波数据是否为平稳数据，如果是，直接对两者进行格兰杰因果检验；如果不是，对两者进行处理，使两序列转化为平稳序列，再进行格兰杰因果检验，以确定两者间的影响是单向还是双向以及影响发生的先

---

① 经测算，2010—2015年，北京、上海、广东的以长期收入为参照的居民购房负担呈下降趋势，2015年以后重新进入上升趋势。

② 曹永福．格兰杰因果性检验评述［J］．数量经济技术经济研究，2006（01）：155－160.

后顺序；接着对两者进行协整检验，判断两者的长期关系；最后考虑两者的实际情况，对两者进行非对称协整分析。①

协整检验结果显示，利用 KPSS 和 PP 判别法一线、二线和三四线城市的价格与销量，除了利用 KPSS 对于一线城市销量外都存在着单位根，即都是非平稳的，且都是一阶单整的。具体结果可见表 4.4。

表 4.4　不同能级城市的住房销售量价的单位根检验

分析方法	参数	一线城市季调住房价格对数	一线城市季调销量对数	二线城市季调住房价格对数	二线城市季调销量对数	三四线城市季调住房价格对数	三四线城市季调销量对数
KPSS	LM 值	1.372 29	0.129 53	1.334 845	1.111 863	1.416 733	1.072 042
	1% 显著性水平	0.739	0.739	0.739	0.739	0.739	0.739
	5% 显著性水平	0.463	0.463	0.463	0.463	0.463	0.463
	10% 显著性水平	0.347	0.347	0.347	0.347	0.347	0.347
	结论	不平稳	平稳	不平稳	不平稳	不平稳	不平稳
PP	P 值	0.999 6	0.604 8	1	0.846 3	0.999 5	0.885 2
	1% 显著性水平	-2.581 23	-2.581	-2.581 2	-2.581	-2.581 23	-2.581 233
	5% 显著性水平	-1.943 07	-1.943	-1.943 1	-1.943	-1.943 07	-1.943 074
	10% 显著性水平	-1.615 23	-1.615	-1.615 2	-1.615	-1.615 23	-1.615 231
	结论	不平稳	不平稳	不平稳	不平稳	不平稳	不平稳
阶数		I (1)	I (1)	I (1)	I (1)	I (1)	I (1)

注：由 EViews 计算而得。

由于绝大多数不同能级城市的销售量价检验结果都是一阶非平稳的，因此检验它们之间的相互因果关系需要采用差分数据，相应的数据含义也由销售量价变成了销售量价的增速，具体过程可见附录 4-3，每一类城市的销量与住房价格之间的相互格兰杰检验结果见表 4.5。

① 详见附录 4-3。

表 4.5　中国不同城市格兰杰因果关系检验结果

格兰杰因果检验原假设	滞后阶数	F 统计量	P 值	是否存在格兰杰因果关系
一线城市的销量增速不是价格增速的格兰杰原因	2	8.230 51	0.000 4	存在
一线城市的价格增速不是销量增速的格兰杰原因		9.052 85	0.000 2	存在
二线城市的销量增速不是价格增速的格兰杰原因	3	2.898 50	0.037 8	存在
二线城市的价格增速不是销量增速的格兰杰原因		2.418 77	0.069 5	不存在
三四线城市的销量增速不是价格增速的格兰杰原因	2	1.332 90	0.267 4	不存在
三四线城市的价格增速不是销量增速的格兰杰原因		3.701 87	0.027 4	存在

注：由 EViews 计算而得，显著性水平按 5% 计算。

从表 4.5 可以看出，中国不同类型的城市住房销售量价之间的因果关系并不相同，在一线城市量价互为因果，二线城市存在着量为价因的数量关系，而在三四线城市则是价为量因。这一结果表明中国的一线城市，住房市场量价变化都能带动另一个变量的变化；二线住房市场往往是销售量先行变动，然后再带动价格变化；而在三四线城市恰恰相反，价格先行变动，再带动销量变化。对于这一结果，可能的原因在于，一二线城市拥有成熟的产业基础，吸引大量人口进入，房地产需求主要是消费型需求而非投资型需求，需求首先带动成交量上升而后再推动住房价格上涨；而在三四线城市，尤其是没有成熟产业且经历持续人口流出的三四线城市，住房需求大多已经得到满足，不存在交易量变动推动交易价格变动的市场机制，只有当价格发生波动，住房的投资性价值凸显，人们才会积极介入房地产市场，进而带动房地产交易量的上升，因此价是量因。而一线城市市场存在价是量因的原因在于一线城市是全国市场的风向标，价格最高，投资获利也最高且面向全国市场，一旦价格上涨，蜂拥而入的资金会持续带动销量上涨，而销量上涨进一步推动价格上涨。

除了通过格兰杰检验对住房销售的量价短期关系进行研究外，两者之间的长期关系也是研究者关心的问题。对于两者之间的长期关系，通常的做法是通过判断两个序列的协整关系得到双方在长期相互的对应变化趋势，但是这种方法暗含的一个假设是一方对另一方的影响在上升和下降期是对称的。从本书的研究案例看，在房地产销量增速上升时，对住房价格增速的影响与房地产销量增速下降时对住房价格增速的影响是一样的。但是这并不一定符合现实，中国的住房市场给人的一个直观感受就是住房价格难以持续下跌，下跌动能明显不足；但上涨势头往往能持续很久，动能充足。这意味着住房销量对价格的影响可能是不对称的，简单地使用长期协整模型有可能损失许多重要信息，造成对住房量价关系的错误理解。为了弥补这一缺陷，本书采用非对称协整方法对两者进行研究。所谓的非对称协整方法是肖德雷特（Schorderet，2003）提出的，[①] 他指出可以把非平稳的时间序列分解为正的增量和负的增量，从而探讨和检验非对称的长期均衡关系。利用这样的分解，可以将传统的协整模型扩展为非对称的协整模型。通过这一模型，可以分别衡量销量上涨和下跌时对住房价格的不同影响，从而体现非对称性。[②]

本书首先利用传统分析方法判断住房销量和价格的长期协整关系，（4.3）式至（4.5）式分别为一线、二线和三四线城市的住房价格与销售面积的长期协整关系，ln*price_sa* 为经季节调整的住房价格对数，ln*square_sa* 为经过季节调整的销量对数，* 表示在 10% 的水平下显著，** 表示在 5% 的水平下显著，*** 表示在 1% 的水平下显著。

$$\ln price\_sa = -0.00464 \times \ln sale\_sa - 0.00857$$
$$(0.07062)\ (0.00039^{***}) \qquad (4.3)$$

① Schorderet Y. Asymmetric cointegration [M]. Genève: Université de Genève/Faculté des sciences économiques et sociales, 2003.

② 关于非对称协整的具体技术细节可以参见附录 4-3。

$$\ln price\_sa = 0.744\,775 \times \ln sale\_sa - 0.010\,9$$
$$(0.120\,09^{***})\ (0.001\,04^{***}) \qquad (4.4)$$

$$\ln price\_sa = 0.513\,055 \times \ln sale\_sa - 0.007\,97$$
$$(0.100\,29^{***})\ (0.000\,75^{***}) \qquad (4.5)$$

从（4.3）式至（4.5）式可以看出，一线城市的长期销量与价格成负相关关系，一个重要原因可能是一线城市土地资源已近枯竭，近年来新房逐渐在市场上退居次要地位，总体看呈下降趋势，长期看必然是住房价格与销量呈现负相关关系。而二线城市和三四线城市则为正，表明销量上升伴随着价格上升。

进一步，我们利用非对称协整模型，探讨住房销售量价之间是否存在协整关系。按照附录 4－3 中的方法，我们可以获得不同能级城市长期非对称协整关系，从而获得在住房销量上升和下降的不同时期对价格是否有不同影响。

从表 4.6 可以发现，所有的非对称协整回归得到的残差项都是平稳的，符合非对称协整分析的相关限制条件。对于各能级城市在住房销量上升期和下降期的协整关系，我们可以明显地看出销量对价格的影响是不对称的。对于一线城市，销量上升期的价格弹性为 0.413，即销量上升 1%，价格长期上升 0.413%；但是下降期的价格弹性仅为 0.286，即销量下降 1%，价格长期仅下降 0.286%。销量与价格的非对称关系十分明显，价格存在着明显的升易降难现象，而且这一现象不仅在一线城市存在，二线城市和三四线城市也十分明显。

对于这种现象，有以下几个主要原因：一是长期价格水平和经济发展水平的持续上升，以 CPI 计算，我国 2019 年的价格水平是 2008 年的 1.281 倍，全社会的价格上涨必然会带来住房价格的上涨；而经济发展带来了巨额社会财富，由于中国居民投资渠道相对较少，大量财富涌入房地产业，住房价格下跌缺乏空间。二是土地价格的成本支撑作用，根据中指的相关数据，2012—2016 年是我国土地成交下行趋势比较明显的

表4.6　中国不同城市房地产交易量价的非对称协整关系分析

城市能级	参数	辅助回归1 $\ln price\_sa_t^- + \Delta \ln price\_sa_t^+ = \alpha^- + \beta^- \ln square\_sa_t^- + \varepsilon_{1t}$		辅助回归2 $\ln price\_sa_t^+ + \Delta \ln price\_sa_t^- = \alpha^+ + \beta^+ \ln square\_sa_t^+ + \varepsilon_{2t}$	
一线城市	ADF检验	-2.530 621**	平稳	-1.946 211**	平稳
	KPSS检验	0.310 232	平稳	0.355 111	平稳
	斜率项	0.285 601***	(0.007 748)	0.412 74***	(0.011 342)
	常数项	0.180 305***	(0.050 3)	-0.229 432***	(0.065 581)
二线城市	ADF检验	-3.975 291***	平稳	-2.351 955**	平稳
	KPSS检验	0.209 154	平稳	0.238 298	平稳
	斜率项	0.190 49***	(0.002 851)	0.291 823***	(0.008 188)
	常数项	0.086 36***	(0.014 776)	-0.147 073***	(0.039 829)
三四线城市	ADF检验	-1.920 032*	平稳	-2.202 936**	平稳
	KPSS检验	0.148 934	平稳	0.192 871	平稳
	斜率项	0.252 127***	(0.009 023)	0.330 569***	(0.012 461)
	常数项	0.023 206	(0.033 591)	-0.125 723***	(0.047 12)

一段时间，全国的成交土地规划建筑面积由2012年的23.99亿平方米下降到2016年的15.59亿平方米，但是成交楼盘均价由764.80元/平方米上升到1 667.20元/平方米。进一步看，更深刻的原因在于土地资源完全由地方政府掌握，在土地垄断供给的前提下，政府完全可以通过调节土地供给规模来维持土地价格水平不降。由于土地价格的成本支撑作用，住房价格也无法大幅下跌。最后一个重要原因就是住房市场交易的结构性原因，在住房价格上涨区间，由于一二线住房市场是量带动价的上涨，首先是楼市成交量放大，带动住房价格上涨，在住房价格刚开始上涨时，成交的主体往往是市中心的楼盘；等到住房价格上涨较快，政府往往会出台限价政策控制城区的住房价格上涨，市郊由于价格较低则不受政策影响，市郊的楼盘此时由于价差开始凸显交易价值，交易主体从中心城区转移到郊区，而且这时的交易量往往开始下降，从理论上说，应该带动价格下行。但是，交易主体从城区向郊区转移带来了两个

影响：一是从全城的角度看，价格没有下降，因为郊区的住房价格并没有下跌，而城区的住房价格只是不涨；二是郊区价格较低，上涨动能更大，反而导致价格的更快上涨。无论从哪个角度看，住房价格都很难有下降的空间，交易量下行无法带动价格下行。

对我国住房市场量价关系的研究可以得出许多有意义的结论。首先，量价因果关系在不同能级城市的不同表现事实上暗示了不同的风险情况，一二线城市由于产业基础发达，一直以来就是人口流入的主体，价随量动意味着价格会因为量的支撑而不会大幅下跌，相对而言风险较小；而三四线城市量随价动意味着投资性需求强烈，一旦投资动力消失就有可能出现价格和交易量的同时大幅波动，风险较大。其次，量和价的非对称协整关系意味着住房价格涨易跌难，任何考虑以房地产刺激经济增长的措施也必须考虑后续如何控制住房价格的过快上涨，以 2014 年开始的本轮房地产周期为例，早在 2016 年 3 月一线城市就开始调控住房价格，调控措施之严前所未见，但是直到 2018 年 11 月才基本控住涨势，而且在 2019 年初又出现了反弹，压制住房价格之难可见一斑。最后，住房市场量价的非对称协整关系再一次说明供给端调控的重要性，由于在下行通道时量对价的影响要远小于上行通道时的影响，通过需求端调控压制住房价格的效果不可能十分明显。单纯地进行需求端调控可能的效果是事倍功半，必须将供给调控与需求调控相结合，才能有效控制住房价格过快上涨，实现稳房价、稳地价、稳预期的目标。

三、 库存对价格的影响

在完全竞争市场上，商品价格的变动受到供给和需求两方面因素的影响，而供给与需求力量的相对变化能够从库存的变动上直接体现。库存的上升表示市场上的供给大于需求，而库存的下降表示供不应求，而价格会随之发生变动。而由于住房这一商品的耐用性和不可动性，住房的库存与价格的关系更加复杂。

（一）库存与价格的相互关系

从全国的数据看，2000 年以来，我国商品住房的库存量整体呈现上升趋势。国家统计局数据显示，商品住房待售面积从 2001 年 10 月的 0. 57 亿平方米上升到 2019 年 12 月的 2. 25 亿平方米，其中最高在 2016 年 2 月达到 4. 6 亿平方米。而商品住房平均销售价格则从 2000 年的 1 952元/平方米上升到 2019 年的 9 287 元/平方米。住房库存与价格的长期同向变动趋势是由整个房地产业的高速发展以及市场规模的不断扩大共同导致的。

对比商品住房待售面积、销售面积和价格变动的增速之间的变化情况，可以看到在 2010 年以前，两者的变动存在一定程度的反向关系，待售面积大幅降低的年份往往对应着住房价格增速较高的年份。例如 2008 年，在国际金融危机的影响下，房地产市场进入低谷，商品住房价格下跌了 1. 9%，而同时待售面积增加了 55%。2009 年，在房地产刺激政策的支持下，房地产市场复苏，住房价格涨幅达到 24. 7%，而库存增速回落至 7. 8%。2010 年以后，住房价格与库存增速之间的联系减弱。2010—2015 年，商品住房库存的增速先上升后下降，2012 年增速最高时达到 39. 7%。但住房价格增速没有对库存的大幅变化做出反应，

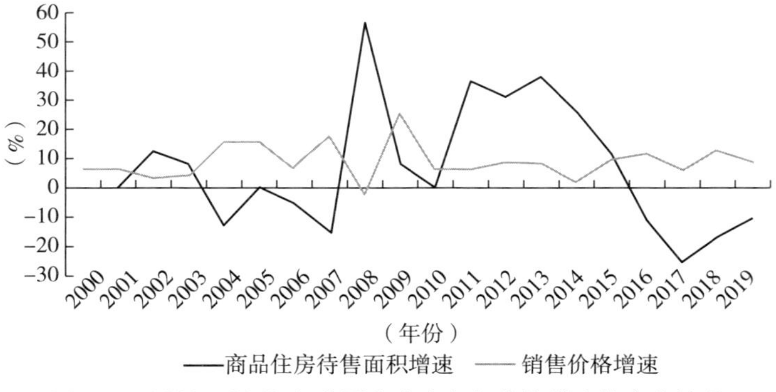

图 4. 8　2000—2019 年我国住房库存与价格增速的变化情况

资料来源：国家统计局，经同策研究院整理而得。

始终保持在7%左右。

商品住房的库存与销售价格的相互关系在2010年以后发生变化。这一现象发生的背景是自2010年起，我国经济增速进入下行通道。2010—2019年，我国GDP增速从10%下降到6.1%。在经济下行的压力下，政府多次刺激房地产业来拉动经济增长。这在一定程度上推动了库存与销售价格的共同上升。宏观和政策因素对库存和价格的影响更加深远。

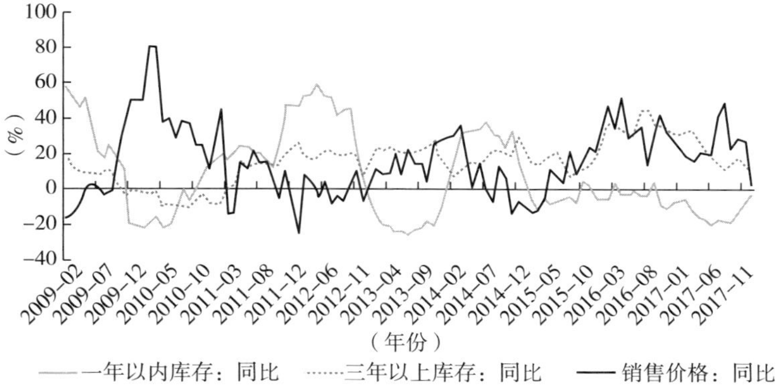

图4.9　2009—2017年北京市商品住房库存结构与销售价格变化情况

资料来源：北京市统计局、中指数据。

除了宏观因素以外，库存的结构因素也影响库存与销售价格之间的相互关系。因为住房是耐用品而且不可移动，所以一些因选址偏远或者户型设计不合理而不适销的楼盘会形成长期库存。这一部分库存由于本身缺乏竞争力，与住房价格的关系并不紧密。通过北京市商品住房待售面积的结构性数据可以看到，一年以内的短期库存波动比较大，2010年、2013年为两个波谷年份，待售面积同比增速都在－20%左右，而2012年、2014年为两个波峰年份，待售面积同比增速都在20%以上。而三年以上长期库存的波动较小，2011—2015年长期库存的同比增速保持在10%～20%的范围内波动。对比商品住房销售价格，可以看到短期库存与价格之间的关系更为紧密。在短期库存下降区间，住房价格涨幅较高；而短期库存攀升的区间，住房价格涨幅回落。

需要指出的是，库存与房地产开发投资有着密切的关系，可以通过房地产开发投资变化预测未来的库存变化。2011 年 12 月我国商品住房的待售面积为 1.69 亿平方米，而截至 2019 年 12 月为 2.25 亿平方米；同期的房地产开发投资同比增速由 27.9% 下降到 9.9%。[①] 房地产市场投资增速与库存变化增速之间存在较强的关联，通过交叉相关量化分析，可以看出房地产市场库存滞后于房地产开发投资 1.5 ~2 年左右的时间，图 4.10 将房地产开发投资同比增速与两年后的库存同比增速放在一起进行了比较，可以发现两者趋势高度一致，也就是说房地产开发投资的下行在未来 1.5 ~2 年后将会导致更低的库存水平。

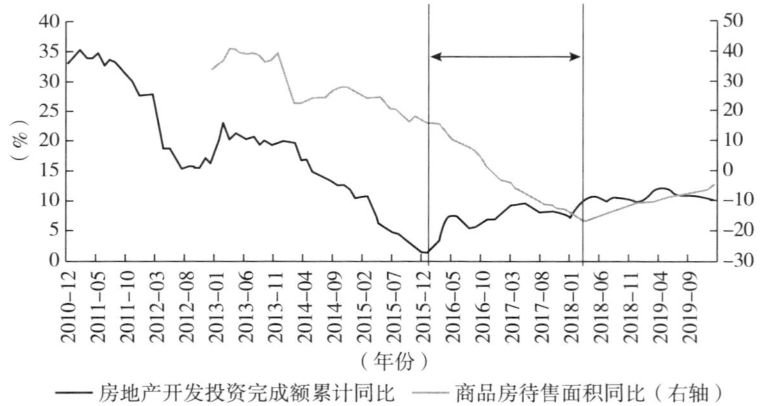

图 4.10　房地产开发投资与商品房待售面积之间的关系

资料来源：Wind 数据库，同策研究院整理。

（二）2016 年以来我国“去库存”战略的影响

房地产业“去库存”战略于 2015 年 12 月中央经济工作会议上提出。其背景是 2010 年以来我国住房库存持续上升。按照国家统计局公

① 数据来自 Wind 数据库，房地产企业待售数据最早可追溯至 2011 年 12 月。

布的商品住房待售面积这一狭义库存的口径计算，2015 年底库存面积约为 4.6 亿平方米；如果按照已经开工建设但还没销售的广义库存口径计算，2015 年底的库存面积高达 29 亿平方米。从 2016 年初到 2018 年 7 月，全国去库存已取得一定的效果。2019 年 12 月商品住房待售面积为 2.25 亿平方米，相对最高时期降低了 51.09%。但是这次去库存伴随着住房价格的不断攀升，也给市场带来以下三个方面的问题。

1. 全国一刀切的宏观调控政策弱化了“一城一策”的差异性调控。

2014 年“930”新政提出认房不认贷，首套房贷款最低首付款比例下调至 30%，贷款利率下限为贷款基准利率的 0.7 倍等一系列全国性房贷放松政策。四个一线城市当时库存并不高（均小于 12 个月）且处于严格的限购状态，该政策的出台意味着变相放松，2016 年四城住房价格整体上涨，其中深圳最为明显，住房价格涨幅达到 60%。类似降准、降息及相关税费减免等全国性利好政策在一定程度上都刺激了一线城市住房价格的上涨。全国性一刀切式的调控政策在执行过程中较难平衡城市间的差异，会导致类似一线城市住房价格大幅上涨的问题，“一城一策”很难真正落实。

2. 去库存战略下，热点城市库存进一步降低，供给不足导致乱象频发。

随着去库存战略的实施，核心城市库存下降明显，20 个热点[①]城市库存总量从 2015 年的 2.50 亿平方米下降到 2018 年的 1.7 亿平方米，最低时 2017 年为 1.44 亿平方米，降幅为 42.45%，部分城市库存下降的幅度更大，比如杭州、西安、武汉等城市在 2017 年的降幅超过 60%。库存降低导致供给不足，市场供需失衡加剧，为了稳定住房价格，新政策频出，一些高压行政政策反而导致市场乱象丛生，主要有以下四种表

① 北京、上海、天津、重庆、深圳、广州、杭州、南京、武汉、成都、苏州、厦门、西安、长沙、宁波、福州、沈阳、青岛、南昌、长春。

现：（1）房地产企业为了快速回笼资金，更青睐全款或首付款比例高的客户，这反而增加了真正刚需群体的购房难度。（2）由于一二手住房价格倒挂存在获利空间，出现权力介入导致市场不公现象。（3）派生投资需求，与“房住不炒”基调相违背。明显的价格倒挂导致有些人变相获取购房资格，假离婚、假落户，甚至以注册公司名义买房的乱象频生。（4）限价政策导致房地产企业利润空间缩小，必然会捂盘惜售，供给量不足，这反而加剧了热点城市供给短缺，造成实际住房价格上涨。

3. 部分三四线城市存在库存由“去”变成“补”的风险，人口净流出区域长期风险凸显。

在“去库存”战略背景下，三四线城市销售形势趋好，开发商也开始积极在三四线甚至级别更低的城市大量购置土地。同策研究院监测的111个城市中，71个三四线城市在2016年1月到2018年7月间住房成交面积达4.68亿平方米，而同期新增住房规划建筑面积达到4.76亿平方米，土地供给超出住房销售量，“去库存”变成“补库存”。从长期看，缺乏产业支撑且人口外流的三四线城市风险更高。监测的25个住房规划面积超过住房销售面积的城市中，17个城市出现人口净流出，占比达到68%，这些城市在人口外流的趋势下，库存进一步增加，长期风险凸显。

“补库存”的三四线城市在区域分布上也呈现一定的特征。东部经济圈的三四线城市人口呈现净流入的特征，比如常熟、常州、湖州、太仓，这类城市长期风险不高。部分中西部核心城市周边的三四线城市也呈现人口净流入的特征，比如岳阳、宜昌，这类城市人口流入要低于东部经济圈的三四线城市，风险也相对较小。中西部其他人口净流出的三四线城市，尤其是流出量比较大的城市，长期风险较高，比如遵义、泸州、南充等。

三四线城市正处于城镇化进程中，有些地区工业化刚刚起步，低成本是吸引企业入驻、推动工业化和城镇化的重要优势。去库存战略带动

表 4.7　2016 年 1 月—2018 年 7 月库存变动和人口净流入情况

城市	库存变动（万平方米）	人口净流入（万人）	城市	库存变动（万平方米）	人口净流入（万人）
张家口	1 180.95	-27.09	宜宾	271.40	-104.90
泸州	1 144.86	-77.66	扬州	266.26	-12.53
柳州	700.53	10.20	襄阳	186.78	-26.88
南通	583.74	-36.46	黄冈	170.06	-114.77
遵义	568.31	-177.96	肇庆	125.77	-35.71
宿州	446.07	-94.15	淮北	125.42	4.26
湖州	431.18	32.66	衡水	120.46	-9.59
太仓	428.52	22.90	大理	119.03	-4.41
常德	388.56	-26.60	常熟	99.50	44.39
湛江	383.63	-107.51	孝感	89.60	-32.78
岳阳	368.89	6.56	宜昌	81.76	18.69
常州	283.74	95.90	南充	44.28	-101.08
眉山	273.62	-50.11			

注：1. 库存变动指这期间供给土地规划建筑面积超过销售的住房面积的部分。2. 人口净流入为2016 年该市常住人口和户籍人口的差值，2017 年数据缺失较多，2016 年数据不影响分析结论。

资料来源：中指数据，同策研究院整理。

了住房价格的快速上涨，高住房价格推升土地成本、人力成本等商务成本，进而挤压企业的利润空间，从而阻碍企业进入这些地区，甚至会迫使本地企业外迁。全球制造业转移也是由转出地成本高企，丧失比较优势导致的。因此，三四线城市住房价格过快上涨可能会对中国的城镇化进程及全面工业化造成一定的负面影响。

第五章　住房价格与宏观经济因素的关系

第一节　影响住房价格的宏观经济因素

一、　与住房价格相关的宏观经济因素

住房作为一种商品，也受到各种宏观经济因素的影响，以下市场因素可能对住房价格有着重要影响。

（一）收入水平

收入水平是住房价格最根本的支撑因素，以人均可支配收入为例，只有购房者认为自己的收入水平足够承担住房价格时才会有购买房屋的现实可能性；当购房者预期自己的收入增长很快时，在良好的金融体系的支撑下，购房者可以在当期就购买价格较高的房屋，从而推高住房价格；从整个社会看，经济规模越大，人均收入水平越高，可以购买房屋的消费者就会越多；预期收入越高，当前消费者能承受的住房价格就越高，从而整个住房价格就会越高。

（二）通货膨胀

通货膨胀对住房价格的影响主要体现在：（1）直接影响不同资产的收益情况，例如在高通货膨胀预期下，持有现金会损失铸币税，有可能影响消费者的决策，从而影响住房价格。（2）同样在高通货膨胀预期下，贷款买房的实际利率会降低，可能影响购房决策。（3）在高通货膨胀预期下，生产活动会受到刺激，影响住房价格。（4）通货膨胀

直接拉高了生产成本，从而推动住房价格上涨。

（三）利率水平

利率水平通过多个途径影响住房价格：（1）利率水平直接影响大类资产价格，从而使房地产投资的机会成本发生改变，影响投资决策。（2）对利用贷款购房的消费者而言，利率变化直接改变了购房成本，从而影响房屋成本。（3）利率下行会降低生产成本，从供给端刺激房地产商建设住房，从而影响住房价格。

（四）货币存量

货币存量对于住房价格的影响主要有：（1）货币存量的变化对不同资产价格的影响是不一样的，有必要厘清货币存量变化对住房价格变化的影响。（2）货币存量还会通过其他宏观变量影响住房价格。货币存量对住房价格的影响在中国尤为重要，由于资金利率尚未完全市场化，市场对央行给定的基准利率反应不敏感，货币政策对住房价格的影响更多是通过货币存量予以体现。因此市场对货币存量的反应往往比基准利率水平更加敏感。

（五）住房价格预期

住房价格作为一个受预期强烈影响的变量，前几期的住房价格对后来的住房价格有十分明显的影响。在真实的市场中，购房者可能基于过去的住房价格趋势形成对未来的住房价格预期，即所谓的适应性预期；购房者也有可能基于各种信息而非仅仅是过去的趋势形成未来的住房价格预期，即所谓的理性预期。一般而言，这两种预期都有可能发挥重要作用，因此，过去的住房价格对未来的住房价格预期有重要作用。

二、从需求方看住房价格与宏观经济因素的相关关系

前文定性分析了主要宏观经济因素对住房价格的可能影响，本小节

将利用一个模型概括这些因素的影响机制。从需求方研究这些因素与住房价格的相关关系。参考墨菲等人（Muellbauer and Murphy，1997）①从典型消费者效用出发的方法，我们对住房的需求设立如下理论模型。

考虑一个典型消费者，其效用函数$\mu(\cdot)$由普通品消费 C 和住房持有量 h 共同决定，$\mu(\cdot)$满足如下条件：$\mu_C > 0$，$\mu_h > 0$，$\mu_{CC} < 0$，$\mu_{hh} < 0$。其最优化问题为最大化整个生命周期的效用，数学表达式如下：

$$\max_{Q,C} \int_0^{+\infty} e^{-\rho t} \mu(C,h)\, dt$$

$$s.t.\ \dot{B} = (1-\tau)(y+rB) - pQ - C - \pi B$$

$$\dot{h} = Q - \delta h$$

其中，ρ 为消费者的主观效用贴现值，$e^{-\rho t}\mu(C,h)$ 为未来时刻 t 的效用贴现到目前的大小，$\int_0^{+\infty} e^{-\rho t}\mu(C,h)\,dt$ 为整个生命周期效用贴现到当前的大小，消费者考虑如何最大化这一值。

第一个约束式中的 B 为消费者持有的金融资产，τ 为所得税税率，y 为工资，r 为金融资产收益率，p 为相对于普通消费品的住房价格，Q 为房屋购置量，π 为通货膨胀率。第一个约束式的含义为消费者持有的金融产品数量变动值等于当期消费者的现金流减去购房支出，再扣除普通品消费和通货膨胀造成的金融产品损失。

第二个约束式里的 δ 为住房折旧率。第二个约束式的含义为消费者持有的住房数量的变动值等于当期的住房购置量减去住房的折旧量。

为了求解这一方程，首先需要列出汉密尔顿方程：

$$H = \mu(C,h) + \lambda_H(Q - \delta h) + \lambda_B[(1-\tau)(y+rB) - pQ - C - \pi B]$$

① John Muellbauer, Anthony Murphy. Booms and Busts in the UK Housing Market [J]. The Economic Journal, 1997, 107: 1701 - 1727.

其一阶最优条件为：

$$\frac{\partial H}{\partial C}=\mu_{C}-\lambda_{B}=0$$

$$\frac{\partial H}{\partial Q}=\lambda_{H}-\lambda_{B}p=0$$

根据包络定理得：

$$\dot{\lambda}_{B}=\rho\lambda_{B}-\frac{\partial H}{\partial B}=\rho\lambda_{B}-\lambda_{B}(1-\tau)r+\lambda_{B}\pi$$

$$\dot{\lambda}_{H}=\rho\lambda_{H}-\frac{\partial H}{\partial h}=(\rho+\delta)\lambda_{H}-\mu_{h}$$

联立上述四式可以解得：

$$\frac{u_{h}}{u_{C}}=p[(1-\tau)r-\pi+\delta-\frac{\dot{p}}{p}]$$

该式即为消费者最优住房持有量的决定式，假定消费者的普通品消费量 C 不变和房屋持有量 h 不变，比较静态分析的结果为：金融资产收益率 r 越高，住房价格就越低；通货膨胀率 π 越高，住房价格就越高；住房价格上涨幅度 $\frac{\dot{p}}{p}$ 越大，住房价格也会越高。同时该式本身还可以用来表示住房资本的使用成本，在资本市场达到均衡状态时，租金等于住房的使用成本，而租金是预期收入和初始财富的函数，所以租金可以被视为预期收入的函数。此外，住房价格波动和利率变化与货币发行量也有较大关联。综合看，住房价格可以表达为以下形式的函数：

$$p=f(y^{e},r,\pi,(\frac{\dot{p}}{p})^{e},\delta,\tau,M_{2})$$

其中，y^{e} 为未来的预期收入，$(\frac{\dot{p}}{p})^{e}$ 为预期的住房价格增长率，M_{2} 为

货币供给量。考虑折旧率与税率随时间变化不大，可能难以估计，故本书不将它们纳入考虑范围。于是，上述住房价格决定式可改为如下形式：

$$p = f(y^e, r, M_2, \pi, p^e)$$

其中，p^e 为预期住房价格水平，y^e 为预期收入水平。该式的含义为，住房价格水平与预期收入水平、利率水平、货币存量、通货膨胀水平和预期住房价格水平相关。预期收入水平越高，利率水平越低，货币存量越大，通货膨胀越严重，人们对未来的住房价格水平越看好，住房价格水平就会越高，这基本上与我们观察到的事实一致。

关于这些因素对住房价格的影响，已经有许多实证文献进行了检验，例如张亚丽等人①就利用中国 35 个大中城市的面板数据对住房的价格决定式进行了检验，他们的结果表明：人均实际收入和预期房地产收益率是住房价格持续快速上涨及波动的主要因素。王文雯和陶永亮②也利用中国省级住房价格数据对住房的价格决定式进行了检验，并加入了人口年龄结构等相关因素，他们的结果同样表明上述住房价格决定式基本与中国的实际情况相符，能够从需求端解释中国的住房价格变化。

三、 从供给侧看住房价格与宏观经济因素的相关关系

前一小节从消费者的角度，即需求侧分析了宏观经济因素对住房价格的影响。但市场是由供需双方共同决定的，本小节将从供给侧研究宏观经济因素对住房价格的影响。

在中国，由于各地情况不一，住房价格的决定因素并不一致。同时为了研究自 1998 年以来中国的宏观经济因素如何影响了住房价格波动，本书对中国的住房价格进行了分解，从一个较长的时间维度上看中国宏

---

① 张亚丽，梁云芳，高铁梅．预期收入、收益率和房价波动——基于 35 个城市动态面板模型的研究［J］．财贸经济，2011（1）：122－129.

② 王文雯，陶永亮．中国房地产价格因素分析［J］．统计研究，2014（7）：111－112.

观经济因素如何从供给端影响住房价格。

（1）建筑成本在不同地区作用不一样，总体呈下降趋势

中国住房成本基本由四部分组成，分别是土地成本、建筑成本、企业利润和政府税费。在我国大部分地区，建筑成本占据了房屋价值的很大一部分，成为过去20年助推我国大部分地区住房价格上涨的重要因素。

表5.1给出了我国大部分省级行政区自1999年以来的住房竣工价值、住房平均销售价格和竣工造价占住房价格的比重。

从表5.1中可以看出，1999年我国房改刚开始时，住房造价占据了住房价格的很大一部分，最低的北京也有33.97%，而最高的海南高达85.72%，全国平均水平为55.9%。但到了2018年，住房造价占住房价格的比重最低的北京只有11.64%，而最高的宁夏也只有56.09%，全国平均水平只有36.48%。从对住房价格的助推作用来说，住房造价本身的作用在不断减小。而且在发达地区，造价已经不是住房价格变化的主要原因，例如在北京、上海、山东、天津、广东等东部发达地区的竣工造价与住房价格之比都已下降到不足40%。

值得注意的是，全国住房竣工造价本身由1 038元/平方米上升到3 120元/平方米，共上升2 082元/平方米；占全部住房价格上升总额5 757元/平方米的31.09%。对我国住房价格的上涨，住房造价的上升起到了重要的作用。但是在京津沪三大东部沿海直辖市，这一比重分别只有8.27%、20.39%和15.31%，这说明在住房价格较高的区域，房屋造价已经不是住房价格波动的主要原因。尽管房屋造价在住房价格中的构成比例呈下降趋势，但由于其本身占比较高，从1999年到2018年，中国住房造价本身也上涨了两倍，成为助推住房价格上涨的一个重要因素。

从房屋造价本身看，根据相关研究，① 建筑材料费和人工费是影响建房成本最主要的两个要素。我国1999—2019年的建筑材料价格指数和非公企业建筑业平均工资水平变化见表5.2。

① 侯长江．房地产价格影响因素研究［D］．天津：天津大学，2013.

表 5.1　商品住房造价与售价

指标	住房竣工造价（元/平方米）					住房平均销售价格（元/平方米）					竣工造价/住房价格（%）				
年份	1999	2005	2010	2015	2018	1999	2005	2010	2015	2018	1999	2005	2010	2015	2018
安徽	664	1 067	2 153	2 534	2 891	1 069	2 065	3 899	5 067	6 937	62.1	51.7	55.2	50.0	41.68
北京	1 626	2 006	2 227	3 327	4 256	4 787	6 162	17 151	22 300	36 571	34.0	32.6	13.0	14.9	11.64
福建	1 172	1 258	1 851	2 623	3 019	1 811	2 801	6 077	8 565	10 610	64.7	44.9	30.5	30.6	28.45
甘肃	742	1 055	1 761	2 523	2 306	1 067	1 739	2 938	4 613	5 390	69.5	60.7	59.9	54.7	42.78
广东	1 471	1 819	2 781	3 696	3 934	2 911	4 149	7 004	9 495	12 932	50.5	43.8	39.7	38.9	30.42
广西	634	838	1 432	2 739	2 828	1 267	1 825	3 382	4 587	5 957	50.0	45.9	42.3	59.7	47.47
贵州	617	809	1 497	2 606	2 295	1 111	1 308	3 142	3 629	5 133	55.5	61.9	47.6	71.8	44.71
海南	1 447	1 856	2 880	4 764	4 166	1 688	2 855	8 800	9 226	14 100	85.7	65.0	32.7	51.6	29.55
河北	748	1 190	2 201	2 997	2 546	1 309	1 777	3 442	5 530	7 596	57.1	67.0	64.0	54.2	33.52
河南	736	1 007	1 360	1 917	2 064	959	1 659	2 856	4 317	5 531	76.8	60.7	47.6	44.4	37.32
黑龙江	820	1 044	1 677	2 256	2 357	1 420	1 873	3 492	4 818	6 678	57.8	55.8	48.0	46.8	35.29
湖北	827	1 417	2 071	2 838	2 920	1 237	2 164	3 506	5 663	8 136	66.9	65.5	59.1	50.1	35.89
湖南	703	970	1 862	2 738	2 668	957	1 405	3 014	3 974	5 472	73.5	69.1	61.8	68.9	48.76
吉林	864	994	1 622	2 323	2 229	1 236	1 756	3 495	5 213	6 792	69.9	56.6	46.4	44.6	32.82
江苏	860	1 314	2 591	3 403	4 020	1 461	3 146	5 592	7 177	10 547	58.9	41.8	46.3	47.4	38.12
江西	556	799	1 599	2 572	2 512	729	1 336	2 959	5 107	6 540	76.3	59.8	54.0	50.4	38.41
辽宁	901	1 156	2 061	2 796	2 509	1 759	2 652	4 303	5 486	7 394	51.2	43.6	47.9	51.0	33.93

（续表）

指标	住房竣工造价（元/平方米）					住房平均销售价格（元/平方米）					竣工造价/住房价格（%）				
年份	1999	2005	2010	2015	2018	1999	2005	2010	2015	2018	1999	2005	2010	2015	2018
内蒙古	802	943	1 822	2 680	2 308	979	1 402	2 983	3 939	5 339	81.9	67.3	61.1	68.0	43.23
宁夏	610	932	1 794	2 270	2 657	1 202	1 765	3 107	4 010	4 737	50.8	52.8	57.7	56.6	56.09
青海	749	1 042	1 831	2 544	2 963	1 265	1 681	2 894	4 241	5 941	59.2	62.0	63.3	60.0	49.87
山东	717	1 257	2 051	2 235	2 320	1 256	2 295	3 809	5 290	7 440	57.1	54.8	53.9	42.3	31.18
山西	711	1 231	1 700	2 674	2 655	983	1 876	3 338	4 742	6 649	72.3	65.6	50.9	56.4	39.93
陕西	848	1 512	2 393	2 659	2 934	994	1 930	3 668	5 082	7 920	85.3	78.3	65.2	52.3	37.05
上海	1 946	2 960	3 844	5 546	5 914	3 102	6 698	14 290	21 501	29 022	62.7	44.2	26.9	25.8	20.38
四川	689	752	1 823	2 769	2 765	1 163	1 688	3 985	5 034	6 686	59.2	44.6	45.8	55.0	41.36
天津	1 030	1 365	3 035	2 897	3 833	2 157	3 987	7 940	9 931	15 907	47.8	34.2	38.2	29.2	24.10
西藏	—	—	—	—	2 485	—	—	—	—	6 905	—	—	—	—	35.99
新疆	918	977	1 374	2 265	2 510	1 314	1 509	2 872	4 176	5 363	69.9	64.7	47.8	54.2	46.80
云南	1 109	1 255	2 069	2 718	3 122	1 572	2 001	2 893	4 800	7 384	70.6	62.7	71.5	56.6	42.28
浙江	1 095	1 568	2 543	3 957	4 542	1 706	3 973	9 332	10 755	15 235	64.2	39.5	27.3	36.8	29.81
重庆	759	1 074	2 340	3 255	3 982	1 080	1 901	4 040	5 012	8 191	70.3	56.5	57.9	64.9	48.61
全国	1 038	1 387	2 132	2 924	3 120	1 857	2 937	4 725	6 473	8 553	55.9	47.2	45.1	45.2	36.48

资料来源：《中国房地产统计年鉴》、国家统计局，同策研究院整理。

表5.2　我国建筑材料价格水平与人员工资水平变化

年份	非私营建筑企业平均工资水平	建筑材料工业部门出厂价格指数
1998	100.00	100.00
1999	107.05	97.70
2000	117.15	97.31
2001	127.20	96.34
2002	137.86	94.19
2003	151.93	93.81
2004	168.70	97.09
2005	189.27	97.74
2006	216.79	99.55
2007	247.88	101.25
2008	284.64	108.74
2009	324.05	109.61
2010	369.22	112.24
2011	430.57	120.21
2012	489.31	118.76
2013	564.27	117.81
2014	614.32	117.93
2015	655.66	—
2016	698.52	—
2017	745.28	—
2018	811.44	—
2019	879.56	—

注：建筑材料价格指数无2014年之后数据。

资料来源：Wind数据库，同策研究院整理。

从表5.2可以发现，1998—2014年中国建筑工人工资上涨了5倍多，但是建筑材料价格只上涨了17%，建筑工人工资的持续上涨成为住房造价上涨的重要原因，进而推动了住房价格上涨。这是通货膨胀在长期影响住房价格的一个重要渠道。

总体而言，住房建设成本对住房价格的贡献在逐步下降，但在我国不同地区起到的影响并不一致，在部分住房价格上涨较快的发达地区，对住房价格助推作用较小，但在大多数地区还是起着重要作用。长期以来，由于社会总体通货膨胀带来的成本上升同样带动了房屋建造成本的提升，进而导致了住房价格的上涨。

（2）土地成本总体呈上升趋势，逐渐成为影响住房成本的主要因素

在住房成本构成当中，土地也是重要的构成部分，由于“土地财政”制度，土地的资本属性不断加强，近年来土地价格不断提高，成为住房价格构成中的重要组成部分。表 5. 3 是 2010 年以来我国不同城市土地价格与销售价格之间的关系，考虑到楼盘开发周期，土地价格采用了前一年的成交土地楼板价。

从表 5. 3 可以看出，我国城市的土地价格总体呈上升趋势，一线城市的成交土地规划建筑面积均价从 2009 年到 2019 年均上涨了 1. 7 倍左右，二线城市上涨了 2. 5 倍，而三线城市则上涨了 3 倍，这远高于同期的住房价格上涨速度，成交土地规划建筑面积均价占住房成本的比重在二三线城市中翻了一倍，而一线城市的比重也上升了 5% 左右，成为住房价格上涨的重要原因。

国内土地由地方政府垄断供给，由房地产公司购置并开发。由于大多数房地产企业借助现代金融体系运作，土地价格明显受到利率、货币存量、通货膨胀率等宏观经济因素的影响。此外，由于“土地财政”等因素的作用，土地的资本属性十分强烈，房地产公司利用金融杠杆购置开发土地获利会更加丰厚，这加深了与金融相关的宏观经济因素对住房价格的影响，成为这些宏观因素影响住房价格的重要途径。

（3）房地产公司利润与税费变化不大，不是住房价格上涨的主要途径

住房价格构成中的第三部分为房地产公司的利润与税费，这部分占比变化不大，不是住房价格上涨的主要原因。表 5. 4 给出了我国 2000—

表 5.3　2009—2019 年我国城市住房价格与用地价格比较

年份	百城住房平均价格（元/平方米）			百城住房用地平均楼板价（元/平方米）			楼板价占住房价格比重（%）		
	一线城市	二线城市	三线城市	一线城市	二线城市	三线城市	一线城市	二线城市	三线城市
2009	—	—	—	5 085.04	1 761.77	900.28	—	—	—
2010	20 863.79	8 750.826	6 483.036	6 047.49	1 933.24	1 138.52	28.99	22.09	17.56
2011	22 091.58	9 401.848	7 007.596	3 866.36	1 816.84	1 040.26	17.50	19.32	14.84
2012	22 155.98	9 282.261	6 980.166	4 496.72	1 877.63	1 043.53	20.30	20.23	14.95
2013	25 441.31	9 904.564	7 099.740	7 349.98	2 397.67	1 202.74	28.89	24.21	16.94
2014	28 389.38	10 224.450	7 100.018	11 573.04	2 385.52	1 194.58	40.77	23.33	16.83
2015	30 133.21	9 899.882	6 763.942	11 868.28	3 099.97	1 391.05	39.39	31.31	20.57
2016	37 502.38	10 846.200	7 056.483	16 520.45	5 307.17	2 059.86	44.05	48.93	29.19
2017	41 055.60	12 276.690	7 917.033	14 540.49	5 817.89	2 952.14	35.42	47.39	37.29
2018	41 276.00	13 166.730	8 761.870	13 390.04	5 289.37	3 191.31	32.44	40.17	36.42
2019	41 526.52	13 867.540	9 297.300	13 973.05	6 210.09	3 604.14	33.65	44.78	38.77

资料来源：Wind 数据库，同策研究院整理。

2019 年房地产业的销售利润率。从中可以发现，房地产业的销售利润率长期未发生太大的变化，近年来还有所下降，房地产企业利润占住房价格的组成部分没有太大的变化。

表 5.4　2000—2019 年我国房地产企业利润及税负情况　（单位:%）

年份	房地产业平均销售利润率	房地产企业平均销售利润率	房地产企业经营税费及附加占营业收入比重
2000	17.5	16.3	4.75
2001	16.3	15.6	5.00
2002	19.6	15.3	5.23
2003	17.3	15.6	5.40
2004	16.3	15.2	3.10
2005	17.3	16.7	5.72
2006	15.3	15.0	6.25
2007	17.1	16.8	7.10
2008	19.5	21.1	6.85
2009	19.7	21.5	7.47
2010	19.9	22.3	8.06
2011	18.9	22.5	8.62
2012	18.1	19.6	9.04
2013	18.1	19.0	8.77
2014	15.0	10.0	8.98
2015	15.0	10.0	8.84
2016	16.6	17.0	7.38
2017	11.9	14.2	6.00
2018	11.9	11.3	6.01
2019	11.3	11.3	6.73

资料来源：Wind 数据库，同策研究院整理。

房地产企业的税费占营业总收入的比重自 1998 年来总体呈上升趋势，但是比例较低，而且近年来已经企稳并开始下降，对于总体住房价格影响不大。

从住房价格成本的构成因素看，我国持续20年的住房价格上涨与土地价格上涨关系最为紧密，尤其是在发达地区；住房造价本身的上涨对住房价格上涨也起到相当大的作用，尤其是在欠发达地区；而房地产企业的利润和税费并非住房价格上涨的主要原因。

从供给和需求两个方向看，利率对住房价格的影响是负向的，利率上升降低了房屋的需求，同时削弱了房地产企业通过金融手段获取土地的能力，降低了供给。CPI上升从长期会推动住房价格上涨，从供给端看，它直接提高了房屋建筑成本；从需求端看，它加强了房屋的投资属性。GDP的增长和流动性的增加也都会促进住房价格的上涨。

第二节　中国的宏观经济因素与住房价格之间的相互关系

一、 中国住房价格与其他宏观经济因素间关系的估计与测算

上一节分别从需求和供给两个方面论证了住房价格与宏观经济因素之间的关系，但是并未给出这些因素与住房价格之间关系的具体大小。本节将在前一节的基础上利用结构向量自回归模型（SVAR模型）估计两者之间的相互关系与大小。

为了估计几者之间的关系，本书搜集了中国1999年第1季度—2019年第4季度每季度的新建商品住房销售价格、CPI、GDP、M2和SHIBOR（上海银行间同业拆放利率）隔夜拆放利率。之所以采用SHIBOR隔夜拆放利率而非央行制定的基准利率，是由于中国的利率调控仍未完全市场化，央行的基准利率对市场的指导意义不大，而SHIBOR隔夜拆放利率市场化程度较高，能够比较准确地反映市场上的真实利率水平。[①] 相关数据的统计描述情况见表5.5。

---

① 原始数据为日数据，本书按照每日等权重的方法转化为季度利率。

表 5.5　1999 年第 1 季度—2019 年第 4 季度住房价格有关变量的描述性统计

	CPI 指数	实际 GDP（亿元）	M2（亿元）	隔夜拆放利率（%）	实际住房价格（元/平方米）
均值	121.802 50	65 401.54	757 442.1	2.33	3 606.798
最大值	156.004 10	141 761.40	1 986 489.0	5.34	6 262.467
最小值	97.818 13	19 361.90	108 438.0	0.83	1 826.928
标准差	18.635 68	33 475.67	590 911.5	0.71	1 254.782
中位数	119.758 30	60 354.27	577 160.8	2.30	3 666.785

注：CPI 指数、实际 GDP 和住房价格均以 1999 年 1 月为基期进行了处理。
资料来源：中经网统计数据库。

对中国的房地产与宏观经济因素的研究，本书采用了 1999 年第 1 季度—2019 年第 4 季度的季度数据，选择这一时间段的原因在于：

（1）中国在 1998 年取消了福利分房制度，房地产业正式进入市场经济时代，考虑到政策的滞后性，本书的数据因此选取 1999 年第 1 季度作为起始阶段。

（2）总体上看中国住房价格在 1999 年后的将近 20 年间几乎没有经历涨跌循环周期，而是持续增长态势，这一现象十分罕见，对这一时期的住房价格研究有着重要的理论与现实意义。

图 5.1 到图 5.5 给出了这些变量从 1999 年第 1 季度—2019 年第 4 季度的季度变化情况。从图 5.1 可以发现，中国的住房价格一直呈现上涨趋势，同时中国的住房价格也有明显的季节性变化特征。2019 年第 4 季度的总体住房价格水平已经是房地产市场化改革启动之初的 4 倍多。

图 5.2 为中国的 CPI 季度水平变化图，从图中可以看到，中国物价水平在 20 世纪最后几年到 21 世纪头几年一直在同一水平周围波动，从 2004 年开始向上发展，这一趋势维持至今，2019 年的总体 CPI 已经比 1999 年高出 50% 以上。

图 5. 1　1999 年第 1 季度—2019 年第 4 季度中国住房价格季度变化图

资料来源：中经网统计数据库。

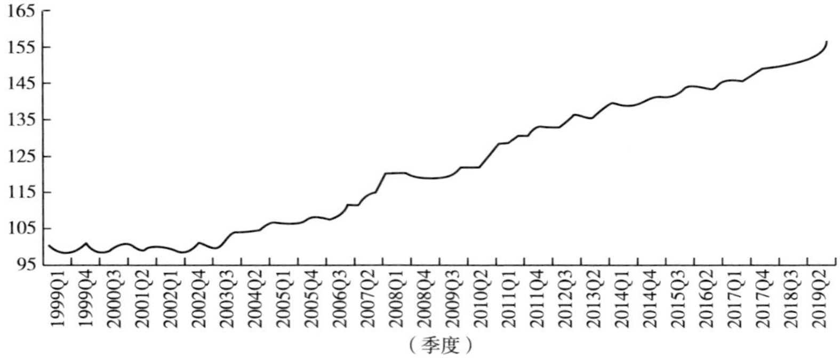

图 5. 2　1999 年第 1 季度—2019 年第 4 季度中国物价水平季度变化图

资料来源：中经网统计数据库。

图 5. 3 为中国银行间市场隔夜利率水平的季度变化图，从图中可以看到，中国 20 年的利率水平基本上是水平波动，没有明显的向上或向下趋势。

图 5. 4 为中国货币发行总量（M2）的季度变化趋势，从图中可以看出中国的货币发行量一直呈现上升趋势，货币发行总量从 1999 年第 1 季度的 11 万亿元增加到 2019 年第 4 季度的 199 万亿元，增加了 17. 3 倍之多。

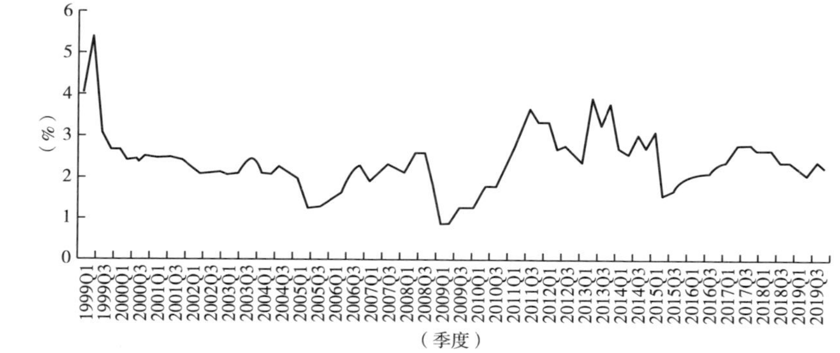

图 5.3　1999 年第 1 季度—2019 年第 4 季度中国银行间市场隔夜利率季度变化图

资料来源：中经网统计数据库。

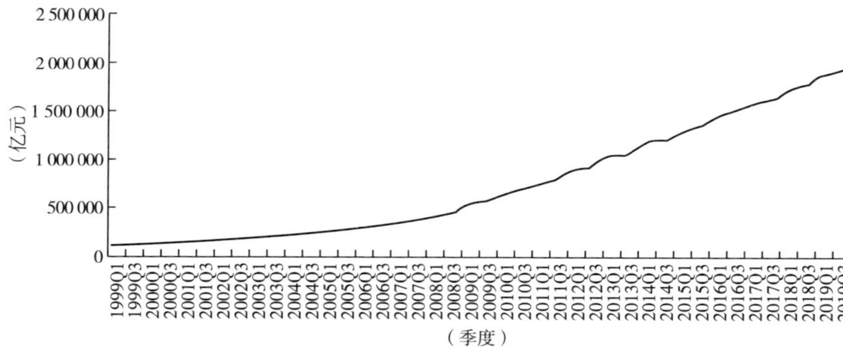

图 5.4　1999 年第 1 季度—2019 年第 4 季度中国货币发行总量季度变化趋势

资料来源：中经网统计数据库。

从图 5.5 可以发现，中国的 GDP 总量一直呈现快速增长的趋势，同住房价格一样，中国的 GDP 有明显的季节性变化特征。2019 年第 4 季度的 GDP 总量已经是 1999 年的 10 倍之多。

从这些数据可以看出，中国的住房价格尽管呈现一直上涨的趋势，但是，同期的 GDP 增长幅度远超过住房价格上涨幅度（即使考虑人口增长依然如此）。从中国的整体情况看，通过简单的定量分析就可以得知住房价格的持续上涨有一定的经济基础作为支撑，中国整体经济增长一直带来人民物质生活水平的提高，这其中也包括居住条件的改善。但是这种粗糙的分析并不能全景式地反映整体的宏观经济变量与住房价格

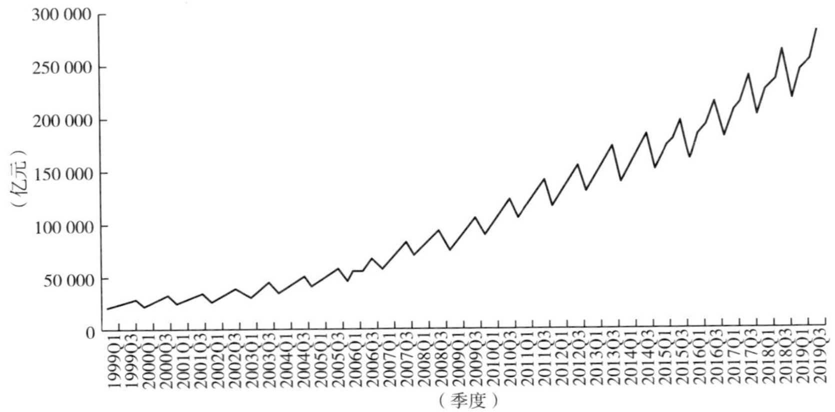

图 5.5　1999 年第 1 季度—2019 年第 4 季度中国 GDP 总量季度变化图

资料来源：中经网统计数据库。

之间的关系。接下来本书将借助 VAR 进一步分析这些变量之间的关系。

本书首先对各变量进行了 ADF 单位根检验，结果如表 5.6 所示，在 5% 的显著性水平下，不能拒绝 CPI 指数、真实 GDP、M2 和住房价格存在单位根的假设，但以上各变量的一阶差分都在 1% 的显著性水平下拒绝存在单位根的假设。

表 5.6　住房价格有关变量的平稳性检验

变量名称	变量标识	是否经过季节调整	是否经过平减	平稳情况	ADF 统计量	P 值	显著性水平	平减基期
房价对数	LnHP	是	是	I(1)	-10.242 3***	0	1%	1999Q1
CPI 对数	LnCPI_SA	是	是	I(1)	-3.018 99***	0.002 9	1%	1999Q1
GDP 对数	LnGDP_SA	是	否	I(1)	-7.564 972***	0	1%	1999Q1
M2 对数	LnM2_SA	是	是	I(1)	-6.072 88***	0	1%	1999Q1
隔夜利率	Interestrate	否	否	I(0)	-3.866 471**	0.017 8	5%	—

在开始下一步检验之前，本书对上述变量进行了 Johansen 协整检验。滞后区间选 1—5，对应原序列的前 5 个滞后项。滞后区间的选择参考了 AIC 准则。Johansen 协整检验见表 5.7。迹检验和特征值检验均说

明只存在一个协整关系。

表5.7　各变量的协整检验

零假设	特征根	迹检验统计量	最大特征值检验统计量
0 个协整变量	0.516 208***	104.711 4***	69.818 890
至少 1 个协整变量	0.332 456	47.075 66	47.856 130
至少 2 个协整变量	0.118 759	16.551 98	29.797 070
至少 3 个协整变量	0.080 657	6.690 902	15.494 710
至少 4 个协整变量	0.001 683	0.131 406	3.841 466

注：*** 表示在 1% 置信度水平下拒绝原假设。

协整方程见式（5.1），括号内为各系数估计的标准差：

$$
\begin{aligned}
d(LnHP) = & -1.6387d(LnCPI\_SA) + 0.472995d(LnGDP\_SA) \\
& \qquad (0.45636) \qquad\qquad (0.46734) \\
& + 0.010568d(LnM2) + 0.006165Interestrate \qquad (5.1) \\
& \qquad (0.20573) \qquad\qquad (0.00365)
\end{aligned}
$$

上式说明以上变量长期内存在协整关系，环比 CPI 增速每上涨 1%，真实住房价格就下降 1.638 7%；季度 GDP 环比增速每提高 1%，真实住房价格就下降 0.472 995%；环比 M2 增速每提高 1%，真实住房价格就上升 0.010 568%；而利率每增加 1%，真实住房价格就上升 0.006 165%。

本书进一步对各变量进行了格兰杰因果检验。表 5.8 给出了格兰杰因果检验的结果，根据相关统计量选择滞后阶数为 5。从中可以看出，在 5% 的显著性水平下和滞后 5 期的情况下，环比 CPI、市场利率和 GDP 增速都是住房价格上涨的原因。但反过来，环比住房价格增速只是 GDP 增速的格兰杰原因。以上的结论说明在中国，短期内 CPI、M2 和市场利率都影响了住房价格的上涨，同时 GDP 增速是住房价格增速的内生原因，即 GDP 的变动导致了住房价格的变动，而住房价格的变动则进一步推动了 GDP 的变动。

表 5.8　格兰杰因果检验

原假设	滞后项	F 统计值	P 检验量	是否接受原假设
d(LnCPI_SA)不是 d(LnHP)的格兰杰原因	5	4.441 68	0.001 5	拒绝
d(LnHP)不是 d(LnCPI_SA)的格兰杰原因	5	0.863 45	0.510 4	接受
d(LnGDP_SA)不是 d(LnHP)的格兰杰原因	5	2.711 65	0.027 2	拒绝
d(LnHP)不是 d(LnGDP_SA)的格兰杰原因	5	3.804 44	0.004 3	拒绝
d(LnM2_SA)不是 d(LnHP)的格兰杰原因	5	0.883 59	0.497 1	接受
d(LnHP)不是 d(LnM2_SA)的格兰杰原因	5	1.279 19	0.283 3	接受
Interestrate 不是 d(LnHP)的格兰杰原因	5	3.261 23	0.010 7	拒绝
d(LnHP)不是 Interestrate 的格兰杰原因	5	0.949 23	0.455 3	接受

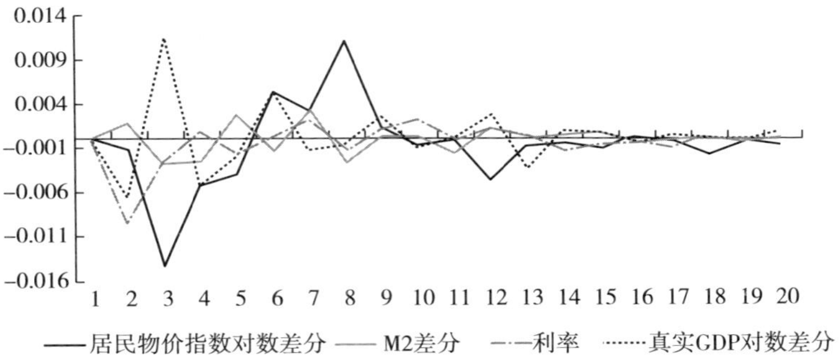

图 5.6　住房价格环比增速对于一个标准差的其他变量冲击的脉冲响应

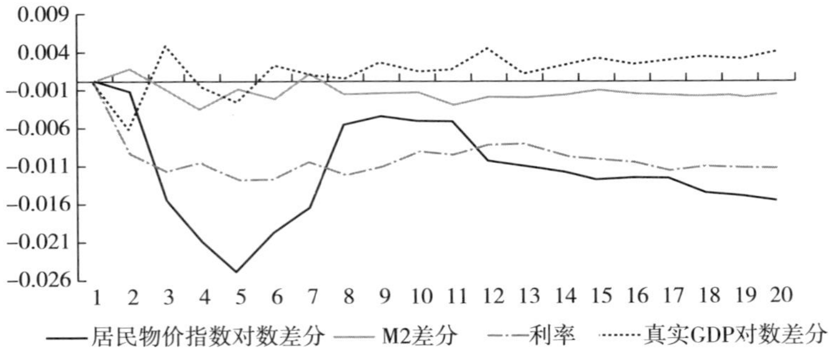

图 5.7　住房价格环比增速对于一个标准差的其他变量冲击的累计脉冲响应

从图 5.6 可以看出所有变量的波动均未在第一个季度达到对住房价格的最大影响，但都在之后的第二到第三个季度达到最大影响，然后不断震荡，缓慢变小。从图 5.7 则可以看出，在累计影响中，经济增长、流动性的正向冲击带来了长期住房价格增速的正向波动，利率水平和物价水平环比增速的正向冲击则带来了房地产企业长期住房价格增速的负向波动。

值得注意的是，这些宏观经济变量对住房价格增速影响的震荡变化都较为明显。对于这一现象，一个可能的解释是当经济进入上行周期时，住房价格总会受到打压，而当经济疲弱时，住房价格又往往得到支撑。近 20 年是我国经济发展较快的阶段，也是住房价格快速上涨的阶段。在此期间，当经济加速时，各行业景气程度的提高和人们对未来预期的改善会在短期内急速推高住房价格，但高涨的住房价格往往引起社会的强烈不满，从而使政府出台相应的政策抑制住房价格；而当经济低迷时，由于房地产在国民经济中的支柱地位以及对上下游行业的巨大带动作用，因此政府往往会出台政策刺激房地产业发展，鼓励居民购房，从而带动实体经济的发展。政策的反复现象十分明显。同时，通货膨胀在短期内也负向冲击住房价格，长期内收敛于 0。例如短期内，物价上涨会引起加息预期，由于利率上调对住房价格的负向影响，因此住房价格会受到反向冲击。从长期看，通货膨胀对于住房价格的影响最终收敛于 0。

本书利用 Chelosky 方差进一步计算出了方差分解结果。而 20 个季度内各变量对住房价格变动影响的方差分解可以见表 5.9。从表 5.9 可以发现，住房价格变动的最大因素还是过去住房价格变化本身，这一结果表明了预期在中国住房价格中起着重要作用，甚至在冲击发生过后的 5 年内，这一效应仍然高达 62%。由于住房价格持续增长造成的看涨预期严重干扰了市场运行，这一趋势理应受到政府部门的重视。而流动性和经济增长对住房价格也有较大的影响，相较而言，利率和物价水平对住房价格波动的贡献最小。

表 5.9　中国 20 个季度内各变量对住房价格变动影响的方差分解

预测期	正式房价对数差分	M2 差分	真实 GDP 对数差分	利率	居民物价指数对数差分
1	100	0	0	0	0
2	89.851 26	0.195 474	3.312 663	6.529 370	0.111 23
3	71.946 50	0.628 644	10.058 100	5.500 265	11.866 49
4	69.502 15	0.947 496	11.272 990	5.343 227	12.934 13
5	70.047 04	1.272 900	10.710 280	5.139 367	12.830 41
6	68.147 76	1.367 510	11.706 800	4.983 543	13.794 40
7	67.587 72	1.905 920	11.496 720	5.081 932	13.927 70
8	63.724 19	2.115 833	10.863 560	4.914 814	18.381 61
9	63.845 77	2.086 052	10.992 810	4.893 286	18.182 09
10	63.684 59	2.080 179	11.017 870	5.058 164	18.159 19
11	63.661 65	2.195 849	10.986 300	5.049 138	18.107 06
12	62.777 17	2.217 648	11.145 000	5.026 468	18.833 72
13	62.476 01	2.208 078	11.540 370	5.003 480	18.772 06
14	62.388 39	2.208 556	11.559 060	5.090 605	18.753 39
15	62.333 69	2.230 706	11.566 430	5.092 962	18.776 21
16	62.352 44	2.240 328	11.563 760	5.092 400	18.751 07
17	62.308 36	2.240 915	11.569 880	5.142 637	18.738 20
18	62.208 83	2.238 743	11.554 630	5.139 426	18.858 37
19	62.203 41	2.243 816	11.555 530	5.138 523	18.858 72
20	62.185 19	2.244 687	11.573 630	5.133 948	18.862 54

二、结论与政策含义

从以上分析我们可以看出中国住房价格与宏观经济因素之间存在着如下关系。

长期看，住房价格增速与流动性增速和经济增速正相关，与利率水平负相关。这与理论分析结果一致，充分说明中国房地产市场的规律仍然是符合经济学相关预测的，中国房地产市场波动不具有独特性。而我们从表面上看到的中国房地产市场的一系列奇怪现象是由更深层次的其他因素造成的，而这些因素又通过经济学规律影响市场。而住房价格增速与通货膨胀负相关，与利率正相关可能暗示中国住房价格增速已与经济基本面有一定的偏差，需要引起我们的注意。

从格兰杰因果检验看，环比 CPI、市场利率和 GDP 增速都是住房价格增速变动的原因，同时住房价格增速也是 GDP 增速的原因。这说明短期内，物价、市场利率和 GDP 均影响了住房价格变动，而且 GDP 增速与住房价格互为因果，是住房价格波动的内生原因。从各变量冲击对住房价格增速的影响看，均存在震荡现象，这可能是由中国房地产调控政策反复造成的。住房价格变动带来的预期本身对于后续住房价格的波动有着重要影响，控制住房价格预期对控制住房价格波动十分重要。

仅从政策调控住房价格角度看，政策需要长期坚持，不能反复，政策反复导致前一政策的许多效果会被后一政策掩盖，效果不彰。而且从长期累积的冲击效应看，许多政策的效果不会最终收敛为 0，而是长期不变，即导致住房价格增速的永久性变化，从长期看这不利于住房价格的调控。

第六章　土地价格与住房价格的双重市场机制

我国施行二元的国有土地制度，城市土地归全民所有，城郊及农村土地归农村集体所有。与之对应的住房制度是城市居民购买商品住房，农村居民则在村集体统一划拨的宅基地上自行建房。在这两种制度下，住房所有者都不拥有土地所有权。农村土地与城市土地之间不能自由转化，必须通过政府征地环节才能将农村集体土地转化为城市国有土地，政府是土地唯一合法的供给方。① 此外，政府出让土地时对住房开发的容积率等关键指标进行严格控制，使开发商无法自行选择从土地到住房的转化比例，所以，政府对土地供给和住房供给都有严格控制。在这种情况下，我国的土地市场和住房市场之间存在非常紧密的相互作用机制。

第一节　土地供给向住房供给传导的特征

本节将土地供给对住房供给的影响分成四个途径：土地供给量对住房供给量、住房价格的影响；土地价格对住房供给量和住房价格的影响。土地供给量对住房供给量的影响主要体现在供给转化的滞后期上；土地供给量对住房价格的影响主要体现在短期的信号机制上。土地价格对住房供给量的影响不明显，对住房价格的影响体现在长期的成本传导机制和短期的信号机制。

---

① 近年来，随着“农地入市”政策的推进，地方政府已经不再是土地的唯一供给者。

一、　土地供给量对住房供给量价的影响

如果将住房视为最终产品，那么土地是住房生产的重要“原材料”。土地供给位于房地产业的产业链上游，土地供给量价的变化会向下传导至房地产业，对住房供给的量价产生影响。

（一）土地供给量对住房供给量的影响

根据《中华人民共和国城乡规划法》以及住建部出台的《建设用地容积率管理办法》等法规，我国建设用地出让前必须根据城市规划确定容积率要求。这说明土地供给量向住房供给量的转化完全由政府决定，土地的供给量就是未来住房的供给量。

从土地供给到形成住房供给存在一定的时滞。这是由住房的生产周期，即开发商的开发建设环节决定的。在这一环节中，除了住房建设本身的周期以外，开发商出于各种原因采取的土地储备策略（囤地行为），是影响土地供给向住房供给转化的重要因素。我国房地产调控对开发商囤地的控制较为严格。2012 年 5 月修订的《闲置土地处置办法》对闲置土地的认定做出明确规定，并且规定闲置一年的土地按照出让金额的 20% 收取闲置费，对闲置两年的土地无偿回收。

国土资源部（现自然资源部）2017 年对全国 111 个城市开展住房用地出让合同执行情况检查，检查了 2013 年 1 月 1 日以来出让的住房用地总计 52 285 宗、面积 170 404.7 公顷，检查结果表明，合同正常履约率达到 81.8%。但是这一检查结果的代表性并不强。因为开发商可以通过多种手段绕开规定限制，通过假开工、拖延施工进度等方式变相囤地。

开发商的囤地行为可以从其成本和收益两方面分析。囤地的收益来源于土地价格、住房价格的上涨。开发商推迟住房销售，以便在住房价格上涨后获得更高的销售额，扩大利润。而开发商的囤地行为受到土地持有成本的约束，目前融资成本是其主要持有成本。

开发商通常通过杠杆的形式融资拿地，支付利息支出要求开发商有

稳定的现金流，因此，尽快开工建设并开盘销售是回收资金的重要方式。高负债的开发商往往追求提高资金的周转率来实现高利润。近年来，以恒大、碧桂园等为代表的“高周转”运营模式广受关注，其住房项目从拿地到交付只需要20个月左右的时间。其“高周转”运营的背后是高企的杠杆率：2018年，恒大的资产负债率为83.58%，碧桂园的资产负债率更高达89.36%。与此相反，香港长和实业则是“囤地”开发的代表。其名下的北京誉天下项目1993年拿地，2007年首次申请预售证，直到2017年该项目依然有新房出售。其慢周转不仅是香港房地产企业的一贯开发模式，其充足的资金自有率也为这种开发模式提供了保障，2018年，长和实业的资产负债率仅为52.05%。[①]

本书采用成交土地的规划建筑面积作为土地供给量的指标，将商品住房批准上市面积作为住房供给量的指标，将商品住房的新开工面积和竣工面积作为中间指标，以此反映开发商的土地储备情况，如图6.1。

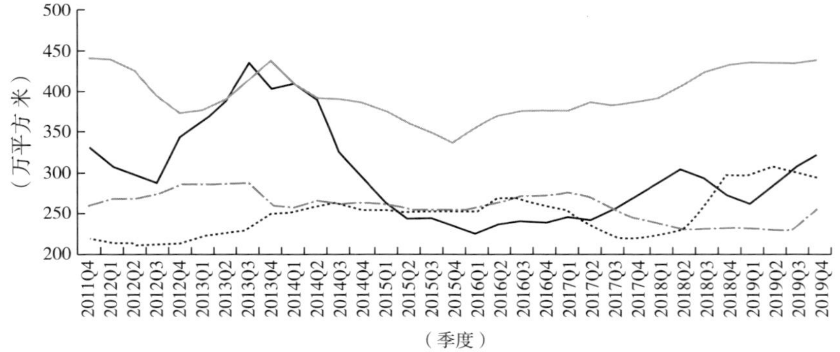

图6.1　2011Q4—2019Q4 20个样本城市土地与住房供给情况

注：图中指标均为4个季度的移动平均值，20个样本城市为：北京、上海、天津、重庆、深圳、广州、杭州、南京、武汉、成都、苏州、大连、长沙、无锡、沈阳、青岛、济南、南昌、郑州、长春，样本值为20个城市的平均值。Q1、Q2、Q3、Q4分别表示第1季度、第2季度、第3季度、第4季度。

资料来源：国家统计局、中指数据，由同策研究院整理。

① 本段数据均来自上市公司年报。

从20个样本城市土地与住房供给量的变化情况可以观察到以下特点。第一，规划建筑面积的波动程度最大，而批准上市面积的波动程度最小。这说明开发商的开发经营活动在一定程度上熨平了土地供给的波动，维持了住房市场供给的相对平稳。第二，结合住房市场的周期看，土地供给和住房新开工都与市场周期同步。住房市场下行时，土地供给和住房新开工面积下降；住房市场上行时，两者上升。第三，从住房的建设周期看，供地到住房动工存在2个季度左右的时滞。土地的规划建筑面积与作为中间变量的住房新开工面积存在明显的正相关关系，（二者的相关系数为0.68，显著性水平为99%），并且土地供给的变动领先于新开工面积1~2个季度；回归分析显示，新开工面积与滞后2~4个季度的规划建筑面积存在正相关关系。第四，从土地供给到形成住房供给的时间看，两者存在1年左右的时间跨度。回归分析显示，住房的批准上市面积与滞后1年的规划建筑面积存在正相关关系。需要注意的是，本书对住房供给的形成是以批准上市为标准，其中包括了大量的期房销售。而根据住房的建设周期，这些期房售出之后往往还需要半年到一年时间才能交付使用。

以上分析说明，由于住房建设存在较长的工程周期，而且在住房价格快速上涨时，开发商有囤地的行为，导致住房供给对土地供给的变化不敏感。土地供给转化为住房供给存在1年左右的时滞。对于开发商的囤地行为，仅依靠行政监察的方式效果较差，应适当改变房地产企业拿地成本的支付方式，减少一次性支付，增加持续性支付。

（二）土地供给量对住房价格的影响

从本书选取的20个样本城市的住房土地供给和商品住房销售价格的季度变动情况看，以2014年第2季度和2019年第1季度为界线，两者之间的关系出现一定的变化。2011年3月到2014年6月，规划建筑面积与住房平均价格呈现一定的同向变动：2011年9月到2012年3月，规划建筑面积与住房价格都处于下行阶段，2012年9月到2013年9月，两者都处于上升阶段。2014 年第 2 季度以来呈现明显的反向变动：规划建筑面积从 2014 年第 2 季度的 7 778 万平方米下降到 2019 年第 1 季度的 5 209 万平方米，而商品住房平均销售价格从 2014 年第 2 季度的 10 851元/平方米上涨到 2019 年第一季度的 17 265 元/平方米。在 2019 年第一季度之后，两者的关系再次呈现明显的同向波动。

结合房地产市场的涨跌周期看，在 2012 年 9 月到 2014 年 6 月这一市场上行阶段中，土地供给有明显上升。20 城的当季度的规划建筑面积从 2012 年第 3 季度的 5 657 万平方米上升至 2014 年第 2 季度的7 214 万平方米，最高时达到 8 149 万平方米。相反在 2015 年以来的新一轮市场上行行情中，土地供给没有相应地增加，反而维持在每季度4 500万平方米的低供给水平。而在 2017 年第 3 季度以来，土地供给有所上升，从 4 612 万平方米上升到 2018 年第 1 季度的 5 268 平方米；同期 20 城商品住房平均价格有所下降，从 14 055 元/平方米下降到 13 743 元/平方米。从 2018 年下半年开始，住房价格再次攀升，而土地供给同时下降。可见土地供给与住房的价格存在一定程度的反向关系，增加土地供给有利于平抑住房价格上涨，而 2015 年、2016 年土地供给不足是这一轮住房价格高速上涨的重要原因之一。

土地供给对住房价格的影响机制有两个：一是通过市场的供求机制。通过土地供给的增加推动住房供给的增加，从而降低住房价格。供求机制往往需要较长时间的传导过程才能对住房价格形成实质影响。二是通过市场的信号机制。政府增加或者减少供地是对市场释放的信号，影响市场主体对市场行情的判断，进而对住房价格产生影响。信号机制主要在短期产生效果。

本书通过建立 20 个大中城市 2011 年第 1 季度到 2019 年第 4 季度数据的面板回归模型分析以上影响机制。[①] 回归模型以商品住房价格为被解释变量，以当期和滞后 1 季度的规划建筑面积，以及分别滞后一年和

---

① 详见附录 6－1。

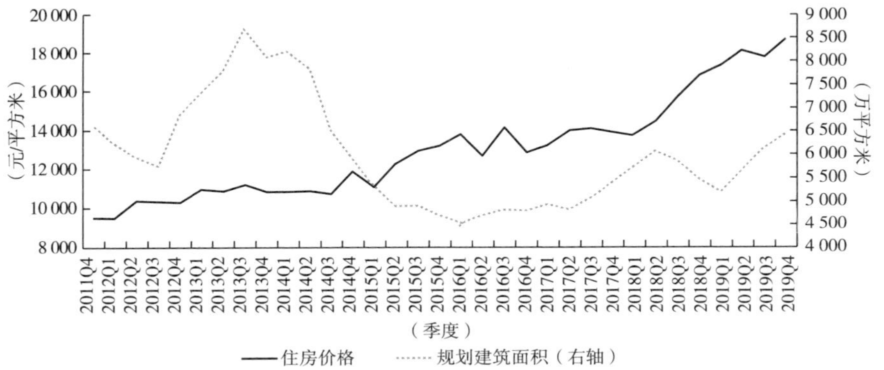

图 6.2　2011Q4—2019Q4 20 个样本城市土地供给与住房价格季度变动情况

注：图中规划建筑面积为 4 个季度的移动平均值，20 个样本城市为：北京、上海、天津、重庆、深圳、广州、杭州、南京、武汉、成都、苏州、大连、长沙、无锡、沈阳、青岛、济南、南昌、郑州、长春，数值为 20 个城市之和。

资料来源：中指数据，由同策研究院整理而得。

两年的规划建筑面积为解释变量。当期和滞后一个季度的规划建筑面积分别代表土地供给影响住房价格的短期信号机制，滞后一年和两年的规划建筑面积代表土地供给对住房价格的长期供求机制的影响。此外，回归模型中还加入当期和滞后一个季度的住房批准上市面积作为控制变量，以排除住房市场上的供给变化对住房价格的直接影响。

表 6.1　20 个城市住房价格与土地供给面板回归结果

$$P_{i,t} = c_i + \beta_1 landsup_{i,t} + \beta_2 landsup_{i,t-1} + \beta_3 landsup_{i,t-4} + \beta_4 landsup_{i,t-8} + \beta_5 housesup_{i,t} + \beta_6 housesup_{i,t-1}$$

样本时期	变量	当期土地供给	一季以前土地供给	一年以前土地供给	两年以前土地供给	当期住房供给	一季以前住房供给	Adj－R^2
2011Q1—2019Q4	系数 （P 值）	0.033 （0.985）	－2.703* （0.063）	0.448 （0.79）	－2.030 （0.223）	－15.246*** （0.000）	－13.097** （0.000）	0.89

注：* 表示在 10% 水平下显著，** 表示在 5% 水平下显著，*** 表示在 1% 水平下显著。Q1 为第 1 季度，Q4 为第 4 季度。

从回归结果可以看到土地供给与住房价格存在以下关系。首先，当期的土地供给对住房价格的影响并不显著，而一季度以前的土地供给与住房价格之间存在负相关关系。这种负相关关系体现了土地供给对影响住房市场的信号机制：较高的土地供给意味着未来较高的住房供给，这一信号会影响市场参与者的预期，导致住房价格下降。两者存在一个季度的滞后期说明土地供给的信号作用需要一定的传导时间。土地供给增加以后，住房价格需要一个季度的时间对这一信息做出反应。

其次，住房价格与一年以前和两年以前的土地供给之间不存在显著的相关关系，而住房价格与短期的住房供给之间存在显著的负相关关系。这说明对住房价格影响最明显也最直接的是住房供给，而土地供给作为住房供给的上游，并不直接对住房价格产生影响，它对住房价格的影响是通过住房供给的变动间接实现的。

研究显示，土地供给影响住房价格的两种作用机制都在实证检验中得到验证，但是实证检验同样显示这两种作用机制发挥作用都需要一定的前提条件。开发商的囤地行为会影响土地供给，进而又通过供求机制影响住房价格；过强的市场看涨预期会弱化土地供给影响住房价格的信号机制。因此，打击囤地行为和管控市场预期是房地产调控的重要措施。

二、 土地供给价格对住房供给量价的影响

对于商品住房，与其销售价格对应的土地成本价格为成交楼板价，即成交土地金额除以规划建筑面积。楼板价能较好地体现土地成本在住房销售价格中的份额。从本书采用的20个样本城市看，平均楼板价从2011年第1季度的2 636元/平方米上升到2020年第1季度的8 890元/平方米，年均复合增长率为14.46%。楼板价与住房销售价格的比例自2017年开始明显上升，之后在0.4左右波动。

（一） 土地价格对住房供给量的影响

比较20个样本城市的成交楼板价与批准上市面积的变动情况可发现，两者的变动趋势较为一致。2016年第3季度以前，两者整体呈现上升趋势：2011年第4季度到2016年第3季度，批准上市面积（4个

季度的移动平均值）从 217. 27 万平方米上升到 266. 31 万平方米，平均成交楼板价从 2 093 元/平方米上升到 7 633 元/平方米。2016 年第 4 季度开始，两者都快速下降：到 2018 年第 2 季度，批准上市面积下降到 226. 79 万平方米，平均成交楼板价下降到 5 960 元/平方米。随后两者均又开始反弹，在 2019 年第 2 季度达到峰值，批准上市面积和平均成交楼板价分别为 295. 83 万平方米和 8 077 元/平方米。

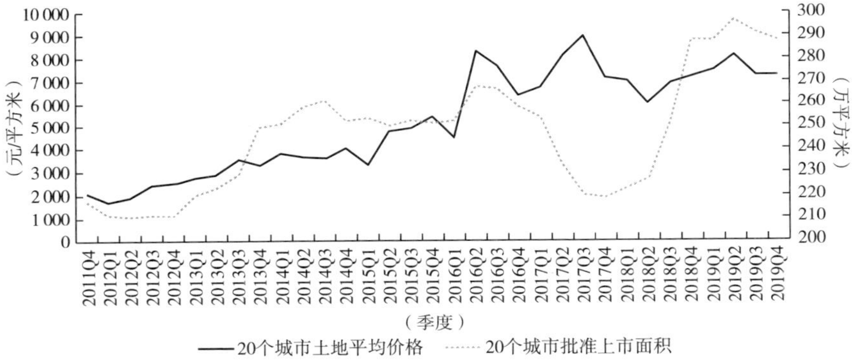

图 6. 3　2011Q4—2019Q4 20 个城市土地价格与住房供给量变动情况

注：图中批准上市面积为 4 个季度的移动平均值，20 个样本城市为：北京、上海、天津、重庆、深圳、广州、杭州、南京、武汉、成都、苏州、大连、长沙、无锡、沈阳、青岛、济南、南昌、郑州、长春，数值为 20 个城市的均值。

资料来源：中指数据，由同策研究院整理而得。

土地价格与住房供给量同时期的同向波动很可能受市场整体行情的影响。市场上行时，开发商拿地的积极性较高，土地招拍挂的竞争较激烈，会在一定程度上推高土地价格；同时，市场上行时，开发商也更倾向于将住房推出上市。因此土地价格与住房供给量会呈现同向波动。

本书对土地价格与住房供给量之间的关系进行了量化分析。采用 20 个样本城市 2011 年第 1 季度到 2019 年第 4 季度的数据进行面板线性回归分析。模型的因变量为商品住房批准上市面积，解释变量为当期及滞后 1 年、2 年、3 年的商品住房成交楼板价，从而代表土地价格与住房供给量不同期限间的影响。此外，模型中还加入当期及滞后 1 年、2

年、3 年的规划建筑面积和当期商品住房销售面积作为控制变量，以便控制土地供给量和市场行情对住房供给量的影响。

回归结果显示，住房供给量与不同期限的土地价格之间的相关关系不显著（显著性水平低于 90%），而作为市场行情的控制变量与住房供给量之间存在显著的正相关关系（显著性水平为 99%）。这一结果说明土地价格与住房供给量之间不存在明显的直接联系，二者同向变动的趋势仅是对市场行情变动的共同反应。

（二）土地价格对住房价格的影响

从 20 个样本城市的土地价格与住房价格的变动情况看，两者在长期都呈现上升趋势。新建商品住房平均销售价格从 2011 年第 1 季度的 9 651元/平方米上升到 2019 年第 4 季度的 19 193 元/平方米；同时期平均楼板价从 2 636 元/平方米上升到 7 208 元/平方米。2015 年以来房地产市场这一轮上涨行情中，土地价格的波动程度较为剧烈。2016 年第 2 季度，成交楼板价格从上季度的 4 442 元/平方米上涨到 8 242 元/平方米，涨幅达到 86%；随后，2016 年第 4 季度土地价格又下跌至 6 342 元/平方米，跌幅为 23%。但是住房价格的波动程度有限：2016 年住房价格波动幅度仅为 10% 左右。此外，住房价格与土地价格的差值比较稳定，整体在 7 000 元左右波动。

土地价格对住房价格的影响通过两种途径发挥作用：一是在住房开发经营环节的成本传导机制，二是在住房市场上土地价格变动的信号机制。

土地成本在房地产开发中占重要份额。国土资源部 2016 年对 620 个房地产开发项目的调查结果显示，我国土地价格占住房价格的 15% ~ 30%，平均为 23.2%。本书根据 20 个样本城市的住房价格和土地价格数据，以从拿地到供房一年的运转周期计算（前文实证检验显示住房供给量与滞后一年的土地供给量显著正相关），土地价格占住房价格的比例平均在 30% 左右，其中 2015 年以前土地价格住房价格比平均为 25%，

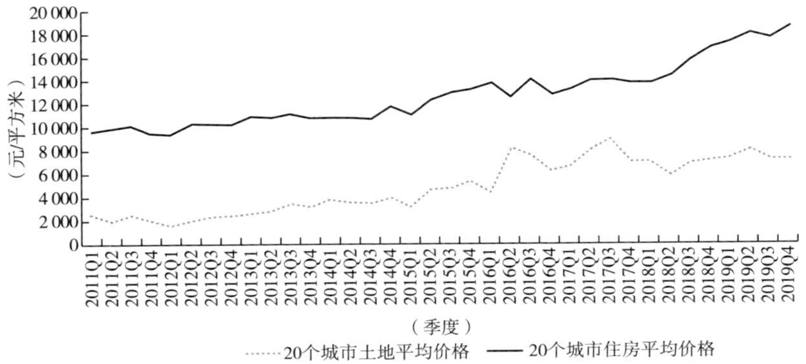

图 6.4　2011—2019 年 20 个样本城市平均土地价格与住房价格的变动情况

注：20 个样本城市为：北京、上海、天津、重庆、深圳、广州、杭州、南京、武汉、成都、苏州、大连、长沙、无锡、沈阳、青岛、济南、南昌、郑州、长春。

资料来源：中指数据，同策研究院整理而得。

2015 年以后为 40%。土地价格的上升会增加住房建设成本，从而形成住房价格上涨的动力。

土地价格变化一定程度上能够反映开发商对未来房地产市场的预期。如果开发商对未来市场有信心，那么对土地价格成本上升的承受能力较强。而在土地出让招拍挂制度下，成交价格是由开发商之间的竞争形成的，高土地价格一定程度上反映了开发商之间形成了对未来较为一致的看涨预期。因此，土地价格变动是市场预期的重要信号，影响住房价格的变动。

本书从实证角度通过对 20 个样本城市进行面板回归验证土地价格对住房价格影响的上述两种机制。回归模型的被解释变量是商品住房销售价格，解释变量是土地成交楼板价。模型选用当期和滞后 1 季度的成交楼板价代表土地价格对住房价格的短期影响，即信号机制；选用滞后一年和两年的成交楼板价代表土地价格对住房价格的长期影响，即成本推动机制。此外，模型加入商品住房批准上市面积和销售面积作为控制变量，以控制住房供给量和市场行情对价格的影响。

表 6.2　20 个样本城市土地价格与住房价格的面板回归结果

$P_{i,t} = c_i + \beta_1 landprc_{i,t} + \beta_2 landprc_{i,t-1} + \beta_3 landprc_{i,t-4} + \beta_4 landprc_{i,t-8} + \beta_5 housesup_{i,t} + \beta_6 housesup_{i,t-1} + \beta_7 sale_{i,t}$

样本时期	变量	土地价格				住房供给		住房销售	Adj - R^2
		当期	一季前	一年前	两年前	当季	一季前	当季	
2011Q1—2019Q4	系数 （*P* 值）	0.36*** (0.00)	0.38*** (0.00)	0.45*** (0.00)	0.83*** (0.00)	-2.18 (0.39)	-3.15 (0.15)	-6.00** (0.03)	0.79

注：* 表示在 10% 水平下显著，** 表示在 5% 水平下显著，*** 表示在 1% 水平下显著。

回归结果显示，在排除市场行情的影响下，住房价格与所有各期的土地价格都呈现显著的正相关关系，并且显著性水平都在 99% 以上。这说明土地价格对住房价格的短期和长期影响都被验证。从短期看，住房价格对土地价格变动的反应较为迅速，并且其影响存在一定的延续性。从长期看，住房价格与两年以前的土地价格仍存在显著的正相关关系，说明土地价格对住房价格的影响持续时间较长。这一结果支持土地价格对住房价格的影响存在信号机制和成本推动机制。

第二节　住房市场对土地市场的反馈

由于我国的国有土地制度和二元化的城乡土地结构，城镇住房用地的供给形成了以政府为主导的垄断式供给。政府的供地数量往往由城市的经济发展阶段与模式、政府的城市规划等因素决定，住房市场仅仅是政府供地策略中的参考因素之一。在招拍挂的土地出让定价方式下，住房市场需求的变化会直接传导到土地市场，从而影响土地价格。

一、住房市场对土地供给量的影响

一个城市的住房用地供给在城市总体规划的框架下，服从于整个城市的定位、产业规划及长期发展目标。在此框架下，住房市场的行情对政府土地供给产生的影响主要通过房地产调控中的供给端调控措施体现。

首先，我国建筑用地供给总量受限。由于我国人口众多，粮食安全问题一直是政府优先考虑的重点问题。2006 年“十一五”规划中提出全国耕地面积不能少于 18 亿亩的“红线”。2016 年，国务院批准《全国土地利用总体规划纲要（2006—2020 年）调整方案》，明确规定了全国及各省、区、市的耕地保有量和建筑用地面积，确保到 2020 年，全国耕地保有量为 18.65 亿亩以上，基本农田保护面积为 15.46 亿亩以上，建设用地总规模控制在 4 071.93 万公顷（61 079 万亩）之内。18 亿亩耕地红线意味着我国建设用地供给总量有限，土地供给存在刚性约束。其次，城市对于人口的承载能力有限。城市的生态环境、交通、能源、供水、安全等服务的供给水平有其限制，人口规模过大会导致城市宜居程度下降，出现“大城市病”。因此在城市基础设施水平既定的条件下，需要适当地限制人口规模，避免过多人口带来的一系列问题。此外，基于城市的定位和产业发展规划，城市规划中需要为工业及服务业提供充足的土地供给，为城市产业和经济的持续发展提供保障。

以上海为例，以上原则在《上海市城市总体规划（2017—2035 年)》中得以体现。对于耕地保有量，规划中需要确保落实至 2020 年的 282 万亩、至 2035 年 180 万亩的耕地保有量目标；至 2035 年，全市规划建设用地总规模控制在 3 200 平方千米以内。对于人口规模，规划中提出到 2035 年，要将上海常住人口控制在 2 500 万人左右。

上海市规划用地平衡表显示，城镇及农村的居住用地在建设用地中的比例将从 2015 年的 38.2% 下降到 2035 年的 32% 以下，而绿化广场、道路交通设施用地的比例分别从 7.2% 和 14% 上升到 15% 和 20%。这说明城市发展中对城市生态和基础设施建设的重视。工业仓储用地占比将从 2015 年的 27.3% 下降到 2035 年的 10% ~15%，这体现了城市未来发展的产业定位立足于金融、贸易、科技等以第三产业为主导的发展路径。在城市的整体规划布局下，上海市的城镇居住用地面积仅有 170 平方千米的增量，用以满足未来 20 年人口的居住需求。因此，城市土地用途的限定也限制了住房用地的供给。

表6.3　上海市规划用地平衡表

<table>
<tr><th colspan="2" rowspan="2">用地类别</th><th colspan="2">2015 年</th><th colspan="2">规划 2035 年</th></tr>
<tr><th>面积（平方千米）</th><th>比例（%）</th><th>面积（平方千米）</th><th>比例（%）</th></tr>
<tr><td rowspan="8">建设用地</td><td>城镇居住用地</td><td>660</td><td>21.5</td><td>830</td><td>26</td></tr>
<tr><td>农村居民点用地</td><td>514</td><td>16.7</td><td>≤160</td><td>≤6</td></tr>
<tr><td>公共设施用地</td><td>260</td><td>8.5</td><td>≥480</td><td>≥15</td></tr>
<tr><td>工业仓储用地</td><td>839</td><td>27.3</td><td>320—480</td><td>10—15</td></tr>
<tr><td>绿化广场用地</td><td>221</td><td>7.2</td><td>≥480</td><td>≥15</td></tr>
<tr><td>道路与交通设施用地</td><td>430</td><td>14.0</td><td>640</td><td>20</td></tr>
<tr><td>其他建设用地</td><td>147</td><td>4.8</td><td>200</td><td>6</td></tr>
<tr><td>小计</td><td>3 071</td><td>100.0</td><td>3 200</td><td>100</td></tr>
<tr><td rowspan="4">非建设用地</td><td>耕地</td><td>1 898</td><td>—</td><td>1 200</td><td>—</td></tr>
<tr><td>林地</td><td>467</td><td>—</td><td>980</td><td>—</td></tr>
<tr><td>其他非建设用地</td><td>1 397</td><td>—</td><td>1 453</td><td>—</td></tr>
<tr><td>小计</td><td>3 762</td><td>—</td><td>3 633</td><td>—</td></tr>
<tr><td colspan="2">总计</td><td>6 833</td><td>—</td><td>6 833</td><td>—</td></tr>
</table>

资料来源：《上海市城市总体规划（2017—2035 年）》。

在城市规划限制住房用地总量的条件下，住房市场对土地市场的影响体现在供给端房地产调控措施的变化上。在房地产市场过热时，政府的土地政策呈现三种趋势。

首先，严格控制土地用途。2006 年《关于加强土地调控有关问题的通知》指出，禁止擅自将农用地转为建设用地；强化对土地管理行为的监督检查；严肃惩处土地违法违规行为。

其次，适当提高居住用地的供给。2005 年《关于做好稳定住房价格工作的意见》提出，对居住用地和住房价格上涨过快的地方，适当提高居住用地在土地供给中的比例；2013 年《国务院办公厅关于继续做好房地产市场调控工作的通知》指出，要增加普通商品住房及用地供给；2017 年《关于加强近期住房及用地供给管理和调控有关工作的通知》指出，对于去化周期为 12 ~ 6 个月的，要增加供地；6 个月以下的，不仅要显著增加供地，还要加快供地节奏。

最后，改善住房用地结构，提高住房土地利用率。2006 年《关于调整住房供给结构稳定住房价格的意见》提出，套型建筑面积 90 平方米以下住房面积所占比重必须达到开发建设总面积的 70% 以上。2010 年《国务院办公厅关于促进房地产市场平稳健康发展的通知》指出，要重点明确中低价位、中小户型普通商品住房和限价商品住房、公共租赁住房、经济适用住房、廉租住房的建设规模，并分解到住房用地年底供给计划。2017 年 4 月，住建部和国土部联合发文，鼓励开发商参与工业用地改造租赁用地，开展集体用地建设租赁用房试点。

通过以上对土地供给端调控政策的总结可以看到，政府对土地使用的监管较为严格，对于农业用地有较强的保护措施；在住房用地的供给总量上，虽然政策提出在住房价格上涨压力过大时可以适当提高供地水平，但是由于各城市的城市规划对住房用地的总量及供给计划都有较严格的规定，很难灵活调整。因此，政府更多地采用对住房用地结构的集约化来调整住房用地供给。

二、 住房市场对土地供给价格的影响

土地价格同样是土地供给和需求力量对比形成的。上一小节论述了我国住房用地的供给受到多种条件的限制，难以灵活调整，造成其弹性较低。在土地需求方面，住房用地的需求是一种典型的引致需求。因为土地是生产要素而不是最终产品。消费者对住房需求的增加派生出投资者对住房用地需求的上升。因此，理论上，住房市场的行情对土地价格有较强的影响。

从我国住房用土地价格的形成机制看，2004 年开始，我国住房用地出让统一采用市场化的招标、拍卖、挂牌的方式进行。这种出让机制的本质是“价高者得”，因此，土地价格的形成实际上就是开发商之间在承受土地这项成本的能力上进行竞争的结果。开发商对未来住房市场

行情的判断决定了承受拿地成本的能力。

当住房市场繁荣、开发商预期住房销售旺盛、销售价格攀升时，其成本承受能力较强，更倾向于提高拿地价格；反之，当开发商预期住房市场下行时，则不愿意出高价拿地。因此，土地价格的形成也是开发商对住房市场供求力量对比做出预期的结果。前文中的研究显示，土地价格与住房价格存在密切的相关性。两者的走势趋于一致，而且土地价格与当期住房价格的比值在2011—2018年相对稳定在0.35左右。这在一定程度上反映出开发商承受土地成本的能力相对稳定。

第三节　土地和住房市场的相互关系

土地市场与住房市场之间的上下游关系导致两者之间的供求与价格存在传导机制。由于土地和住房的供给短期呈现刚性，所以住房需求的变动是造成住房价格与土地价格变化的主要因素。增加土地和住房供给能够较为有效地抑制住房价格过快上涨的情况。从供需的角度看，目前住房价格过高的问题在于住房的供求不匹配。住房的投资属性过强，导致投资需求旺盛，而政府供地则依据城市规划中纯居住需求，导致住房供给相对不足。抑制住房投资属性是降低投资性需求、平抑住房价格的根本措施。

一、土地市场与住房市场间的传导机制

土地市场与住房市场的双重机制主要体现在两个市场间的供需和价格的传导关系上。

土地供给与住房供给之间呈刚性传导。一方面由于住房用地的供给往往受到城市整体规划的制约，供给弹性较小；另一方面，政府对供地的容积率、配套、绿化面积等事项都有严格的要求，住房的最终上市也需要政府的批准。开发商在土地供给向住房供给的转化过程中几乎没有调整空间，因此住房的供给量实际上完全由政府通过住房用地的供给进

行控制。土地供给与住房供给之间的传导呈现刚性。

但是住房建设存在一定的滞后性，从土地供给到住房的批准上市一般存在约一年的滞后期，同时由于期房销售普遍存在，从土地供给到住房实际交付往往需要两年左右的时间。这一滞后性一方面是住房的建设、销售周期造成的；另一方面，开发商的囤地行为会进一步加剧土地供给到住房供给的滞后性，使供给无法及时与需求相匹配，进而加剧市场失衡。

需求方面，土地市场的土地需求是由住房市场上的住房需求派生的。住房用地作为生产要素和住房生产的原材料，对其需求的大小是开发商（住房的生产者）根据住房市场上的需求变化反映到土地市场的。由于政府约束了住房开发中的容积率，因此对住房市场上给定的住房需求，开发商不能灵活选择土地向住房的转化比例，从而改变对住房用地的需求。也就是说，对住房的最终需求基本上直接转化为土地的需求。

价格方面，住房价格与土地价格之间存在双向影响，其影响机制可以分为供求机制和信号机制。住房价格对土地价格的影响是住房需求增加导致土地需求增加，从而带动土地价格上涨。土地价格对住房价格的影响一方面是通过土地供给的成本传导至住房价格，另一方面是通过土地价格变动代表的开发商对未来住房市场预期的变化影响住房价格。

二、 土地价格与住房价格的相互影响关系

关于土地价格与住房价格之间的相互关系，目前存在一定争议的问题是土地价格决定住房价格还是住房价格决定土地价格。对于前者，一般认为由于土地是住房建设的一项重要原材料，原材料价格的上涨会带动最终产品价格的上涨。这符合成本推动型通货膨胀的表现。对于后者，一般认为住房价格是由于住房市场的供求变化引发的，成本并不能直接影响住房价格，只能间接影响开发商的利润水平。从房地产调控的角度看，如果是土地价格决定住房价格，那么政府出让土地时主动压低土地价格，能够控制住房价格上涨；而如果是住房价格决定，那么土地

出让价格则不能作为调控住房价格的工具。

（一）理论分析

在上一节中，本书以我国土地使用权出让的招拍挂方式为切入点分析了我国土地价格的形成机制。可以看到，由于拍卖机制，土地价格的形成是以开发商对住房市场需求的预期为基础形成的。而从理论的角度，经济学中关于地租的理论对住房价格与土地价格的关系问题有过较为详细的分析。

李嘉图在其著作《政治经济学及赋税原理》中论述："谷物价格高昂不是因为支付了地租，相反，支付地租倒是因为谷物昂贵。"① 李嘉图代表的古典地租理论认为，土地产出品的价格水平决定了地租水平，土地需求是决定地租和土地价格的主要因素。通过对地租征税从而改变地租水平并不会改变土地产出物的供求关系，因此不会影响土地产出物的价格。李嘉图的地租理论建立在土地供给刚性且土地产出物唯一的基础上。在供给刚性的条件下，需求成为影响价格的唯一因素。依据这一理论，住房用地是生产要素，而住房是土地的产出物，因此住房的需求变化是影响土地价格的主要因素。也就是说，房价决定地价。

对于古典地租理论的假设条件，新古典理论对其进行了修正。在土地总量不变的前提下，新古典理论引入了土地用途可以改变这一条件，不同用途土地的产出品也不相同。对土地产出品 A 需求的增加会引起 A 的价格上升，进而带动产品 A 的供给增加。这会导致对 A 用途土地需求的上升。同时，产品 A 的价格上升使其生产商有更强的支付能力，以支付更高的地租，从而带动整体地租水平的上升，造成土地用于 A 用途的比例上升，B 用途的比例下降。而 B 用途土地的下降导致 B 的产

① 大卫·李嘉图. 政治经济学及赋税原理［M］. 北京：北京联合出版公司，2013.

出减少和价格上涨。①

在新古典地租理论的框架下，由于存在土地不同用途的划分和土地在不同用途之间的自由转换，所以会出现某种产出物由于地租上升导致土地要素的投入减少，进而造成产出下降、价格上升的情况。

在现实情况中，土地的供给条件往往介于李嘉图模型和新古典模型之间。政府对城市进行规划，区分土地的不同用途；但是城市规划也限制了不同用途土地之间的相互转化。因此，不同类型的土地按照李嘉图模型在各自内部达到局部均衡，而总体上看，不同类型土地的地租存在差异，没有达到一般均衡。

表 6.4 给出了 2019 年我国土地供给情况，不同用途的土地之间的供给情况存在较大差异。工业用地占土地供给的比例最高，达到 49.25%，而其价格反而最低，仅为 303.66 元/平方米。住房用地供给相对不足，具体体现在其高达 6 295.84 元/平方米的价格上。显然，住房用地与工业用地之间没有达到均衡，住房用地的价格是工业用土地价格的 21 倍。如果不同用途的土地之间可以灵活转换，那么必然会出现大量工业用地转为住房用地的情况。

表 6.4　2019 年我国不同类型土地供给情况

	总计	住房用地	商服用地	工业用地	其他用地
成交土地面积（万平方米）	244 533.68	87 129.33	26 733.82	120 425.94	10 244.59
成交土地占比（%）	100.00	35.63	10.93	49.25	4.19
平均成交土地价格（元/平方米）	2 745.54	6 295.84	2 872.17	303.66	924.64

注：以上指标均为成交地块数据。

资料来源：中指数据，同策研究院整理。

这说明，我国住房用地的供给受到城市规划的限制，不能随意更改供给数量，住房用地供给呈现短期刚性特征。因此，对住房用土地价格

① 艾伦·W·埃文斯. 经济、房地产与土地供应［M］. 北京：中国人民大学出版社，2013.

（地租）的分析，李嘉图地租理论模型的假设更为恰当。而依照该理论，住房需求是影响土地价格的重要因素，即住房价格决定土地价格，而不是土地价格决定住房价格。

（二）实证检验

本部分通过使用联立方程模型检验住房价格与土地价格间的相互关系。① 这一模型适用于研究有较强相互影响的因素之间的关系。前文的分析显示，住房价格与土地价格之间明显存在相互影响的关系。因此，构建以土地价格和住房价格为因变量的联立方程组可以在一定程度上代表两者之间存在一定的内生关系。除此之外，土地和住房的供给、城市经济水平、人口等因素作为系统中的外生性因素也会影响住房价格和土地价格。

根据前文的结论，土地供给和住房供给对住房价格和土地价格都有一定的影响，因此模型将土地供给和住房供给都纳入住房价格和土地价格方程。商品住房投资可以代表房地产业的繁荣程度，所以将其纳入两个方程之中。人均产出和人均收入都是衡量经济情况的重要指标，人均产出代表一个城市的经济发达程度，城市越发达，土地价格越高；人均收入代表城市居民收入水平，收入越高，能承担的住房价格越高。因此将人均产出纳入土地价格方程，将人均收入纳入住房价格方程。贷款余额代表该城市的融资环境，对房地产企业融资和居民购房贷款都会产生影响，因此纳入两个方程。常住人口代表城市的人口规模，同样纳入两个方程。

因此，纳入土地价格方程的变量有：住房价格、土地供给、住房供给、住房开发投资、人均地区生产总值、贷款余额、常住人口。纳入住房价格方程的变量有：土地价格、住房供给、土地供给、住房开发投资、人均可支配收入、贷款余额、常住人口。可得联立方程模型：

---

① 详见附录6－3。

$$LP = \alpha_0 + \alpha_1 HP + \alpha_2 LS + \alpha_3 HS + \alpha_4 REinv + \alpha_5 GDPpc + \alpha_6 loan + \alpha_7 pop + \varepsilon \tag{6.1}$$

$$HP = \beta_0 + \beta_1 LP + \beta_2 HS + \beta_3 LS + \beta_4 REinv + \beta_5 income + \beta_6 loan + \beta_7 pop + \varepsilon \tag{6.2}$$

样本选取20个一二线城市[①]2010—2018年的年度数据。由于人口和部分城市贷款余额的指标仅有年数据，所以将样本数据频率统一为年度数据。在指标选取上，土地价格指标为成交楼板价格，土地供给指标为规划建筑面积；住房价格指标为该城市商品住房平均销售价格，住房供给指标为批准上市面积，其中部分城市剔除了保障房数据。以上数据来自中指数据。商品住房开发投资完成额、人均GDP、人均可支配收入、贷款余额、常住人口指标数据来自国家统计局。数据全部采用对数化处理以减轻变量间多重共线性对估计结果的影响。

联立方程模型的估计采用二阶段最小二乘法分别对两个方程进行估计，并控制不同城市间的固定效应及时间固定效应。[②] 第一阶段，使用所有外生变量作为工具变量，分别对住房价格和土地价格两个内生变量进行线性回归，并获取两者的估计值。这一阶段的意义是将外生因素对住房价格（土地价格）的影响与内生因素的影响分离。第一阶段中，因变量的估计值表示在纯粹外生因素影响下住房价格（土地价格）应处于的水平，而内生因素对住房价格（土地价格）变动的贡献被纳入残差项。第二阶段，用内生变量的估计值代替观测值带入原方程进行估计。使用内生变量的估计值代替实际值的意义是将排除了内生因素影响的解释变量引入方程，因此可以排除内生变量间的相互影响。由于变量间存在较强的相关性，导致原模型存在严重的多重共线性，所以，采用

① 北京、上海、天津、重庆、深圳、广州、杭州、南京、武汉、成都、苏州、大连、长沙、无锡、沈阳、青岛、济南、南昌、郑州、长春。

② 高铁梅. 计量经济分析方法与建模：EViews应用及实例（第3版）［M］. 北京：清华大学出版社，2016.

逐步回归法确定最终模型。回归结果见表6.5。

表6.5　住房价格与土地价格的联立方程模型回归结果

土地价格方程：$LP = \alpha_0 + \alpha_1 \widehat{HP} + \alpha_2 LS + \alpha_3 HS + \alpha_4 loan + \varepsilon$

变量	常数	住房价格（估计值）	土地供给量	住房供给量	贷款余额		Adj－R^2
系数 （P值）	－2.494 (0.492)	1.870*** (0.001)	－0.152** (0.015)	0.571*** (0.000)	－0.992** (0.024)		0.87

住房价格方程：$HP = \beta_0 + \beta_1 \widehat{LP} + \beta_2 LS + \beta_3 HS + \beta_4 loan + \beta_5 pop + \varepsilon$

变量	常数	土地价格（估计值）	土地供给量	住房供给量	贷款余额	人口	Adj－R^2
系数 （P值）	5.677** (0.013)	0.489*** (0.000)	0.081*** (0.000)	－0.293*** (0.000)	0.065*** (0.000)	－0.748* (0.066)	0.97

注：* 表示在10%水平下显著，** 表示在5%水平下显著，*** 表示在1%水平下显著。

回归结果显示，住房价格与土地价格呈现相互影响的关系，但是住房价格对土地价格的推动作用远大于土地价格对住房价格的推动作用。住房价格上升1%会带动土地价格上涨1.87%，而土地价格上升1%仅会带动住房价格上涨0.49%。收入、人均GDP、商品住房开发投资等变量由于影响不显著或会引起多重共线性等原因，没有被纳入模型。

此外，土地价格方程的回归结果还显示，土地价格与土地供给呈现负相关，与住房供给量呈正相关，与贷款余额负相关。这一结果可以说明：首先，土地市场的供求关系得到验证，增加土地供给可以在一定程度上抑制土地价格的上涨。第二，土地价格与住房供给量呈同向变动，这可能是由于房地产市场周期运行导致；市场繁荣时期，地方政府会加快供地，房地产商会增加住房的供给，市场萧条时则相反。总体上看，对土地价格影响最大的因素是住房价格。

住房价格方程的回归结果还显示，住房价格与土地供给量正相关，与住房供给量负相关，与贷款余额正相关，与人口负相关。这一结果说明，首先，住房市场的供求机制有效，住房供给的增加可以在一定程度上抑制住房价格的上涨。第二，住房价格与土地供给量的同向变动关系可以认为是住房价格、供地对住房市场运行周期的同方向反应：市场繁荣时住房价格攀升，而政府也更倾向于增加供地。第三，住房价格与贷款余额呈同向变动，这在一定程度上说明宽裕的信贷环境是住房价格上涨的重要条件。第四，住房价格与常住人口呈反向变动，由于近几年北京、上海等城市出现了常住人口下降的情况，这一结果可能是上述现象的表现，这在一定程度上反映了过高的住房价格对人口的挤出效应。

以上结果说明，在现阶段我国房地产市场中，住房价格对土地价格的推动作用在两者的关系中占主导地位。根据模型的经济意义，土地价格方程中，住房价格估计值表示排除了土地价格影响以后住房价格应处于的水平。因此，这一指标的变动直接反映了住房市场由于经济基本面等外生因素引起住房供求变动而导致的住房价格变化。因此，土地价格对住房价格估计值的回归系数代表了住房市场的供求变动传导至土地市场，对土地价格造成的影响。同理，在住房价格方程中，土地价格估计值的回归系数代表了土地市场内部变化传导至住房市场，对住房价格造成的冲击。回归结果显示，住房价格对土地价格的影响远大于土地价格对住房价格的影响。这一结果为住房价格决定土地价格的观点提供了证据。

三、土地和住房的双重市场机制对房地产调控的启示

我国的国有土地制度和对土地用途的严格规划造成我国住房用地和住房供给的相对刚性。因此，住房需求是主导住房价格的主要因素。对于房地产调控，要做到节流与开源并重，一方面需要对住房需求进行主动调节，另一方面需要增加土地和住房供给的灵活性，从供给和需求两方面对房地产进行调控。

从供给的角度看，目前我国的住房供给呈现刚性，房地产供给端宏观调控的方式较为单一，主要以控制住房供给量和打击开发商囤地为主。从根本上讲，这是由我国严格的土地制度造成的。出于特殊的环境、历史、制度等方面的原因，我国不能也不应该从根本上改变现有的土地制度，但是有必要根据实际情况对现有制度进行局部调整，以适应

市场化的土地和住房分配机制。例如，在耕地保护方面，应该在保障全国18亿亩耕地红线的同时，建立起在不同地区和城市间进行结构性灵活调整的机制。重庆市的“地票”制度值得借鉴，可以推广到不同城市。一个城市通过复垦、开荒获得的耕地，以地票为媒介向另一个需要建设用地的城市出售。这样一来，工业、服务业发达的地区可以通过地票与农业发达的地区进行土地要素的流转，从而提高总的土地利用效率，提高总产出。在同一城市内部，不同类型的建设用地之间，也应该增强其灵活转化的机制。目前多个城市的集体建设用地建设租赁住房的试点也值得推广。

目前，我国的土地供给还存在土地资源分配不当的问题，最突出的表现就是不根据人口流动的实际情况进行土地资源配置，由于地方发展有差异，人口必然会从经济发展落后地区向发达地区转移，这是客观规律，与之配套的就是在人口流入地区进行相应的土地资源配置。但在现实中，许多政策并没有遵循这一规律，最典型的就是不同地区都必须保有一定规模的耕地。保有18亿亩耕地是我国粮食安全的必要保障，这一政策本身并无问题，但保有耕地同样需要讲究效率原则，农业的边际产出在落后地区和发达地区差别并不大，但是现代产业在两地的边际产出差距十分明显，同样要求两地进行耕地保护，效率将会十分低下。对土地资源的错配保护还会对经济增长产生十分不利的影响，陆铭等人①就指出，由于土地资源供给的错配，东部发达地区土地价格和住房价格高企，相关产业被迫提前资本深化，雇佣劳动量下降，而西部也没有利用相对充裕的土地资源进行有效追赶，损失了总体经济效率。

从需求的角度看，需求端是我国目前房地产调控的重心所在。限购、限售、限价、限贷等调控措施在近两年的调控中屡屡出现，而且力度也不断升级。但需要指出的是，这些限制政策调控的仅是住房需求在

① 陆铭，张航，梁文泉．偏向中西部的土地供应如何推升了东部的工资［J］．中国社会科学，2015（5）：59－83.

市场上的表现，而并非住房需求本身。我国住房价格高企的一个重要原因是投资性需求旺盛，而住房供给，尤其是对住房用地的规划仅以居住需求为考量标准。因此相对于总需求，住房供给相对不足，造成住房价格不断上涨。抑制住房的投资性需求不能仅仅依靠限购、限售，因为市场上的炒作行为是经济人借助住房的投资属性实现利益最大化的理性选择。因此，限制投资需求要从根源入手，在制度上削弱住房的投资属性。

让住房回归其居住的本质属性，首先要逐步摈弃土地资本化、以土地谋发展的思路。目前许多地方的经济发展对土地财政的依赖较大。一方面，土地出让金最终依靠销售住房转嫁给居民，而住房价格不断上涨体现的住房投资价值是地方政府维持土地出让金的重要保证。另一方面，政府的经济建设与基建投资提高了土地的内在价值，构成了土地和住房价格不断上涨的重要基础。这两方面互相作用，客观上强化了住房的投资属性。其次，需要加快推进房地产税的实施。房地产税能够显著增加土地和住房的持有成本，从而抑制其投资属性。最后，需要大力建设保障性住房，为低收入者提供易得的住房，强化住房的居住属性。

从土地作为生产要素的角度看，合理的土地要素收益分配机制是房地产长效调控机制的重要一环，也是宏观经济调控的重要支撑。将土地要素增值收益收归政府所有，一方面可以大幅弱化住房的投资属性，彻底解决资金过度流向房地产业的问题；另一方面，土地要素增值收益是地方政府投资基建的合理收益，有助于扩大地方政府的财政收入，降低政府部门杠杆，有利于经济稳定。

第七章　土地制度与土地财政研究

房地产业是在一定的制度框架内发展的，而制度还影响着经济的发展绩效。土地制度是房地产业发展的基石，同时土地又是极其重要的生产要素，对经济发展至关重要。可以说土地是天然联系房地产业与经济发展的桥梁。深入研究土地制度有助于理清我国房地产业与经济发展的关系，而“土地财政”就是这种关系的一个重要体现。本章将梳理中国土地制度，重点研究具有中国特色的“土地财政”制度，揭示我国经济发展与土地的内在逻辑。

第一节　土地制度变迁与“土地财政”

一、　我国土地制度的变迁

纵观我国的土地制度变迁，1978 年以前我国土地资源无偿使用。改革开放之后，随着市场经济体制逐步推进，土地供给由无偿无期限使用逐步转向有偿有限期使用。1980 年，深圳东湖丽苑以补偿贸易的名义吸引外资进行建设，这是新中国第一个土地有偿使用案例；当年出台的《广东省经济特区条例》第一次在法规中含蓄肯定了国有土地有偿使用的原则；1987 年 12 月在深圳首次公开拍卖国有土地使用权。经济特区的探索为中国土地制度的转型提供了样板和方向，顶层法律设计随之跟上，1982 年我国制定的新宪法规定了“任何组织或者个人不得侵占、买卖、出租或者以其他形式非法转让土地”。1988 年首次修订 1982

年宪法时就将此条文改为“任何组织或者个人不得侵占、买卖或者以其他形式非法转让土地。土地的使用权可以依照法律的规定转让”。这成为我国目前土地转让的宪制基础。根据当时的宪法和相关法律，我国土地分为两种类型：城市土地归国家所有，由地方政府统一管理使用，可以进行使用权交易；城郊和农村土地归集体所有，住房建设用地由村集体无偿划拨，除村民之间不允许任何其他形式的交易。

1988 年宪法修改之后，我国正式实行土地有偿使用制度。其中经过了四个时期：第一个时期是 1988—1993 年，土地出让实行地方与中央分成，资金主要用于城市建设和土地开发。第二个时期是 1994—1999 年，根据 1994 年分税制改革的设计，土地出让金全部留归地方，中央财政不再参与分成。第三个时期是 1999—2007 年，1999 年财政部发布《新增建设用地土地有偿使用费收缴使用管理办法》，其中明确规定土地有偿使用费 30% 上缴中央财政，70% 上缴地方财政。之后，土地出让金被细分为更多小项，土地出让金先缴入地方财政专户作为预算外资金管理，扣除成本后再将净收益纳入地方国库。在该时期，2004 年 3 月，国土资源部、监察部联合下发了《关于继续开展经营性土地使用权招标拍卖挂牌出让情况执法监察工作的通知》，土地出让的协议转让方式自 2004 年 8 月 31 日被完全禁止，从此只能以招标、拍卖和挂牌（即所谓的“招拍挂”）等公开方式进行。第四个时期为 2007 年之后，土地出让金全额纳入地方基金预算管理。支出范围被细分为土地补偿、拆迁补偿、城镇廉租房保障支出等 15 个项目。

2017 年，国土资源部住房城乡建设部印发《利用集体建设用地建设租赁住房试点方案》的通知，在北京、上海、沈阳、南京等 13 个城市进行试点。我国的土地供给主体从唯一的地方政府转变成地方政府和集体土地所有者，这标志着我国政府开始对城市、农村二元化的土地制度进行一定程度的突破，尝试将市场机制引入农村土地交易。2019 年 2 月 19 日，根据《中共中央国务院关于坚持农业农村优先发展做好“三农”工作的若干意见》，我国将全面推开农村土地征收制度改革和农村集体经营性建设用地入市改革，加快建立城乡统一的建设用地市场。2019年8月26日第十三届全国人民代表大会常务委员会第十二次会议正式通过《关于修改〈中华人民共和国土地管理法〉、〈中华人民共和国城市房地产管理法〉的决定》，农村集体经营性建设用地可以进入土地市场正式成为法律条文，“农地入市”成为近30年来中国最重要的土地制度改革。

二、“土地财政”的形成

“土地财政”是对中国城市建设当中一种现象的称呼，按照赵燕菁[①]的描述：“中国城市化模式的大突破，起始于20世纪80年代后期。当时，依靠农业部门为中国的工业化提供积累的模式已难以为继。深圳、厦门等经济特区被迫仿效香港，尝试通过出让城市土地使用权，为基础设施建设融资。从此开创了一条以土地为信用基础，积累城市化原始资本的独特道路。这就是后来广受诟病的‘土地财政’。”具体而言，土地财政的形成有如下原因。

1. 地方政府发展经济的强烈动机

自秦朝统一六国到新中国成立以来，中国基本上是一个中央集权的单一制国家，除了国家分裂和藩镇割据时期，中央政府对地方政府有着绝对的权威。但由于治理能力的天然限制，中央政府无法做到直接对基层社会进行治理，只能通过设立层级式的地方政府并授予一定权力来实施和贯彻自己的意志和政策。在授予地方政府一定权力的同时，中央政府同样保留了对地方政府决策的最终决定权，并根据一定的标准决定地方官员的升迁与罢黜，这一政治体制基本沿用至今。

1978年改革开放之后，中国放弃了计划经济体制，逐步采用了市场经济，经济发展获得了巨大的成功。中国经济持续几十年的高速增长引起了经济学家的巨大兴趣，他们提出各种理论试图解释这一现象。除

---

① 赵燕菁．土地财政：历史、逻辑与抉择［J］．城市发展研究，2014，21（01）：1－13.

了生产率提高、生产要素投入的持续增加、人口红利等之外，很多人还从制度经济学方面提出了自己的看法，希望探索中国经济发展的制度原因所在，其中以周黎安①的“晋升锦标赛”理论最为著名。周黎安从中国的政治体制出发，认为地方政府之间的互相竞争是中国经济长期增长的根本性制度原因。他指出中国的政治激励机制有如下特点：

（1）上级政府拥有绝对的人事决定权，同时中国的体制内官员尤其是高级官员几乎都会在体制内完成自己的职业生涯，不会跳出这一行业。

（2）各级政府以可考核的 GDP 作为下级政府官员绩效指标，这一指标不但可以量化，而且相对客观。

（3）官员通过努力取得的成果基本上可以被公正地量化到自己身上，其他人搭便车的行为基本可以杜绝。

（4）官员可以通过调整自己的努力程度获得相应的绩效结果，基本不存在投入多绩效低或投入少绩效高的情况。

（5）同级官员之间不存在互相合谋的动力，因为成功获得的激励远远大于合谋的收益。在中国，晋升与不晋升存在巨大的利益差异，这不仅表现为行政权力和地位的巨大差异，而且晋升本身就提高了再次晋升的概率。

在这些条件得到满足的情况下，上级政府通过考核下级官员辖区的经济增长进行选拔或惩戒，下级政府官员会竭尽所能与资源发展辖区的经济，从而获得更高的晋升概率。乔坤元②通过中国 1978—2012 年数据的研究显示，在控制其他因素后，辖区的经济增长率对于官员晋升有十分显著的正向影响。可以说这一理论得到了有力的实证检验，成为目前中国经济增长最有力的制度经济学解释。

---

① 周黎安．中国地方官员的晋升锦标赛模式研究［J］．经济研究，2007（7）：36－50.

② 乔坤元．我国官员晋升锦标赛机制的再考察——来自省、市两级政府的证据［J］．财经研究，2013，39（4）：123－133.

2. 资本积累是经济增长的客观要求

地方政府有发展地方经济的强烈动机，但这只能构成经济发展的充分条件，而非必要条件。从经济发展史看，到了工业社会，任何经济体的起飞都需要一定的初始资本作为支撑；没有相应的大规模基础设施建设，几乎无法开启工业化进程，工业化和城市化的启动都必须跨越原始资本的临界门槛。在农业社会，产出水平基本维持在基本生存水平之上，无力提供更多的资本用于发展，即所谓的“马尔萨斯陷阱”。到了近代社会，一旦原始资本（工业基础产业）积累完成，机器开始生产，就会带来持续税收。这些积累可以再抵押，再投资，自我循环，加速积累。

当代大多数发达国家在工业化之初都通过对外掠夺实现了初始资本的积累。中国在计划经济时代则是通过对“工业农业剪刀差”和苏联的援助实现了工业化的起步。但是到了改革开放之后，中国的初始工业化水平满足不了更大规模城市化和工业化要求的初始资本积累。如何完成初始资本积累成为中国城市化和进一步工业化必须面对的难题。

具体到地方政府官员而言，发展地方经济必须要先完成基础设施建设，必须给予企业一定的优惠政策，这样才能吸引投资，从而打败同级竞争者，实现自己的晋升。但正如前文所言，改革开放刚开始时中国相应的基础设施积累十分薄弱，表7.1给出了部分国家自1978年以来人均电力消费量，从中可见相较于主要发达国家，中国的人均电力消费量十分低下。在这种形势下发展经济，基础设施的建设是必须首先迈过去的门槛。

从1978—2010年，中国的人均电力消费量增加了11倍之多，而同期的发达国家普遍只增加了0.5～1倍，如果说发达国家本身基础较高，增长乏力的话，同为发展中大国的印度同期也只增加了不到4倍，到2016年，中国的人均电力消费量达到了3 755千瓦时，已经接近1978年日本的消费水平。基础设施的飞速发展成为中国经济增长的重要推动力，表7.1表明中国较为成功地完成了基础设施建设与积累，迈过了这一门槛。

表7.1　中国与部分国家自1978年以来人均电力消费量　（单位：kWh）

年份	中国	日本	德国	美国	印度
1978	246.56	4 670.11	5 574.75	9 560.55	136.33
1980	281.62	4 717.69	5 797.50	9 862.37	142.15
1985	362.81	5 327.80	6 448.54	10 414.21	194.20
1990	510.62	6 805.54	6 639.73	11 713.33	273.05
1995	770.28	7 695.72	6 327.71	12 659.61	360.05
2000	992.94	8 299.41	6 635.42	13 671.05	394.96
2005	1 782.31	8 539.01	7 138.22	13 704.58	469.45
2010	2 943.59	8 594.91	7 264.32	13 394.41	642.11
2015	3 556.19	7 501.48	6 322.70	11 762.91	788.18
2016	3 755.10	7 617.52	6 258.34	11 783.84	838.26

资料来源：1978—2010年数据来自世界银行，2015—2016年数据来自国际能源署（IEA）。

根据经典经济学理论，基础设施作为公共品，基本都需要政府投资建设。但是正如前文分析，在经济改革刚起步时中国缺乏初始资本积累进行相应的建设。但中国成功迈过了这一门槛，其根本原因在于中国的制度创新为经济发展的初始资本积累提供了一条路径，其中财税体制改革提供了直接的驱动力。

3. 财税体制改革成为“土地财政”盛行的直接原因

从中国的财税体制看，1971年以后中国采用过两种财税机制。1971—1994年为“财政包干”制，其核心思想就是中央核定收支总额，分不同情况由地方包干上缴收入或中央差额补贴，地方在划定的收支范围内自行组织收入，自主安排支出，自求收支平衡。这种体制由于跟承包责任制很像，故而被称为“财政包干”，基本上地方政府每年只要上缴中央政府规定的定额，剩下都是自己的。这极大地刺激了地方政府发展本地经济的积极性，但是这种体制的弊端也随之而来，中央政府的财政收入占比和财政占GDP总量比重持续下降，出现严重的入不敷出情况；地方政府为了发展经济，地方保护主义盛行。

在上文所述的情况下，中国自 1994 年开始实行新的财税体制，即著名的分税制改革，改革的核心内容就是将以前的包干制改为分成制，主要税源纳入国税，由中央政府统一掌握，而地方政府则通过地税掌握剩余税源。在这次改革后，中国税收占 GDP 比重下降现象和中央政府税收占总税收比重下降现象得以扭转，财政的宏观调控功能得以改进和加强。

这次改革的一个重要后果就是将财政收入重新集中到中央，但是中央与地方的支出结构并没有明显变化，这直接导致“财权上移，事权下放”的后果。图 7.1 给出了自 1985 年以来中国地方财政与全国财政支出的关系。

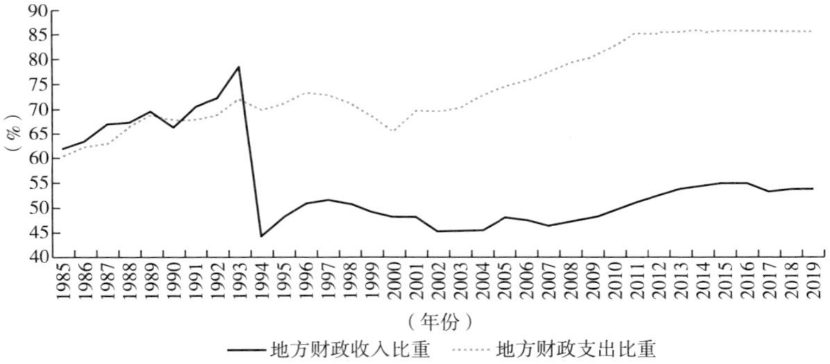

图 7.1　1985 年以来中国地方财政与全国财政的比重关系

资料来源：国家统计局。

按传统理论分析，将财政收入的大部分由地方政府转移到中央政府的一个后果就是挫伤了地方政府发展经济的积极性，但是中国的经济增长并没有因此遭遇大的下挫，这从另一个侧面证明了“晋升锦标赛”理论的正确性，因为地方官员的竞争标的是辖区的 GDP 而非财政收入，财政收入划分方式的变化并不影响这一竞争目标：地方官员只不过是在新的资源约束条件下继续老的竞争，竞争手段可能会因为新的资源禀赋发生变化，例如由以前的保护地方产业改为积极到中央部委争取在辖区投资新的项目，但是对于 GDP 的追求没有改变。

资源禀赋的改变也影响了地方政府的其他经济行为，例如对地方政府而言，原本为经济建设投入的基础设施建设和吸引的投资本就不足，在分税制改革后即使加上中央政府返还的收入，可供支配的资源也有可能仍显不足，迅速筹措推进工业化和城市化所需的初始资本的任务更加艰巨，在这一背景下分税制改革成为推进“土地财政”的重要催化剂。而在1994年的分税制改革当中，中央政府将许多重要税种收归自己所有之后，将当时并不起眼的城市国有土地有偿使用收入留给了地方政府，同时土地国有以及地方政府可以征用的规定为“土地财政”的实施提供了相应的法律基础与保障。“土地财政”为我国经济发展提供了巨大助力，其规模与作用测算将在下一节展现。

正是在这些条件的共同作用下，“土地财政”逐渐在中国发展起来，几乎成为中国绝大多数地方政府最为重要的经济发展手段，深刻地影响了中国的经济发展。

第二节　“土地财政”的优势与作用

如前所述，“土地财政”是经济建设中初始资本积累的重要途径，在特定历史条件下有其优势与作用。

一、“土地财政”的优势

“中国的‘土地财政’就是通过出售土地未来的增值（70年），为城市公共服务进行一次性投资融资。中国城市政府出售土地的本质，就是间接销售未来的公共服务。通过这种方式，中国的城市主政者迅速筹集了发展基础设施所需要的资金，再通过建设基础设施吸引资金进行投资，从而实现经济增长。”① 它的主要作用有：

（1）相较于改革开放前的土地无偿划拨制度，“土地财政”有效地

① 赵燕菁．土地财政：历史、逻辑与抉择［J］．城市发展研究，2014，21（01）：1－13.

重构了土地的价值，促进了土地的市场化进程，改变了以往不合理的土地制度。在改革开放前，土地跟其他生产要素一样是按照计划调配的，这种生产方式的低效率已被历史证实。随着市场经济的发展，作为十分重要的生产要素，土地的市场化不可避免，通过“土地财政”，土地的价值被挖掘利用，土地开始根据级差地租来决定用途，实现了价值的最大化。以往计划经济时代的土地错配、浪费和闲置的情况大为减少，对整个中国的市场化进程都功不可没。

（2）地方政府以较高的效率筹措了建设资金，有力地推进了经济建设。由于城市土地归国家所有，由地方政府支配，地方政府可以大规模出让土地，相较于其他方式极大地提高了筹资的效率，有效支援了城市基础设施的建设。

（3）为地方政府提供了重要的资金来源，保障了地方的财政支出。以 2019 年为例，当年地方政府一般预算收入为 101 080. 61 亿元；基金性收入为 80 477. 94 亿元，其中土地出让金 70 631. 06 亿元；地方国有资本经营预算本级收入 2 335. 86 亿元。① 在不考虑转移支付的情况下，土地出让金占总收入的比重达到 38. 41%。同时土地出让金也有力支持了地方政府的部分财政支出，例如自 2011 年起，地方政府要从土地转让净收益当中计提 10% 作为教育支出。② 土地出让金为我国地方财政提供了巨大帮助。

（4）“土地财政”为我国和平发展提供了保证。赵燕菁③认为由于我国利用土地财政成功筹措到初始积累所需资本，就无须像西方发达国家一样通过对外侵略实现这一目标，从而使我国可以实现“和平崛起”。

---

① http：//gks. mof. gov. cn/zhengfuxinxi/tongjishuju/201901/t20190123_3131221. html.

② 《财政部教育部关于从土地出让收益中计提教育资金有关事项的通知》（财综〔2011〕62 号）。

③ 赵燕菁．土地财政：历史、逻辑与抉择［J］．城市发展研究，2014，21（01）：1－13.

（5）“土地财政”促进了我国实体产业的发展，为我国经济长期增长提供了一定的物质基础。这一点体现在我国地方政府对不同性质的土地所持的态度上。2019 年末，全国 105 个主要监测城市综合土地价格、商服土地价格、住房土地价格、工业土地价格分别为 4 498 元/平方米、7 811 元/平方米、7 432 元/平方米和 856 元/平方米；[①] 工业用土地价格与商服和住房用土地价格差距过于悬殊。对于目前核算手段下产生 GDP 较低的居住用地，地方政府通过招拍挂、限制供地等手段推高价格，以期获得更多的资金；但是对于工业用地等可以产生 GDP 的土地，地方政府则积极以低价供给甚至直接给予企业税收优惠，以期获得更高的 GDP。很明显，长期以来对工业用地的低价供给事实上就是一种补贴。

地方政府在低价供给工业用地的同时，将征地收入用于基础设施建设。2016 年的中国城市基础设施建设资金 55%[②]来自土地融资，通过高价出售居住用地建设城市基础设施和补贴工业企业是中国城市能够迈过城市化初始资本门槛的根本原因。

二、房地产业通过“土地财政”对中国经济增长的贡献

除了上文提及的对整体经济的贡献，房地产业还通过其他途径承担了拉动经济增长的作用。最典型的就是“土地财政”对中国经济增长的贡献，本书将简单测算“土地财政”对中国经济增长的贡献。

（一）“土地财政”对中国经济增长的主要贡献点

“土地财政”对中国经济增长的两个最主要的直接贡献点在于，第一，通过低价转让工业用地，事实上补贴了工业部门的生产，直接增加

① 资料来源于自然资源部发布的《2019 年第四季度全国主要城市地价监测报告》，根据同比增幅换算而得。

② 资料来源于《中国城乡建设统计年鉴 2017》。

了GDP。第二，通过建设基础设施改善投资环境，吸引更多的投资。一方面基础设施建设本身也是GDP，另一方面更多的投资也会带来更高的产出。

本书之所以认为中国的低价供地实质上补贴了工业部门的生产基于两个理由。

（1）中国的工业用地价格相较于商业用地和居住用地过于低廉，过于悬殊的土地价格差只能说明要么工业用地价格过低，要么商业用地和居住用地价格过高，在绝大多数土地供给由地方政府控制的情况下，无论哪种情况都只能被认为是政府对土地这种要素的不合理定价。为了体现中国工业用地价格水平的扭曲，我们对比了上海和东京的各种用地价格，见表7.2。

表7.2　上海和东京不同用途土地价格对比

城市	年份	住房用地（元/平方米）	商业用地（元/平方米）	工业用地（元/平方米）	住房用地/工业用地	商业用地/工业用地
东京	2015	323 800	1 551 400	237 800	1.36	6.52
	2016	332 800	1 699 300	249 600	1.33	6.81
	2017	342 600	1 824 500	259 500	1.32	7.03
上海	2015	18 961.39	28 674.22	1 353.39	14.01	21.19
	2016	33 415.85	29 199.75	1 346.84	24.81	21.68
	2017	17 195.92	36 198.10	1 186.08	14.50	30.52

注：表中价格均使用当地货币。

资料来源：Wind数据库和日本统计局。

从表7.2可以看出，上海的工业用地价格相较于住房用地和商业用地而言十分低廉，前者的价格是后者的10~20倍，而在东京这一数值则为1.3~7倍。

（2）中国工业用地价格的不合理性还体现在城市用地工业用地占比偏高。2014年纽约的工业用地只占总用地规模的3.48%，2007年东京的工业用地占总用地规模为9%，[①] 而中国四大一线城市2016年工业和物流仓储用地比重为21.51%～32.11%，加权均值为28.78%，[②] 即使考虑到统计口径的差异，中国超大城市的工业用地规模也明显高于纽约和东京。

由于工业用地供给相对充足，在中国土地资源整体紧张的情况下还存在着工业用地的容积率整体偏低，土地利用效率较低的现象，造成极大的资源浪费。这从另一侧面反映了中国工业用地供给过多的现状，而工业用地的配置同样是政府决定的，过多的工业用地供给造成中国工业用地价格偏低。

除了对于工业用地的补贴，"土地财政"的另一个贡献就是对中国基础设施建设的贡献，正是有了高效的基础设施配套，中国才成为当今的世界工厂，而这些基础设施建设资金很大一部分也来自"土地财政"。表7.3给出了自2001年以来中国城市市政公用设施建设维护管理财政性资金收入和其中的土地出让金的数据。

从表7.3可以看出，近年来我国城市基础设施维护管理财政性收入的主要构成就是国有土地出让金，2013年占比高达61.41%。除此之外，地方政府以土地为抵押，大量从市场上融资进行基础设施建设，这也形成了巨大的基础设施存量，为我国经济增长提供了十分重要的物质基础。按照任泽平等人[③]的估计，我国2014年、2015年的土地融资规模余额达到了3.46万亿元、3.68万亿元。

（二）"土地财政"对工业用地补贴和基础设施投资额度的测算

"土地财政"对经济的贡献主要体现在对于工业用地的高额补贴和

---

① 黄迎春，杨伯钢，张飞舟．世界城市土地利用特点及其对北京的启示［J］．国际城市规划，2017，32（6）：13－19.

② 数据整理自《中国城市建设统计年鉴2016》。

③ 任泽平，夏磊，熊柴．房地产周期［M］．北京：人民出版社，2017.

表 7.3　中国城市基础设施维护管理财政性资金收入与土地出让金

年份	城市市政公用设施建设维护管理财政性资金收入（万元）	其中国有土地出让金（万元）	比重（%）
2001	25 262 680	1 673 850	6.63
2002	31 561 758	2 830 347	8.97
2003	42 761 892	5 067 562	11.85
2004	52 575 966	10 996 320	20.92
2005	54 225 147	5 944 707	10.96
2006	35 406 259	8 819 133	24.91
2007	47 617 452	16 686 751	35.04
2008	56 164 219	21 054 469	37.49
2009	67 276 878	26 360 164	39.18
2010	85 704 996	40 710 682	47.50
2011	117 817 189	65 865 142	55.90
2012	119 233 467	55 084 787	46.20
2013	143 227 465	87 954 341	61.41
2014	138 005 449	74 515 103	53.99
2015	139 732 658	68 907 494	49.31
2016	180 194 600	100 031 030	55.51

注：自 2006 年起仅统计财政性收入，该数据目前仅更新至 2016 年。

资料来源：《中国城市建设统计年鉴》。

基础设施建设。前者并没有直接形成资本，不会直接对经济增长产生贡献，因此本书也只尝试估计补贴的额度，而不估算由此产生的对经济增长的贡献程度。而后者则产生了基础设施的投资，形成了基础设施资本存量，对经济增长产生了贡献。本书将尝试估计工业用地补贴和基础设施投资额度，并计算后者产生的经济增长效应。

1. 工业用地补贴额估算

测算工业用地补贴额的关键在于评估不同用途土地价格的合理水平。在我国，所有土地资源都掌握在政府手中，由政府垄断供地，政府有意识地控制居住用地规模和扩大工业用地投放，导致了两类土地价格的失衡。为了衡量工业用地的合理价格，一个方法是假定工业用地、商业用地与居住用地的价格存在着一个合理的比例关系，通过这个比例关系倒算出合理的土地价格，再通过该土地价格水平计算出补贴额度。

由于工业用地和居住用地性质不同，两者的价格本就不应完全相同。如果参照日本东京的居住用地与工业用地价格比，大致在 1.33 左右。曹清峰等①则认为我国大中城市合理的居住用地与工业用地价格比为 2.33 左右。本书以这两个数据估算了近年来我国居住用地与工业用地的价格，结果如表 7.4 显示。

表 7.4　我国合理土地价格估算

价格比	用地性质	2017年	2016年	2015年	2014年	2013年	2012年	2011年	2010年	2009年	2008年
1.33	工业用地（万元/平方米）	1.03	1.67	1.20	0.78	0.54	0.27	0.25	0.41	0.40	0.18
	居住用地（万元/平方米）	1.36	2.22	1.59	1.03	0.72	0.36	0.33	0.55	0.53	0.24
2.33	工业用地（万元/平方米）	0.65	1.12	0.74	0.56	0.38	0.21	0.18	0.29	0.30	0.14
	居住用地（万元/平方米）	1.51	2.62	1.72	1.32	0.88	0.50	0.43	0.68	0.71	0.33

注：2008 年以前由于缺乏数据无法估算。
资料来源：国家统计局，同策研究院整理。

如果按照这样的价格和全国近年来实际转让的工业用地面积进行估算，全国近年来补贴给工业部门的资金额度如表 7.5 所示：

① 曹清峰，王家庭．我国工业用地与居住用地的合理比价估算——基于 35 个大中城市的实证研究［J］．财经科学，2014（9）：88－98.

表7.5 全国工业用地补贴额度及占固定资产投资比重

年份	工业用地补贴（亿元）		第二产业固定资产投资（亿元）	全社会固定资产投资总额（亿元）	占第二产业固定资产投资比例（%）		占全社会固定资产投资比例（%）	
	价格比=1.33	价格比=2.33			价格比=1.33	价格比=2.33	价格比=1.33	价格比=2.33
2008	2 719.369	1 402.447	76 961.3	172 828.4	3.53	1.82	1.57	0.81
2009	4 395.364	2 656.990	96 250.8	224 598.8	4.57	2.76	1.96	1.18
2010	7 113.050	4 314.452	118 102.1	257 683.8	6.02	3.65	2.76	1.67
2011	10 380.270	6 368.958	132 476.7	311 485.1	7.84	4.81	3.33	2.04
2012	11 567.300	7 663.675	158 262.5	374 694.7	7.31	4.84	3.09	2.05
2013	16 044.320	10 311.570	184 814.3	446 294.1	8.68	5.58	3.60	2.31
2014	12 581.050	8 057.898	207 684.2	512 020.7	6.06	3.88	2.46	1.57
2015	12 673.070	8 483.726	224 258.6	561 999.8	5.65	3.78	2.25	1.51
2016	15 687.900	10 787.250	232 001.9	606 465.7	6.76	4.65	2.59	1.78

资料来源：国家统计局、Wind数据库，同策研究院整理。

从表7.5可以看出，如果全国的工业用地价格按照上文设定的数值转让，全国的工业企业需要花费相当大的资金购置土地，全国大多数年份对工业土地的补贴相当于第二产业固定资产投资比重的3%～8%，占总社会固定资产投资的1%以上。

2. 基础设施投资额度估算

由于数据所限，本书对基础设施投资额度的估算范围为2008—2016年。从“土地财政”对基础设施建设的贡献看，主要体现在两个部分。

第一部分是政府直接的土地使用权转让。根据2004年出台的《国务院关于将部分土地出让金用于农业土地开发有关问题的通知》，土地出让金并非全部由地方政府支配，也并非全部用于基础设施建设，还包括征地拆迁补偿、土地开发支出、支农支出等方面，2011年之后还增加了教育方面的支出，因此直接用土地出让金衡量基础设施建设的投入是不适当的。本书利用全国政府性基金支出决算表中的土地转让支出项下的城市建设支出作为土地转让金用于基础设施建设部分。具体的数据来源为：（1）2008—2009 年的中国财政统计年鉴，（2）2010—2014 年的全国政府性基金支出决算表，（3）2015年数据则来自财政部综合司的《2015 年全国土地出让收支情况》，（4）2016 年没有对应的分项数据，本书按 2013—2015 年城市建设支出占城市基础设施建设支出的比例估算对应的基础设施建设支出。

第二部分收入是政府以土地储备作抵押进行贷款以及发行债券获得的资金，这部分收入由于没有相关的统计更加难以获取。本书参照郑思齐等人①的研究方法，将城市基础设施投资资金来源中的国内贷款和债券作为该城市土地抵押融资量。数据来自《中国城市建设统计年鉴》。2008—2016 年“土地财政”贡献的基础设施建设投资资金总额如表 7.6 所示。

从表中可以看出，“土地财政”对我国城市基础设施建设的贡献是十分巨大的，2008 年以来全国基础设施建设的资金 45% 以上依靠“土地财政”，“土地财政”对城市基础设施建设的重要性可见一斑。但是近年来“土地财政”的贡献率总体呈下降趋势，对于城市基础设施建设的贡献率已经从 2010 年顶峰时的 90% 降到了 2016 年的不到 50%。

（三）“土地财政”对经济增长贡献度的测算

由于“土地财政”的融资功能，固定资产投资迅速扩大，最终以基础设施的形态形成了存量固定资本，而这些资本被用于生产，正是由于这些存量资本才使中国的经济近些年得到飞速发展。

---

① 郑思齐，师展，吴璟．土地出让、城市建设与房地产价格——对中国特色城市建设投融资模式的探讨［J］．学海，2014（5）：157－163.

表7.6　全国"土地财政"对基础设施建设资金贡献估算

年份	土地转让金中用于城市建设部分（亿元）	国内贷款（亿元）	债券（亿元）	全国市政公用设施建设固定资产投资（亿元）	占城建固定资产投资比重（%）
2008	3 035.3	2 037.0	27.8	7 277.4	70.08
2009	3 341.0	4 034.8	120.8	10 938.1	68.54
2010	7 621.0	4 615.6	49.1	13 351.7	92.02
2011	5 564.9	3 992.8	111.6	14 158.1	68.30
2012	3 049.2	4 366.7	26.8	15 264.2	48.76
2013	3 775.1	4 218.0	41.5	16 121.9	49.84
2014	4 076.3	4 383.1	96.0	16 054.0	53.29
2015	3 531.5	3 986.3	189.1	16 570.7	46.51
2016	3 776.2	4 338.7	133.4	17 319.2	47.63

资料来源：《中国城市建设统计年鉴》，同策研究院整理。

为了测算这一贡献的大小，本书假定中国的生产函数是一次齐次的，在这一前提下就可以通过估计资本的产出弹性估算相应的份额。① 因此，如何正确地估计我国的基础设施资本存量就十分重要，现有文献对这些基础性工作已经做了充分研究，金戈②就估算了我国 1993—2012 年各省的基础设施资本存量，参照他的方法，本书估计了 2008—2016 年我国的基础设施存量。

① 这一假定符合相关的经济学理论，因为在长期均衡中，生产函数必然是规模报酬不变的，也就是一次齐次的。规模报酬不变，是 20 世纪 30 年代美国数学家柯布（C. W. Cobb）和经济学家保罗·道格拉斯（Paul H. Douglas）在研究产出构成时发现的，他们指出美国的资本与劳动力对经济增长贡献的份额从长期看基本不变，具有规模报酬不变的特征，这一发现后来在不同经济体中不断得到验证，属于一个符合实际情况的标准经济学假设。

② 金戈．中国基础设施资本存量估算［J］．经济研究，2012，4（4）：14.

按照金戈①的估计，我国的基础设施产出弹性大约为0.12～0.13，也就是说每年大致有八分之一的产出是由基础设施产生的。但是现有的基础设施存量中多少是由“土地财政”形成的并不好估算，主要原因在于“土地财政”在20世纪90年代之前并非地方政府的主要融资方式，对此的统计并未开展；且当时统计制度并不完善，初始的“土地财政”投入量无法获得。但从表7.7可以发现，2008—2011年我国基础设施投资大约有15%是“土地财政”贡献的，本书假定在2008年之前的几年，“土地财政”对总的基础设施资本存量贡献也在此值附近，为此本书分别假定2007年我国的基础设施存量中有10%、15%和20%是“土地财政”融资形成的，得到之后各年的资本存量中由“土地财政”形成的比例见表7.8。

表7.7　我国基础设施资本存量估计

年份	基础设施资本存量（亿元）	土地财政贡献量（亿元）	全国市政公用设施建设固定资产投资（亿元）	基础设施投资完成额（亿元）	土地财政占基础设施投资比重（%）
2007	167 157				
2008	192 378	7 210.7	17 460.0	40 599.98	17.76
2009	233 326	7 820.1	16 204.4	57 239.15	13.66
2010	278 321	11 880.5	16 245.0	67 200.94	17.68
2011	316 842	9 958.4	16 349.8	69 120.04	14.41
2012	360 979	7 153.6	15 296.4	79 862.98	8.96
2013	416 247	8 439.8	13 934.2	96 705.90	8.73
2014	483 593	8 232.0	13 363.9	116 041.94	7.09
2015	565 997	5 596.3	10 641.5	136 879.84	4.09
2016	661 591	8 248.3	17 460.0	158 330.35	5.21

注：基础设施资本存量以1993年价格为基期进行了调整，其他数据均为当期值。

资料来源：《中国固定资产投资统计年鉴》，同策研究院整理。

① 金戈．中国基础设施与非基础设施资本存量及其产出弹性估算［J］．经济研究，2016，5：41－56.

表 7.8 基础设施资本存量中“土地财政”贡献份额估计

年份	全国基础设施固定资产存量（亿元）	初始份额为 10% “土地财政”产生的基础设施存量（亿元）	初始份额为 10% 贡献率（%）	初始份额为 15% “土地财政”产生的基础设施存量（亿元）	初始份额为 15% 贡献率（%）	初始份额为 20% “土地财政”产生的基础设施存量（亿元）	初始份额为 20% 贡献率（%）
2007	167 157	16 716	10.00	25 074	15.00	33 431	20.00
2008	192 378	20 278	10.54	27 867	14.49	35 456	18.43
2009	233 326	26 093	11.18	32 984	14.14	39 875	17.09
2010	278 321	35 843	12.88	42 100	15.13	48 357	17.37
2011	316 842	41 516	13.10	47 198	14.90	52 879	16.69
2012	360 979	44 527	12.33	49 685	13.76	54 844	15.19
2013	416 247	47 781	11.48	52 465	12.60	57 149	13.73
2014	483 593	51 174	10.58	55 427	11.46	59 680	12.34
2015	565 997	53 611	9.47	57 472	10.15	61 334	10.84
2016	661 591	56 371	8.52	59 878	9.05	63 384	9.58

注：价格以 1993 年为基期。

资料来源：各年的《中国固定资产投资统计年鉴》，同策研究院整理。

从表 7.8 可以发现，尽管初始份额差距较大，但是越到后面的年份，不同份额的差值就越来越小。例如到 2016 年，全国基础设施存量中 9% 左右由“土地财政”贡献，这是因为初始资本存量由于折旧的原因在总存量中越来越小，越往后新形成的资本存量作用就越大。结合我国的基础设施产出弹性大约为 0.12 ~ 0.13，由此可以估计我国 2016 年的经济产出中“土地财政”贡献的比例大约为 1.125%，[①] 当年全国的 GDP 为 744 127 亿元，“土地财政”贡献值为 8 371.43 亿元。表 7.9 给出了 2014—2016 年“土地财政”对我国经济增长贡献的估算。从该表可以看出，“土地财政”对我国的经济增长贡献逐渐下降，无论从贡献率还是贡献额上看都是如此，这表明以“土地财政”拉动基建来带动 GDP 增长的模式近年来的效益已经越来越小。

表 7.9　“土地财政”对我国经济增长的贡献

年份	当年 GDP（亿元）	初始份额为 10%		初始份额为 15%		初始份额为 20%	
		贡献率（%）	贡献额（亿元）	贡献率（%）	贡献额（亿元）	贡献率（%）	贡献额（亿元）
2014	643 974	10.58	8 516.56	11.46	9 224.93	12.34	9 933.30
2015	689 052	9.47	8 156.65	10.15	8 742.35	10.84	9 336.65
2016	744 127	8.52	7 924.95	9.05	8 417.94	9.58	8 910.92

资料来源：国家统计局，同策研究院整理。

需要指出的是，上文的测算并没有囊括“土地财政”带来的全部收益。由于“土地财政”产生的资金来源和用途没有明确、持续和透明的数据记录，“土地财政”对经济增长其他方面的贡献无法得到准确估计，例如自 2011 年起，土地转让金的 10% 要投入教育，[②] 教育在长期人力资本形成中的作用不言而喻，但这一支出只有 2012 年被披露；

① 计算方法为“土地财政”对基础设施的贡献率乘以基础设施产出弹性。

② 《财政部教育部关于从土地出让收益中计提教育资金有关事项的通知》。

2010—2014年的土地出让金支出中，其他土地使用权出让金支出占扣除成本之后土地出让金的比例高达16%~25%，是继城市建设后的第二大支出，但是具体用途从未披露，这部分资金对经济增长的贡献无法测算。除了数据没有披露无法估计之外，地方政府可以在土地出让过程中征收相应的税费，这部分收入如果能用于改善民生，同样可以有不少的产出。

为了测算这部分产出，本书假定所有“土地财政”所得资金的投入产出比是一致的，即土地转让金扣除拆迁和征地成本后政府可支配的收入中每一块钱用于城市建设带来的GDP和用于其他方面支出所能带来的GDP是一样的，基于此本书将进一步估计这部分产出。表7.10给出了我国2013—2016年土地出让金支出情况（其中2016年各项支出为估算，估算方法参照上文提及的城市建设支出的估算方法）。

表7.10　我国土地转让金支出结构　（单位：亿元）

	2013年	2014年	2015年	2016年
支出总额	38 265.60	38 700.72	33 727.78	36 722.080
征地成本	31 435.55	31 555.86	26 844.59	29 802.530
政府可支配部分	6 830.05	7 144.86	6 883.19	6 919.545
其中：城市建设	3 775.14	4 076.29	3 531.53	3 776.226
其他用途	3 054.91	3 068.57	3 351.66	3 143.319

资料来源：财政部，同策研究院整理。

在表7.10的基础上，基于前文给定的假设，本书估算了“土地财政”带来的GDP贡献量，详见表7.11。

从表7.11中可以看出，考虑到其他支出项的“土地财政”对我国的经济增长贡献率也在逐渐下降，这表明通过“土地财政”带动GDP增长的模式近年来的效益已经越来越小。同时我国征地成本越来越高，目前土地出让金当中80%左右都是成本，[①] 政府真正可以支配的比重不

① 《2015年全国土地出让收支情况》显示，用于征地拆迁补偿、补助被征地农民、土地出让前期开发等成本性支出26 844.59亿元……占支出总额的79.6%。

高，在付出巨大成本之后对经济的推动作用却越来越小，“土地财政”边际收益递减效应已经越来越明显。

表 7.11　“土地财政”对 GDP 的贡献　（单位：亿元）

	分项	2014 年	2015 年	2016 年
土地出让金支出项目	城市建设	4 076.29	3 531.53	3 776.23
	其他支出	3 068.57	3 351.66	3 143.32
当年 GDP		643 974	689 052	744 127
初始份额为 10%	城市建设的产出额度	8 516.56	8 156.65	7 924.95
	城市建设的投入资金/所产生的 GDP	2.09	2.31	2.10
	其他支出的产出额度	6 411.14	7 741.21	6 596.71
	可支配土地出让金总产出	14 927.69	15 897.87	14 521.66
	占当年 GDP 比重	2.32%	2.31%	1.95%
初始份额为 15%	城市建设的产出额度	9 224.93	8 742.35	8 417.94
	城市建设的投入资金/所产生的 GDP	2.26	2.48	2.23
	其他支出的产出额度	6 944.39	8 297.08	7 007.06
	可支配土地出让金总产出	16 169.31	17 039.42	15 425.00
	占当年 GDP 比重	2.51%	2.47%	2.07%
初始份额为 20%	城市建设的产出额度	9 933.30	9 336.65	8 910.92
	城市建设的投入资金/所产生的 GDP	2.44	2.64	2.36
	其他支出的产出额度	7 477.64	8 861.11	7 417.42
	可支配土地出让金总产出	17 410.94	18 197.77	16 328.34
	占当年 GDP 比重	2.70%	2.64%	2.19%

第三节　土地财政的弊端与不可持续性

不可否认的是，自 1978 年以来的中国经济增长与制度创新密不可分，“土地财政”就是其中的典型代表。但任何制度都有其适用环境，时移世易，本书认为“土地财政”已经不再适应中国当前和未来的经济发展态势。即使作为一种比较成功的制度模式，“土地财政”在实施时也并非全无弊病，认清“土地财政”的弊端，指出其发展路径的不可持续性将是下文的研究重点。

一、“土地财政”的弊端

尽管“土地财政”迅速为中国城市化发展提供了初始的资本积累，但是它的弊端同样十分明显。

首先，“土地财政”导致并加剧了资源错配。我国目前已经基本建立起市场经济体制，大多数的资源按照价格自行配置，“土地财政”在推高了居住用地价格的同时，大幅降低工业用地价格，这使许多地方大量工业用地空置，同时“土地财政”带来的看涨预期让许多企业拿地也不开发或者故意拉长开发周期，造成土地资源浪费。许多本可以用于其他行业发展的资金由于土地开发的高额利润被吸引至房地产业，大量金融资源被占用，降低了资金的使用效率。

不可否认，相较于计划经济时代，土地的市场化提高了土地的配置效率，但是市场本身不是万能的，市场失灵是早已公认的经济现象。在市场失灵的种种原因当中，垄断就是其中之一。而中国的土地资源恰恰具有垄断的特征，长期以来地方政府都是土地唯一的供应者，而正如前文所述，“土地财政”加深了市场失灵现象，同样导致了资源配置的失效。

第二，“土地财政”是当前房地产业问题的根本症结之一。由于“土地财政”本质上是将未来的土地收益转化为现在的现金，那么只有土地未来会增值才有人愿意购买，从这个意义上讲，土地尤其是住房用地必须是资本品才能将这套流程持续运行，而附着于土地的房屋也必然带有资本的属性，这同“房子是用来住的、不是用来炒的”精神背道而驰，是住房价格屡屡调控却越调越高的重要原因。

住房价格如果没有上涨预期，土地的价值就不会变高；而土地价格值不高，就不会有人愿意为未来的收益付出现在的资金；没有资金，

“土地财政”就无法进行下去。但是住房价格的持续过快上涨已经带来了高昂的社会成本，住房价格的上涨及其带来的房租上涨往往意味着用人成本和物业成本的直接上升，同时土地价格的上涨意味着生产部门尤其是拥有土地使用权和自有物业的企业的机会成本上升。

第三，“土地财政”加剧贫富差距问题。由于“土地财政”必然带来土地的增值，那些拥有不动产的人群即使不努力也能坐拥巨额财富；而没有不动产的人努力工作也无法跟上前者，拥有不动产的机会也越来越低。社会财富虽然随着“土地财政”不断变大，但绝大部分被很少一部分人分走，这造成了极大的社会不公，成为社会不稳定的因素。

第四，“土地财政”本质上是融资，这必然会带来金融风险。截至2015年底，84个重点城市处于抵押状态的土地面积为49.08万公顷，抵押贷款总额11.33万亿元。[①] 这些抵押贷款的额度是靠土地价格维持的，对地方政府的城市建设和债务起着重要的支撑作用，任何对住房价格的打压都会影响此类资产的价格进而引起更大的金融问题，直接关系地方政府的信用。

二、“土地财政”的不可持续性

由于“土地财政”对中国经济的巨大推动作用和地方官员激烈的晋升竞争，“土地财政”成为我国官员推动经济发展的重要手段，但是我们必须意识到的是，由于“土地财政”的一些弊端和我国经济社会的发展，“土地财政”这种发展方式的存续基础已经越来越薄弱，不可持续的前景越来越明显。

（一）土地资源的不可持续性

作为城市发展最重要的要素，土地是一种不可再生的稀缺资源，尤

---

① 数据来自《2015中国国土资源公报》，自2016年起，《中国国土资源公报》不再报告这些数据。

其是对中国这种多山国家来说，平坦的土地是十分重要的战略资源。对我国一线城市而言，土地资源的枯竭已经成为城市发展面临的现实问题，“土地财政”已经无法延续。

从表7.12可以看出，深圳几乎已经没有耕地和林地资源，传统的通过征收农业用地转化为其他用地的道路已经完全不可行。北京和上海还有大量农业用地尚未开发，但是两地的远期规划留下的建设用地规模扩张空间已经十分逼仄，北京甚至要求削减未来的建设用地规模。广州虽然远期规划未明确给出用地规模红线，但是根据《广州市城市总体规划（2017—2035）》,[①] 2020年起新增建设用地逐步递减。无论是从土地资源的绝对总量还是规划约束红线看，“土地财政”在一线城市基本已经无法再延续。

表7.12　我国一线城市土地资源情况　（单位：平方千米）

	近期城乡建设用地面积	远期规划建设用地面积	平原与台地面积	耕地面积	林地面积
北京	2 920.00	2 760	6 338.0	2 163.0	—
上海	3 185.00	3 200	6 340.5	1 908.0	473.0
广州	1 787.14	—	—	809.6	1 614.2
深圳	975.50	—	1 557.5	38.3	15.7

资料来源：第三列来自各市由国务院批准的2035年城市总体规划，年份并不统一，从2015—2017年都有，故不再列举详细年份；第四列数据来自第一次全国地理国情普查公报，最后两列来自第三次全国农业普查公报。第二列的数据来源如下：北京，http://finance.sina.com.cn/china/dfjj/2018-07-12/doc-ihfefkqq6745836.shtml；上海，http://www.shanghai.gov.cn/nw2/nw2314/nw2318/nw38653/index.html；广州，http://www.gz.gov.cn/gzgov/s2812/201704/f9a56b831a1a4b3aab5ec15868c54342.shtml；深圳，http://www.chyxx.com/industry/201804/629555.html。

从另一个角度看，我国为了粮食安全问题，定下了“18亿亩”的耕地资源红线，整体土地资源的不可持续问题也越来越严重。2017年

① https://baijiahao.baidu.com/s?id=1593344632784849288&wfr=spider&for=pc.

底我国耕地为20.23亿亩，离耕地红线还差2.23亿亩。[①] 但我国成熟的农业开发与生产已逾几千年，很难再通过开垦或其他方式大规模增加耕地，而我国对耕地资源占用与补偿已经从简单的数量平衡发展到质量平衡。城市发展的需求用地占用的耕地已经很难再予以弥补，土地资源逐渐枯竭的前景不可避免，“土地财政”面临的资源困境无法回避。

（二）产业基础的不可持续性

“土地财政”的根本目的是以土地作为信用载体为城市的发展融资。只有城市发展起来，土地才有升值的可能，利用土地融资才有可行性。因此，我们才会发现地方政府在高价供给住房用地和商业用地的同时，大量的工业用地被低价供给。从逻辑上看，有了产业基础才能吸引劳动力进入，才能进行工业化和城市化，才会有更快的GDP增速；有了这些前提才会产生住房市场和商业服务，土地才会升值，政府才可以继续卖地建设基础设施和低价供给工业用地，这是一个正反馈过程。

但城市的经营与企业的经营有类似之处，并不是所有的城市发展都能成功，如果地方政府寄予厚望的产业基础发展不起来，上文提及的正反馈过程就无法继续，城市经营的失败必然会导致循环的终结。中国东部沿海城市依靠“土地财政”发展起来的先例给中西部城市树立了对标榜样，但是由于时代的发展，东部发展的经验可能已经不再适用于中西部发展的现状。

从我国地级市的数据看，我国部分三四线城市面临着严重的产业空心化和人口流出问题。本书搜集了我国288个地级以上城市2014—2017年的城市人口变更情况。

为了便于分析，本书按照两个维度对中国城市进行分类，第一个维度是常住人口变化趋势，第二个是外来人口占常住人口比重。如果常住

---

① 资料来源：《2017中国土地矿产海洋资源统计公报》。

人口的增长趋势无法超过中国的人口自然增长率，我们大致可以判定这个城市正在经历人口流失，但需要指出的是，人口流失并不一定代表产业不振，城市行将衰落，例如由于一线城市严厉的人口限制措施，人口无法流入，同样出现了人口流失现象，这并不是城市衰败的迹象，此时，第二个指标就显得十分必要。如果一个城市很大一部分人口都是外来人口，表明这个城市十分具有吸引力，而且产业基础必然十分强劲，否则无法吸引外来人口进入。本书以是否有外来人口作为一个城市是否有吸引力的标准，如果一个城市常住人口大于户籍人口，本书判定其有吸引力，反之则无。

根据中国地级以上城市 2014—2017 年常住人口变化趋势，我国大多数常住人口增速超过全国人口增速的地方集中在东部和西南部地区，大多数中西部城市都呈现人口下降趋势，东北部地区最为严重，中部地区大多数城市同样面临着严重的常住人口下降问题。

根据中国地级以上城市 2017 年外来人口占比情况，我国中西部人口流出情况尤其严重，而经济发展稍显不足的苏北、浙西南、广东珠三角以外地区同样面临这一问题。我国外来人口比重最高的城市几乎都是我国经济最发达的城市，例如京津地区、长三角地区、闽南地区和珠三角地区。而外流比例最高的地区都是我国人口较多但经济欠发达地区，例如豫皖交界地区、广西地区和川渝贵地区。如果综合考虑以上两种情况，既经历了常住人口下降又经历了人口流出的城市主要集中在中西部地区；只经历了常住人口下降的城市主要集中在东北和沿海部分地区，这些城市尤其是沿海城市的产业基础尚可，还可以持续吸引人口迁入，常住人口下降主要是人口出生模式和政策限制所致；只经历了人口迁出的城市，主要分布在山东、安徽、福建西部和广西地区，这些地区可能没有足够的产业基础，无法吸引本地劳动力留下，但是尚具备一定的劳动力资源优势，现有产业基础羸弱是发展的最主要障碍。而同时经历常住人口增加和人口流入的城市的产业基础强劲或正在大力发展产业基础，劳动力资源充分，未来发展前景广阔；最为典型的就是中西部省份的省会城市，例如太原、郑州、合肥、武汉、长沙、南昌、成都、贵阳。

从以上分析可以看出，我国大多数中西部城市目前事实上不具备继续大规模城市化的产业基础，尤其是那些正在经历人口流出和人口下降双重打击的城市。而对于大多数尚存人口增长态势的中西部城市而言，省会城市的快速发展吸引了大多数投资与产业，对同省内其他城市的虹吸效应十分明显。显然，仅从人口流动看，现阶段“土地财政”赖以存在的产业基础建立已经不再像过去那么简单了。

（三）发展方式的不可持续性

“土地财政”的制度基础在于“晋升锦标赛”，对主政一地的官员来说，通过土地筹措建设资金从而发展经济已被证明行之有效，有力地促进了中国经济的发展。但是官员的任期是有限的，为了促进经济快速发展，社会公平、环境污染等问题往往被视而不见。在土地开发方面，短视开发、无序开发、盲目开发现象严重，严重压低了土地开发价值，透支了未来的土地开发潜力。

根据国家发改委城市和小城镇改革发展中心课题组 2016 年做的一次调研发现，截至 2016 年 5 月，全国县及县以上的新城新区数量 3 500 多个，规划人口达到 34 亿人。① 毫无疑问，这些规划需要大量土地才能实现，而过高的人口目标必然带来大量的土地浪费。

地方政府热衷于这些不切实际的规划，其根本原因在于规划人口是城市土地资源开发的最主要依据，只有将人口多报，才有可能拿到更多的土地。2000 年，中国城市常住人口为 45 906 万人，城市建成区面积为 22 113. 7 平方千米，2019 年，城市常住人口达到 84 843 万人，城市建成区面积达到 760 312. 5 平方千米。城市常住人口和建成区面积分别增加 84. 82% 和 172. 74% ，土地城市化明显快于人口城市

---

① http：//politics. people. com. cn/n1/2016/0713/c1001 －28551894. html.

化。[1] 中国是土地资源极为稀缺的国家，耕地红线本身就已经严重制约了我国的土地开发利用，但与此同时不切实际的土地利用规划和盲目的土地开发在大肆浪费土地资源。这种土地发展模式显而易见是无法持续的。

（四）成本的不可持续性

"土地财政"实质上是一种融资行为，这就决定了购买土地的人只有在预期未来的土地价格会上涨时才会购入土地，否则他就会承担土地减值带来的损失。这也意味着一个依靠"土地财政"经营良好的城市的土地价格预期必然是上涨的，因此农村土地的所有者必然会随着时间的推移不断提高报价向政府让渡所有权，使土地转化为国有土地再进行开发；即使有些土地原本就是国有建设用地，也需要进行二次开发，土地上不动产的所有者也会因为城市整体土地价格的上涨而提高自身的要价。如果土地征收价格的上涨速度超过土地被拍卖价格的上涨速度，征地成本就会迅速成为土地拍卖价格的主要部分，政府利用土地融资的效率会大大降低。

表 7.13 给出了我国近年来地方政府土地出让金情况，从中可以看出，2015 年由于征地成本大幅上升，征地收益大幅下降，导致政府从土地出让中得到的净收益大幅下降，当年土地出让金对地方政府财政收入的贡献出现断崖式下跌，而当年的地方财政总收入也出现了罕见的下降。可以预见的是，如果地方政府对"土地财政"的依赖程度不下降，土地成本的任何风吹草动都会对地方政府的财政产生巨大影响。而在中央政府提出"房子是用来住的、不是用来炒的"和"坚决遏制房价上涨"的方针下，这种土地收益的大幅剧烈波动将不会少见，继续依靠"土地财政"进行建设的可持续性令人担忧。

从资源经济学的角度看，即使没有"土地财政"的助推作用，土

---

① 《中国统计年鉴 2018》。

表 7.13　2012—2019 年中国地方政府财政收入与土地出让金情况

年份	土地出让金（亿元）	征地和拆迁补偿支出（亿元）	地方财政总收入（亿元）	土地出让金占地方财政收入比重（%）	扣除拆迁成本的土地出让金占扣除拆迁成本后的地方财政比重（%）
2012	28 422	13 828.92	95 281	29.83	17.92
2013	41 250	20 917.69	116 976	35.26	21.17
2014	42 940	20 281.78	125 856	34.12	21.46
2015	32 547	26 844.59	122 148	26.65	5.98
2016	37 457	—	130 808	28.64	—
2017	52 059	—	150 420	34.61	—
2018	65 096	—	170 852	38.10	—
2019	70 631	—	183 894	38.41	—

注：2016—2019 年土地征收和拆迁补偿支出未公布，地方财政总收入由一般公共预算收入、政府性基金预算收入和国有资本经营预算收入三者累计而得。

资料来源：财政部网站历年《财政收支报告》和《土地出让收支情况报告》。

地价格的上涨也是不可避免的，因为土地是不可再生资源。根据资源经济学著名的霍特林引理（Hotelling's Lemma），不可再生资源的价格会以指数形式上涨。土地资源作为典型的不可再生资源，必然也会面临这一问题。而土地成本则以拆迁、安置资金的形式进入土地或附属不动产原所有者手里，并不会形成有效的生产，导致资源的浪费。

（五）收益的不可持续性

“土地财政”能够兴起的根本原因在于中国城市化缺乏必要的启动资金，现代经济发展所需的基础设施依靠传统积累方式进行建设在经济不发达的时候过于低效，同时为了同其他地区竞争并吸引投资，需要为本地投资的企业，尤其是工业企业予以各种补贴。在这种情况下，城市基础设施得到了全面建设，而企业落地后会持续产生就业、税收和 GDP，帮助地方政府官员获得晋升优势。

但是由于边际收益递减和考核制度的变化，这种收益已经不再具备足够的吸引力。我国的基础设施建设，尤其是发达地区的基础设施已经十分完备，达到甚至超过了许多发达国家。表 7.14 给出了中国发达省份和美国部分基础设施的对比情况，从表中可以看出中国发达省份的部分基础设施已经赶上并超越了美国的基础设施。在单位面积的公路里程、高铁里程和移动基站建设方面，中国发达省份都已经超过了美国的基础设施水平。如果只考虑主要运营路线的话，中国发达省份的铁路里程也已经超过了美国。这表明我国发达地区的基础设施已经与发达国家的基础设施水平相当，继续进行大规模的基础设施建设已经不再具有很强的经济带动效应。

表 7.14　2017 年美国与中国发达省份部分基础设施情况对比

	美国	中国	广东	江苏	浙江	山东
每万平方千米机场数（个）	5.19	0.24	0.45	0.84	0.66	0.57
每万平方千米公路里程（千米）	6 818.02	4 972.36	12 217.55	14 783.12	11 383.98	17 224.06
每万平方千米铁轨里程（千米）	152.62	132.26	288.83	262.69	248.72	364.48
每万平方千米高铁里程（千米）	0	26.21	85.80	78.92	140.76	78.93
平均发电量（千瓦时/人）	12 385.69	4 670.45	4 400.34	5 608.87	5 855.28	5 159.64
每万人移动基站个数（个）	—	44.51	50.05	47.70	68.94	40.28

注：美国的机场数不包括私人机场，美国的铁轨只统计了 7 个一级货运系统的里程；由于数据来源所限，本书暂时无法获得美国移动基站相关数据，但根据德勤公司 2017 年的报告，美国 5G 移动基站的建设数量只有中国的十分之一左右（https：//www2. deloitte. com/content/dam/Deloitte/xe/Documents/technology – media – telecommunications/predicitons2017/ME – Predictions –2017 – The – great – indoors. pdf），同时 2017 年中国的 4G 移动基站数量占全球 60%左右（http：//bbs. tianya. cn/post – worldlook –1849190 – 1. shtml）。而美国的人口只有中国人口的四分之一左右，人均移动基站数应远小于中国。

资料来源：美国数据来自美国交通统计局（https：//www. bts. gov/content）和美国能源信息管理局（https：//www. eia. gov/electricity/annual/html/epa_01_01. html）；国内的数据来自《中国统计年鉴 2018》和各省统计年鉴。

另外值得关注的一点就是中国官员晋升考核指标的转变，自2012年“十八大”以来，我国官员的晋升绩效指标发生了明显变化，中央政府对地方政府的考核已经明显从单纯的GDP考核发展到多目标考核，尤其是对环境保护和扶贫脱困等社会公平正义指标更加重视。在反腐领域取得巨大成功的巡视制度被迅速复制到环保、扶贫、扫黑等领域，地方政府对这些问题空前重视。“土地财政”固然能带来GDP的快速增长，但往往伴随着腐败、贫富差距和环境恶化等问题。在这种情况下，继续推进“土地财政”带来的GDP增长将不会再有同过去一样的激励强度。

总的看来，我国“土地财政”的可持续性已经面临巨大的挑战，继续坚持“土地财政”本身面临着巨大问题。

三、“土地财政”的成本收益均衡关系

正如上文分析的，“土地财政”有利有弊，如果深入考察“土地财政”，我们可以将“土地财政”带来的收益与成本和土地价格的关系在一张图上表现出来。图7.2给出了土地价格与“土地财政”的成本收益关系。

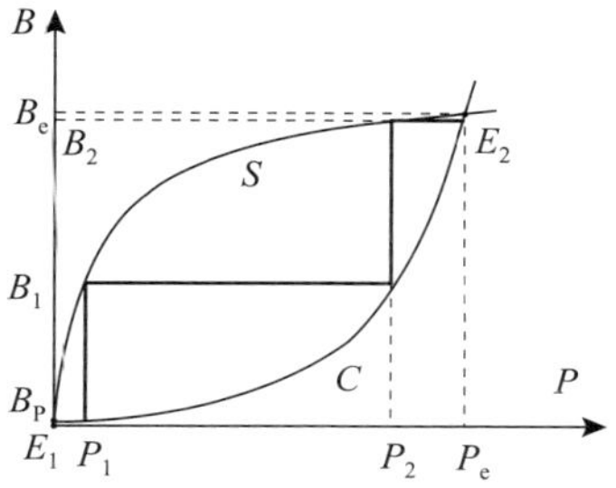

图7.2　土地价格与“土地财政”的成本收益

图中的横轴为土地价格，纵轴衡量收益和成本，图中有两条曲线，其中向上凸出的S曲线为收益曲线，向下凸出的C曲线为成本曲线，两条曲线相交于价格较低的E_1点和价格较高的E_2点。对于S曲线，其向

右上方倾斜，这表明土地价格越高，收益就越大，因为土地价格越高，地方政府就有更多资金用于基础设施投资，可以花更多的钱补贴生产部门，生产规模就会越大，社会总收益就越大；但同时曲线向上方凸出，表明土地价格越高带来的收益增加值就越少，这是因为随着基础设施建设的完善和补贴的增加，它们带来的边际收益就会越低，所以曲线越来越平缓。C 曲线则向右上方倾斜，这表明土地价格越高，成本就越高，但同时曲线向下方凸出，表明土地价格越高带来的成本增加就越快，因为土地价格越高，其带来的社会成本上升幅度就会越大，曲线就会越陡。

从图中可以看出，“土地财政”带来的成本与收益曲线有两个交点 E_1 点和 E_2 点，在这两个点上能达到均衡，但是只有 E_2 才是稳定的均衡点，原因如下：

（1）E_1 点本身是低 GDP 水平的均衡，作为地方主政者不可能选择该点，如果选择该点，主政者就会丧失晋升机遇，无法实现自己的利益最大化。

（2）E_1 点本身是不稳定的均衡点，任何一点偏离都会使均衡向 E_2 发展。如图，假定一开始已经在 E_1 点实现均衡，但是一个外生的冲击使土地价格变为 P_1，此时总成本为 B_p，而总收益为 B_1，净收益为 B_1-B_p。而在 B_1 的水平上，社会可承担的土地价格为 P_2，政府将土地价格从 P_1 推高到 P_2，将卖地筹措的资金用于城市建设，整个社会的 GDP 会继续上升，同时社会成本都在可接受范围之内，总收益达到了 B_2，社会净收益为 B_2-B_1。如此往复，直至达到均衡点 E_2。如果价格高于 P_e，这一过程同样适用，最终价格会稳定在 P_e。

“土地财政”是具有中国特色的制度创新，但是从上面的分析中我们可以发现，即使考虑“土地财政”本身带来的好处，土地价格也绝非越高越好，当高昂的土地价格把制度带来的红利消耗殆尽的时候，就必须要严肃考虑土地价格以及附属在土地价格上的住房价格有没有达到合理的限度。

纵观改革开放40年来的土地制度变迁，我们可以发现土地制度与房地产业互相促进，制度演化释放了巨大的改革动能，而这种动能进一步影响了制度的形成：仅从土地使用权本身看，它从一种无偿调拨的廉价资源转变成为价值巨大的市场交易物，从而决定了房地产业巨大的市场规模，并推动房地产业成为影响中国经济的重要支柱性产业；而房地产业的快速发展进一步推动了土地使用权价值的快速抬升，使土地成为地方政府的重要融资工具，自发形成了深刻影响中国经济发展的“土地财政”制度模式。整体看，我国的土地制度为房地产业发展提供了良好的制度基础，而房地产业也在自身发展中不断促进着土地制度的完善。但是这种相互促进的发展方式并不总是顺利的，过往的前进动能如果不能适应形势的变化往往会在将来成为阻碍，这是未来土地制度发展需要警惕的地方。

第三篇

房地产业与经济协调发展的模式与路径

第八章 房地产业对经济增长的合理驱动模式研究

房地产业关系到居民能否住有所居，是经济发展和社会稳定的重要支撑。在不同的经济发展阶段，经济增长的动力有所不同，而房地产业在经济中的地位能否与经济增长的动力相匹配是房地产业与经济增长协调发展的关键。

本章选取美国、欧洲、日本作为研究对象，考察发达国家房地产业在经济中的地位和对经济的驱动作用。这些国家都是发达经济体，从经济增长的角度看，这些国家在各自的经济发展路径中取得的成功经验值得借鉴，并为中国将来经济发展的模式提供参考。此外，考察这些发达国家的房地产业发展水平及发展模式可以为我国的房地产业发展树立目标。

美国是世界第一大经济体，其发展模式以金融、科创等第三产业为主导。美国的金融业高度发达，资本在全球的高效率流动为其带来丰厚回报。在美国，房地产业的金融属性尤为突出。住房抵押贷款非常发达，以不动产为标的物的金融衍生产品种类繁多。研究美国的房地产业有助于我们了解在以金融业为驱动力的经济发展模式下，房地产业的发展情况。

欧洲的绝大多数国家都是发达国家，其整体经济水平同样位于世界前列。作为工业革命的发源地，欧洲有着雄厚的工业基础和发达的高端制造业。德国、法国、瑞典等国在机械、航空、精密仪器等领域都有很高的水平。欧洲的经济发展模式代表了以高端制造业为核心的发展模式。此外，欧洲国家的社会保障非常健全，居民的福利水平较高。在此背景下，欧洲国家的房地产业更加重视住房的居住属性，政府往往提供非常完善的住房保障体系。这对我国的房地产业发展非常有借鉴意义。

相对于欧美，日本属于较为新兴的发达国家。二战后，日本经济从一片废墟发展成为20世纪末的世界第二大经济体。尤其是从20世纪70年代开始，日本逐渐从资本密集型经济向技术密集型经济转变，并且成功地实现了经济转型。这一成功案例对我国经济有较强的借鉴意义。此外，日本的房地产业在20世纪90年代出现了严重的泡沫。住房价格高速攀升以及随后泡沫的破裂对经济造成的影响和冲击对中国来说是前车之鉴。

第一节　发达国家房地产业在经济中的地位

整体上看，发达国家房地产业的发展呈现一定的共性：房地产业在经济中呈现增加值不断上升而投资相对下降的趋势，房地产业内部也出现了投资边际产出递减的情况。房地产业整体呈现由满足住房数量向提升居住质量的转变。

一、　房地产业增加值在经济中的比重持续上升

从较长的时间跨度看，随着经济增长和经济重心由第二产业向第三产业的转变，发达国家的房地产业在经济中的比重稳定增长。

图8.1给出了美国的产业变迁情况，从美国经济的产业结构变化可以看到，美国的第二产业在经济中的比重在20世纪40年代末达到最高的36%，之后逐步下降。到2019年，第二产业在美国经济中的比重下降到18%。这反映了美国经济由工业化向后工业化和去工业化转变的过程。伴随着经济转型，美国房地产业占GDP的比重从1947年的7.3%上升到2019年的13.4%。

法国的数据也显示出同样的情况，图8.2是法国的产业变化情况。1975年，法国的第二产业在经济中的比重为32%，之后该比重持续下

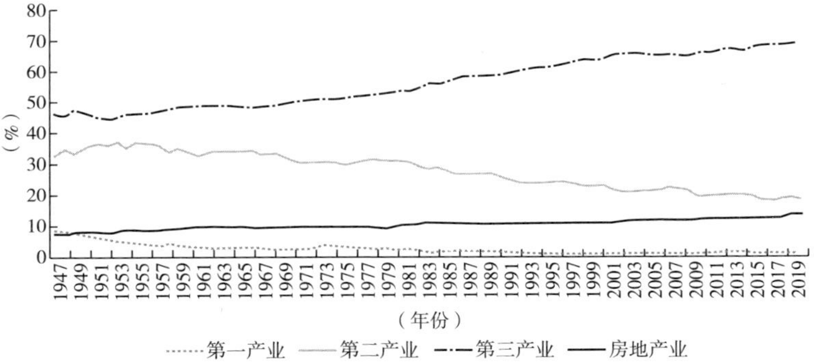

图 8.1　1947—2019 年美国三大产业和房地产业增加值占比

注：美国经济分析局将政府部门单独列出，未并入三大产业，故三大产业比重之和不为 1。

资料来源：美国经济分析局（U. S. Bureau of Economic Analysis）。

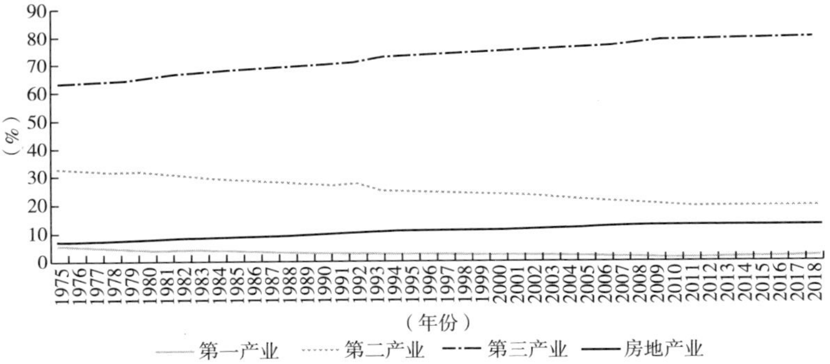

图 8.2　1975—2018 年法国三大产业和房地产业增加值占比

资料来源：欧洲统计局 Eurostat。

降，到 2019 年，第二产业占比下降到 13.4%，法国的经济结构与美国的经济结构趋于一致。这期间，房地产业在经济中的比重持续上升，从 1975 年的 7.2% 上升至 2018 年的 12.9%。欧洲其他国家的数据时间较短，但是也可以看到同样的趋势。以欧盟 15 国①为例，其工业增加值在 GDP 中的比重从 1995 年的 23.1% 小幅下降到 2019 年的 22.7%，而房

① 欧盟 15 国：法国、德国、意大利、荷兰、比利时、卢森堡、丹麦、爱尔兰、英国、希腊、西班牙、葡萄牙、奥地利、芬兰、瑞典。

地产业增加值所占比重则从 10.5% 上升到 14.4%。

从横向比较看，欧洲 38 个国家和地区[①]间的第二产业比重与房地产业比重存在显著的负相关关系。这意味着在这些国家中，第二产业占比相对较高的国家，房地产业占比相对较低。而第二产业占比下降反映了经济向更高级的阶段发展。这从一个侧面反映了在后工业化的经济发展阶段，房地产业的发展将更加充分。

表 8.1 欧洲 38 国 2018 年各产业占 GDP 比重之间的相关系数矩阵

相关系数（P 值）	第一产业	第二产业	第三产业（不含房地产业）	房地产业
第一产业	1			
第二产业	0.096 （0.565）	1		
第三产业（不含房地产业）	−0.539*** （0.000）	−0.818*** （0.000）	1	
房地产业	−0.159 （0.339）	−0.276* （0.094）	−0.038 （0.819）	1

注：* 表示在 10% 水平下显著，*** 表示在 1% 水平下显著。

资料来源：欧洲统计局 Eurostat，同策研究院整理而得。

以上研究显示，从工业化后期阶段开始，房地产业始终保持稳定增长，房地产业的增长速度高于经济的整体增长速度。需要指出的是，发达国家对房地产业核算的主要部分是住房的自住和租住服务。所以，以上数据表明，房地产业增长的重心是居住，而房地产业长期发展的核心不在于住房的开发和新建，而在于满足居民对居住质量的需求，为居民

① 38 个国家（地区）包括：比利时、保加利亚、捷克、丹麦、德国、爱沙尼亚、爱尔兰、希腊、西班牙、法国、克罗地亚、意大利、塞浦路斯、拉脱维亚、立陶宛、卢森堡、匈牙利、马耳他、荷兰、奥地利、波兰、葡萄牙、罗马尼亚、斯洛文尼亚、斯洛伐克、芬兰、瑞典、英国、冰岛、挪威、瑞士、黑山、北马其顿、阿尔巴尼亚、塞尔维亚、土耳其、波黑、科索沃。

提供居住的增值服务。

二、房地产投资的“倒U形”趋势

伯恩斯和格雷伯勒在其著作《各国住房》（*The Housing of Nations*）中提出了住房投资“倒U形”曲线的假说，即住房投资与GDP的比值先上升，后下降。随着经济的增长，一个经济体对住房的投资在绝对数量上呈现上升趋势，但是对住房投资的比重在特定时期内是逐渐增加的，随着经济发展到新的阶段以后，其比重逐渐降低。

图8.3给出了美国的住房投资情况，美国的住房投资绝对量呈现明显的上升趋势，住房投资的名义金额从1930年的24.7亿美元上升到2019年的8 130亿美元。以2005年不变价值计算，住房投资从1970年的2 480亿美元上升到2010年的3 260亿美元，年均增长0.7%。

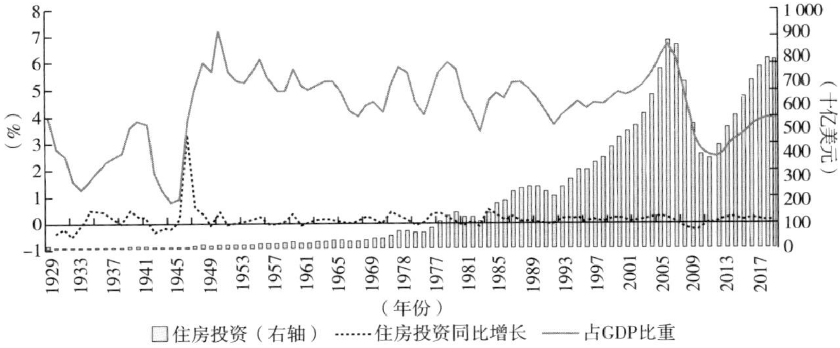

图8.3　1929—2019年美国住房投资情况

资料来源：美国经济分析局。

从住房投资占GDP的比重看，1930—1950年是住房投资比重的上升阶段，住房投资占GDP的比重从2.7%上升到7%。值得注意的是，这段时期包括了1929—1933年的经济危机和1939—1945年的第二次世界大战。受两者的影响，住房投资出现了大幅下降。但是在1945年以后，战争中被压抑的住房需求迅速释放，住房投资迅速回弹至峰值。1950年以后住房投资比重进入下降时期，在七八十年代其份额逐步下降到占 GDP 的4%左右。21 世纪，美国房地产泡沫的兴起和破灭使住房投资产生了巨大波动，2005 年达到6.5%，几乎与历史最高值持平。而泡沫破裂后，住房投资比重下降到2.5%的二战后最低水平。

图8.4 给出了日本的住房投资情况，日本的住房投资情况呈现更加明显的先上升、后降低的“倒 U 形”趋势。1960—1973 年是日本住房投资的上升期，住房投资在 GDP 中的比重从4.4%上升到8.9%。这段时期是日本经济的“高速增长阶段”，经济增长以石油化学、重化工业为增长点，重工业的发展带动人口向东京、大阪、名古屋三大经济圈集中。[①] 1973 年以后，日本经济开始转型，从重化工业向高科技产业发展。这一时期的住房投资比重持续下降，即使在80 年代后期的房地产泡沫阶段，住房投资的比重也没有超过6%。而2010 年以来，日本的住房投资占 GDP 的比重一直维持在3%~4%。

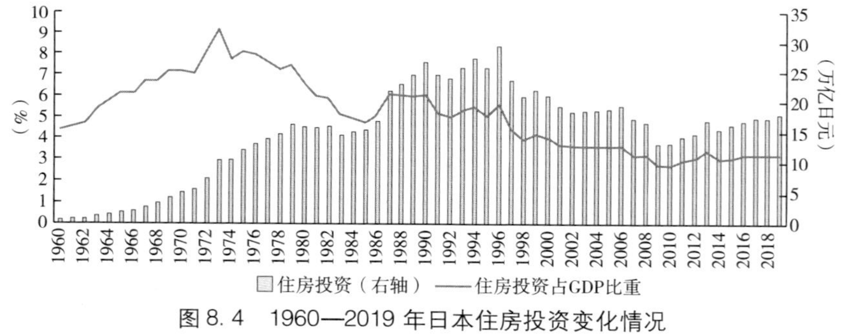

图8.4　1960—2019 年日本住房投资变化情况

资料来源：日本国土交通省，Wind 数据库。

美国和日本的发展经验说明，在经济水平达到一定阶段时，会出现住房投资的高速增长，美国出现在20 世纪三四十年代，而日本出现在20 世纪六七十年代。从两国的发展历史可以判断，住房投资的高速增长对应的是快速工业化阶段，即第二产业在经济中的比重上升时期，即工业化的高速发展时期。从上文图表可以看出，美国第二产业在 GDP

① 任景波，杜军．日本经济战略转型与对策［M］．北京：经济日报出版社，2014.

的占比在1953年达到峰值，同时期也是住房投资占GDP比重的峰值。

我国的住房投资也开始呈现“倒U形”的趋势。本书第一章中对我国房地产业发展情况的介绍中对此已经有过论述：我国全社会住房投资占GDP的比重从20世纪80年代的7%左右上升到2014年的13%，之后开始下行。

出现这一现象的原因首先可以从工业化和城镇化的角度解释。工业的高速发展使大量劳动力转移到工业部门，工业生产的高度分工和协同配合的生产方式要求劳动者之间形成更紧密的生产和生活关系，从而形成了人口向城市的聚集。工业化的高速发展带动了城市化的进程。城市的扩张和建设意味着对住房的需求扩大，从而带动住房投资的高速增长。随着工业化的完成以及经济向后工业化阶段转变，人口的聚集程度减弱。尤其是随着发达国家“去工业化”的产业转移，将劳动密集型产业向发展中国家输出，失去了工业产业支撑，城市规模停止扩大，城市化速度减缓，造成住房投资在经济中的份额逐步降低。

其次，可以从需求层级的角度解释。在初级需求得到满足后，人们的居住需求开始凸显，因此出现大规模的住房建设。而在基本居住需求逐步满足以后，住房建设规模降低。工业化带来的物质产品满足了人们吃、穿、用等初级需求，从而开始追求居住需求，导致了住房投资的高速增长。而住房的有无仅仅是居住需求中最基本的层面，居住服务的提升更多体现在住房的配套设施及服务上。因此，随着经济的进一步发展，住房投资在经济中的比重逐步下降。

三、房地产业投资对产出的边际影响递减

上文对房地产业增加值和住房投资的研究显示，随着经济的发展，房地产业增加值，即房地产业的产出持续增长，但是住房投资则出现先上升、后下降的情况。这表明在经济发展到较高水平后，房地产业的投入对其产出的直接影响逐渐降低。本书第一章对中国房地产的投入和产出的关系做过相似的论述。

如图 8.5 所示，美国在进入经济的高级阶段以后，房地产业增加值占 GDP 的比重从 1947 年的 7.3% 上升到 2016 年的 12.2%，而住房投资则从 7% 下降到 3.6%。而从波动程度看，住房投资的波动程度较大，而房地产业增加值则表现出较平稳的增长。即使在住房投资增长大幅下降的时期，例如 2008 年“次贷危机”时期，房地产业增加值仍然保持稳定增长。

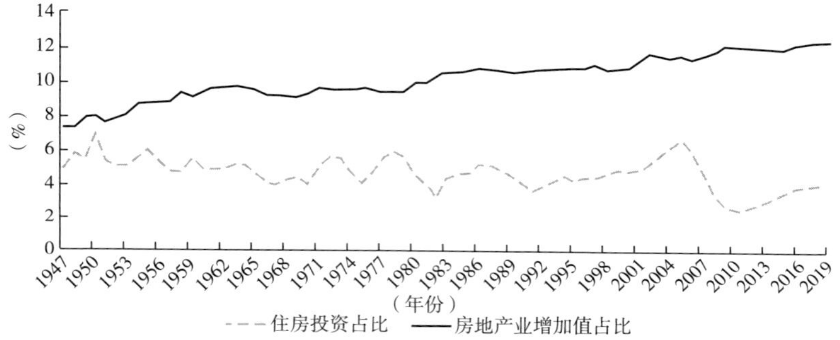

图 8.5　1947—2019 年美国房地产业的投资与产出比较

资料来源：美国经济分析局。

如图 8.6 所示，日本的房地产业也存在这一情况。日本的房地产业增加值占 GDP 的比重从 1994 年的 9.86% 上升到 2016 年的 11.41%，而同期住房投资占 GDP 的比重从 5.5% 下降到 3.2%。由此可见，在日本房地产泡沫破裂以后，其房地产业增加值仍然保持增长趋势。这说明房地产的资本投入对其产出的影响减弱。

对住房投资和产出的量化分析支持这一论断。基于索洛增长模型的分时期回归检验显示，[①] 随着经济的增长，美国住房固定资本的积累对房地产业增加值的贡献逐渐降低，贡献系数从 1970 年以前的 1.56 下降到 1990 年以后的 0.62。而房地产业增加值的增长主要体现在回归模型常数项的增长上：从 -2.15 上升到 3.80。索洛模型将常数项解释为广

① 详见附录 8-1。

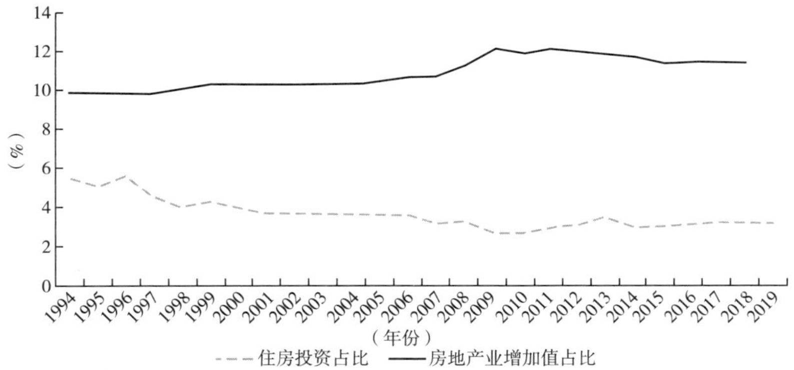

图 8.6　1994—2019 年日本房地产业的投资与产出比较

资料来源：日本内阁府、日本国土交通省，Wind 数据库。

义技术进步，而在研究房地产业增加值的背景下，该常数项可以解释为住房的配套增值服务带来的价值提升。在经济的高级阶段，住房投资对房地产产出的贡献逐渐减弱。人们的居住需求不在单纯满足于有房子住，而转向追求更高的居住质量。

第二节　发达国家与中国的房地产业对经济驱动模式的比较研究

在经济增长理论的框架下，经济增长的动力被划分为两个主要因素：资本积累和技术进步。资本积累是指每个劳动者占有的生产要素数量的增加，人均资本存量的增加可以在短期推动经济增长。但是由于要素资本的边际产出递减，而资本折旧比例固定，随着资本积累的增加，经济增长会趋近零增长的“稳态”。从长期看，经济的持续增长则依靠技术进步，带动全要素生产率的提升。

此外，处于不同经济发展阶段的经济体对经济增长动力的侧重有所不同。以罗斯托的经济增长阶段论为例，对处于起飞阶段的经济体，资本积累是最重要的因素；而对处于高级阶段的经济体，技术创新成为经济增长的重要动力。

关于房地产业对经济增长的驱动作用，本节将从房地产业的直接驱动作用和间接驱动作用两个方面分析。同时考虑不同国家在工业化和城镇化的不同阶段对资本积累、技术进步等驱动力的不同程度的侧重，多角度分析房地产业在不同经济发展阶段对经济的驱动作用。

一、 房地产业对于经济增长的直接驱动

住房的基本功能是满足居民的居住需求，这既包括对住房数量的需求，又包括对居住质量的需求。住房对居住需求的满足可以对经济增长产生直接驱动作用。

（一）住房数量及住房建设对经济增长的驱动

经济活动的根本目的是满足人们不断增长的消费需求。人们在较低级别的消费需求得到满足后，会开始追求较高级别的消费。这种对消费需求的满足过程也是经济总量增长的过程。对居住需求来说，随着经济发展到一定阶段后，居民的居住需求会出现集中爆发的情况。这个时期，增加住房投资和住房数量的供给可以有效地满足居住需求，推动经济增长。同时，住房建设属于资本形成，直接形成经济产出。然而，住房在本质上不是资本品，而是长期消费品。如果过度地投资于房地产、过量建造住房，实际上是将原本可以扩大生产规模或者提高技术水平的资源用在了住房的过度开发建设上，因此造成资源的低效配置，不利于经济增长。

以上分析说明，在投资驱动的经济环境中，外生地增加对住房的投资、在短期内增加住房数量能否有效地推动经济增长，取决于住房投资是否与居住需求相匹配。在住房数量不足的情况下，增加住房供给可以满足居民基本的居住需求，从而带动经济增长。但是，如果投资规模过大，超过了实际需求的数量，住房投资对经济的拉动作用将受到损失。

对美国和日本的住房投资与经济增长的格兰杰因果检验可以印证上

述分析。[①] 美国政府对房地产市场的主动干预较少，主要通过金融手段给予居民抵押贷款购房的便利，接近于市场自发运行。因此，美国的检验结果也反映出住房投资与整体经济增长呈现一定程度的互为因果关系。日本的房地产市场表现出较强的政府干预。自 1966 年起，为了解决住房不足的问题，日本政府制订了住房五年计划，利用储蓄资金兴建住房，增加住房数量。该计划连续进行了 8 期共 40 年。直到 2006 年被《居住生活基本法》取代，政策重点也从提高住房数量转变为改善居住环境和提高居住质量。日本的检验结果显示，在 1960—1990 年，日本的住房投资是经济增长的单向原因，而在 1991—2017 年，日本住房投资与经济增长不存在显著的因果关系。

表 8.2　美日住房投资与经济增长的格兰杰因果检验结果

	H0：住房投资不是 GDP 的原因	H0：GDP 不是住房投资的原因
美国 1930—2019	0.090 7*	0.031 7**
美国 1930—1970	0.576	0.133
美国 1971—2019	0.016 9**	0.018 8**
日本 1960—2019	0.025 6**	0.168 5
日本 1960—1990	0.039**	0.436
日本 1991—2019	0.235 5	0.763 5

注：* 表示 90% 水平拒绝 H0；** 表示 95% 水平拒绝 H0；*** 表示 99% 水平拒绝 H0。

在住房投资和建设对经济的驱动作用上，我国房地产业的发展同样符合以上规律。1998 年住房制度全面市场化改革带动了我国居民居住需求的集中释放。1998—2017 年，商品住房开发投资额占固定资产投资的比重从 7.3% 上升到 11.3%；2004—2017 年，房地产业对经济增长的贡献率（房地产业增加值增量/GDP 增量）平均为 6.6%。[②] 这一时期，大规模的住房建设、提高住房供给无疑是适应市场需求的。

① 详见附录 8 -2。

② 原始数据来自历年《中国统计年鉴》，经整理而得。

（二）居住质量对经济增长的驱动作用

居住质量的提高体现在居住条件的改善、合理的居住成本，以及邻近的教育、医疗、文体娱乐等设施的可得性。居住质量的提高对经济增长的推动体现在居民享受到的居住服务增加，以消费为主要驱动力，带动与住房相关的服务业产出的增长。发达国家房地产业增加值在经济中的比重不断上升是这一点的具体体现。此外，从人力资本的角度看，居住质量的提高对民生的改善起到重要作用，是人力资本积累的一种方式，从而间接地为经济增长提供保障。

根据欧洲统计局2018年发布的《欧洲居住条件》（Living condition in Europe），欧洲统计局对居住质量的考察分为住房条件、居住环境和住房负担三个方面。住房条件主要关注居民的居住空间是否充足、住房是否维护得当并且有供暖。对居住空间充足的判断是：每个家庭中，每两名12岁以下的儿童应享有一个房间，每两名12～17岁的同性别少年或每一名异性少年享有一个房间，每一名18岁以上的成年人享有一个房间，一对夫妇享有一个房间。数据显示，欧洲统计局统计的28个国家中，住房空间不足的家庭占16.6%。其中西欧国家，如法国、德国、西班牙等的住房相对充足，住房空间不足的家庭占比在8%以下，而东欧国家，如罗马尼亚、保加利亚等国的住房拥挤程度较高，30%以上的家庭住房空间不足。在住房维护状况方面，2016年，欧洲28国中约有15%的人口的住房存在漏雨、潮湿或门窗、地板腐烂的情况；有8.7%的人口存在供暖不足的问题。

在居住环境方面，欧洲国家较为关注的是噪音、污染、犯罪等对生活的影响。调查数据显示，[①] 2016年28个欧洲国家中有17.9%的居民遇到噪音问题，有14.0%的居民遇到污染、烟尘等环境问题，有

---

① https：//www. eurofound. europa. eu/surveys/european – quality – of – life – surveys/european – quality – of – life – survey – 2016.

13.0%的居民遇到犯罪问题。数据同时显示，居住在城市的居民遇到噪音、环境和犯罪问题的比例大幅高于城镇和农村的居民。

在住房负担方面，欧盟委员会认为，以合理的负担水平享有居住服务是居民的一项基本需求和权利。居住支出在居民的生活支出中往往占最大比重，因此，过高的居住支出会导致居民其他方面的基本需求被挤占，降低生活水平。欧洲统计局数据显示，① 2016 年欧洲 28 个国家中有 11%人口的住房支出占可支配收入的比例超过了 40%；其中，按照市场价格获得住房服务的人群中，28%的人口存在住房支出过高的情况。从居民住房支出的构成看，2016 年 28 个欧洲国家的居住消费占家庭消费支出的 24.5%，其中租金支出占 18%，房屋的维护和修整支出占 0.9%，电、气和燃料消费占 4%，用水等其他居住服务支出占 1.6%。

以上对住房质量的统计数据能够在一定程度上反映欧洲国家居住服务的内涵。除了可以明确划分的水、电、房屋维护等支出以外，居住空间是否充足、居住环境是否受到噪音、污染、犯罪等因素的影响也是居民获得的居住服务。后者直接计入房地产业增加值的核算，并且在房地产业增加值中占主要比重。因此，提高居住质量对提升房地产业的经济产出具有重要意义。

我国房地产业增加值从 1978 年的 79.9 亿元发展到 2019 年的 6.96 万亿元，剔除通货膨胀因素后，2019 年的房地产业增加值比 1978 年增长了 49 倍。房地产业在经济中的比重从 1978 年的 2.2%上升到 2019 年的 7.0%。我国房地产业的增长也同样反映出城市建设和公共服务水平的提高以及居住环境的改善带来的居住质量提升。

除了对房地产业增加值具有直接推动作用以外，居住质量的提升还能够带动人力资本的积累。在经济增长理论中，劳动是重要的生产要素。而人力资本是对劳动这一要素的质量的衡量，也是推动技术进步的

① https://www.eurofound.europa.eu/surveys/european-quality-of-life-surveys/european-quality-of-life-survey-2016.

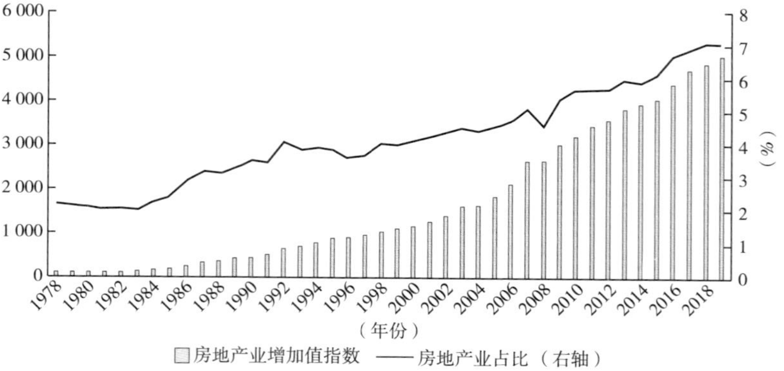

图 8.7　1978—2019 年房地产业增加值情况

资料来源：国家统计局，同策研究院整理而得。

重要力量。住房是劳动者生活、休息的场所，住房条件的提升对劳动者的身体和心理健康都有积极的影响，从而能够提升劳动者的生产效率。

二、房地产业对经济增长的间接驱动作用

与房地产业基于居住功能的直接驱动作用不同，房地产业对经济的间接驱动作用是在房地产业居住功能以外的对经济增长产生的作用。其中，我国依靠房地产业刺激经济以及“土地财政”现象都是房地产业间接推动经济增长的典型情况。而房地产业间接作用的发挥与该国的经济增长模式相匹配。

（一）我国房地产业间接推动资本积累的作用

除了满足居住需求之外，我国的房地产业还在一定程度上承担了拉动经济增长的作用。一方面，在经济下行时，依靠对房地产业的投资拉动就业和保障经济增长。另一方面，政府通过“土地财政”获得收入进行招商引资、推动城市基础设施建设，同时以房地产业中的住房销售为渠道，将投资成本转移到居民部门，从而间接提高居民部门的储蓄率，提高全社会的投资比例，通过扩大资本积累推动经济增长。

此外，我国房地产业对经济增长的促进体现在房地产业对投资的吸

引作用上。在经济增长理论的框架下，资本积累是经济增长的重要动力。而高水平的资本积累意味着需要提高居民的投资水平（提高储蓄率），降低消费水平。从居民的角度看，住房是能持续提供居住服务的固定资产，而购买住房是重要的投资行为。因此，在可支配收入水平一定的情况下，如果居民有较强的购房意愿，那么必然会降低消费水平、提高储蓄的比例。居民的储蓄被金融机构吸收，转为发放贷款、增加投资。此外，在住房价格的构成中，约30%的比例是土地出让金。也就是说，居民购房资金中的一部分由政府取得，可用于城市的基础设施建设，扩大全社会的资本积累水平。

从2000—2019年我国城镇居民的消费占可支配收入的比例呈现逐渐下降的趋势，从79.6%下降到66.3%，下降了13.3个百分点。而同一时期，城镇居民的购房费用①占可支配收入的比重大幅上升，从2000年的11.2%上升到2019年的38.8%，上升了27.6个百分点。这说明由于房地产市场的繁荣和住房价格的攀升，居民投资买房的意愿日益上升，住房投资已经成为居民投资的最主要途径。持续增加的买房投资在客观上间接地提高了整个社会的投资比例，进一步抑制消费的规模，从而在短期内推动经济增长。

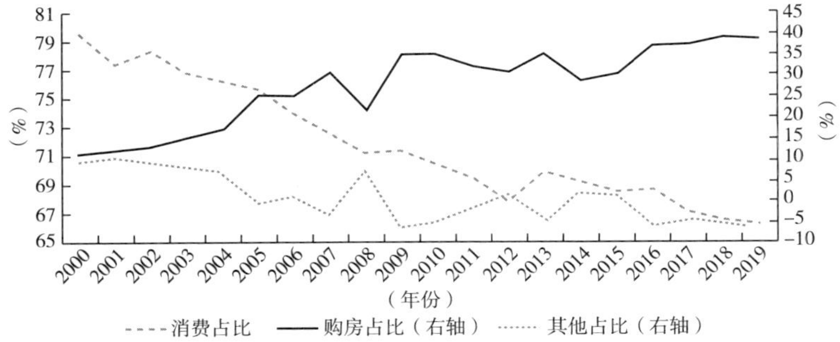

图8.8　2000—2019年城镇居民购房、消费与可支配收入比例变化

资料来源：国家统计局，同策研究院整理而得。

① 购房费用用商品住房销售额替代。

从以上分析可见，我国房地产业的发展以从住房开发投资开始，经过住房销售，使居民部门的收入再次分配到投资环节，依靠购买新建住房间接提高全社会的投资比例。这是我国房地产业拉动经济增长的特有方式。

我国房地产业的这一特有模式是与我国经济发展模式相匹配的。我国在经济发展初期面临的情况是劳动要素极度丰富，资本要素极度稀缺。因此，资本积累是我国经济建设的重心。在这样的经济增长模式下，我国的房地产业相应地发挥了提高居民投资水平（提高储蓄率），加速资本积累的作用。

（二）美国房地产业推动消费的作用

美国的房地产业高度发达，而且与金融业的联系非常紧密，从住房或住房抵押贷款衍生出来的金融工具种类繁多，可以使房地产价格的增值较为迅速地变现，通过住房价格上涨的财富效应扩大消费，促进经济增长。这与美国以金融业为主导，以消费为动力的经济发展模式相匹配。

从美国 GDP 的构成看，个人消费支出是其经济产出的主要组成部分，在 GDP 构成中的比重在 60% 左右。美国经济分析局的数据显示，2019 年个人消费支出在 GDP 中的比重高达 68%，而投资和政府消费的比重均为 17.5%，净出口的比重为 -2.9%，均远低于居民个人消费的比重。由此可见，个人消费是带动美国经济增长的重要因素。

在这种经济增长模式下，房地产业高度金融化，住房的二次抵押贷款发展迅速。这类贷款使房主不用出售住房即可享受住房升值的收益。房屋净值贷款（home equity loan / home equity line of credit）是具有代表性的一种住房二次抵押贷款。相对于购房抵押贷款这种一次抵押贷款来说，房屋净值贷款将住房二次抵押，并根据住房的市场价格与一次抵押的价格差，向借款人提供一笔贷款，或者提供一定的信用额度。以信用额度为发放形式的房屋净值贷款在 2000 年以来发展迅速，根据美联储

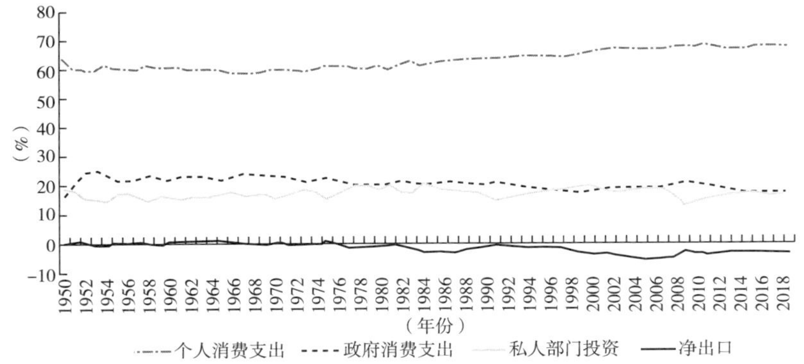

图 8.9　1950—2019 年美国 GDP 构成情况（支出法）

资料来源：美国经济分析局。

数据，房屋净值贷款的总额从 2000 年第 2 季度的 1 144 亿美元迅速上升到 2009 年第 4 季度的 6 042 亿美元。房屋净值贷款的高速发展为消费的扩大创造了有利条件。美国居民个人消费占 GDP 的比重从 1997 年第 2 季度的 64.2% 上升至 2009 年第 4 季度的 68.1%。在美国住房价格泡沫破灭之后，美国居民消费也明显受到影响，房屋净值贷款的总额从 2009 年第 4 季度的峰值下降到 2018 年第 2 季度的 3 623 亿美元，而同期美国居民消费占 GDP 的比重也一路下行到 2013 年第 4 季度的 67.2%，但之后这一比重又重新恢复到 2018 年第 2 季度的 68%，这可能与居民消费的刚性有关。

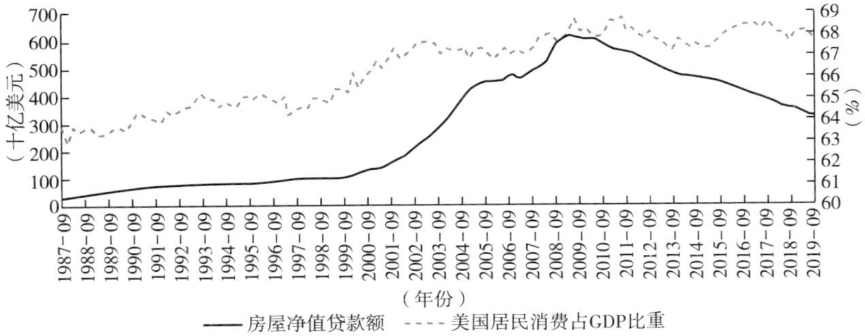

图 8.10　1987—2019 年美国房屋净值贷款与居民消费比重变化情况

资料来源：美国经济分析局、美联储。

通过比较分析中国和美国房地产业对经济增长的间接作用可以看到，不同经济模式下，房地产业发挥了与之匹配的作用。中国的经济增长模式以投资为主导，而且土地由国家所有，政府支配土地收益。因此，房地产业起到了提高居民储蓄率、增加投资和加速资本积累的作用。美国的经济对消费的依赖较大，而且由于土地私有，居民获取房屋的增值收益。因此，房地产业的发展借助金融工具对住房增值予以变现，从而促进居民扩大消费。

第三节　城镇化和工业化进程中房地产业发展的国际经验

从较长的时间跨度看，房地产业的发展与一国经济发展阶段有关。因为房地产业发展的内在驱动力是城镇化，而城镇化的重要驱动力是工业化。工业化依靠大规模分工合作的生产方式大幅提高生产效率，从而代替落后的农业生产方式。工业化带来的新型生产关系推动了人口向城市的聚集，并且形成了以工业生产为基础的现代社会关系以及不断提升的生活条件，即城镇化的形成。随着工业化的加深，人口不断向城市聚集，对住房数量的需求旺盛。而随着工业化进入高级阶段，人口基本完成向城市的聚集，对居住质量的需求超越对住房数量的需求。

一、　发达国家房地产业与工业化的规律总结

上文的分析显示，发达国家房地产业发展中的明显特征是住房投资的“倒U形”趋势和房地产业增加值的持续增长。这对应了房地产业在不同经济发展阶段的发展特点：在工业化初级阶段，房地产投资上升，为经济发展提供充足的住房；在工业化高级阶段，房地产投资下降，房地产业的作用由增加住房数量转为提高居住质量。

美国房地产投资的“倒U形”曲线在20世纪40年代末50年代初达到峰值，住房投资与GDP的比例达到6.9%。相对于美国经济结构的演进来说，20世纪50年代初，美国三大产业的占比依次为6%、36%

和58%左右。这一时期是美国第二产业比重由上升转为下降的拐点，说明了美国从高速发展的工业化初级、中级阶段向高级工业化、后工业化阶段转型。而美国房地产业发展的转变顺应了其经济发展阶段的变化。

日本房地产投资的“倒U形”曲线在20世纪70年代初达到峰值，住房投资与GDP的比例达到8.9%。而20世纪70年代正是日本经济开始从资本密集型向技术密集型转变的时期。从20世纪50年代以来，日本的经济复苏是通过发展出口导向型和资本密集型产业实现的。到20世纪70年代，日本形成了以重工业为主导的经济结构，同时也面临着产能过剩等问题。在此背景下，日本经济开始转型，以建立低能耗的知识、技术密集型产业为基本方向。在经济转型的背景下，日本的产业结构也发生了重大的变化：第一产业的比重继续下降，第二产业的比重也由原来的上升开始转向下降，第三产业比重则继续上升。由此可见，日本房地产业的演进伴随着日本经济从工业化的初级阶段向高级阶段转型。

根据美国和日本的发展经验我们可以看到，在工业化的初级阶段，经济增长以资本积累为主要动力，居民对住房有大量需求，房地产投资不断扩大，不断新建住房，满足居住数量的需求。这一时期，住房数量的增加一方面表现为实物资本的积累，另一方面也是人力资本提升的保障。因为基本的住房能够提供保暖、卫生等基本居住服务，提高劳动者素质，推动经济增长。在工业化的高级阶段，经济增长以技术进步为主要动力，居民的居住需求由对数量的需求转变为对居住质量和生活水平的需求，房地产业需要转型为以提供高质量的居住服务为发展方向，从而推动经济增长。

二、工业化背景下我国房地产业对经济的驱动

新中国成立以来，我国经历了从农业经济向工业化经济转型的过程，房地产业的发展也经历了先抑制、后放开的过程。随着我国经济开

始进入从工业化初级阶段向高级阶段转型的过程，我国房地产业也处在由满足住房数量向提供高质量的居住服务的转变节点。

从新中国成立以后到20世纪80年代是我国工业体系初步建立的时期，我国第二产业比重逐步上升，从1952年的20%扩大到80年代初的50%。然而这一时期的房地产业规模相当小，仅占GDP的2%左右。这与我国集中资源进行工业化建设的思路是一致的。而80年代以后，我国的工业化形成了一定规模，房地产业开始加速发展，弥补以前的不足。1982—2019年，我国房地产业增加值占比从2.2%上升到7.0%。

从我国居民的住房情况看，新中国成立初期由于资本和物资的极度短缺，国家集中资源进行工业建设，居民的居住需求长期处于被抑制的状态。根据国家统计局数据，改革开放初期的1978年，我国城镇人均居住面积仅为6.7平方米，住房数量严重不足。随着经济的发展，我国居民的住房情况持续得到改善。1998年我国住房制度全面市场化标志着房地产业的全面放开。到2016年，我国城镇人均住房建筑面积达到36.6平方米（按实际使用面积占建筑面积80%计算，实际使用面积为29.28平方米），全国居民人均居住面积达到40.8平方米。我国城市人均居住面积已经超过希腊等国，与意大利、葡萄牙等国家处于同一水平。从这一点看，我国房地产业的发展满足了居民对居房数量的需求。

表8.3　2016年欧洲国家与中国的城市住房情况对比

国家	平均房屋面积（平方米）	平均房间数（间）	平均房间面积（平方米/间）	人均房间数（间/人）	人均居住面积（平方米/人）
希腊	81	3.8	21.3	1.20	25.56
意大利	96	4.2	22.8	1.40	31.92
葡萄牙	83	4.3	19.3	1.70	32.81
西班牙	90	5.0	18.0	1.90	34.20
英国	87	4.7	18.5	1.90	35.15
奥地利	94	4.1	22.9	1.60	36.64
瑞典	91	4.2	21.6	1.70	36.72

（续表）

国家	平均房屋面积（平方米）	平均房间数（间）	平均房间面积（平方米/间）	人均房间数（间/人）	人均居住面积（平方米/人）
德国	90	4.4	20.5	1.80	36.90
比利时	81	4.7	17.2	2.20	37.84
爱尔兰	104	5.6	18.6	2.10	39.06
芬兰	77	3.6	21.3	1.90	40.47
法国	90	4.0	22.5	1.80	40.50
卢森堡	125	5.5	22.7	1.90	43.13
荷兰	98	4.2	23.3	2.10	48.93
丹麦	113	3.8	29.7	1.90	56.43
中国（2010）	—	—	—	0.88	31.60
中国（2016）	—	—	—	—	36.60

资料来源：Housing Statistics in the European Union，2015/2016（Ministry of Infrastructure of the Italian Republic，2017）、Eurostat、国家统计局。欧洲国家房屋面积、房间数来自 Housing Statistics in the European Union，2015/2016（Ministry of Infrastructure of the Italian Republic，2017），欧洲国家人均房间数来自 Eurostat，中国 2010 年数据来自国家统计局第六次人口普查，中国 2016 年数据来自国家统计局报告。欧洲国家人均居住面积通过平均房间面积和人均房间数折算。

到 2016 年，我国三产占比分别为 10%、40% 和 50% 左右，第三产业占比开始超过第二产业。对比美国的数据，美国在 1945 年左右的三产占比接近该比例。这说明我国的工业化开始进入中后期阶段。2008 年以来，我国房地产业自身也出现了投资对产出增长贡献率下降的情况。前文对美国房地产业的投资与产出分析显示，随着投资增加，其边际产出呈现递减的趋势。我国房地产业的发展也有同样的表现。这说明我国房地产业发展符合一般规律，即房地产业伴随着工业化的发展而兴起，而随着我国开始进入工业化的中后期，居民的居住需求也开始由数量向质量转变，房地产业需要转变发展模式，以提供优质居住服务为发展方向，以适应经济增长。

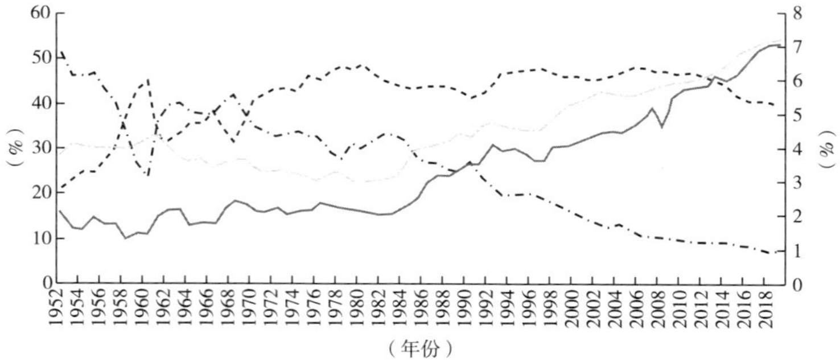

图 8. 11　1952—2019 年我国三大产业及房地产业与 GDP 占比情况

资料来源：国家统计局，同策研究院整理而得。

以上分析显示，我国房地产业在满足居民居住需求的作用上，与发达国家的经验保持一致。随着经济发展，房地产业先满足居民住房数量的需求，之后满足居民居住质量的需求。我国当前的经济发展阶段和房地产业发展状况显示了我国处在由住房数量向居住质量转变的节点，提供优质的居住服务是房地产业未来的发展趋势。

三、　适度发挥房地产业的间接驱动作用

上文以中国和美国的例子说明房地产业可以通过加速资本积累和刺激居民消费的形式间接推动经济增长。然而这些间接驱动经济增长的方式存在一定风险，过度依赖房地产业的作用可能会导致消极效果。

借助土地融资加速资本积累得益于土地国有这一特殊条件。“土地财政”在我国经济建设中起到的作用毋庸赘述。美国在南北战争之前也施行类似措施。1785 年和 1787 年，美国政府颁布了《关于西部土地测量和出售法令》和《西北法令》，这两部法律将美国西部拓荒的土地收归国有并大面积出售，以补充财政收入。1800—1862 年，土地出售收入占美国联邦政府总收入的10%~20%。①

① 骆祖春，赵奉军．美国土地财政的背景、经历与治理［J］．学海，2012（6）：39－45.

然而，“土地财政”这一融资途径并非无可替代。以日本战后经济发展的过程为例，由于其不具备土地国有这一制度条件，日本经济发展没有通过“土地财政”这一方式，而是以“财政投融资”体制作为政府收入的重要补充。

日本战后的经济发展路径与中国的经济发展有一定相似之处。日本经济在战后恢复时期采取了“倾斜生产”政策，重点保障煤炭、钢铁、电力等生产部门。到20世纪50年代末60年代初，日本政府通过一系列的产业政策确立了发展钢铁、炼油、石化等重化工业为主导的发展路线，并进行第一次国土综合开发，大力兴建基础设施，在全国设立21个“新产业、新工业特区”，优先进行生产设施的建设。

60年代末70年代初，由于世界市场饱和、石油危机的冲击，以及重化工业带来的环境恶化、人口向核心城市大量转移带来的“过密过疏”问题，日本重化工业导向的发展模式陷入困境。为此，日本开始推行经济结构转型，从“重化工业化”向“知识密集化”转变，“知识密集产业”成为主导产业。[①] 在此期间，日本进行了第二次国土综合开发，重点解决“过密过疏”及生态恶化问题。在全国设立七个经济圈，大力进行以通信和交通网络为主的基础设施建设，同时兴建农业、工业、交通物流等产业基地，并进行大量的环境保护投入。

可见，日本战后经济发展同样经历了以重工业为先导，通过大规模实物资本积累推动经济发展的模式。在这一模式中，日本政府采用大规模以基础设施建设吸引投资、推进资本积累的重要措施。政府的财政支出在以上方面都占主要份额，日本国土交通省数据显示，在土木类投资中，政府投资的比例平均约为75%。

日本中央财政对基础建设投资采取直接和间接方式。直接方式是国家通过财政预算，直接投资于政府控制的开发工团和道路、港口、机场等基础设施。间接方式是财政通过转移支付以及税收、金融优惠措施资

---

① 秦嗣毅．日本产业政策的演变及特点［J］．东北亚论坛，2003（2）．

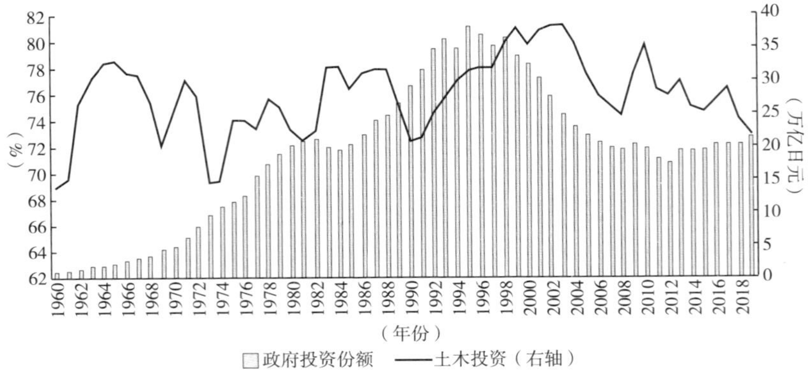

图 8.12　1960—2019 年日本土木投资情况

资料来源：日本国土交通省，Wind 数据库。

助地方的区域开发活动。除了财政，日本还有一个以邮政储蓄、简易人寿保险等为资金来源的“财政投融资”体制。“财政投融资”多数用于购买国债，其资金与财务省掌管的一般预算一起运作，俗称“第二预算”。有研究显示，[①] 日本“财政投融资”的规模可以达到政府经常性预算收入的 50% 左右，这一比例高于 2010 年以来我国地方政府土地出让金占地方财政经常性预算的 30% 左右。

日本经济发展的例子说明，实物资本积累是经济发展的必由之路，而政府主导的基础设施建设又是资本积累的重要途径。虽然日本土地私有，日本政府不具备借助土地融资的条件，但是通过“财政投融资”这一金融手段作为财政收入的补充，取得一定成效。尽管“土地财政”这一方式是在我国特定的制度条件下，政府短期综合成本相对较低的一种融资方式，但并非无可替代。从长期看，“土地财政”这一模式会推高居民的居住支出，造成居民购房负担增加，不利于居民福利的改善和消费水平的提高。目前我国出现的高住房价格问题与“土地财政”这一运行机制有着密切的联系。

① 戚鉬良．日本的财政投融资体系［J］．南方金融，1995（4）：29－31．张季风．日本国土综合开发论［M］．北京：中国社会科学出版社，2013.

对于房地产业刺激居民消费这一作用，其背后的机制是资产的财富效应。住房的增值使抵押贷款（消费贷款或投资）更易获得，从而刺激经济增长。房地产业的这一作用在20世纪80年代的日本和21世纪初的美国都显而易见。然而这一机制的顺周期特性决定了其较大的风险。日本和美国房地产泡沫崩溃引发的金融危机对经济造成的巨大冲击是我们必须引以为戒的前车之鉴。我国目前住房抵押市场并不发达，这使我国住房价格上涨带来的财富效应并不明显，第九章的相关研究也表明我国住房价格上涨并没有带来消费的上涨，对于通过金融创新或其他方式使住房净值转换为消费的举措必须考虑到国情和国际经验，不仅要充分警惕，还要充分考虑到可能的后果和社会冲击，充分估计顺周期经济行为在周期低谷时的风险大小，稳健推行。

总而言之，房地产业对经济的间接驱动作用，无论是加速资本积累还是刺激居民消费，都应控制在合理范围内，不能过度依赖房地产业刺激经济增长。从长期看，房地产业对经济发展的贡献在于其本质属性，即满足居民的居住需求：包括住房数量和居住质量方面的需求。居住需求是人的基本需求之一，房地产业通过自身的发展不断为居民提供质优价廉的居住服务，提供合理的保障住房，这是居民安居乐业、经济稳定发展的重要基础。

第九章 有利于经济发展的合理住房价格水平研究

第一节 基于企业运行角度下的合理住房价格水平分析

一、 高住房价格对企业利润的综合影响测算

（一）住房价格对企业利润的影响机制

住房价格对企业的影响是多方面的，现有研究发现住房价格上涨对于企业研发和资源的合理配置都产生了明显的负向影响。但是，住房价格对企业最直接的影响是企业的利润，这也是本书住房价格与企业之间关系的切入点。企业利润受住房价格上涨的影响机制是比较直观的，当住房价格上涨时，物业成本和人工成本都会上升，这会侵蚀企业的利润，进而降低企业的利润率。但是正如第七章提到的，中国地方政府在通过土地垄断拍卖提高住房和商业用地价格的同时，还通过大量供给工业用地降低工业用土地价格，这一行为又会让企业获得竞争优势，提高企业利润率。同时拥有不动产的企业还会因为住房价格上涨而拥有价值更高的抵押品，企业投资规模可以因此扩张。因此，住房价格对企业利润率的影响有正有负，具体影响需要通过测算才能得知。本书下一节将对这一影响进行测算并检验其影响机制。

（二）住房价格对企业利润率的影响测算——基于企业层面

为了研究住房价格对于企业利润率的影响，本书搜集了2005—2013

年中国工业企业数据库的数据，[①] 这一数据库是由中国官方统计系统搜集的，在 2011 年之前入库的企业标准为年产值 500 万元以上的非国有企业及全部国有企业，自 2011 年起标准调整为年产值 2 000 万元以上的非国有企业及全部国有企业。由于这一数据库观测值巨大且异常值较多，本书按照以下步骤处理数据。

（1）去除总资产、职工人数、工业总产值、固定资产净值、销售额缺失值；（2）保留实收资本大于 0 的企业；（3）检查企业类型：国有资本/实收资本大于等于 0.5 定义为国有控股，其余产权性质的企业类似，对不符的企业类型进行更改；（4）剔除固定资产、总资产、工业总产值为 0 的观测值；（5）剔除重复企业；（6）剔除固定资产净值大于总资产的观测值；（7）由于数据质量过差，将西藏和 2008—2010 年的数据剔除；（8）剔除所有年龄大于 100 和成立年在观测年之后的企业；（9）剔除总工资小于 0 的企业。

与此同时，本书还搜集了全国所有地级以上城市历年相关宏观数据，数据统计描述见表 9.1，表中所有名义变量均按 2005 年价格水平进行了处理。

本节采用固定效应的面板数据模型对住房价格与企业利润之间的关系进行研究，由于采取固定效应可以消除企业特质和时间特质带来的估计偏误问题，而且截面长度要远大于时间长度，采用这一方法比较适宜，具体的估计方程式为：

$$Y_{it} = \beta \ln Houseprice_{it} + \gamma X_{it} + \varepsilon_{it} \tag{9.1}$$

其中下标 it 代表第 i 个企业在第 t 期的数据，Y_{it} 是被解释变量，本书采用企业的总体利润率、主营业务利润率和净利润率，计算方法为三者除以企业资产总额；为了排除异常值和保持前后一致，本书中所有的

---

① 本数据库可获得版本的最新数据只更新到 2013 年。

表 9.1　2005—2013 年住房价格与企业利润的数据统计描述

指标名称	单位	均值	观测值	最大值	最小值	标准差
城市住房价格	万元/平方米	0.352 0	3 318	4.549 8	0.062 623	0.263 798
CPI	—	1.191 7	3 697	1.573 6	1	0.123 216
人均 GDP	万元	3.507 8	3 622	21.548 8	—	2.740 823
第二产业比重	%	49.008	3 427	90.97	9	10.949
城市职工工资水平	元	35 258.35	3 192	137 085.6	6 409.73	16 135.35
企业职工工资水平	万元	3.943 6	1 512 889	162 234.9	0	179.831
是否国有企业	—	0.061 4	2 148 132	1	0	0.240 1
企业利润率	%	16.385 8	2 147 997	2 154 200	-10 948.2	1 475.934
企业年龄	年	9.901 2	2 148 132	100	0	9.310 8
企业规模	人	305.575 7	1 852 597	569 670	0	1 524.896
企业出口情况	—	0.238 6	2 148 132	1	0	0.426 2
企业营业利润率	—	0.226 7	2 146 823	21 542	-123.777	14.796 3
企业净利润率	%	10.931 15	1 909 496	125.859 6	-323.309 2	18.397 39

资料来源：住房价格数据来源于 Wind 数据库（2013 年之后）与中国区域统计年鉴，CPI、人均 GDP、第二产业比重、城市职工工资水平来源于国研网统计数据库，其他指标来源于工业企业数据库。

回归都排除了总利润率在 99 分位数以上和 1 分位数以下的数据。$\ln Houseprice_{it}$ 是以 2005 年价格为基期的住房价格水平的对数。X_{it} 为控制变量，包括企业层面的企业年龄、企业年龄的平方、以职工数量代表企业规模、企业规模的平方、是否有出口的虚拟变量（以出口数量是否大于 0 衡量），以及城市层面的人均 GDP 和第二产业比重。

从表 9.2 可以看出住房价格对企业利润率的负向作用，在控制其他变量后，住房价格每上升 1 倍，企业的利润率、主营业务利润率和净利润率会分别下降 0.421、0.43 和 1.156 个百分点；考虑到规模以上企业统计口径的变化，只考虑产值 2 000 万元以上企业，住房价格每上升 1 倍，企业的利润率、主营业务利润率和净利润率会分别下降 -0.124、

0.172 和0.682 个百分点；考虑到住房价格对利润率的影响具有滞后性，我们利用前一期的住房价格对当期的利润率、主营业务利润率和净利润率进行回归，企业的利润率、主营业务利润率和净利润率会随上一年住房价格上涨1 倍而分别下降1.598、3.719 和2.122 个百分点；而前一期的住房价格对产值规模大于2 000 万元的企业的负向影响同样显著。表9.2 还给出了控制变量对利润率的影响，总的来看，国企的利润率较其他性质的企业低；而企业利润率随着企业年龄先减后增，呈 U 形发展，这表明随着企业的成长，经验越来越丰富，逐渐带来收益率的提高；而企业利润率与企业规模则是先增后减，呈倒 U 形，这可能是因为企业规模越大，管理成本的上升超过了规模效应；此外，有出口的企业利润率更低。从城市层面看，GDP 更高的城市利润率越低，但第二产业比重越高的城市利润率越高。

为了验证住房价格对企业利润产生影响的途径，本书还对住房价格与当地工资水平和当地工资水平与企业利润率的关系进行了回归。[①] 具体回归方程式见（9.2）式和（9.3）式。

$$\ln Wage_{jt} = \beta \ln Houseprice_{jt} + \gamma X_{jt} + \varepsilon_{jt} \quad (9.2)$$

$$Y_{it} = \beta Wage_{it} + \gamma X_{it} + \varepsilon_{it} \quad (9.3)$$

（9.2）式用于估计住房价格水平对当地工资水平的影响，其中 $\ln Wage_{jt}$ 代表第 j 个城市在第 t 期的真实职工工资水平的对数，$\ln Houseprice_{jt}$ 代表第 j 个城市在第 t 期的真实住房价格水平的对数，X_{jt} 为控制因素，包括人均 GDP 和第二产业比重。（9.3）式用于估计当地工资水平对企业利润率的影响，$Wage_{it}$ 代表第 i 个城市在第 t 期的真实职工

① 没有利用企业的工资水平对企业利润率进行回归的原因在于严重的互为因果造成的内生性问题，例如企业可能是因为工资过高造成了利润率下降，但同样有可能是因为经营情况较好而提高工资。

表 9.2　当地住房价格对企业利润率的影响

	全样本						产值大于 2 000 万元的样本					
被解释变量	利润率	利润率	主营业务利润率	主营业务利润率	净利润率	净利润率	利润率	利润率	主营业务利润率	主营业务利润率	净利润率	净利润率
真实住房价格对数	−0.421** (0.185)		−0.43 (0.554)		−1.156*** (0.165)		0.124 (0.228)		−0.172 (0.819)		−0.682*** (0.208)	
上一期真实住房价格对数		−1.598*** (0.235)		−3.719*** (0.639)		−2.122*** (0.218)		−1.268*** (0.264)		−3.224*** (0.790)		−1.849*** (0.249)
国有企业虚拟变量	−1.402*** (0.136)	−1.312*** (0.192)	−1.700*** (0.193)	−1.596*** (0.263)	−1.062*** (0.120)	−1.041*** (0.174)	−1.159*** (0.153)	−1.214*** (0.205)	−1.422*** (0.218)	−1.535*** (0.286)	−0.888*** (0.136)	−0.967*** (0.188)
年龄	1.560*** (0.028 1)	0.720*** (0.045 7)	1.387*** (0.048 9)	0.775*** (0.075 9)	1.385*** (0.025 4)	0.850*** (0.046 1)	0.983*** (0.033 2)	0.573*** (0.047 0)	0.746*** (0.067 8)	0.620*** (0.078 0)	0.923*** (0.030 2)	0.730*** (0.047 3)
年龄的平方（$*10^{-2}$）	−1.36*** (0.032 9)	−0.961*** (0.039 2)	−1.34*** (0.051 4)	−0.851*** (0.056 8)	−0.986*** (0.030 2)	−0.66*** (0.036 1)	−0.856*** (0.034 1)	−0.843*** (0.040 6)	−0.74*** (0.060 4)	−0.711*** (0.060 9)	−0.59*** (0.031 3)	−0.568*** (0.037 3)
规模（$*10^{-3}$）	0.357*** (0.048 2)	0.296*** (0.0461)	0.318*** (0.048 5)	0.284*** (0.048 9)	0.244*** (0.036 5)	0.205*** (0.035 4)	0.277*** (0.040 8)	0.249*** (0.042)	0.228*** (0.041 5)	0.232*** (0.044 7)	0.193*** (0.031 4)	0.173*** (0.032 6)
规模的平方（$*10^{-11}$）	−63.6*** (10.1)	−53.4*** (9.46)	−57.2*** (9.84)	−51.9*** (9.78)	−43.2*** (7.35)	−36.7*** (6.96)	−49.2*** (8.24)	−44.9*** (8.36)	−40.9*** (7.96)	−42.5*** (8.64)	−34*** (6.16)	−31*** (6.26)
出口虚拟变量	−0.781*** (0.072 5)	−0.867*** (0.093 1)	−0.378*** (0.096 5)	−0.368*** (0.121)	−0.845*** (0.065 6)	−0.928*** (0.085 7)	−0.855*** (0.086 3)	−0.831*** (0.104)	−0.338*** (0.118)	−0.272** (0.136)	−0.951*** (0.079 1)	−0.891*** (0.096 2)
人均 GDP	−0.730*** (0.029 2)	−0.473*** (0.033 4)	−0.500*** (0.041 8)	−0.396*** (0.049 7)	−0.602*** (0.026 5)	−0.397*** (0.030 0)	−0.461*** (0.032 9)	−0.347*** (0.036 4)	−0.215*** (0.046 9)	−0.284*** (0.054 1)	−0.402*** (0.029 4)	−0.313*** (0.032 3)
第二产业比重	0.408*** (0.007 41)	0.412*** (0.009 43)	0.462*** (0.016 3)	0.461*** (0.020 2)	0.408*** (0.007 1)	0.406*** (0.009 06)	0.335*** (0.008 57)	0.346*** (0.010 4)	0.329*** (0.018 5)	0.372*** (0.021 8)	0.340*** (0.008 21)	0.351*** (0.010 0)
年份固定效应	是	是	是	是	是	是	是	是	是	是	是	是

（续表）

行业固定效应	是	是	是	是	是	是	是	是	是	是	是	是
厂商固定效应	是	是	是	是	是	是	是	是	是	是	是	是
观测值	1 474 877	1 005 478	1 474 440	1 005 171	1 338 160	894 797	1 078 876	817 806	1 078 450	817 503	943 572	707 970
Adj - R^2	0.050	0.032	0.012	0.007	0.044	0.031	0.022	0.018	0.004	0.004	0.021	0.018

注：括号内为按照企业进行聚类的方差，* 表示显著水平为 10%，** 表示显著水平为 5%，*** 表示显著水平为 1%，由于部分城市宏观数据缺失，表中观测值与表 9.1 不一致。

工资水平，其余变量与（9.1）式相同。两式的回归结果分别见表9.3和表9.4。

表9.3 住房价格对职工工资水平的影响

	真实工资水平对数	真实工资水平对数
真实住房价格对数	0.068 9* （0.036 5）	
上一期真实住房价格对数		0.069 2*** （0.025 6）
人均 GDP	-0.008 44** （0.003 75）	-0.006 65* （0.003 72）
第二产业比重	0.004 85*** （0.001 24）	0.005 77*** （0.000 876）
年份固定效应	是	是
城市固定效应	是	是
观测值	3 043	2 833
调整的可决系数	0.865	0.900

注：括号内为按照企业进行聚类的方差，* 表示显著水平为10%，** 表示显著水平为5%，*** 表示显著水平为1%。

表9.3给出了每个城市的住房价格对当地工资水平的影响，从表中的结果可以看出，当期住房价格每上升1倍，当地工资水平就会显著上升6.89%；如果考虑可能的滞后期影响，上一期住房价格每上升1倍，当地工资水平也会显著上升6.92%。这一结果表明，住房价格的确显著提高了工资水平。人均GDP则与工资水平负相关，而第二产业比重越高的城市，真实工资水平也越高。

表9.4则考虑了工资水平对企业利润率的影响，当地职工工资水平每上升1万元，企业的利润率、主营业务利润率和净利润率就会显著下降0.586、0.348和0.73个百分点。即使考虑工资的滞后影响，前一期的工资水平同样会显著降低当期的企业利润率水平。而这一结论在只考虑产值2 000万元以上的企业中同样显著。

从表9.2到表9.4给出了住房价格对规模以上企业利润率的影响，

表 9.4　当地工资水平对于企业利润率的影响

	全样本						产值大于 2 000 万元的样本					
被解释变量	利润率	利润率	主营业务利润率	主营业务利润率	净利润率	净利润率	利润率	利润率	主营业务利润率	主营业务利润率	净利润率	净利润率
真实工资水平（*10⁻⁴）	-0.586*** (0.046 5)		-0.348*** (0.073)		-0.73*** (0.042 5)		-0.265*** (0.053 7)		-0.176** (0.088 1)		-0.5*** (0.048 7)	
上一期真实工资（*10⁻⁴）		-0.646*** (0.066 8)		-0.627*** (0.104)		-0.833*** (0.062 8)		-0.584*** (0.077 7)		-0.499*** (0.123)		-0.821*** (0.073 6)
国有企业虚拟变量	-1.385*** (0.138)	-1.326*** (0.195)	-1.656*** (0.197)	-1.581*** (0.267)	-1.040*** (0.121)	-1.063*** (0.176)	-1.187*** (0.156)	-1.273*** (0.209)	-1.443*** (0.222)	-1.595*** (0.293)	-0.902*** (0.139)	-1.019*** (0.191)
年龄	1.664*** (0.024 0)	0.932*** (0.051 0)	1.424*** (0.037 3)	0.900*** (0.085 7)	1.457*** (0.022 3)	1.116*** (0.051 3)	1.061*** (0.027 4)	0.769*** (0.053 9)	0.671*** (0.046 3)	0.713*** (0.088 4)	0.987*** (0.025 4)	0.998*** (0.054 1)
年龄的平方（*10⁻²）	-1.34*** (0.033 7)	-0.932*** (0.04)	-1.32*** (0.052 7)	-0.786*** (0.057 2)	-0.961*** (0.030 9)	-0.624*** (0.036 8)	-0.841*** (0.034 9)	-0.819*** (0.041 4)	-0.713*** (0.062 8)	-0.649*** (0.062)	-0.572*** (0.031 9)	-0.54*** (0.038)
规模（*10⁻³）	0.34*** (0.047 5)	0.285*** (0.045 6)	0.295*** (0.047 3)	0.269*** (0.047 8)	0.239*** (0.036 6)	0.206*** (0.035 7)	0.266*** (0.040 5)	0.242*** (0.041 7)	0.215*** (0.041 1)	0.222*** (0.044 2)	0.19*** (0.031 6)	0.176*** (0.033)
规模的平方（*10⁻¹¹）	-60.6*** (9.86)	-51.5*** (9.29)	-53*** (9.47)	-49*** (9.48)	-42.3*** (7.33)	-36.9*** (7.04)	-47.2*** (8.09)	-43.6*** (8.27)	-38.4*** (7.79)	-40.7*** (8.5)	-33.5*** (6.17)	-31.4*** (6.35)
出口虚拟变量	-0.782*** (0.073 2)	-0.874*** (0.094 1)	-0.381*** (0.097 7)	-0.397*** (0.122)	-0.843*** (0.066 2)	-0.921*** (0.086 5)	-0.860*** (0.087 3)	-0.833*** (0.105)	-0.361*** (0.119)	-0.294** (0.138)	-0.944*** (0.079 9)	-0.877*** (0.097 2)
人均 GDP	-0.689*** (0.029 4)	-0.450*** (0.033 1)	-0.481*** (0.043 8)	-0.356*** (0.050 2)	-0.542*** (0.026 7)	-0.371*** (0.029 9)	-0.451*** (0.033 0)	-0.331*** (0.036 0)	-0.235*** (0.050 3)	-0.252*** (0.055 0)	-0.368*** (0.029 6)	-0.293*** (0.032 2)
第二产业比重	0.402*** (0.007 75)	0.397*** (0.010 1)	0.439*** (0.017 9)	0.409*** (0.022 6)	0.409*** (0.007 47)	0.402*** (0.009 69)	0.329*** (0.008 96)	0.326*** (0.011 2)	0.300*** (0.021 2)	0.315*** (0.025 4)	0.342*** (0.008 62)	0.341*** (0.010 8)
年份固定效应	是	是	是	是	是	是	是	是	是	是	是	是

（续表）

	全样本						产值大于 2 000 万元的样本					
被解释变量	利润率	利润率	主营业务利润率	主营业务利润率	净利润率	净利润率	利润率	利润率	主营业务利润率	主营业务利润率	净利润率	净利润率
行业固定效应	是	是	是	是	是	是	是	是	是	是	是	是
厂商固定效应	是	是	是	是	是	是	是	是	是	是	是	是
观测值	1 422 964	969 463	1 422 577	969 193	1 296 705	867 800	1 038 351	786 724	1 037 973	786 458	913 404	685 843
Adj - R^2	0. 048	0. 031	0. 011	0. 006	0. 044	0. 031	0. 020	0. 017	0. 003	0. 003	0. 021	0. 019

注：括号内为按照企业进行聚类的方差，* 表示显著水平为 10%，** 表示显著水平为 5%，*** 表示显著水平为 1%，由于部分城市宏观数据缺失，表中观测值与表 9.1 不一致。

结果表明住房价格的确显著降低了企业的盈利水平，而作用途径就是住房价格上升带动工资水平的提升，而工资水平的提升则侵蚀了企业的利润。

尽管上述结果已经给出了住房价格与我国企业利润率之间的关系，但是由于存在遗漏变量、反向因果和测量误差等问题，可能会导致表9.2中的住房价格对企业利润率的情况被低估，也就是经济学上经常提及的内生性问题。滞后期的住房价格虽然部分缓解了反向因果问题，但是无法完全解决这一问题。为了准确地估计出住房价格对企业利润率的影响，研究者通常会通过寻找工具变量的方法进行估计。工具变量要满足两个条件：（1）跟（9.1）式中的 $\ln Houseprice_{it}$ 高度相关；（2）跟（9.1）式中的 ε_{it} 不相关，即工具变量不会通过住房价格之外的途径影响企业利润率。

本书以各省城市非集体户家庭的平均人数作为住房价格的工具变量，显而易见，购房一般都是以户为单位的，一个城市家庭的规模越小，其住房价格就该越高。但是家庭规模的大小与企业利润率之间没有直接的联系，是适宜的工具变量。

$$\ln Houseprice_{it} = \alpha avefamilysize_{it} + \gamma X_{it} + \varepsilon_{it} \tag{9.4}$$

$$Y_{it} = \beta \ln H\widehat{ousep}rice_{it} + \gamma X_{it} + \varepsilon_{it} \tag{9.5}$$

（9.4）式和（9.5）式是回归方程式，$avefamilysize_{it}$ 代表企业所在省份的城市非集体户的平均人数，其余数据变量与（9.1）式相同。（9.4）式是第一步回归，考察住房价格与户均家庭规模的关系并获得住房价格对数的线性预测值 $\ln Houseprice_{it}$，将此值代入（9.5）式回归即可获得相应的估计值。相应的回归结果见表9.5。

从表9.5中可以看出，在第一步的住房价格对家庭规模的回归时，较小的家庭规模都显著提高了当地住房价格水平，在全样本中家庭规模每小1个单位，真实住房价格就会显著上升0.074%。而且 F 值大于

表9.5 当地住房价格对于企业利润率的影响工具变量回归结果

	全样本			只考虑产值2 000万元以上企业		
	第一步回归	第二步回归		第一步回归	第二步回归	
被解释变量	真实住房价格水平对数	总利润率	净利润率	真实住房价格水平对数	总利润率	净利润率
平均家庭规模	−0.074*** (0.001 98)			−0.057*** (0.002 32)		
真实住房价格水平对数		−98.82*** (3.245)	−93.10*** (2.939)		−128.3*** (4.213)	−120.9*** (3.816)
国有企业虚拟变量	0.002 82** (0.001 41)	−1.098*** (0.136)	−0.777*** (0.119)	0.003 46** (0.001 60)	−0.932*** (0.136)	−0.621*** (0.120)
年龄	0.103*** (0.000 176)	11.85*** (0.342)	11.00*** (0.310)	0.102*** (0.000 205)	14.80*** (0.439)	13.79*** (0.398)
年龄平方（$*10^{-2}$）	−0.003 36*** (0.000 298)	−1.68*** (0.034 5)	−1.3*** (0.031 7)	−0.003 27*** (0.000 327)	−1.77*** (0.035 5)	−1.38*** (0.032 6)
规模（$*10^{-4}$）	−0.000 679 (0.003 24)	3.5*** (0.476)	2.39*** (0.36)	−0.001 53 (0.003 25)	3.37*** (0.476)	2.27*** (0.36)
规模平方（$*10^{-11}$）	3.35 (5.39)	−6 000*** (1 000)	−4 000*** (729)	4.92 (5.45)	−5 700*** (1 000)	−3 720*** (729)
出口虚拟变量	0.011 9*** (0.000 523)	0.446*** (0.081 4)	0.298*** (0.073 9)	0.011 2*** (0.000 610)	0.711*** (0.085 8)	0.547*** (0.077 8)
人均GDP	−0.017 8*** (0.000 250)	−2.504*** (0.067 3)	−2.262*** (0.061 2)	−0.016 4*** (0.000 281)	−2.860*** (0.078 0)	−2.597*** (0.070 9)
第二产业比重	0.005 54*** (0.000 060 5)	0.959*** (0.018 9)	0.921*** (0.017 3)	0.005 83*** (0.000 071 0)	1.161*** (0.025 1)	1.111*** (0.022 9)
厂商固定效应	是	是	是	是	是	是

（续表）

	全样本			只考虑产值 2 000 万元以上企业		
	第一步回归	第二步回归		第一步回归	第二步回归	
年份固定效应	是	是	是	是	是	是
行业固定效应	是	是	是	是	是	是
观测值	1 474 877	1 477 377	1 340 660	1 078 876	1 477 377	1 340 660
F 值	103.63	—	95.64	—		
Adj - R^2	0.895	0.051	0.045	0.901	0.051	0.045

注：括号内为按照企业进行聚类的方差，* 表示显著水平为 10%，** 表示显著水平为 5%，*** 表示显著水平为 1%，由于部分城市宏观数据缺失，表中观测值与表 9.4 不一致。限于表格宽幅，未报告主营业务利润率相关数据。

10，表明这一工具变量有效。同时，相较于表9.2，第二步回归中的结果明显变大，在全样本回归中，住房价格每提高1倍，总利润率和净利润率就会分别显著下降98.82和93.10个百分点；在产值规模2 000万元以上的样本中，这一现象依然显著。这表明前面的估计低估了住房价格对企业利润率的负面影响。

（三）住房价格对企业利润率的影响测算——基于城市层面

从基于工业企业数据库的数据看，住房价格的确对我国工业企业的利润造成了不利影响，但是受限于数据可得性，本书对于两者之间相关关系的讨论只到2013年，为了更准确地反映近年来住房价格对工业企业利润率的影响，本书还搜集了截至2017年地级城市层面的工业企业的相关数据，进一步验证住房价格对企业利润的挤压效应。

本书搜集了全国所有地级以上城市的相关数据，相应的数据情况介绍见表9.6。

表9.6　2013—2017年地级以上城市住房价格与企业利润的数据描述

变量名	单位	均值	最大值	最小值	标准差	观测值
规模以上企业利润总额	万元	2 557 360	32 438 000	-1 008 060	3 695 753	1 264
规模以上企业总资产	万元	37 012 339	673 185 552	613 558	60 894 658	1 264
利润率	%	7.41	38.78	-6.35	5.29	1 264
第二产业比重	%	47.00	79.36	12.19	10.07	1 447
住房价格	元	8 358.30	54 445.26	2 670.48	5 563.50	517
人均GDP	元	52 190.66	290 477.00	8 407	33 226.31	1 447
固定资产投资	亿元	1 775.13	17 537	59.5	1 786.11	1 447
GDP	万元	24 841 247	306 329 900	905.92	33 501 198	1 447

资料来源：由于2013年之后Wind数据缺省较多，住房价格数据改为从中指数据获取，2017年之前利润总额、总资产、固定资产投资、人均GDP、第二产业比重来源于国研网统计数据库，2017年之后来自各省统计年鉴。

表9.6中的利润率是利用利润总额除以总资产得出的。由于数据来

源所限，在城市层面上本书只能搜集到总利润率的数据，参照（9.1）式的做法，本书对城市层面的规模以上工业企业利润率与住房价格的关系进行了研究，回归方程式如下：

$$Y_{it} = \beta \ln Houseprice_{it} + \gamma X_{it} + \varepsilon_{it} \tag{9.6}$$

其中 Y_{it} 为城市 i 第 t 年规模以上企业利润率，$\ln Houseprice_{it}$ 为城市 i 第 t 年平均住房价格对数，X_{it} 为控制变量，与式（9.5）中一致。由于城市住房价格数据缺失较多，本书将数据分为全体数据和至少有 4 年数据两个子集进行了回归，结果见表 9.7。

表 9.7　2013—2017 年地级以上城市住房价格对企业利润的影响

	所有城市		至少有 4 期住房价格观测值的城市	
真实住房价格对数	-1.474^{*} (0.762)		-1.882^{***} (0.723)	
前一期真实住房价格对数		-1.641^{**} (0.780)		-1.822^{**} (0.759)
真实人均 GDP	0.340 (0.682)	1.399 (3.033)	0.673 (0.619)	3.501 (2.684)
第二产业比重	0.228^{***} (0.059 9)	0.256^{***} (0.071 7)	0.259^{***} (0.062 2)	0.278^{***} (0.072 5)
观测值	406	326	342	273
调整的可决系数	0.907	0.911	0.918	0.927
城市固定效应	是	是	是	是
年份固定效应	是	是	是	是

注：括号内为按照企业进行聚类的方差，* 表示显著水平为 10%，** 表示显著水平为 5%，*** 表示显著水平为 1%，表内方差均已做聚类处理。

从表 9.7 中可以看出，即使我们把数据从企业层面改为城市层面，住房价格对企业利润率的影响也很明显，从全样本看，住房价格每上涨 1 倍，企业利润率就要下降 1.474%。如果考虑滞后期和至少有 4 年住房价格数据的样本，住房价格上升与企业利润率负相关的关系更加强烈。

从以上的研究可以看出，自 21 世纪开始，我国住房价格对工业企业利润率有着明显的挤出效应，无论在企业层面还是城市层面的数据表现都是如此。通过研究住房价格与工资水平之间的关系，我们认为这种挤出效应是通过如下途径实现的：住房价格提升推高了职工工资水平，而职工工资水平的提升则挤压了企业的利润率水平，最终导致企业利润率水平的下行。

二、基于产出角度的合理住房价格水平

制造业是实体经济的重要承载体，是第三产业发展的基础。对制造业最好的支持就是营造友好的营商环境，为制造业排忧解难。而在营造友好的营商环境当中，适宜的劳动力成本无疑是十分重要的，通过上一小节的结论，我们得知可以通过调节住房价格实现这一目标。

为了比较规模以上企业的利润率情况，本书计算了全社会的资本收益情况并与前者进行了对比，将全社会的资本收益率作为工业企业的利润率对比标的可能过于理想化。但是从实践的角度看，制造业收益率长期低于全社会总的资本收益率会导致资金从制造业外流进入其他行业，造成“脱实向虚”的现象；还会拉低社会总的平均资本收益率，损害再生产行为，拉低经济增长水平。

为了计算全社会的资本收益率，本书首先参照第七章中的方法计算了全国 2005—2016 年的资本存量（价格基期调整为 2005 年），接着通过《中国统计年鉴》搜集了各年度按收入法计算的 GDP，从中获取了历年各省级行政区和全国的营业盈余①，并以 2005 年价格为基期将其换算；再将营业盈余除以资本存量，就得到了历年全社会的资本收益率情况。具体的对比情况见表 9. 8。

从表中可以看出，我国规模以上工业企业净利润率长期低于社会平均资本收益率，而且差距较大。总体看来，去除 2008—2010 年之后的 2005—2013 年中国规模以上企业的利润率比社会平均资本收益率低 2. 47

① 2013 年数据缺失，本书利用前后两年的比例均值代替了当年营业盈余占 GDP 的比重，再通过这一比重乘以当年 GDP 获取了营业盈余数值。

表 9.8　规模以上企业利润率与全国平均资本收益率

年份	工业企业数据库平均利润率（%）	全国平均资本收益率（%）
2005	5.99	11.72
2006	6.71	12.43
2007	7.67	12.86
2011	9.26	10.29
2012	8.13	9.62
2013	8.30	9.08
均值	8.48	10.95

注：本书中的数据是以资本量为权重进行加权计算得到的数据。

资料来源：工业企业数据库，同策研究院整理而得。

个百分点，2013 年低 0.78 个百分点。

如果不考虑可能的风险大小造成的收益率差异，制造业的收益率水平应当达到社会平均收益率水平才能保证资金不会从制造业外流。即规模以上企业利润率要上升 2.47 个百分点，即使以 2013 年的标准看，规模以上的工业企业净利润率也要上升 0.78 个百分点。按照表 9.5 的结论，住房价格上涨 1 倍，企业利润率就会下降 98.82 个百分点。按照这一参数计算，去除 2008—2010 年之后的 2005—2013 年中国城市的平均住房价格需要下降 2.499① 个百分点才能使规模以上工业企业的利润率达到社会平均水平；即使只考虑 2013 年的情况，也需要使当年住房价格下降 0.48 个百分点才能使当年规模以上工业企业的净利润率达到社会平均水平。

第二节　基于居民消费角度下的合理住房价格水平分析

一、　住房价格对消费的综合影响测算

（一）住房价格对消费的影响机制

目前我国的最终消费统计包括居民消费和政府消费，居民消费是主

① 计算方法为工业利润率需提升比例 2.47 除以住房价格对数对利润率的边际影响值 0.988 2。下文中计算 2013 年需下降幅度得到的 0.48 算法类似。

体，约占最终消费的76%。一般而言，住房价格对消费的影响主要有两种效应：财富效应和挤出效应。前者是指有房者因为住房价格上涨而导致资产增值，从而增加消费的行为。后者是指由于住房价格上涨过快，导致居民对其他商品的消费减少，降低整体的社会消费总额。两者方向相反，共同决定了住房价格变化影响消费变化的方向与幅度。

对于财富效应，其主要作用途径有如下几种：一是由于住房价格上涨，有房者净资产增加，将房屋变现就可以获取这部分收益，进而增加消费。二是租金收益上升，住房价格上升必然带来租金上升，这会使有房者的收入增加。三是房屋价值上升，住房所有者可以将住房抵押出去，获得额外资金进行消费。即所谓的抵押信贷效应。从作用途径上看，住房价格上涨带来的消费增加基本都是通过房屋的资本品属性发挥作用，而且只对有房者产生积极效果。

对于挤出效应，其主要作用途径如下：一是对无房者而言，住房价格上涨意味着为了购买或租赁住房要花费更多，这必然会对消费产生挤压，尤其对无房的刚需购买者。[①] 二是对准备购房者来说，如果住房价格上涨过快导致了很强的住房价格上涨预期，部分准备购房者可能会牺牲当期消费购置房屋，从而挤压消费产生。挤出效应主要作用于无房者和准备购房者。

除了住房价格变动带来的直接作用外，高住房价格也是不利于消费的。因为住房价格上涨意味着有房者往往更加富有，而边际消费倾向一般都随着财富增加而下降，也就是说住房价格上涨带来的财富增加无法带来同样幅度的消费增加，这对消费同样是不利的。

综上所述，住房价格上涨对消费的作用有正有负，但通过以上分析我们可以简单预判住房价格上涨对消费造成的影响，如果是财富效应占主导，当住房价格上涨时，非必需性消费上涨幅度会更大；而当挤出效

① 如果住房价格上涨过快，无房者也有可能放弃购房而增加消费，但总体看，住房价格上涨带来的是消费下降。

应占主导时，非必需性消费上涨幅度会减小甚至为负。从分项支出对住房价格的反应我们就可以初步判断是挤出效应还是财富效应，因此经过测算判断住房价格的影响方向与幅度就是本书下一步的重点。

（二）测算住房价格对消费的影响

为了测算住房价格对中国居民消费行为的影响，本书搜集了2005—2018年中国所有直辖市、计划单列城市和省会（首府）城市（除拉萨）的城镇居民人均消费数据、商品住房销售价格数据和相关经济数据。数据情况如表9.9所示。

表9.9　2005—2018年住房价格与消费的数据统计描述

指标名称	单位	均值	观测值	最大值	最小值	标准差
住房销售价格	元	7 759.41	490	55 441	1 540.78	6 256.48
城镇居民可支配收入	元	27 174.05	490	68 034	8 397.00	12 317.65
城镇居民人均消费性支出	元	19 034.25	484	46 015	6 408.00	7 979.89
食品	元	6 101.66	486	13 549	2 363.04	2 105.05
衣着	元	1 679.08	480	3 145	388.24	568.45
居住	元	3 107.98	480	15 391	499.67	2 770.56
家庭设备用品及服务	元	1 197.87	480	2 836	243.00	530.23
医疗保健	元	1 275.91	480	3 719	389.29	579.35
交通和通信	元	2 667.71	480	6 743	594.62	1 291.31
教育文化娱乐服务	元	2 334.87	480	6 876	569.00	1 078.74
其他商品和服务	元	641.91	480	2 355	152.05	312.37
第三产业就业比重	%	54.46	485	82.31	27.66	10.35
第三产业比重	%	56.20	489	81	38.15	8.43
人均GDP	元	72 239.61	490	189 568	12 260.00	32 619.85

注：由于部分城市数据有缺失，观测值数量并不一致，同策研究院整理。

资料来源：住房销售价格、城镇居民可支配收入来自Wind数据库，第三产业比重、第三产业就业比重、人均GDP来自国研网，其他数据来自各城市统计年鉴，其中南宁、兰州数据来自省统计年鉴。

本书将居住支出从消费中剔除，原因如下：自 2013 年，各地陆续将居民自住行为定义为消费行为，将自住的虚拟租金纳入居住消费，其数值由房屋价值的折旧值给定。但这造成了两个问题：第一，各城市的人均居住消费均在 2013—2014 年出现大幅上涨，上涨幅度均超过 100%，前后数据无法进行对比。第二，房租与住房价格呈明显正向关系，将自住租金计入就意味着住房价格越高，居住支出越高，在数据上表现为财富效应。但是居住者事实上并未增加居住消费，这一财富效应并不存在。[①] 即使不存在统计口径变更问题，我们认为也不宜将居住消费与其他消费放在一起考虑，因为住房价格上涨带来房租上涨进而使居住支出增加实际上体现的是挤出效应，这与其他消费的变化方向恰好相反，将其放入消费一起估计会造成结果的误读（下文的总消费都不包括居住消费，不再单独说明）。

图 9.1 展示了去除居住后的消费与住房价格增速之间关系的散点图，从中可以发现消费与住房价格增速呈现明显的负相关关系，在中国的一二线城市，住房价格上涨越快，消费就越低。这一结果已经表明，在中国住房价格的挤出效应可能占据主导地位。但由于无法排除住房价格增速高的城市本身消费就低的可能性，还需要对结果做进一步检验并进行数量分析。

下图给出了各城市的消费增速与住房价格增速之间关系的散点图，从图 9.2 到图 9.4 展示的分别是全样本、住房价格增速较高的一半样本和住房价格增速较低的一半样本。从中可以看出，在全样本和较低增速的样本中，消费增速和住房价格增速都呈现正相关关系；但从较高增速的样本看，消费增速与住房价格增速已经呈现微弱的负相关关系。这一

---

① 笔者曾考虑将居住消费中的房租支出剔除进行计算，但是较多城市没有列支居住支出下的分项支出，这样会造成大量的数据缺失。从统计方法转变前后的数据看，居住支出普遍上涨 1 倍以上，这表明自住租金占居住支出在 50% 以上，考虑到原居住支出数据也包括租房支出且占据较大比例，剔除这一支出对结论影响不大。

结果同样表明过快的住房价格增速对消费产生了挤压，但两者之间的关系需要进一步通过数量分析才能理清。

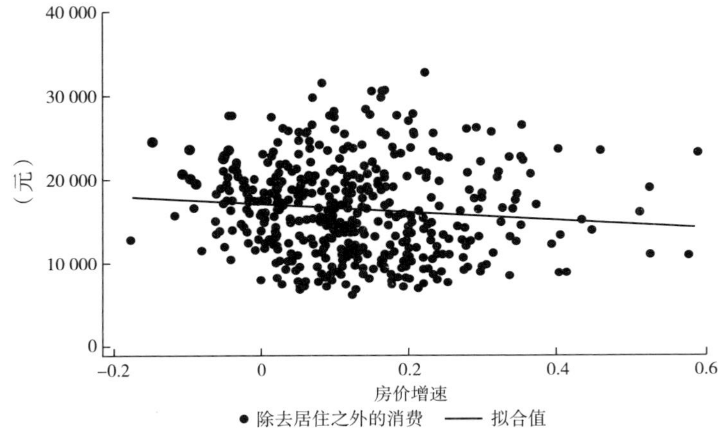

图 9.1 35 个大中城市人均消费与住房价格增速散点关系图

注：由 Stata 制图而得，同策研究院整理。

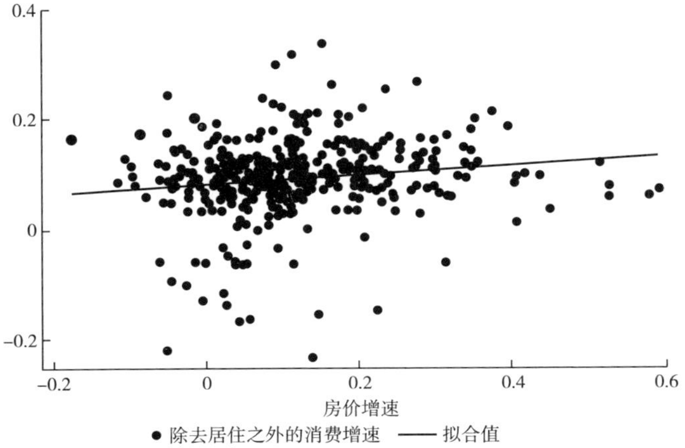

图 9.2 35 个大中城市人均消费增速与住房价格增速关系图

注：由 Stata 制图而得，同策研究院整理。

为了研究消费与住房价格之间的数量关系，本书拟采用面板数据固定效应模型进行估计。

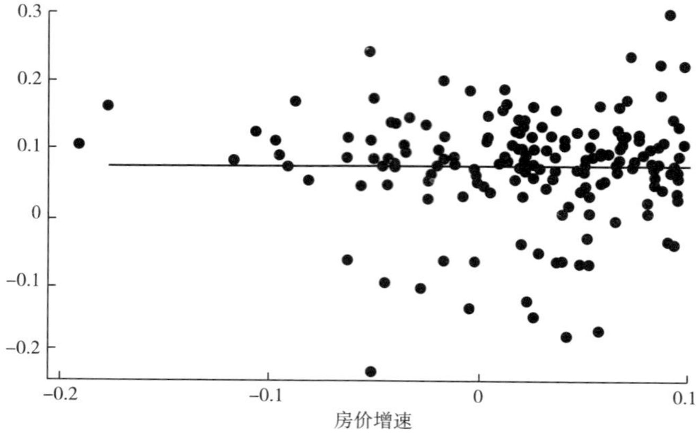

图 9.3　35 个大中城市人均消费增速与住房价格增速关系图（住房价格增速较低样本）

注：由 Stata 制图而得，同策研究院整理。

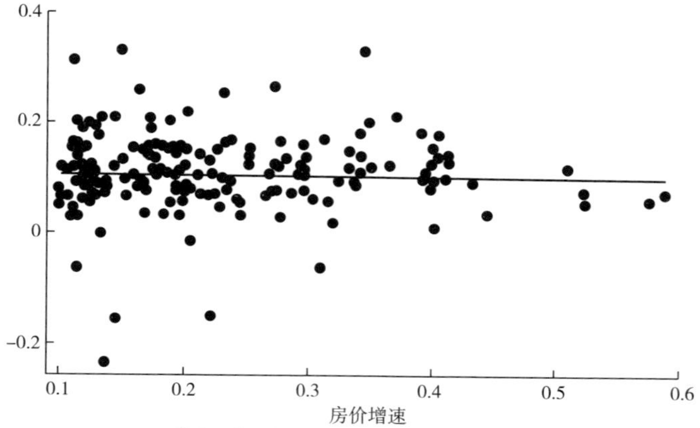

图 9.4　35 个大中城市人均消费增速与住房价格增速关系图（住房价格增速较高样本）

注：由 Stata 制图而得，同策研究院整理。

$$\ln consumption_{it} = \beta \ln price_{it} + X_{it}\gamma + \varepsilon_{it} \tag{9.8}$$

（9.8）式为估计方程，其中 $\ln consumption_{it}$ 为第 i 个城市第 t 期的人均消费额的对数；$\ln price_{it}$ 为第 i 个城市第 t 期的住房价格对数，为了减少使用当前变量可能带来的内生性问题，本书采用前一期的住房价格进行回归；β 为我们需要估计的参数。X_{it} 是控制因素，包括：（1）人均可支配收入对数，显而易见，人均消费与人均收入密切相关。（2）其他控制性因素，包括人均 GDP、第三产业就业人数比重和第三产业比重。以上变量均已按照2005 年的价格为基期处理成实际变量。

估计结果见表 9. 10。从表中可以看出，人均总消费与住房价格呈负向相关关系，且在统计上显著，总体看，住房价格每上涨 1 倍，人均消费就显著下降 2. 32% 。从各分项看，除食品消费外的所有消费支出都与住房价格对数呈现负相关关系，但只有健康医疗消费和交通通信支出与住房价格在统计上显著，这是符合理论预期的。根据《居民消费支

表 9. 10　各城市人均消费与住房价格关系估计表

	总消费对数	食品消费对数	衣着消费对数	家庭设备用品及服务消费对数	健康医疗消费对数	交通通信消费对数	教育与娱乐消费对数	其他消费对数
住房价格对数	−0. 023 2* (0. 014 1)	−0. 033 6 (0. 052 2)	−0. 027 9 (0. 084 7)	0. 036 6 (0. 120)	−0. 132* (0. 072 8)	−0. 089 5* (0. 063 3)	0. 025 8 (0. 105)	−0. 052 0 (0. 155)
个人可支配收入对数	0. 699*** (0. 058 9)	0. 307** (0. 145)	0. 636*** (0. 173)	0. 981*** (0. 318)	0. 685*** (0. 126)	1. 134*** (0. 127)	1. 175*** (0. 296)	0. 928** (0. 346)
第三产业就业比重（*10^{-4}）	−2. 68 (7. 55)	−7. 39 (13. 7)	0. 639 (16. 4)	21. 8 (26. 9)	3. 93 (16. 1)	−1. 31 (16. 2)	24. 2 (30. 5)	11. 3 (33. 1)
第三产业比重（*10^{-4}）	−1. 23 (9. 86)	15. 7 (17. 0)	18. 3 (25. 6)	−35. 8 (32. 8)	2. 57 (21. 0)	−37. 9* (21. 1)	−26. 6 (26. 9)	68. 2* (35. 7)
人均 GDP（*10^{-7}）	0. 262 (0. 329)	0. 370 (0. 606)	0. 539 (0. 792)	−0. 771 (1. 04)	0. 294 (0. 701)	−0. 803 (0. 706)	0. 326 (0. 884)	0. 385 (1. 35)
时间固定效应	是	是	是	是	是	是	是	是
城市固定效应	是	是	是	是	是	是	是	是
观测值	478	484	479	479	479	479	479	479
Adj − R^2	0. 890	0. 860	0. 766	0. 811	0. 661	0. 780	0. 703	0. 558

注：表中方差均已经过聚类处理，由于部分城市数据缺失，观测值数目并不一致，同策研究院整理。

出分类（2013）》,[1] 交通通信支出包括交通支出和通信支出两大类，交通下面包括交通工具、交通工具用燃料等、交通工具使用和维修以及交通费四小类，其中日常生活必不可少的乘坐交通工具等支出仅包含在交通费这一小类中，且比例较小，在通信支出中的情况也是类似的；而健康医疗消费中包含医疗器具及药品、医疗服务两类，但是并不包括门诊医疗与住院医疗过程中产生的药品、医疗器材和器具等支出以及由医疗保险和医疗救助计划报销的医药费和医疗费，这些必需性消费并没有包含在健康医疗消费之中。同时健康医疗消费中包含较高比例的健康支出，这是非必需性消费。这两者与住房价格呈现极为显著的负相关关系充分说明了住房价格的挤出效应，由于住房价格过高，非必需品的消费被压缩，使两者支出下降。住房价格每上涨1倍，这三者就分别显著下降13.2%和8.95%。同时，个人可支配收入显著影响消费，可支配收入每上升1%，消费就会增加0.699%；而第三产业就业比重、第三产业比重和人均GDP对消费的影响不明显。基于与上一节同样的原因，本书还在（9.8）式基础之上考虑了工具变量回归的结果，结果同样在表9.11中。从回归结果看，利用户均家庭规模作为工具变量的第一步回归较为显著，户均家庭规模每增加一人，35个城市的住房价格就会显著下降1.52%；F值为223.69，远大于10，说明这一工具变量是适宜的。在第二步回归中，除食品之外的所有消费都与住房价格呈负相关关系，系数与直接回归的结果有所差异，总消费、衣着、健康医疗、交通通信、教育娱乐和其他消费受住房价格的影响明显变大，但是只有健康医疗和交通通信消费在统计上显著，住房价格每上升1%，两者就要分别下降2.354%和1.647%。而其他变量与直接回归结果差异不大。

从表9.10和表9.11的结果看，我国住房价格的确对居民消费产生了挤出效应，非必需性消费的变化趋势很明显地反映了这一点。

---

① http：//www.stats.gov.cn/statsinfo/auto2073/201310/t20131030_450360.html.

表 9.11　各城市人均消费与住房价格关系工具变量估计表

	第一步回归	第二步回归							
	住房价格对数	总消费对数	食品消费对数	衣着消费对数	家庭设备用品及服务消费对数	健康医疗消费对数	交通通信消费对数	教育娱乐消费对数	其他消费对数
户均人数	-0.015 2* (0.008 92)								
住房价格对数		-0.412 (0.461)	0.196 (0.453)	-0.161 (0.677)	0.105 (0.961)	-2.354** (0.982)	-1.647** (0.679)	-0.431 (0.724)	-0.478 (0.895)
个人可支配收入对数	-0.375*** (0.081 1)	0.555*** (0.180)	0.392** (0.177)	0.587** (0.265)	1.006*** (0.375)	-0.137 (0.384)	0.558* (0.324)	1.005** (0.479)	0.771 (0.485)
第三产业就业比重（$*10^{-4}$）	-6.88 (10.7)	-5.34 (8.17)	-5.84 (8.08)	-0.280 (12.0)	22.3 (17.0)	-11.2 (17.4)	-11.9 (26.3)	21.1 (32.2)	8.42 (33.1)
第三产业比重（$*10^{-3}$）	3.28** (1.38)	1.13 (1.78)	0.840 (1.75)	2.26 (2.61)	-3.80 (3.70)	7.40* (3.78)	1.22 (5.26)	-1.19 (3.43)	8.19* (4.83)
人均 GDP（$*10^{-7}$）	1.45*** (0.458)	8.37 (7.52)	0.318 (7.39)	7.38 (11.0)	-8.75 (15.7)	3.57** (1.60)	1.50 (1.41)	0.995 (1.27)	1.02 (2.08)
时间固定效应	是	是	是	是	是	是	是	是	是
城市固定效应	是	是	是	是	是	是	是	是	是
观测值	485	478	484	479	479	479	479	479	479
Adj - R^2	0.891	0.890	0.848	0.748	0.796	0.663	0.797	0.703	0.558
F 值	223.69								

注：本表方差均已进行聚类处理，由于部分城市数据缺失，观测值数目并不一致。

二、居民部门合理消费水平研究

是否存在合理的消费水平一直以来都是宏观经济学的一个研究热点，因为消费率是衡量经济结构平衡与否的重要指标。在扩大内需特别是消费需求的大背景下，研究居民合理消费率问题，对于认清经济结构、转变经济发展方式、促进经济可持续发展，具有重要的理论与现实意义。

根据宏观经济学理论，一国的总产出由投资、消费和净出口构成，图 9.5 给出了近年来我国与发达国家消费支出占 GDP 比重的对比情况。从中可以看出我国消费占 GDP 比重自进入 21 世纪之后呈下降趋势，近年来虽有所回升，但仍然不到 55%。对比美国、日本和德国，这一数据都在 65% 之上，我国明显低于这些国家。尽管因为发展阶段和国情不同，不宜简单认为我国当前的消费率就处于过低水平，但国际比较给了我们一个重要的参考标准。而钱纳里和赛尔昆[①]通过研究 1950—1970 年 101 个国家的发展过程，发现了收入变化与消费率的关系，钱纳里的研究给出了大国消费率标准值，具体见表 9.12。

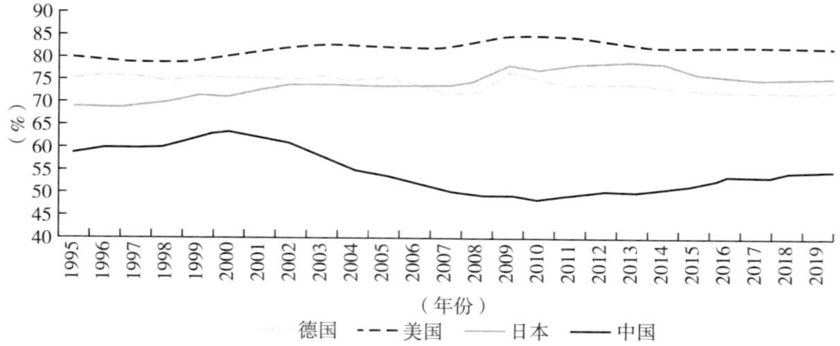

图 9.5　1995—2019 年中国与发达国家消费支出占 GDP 比重对比

资料来源：中经网。

① 霍利斯·钱纳里，莫伊思·赛尔昆．发展的型式：1950—1970 [M]．北京：经济科学出版社，1988.

表9.12　大国消费率标准值

	人均收入（1964 年价格水平）						
人均收入	100	200	300	500	800	1 000	1 500
私人消费率	0.768	0.709	0.682	0.656	0.639	0.633	0.627
政府消费率	0.099	0.109	0.116	0.125	0.136	0.141	0.152

资料来源：霍利斯・钱纳里、莫伊思・赛尔昆，发展的型式：1950—1970［M］，经济科学出版社，1988 年。

除了基于国际数据的经验研究，也有研究从理论出发对最优消费率进行测算。根据主流的经济增长模型（索洛经济增长模型、拉姆齐经济增长模型、OLG 经济增长模型），消费者为了实现长期效用最大化，需要将投资率设定在某一水平，即所谓的黄金律水平。但是这一标准经常被易观测指标替代用来观察经济体是否动态有效，并不直接涉及消费率与储蓄率，而且测算最优消费率需要一系列假设进行复杂的计算，结果的可靠性受到影响。本书将运用自然效率条件估计最优的消费规模。

影响经济增长的因素主要有劳动(L)和资本(K)，但是产出必须依靠消费才能实现完整的经济循环，否则就会过剩；同时劳动也需要通过消费进行补充与再生，因此在生产函数中加入消费的变量。即经济增长的内生变量由劳动、资本和消费三种要素组成。假设生产采用柯布 - 道格拉斯生产函数，则可表达如下：

$$Y_t = AK_t^{\alpha} L_t^{\beta} Consum_t^{\gamma} \tag{9.9}$$

（9.9）式中 Y_t 为产出，A 为全要素生产率，K_t 为资本存量，L_t 为劳动力，$Consum_t$ 为消费，下标均为时间标识。将（9.9）式两边同时取对数得：

$$\mathrm{Ln}Y_t = C + \alpha \mathrm{Ln}K_t + \beta \mathrm{Ln}L_t + \gamma \mathrm{Ln}Consum_t \tag{9.10}$$

根据经济学理论，当某一要素的边际产出与边际成本相等时即为最优状态，对消费而言，每生产一单位的产品即需要一单位的社会资源，它的边际成本就是 1，那么它的最优边际产出 MP_{Consum} 即为 1。如果对（9.3）式进行估计，那么就有 $\gamma = \frac{d\mathrm{Ln}Consum}{d\mathrm{Ln}Y} = \frac{dY}{dConsum}\frac{Consum}{Y} = MP_{Consum}\frac{Consum}{Y}$。在最优边际产出的条件下，消费对数的系数 γ 就应该等于社会最优消费比重，因此只要估计出 γ 值就可以得到社会最优消费比重。

为了估计 γ 值，本书搜集了自 1978 年开始的 GDP 数据、劳动力数量、固定资本形成额和每年的最终消费数据，固定资本存量按照张军等人①的方法由固定资本形成额计算而得。所有变量均按 1978 年的价格水平处理为不变价格变量。在对（8.10）式进行回归前，已经对其进行了平稳性检验和协整检验，② 检验结果表明可以直接进行协整回归，结果如表 9.13 所示。从表中可以看出我国最优消费比重应当为 58.74%。

表 9.13　最优消费规模回归结果（1978—2018）

回归项	常数	资本存量对数	劳动力对数	消费额对数	Adj－R^2	$D-W$ 统计量	F 统计量
回归系数	－7.719 4	0.237 9	0.870 4	0.587 4			
t 值	－12.784 1	4.418 6	12.370 6	7.258 0	0.999 1	0.783 8	15 315.24
P 值	0.000 0	0.000 1	0.000 0	0.000 0			

这一结果与近年来对我国合理消费率的估计结果相当（具体见表 9.14），这说明研究者普遍认为我国目前的消费率过低，而本书的结果也比较可信。

三、　中国居民购房研究

除了上文描述的住房价格对消费的直接挤出效应之外，住房价格过

① 张军，吴桂英，张吉鹏．中国省际物质资本存量估算：1952—2000［J］．经济研究，2004（10）：35－44.

② 数据的描述性统计、数据来源、平稳性检验结果和协整检验结果见附录 9－2。

表 9.14　近年来对于最优消费率的估计

发表年份	研究者	最优消费率估计	文献来源
2004	国家发改委宏观经济研究院课题组	60%以上	关于消费率调控的政策有效性分析［J］. 经济研究参考，2004（72）.
2008	田卫民	66.46%	基于经济增长的中国最优消费规模：1978—2006［J］. 财贸研究，2008，19（6）：1－7.
2002	吴忠群	61%～65%	中国经济增长中消费和投资的确定［J］. 中国社会科学，2002（3）：49－62，205.
2014	毛中根等人	53.90%	中国最优居民消费率的估算及变动机制分析［J］. 数量经济技术经济研究，2014（3）：134－147.
2011	荆林波、王雪峰	66.62%～67.82%	消费率决定理论模型及应用研究［J］. 经济学动态，2011（11）：73－81.
2011	袁志刚	当前消费率＋7.2%（2015年消费率为55.25%）	中国经济转型与世界经济再平衡［J］. 学术月刊，2011（1）.
1988	钱纳里等人	77%左右	发展的型式：1950—1970［M］. 经济科学出版社，1988.

高对于居民消费的另一个衡量指标就是居民的购房负担，居民难以承担买房的支出。

居民购房负担近年来一直是研究的热点，况伟大等人①利用恩格尔系数推算居民购房能力的上限，认为居民承担的住房支出占收入的比例不能超过1减去恩格尔系数。但是这样计算有两个问题：（1）除了食品消费，居民肯定还有其他基本消费需求，即使我们假定所有的食品消费都是必需消费，也无法规避其他的基本消费。这样的居民购房能力上限事实上高估居民的实际购房能力。（2）居民的食品消费也不一定都是

① 况伟大，丁言豪. 中国城市居民住房支付能力时空分布研究——35个大中城市租金负担能力分析［J］. 价格理论与实践，2018（10）：16－19.

必需消费，根据中国统计局编制的居民消费支出分类，[①] 食品烟酒消费包括食品、饮料、烟酒和饮食服务四大类，这其中并非所有消费都是必需的。用恩格尔系数计算出来的居民购房能力上限会低估居民的实际购房能力。这两个原因导致了利用恩格尔系数估计居民的购房能力会产生偏误。

与之相对应的是美国联邦住房租赁援助计划设定的30%的住房支出与收入比，以此判断需要援助的家庭。美国抵押贷款发放标准与30%的门槛设定基本一致，借款人的抵押贷款支付额不能超过其收入的29%，否则无力支付。[②] 尽管美国这一标准已经施行多年，但是由于中国经济发展迅速，居民收入增长很快，这一标准是否合适仍然值得商榷，因为随着中国居民收入的快速增长，居民的购房负担很快就会低于30%，不会影响居民的日常生活与消费。

本书试图运用扣除基本消费之后的收入与住房价格比来衡量中国的住房价格收入比（下文简称净住房价格收入比），并通过对比不同国家的住房价格收入比判断中国的购房负担。本书分别搜集了两个指标来研究中国居民的购房负担，第一个数据是来自 Numbeo 网[③]的各国城市消费与住房价格情况表，详见表9.15。[④]

---

① http：//www. stats. gov. cn/statsinfo/au2073/201310/t20131030_450360. html.

② http：//nads. ruc. edu. cn/displaynews. php? id = 6586.

③ Numbeo是世界上最大的由用户提供各个城市和国家信息的数据库，提供包括当前和过去的生活成本、住房价格指数、健康护理、交通、犯罪信息和污染情况在内的世界各地的生活状况信息。

④ 表9.15第一行各指标含义如下：消费，不包括房租每月所需消费（当地货币）；房租1，城区每月房租（当地货币）；房租2，市郊每月房租（当地货币）；住房价格1，城区住房价格（当地货币/平方米）；住房价格2，市郊住房价格（当地货币/平方米）；收入，人均收入水平（当地货币）；比值1，居住在郊区的家庭净住房价格收入比；比值2，居住在城区的家庭净住房价格收入比；比值3，居住在郊区的家庭扣除消费（不包括房租）之后的住房价格收入比；比值4，居住在城区的家庭扣除消费之后（不包括房租）的住房价格收入比；比值5，不包括房租每月所需消费占收入比重；比值6，居住在城区的家庭住房价格收入比。每个家庭按4人计算，住房按100平方米计算。

表 9.15　2018 年国内外主要城市消费、收入、住房价格情况表

城市	消费	房租 1	房租 2	住房价格 1	住房价格 2	收入	区域	比值 1	比值 2	比值 3	比值 4	比值 5	比值 6
上海	4 381.48	6 680.77	3 419.05	97 720.00	49 623.40	8 262.15	中国	223.96	-72.71	26.64	52.46	53.03%	98.56
北京	3 930.82	6 330.73	3 802.56	102 098.74	50 495.30	8 486.30	中国	139.72	-119.82	23.09	46.69	46.32%	100.26
深圳	3 522.78	4 736.20	2 965.00	90 224.14	48 326.80	8156.24	中国	60.34	-1 829.54	21.73	40.57	43.19%	92.18
广州	3 546.12	3 675.00	2 050.00	52 492.09	27 252.70	6 583.33	中国	57.51	-171.47	18.69	36.01	53.87%	66.45
纽约	1 259.17	3 151.85	2 001.64	14 487.77	6 166.38	4 557.39	美国	9.91	206.21	3.90	9.15	27.63%	26.49
芝加哥	970.72	1 702.81	1 080.89	3 641.63	1 962.24	3 940.66	美国	2.17	5.99	1.38	2.56	24.63%	7.70
洛杉矶	1 000.75	2 117.86	1 629.78	7 232.95	4 422.60	3 829.39	美国	7.69	21.20	3.26	5.33	26.13%	15.74
休斯敦	802.56	1 352.96	896.30	2 091.95	1 063.61	3 479.99	美国	1.25	3.29	0.83	1.63	23.06%	5.01
东京	120 879.80	116 685.19	73 720.00	1 163 253.71	546 833.00	323 912.00	日本	8.81	28.07	5.61	11.94	37.32%	29.93
大阪	106 976.20	76 500.00	51 714.29	500 000.00	400 000.00	247 346.00	日本	9.40	16.31	5.94	7.42	43.25%	16.85
柏林	778.92	869.50	650.34	5 272.73	3 606.90	2 105.98	欧元区	11.11	24.01	5.66	8.28	36.99%	20.86
巴黎	899.37	1 166.69	857.75	10 410.96	7 434.15	2 028.43	欧元区	57.09	-576.39	13.72	19.21	44.34%	42.77
马德里	658.41	882.31	647.99	4 614.35	2 496.15	1 381.59	欧元区	69.16	-60.41	7.19	13.29	47.66%	27.83
罗马	730.45	1 010.19	685.74	7 637.78	3 238.33	1 390.18	欧元区	-259.38	-45.40	10.23	24.12	52.54%	45.78
孟买	25 658.54	39 072.15	20 418.75	492 874.08	174 547.00	40 866.70	印度	-69.79	-43.03	23.91	67.52	62.79%	100.50
德里	24 838.03	15 780.70	8 891.22	148 426.80	73 367.80	35 860.70	印度	71.71	-64.99	13.87	28.05	69.26%	34.49
加尔各答	21 527.95	10 007.46	5 798.51	78 181.26	40 426.70	25 745.80	印度	-53.28	-28.13	19.97	38.62	83.62%	25.31
班加罗尔	24 373.19	16 404.49	9 734.81	116 123.70	53 191.90	51 756.10	印度	6.28	22.04	4.05	8.84	47.09%	18.70

注：资料均来自 Numbeo 网站，时间截至 2019 年 1 月。同策研究院整理而得。

从表9.15可以看出，我国一线城市居民的生活负担十分沉重，四大一线城市在扣除包括房租在内的日常消费后，普通居民已经无力在城区购买住房，而美国、日本和欧洲部分大型城市的居民还是能够有所结余，印度和欧洲部分城市城区生活成本也非常高昂，当地居民同样无法负担起日常消费之外的其他消费。就扣除房租看，中国一线城市居民的住房负担也十分沉重，无论是郊区还是城区的住房价格收入比都远高于美国和日本的大型城市，与印度的大型城市相当。

为了更好地研究净住房价格收入比，本书对这一指标进行了拆分，(9.11) 式中的 ρ 为净住房价格收入比，P 为住房价格，H 为住房面积（本书取其值为100），I 为可支配收入水平，C 为居民消费水平。可以看出净住房价格收入比由住房价格收入比 $\frac{P \cdot H}{I}$ 和收入与净剩余比 $\frac{I}{I-C}$ 相乘得到。净住房价格收入比的高企既有可能是住房价格收入比高造成的，也有可能是消费过高形成的收入与净剩余比造成的。

$$\rho = \frac{P \cdot H}{I - C} = \frac{P \cdot H}{I} \times \frac{I}{I - C} \tag{9.11}$$

从表9.15最后两列可以看出，中国一线城市过高的净住房价格收入比是两个原因造成的：首先，中国的住房价格收入比普遍高于美国、日本、欧洲和印度的大多数大型城市；其次，中国一线城市的消费占收入的比重过高，明显高于美国、日本的大型城市，稍高于欧洲城市，比印度大型城市略低，这表明中国居民没有足够的积蓄购买住房，拉高了净住房价格收入比。

从表9.15可以看出，中国一线城市居民现在的购房负担比较沉重，尤其是跟同期的美国、日本和欧洲等发达国家城市相比。与印度的大型城市相当，但是考虑到印度较低的发展水平和较为严重的城市病，印度并不是一个合适的对比目标。而且印度较高的净住房价格收入比更主要是由高昂的消费造成的，除孟买外的印度大城市的住房价格收入比都要显著低于中国的一线城市，中国一线城市居民面临着来自住房价格过高和日常消费负担过重的双重压力。[①]

从表 9. 15 可以看出，不同国家的大型城市处在不同的发展阶段，对印度这样的国家，收入主要还是为了基本生存，大多数收入都被用于必要生活成本的支出，用于购买住房的支出尚不充裕；而在中国，基本消费占收入的比例已经比印度低，剩余收入相对较少是中国居民购房的障碍之一，高昂的住房价格是中国民众购房的另一个障碍；而在欧美日等发达国家，生活消费占收入比例已经十分小，居民购房实力较强，高昂的住房价格才是发达国家买房的最主要障碍。

由于中西方文化差异，在消费支出方面可能有所不同，使用 Numbeo 会造成数据失真问题，因此本书利用另一套数据来源进行稳健性检验，同时由于数据来源限制，本书只搜集了中国和美国的数据。

本书首先从美国经济政策研究所（Economic Policy Institute，以下简称 EPI）[②] 搜集相应的消费数据。EPI 搜集全美各地的数据编制家庭预算计算器（Family Budget Calculator），该数据衡量一个家庭为了达到适度而非富足的生活标准所需的收入水平，其设定的默认家庭模式为两个成年人和两个儿童。表 9. 16 给出了美国人口规模排名前 30 的城市的相关指标。[③] 由于家庭规模假定为 4 人，本书假定家庭收入为个人收入的 4 倍。

对于中国数据，本书采用国家统计局的相关数据进行计算，由于美

① 考虑到中国较快的人均收入增长速度，中国总体的住房价格收入比可能会在较短时间内就会发生比较明显的下降，因此静态的住房价格收入比有可能在一定程度上高估了中国居民的购房负担。

② 美国经济政策研究所是美国第一个（至今也是最主要的）关注美国中下收入阶层的智库，其于 1986 年成立，为非营利性、非党派性智库。网址：https：//www. epi. org/。

③ 表 9. 16 第一行比值 1 含义如下：四口之家扣除消费后的以当年住房价格购买一套房的时间；比值 2，四口之家扣除不包括住房的消费后的以当年住房价格购买一套房的时间；比值 3，住房价格收入比；比值 4，家庭年均收入与扣除消费（不包括住房消费）之后的比值。

表 9.16　2017 年美国前 30 大城市消费、收入、住房价格情况表

城市名称	套房均价	个人收入	比值 1	比值 2	支出项								比值 3	比值 4
					总支出	住房	食品	儿童护理	交通	健康支出	其他消费	税收		
纽约	371 500.0	71 019	2.32	2.05	124 129	21 468	10 897	33 279	7 073	14 862	13 057	23 493	1.31	1.57
洛杉矶	547 191.7	60 087	3.70	3.26	92 295	19 956	9 957	14 672	13 906	9 544	12 068	12 193	2.28	1.43
芝加哥	203 266.7	58 315	1.40	1.28	88 536	14 160	8 866	18 446	12 643	12 630	9 289	12 502	0.87	1.47
达拉斯	232 566.7	52 995	1.70	1.56	75 488	12 924	8 679	12 529	13 382	11 672	8 715	7 587	1.10	1.42
休斯敦	217 750.0	52 765	1.60	1.46	74 718	12 792	8 612	12 526	13 497	11 219	8 635	7 437	1.03	1.42
华盛顿	360 666.7	69 581	2.09	1.87	105 539	20 313	10 300	21 143	13 376	11 108	12 350	16 950	1.30	1.44
迈阿密	239 358.3	53 732	1.84	1.64	84 972	16 212	10 230	13 479	12 628	12 325	10 668	9 430	1.11	1.47
费城	199 908.3	61 879	1.29	1.18	92 163	14 187	9 603	18 893	13 648	13 315	9 598	12 919	0.81	1.46
亚特兰大	191 750.0	49 657	1.60	1.45	78 717	12 372	9 260	11 617	13 905	12 125	8 727	10 711	0.97	1.50
波士顿	397 916.7	74 024	2.18	1.96	113 558	20 880	10 519	26 700	13 234	10 041	12 667	19 516	1.34	1.46
旧金山	700 625.0	48 645	15.18	8.38	148 440	37 452	11 979	20 763	13 367	13 822	19 942	31 114	3.60	2.33
菲尼克斯	21 7591.7	44 096	2.55	2.23	91 024	12 156	8 973	16 912	13 848	18 372	8 524	12 238	1.23	1.81
河滨城	313 008.3	39 052	4.02	3.41	78 336	13 872	9 081	12 809	15 000	9 622	9 260	8 692	2.00	1.70
西雅图	400 358.3	59 460	2.85	2.52	97 142	18 324	10 252	20 295	14 758	10 182	11 528	11 802	1.68	1.50
明尼阿波利斯	234 125.0	59 736	1.67	1.53	98 675	13 068	9 544	22 141	14 484	15 063	9 123	15 252	0.98	1.56
圣迭哥	518 866.7	46 056	5.99	4.86	97 547	20 189	10 170	15 376	14 983	10 833	12 248	13 748	2.82	1.72

（续表）

城市名称	套房均价	个人收入	比值 1	比值 2	支出项								比值 3	比值 4
					总支出	住房	食品	儿童护理	交通	健康支出	其他消费	税收		
坦帕	184 816. 7	45 067	1. 79	1. 60	77 064	12 436	9 553	11 230	13 410	12 528	8 871	7 814	1. 03	1. 56
丹佛	357 391. 7	59 660	2. 54	2. 27	98 187	17 016	9 659	20 179	14 493	11 587	10 761	14 492	1. 50	1. 52
圣路易斯	153 991. 7	39 289	1. 97	1. 73	79 010	10 752	8 923	14 261	14 137	12 414	7 937	10 587	0. 98	1. 77
巴尔的摩	242 125. 0	59 797	1. 61	1. 45	88 536	15 900	9 589	15 752	13 708	10 812	10 283	12 492	1. 01	1. 44
夏洛特	190 816. 7	49 758	1. 74	1. 57	89 330	11 604	9 146	13 977	14 048	18 905	8 371	13 279	0. 96	1. 64
奥兰多	217 183. 3	41 480	2. 48	2. 16	78 440	13 135	9 342	11 857	13 455	13 032	9 061	8 133	1. 31	1. 65
圣安东尼奥	195 766. 7	54 395	1. 35	1. 24	72 291	12 012	8 085	11 813	13 619	11 693	8 108	6 961	0. 90	1. 38
波特兰	346 741. 7	53 751	2. 91	2. 57	96 047	15 960	9 497	19 832	14 036	10 870	10 270	15 581	1. 61	1. 59
匹兹堡	138 333. 3	53 849	1. 01	0. 94	78 769	10 608	9 014	16 968	14 075	9 990	7 916	10 199	0. 64	1. 46
萨克拉门托	356 575. 0	53 783	2. 68	2. 44	81 937	13 032	9 911	12 631	14 567	12 953	9 256	9 587	1. 66	1. 47
辛辛那提	152 516. 7	51 536	1. 17	1. 08	75 414	10 140	8 683	15 106	14 068	10 589	7 594	9 234	0. 74	1. 46
拉斯维加斯	228 108. 3	44 217	2. 29	2. 05	77 068	11 674	9 317	16 090	13 319	10 254	8 468	7 915	1. 29	1. 59
堪萨斯城	188 016. 7	50 906	1. 50	1. 39	78 407	10 428	8 960	14 112	14 073	12 706	7 822	10 307	0. 92	1. 50
奥斯汀	277 308. 3	54 817	1. 98	1. 79	78 961	14 420	8 154	10 426	13 488	10 712	9 107	8 193	1. 26	1. 42

资料来源：套房均价来自 zillow（https：//www. zillow. com/），个人收入来自美国经济分析局 BEA（www. bea. gov），消费数据来自美国经济政策研究所（https：//www. epi. org/），按照 BEA 提供的美国 2017 年都会区人口数据倒序排列，所有数据均为 2017 年数据。同策研究院整理而得。

国的消费数据标准是一个家庭为了达到适度而非富足的生活，本书认为这一标准与中国城市居民的平均消费水平类似，因此采用了中国城市居民平均消费数据，数据来源与上一小节相同。[①] 具体结果见表 9.17。

从表 9.17 可以看出，中美两国家庭生活消费的最大区别在于是否有税收支出：美国的税种不包含增值税，主要税收来源是所得税和消费税，而且商品价格也都是非含税价格，购买商品时须另行支付消费税，因此税收支出在美国人的消费中比较明显；而中国的税种则包括增值税，国家的主要税收来源也是增值税，所有商品价格均为含税价格，而个人所得税缴税主体在 2018 年税改之后只有 6 400 万人左右，[②] 占全体人口比重不到 5%，且基本为企业代缴，税收支出在中国人的消费中并不突出。

对于表 9.16 和表 9.17，我们可以发现中美大型城市的净住房价格收入比差异巨大，2017 年，在美国的大型城市中，净住房价格收入比最高的是旧金山，为 8.38；而在中国的大型城市中，净住房价格收入比最低的是呼和浩特，为 11.89。中国大型城市中净住房价格收入比最低的城市都高于美国最高的城市，中国民众承受的购房负担十分沉重。

从分项看，与上文结论一致，中国大中城市的住房价格收入比和收入与扣除消费之后的净剩余比都要高于美国，尤其是前者。表 9.18 为中美两国两者均值的 t 检验结果，从表中可以看出，中国两个数值都显著大于美国。这一结果表明中国居民的住房价格负担不但来自高昂的住房价格，还来自消费占收入比重过高，使居民没有足够的剩余收入购买住房。

---

① 表 9.17 第一行比值 1 含义如下：家庭户扣除消费（不包括居住消费）后的以当年住房价格购买一套房的时间；比值 2：家庭年均收入与扣除消费（不包括住房消费）之后的比值；比值 3：住房价格收入比。家庭规模根据《中国人口就业统计年鉴》按 2017 年中国城市家庭户平均规模 2.74 计算，人均建筑面积按 2016 年中国城市人均建筑面积 36.6 平方米计算。

② 见 http：//finance. sina. com. cn/china/gncj/2018 – 09 – 06/doc – ihitesuz1084971. shtml。

表 9. 17　2017 年中国大中城市消费、收入、住房价格情况表

城市	住房价格（元/平方米）	人均可支配收入（元）	人均消费（元）									比值 1	比值 2	比值 3
			总消费	食品	衣着	居住	生活用品	交通通信	教育、文化和娱乐	医疗保健	其他支出			
北京	42 788. 71	62 406	40 346	8 003	2 429	13 347	2 633	5 396	4 325	3 088	1 125	44. 23	1. 76	25. 09
成都	9 408. 31	38 918	25 314	8 527	2 111	5 086	1 440	3 055	2 750	1 405	941	18. 42	2. 08	8. 85
大连	13 478. 29	40 587	27 191	7 743	2 087	5 820	1 653	3 641	3 017	2 367	863	25. 67	2. 11	12. 15
福州	18 820. 58	40 973	27 427	9 017	1 430	8 031	1 333	3 264	2 806	962	584	31. 92	1. 90	16. 81
广州	16 450. 06	55 400	40 637	13 063	2 218	9 165	2 599	5 072	5 417	1 765	1 338	25. 16	2. 32	10. 87
贵阳	6 664. 42	32 186	26 063	7 987	1 821	5 089	1 834	3 336	3 877	1 528	591	21. 75	2. 87	7. 58
哈尔滨	9 627. 47	35 546	25 679	8 235	2 626	2 863	1 538	3 916	3 298	2 163	1 040	27. 68	2. 79	9. 91
海口	9 806. 32	33 320	26 110	9 167	989	5 244	1 545	4 455	2 763	1 488	459	28. 82	2. 68	10. 77
杭州	31 568. 11	56 276	38 179	10 412	2 233	10 710	1 963	5 267	4 346	2 332	916	40. 11	1. 95	20. 53
合肥	11 971. 26	37 972	23 311	7 395	1 462	5 422	1 051	3 883	2 627	1 115	357	21. 82	1. 89	11. 54
呼和浩特	6 513. 26	43 518	29 458	7 291	2 864	5 996	2 006	4 015	3 679	2 411	1 196	11. 89	2. 17	5. 48
济南	10 867. 60	46 642	30 729	7 229	1 956	9 528	2 440	4 044	3 055	1 837	638	15. 63	1. 83	8. 53
昆明	9 612. 17	39 788	26 093	7 244	1 669	5 745	1 590	3 163	3 719	2 262	700	18. 10	2. 05	8. 84
兰州	7 045. 70	32 331	24 071	7 355	1 931	4 682	1 450	2 985	1 953	2 189	526	19. 93	2. 50	7. 98
南昌	9 961. 06	37 675	24 275	7 424	1 900	6 173	1 323	3 003	2 876	1 015	560	18. 63	1. 92	9. 68
南京	25 200. 95	54 538	31 385	7 950	2 261	6 884	1 880	3 902	5 752	1 804	952	30. 71	1. 82	16. 91

（续表）

城市	住房价格（元/平方米）	人均可支配收入（元）	人均消费（元）									比值 1	比值 2	比值 3
			总消费	食品	衣着	居住	生活用品	交通通信	教育、文化和娱乐	医疗保健	其他支出			
宁波	18 445.12	55 656	33 197	9 238	1 966	7 635	1 583	5 927	4 477	1 444	927	22.43	1.85	12.13
青岛	10 111.67	47 176	30 569	9 059	3 116	6 605	2 121	4 399	2 875	1 624	769	15.94	2.03	7.84
厦门	33 304.25	50 019	32 009	9 869	1 767	8 451	1 697	4 955	3 323	1 151	796	46.07	1.89	24.37
上海	47 881.07	62 596	42 304	10 456	1 827	14 749	1 928	4 253	5 087	2 735	1 269	50.01	1.79	28.00
深圳	54 445.26	52 938	38 320	11 481	2 093	11 780	2 103	5 067	3 560	1 154	1 082	75.49	2.01	37.64
沈阳	7 574.39	41 359	29 958	8 591	3 027	4 305	2 167	4 784	3 701	1 886	1 496	17.65	2.63	6.70
太原	8 427.77	31 469	18 234	3 783	1 664	4 530	1 199	1 625	2 412	2 526	495	17.36	1.77	9.80
天津	15 812.10	40 278	30 284	9 456	2 119	6 470	1 774	3 924	2 979	2 600	962	35.15	2.45	14.37
武汉	10 057.37	43 405	28 546	8 450	2 145	7 979	1 621	2 999	2 969	1 819	568	16.12	1.90	8.48
西安	8 315.55	38 536	25 374	7 470	2 060	4 526	1 920	3 299	3 200	2 100	800	17.21	2.18	7.90
银川	5 412.57	32 981	23 124	5 942	2 001	4 264	1 429	3 385	3 268	2 198	638	14.03	2.34	6.01
长春	7 396.69	33 168	25 874	6 405	2 081	5 663	1 396	3 946	2 976	2 518	888	20.89	2.56	8.16
长沙	8 009.01	46 948	34 645	8 549	2 173	6 947	2 810	4 813	6 378	2 266	708	15.23	2.44	6.24
郑州	12 163.02	36 050	24 973	6 933	2 670	5 259	2 260	2 894	2 780	1 577	600	27.25	2.21	12.35
重庆	9 057.35	32 193	22 759	7 305	1 951	3 960	1 592	2 992	2 528	1 883	547	24.75	2.40	10.30

资料来源：住房价格数据来自中指网，除最后 3 列余下数据所有数据均来自中国统计局，所有数据均为 2017 年数据。所选取城市标准为国家统计局设定的 35 个大中城市，其中南宁、石家庄、西宁和乌鲁木齐由于缺少数据而删除。同策研究院整理而得。

表 9.18　中美大中城市住房价格收入比 t 检验

国家	观测值	住房价格收入比		收入与净剩余比	
		均值	t 值（美国 > 中国）	均值	t 值（美国 > 中国）
中国	31	12.639 03	8.475 7***	2.164 194	9.032 3***
美国	30	1.341 333		1.557	

注：*** 代表显著水平为 1%。

需要指出的是，本书的计算结果并不适宜作为设定中国住房价格与收入的目标值，原因如下：

首先，如果按照表 9.16 至表 9.18 中的数据，要让当前中国大中城市的居民购房负担达到美国同等水平，① 可支配收入要上涨 45.45%，而住房价格要下降 85.73%，显而易见目前这是难以实现的，这样的结果没有实际的利用价值，但是这一结果明白无误地反映了我国居民沉重的购房负担。

其次，中国和美国存在着不同的住房自有率。根据中国家庭金融调查（CHFS）的相关数据，2017 年我国家庭住房自有率（居住在自有住房的家庭占全体家庭的比例）为 85.0%，位居全球前列。其中，城镇家庭住房自有率为 80.8%，农村家庭住房自有率为 93.6%；② 而美国 2018 年的住房自有率为 64.8%。③ 尽管这与中美两国的消费文化差异有关，但也部分反映了美国人购房的现实需求较中国人更大的情况，如果

① 中国大中城市的居民收入与净剩余比为 2.164 194，美国为 1.557，如果中国 30 个大城市居民消费不再变化，那么以 2017 年大中城市扣除住房消费的城镇居民平均消费 22 371.94和平均可支配收入 42 995.10 元为准，中国大中城市居民的收入要达到 62 537 元才能使收入与净剩余比与美国大型城市相当，相当于在原有可支配收入上增加 45.45%。同时如果中国 30 个大城市可支配收入增长到 62 357 元，那么平均住房价格收入比也会变为 9.39，而美国同期数据为 1.34。如果按照这一标准计算，中国 30 个大型城市的住房价格需要下降（9.39 - 1.34）/9.39 = 85.73% 才能达到美国同样的水准。

② 见 http：//www.199it.com/archives/810812.html。

③ 见 https：//baijiahao.baidu.com/s? id = 1626803858191941181&wfr = spider&for = pc。

仅考虑潜在的购房需求，中国人的购房负担要下降不少。

我们更应关注的是初次购房的刚需购房者和再次购房的改善型购房者。对于前者，我们应大力发展租赁住房，满足这部分群体的住房需求。对于后者，高企的住房价格事实上帮助他们集聚了财富，对于部分已经通过住房价格上涨获得巨额财富的有房者而言，他们的改善型住房需求更应当通过自身努力得以满足。

再次，中国有着比美国高得多的经济增长速度。住房作为大宗商品，居民往往通过现代金融体系融资，以整个生命周期的收入偿还。由于中国居民收入增长较快，住房在整个生命周期里的收入占比要比在当前收入中的占比低得多，这事实上降低了中国居民的购房负担。

三、 基于居民合理消费水平的住房价格水平

基于前文的研究，本小节将着重讨论以下问题：如果要让居民消费达到合理水平，住房价格水平应该在什么样的位置才合适。近年来我国的消费率水平一直低于本书计算的消费率水平①，中国消费率过低已经成为研究者的一个共识，表 9. 19 给出了近年来我国的消费率水平。如果按 2018 年的消费率计算，要达到 58. 74% 的水平，消费率水平需要提高 3. 47 个百分点，② 按照 2018 年 GDP 计算为 31 777. 37 亿元，③ 如果居民部门和政府部门按照各自当年的比重来增加自己的消费额的话，居民部门需要增加消费 22 233. 23 亿元，④ 当年居民部门消费为 9 544. 14 亿

① 由于统计口径问题中国的消费率存在低估现象，中国的统计不将自我服务价值纳入统计，尤其是农村地区的自给自足的生活方式。

② 计算方法为最优消费率 58. 74% 减去真实消费率 55. 27%，为 3. 47%。

③ 2018 年 GDP 为 915 774. 30 亿元（支出法），需增加消费为 GDP 乘以需提升消费率 3. 47%，为 31 777. 37 亿元。

④ 居民部门消费占总消费比重为居民部门消费占 GDP 比重 38. 67% 除以消费占 GDP 总比重 55. 27%，结果为 69. 97%，可计算居民部门需增加消费为 31 777. 37 亿元乘以居民部门比重 69. 97%，为 22 233. 23 亿元。

元，相当于要将居民部分消费提高 6.28%。

表 9.19　中国近年来的消费率　（单位：%）

年份	最终消费率	居民部门消费率	政府部门消费率
2010	49.35	34.63	14.72
2011	50.56	35.20	15.36
2012	51.10	35.36	15.74
2013	51.42	35.63	15.79
2014	52.28	36.54	15.74
2015	53.74	37.60	16.14
2016	55.07	38.70	16.37
2017	55.07	38.68	16.38
2018	55.27	38.67	16.60

资料来源：中国统计年鉴，同策研究院整理。

如果要通过降低住房价格促进消费，那么可以通过两个途径实现：首先，住房价格下降可以直接提高消费水平，根据本节结果可知我国住房价格每下降 1%，消费就要上升 0.0232%，如果利用表 9.11 中的结果就是 0.412%。同时，根据前一节的结果，住房价格下降会带动企业利润率上升，进而推动整个社会资本收益率上升，由于个人可支配收入当中有一部分来自资本收益，那么住房价格下降同样可以提高收入水平进而提高消费水平。但这一部分带来的消费变化微乎其微，不纳入考虑不会明显影响结果。[①] 本书将只考虑第一种途径的影响。

如果只参照第一种途径，为了将我国的居民消费提升 3.47%，我国 2018 年的住房价格应当下降 8.42%[②]，才能使消费率达到合理水平。

① 具体测算结果见附录 8－1。

② 该数值计算方法为需要提高的消费幅度 3.47% 除以住房价格对于消费的边际影响值 0.412。

第三节　基于宏观经济波动角度下的合理住房价格水平分析

一、 住房价格对经济影响的国际经验

中国的宏观经济因素对住房价格的影响是建立在中国国情之上的，但是如果没有对比，我们很难判断中国的情况，为此，本书选取了世界上其他三个国家 1980—2000 年的数据进行分析，以便与中国情况做对比。

本书选择的国家为德国、日本和美国。选择这三个国家的理由有：

（1）从按购买力平价（PPP）的人均 GDP 看，1960—2000 年这些国家的发展阶段同 2000—2017 年的中国类似。

从图 9.6 可以看出，这些国家 1960—1990 年的人均 GDP 与 2000—2016 年的中国人均 GDP 基本处于同一区间，且都经历了长期高速增长，人均 GDP 都从不到 5 000 美元增加到 15 000 美元以上，从经济增长的阶段看，当前中国与这三个国家 1960—1990 年的阶段比较类似。

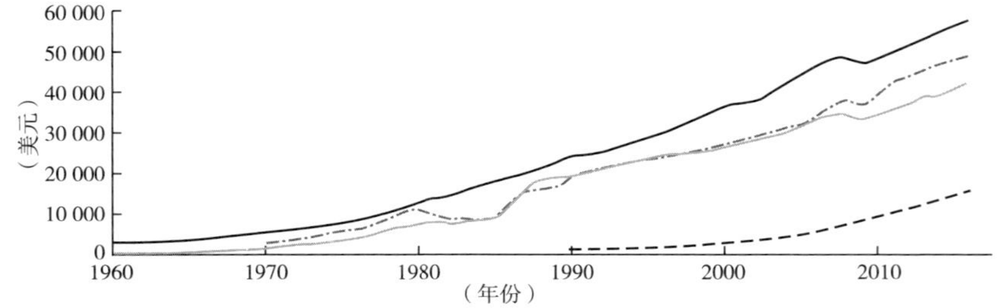

图 9.6　中国人均 GDP 与三国比较

注：除美国外，1990 年前的 PPP 人均 GDP 数据缺失，本书按照这些国家 1990—2016 年名义人均 GDP 与 PPP 人均 GDP 的比值的均值对 1990 年前的名义人均 GDP 进行了处理，得到了 1960—1990 年的 PPP 人均 GDP 数据。

资料来源：世界银行，同策研究院整理而得。

（2）从经济运行体制看，这三个国家都是发达的市场经济国家，包括房地产业在内的各行业资源配置基本由市场决定，货币政策均由央

行制定并执行，而且这三个国家都是区域性或世界性大国，金融企业众多，金融体系发达，相较于小型经济体而言，不太容易受世界经济形势或国际游资影响。中国自1992年确立市场经济路线，1998年取消福利房制度之后，房地产业也基本进入了市场化阶段；而在90年代末的国有银行改革和21世纪初的加入WTO之后，中国的金融市场体系也基本建立并完善起来；同时中国的中央银行也逐渐同世界接轨，承担起了制定并执行货币政策的任务；中国也是世界性经济大国，不属于小型开放经济体，较难受到国际短期金融冲击的影响。从这一角度看，中国与这些国家的经济运行体制相似。

（3）中国当前的城镇化阶段变化趋势与这三个国家有类似之处，从图9.7可以看出，美国与德国在1960—1990年由于本身的城市化水平已经较高，城镇化水平没有较大提升，而日本则显著提高了自身的城镇化水平，经历了较快的城镇化进程。中国从1998年开始，城镇化水平从33%提高到了2018年的59.58%，主要原因在于中国长期城镇化率较低，发展动力足，快速经济增长直接驱动城镇化。从这点上讲，中国目前的城镇化与1960—1990年日本的快速城镇化比较类似；此外，由于中国长期通过户籍制度限制人口迁移，中国的城镇化水平受到抑制，目前远未到达国际上拥有同等人均GDP的国家的城镇化水平，当前的较快增长是长期被抑制的城镇化水平的一种反弹。

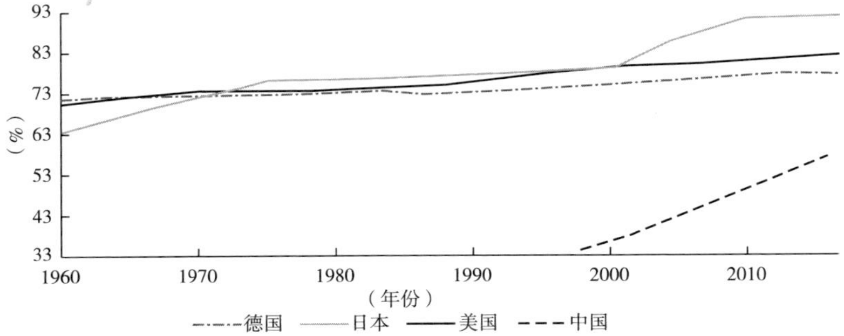

图9.7　中国与三国的城镇化水平比较

资料来源：世界银行。

（4）中国的人口结构变化趋势与这三个国家有相似之处。从图9.8可以看出，德国、日本和美国从1960年开始，抚养比整体呈现上升趋势。日本和德国都经历了先下降再上升的过程，而美国则一直呈现上升态势，这三个国家的抚养比均在1990年附近达到了极大值点，也就是说置业群体均在1990年附近占据人口比重的最大值。随后德国和日本一直下降，而美国则缓慢下降，在1995年达到低点后开始回升，在2007年达到峰值之后下降。而中国自1998年起抚养比开始快速上升，在2011年达到了极大值点。从人口结构的变化趋势看，中国与这三国有着一定的相似点，都在特定时间段经历了抚养比先上升后下降的过程。

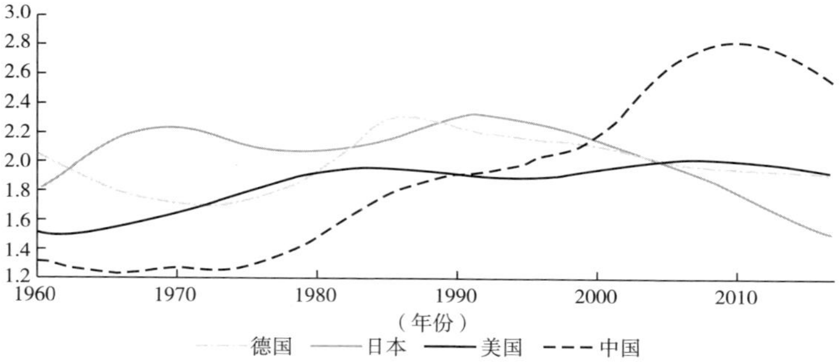

图9.8　中国与三个国家的抚养比对比

注：抚养比定义为15—64岁人口比重除以其他人口比重。

资料来源：世界银行，同策研究院整理。

具体而言，出于数据可得性和相互比较以及预测中国未来发展考虑，本书截取了德、美、日三国1980年第1季度至1999年第4季度的数据进行研究，采用面板向量自回归（PVAR）方法探讨这三国特定时期住房价格与其他宏观经济变量的关系，同第五章第二节一样，本书按照VAR处理流程对各国数据进行了处理，三个国家各变量的描述性统计情况和变量的平稳性见表9.20和表9.21。

表 9.20　德、美、日三国住房价格有关变量的描述性统计

		住房价格对数	指数对数	真实 GDP 对数	M2 对数	CPI	隔夜拆借利率
美国	均值	4.427 903	4.474 157	3.549 224	2.689 103	6.271 425
	最大值	4.606 359	4.634 015	4.238 836	7.066 7	13.16
	最小值	4.224 38	4.397 104	2.837 744	−0.995 6	2.634 067
	标准差	0.126 797	0.060 705	0.454 815	1.878 816	2.610 77
	中位数	4.380 653	4.462 245	3.477 099	2.472 65	5.783 333
日本	均值	4.467 739	4.359 478	3.914 295	1.847 606	3.126 179
	最大值	4.732 371	4.557 784	4.369 533	8.726 8	6.825
	最小值	3.999 591	4.038 61	3.202 886	−1.095 6	0.033
	标准差	0.191 596	0.171 082	0.361 401	1.966 216	2.050 837
	中位数	4.532 464	4.425 843	4.074 044	1.498 85	3.098 667
德国	均值	4.417 623	4.293 065	3.525 763	4.235 56	7.605 292
	最大值	4.831 477	4.532 156	3.998 204	14.756 4	17.52
	最小值	3.936 548	4.077 471	2.871 389	1.097 9	3.133 333
	标准差	0.250 038	0.128 192	0.300 498	2.871 525	3.341 227
	中位数	4.546 311	4.317 237	3.620 181	3.253 85	6.715

表 9.21　德、美、日三国住房价格有关变量的平稳性检验

变量名称	季节处理	平减处理	平稳情况	显著性水平	平减基期
德国 CPI	是	否	I (0)	5%	—
德国 GDP	是	是	I (1)	1%	2010Q1
德国 M2	是	否	I (1)	5%	—
德国住房价格	是	是	I (1)	1%	2010Q1
德国隔夜利率	否	否	I (0)	5%	—
美国 CPI	是	否	I (0)	1%	—
美国 GDP	是	是	I (1)	1%	2010Q1
美国 M2	是	否	I (1)	1%	—
美国住房价格	是	是	I (0)	5%	2010Q1
美国隔夜利率	否	否	I (0)	5%	
日本 CPI	是	否	I (0)	1%	—
日本 GDP	是	是	I (0)	1%	2011

（续表）

变量名称	季节处理	平减处理	平稳情况	显著性水平	平减基期
日本 M2	是	否	I（0）	1%	—
日本住房价格	是	是	I（1）	1%	2010Q1
日本央行贴现率	否	否	I（0）	5%	

注：由于数据可得性的原因，本表中的 CPI 采用了同比数据，而非特定时间点为基期的价格水平。

出于可比较的原则，本书选取的三个国家 SVAR 变量与第五章第二节一致，均为住房价格对数、CPI 对数、M2 对数和 GDP 对数的一阶差分以及利率水平的原值。本书计算出了相应的 PVAR 估计系数和脉冲反应函数，具体可见（9.11）式和图 9.9。

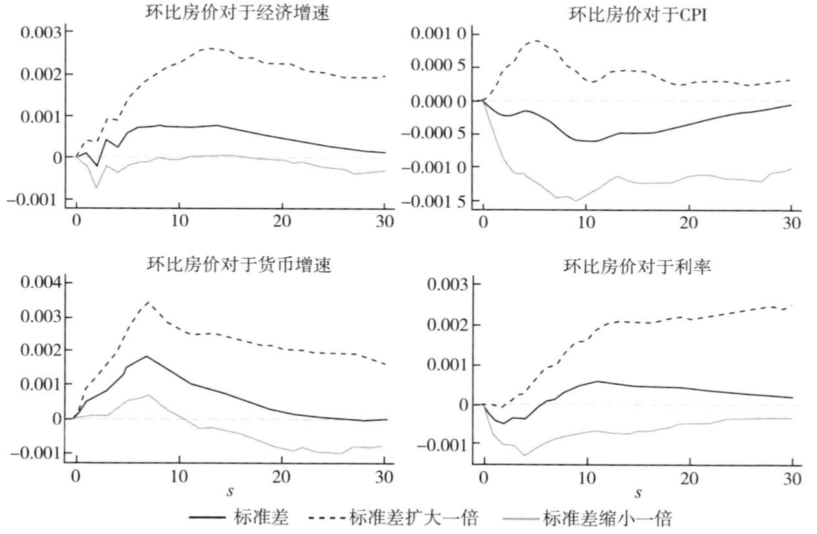

图 9.9　环比住房价格对于其他宏观经济变量冲击的反应函数

从图 9.9 中可以看出，流动性冲击对住房价格波动的影响最快达到最大值，从影响幅度上看也是最大的，但是这一影响迅速衰减，在第 30 个季度时趋近于 0，长期看 M2 增速的变化不会带来住房价格增速的变化。利率水平波动对住房价格增速的影响先负后正，长期看利率正向波动会带来住房价格上涨，这表明使用利率工具调控住房价格增速应当注意长短期影响的不同。而 GDP 增速上升尽管在短期内可能造成住房价格增速下降，但在长期则会带动住房价格增速上升。同时 CPI 上涨则会降低住房价格增速，长短期都是如此。

二、 基于国际经验的中国合理住房价格水平

正如前文所述，中国当前的发展阶段与前述三个国家 1960—1999 年比较类似，而这三个国家是当今世界上发展较为稳定和先进的大型发达经济体。如果假定中国的发展目标与路径可以参照这三个国家，那么中国住房价格的变化规律也可以这三个国家作为标杆。因此，估计中国住房价格合理增速的一个方案就是将这三个国家在特定阶段的住房价格与其他宏观因素关系的变量代入中国数据，计算出中国的住房价格或住房价格变化速度，并由此推算出中国当前的合理住房价格水平。

$$\begin{aligned} dlnhp =\ & 0.9765328dlnhp(-1) + 0.1214825dlnhp(-2) - 0.1759555dlnhp(-3) \\ & - 0.2522999dlnhp(-4) - 0.1667534dlnhp(-5) + 0.0082997dlngdp(-1) \\ & - 0.0392895dlngdp(-2) + 0.0686102dlngdp(-3) - 0.017037dlngdp(-4) \\ & + 0.0272579dlngdp(-5) + 0.0553109dlnm2(-1) + 0.0049481dlnm2(-2) \\ & - 0.0045291dlnm2(-3) + 0.024483dlnm2(-4) + 0.0574982dlnm2(-5) \\ & - 0.0002004cpi(-1) + 0.0002257cpi(-2) + 0.0001812cpi(-3) \\ & + 0.00000646cpi(-4) - 0.0003315cpi(-5) - 0.000729interest(-1) \\ & + 0.0007332interest(-2) + 0.0001879interest(-3) - 0.0005571interest(-4) \\ & + 0.0002726interest(-5) \end{aligned} \tag{9.12}$$

（9.11）式为美国、德国和日本三国在 1980 年第 1 季度至 1999 年第 4 季度里的住房价格增速与其他宏观经济因素的关系式，如果将中国 1999 年第 2 季度至 2019 年第 4 季度的数据代入，则会得出中国住房价格增速增加值在 2000 年第 3 季度至 2019 年第 4 季度①总和应当为

① 由于滞后期为 5，故起始期为 2000 年第 3 季度。

1.032 257，但实际上这段时间中国的住房价格增速总和为 1.074 474，多增长了 $\frac{e^{1.074\,474}}{e^{1.032\,254}}-1=4.312\%$ 。也就是说如果以 1980 年第 1 季度至 1999 年第 4 季度德、美、日三国为基准，中国住房价格水平应当下降 4.312% 才能达到合理水平。

第四节　中国高住房价格问题的解决思路

一、 维持住房价格与经济发展的平稳关系①

上文从住房价格对企业及居民消费的角度论证了当前的住房价格上涨已经快于我国经济及居民收入的增长，高住房价格已经是不争的事实。高住房价格也已经成为影响我国经济发展的重要问题，合理解决高住房价格问题不仅关系到房地产业健康发展，还关系到我国经济长期稳定。

通过研究美国和日本的案例，我们可以获得一些启示。美国和日本调控住房价格泡沫具有着眼短期、被动调整、波动剧烈三个特征。尽管住房价格短期内得到有效控制，但是也付出了很大代价。1991 年日本楼市泡沫破裂，住房价格短期内暴跌。当年首都圈和京畿圈新房均价一度分别达到 106.4 万日元/平方米和 102.7 万日元/平方米，1992 年两个地区住房价格分别下降了 34% 和 49%，并进入连续十几年的下降期。房地产市场风险向金融市场及实体产业传导，导致日本经济结束了高速发展的黄金时期，陷入 20 多年的低速发展。2007 年美国次贷危机导致住房价格开始大跌，2008 年 12 月标准普尔 20 个大中城市住房价格指数为 150.54，较 2007 年 1 月（202.31）下降了 26%，并进入连续六年的下降期。次贷危机也引发金融系统危机进而造成经济近十年的低增长。

① 本小节内容引自《警惕新一轮房价上涨，坚持房地产调控不动摇》，第一财经，2019 年 4 月 17 日。

与美日的土地私有制不同，我国土地是国有制，这在相当长的时间内都不可能从根本上改变。政府因此也具备了比美日更强大的土地供给调整能力。调控效果取决于政府的决心，如果主动匹配需求，就能稳定房地产市场，确保调控能够成功，近两年调控实践也已证明了这点。目前我国房地产市场调控思路和措施是正确的，调控重点在于控制住房价格上涨，而非打压住房价格，这就有效地避开诱发楼市危机发生的政策因素。住房价格收入比是一个比值，降低房地产市场风险不仅可以通过降低分子（住房价格）的方式，还可以通过增加分母（收入）的手段。控制住房价格的同时，通过振兴实体经济，转变经济增长方式，不断提高居民的收入水平，使居民收入增长超过住房价格上涨，不断缩小住房价格收入比，通过“挤泡沫”而非“刺破泡沫”的方式才能保障我国房地产市场实现“软着陆”。

我国房地产调控政策基本也支持这一思路。2018 年底全国住房和城乡建设工作会议提出“稳地价、稳房价、稳预期”的调控基调。坚持房地产市场调控是实现“三稳”的重要条件。坚持当前的房地产市场调控不放松，巩固目前的调控成果，不仅意味着房地产业增加值对 GDP 的贡献率将受到影响，还意味着房地产投资对 GDP 的拉动也会减弱，甚至还会影响地方财政的卖地收入。虽然调控有代价，但我们仍要坚持房地产市场调控不动摇，谨防重蹈过去房地产市场调控成为“空调”的覆辙。实际上，住房价格稳定，哪怕是小幅下跌短期内也不会对经济增长有太大影响。通过增加供给（包括租赁住房）满足刚需群体的需求，也能在一定程度上保障房地产投资和销售的基本平稳。

我们呼吁通过市场配置资源，但房地产业不仅关系到经济发展，而且与国计民生息息相关，所以政府的合理、适度调控是必要的。

二、 解决结构性供给问题

考虑到我国经济的总体发展和国际经验，当前我国调控住房价格的基调是稳住房价格，但是在住房价格本身就偏高的情况下，稳住房价格必然意味着相对过大的社会负担，即使未来我们可以通过经济增长和住房价格平稳双管齐下解决住房价格过高问题，对当前的购房负担和住房问题仍然需要出台相关措施解决，这也符合“十九大”提出的要让全体人民住有所居的政策精神。

为了解决这一问题，我们必须清楚地意识到，中国当前住房的总量问题已经基本解决（第一章已经论证），现在的问题主要是结构性的。而且这一结构性问题不但涉及住房的供给结构，还包括土地的供给结构和投资的供给结构问题。

（1）建立住房多元化供给保障体系

对不同城市、不同供给主体、不同类型住房和不同收入层次的居民都要分类施策，真正按照“房住不炒”的精神制定和实施政策，才能有效解决住房的结构性供给问题。

具体而言，本书建议进行多主体供给，即针对热点城市和三四线城市房地产市场的不同特征，对商品住房、公共租赁住房以及公有产权房等细分供给主体，尤其针对核心热点城市常住人口基数大和基本住房需求不能满足之间的矛盾，做出多渠道保障和购租并举的制度安排，在全面覆盖基本住房需求的同时，兼顾核心热点城市中高收入人群的刚需和改善性需求。

图 9.10 就是多主体供给的示意图，以其中的中高收入群体和低收入群体为例，无论是在一二线核心城市还是三四线城市，前者的住房问题都应该由市场解决，他们购买的商品住房在一二线城市可以由大开发商提供，在三四线城市也可以由本地的小供给商解决，简而言之这部分人群的住房问题应该完全由市场解决；在由市场解决的同时，要坚决按照“房住不炒”的精神坚决压制市场上的投资性需求。而对低收入群体，他们的住房问题应当靠租赁住房解决，在三四线城市，这部分群体规模小，住房供给成本较低，土地资源较为丰富，地方政府组织供给的难度低，可以直接提供；但在一二线核心城市，这部分群体绝对规模大，住房供给成本过高，土地资源紧张，地方政府应当协调地方国企或央企提供，由地方政府出面向低收入群体提供租赁，确保以合理的价格

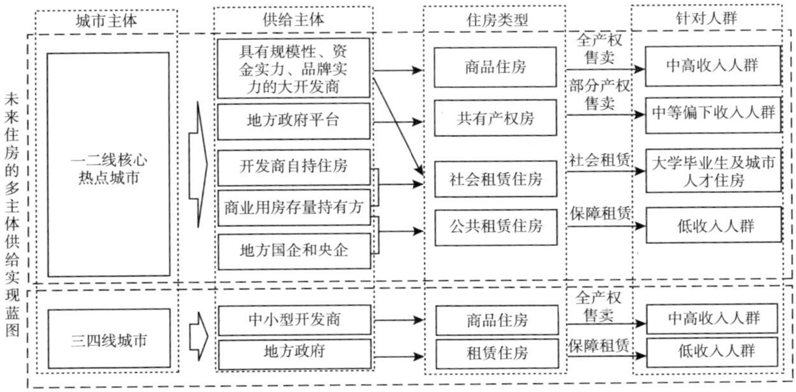

图 9.10　多主体供给示意图

资料来源：同策研究院整理。

水平为他们提供住房服务。2020 年中央经济工作会议专门提到了解决好大城市住房突出问题，着重强调依靠租赁性住房的解决方案，本书的意见符合中央的精神。

（2）房地产开发投资与人口的结构性匹配

我国房地产开发投资存在结构性问题。尽管房地产开发投资整体下行，但是有些区域投资增速仍然较高，尤其是与人口情况不匹配。2019 年，我国西部地区房地产开发投资增速累计同比为 16.1%，东部区域增速仅为 7.7%，西部房地产投资增速远高于东部区域，中部区域的房地产投资增速为 9.6%，也远高于西部地区。2020 年上半年，在新冠疫情冲击的严峻形势下，西部房地产开发投资仍然高达 7.6%，远高于东部和中部的 2.3% 和 -4.8%。

我们也要从上一轮房地产调控中总结一些经验和教训。2010 年房地产调控收紧后，开发企业开始转战中西部地区，这也导致 2011—2014 年中西部地区房地产开发投资增速均高于东部和中部地区，最终导致了中西部地区产生大量库存，这才有了中西部“去库存”战略的实施。

从人口结构看，东部区域人口基数较大，2018 年达到 5.38 亿人，约占全国总人口的 38.52%；中部区域人口为 3.71 亿人，占比为 26.6%；西部区域人口为 3.80 亿人，占比为 27.2%。东部区域在

2010—2018 年的常住人口增长率整体较高，并且超过全国平均水平（4.06%），中西部区域除了部分少数民族比较集中的省份，由于基数较小，增速明显较高外，整体增速要低于东部区域，如果中西部区域的投资过度，仍然会有供给过剩的风险（见表 9.22）。如果东部区域投资放缓，有可能会造成供给不足，会造成住房价格上涨的压力。

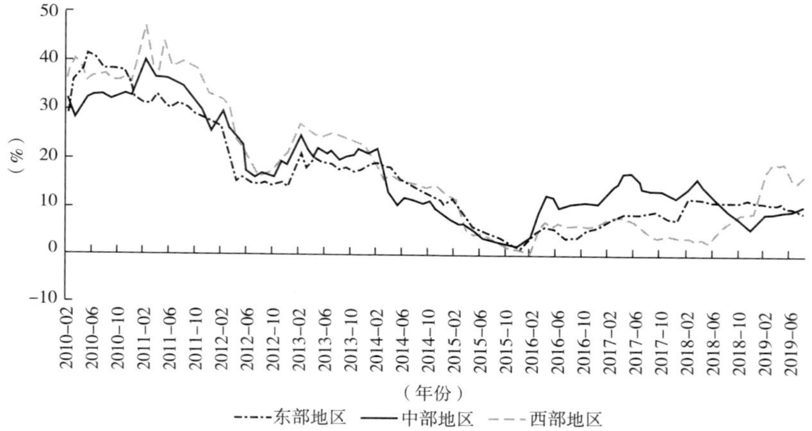

图 9.11　我国不同区域（东、中、西部）房地产开发投资完成额增速情况

资料来源：Wind 数据库，同策研究院整理。

表 9.22　我国不同区域（东、中、西部）地区常住人口变动情况

区域	省/直辖市	2010 年人口（万人）	2019 年人口（万人）	8 年间人口增长率	2019 年人口占比
东部区域	北京	1 962.00	2 153.60	9.77%	1.54%
	天津	1 299.00	1 561.83	20.23%	1.12%
	河北	7 194.00	7 591.97	5.53%	5.42%
	上海	2 303.00	2 428.14	5.43%	1.73%
	江苏	7 869.00	8 070.00	2.55%	5.76%
	浙江	5 447.00	5 850.00	7.40%	4.18%
	福建	3 693.00	3 973.00	7.58%	2.84%
	山东	9 588.00	10 070.21	5.03%	7.19%
	广东	10 441.00	11 521.00	10.34%	8.23%
	海南	869.00	944.72	8.71%	0.67%

（续表）

区域	省/直辖市	2010 年人口（万人）	2019 年人口（万人）	8 年间人口增长率	2019 年人口占比
中部区域	山西	3 574.00	3 729.22	4.34%	2.66%
	安徽	5 957.00	6 365.90	6.86%	4.55%
	江西	4 462.00	4 666.10	4.57%	3.33%
	河南	9 405.00	9 640.00	2.50%	6.89%
	湖北	5 728.00	5 927.00	3.47%	4.23%
	湖南	6 570.00	6 918.40	5.30%	4.94%
西部区域	内蒙古	2 472.00	2 539.60	2.73%	1.81%
	广西	4 610.00	4 960.00	7.59%	3.54%
	重庆	2 885.00	3 124.32	8.30%	2.23%
	四川	8 045.00	8 375.00	4.10%	5.98%
	贵州	3 479.00	3 622.95	4.14%	2.59%
	云南	4 602.00	4 858.30	5.57%	3.47%
	西藏	301.00	350.56	16.47%	0.25%
	陕西	3 735.00	3 876.21	3.78%	2.77%
	甘肃	2 560.00	2 647.43	3.42%	1.89%
	青海	563.00	607.82	7.96%	0.43%
	宁夏	633.00	694.66	9.74%	0.50%
	新疆	2 185.00	2 523.22	15.48%	1.80%

资料来源：Wind 数据库，同策研究院整理。

对于投资结构问题，我们应该以人口流动为导向，按实际需求进行货币政策调控，可以借鉴金融分类监控的成功经验，对于房地产金融监控也要视情况而言，借助于金融科技的发展，加强监管力度，真正做到按人调控，按需调控。

（3）调整土地供给结构，建立合理的土地供给体系

本书第七章中已经指出我国城市土地供给结构不合理，大量供给工业用地，而对住房用地供给明显不足。不合理的土地供给已经给商业用房销售造成了巨大的压力，2020 年的新冠疫情更是严重冲击了商业用房的销售，从表 9.23 中可以看出我国一线城市 2020 年 6 月商业用房的

表 9.23　2020 年 6 月我国一线城市商办地产销售情况

城市	商办用房待售面积（万平方米）	过去 6 个月平方均销量（万平方米）	去化周期（月）
所有一线城市	2 954.69	44.80	65.95
北京	370.34	12.96	24.01
上海	1 958.68	14.66	121.46
深圳	314.57	9.72	32.35
广州	311.10	7.46	41.73

注：商办用房包括商业用房和写字楼两个组成部分，销量也为两者之和。

资料来源：中指数据，同策研究院整理。

去化周期已经达到 66 个月，上海更是达到 121 个月之久。

对于土地供给结构问题，我们应继续贯彻落实“因城施策”的方针，针对人口净流入的城市要适当增加土地供给量，尤其是近几年土地规划建筑面积和成交的商品住房供需差距比例明显为负增长的区域。同时要严格按照住建部的要求对消化周期在 36 个月以上的城市，应停止供地；36～18 个月的，要减少供地；12～6 个月的，要增加供地；6 个月以下的，不仅要显著增加供地，还要加快供地节奏。我国需要改变以工商业土地为主的土地供给结构，尤其在人口流入的大中城市要积极进行住房用地供给，这与住建部的供地精神是一致的。

总的看来，我们首先需要一面发展经济，一面控制住房价格，通过发展动态地解决住房价格过高的问题；其次需要通过积极进行结构性供给解决当前各群体的住房问题，从而控制当前住房价格水平。

第十章　疫情影响下的我国房地产业的发展

2020 年初暴发的新冠疫情对中国和全世界的经济都造成了极大冲击，房地产业也受到极大影响。

自 1998 年“房改”以来，我国经历了 2003 年和 2020 年两次疫情，经济和房地产业都受到一定的影响。但是，两次疫情所处的经济环境以及行业发展阶段都有所不同。疫情下，房地产业应该如何发展？如何积极应对才能使房地产业稳定发展并在此基础上发挥促进就业、保障民生、稳定经济的作用？

第一节　2003 年“非典”时期我国房地产业发展情况

“非典”疫情，又称 SARS 事件，于 2002 年 12 月首先发生在广东，于 2003 年蔓延至全国。由于疫情暴发突然，蔓延迅速，且缺乏有效遏制病毒传播的手段，因此此次疫情对经济与民生均造成较大的影响。

一、“非典”时期，我国房地产业所处的阶段

2003 年是我国房地产市场改革后的第五个年头，住房市场化刚刚起步，居民正处于由原体制内住房“分配”到自己购买住房的转变时期。党的十六大报告提出要提高我国城镇化水平，2003 年我国城镇化率首次超过 40%，城镇常住人口达到 5. 24 亿人，当年新增城镇人口 2 164万人，城镇住房需求也大量增加。居民的住房条件尽管有所改善，但是仍然比较紧张，国家统计局公布当时城市人均住房建筑面积为

23.7 平方米，与西方人均居住情况相比仍有较大提升空间。

2003 年我国上市房地产企业数量为 74 家，上市房地产企业数量也快速增长，2006 年达到 86 家。2003 年行业平均负债率为 58.04%，仍处于较低水平，此后行业负债率上升迅速，到 2019 年达到 79.63%。2003 年房地产开发资金来源规模达到 13 196.92 亿元，较 2002 年增长 35.35%，行业进入快速增长阶段。

二、“非典”时期我国房地产业在经济中的作用

2001 年我国加入 WTO，开启了外向型经济增长模式。2003 年第 1 季度我国 GDP 增速为 11.1%，较 2002 年提高了 2 个百分点，从此步入两位数增长阶段。

房地产业在经济中的作用越来越明显。2003 年房地产业增加值为 6 157亿元，较 1998 年增长了 79.6%。房地产业增速高于经济增速，2003 年我国房地产投资增速为 29.7%，商品房销售面积增速为 29.1%，商品房销售金额增速为 34.1%，均远高于同期 GDP 的增速（10%）。房地产投资占固定资产投资的比例也呈现上升趋势，1999 年该比值为 17.9%，2003 年增长到 23.7%，房地产投资拉动经济的作用也愈加明显。

三、“非典”时期我国房地产业政策变化

2003 年是我国房地产市场具有里程碑意义的一年。2003 年 8 月国务院出台《关于促进房地产市场持续健康发展的通知》，明确提出房地产业关联度高，带动力强，已经成为国民经济的支柱产业。促进房地产市场持续健康发展，是提高居民住房水平，改善居住质量，满足人民群众物质文化生活需要的基本要求；是促进消费，扩大内需，拉动投资增长，保持国民经济持续快速健康发展的有力措施；是充分发挥人力资源优势，扩大社会就业的有效途径。实现房地产市场持续健康发展，对全面建设小康社会，加快推进社会主义现代化具有十分重要的意义。

2003年也是房地产调控政策转向的时间点。1999年我国取消了福利分房制度，推行住房分配货币化制度，鼓励个人换购住房，并对相关税费予以减免。2000年加大刺激住房消费，对住房公积金贷款的个人和银行都免税，租赁取得的收入征税率较低。2011年出台消化挤压空置商品住房政策。2002年降低住房公积金存贷款利率。在一系列政策刺激下，我国房地产市场快速升温，自2002年8月开始出台房地产市场收紧调控的措施，2003年6月分别出台加强房地产信贷、四证取得后才能发放贷款及提高二套住房首付比例的政策，7月政策提出对房地产企业出售的房屋开始征收房产税和城镇土地使用税。8月政策开始转向，首次确立房地产支柱产业地位，开始以住房消费带动经济增长。

四、“非典”对我国宏观经济的影响

2003年“非典”对经济整体影响较小，四个季度的GDP增速分别为11.1%、9.1%、10%、10%。从行业看，“非典”对第三产业影响比较明显，尤其是交通运输、仓储和邮政业、住宿和餐饮业、旅游等。随着6月疫情结束，这些受冲击较大的行业恢复迅速。

旅游业受疫情冲击也比较大，从国内旅游情况看，2003年我国国内旅游人次为8.7亿人，分别较2002年和2004年减少800万人和2.5亿人，旅游收入为3 442.27亿元，分别较2002年和2004年减少436.09亿元和1 268.44亿元。2003年境外旅游人次为1 140.29万人，分别较2002年和2004年减少203.66万人和552.96万人，旅游外汇收入为174.06亿美元，分别较2002年和2004年减少29.79亿美元和83.33亿美元。

五、“非典”对房地产市场的影响

2003年疫情对房地产市场影响不大，房地产各项指标仍呈现快速增长趋势。2003年6月房地产开发投资增速为34%，房屋新开工面积增速为31%，房屋施工面积增速为27.9%，商品房销售面积增速为37.4%，商品房销售额增速为44.8%，不仅与前后两个月指标数值大致相当，还分别比上一年同期高 1.1、11.2、5.7、14.9 和 22.4 个百分点。

2003 年 1—6 月，在调控收紧及疫情的双重影响下，房地产市场仍呈现快速增长的趋势，主要原因是我国住房市场化刚起步，存在大量居住条件改善的需求。加入 WTO 后，我国经济步入两位数增长新阶段，居民收入快速提升，因此，有收入增长保障的需求增强了房地产市场的韧性，能够在外部冲击下仍保持快速增长。

2003 年 8 月出台《关于促进房地产市场持续健康发展的通知》明确房地产业的“支柱产业”地位，提出发展房地产市场是促进消费、扩大内需、拉动投资增长、保持国民经济持续快速健康发展的有力措施。政策目标明确利用房地产业的高关联性，把房地产业作为刺激经济增长的手段。政策刺激下，2003 年房地产市场保持高位增长，其中，房地产开发投资增速为 29.7%，房屋新开工面积增速为 28.5%，房屋施工面积增速为 26%，商品房销售面积增速为 29.1%，商品房销售额增速为 34.1%，分别比 2002 年同期高 7.7、10.9、5.9、8.9 和 10.4 个百分点（见表 10.1）。

表 10.1　2002—2004 年我国房地产相关指标月度累计同比情况　（单位：%）

时间	房地产开发投资增速	房屋新开工面积增速	房屋施工面积增速	商品房销售面积增速	商品房销售额增速
2002 年 2 月	30.20	30.50	18.30	5.20	0.20
2002 年 3 月	36.20	26.10	20.90	17.70	16.70
2002 年 4 月	38.80	28.00	23.50	20.70	19.30
2002 年 5 月	36.70	22.30	21.90	20.30	16.30
2002 年 6 月	32.90	19.80	22.20	22.50	22.40
2002 年 7 月	30.70	18.00	22.70	20.80	22.40
2002 年 8 月	30.00	17.50	22.10	22.30	25.30
2002 年 9 月	29.40	18.20	22.10	24.00	31.90
2002 年 10 月	29.80	19.60	22.50	27.60	35.40
2002 年 11 月	28.20	19.10	22.60	29.80	37.10
2002 年 12 月	22.00	17.60	20.10	20.20	23.70
2003 年 2 月	37.00	49.70	31.60	68.90	76.10

（续表）

时间	房地产开发投资	房屋新开工面积	房屋施工面积	商品房销售面积	商品房销售额
2003 年 3 月	34.90	35.90	29.00	45.20	52.70
2003 年 4 月	33.50	31.70	25.80	36.40	46.60
2003 年 5 月	32.90	32.00	28.10	37.50	47.20
2003 年 6 月	34.00	31.00	27.90	37.40	44.80
2003 年 7 月	34.10	29.90	27.90	38.00	43.90
2003 年 8 月	33.10	31.20	27.70	35.00	41.10
2003 年 9 月	32.80	30.40	27.80	35.90	41.40
2003 年 10 月	31.30	29.60	27.60	34.00	40.60
2003 年 11 月	32.50	29.90	27.30	32.00	38.30
2003 年 12 月	29.70	28.50	26.00	29.10	34.10
2004 年 2 月	57.10	32.30	44.60	42.70	47.80
2004 年 3 月	41.10	22.50	32.80	35.40	44.40
2004 年 4 月	34.60	19.30	31.00	33.30	42.50
2004 年 5 月	32.00	18.70	28.70	30.90	44.90
2004 年 6 月	28.70	15.20	25.80	26.30	40.90
2004 年 7 月	28.60	14.90	24.30	25.20	41.40
2004 年 8 月	28.80	13.70	24.30	23.00	39.70
2004 年 9 月	28.30	12.20	23.30	19.30	34.80
2004 年 10 月	28.90	11.70	22.30	18.00	31.90
2004 年 11 月	29.20	11.70	21.70	18.50	33.30
2004 年 12 月	28.10	10.40	19.20	13.70	30.00

资料来源：Wind 数据库，国家统计局。

房地产业作为国民经济的先导性和基础性产业，其增长对经济增长的拉动作用逐渐被社会各界公认，此后房地产作为刺激经济的手段高频出现在宏观政策中。不过，当房地产业发展迅速并与需求增长不匹配时，就会出现过热的情况，收紧房地产市场的调控政策就会出台。一旦经济有下行压力，就会再次祭出房地产业，如此周而复始，这也是“房地产市场是政策市场”背后的原因。

第二节　2020 年新冠疫情时期我国房地产市场情况

一、房地产业现状与“非典”时期有六方面不同[①]

2003 年的“非典”疫情也对当时的经济产生了明显的冲击，但历史不一定会简单地重演。2020 年 1 月，新冠疫情开始在我国蔓延，到 2020 年 4 月 8 日武汉全面解封，本次疫情大规模流行阶段基本结束。与 2003 年我国房地产业的情况与现在相比至少有以下六方面不同。

（一）房地产业发展阶段不同

我国房地产业市场化始于 1998 年，2003 年仍处于初始发展阶段，以往因住房分配制度被抑制的需求得到了释放，极大地促进了房地产业发展。当时，城市居住环境远不如现在，市场需求可观、潜力巨大。2003 年，我国城镇人均住房建筑面积仅为 23.7 平方米，而到 2019 年，我国户均住房已超过 1.1 套，2018 年城镇人均住房建筑面积已经达到了 39 平方米，是 2003 年的 1.65 倍。

（二）政策对房地产业的定位不同

不同的经济发展阶段赋予房地产业不同的定位。就在“非典”疫情结束不久的 2003 年 8 月 12 日，国务院《关于促进房地产市场持续健康发展的通知》将房地产业定位为经济发展“支柱产业”，我国房地产业随之迎来了房改之后首次迅速发展。而如今，在经历了 2014—2016 年的快速发展后，2016 年中央经济工作会议正式提出“房子是用来住的、不是用来炒的”；2019 年 7 月 30 日政治局会议首次提出“不将房

---

① 除特殊标准注外，本节数据均来自 Wind 数据库。

地产作为短期刺激经济的手段”；2020 年 4 月 17 日政治局会议在时隔将近一年后再次提出“房住不炒”；这一表态在 2020 年 7 月 30 日的政治局会议中再度得到重申。房地产业的这一政策导向，决定了 2020 年的行业发展定位与 2003 年不同。我国房地产业已经进入新的发展阶段。

（三）房地产市场的发展趋势不同

无论是“非典”暴发前的 2002 年，还是“非典”疫情发生的当年，我国房地产开发投资和销售均呈现快速上涨趋势，房地产开发投资同比增速分别为 21.9% 和 29.7%，房地产销售额同比增速分别为 23.7% 和 34.1%，销售面积同比增速则分别为 20.2% 和 29.1%。现在我国房地产开发投资及销售同比增速已经掉头向下，基本呈现“倒 U 形”的趋势。2019 年房地产业开发投资同比增长 9.9%，而销售额和销售面积分别增长了 6.5% 和 -0.1%，均处于十几年来的相对低位。

（四）房地产企业负债水平和杠杆率不同

房地产企业总体负债规模由 2003 年的 30 698.56 亿元上升到 2019 年的 762 035.19 亿元，房地产企业总体负债与行业增加值之比由 4.99 倍上升到 10.94 倍。房地产企业总体负债率由 2003 年的 58.04% 上升至 2019 年的 79.63%（按照申万一级行业分类标准），大幅提高了 21.59%。总体看，房地产企业债务负担较之前明显增加，对融资的依赖度也比以往更高。

（五）居民对住房的购买力不同

巨大的债务负担已经严重削弱了居民对住房的购买力。2003 年我国居民部门杠杆率为 16.2%，而 2019 年则为 55.8%，且仍呈上升趋势。中国经济整体杠杆率也较高，继续加杠杆的风险较大。其次，收入增长预期带动房屋销售增长的趋势也今非昔比。2003 年我国正处于刚加入 WTO 后的贸易井喷期，同时也迎来了人口红利窗口。2000—2005 年我国城镇居民人均可支配收入复合增长率为10.81%，而2014—2019年为7.99%。

（六）整体经济发展相差较大

新冠疫情是重大突发公共卫生事件，造成的经济影响也远远大于“非典”疫情。2003年4月和5月，全国规模以上工业增加值分别同比上升14.9%和13.7%，社会消费品零售总额分别上升7.7%和4.3%，固定资产投资分别上涨50.15%和53.89%，出口金额分别上升34.7%和33.3%，进口金额分别上升45.1%和34.4%。而2020年第1季度，全国规模以上工业增加值同比下降8.4%，服务业生产指数下降11.7%，社会消费品零售总额下降19%，固定资产投资下降16.1%，出口下降14.3%，进口增长1.3%，经济实际增长率为-6.8%，自1992年有该项统计数据以来第一次为负。而且新冠疫情已经在全世界大规模蔓延，IMF在2020年4月将2020年全球经济增长率由1月预计的3.3%下调为-3.0%，并在6月进一步下调为-4.9%；2020年第2季度，美国GDP按年率环比暴跌32.9%，创1947年以来最大跌幅。

总体看，尽管本次疫情和2003年有类似之处，例如疫情对房地产业产生了较大冲击，但2020年房地产业所处的经济环境、在我国经济发展中扮演的角色与2003年已有很大不同，房地产业自身的特点、发展趋势等也发生了诸多变化，必须审慎对待历史经验，不能简单利用2003年的情况分析2020年的问题，否则很有可能做出错误的判断。

二、本次疫情对房地产市场的影响

（一）对房地产开发投资的影响

图10.1为房地产开发投资的组成。根据国家统计局的分类，房地产开发投资分为土地购置费、建筑安装工程、设备工器具购置和其他费用四类。从房地产开发投资结构分解看，主要由建筑安装工程和土地购置费构成，二者占比在98%~99%。建筑安装费用主要由施工面积决

定，施工面积又包括新开工面积。除土地购置费外的三者中的主体是建筑安装工程，为便于计算，本书将其合并为项目施工投资完成额。同时进一步将该指标分解为施工投资强度与施工面积之积。通过估计土地购置费、施工面积和施工投资强度，本书估计疫情对2020年房地产开发投资的冲击程度。

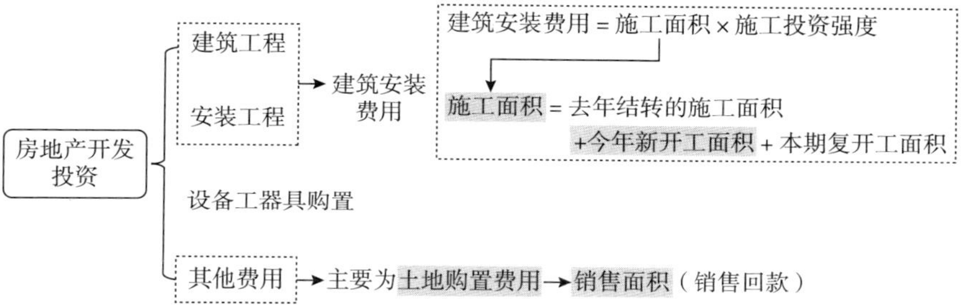

图10.1　房地产开发投资的组成

资料来源：同策研究院。

1. 对2020年第1季度开发投资的影响

2020年第1季度，我国房地产开发投资为21 962.61亿元，同比下降7.7%。可以看出，房地产投资受疫情影响比较明显，尤其是1—2月，同比下降16.3%，这是近二十多年来首次出现负增长。从房地产开发投资的结构看，第1季度土地购置费用7 003.46亿元，同比增长1.04%。疫情影响下，各地政府相继出台可缓缴土地款、分期付款等政策并大力推地，房地产企业拿地积极性也较高，通过线上拍地的方式实现了无接触拍地模式，因此，土地购置情况逆势上涨。第1季度建筑安装费用为13 549.21亿元，同比下降11.37%。第1季度房屋施工面积为71.79亿平方米，同比增长2.64%，说明建筑安装费用的下降是由于施工强度下降，而不是施工面积下降引起的。施工强度的下降主要是疫情影响下，大面积停工造成的。

2. 对2020年第1季度之后开发投资影响的评估

从上文可以看出，疫情对于2020年第1季度的中国经济造成了巨大的冲击。但疫情并未在第1季度完全结束。仅从疫情的发展看，自

2020 年 4 月开始，我国境内疫情已经基本得到控制，但海外疫情发展迅速，疫情倒灌风险不断增长，我国进入疫情防控常态化阶段。这对我国的经济和房地产业发展必将产生长远的影响。疫情是否在第 2 季度继续对房地产开发投资造成影响？影响有多大？为此，本书对第 2 季度及以后房地产开发投资的表现进行了相关分析。

（1）疫情对于土地购置费的影响

根据 2020 年第 1 季度的数据看，我国房地产投资的土地购置费未受到较大影响，从第 2 季度的数据看，我国房地产投资的土地购置费为 14 401. 06 亿元，同比增长 8. 83% 。

疫情暴发前的 2019 年第 3 季度和第 4 季度的土地购置费同比增长率为 12. 61% 和 0. 35% ，同时 2019 年第 4 季度的增速是自 2016 年第 1 季度以来的最低点，疫情的冲击并没有使土地购置费增速进一步下行，这表明新冠疫情的暴发并未对土地购置费支出产生明显的负面影响。但土地购置费是一个滞后指标，土地出让金是土地购置费的先行指标。根据 2009 年出台的《关于进一步加强土地出让收支管理的通知》的要求，“市县国土资源管理部门与土地受让人在土地出让合同中依法约定的分期缴纳全部土地出让价款的期限原则上不超过一年。经当地土地出让协调决策机构集体认定，特殊项目可以约定在两年内全部缴清。首次缴纳比例不得低于全部土地出让价款的 50% 。土地租赁合同约定的当期应缴土地价款（租金）应当一次全部缴清，不得分期缴纳”。这表明，土地出让金是土地购置费的领先指标。土地购置费一般滞后于土地成交总价三个季度，图 10. 2 给出了我国土地出让金增速和土地购置费增速对比图和交叉相关关系分析图。

从图 10. 2 可以看出，国有土地出让金增速领先土地购置费增速三个季度，相关系数高达 0. 759，但是从时效上看，当期的土地出让金对于未来一年的土地购置费变化的影响都是显著的，这也同《关于进一步加强土地出让收支管理的通知》要求一年之内缴纳完土地出让金的要求相符。从图 10. 2 还可以看出 2020 年第 1 季度土地出让金增速出现了

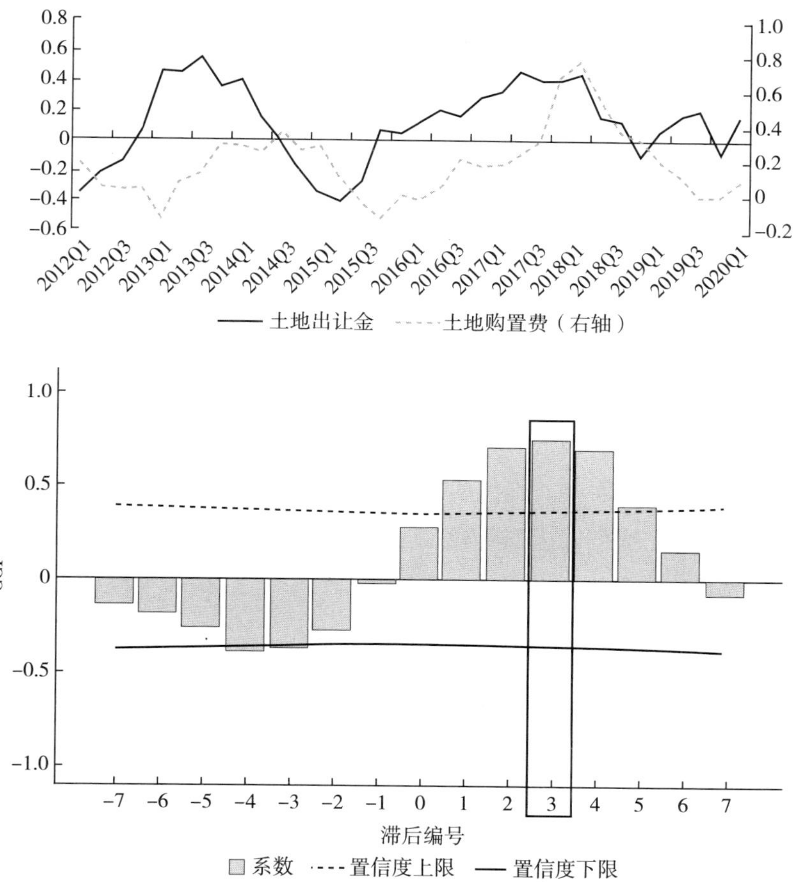

图 10.2　我国土地出让金和土地购置费增速关系

资料来源：Wind 数据库、财政部，同策研究院整理而得。

明显的下滑，这有可能导致 2020 年全年的土地购置费增速都受到明显影响。

为了计算疫情对土地购置费产生的负面影响，本书利用当期的土地购置费与回溯至一年前的每季度土地出让金进行了线性回归，[①] 从附录的分析可以看出，当期土地出让金变化 1 亿元，未来一年的土地购置费

① 分析过程见附录 10－1。

会同向变化 0. 772 3 亿元。

如果以 2019 年第 4 季度和 2020 年第 2 季度作为土地出让金增速的正常时间段，那么 2020 年第 1 季度的土地出让金增速应当为 18. 90%，[①] 而实际增速为 -7. 83%，这表明疫情造成的土地出让金增速损失为 26. 73%，按照 2019 年第 1 季度的土地出让金计算，2020 年第 1 季度土地出让金损失为 3 223. 89 亿元。按照这一口径计算，2020 年全年的土地购置费损失为 2 489. 93 亿元。

（2）疫情对全国房地产施工面积的影响

2020 年前两季度全国房地产施工面积分别为 71. 79 亿平方米和 79. 27 亿平方米，分别同比增长了 2. 64% 和 2. 65%，并未因疫情出现大幅下滑的现象，同时从施工面积的时序对比看，2020 年第 2 季度的施工面积是第 1 季度的 1. 104 2 倍，与 2019 年基本持平，也位于 2015—2019 年以来的同等水平范围之内。这表明疫情并未对 2020 年上半年的施工面积产生明显冲击。

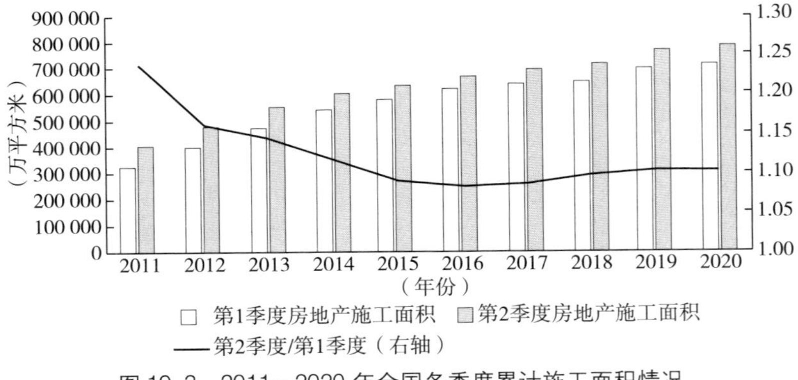

图 10. 3　2011—2020 年全国各季度累计施工面积情况

资料来源：Wind 数据库、同策研究院。

疫情对施工面积的冲击主要体现在新开工面积上。如图 10. 4 所示，自 2012 年第 1 季度以来新开工面积同比增速最低的为 2014 年第 1 季度的

① 2019 年第 4 季度和 2020 年第 2 季度土地出让金增速均值。

－25. 17%，而 2016—2019 年同期数据均值为 13. 09%，2020 年第 1 季度则同比下降 27. 18%。但 2020 年第 2 季度新开工面积增速出现明显回升，达到 3. 82%，与 2016—2019 年的同期增速水平基本相当。从 2012 年的季度时序数据看，如图 10. 5 所示，2020 年第 1 季度的新开工面积增速为近 8 年来最低，也明显低于 2016 年来的整体水平，而 2020 年第 2 季度基本恢复正常。如果以 2016—2019 年第 1 季度同比增速作为正常增长水平，那么新冠疫情造成 2020 年第 1 季度新开工面积同比增速下降了 40. 27%，按 2019 年第 1 季度新开工面积计算，少开工 1. 559 6 亿平方米。

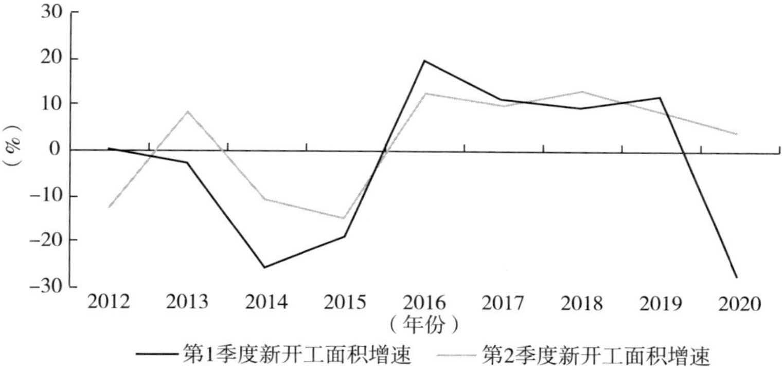

图 10. 4　2012—2020 年全国第 1 季度和第 2 季度新开工面积同比增速

资料来源：Wind 数据库、同策研究院。

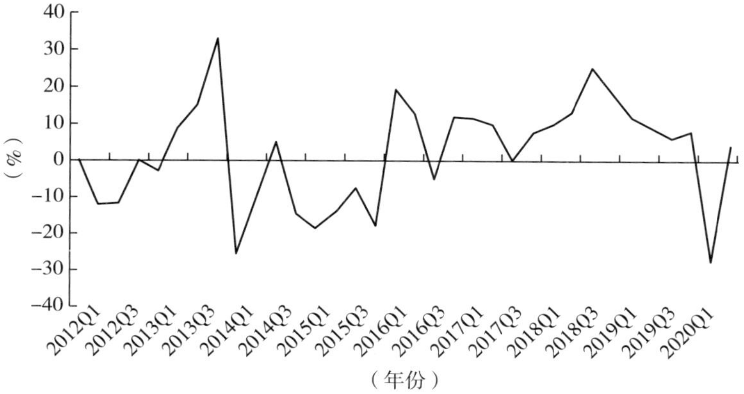

图 10. 5　2012—2020 年全国新开工面积同比增速

资料来源：Wind 数据库、同策研究院。

尽管新开工面积受到疫情较大冲击，但2019年新开工面积仅占总施工面积的6.87%，因此疫情对施工面积的影响并不大，如果按照1.559 6亿平方米计算，2020年第1季度因疫情冲击而造成的施工面积下降仅占2.17%；考虑到疫情对施工的影响同样降低了竣工速度，[①] 疫情造成施工面积下降就会更小，仅为0.815 6亿平方米，占施工面积比重为1.14%。而且相关数据在第2季度就迅速回升到正常水平。从总体数据看，疫情对施工面积的冲击不是很大。

（3）疫情对房地产施工投资强度的影响

尽管疫情对于施工面积影响不大，但疫情对我国施工投资强度产生了较大影响，对该指标的估计是对房地产开发投资损失的关键步骤。对全国施工投资强度的计算，本书采用如下方法。

第一，2020年第1季度和第2季度土地购置费。2019年第1季度和第2季度全国土地购置费分别为6 931.64亿元和13 232.41亿元，2020年同期数据分别为7 003.46亿元和14 401.06亿元，分别上升了1.04%和8.83%。

第二，房地产项目施工投资完成额。2020年第1季度全国房地产开发投资21 962.61亿元，扣除土地购置费7 003.46亿元，房地产施工投资完成额为14 959.15亿元，同比下降11.33%。第2季度的施工投资完成额为26 416.54亿元，同比上涨7.50%。

第三，估算房地产施工投资强度。2020年第1季度全国房地产施工面积为717 886.41万平方米，房地产施工投资强度为208.38元/平方米，2019年同期这一数据为241.21元/平方米，同比下降13.61%。根据同样的方法，可以计算出2019年和2020年第2季度的房地产施工投资强度为318.20元/平方米和333.24元/平方米，同比上升4.73%。

---

① 2019年竣工面积占施工面积比例为10.73%，2019年第1季度竣工面积为1.847 4亿平方米，如果按照与新开工同样的受影响程度40.27%计算，那么2020年第1季度竣工面积因疫情减少了0.744亿平方米。

从图 10.6 可以看出，2020 年第 1 季度投资强度增速明显低于 2012—2019 年的均值，而第 2 季度则基本处于正常波动范围之内，从第 2 季度的数据看，施工投资强度已经恢复正常。如果以 2012—2019 年的平均增速 1.07% 作为正常的同比增速的话，疫情的冲击使得施工投资强度下降了 14.68%。按 2019 年第 1 季度施工投资强度计算，下降了 35.41 元/平方米。

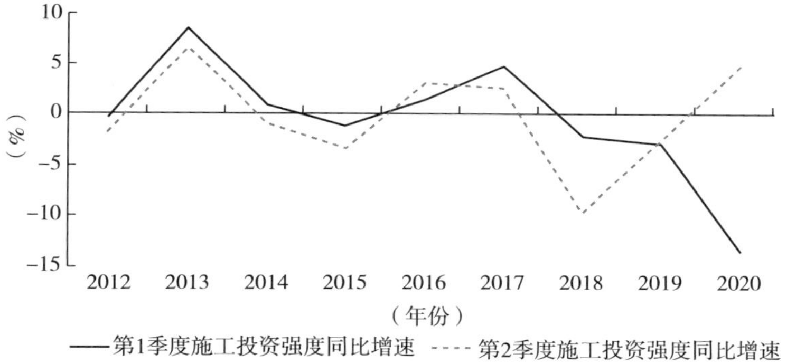

图 10.6　2012—2020 年全国第 1 季度和第 2 季度施工投资强度同比增速

资料来源：Wind 数据库、同策研究院。

3. 2020 年全国房地产开发投资损失估计

从前文计算的数据看，我国 2020 年第 1 季度施工面积未受到疫情较大冲击，但施工投资强度下降较大。同时，从第 2 季度开始，两项数据都已经恢复到正常水平。而土地购置费由于有滞后性，损失将主要体现在 2020 年全年。

利用第 1 季度的土地出让金损失可以计算出全年土地购置费的损失，结果见表 10.2。从表中可以看出 2020 年房地产投资受疫情影响造成的土地购置费下降为 2 489.93 亿元。

利用前文计算的数据可得 2020 年第 1 季度因疫情冲击造成的房地产开发投资损失，结果见表 10.3。从表中可以看出 2020 年因疫情造成的项目施工投资损失为 2 740.87 亿元。

表 10.2　2020 年房地产开发投资损失——土地购置费

分项		第 1 季度	第 2 季度	第 3 季度	第 4 季度	合计
土地购置费（亿元）	疫情造成的土地出让金损失	3 223.89	—	—	—	—
	土地出让金与土地购置费系数	0.248 9	-0.163 8	0.336 8	0.350 5	—
	土地购置费损失	802.32	-527.92	1 085.67	1 129.86	2 489.93

资料来源：同策研究院。

综合计算，2020 年因疫情冲击造成的房地产开发投资完成额损失为 5 230.8 亿元，相当于 2019 年房地产开发投资完成额的 3.96%，即 2020 年因新冠疫情暴发，我国房地产开发投资完成额的增速下降了将近 4 个百分点。

（二）对房地产销售的影响

受疫情影响，全国多个城市针对房地产市场下发了“暂停经营”的通知，明令禁止售楼处、中介门店继续营业。中国房地产业协会也发出号召，全国楼盘暂时停止售楼处的销售活动，待疫情过后再自行恢复。这已经对我国房地产销售产生了很大影响。据中原地产研究中心统计，自 2020 年 1 月下旬开始，大部分开发商的成交量比往年春节期间暴跌 95%。面对严峻的销售形势，部分房地产企业试图通过线上销售。但房屋价值较高，且对人们的生活具有长期影响，很难像普通消费品一样，可以不经现场查验就直接交易。况且大多数消费者和房地产商对房地产线上销售模式也并不熟悉。此外，购房还涉及贷款、过户等须购房者亲自办理的手续。因此，线上购房行为难以落地。即使因疫情而延迟的购房需求有望在疫情过后迎来反弹，疫情对房地产销售的短期冲击也是巨大的。

表 10.3　2020 年房地产开发投资损失——项目施工投资

分项		实际数据		正常数据		因疫情造成的损失
项目施工投资完成额	施工面积（万平方米）	2019Q1	699 444. 22	2019Q1	699 444. 22	—
		2020Q1	717 886. 41	2020Q1	726 042. 41	8 156
		同比变化	2. 64%	同比变化	3. 80%	—
	施工投资强度（元/平方米）	2019Q1	241. 21	2019Q1	241. 21	—
		2020Q1	208. 38	2020Q1	243. 79	35. 41
		同比变化	-13. 61%	同比变化	1. 07%	—
	合计（亿元）	2019Q1	16 871. 29	2019Q1	16 871. 29	—
		2020Q1	14 959. 32	2020Q1	17 700. 19	2 740. 87
		同比变化	-11. 33%	同比变化	4. 91%	—

注：根据前文所述，由于从 2020 年第 2 季度开始项目投资指标回归正常水平，故本表里的数据均为 2019 第 1 季度和 2020 第 1 季度。Q1 为第 1 季度。

资料来源：同策研究院。

具体来看，我国 2020 年第 1 季度商品房销量为 21 978. 32 万平方米，同比下降 26. 32%，其中住房销量为 19 234. 77 万平方米，同比下降 25. 89%。而 2020 年第 2 季度商品房销量为 47 425. 35 万平方米，同比上涨 3. 20%，其中住房销量为 41 884. 58 万平方米，同比上涨 4. 12%。

从图 10. 7 可以看出，我国商品房和商品住房成交面积自 2015 年来经历过一次持续约为两年半的快速增长期，但是自 2017 年第 3 季度以来，商品房和商品住房成交面积增速开始趋稳，基本在同一水平线上下波动。如果按照这一趋势，2020 年第 1 季度的成交面积增速应当不会发生大幅波动。本书以 2017 年第 3 季度至 2019 年第 4 季度的平均增速作为正常情况下 2020 年第 1 季度的增速，那么正常情况下 2020 年第 1 季度每个月商品房和商品住房成交面积正常增速应当为 1. 00% 和 1. 35%。

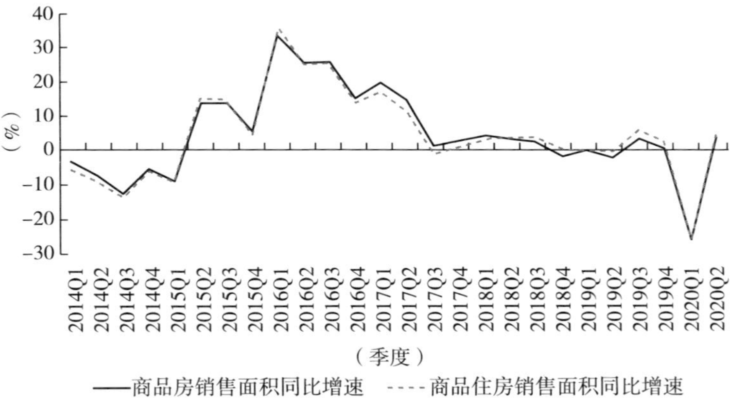

图 10. 7　2014—2020 年第 2 季度商品房和商品住房成交面积增速

注：Q1、Q2、Q3、Q4 分别为第 1 季度、第 2 季度、第 3 季度、第 4 季度。

资料来源：Wind 数据库，同策研究院整理而得。

如果没有疫情冲击，按照过去两年半的增速，2020 年第 1 季度的商品房成交量应该为 30 128. 71 万平方米，商品住房成交量应当为 26 302. 91 万平方米。但是 2020 年第 1 季度的实际商品房和商品住房成交量分别为 21 978. 32 万平方米和 19 234. 77 万平方米，因疫情造成的销售损失分别达到 8 150.39 万平方米和 7 068.14 万平方米。

尽管 2020 年第 1 季度商品房销售遭遇较大冲击，但市场自第 2 季度开始恢复，2020 年 5 月的商品房和商品住房成交面积分别同比大幅增长了 9.66% 和 9.34%，不但明显高于疫情冲击期间的增长率，也高于 2017 年第 3 季度至 2019 年第 4 季度的平均增长率，这是被疫情压制的刚需释放的结果，同时也表明市场开始逐步恢复正常。2020 年 6 月，商品房和商品住房销量同比增速分别为 2.14% 和 4.04%，已经恢复到正常水平。而整个 2020 年第 2 季度商品房和商品住房销量同比增速分别为 3.20% 和 4.12%，也处在 2017 年第 3 季度至 2019 年第 4 季度的销量同比增速波动区间之内。可以说 2020 年第 2 季度商品房销售市场已经基本恢复正常。

从表 10.4 可以看出，如果没有疫情冲击，商品住房销售面积仍维持 2017 年第 3 季度以来 1.35% 的增长率的话，仅 2020 年上半年，疫情对商品住房销售面积的冲击就达到 5 952.19 万平方米。

表 10.4　2020 年上半年商品住房销售面积

	第 1 季度	第 2 季度	2020 年上半年
正常增长率（%）	1.35	1.35	1.35
实际增长率（%）	-25.89	4.12	-8.87
正常成交量（万平方米）	26 302.91	40 768.62	67 071.53
实际成交量（万平方米）	19 234.77	41 884.58	61 119.34

资料来源：同策研究院。

（三）对房地产企业的影响

销售回款（包括个人按揭贷款和定金及预收款）已经成为房地产企业主要的资金来源。2019 年，销售回款在房地产开发企业实际到位资金中的占比达到了 49.62% 的历史高位，总计 88 640 亿元。与此同时，由于严厉的融资限制，2019 年国内贷款占比仅为 14.13%，为历史最低点。不难预见，房地产销售的中止将严重冲击房地产企业的资金链。

2019 年第 1 季度，我国房地产企业销售额为 27 038.77 亿元。若按 2019 年全年 6.5% 的销售额增速估计，2020 年第 1 季度，房地产企业销售额将达到 28 796.29 亿元。但 2020 年第 1 季度实际销售额只有 20 364.86亿元，因疫情造成的销售损失达到 8 431.43 亿元。

由于部分房地产企业负债水平较高，2019 年总体负债率就已经达到了 79.63%，如果不能快速回笼资金，将可能导致资金链断裂。房地产业的并购与房地产企业资金链风险有较大关系。表 10.5 的数据显示，2002 年，我国房地产业并购案例仅 27 个，并购规模为 18.95 亿元。“非典”疫情发生的 2003 年，并购案例则为 36 个，并购规模达到 39.90 亿元，比上一年增长了 110.55%。2004 年，并购规模进一步提高至 49.58 亿元，直到 2005 年后才逐渐缩小。而 2019 年我国房地产业并购案例 221 个，并购规模 1 840.64 亿元。如果疫情导致房地产企业资金链风险爆发，大量中小房地产企业将因此倒闭，而且这一过程可能持续 2 年，甚至更长时间。长期看，这还会进一步提高我国房地产市场集中度，并可能加大我国房地产调控难度。

表 10.5　2002—2005 年房地产企业并购情况

年份	并购案例（个）	并购规模（亿元）
2002	27	18.95
2003	36	39.90
2004	59	49.58
2005	57	32.91

资料来源：Wind 数据库，同策研究院整理。

（四）对人口净流出区域房地产市场的影响

疫情对我国房地产市场的冲击是有区域差异的，我国人口净流出区域将面临更大的风险。

通过一个城市的土地规划建筑面积成交量和商品住房成交量数据，可以计算其潜在住房供给量的增减变化。自 2016 年 1 月至 2019 年 12

月，土地供需差距比例较高的前 25 个城市中，14 个是中西部城市，并且也有 19 个三四线城市。这些城市的人口支撑相对较弱，除郑州等因为人才落户政策促成的人口增长较为明显、廊坊因邻近北京吸引大量人口之外，其他城市常住人口增速整体较低，甚至常德还出现常住人口减少的情况。与此形成明显对照的是一线城市和东部核心二三线城市，土地的供需比例整体为负值，也就是说，这些区域供给明显小于需求，尤其是常住人口增长量较大的如深圳、广州、佛山、青岛、合肥、厦门、泉州等城市（见表 10.6）。

表 10.6　2016 年 1 月至 2019 年 12 月土地规划建筑面积和成交的商品住房供需差距比例

城市	2016—2019 年人口增量（万人）	2016—2019 年人口增长率（%）	供需差距比例（%）	城市	2016—2019 年人口增量（万人）	2016—2019 年人口增长率（%）	供需差距比例（%）
绍兴	6.70	1.35	83.03	贵阳	26.01	5.63	38.67
赣州	13.05	1.53	81.29	芜湖	9.35	2.56	33.54
遵义	7.86	1.27	78.16	南昌	24.26	4.57	31.79
福州	24.00	3.20	76.48	合肥	29.75	3.82	25.47
南通	1.00	0.14	76.09	南京	20.03	2.43	25.08
宿州	14.02	2.53	75.92	温州	13.30	1.46	23.18
济宁	4.67	0.56	73.50	淮安	5.30	1.09	20.02
廊坊	22.56	4.94	73.49	西安	129.81	14.91	18.60
常德	-1.67	-0.29	72.67	杭州	78.80	8.74	16.81
石家庄	25.00	2.34	71.43	秦皇岛	6.10	1.98	16.67
郑州	56.70	5.93	71.36	大连	1.30	0.19	15.82
桂林	12.39	2.50	70.56	韶关	6.61	2.25	15.18
岳阳	16.79	2.98	70.42	南宁	26.80	3.84	12.20
金华	15.00	2.75	69.31	长春	-2.54	-0.34	11.72
平顶山	6.77	1.36	67.36	呼和浩特	6.58	2.15	10.57
泸州	3.84	0.90	66.50	长沙	72.29	9.73	8.52

（续表）

城市	2016—2019 年人口增量（万人）	2016—2019 年人口增长率（%）	供需差距比例（%）	城市	2016—2019 年人口增量（万人）	2016—2019 年人口增长率（%）	供需差距比例（%）
南充	7.60	1.19	65.75	武汉	47.33	4.46	7.32
肇庆	9.21	2.27	65.75	兰州	6.05	1.64	5.06
扬州	4.74	1.06	65.68	哈尔滨	-9.83	-1.02	2.49
淮北	7.52	3.45	64.10	青岛	29.78	3.27	2.00
洛阳	14.55	2.16	63.73	厦门	25.00	6.48	1.82
衡水	3.66	0.83	63.47	海口	7.93	3.57	1.52
苏州	10.57	1.00	61.37	银川	8.65	4.00	1.51
昆明	17.30	2.59	60.79	天津	12.65	0.82	-3.56
三明	5.00	1.98	60.75	无锡	6.35	0.98	-6.31
泉州	19.00	2.23	58.14	成都	167.25	11.41	-6.41
九江	7.10	1.47	56.10	连云港	4.63	1.03	-7.64
烟台	10.77	1.54	54.87	北京	-16.30	-0.75	-12.44
蚌埠	10.06	3.06	53.80	舟山	2.10	1.82	-13.53
安庆	10.49	2.29	53.27	吉林	-12.74	-2.99	-18.15
唐山	13.48	1.73	53.12	包头	5.94	2.10	-28.00
湖州	7.70	2.61	51.59	广州	140.33	10.39	-31.88
徐州	13.30	1.53	51.06	佛山	47.51	6.39	-36.49
重庆	85.24	2.83	49.11	西宁	6.03	2.61	-37.10
襄阳	5.50	0.98	48.23	上海	8.51	0.35	-43.54
济南	32.84	4.60	45.48	北海	5.43	3.34	-46.68
泰安	3.92	0.70	44.01	汕头	8.64	1.56	-103.63
乌鲁木齐	-4.42	-1.25	41.16	沈阳	2.50	0.30	-105.19
宁波	37.70	4.82	40.63	东莞	13.81	1.67	-138.57
太原	10.28	2.38	39.69	深圳	164.79	14.48	-337.27
宜昌	2.09	0.51	39.47				

注：供需差距比例 =（土地规划建筑面积 - 商品住房成交面积）/土地规划建筑面积。人口为常住人口，其中乌鲁木齐、吉林、长春和哈尔滨为户籍人口。东莞数据为 2019 年 1—9 月数据，呼和浩特 2018 年 9 月数据缺失，利用 6—8 月平均值推算。

由表10.6可以看出，我国三四线城市的过量住房供给将使房地产市场面临较大风险，而且随着棚改政策的逐步退出，这些城市的风险会进一步上升。提振需求是化解这一难题的有效方法，例如春节返乡置业。2020年1月14日，58同城、安居客发布《2019—2020年返乡置业调查报告》。该报告显示2020年春节期间在外务工人员有68.6%倾向于选择回乡置业（包含家乡城市及家乡所在的省会城市），高于2019年52.7%的低点。但随着疫情发展，这一置业意愿很难实现。此次疫情也反映出三四线城市在物流、居住环境和应急管理上的劣势。在大中城市开放落户的情况下，未来人口流出三四线城市的情况可能更为严重，三四线城市房地产风险有进一步上升的趋势。

（五）对整体经济增长的影响

2017—2019年资本形成总额分别拉动我国经济增长2.3、2.2和1.9个百分点，均值为2.13%。2017—2019年房地产投资占固定资产投资比重分别为17.38%、18.92%和23.97%，均值为20.09%。以此计算，过去三年房地产投资平均每年拉动我国经济增长0.43个百分点（20.09%×2.13%）。根据前文计算，2020年第1季度我国的房地产开发投资损失了3 543.19亿元，[①] 相当于下降了14.89%，仅房地产投资下行造成的GDP增速下降就会达到0.064个百分点。由于2019年我国GDP增速为6%左右，房地产投资回落带来的经济下行压力已相当明显。

房地产业的关联行业很多，从产业关联系数看，房地产业与国家统计局分类的42个行业均有不同程度的完全关联关系，因此，疫情对房地产业的影响也会传导到这些行业。例如建筑业就会明显受到影响，建筑业作为房地产业的上游行业与房地产业关系密切，房地产业对建筑业的直接消耗系数为0.022 94，位居42个行业的第四位，完全消耗系数为0.027 066，位居42个行业的第六位（根据2015年投入产出延长表

① 包括土地购置费下降的802.32亿元和施工投资下降的2 740.87亿元。

计算）。2017—2019 年，我国建筑业占 GDP 的比重分别为 6.96%、7.12%和7.16%（见表10.7），对 GDP 的贡献稍高于房地产业，考虑到建筑业自身受到的影响，对经济的影响可能比房地产业更大。

（六）对就业的影响

尽管房地产业与建筑业有较强的关联，且两者对于 GDP 的贡献大致相当，但是两者因行业属性不同而对就业造成的影响也不同。从表10.7 可以看出，房地产业是典型的资本密集型行业，而建筑业属于劳动密集型行业，因此，疫情对就业的影响在建筑业上表现更明显。2018年我国房地产城镇就业人口为466.01 万人。如果按照2020 年第1 季度房地产投资下降 14.89%估算的话，疫情会影响房地产业的城镇就业69.38 万人（用2018 年规模估算，下同）。房地产业对建筑业的完全消耗系数为0.027 066，可以估算出因房地产业受到疫情影响的建筑业城镇就业人口为110.35 万人。考虑到建筑业自身受疫情的冲击，受影响的就业人口会更多。

表 10.7　我国房地产业与建筑业比较

年份	GDP 增加值（亿元）		固定资产投资（亿元）		城镇就业（万人）	
	建筑业	房地产业	建筑业	房地产业	建筑业	房地产业
2010	27 259.30	23 326.60	2 241.73	57 633.09	1 267.51	211.63
2011	32 926.50	27 780.70	3 239.87	75 663.70	1 724.78	248.58
2012	36 896.10	30 751.90	3 685.34	92 639.36	2 010.26	273.71
2013	40 896.80	35 340.40	3 736.96	111 423.85	2 921.90	373.73
2014	45 401.70	38 086.40	4 449.94	123 689.78	2 921.18	402.24
2015	47 761.30	42 573.80	4 896.70	126 706.16	2 796.00	417.34
2016	51 498.90	49 969.40	4 577.43	135 283.69	2 724.70	431.70
2017	57 905.60	57 086.00	3 647.92	139 733.52	2 643.20	444.80
2018	65 493.00	64 623.00	3 140.86	151 331.40	2 710.87	466.01
2019	70 904.30	69 631.50	1 136.99	165 102.56		

注：分行业固定资产投资中建筑业和房地产业规模数据仅公布到2017 年，该表数据由2017 年的规模数据和2018 年及2019 年的行业增速推算。

资料来源：《中国统计年鉴》，同策研究院整理。

第三节　应对房地产市场受疫情冲击的政策建议

为了应对疫情对房地产业的冲击，保持房地产业平稳健康发展，我们提出以下政策建议。

一、继续贯彻落实“房住不炒”的政策

2014—2016 年，我国经历了最近一次房价暴涨，给经济发展带来了诸多问题。为了调控房地产市场，自 2016 年至今，调控政策之严、力度之大前所未有，我国才基本控制住了房价涨势，成果得来不易，需要加倍珍惜。也正是在本轮调控当中，“房住不炒”成为房地产的新定位，房地产业也进入了新的发展阶段。放松这一定位，也许会带来一时的快速发展，但会透支未来发展空间，甚至引发经济金融风险。这种短期行为并不可取。

二、给予房地产业必要、合理的支持

2020 年 1 月 26 日起，各部委先后出台了多项支持疫情防控的措施。2 月 5 日国务院常务会议确定了支持疫情防控和相关行业企业的财税金融政策。这些政策有助于疫情防控和疫后的经济恢复。我们建议，在向受疫情影响较大的批发零售、住宿餐饮、物流运输、文化旅游等行业提供支持的同时，也应考虑采取适当的措施，平稳房地产市场。

2020 年上半年，人民币房地产贷款余额 47.40 万亿元，同比增长 13.1%，增速比上年同期低 4 个百分点，连续 23 个月回落；上半年增加 2.99 万亿元，占同期人民币各项贷款增量的 24.7%，比上年全年低 8.5 个百分点。2020 年上半年，无论从存量还是增量看，我国房地产业融资占比已基本恢复到正常年份的水平。因而对房地产业融资的限制不应继续收紧。

建议在“房住不炒”的前提下稳定房地产投资和销售，支持房地产业合理融资需求，允许部分受疫情影响较大的房地产企业延期还贷，加快贷款展期办理，为企业调整还款计划，不盲目抽贷、断贷、压贷，以缓解疫情期间销售萎缩对其资金链的冲击。在合法合规和控制风险的前提下，适当增加房地产企业的融资渠道，包括商业银行的表内和表外融资。

此外，已出台的政策措施中，也应包括符合条件的房地产企业。例如在做好疫情防控工作的前提下，全力支持企业复工复产，并加大企业复产用工保障力度，为经营困难企业办理延期纳税，对不裁员、少裁员、符合条件的用人单位返还部分单位及职工上年度实际缴纳的失业保险费等。

三、强化供给与需求相结合的调控措施

长期以来，我国房地产业调控重需求抑制、轻供给疏导。前者易取得短期效果，后者能获得中长期效果且有利于稳定公众预期。因此，我们要注重供给调控与需求调控相结合。

需求侧的调控仅仅是把需求提前或者延后释放，不能从根本上解决房地产市场供需失衡的问题。如果需求侧受到持续抑制，就会形成购买力的“堰塞湖”，一旦政策松动，需求可能集中释放，对市场造成冲击。调控政策叠加疫情的影响，需求侧会受到较大的抑制，疫情得到有效控制后，需求可能释放，如果届时没有充裕的供给，可能因供需失衡造成新一轮的房价上涨。因此，在未来一段时期内，更要强化供给侧的调控，合理适当地增加房地产市场的供给。

因此，要做好房地产市场供给侧的准备。土地方面，要适当增加供给量，也要保障供给土地价格的合理、稳定，还要适当支持房地产企业的拿地资金。对房地产企业拍地资金要求不能过于严厉，比如有些城市的房地产企业拍地保证金比例过高，甚至要求提前一两个月预缴。因此，应该适当降低土地竞买保证金比例，允许成交土地签约、出让金缴

纳适当延期。因疫情影响开工、复工的，可以延期开工和竣工时间。在2020年融资和营销环境下，如果这些政策不调整，即使供给了土地，房地产企业拿地积极性也不高。

四、支持刚需及合理的改善性需求

我国2019年的城镇化率为60.6%，仍处于快速增长期，新进城市人口仍有很大的刚性需求。我国人均建筑面积虽然已经达到了39平方米（2018年），但是如果考虑实际使用面积，按80%计算也只有31.2平方米，仍然有一定的改善空间。这需要从两个方面入手：第一，过去集中调控阶段部分城市出台了过于严格的政策，比如有些城市执行的“认房又认贷”的购房资格审核，一旦居民贷过款，即使名下没有住房，也按二套房购房资格，要支付七成左右的首付，这造成购房者较大的资金负担，明显抑制了合理的改善性需求的释放。因此，这一类政策需要调整。第二，金融机构要给予受疫情影响的企业和购房者合理的信贷政策支持。比如成都住房公积金管理中心出台了应对新冠疫情政策措施的具体实施细则①，受疫情影响导致生产经营困难的企业，经行业主管部门认定，可申请降低住房公积金缴存比例或者缓缴，受疫情影响未能正常缴存住房公积金的企业职工，贷款权益不受影响。南京公积金中心也出台相关政策减轻企业负担②，延长购房提取期限，适当延后公积金贷款还款时间。

五、因城施策，对限价政策做适当调整

限价政策是在房价快速上涨过程中出台的一项强制性的行政调控手段。尽管该政策有效地管控了房价水平，但是也存在一些问题，主要有

① http：//www.cdjinjiang.gov.cn/jjq/c136202/2020－03/05/content_71a2f014631d4cf2b05157194598de51.shtml.

② http：//www.js.xinhuanet.com/2020－03/12/c_1125698918.htm.

以下两个方面。

第一，明确高端项目的限价原则。不少房地产企业的高价项目因为限价政策拿不到预售许可证，不能形成有效供给。这不但会使房地产企业的资金链紧张进一步加剧，还会使房地产企业拿地的积极性下降。由于不同城市或者城市的不同区域对限价原则及松紧程度不同，使房地产企业对拿地后的项目价格难以把握，影响部分优质地块的入市。后期也可以参考部分城市施行的“土地价格—房价联动”机制，由房价制约土地价格水平，增强房地产企业拿地的积极性。在“稳房价”前提下，对于高价地项目预售审批可以适当放松，适度缓解拿高价地企业的资金压力。

第二，中低端项目要给房地产企业降价的空间。较多的城市施行严格的预售价格审批，政策调控的初衷是抑制房价过快上涨，而实际情况是房地产企业想降价也难。疫情影响下，居民收入水平会受到影响，购买力会有所下降，降低价格可以有效满足这部分人群的购房需求。对房地产企业来讲，让渡部分利润空间，快速回笼资金，也是企业经营的需要，符合经济规律，因此，中低端项目要给房地产企业适当的降价空间。

在限价政策适当调整后，为了继续落实“房住不炒”的政策，同时可以对一些项目实施“限售”的约束，一松一紧，防止市场出现大幅波动。

六、长期内仍然要应对房价上涨的压力

短期内受疫情影响，房地产企业一般会降价销售，购房者也会推迟购房，短期需求可能下降。因此房地产市场短期有可能出现“量价齐跌”的局面。但是，我们不能掉以轻心，一旦疫情得到有效控制，而供给侧不能满足被抑制的需求，房价就会快速反弹，尤其在人口净流入的一线和核心二线城市。

七、要关注部分三四线城市房地产市场的风险

自2016年以来，随着棚改政策的推进，我国三四线城市的房价大幅上涨，但缺乏相应的产业与人口基础，产生了较大的市场风险，这也是我们一直以来疾呼需要重点关注的问题。本次疫情发生恰逢春节假期，严重打击了返乡置业，三四线城市的房地产市场可谓雪上加霜，尤其需要关注。

随着大中城市落户放开，以及疫情暴露出三四线城市在物流、公共卫生资源和应急管理等方面的劣势，未来三四线城市将面临更大的人口流出压力。应严格按照住建部要求，因城施策。对消化周期在36个月以上的城市，应停止供地；36～18个月的城市，要减少供地；12～6个月的城市，要增加供地；6个月以下的城市，不仅要显著增加供地，还要加快供地节奏。

八、坚持房地产市场调控的预期管理

2003年的“非典”疫情对经济运行造成了巨大冲击，疫后对房地产业发展的支持成为恢复经济的重要手段。最近十几年来，我国房地产政策的一个明显特征是，经济下行时放松调控以拉动经济，房价上涨过快时则加强调控平抑上涨，政策始终在两者间反复和摇摆。但2020年我国房地产业的发展阶段已经与17年前完全不同，不应再在房地产政策方面左右摇摆，这不利于我国的经济长期健康发展和平稳运行。

如果这次我们能够保持定力，以强有力的措施坚持既定的政策方针，除了应有和合理的政策措施而不再予以房地产业额外的支持，就可以基本打消长期以来形成的政策预期，以实际行动确保政策的连续性和稳定性，这也是构建并验证我国房地产市场调控长效机制的一次尝试。

九、合理发挥房地产投资稳定经济的作用

预计2020年投资对我国经济增长的贡献率会达到30%，而房地

产投资在我国固定资产投资中的占比约20%，如果再考虑房地产消费和对其他产业的带动作用，稳定房地产市场就能在较大程度上稳定经济增长。从短期看，房地产企业面临着销售断崖式下降和严监管政策双重资金压力，这次疫情的冲击可能使房地产企业资金更为紧张。需要让房地产企业享受与其他行业同等的融资政策，一是可以缓解房地产企业的压力，稳住房地产就业与投资，二是可以鼓励房地产企业继续开工，扩大住房供给，真正实现供需相结合的调控手段，保持房地产价格的平稳。

十、避免房地产企业大量倒闭冲击整个房地产业

由于房地产业的高负债率特征，如果不对房地产企业提供必要支持，可能引起不少企业倒闭，从而导致失业和项目烂尾，冲击社会稳定。大量中小房地产企业倒闭还将进一步加剧行业集中度，行业头部企业的话语权提升可能增加未来房地产业调控的难度。因此要给予房地产企业在融资、税费减免等方面享受与其他企业相同的待遇。

第十一章　2019—2030年住房市场发展趋势预判

本章预判中国住房市场2019—2030年的发展趋势，主要包括对市场结构和市场总量的预测。由于对市场总量的预测需要用到市场结构的结果，因此本章将首先研究市场结构，而后预判市场总量。

第一节　2019—2030年住房市场结构预判

一、对中国未来宏观经济变量的趋势预测

正如第一章的研究结果表明的，中国房地产业的发展与宏观经济和人口变量息息相关，例如城镇化率、城镇居民收入水平、劳动年龄人口比重和家庭规模。对比同一发展时期的美国和日本，我们同样可以发现这些指标的重要指示意义，美国1930—1960年的城镇化率为56.1%～69.9%，日本1962—1970年的城镇化率为56.1%～72%，[①] 中国2019年的城镇化水平为60.6%，可以预见美日这两个时间段的城镇化发展将与中国未来一段时间的城镇化发展阶段相类似。通过研究美日该阶段的数据可以发现，美日的住房结构、总量等指标与上文所述四个指标密切相关，这为本书采用这四个指标研究未来10年中国住房市场提供了国际比较证据。

为了研究2019—2030年中国的住房市场规模，需要预测这些变量。

① 数据来自Wind数据库。

后两者为人口变量，已经在第一章的中国人口相关内容中进行过预测。而前两者为本节需要预测的宏观经济变量。

（一）城镇化率预测

根据美国城市地理学家诺瑟姆 1975 年对世界各国城市化进程的总结，[①] 他认为城市化水平在时间轴上会呈现“S 形”，即图 11.1 的左图。总体看，城镇化可以被分为三个阶段：初期阶段，城镇化速度较为缓慢，总体城镇化水平在 30% 以下。中期阶段，城镇化速度开始加快，在很短的时间内就可以达到 70% 左右。这一阶段可以进一步细分为两个阶段，在图 11.1 时间轴 t_m 之前，城镇化是加速的，到 t_m 达到最高增速；到了时间轴 t_m 之后，城镇化仍然保持较高速度，但是开始减速，这就是图 11.1 右图展示的情况。后期阶段，城镇化开始放缓，城镇化率长期维持一定水平不再变化。

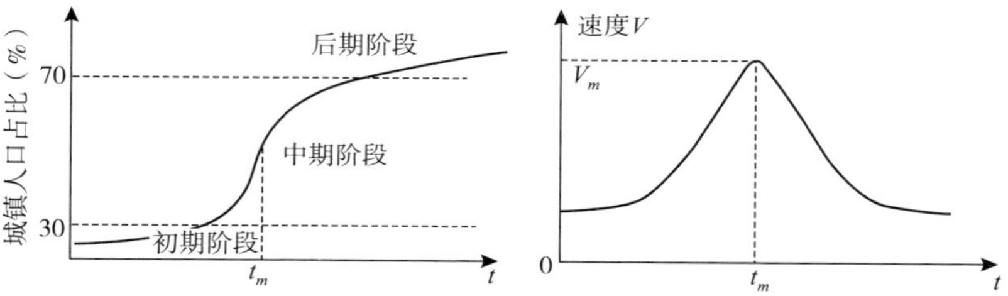

图 11.1　城镇化率与城镇化速度发展规律

鉴于城镇化发展的特征，预测城镇化最常见的方法就是 Logistic 模型，具体预测方程如下：

$$urbanization_t = \frac{a}{1 + k_1 e^{k_2 t}} + \varepsilon_t \tag{11.1}$$

我们可以将（11.1）式线性化后做最小二乘处理获得 a、k_1 和 k_2

① Northam, Ray M. Urban Geography [J]. Routledge, 1979, 23 (2): 430-444.

的估计值。本书利用 1989—2018 年的中国城镇化数据对（11.1）式进行了估计，估计结果为 $a=104$、$k_1=3.284$、$k_2=-0.05195$。经过处理，可以得到我国 2019—2030 年城镇化率。从表 11.1 可以看出，到 2030 年我国的城镇化率预计将达到 74.81%，每年城镇化增速将从 2017 年的 1.17% 下降到 2030 年的 1.10%，而我国城镇化增速的顶峰是 2010 年的 1.61%，这表明我国已经进入快速城镇化时期的后半段，我国的城镇化增速开始放缓，未来我国将逐渐进入城镇化的后期阶段。

表 11.1　我国城镇化率预测值

年份	预测值（%）	年份	预测值（%）	年份	预测值（%）
2019	61.50	2023	66.60	2027	71.42
2020	62.80	2024	67.84	2028	72.57
2021	64.08	2025	69.06	2029	73.70
2022	65.35	2026	70.25	2030	74.81

（二）城镇居民可支配收入预测

本书采用了线性预测法和灰色模型（grey models）两种方法。前者以选定年份的平均发展速度预测未来的增长速度，进而预测未来的收入水平；后者通过少量的不完全信息，建立灰色微分预测模型，对事物发展规律做模糊的长期描述。借助这两种方法，本书以 2009—2018 年的数据作为训练集，预测了 2019—2030 年中国城镇居民的可支配收入增速。通过增速换算成居民可支配收入，以他们的均值作为 2019—2030 年的收入预测值，具体预测结果见表 11.2。

从表 11.2 可以看出，我国未来的城镇居民收入还将持续增长，但增速不断下滑，这一情况与我国近年来的经济发展形势吻合。到 2030 年，我国人均居民收入水平大概会达到 89 474 元左右。

表 11.2　我国城镇居民可支配收入预测值

年份	线性预测		灰色模型		收入水平预测值
	增速（%）	收入水平（元）	增速（%）	收入水平（元）	
2019	7.75	42 292.40	7.56	42 218.47	42 255.44
2020	7.66	45 529.93	7.60	45 425.31	45 477.62
2021	7.56	48 972.49	7.50	48 832.98	48 902.73
2022	7.47	52 629.30	7.23	52 361.99	52 495.64
2023	7.37	56 509.68	7.17	56 114.30	56 311.99
2024	7.28	60 623.04	7.07	60 081.92	60 352.48
2025	7.19	64 978.80	6.90	64 230.09	64 604.45
2026	7.09	69 586.44	6.78	68 582.45	69 084.45
2027	7.00	74 455.38	6.69	73 168.91	73 812.14
2028	6.90	79 594.99	6.55	77 963.59	78 779.29
2029	6.81	85 014.55	6.43	82 976.65	83 995.60
2030	6.71	90 723.19	6.33	88 225.67	89 474.43

二、中国住房市场的结构变化与影响因素的量化分析

从第一章的分析可知，我国的新旧房成交面积比与城镇化、收入水平、土地供给和人口年龄结构都存在相关关系。为了定量分析新旧房成交面积比与这些变量的关系并利用这一结果预测中国未来的新旧房成交面积比，本书将首先利用新旧房成交面积比对影响因素进行回归。回归方程式如下：

$$newoldratio = \alpha + \beta_1 urbanization + \beta_2 income\_urban + \mu_t + \varepsilon_i \quad (11.2)$$

（11.2）式中 *newoldratio* 为新旧房成交面积比，α 为横截项，*urbanization* 为城镇化率，*income_urban* 为城镇居民可支配收入水平。考虑到同一年份的新旧房成交面积比可能受到同一因素影响，本书控制了年份固定效应 μ_t，同时出于未来预测考虑，也估计了不控制年份固定效

应的估计结果。同时本书还分别用来自中指的新旧房成交面积比和成交套数比衡量 *newoldratio*，得到的结果如表 11. 3。

从表 11. 3 中可以看出，城镇化率和城镇居民的可支配收入对我国的新旧房成交面积比都有明显的负向影响，也就是说当一地城镇化率提高且城镇居民可支配收入不断提高之后，当地的新旧房成交面积比也会持续下降，这与我们观测到的现象一致。这一趋势在去除时间固定效应之后更加明显。

对于住房交易的面积结构我们可以用类似的方式分析，由于面积结构是省级数据，数据可得性较好，本书将影响面积结构的四个变量均加以考虑：

$$str\_squ_j = \alpha + \beta_1 urbanization + \beta_2 income\_urban + \beta_3 str\_15\_64 + \beta_4 averagescale + \mu_t + \varepsilon_i \quad (11.3)$$

（11. 3）式中 *str_squ* 为不同面积住房的成交面积比，$j=1$ 代表 90 平方米以下的住房比重，$j=2$ 代表 90 ~ 144 平方米住房比重，$j=3$ 代表 144 平方米以上住房比重，*str_15_64* 为 15—64 岁人口比重，*averagescale* 为常住人口家庭规模。其余变量与（11. 1）式相同，同样考虑了控制和不控制时间固定效应两种情况，得到的结果如表 11. 4。

从表 11. 4 可以看出，90 平方米以下住房和 144 平方米以上住房所占成交面积比对可支配收入、城镇化率和家庭规模的影响都是相反的，这与第一章的理论预测是一致的，这表明前文分析的各种影响因素是可信的。而对于劳动力人口结构，不同的估计结果都表明劳动力人口越多，90 平方米以下的住房和 144 平方米以上的住房交易面积比重越高，而 90 ~ 144 平方米的住房交易面积比会下降，这表明这一结果是稳健的。

表 11. 4 的结果解释了我国住房成交面积结构与相关因素之间的关系，但是如果用来预测却面临一定的问题。首先，年份的固定效应无法预测，因此表 11. 4 中（1)—(3）列的结果不能用来预测。其次，从单一

表 11.3　我国城市新旧房交易比的影响因素

	新旧房成交面积比	新旧房成交套数比	新旧房成交面积比（中指）	新旧房成交套数比（中指）	新旧房成交面积比	新旧房成交套数比	新旧房成交面积比（中指）	新旧房成交套数比（中指）
城镇化率	-0.045 3***	-0.012	-0.029 0***	-0.022 1***	-0.041 8***	-0.020 1**	-0.035 9***	-0.034 5***
	(0.008 74)	(0.008 37)	(0.006 06)	(0.005 86)	(0.007 59)	(0.007 96)	(0.006 10)	(0.006 19)
城镇居民可支配收入（$*10^{-3}$）	-0.019 1*	-0.058***	-0.055 6***	-0.074 5***	-0.026 5***	-0.035 2***	-0.032 4***	-0.031 5***
	(0.011 5)	(0.013 2)	(0.009 9)	(0.009 42)	(0.007 06)	(0.009 06)	(0.006 21)	(0.005 28)
时间固定效应	控制	控制	控制	控制	不控制	不控制	不控制	不控制
观测值	157	107	186	188	157	107	186	188
调整的可决系数	0.448	0.373	0.413	0.418	0.426	0.351	0.354	0.339

注：括号内为标准差，* 表示显著性水平为 10%，** 表示显著性水平为 5%，*** 表示显著性水平为 1%，下同。

表 11.4　我国城市住房交易面积结构的影响因素

	(1)	(2)	(3)	(4)	(5)	(6)	(7)	(8)	(9)	(10)	(11)	(12)
	$j=1$	$j=2$	$j=3$	$j=1$	$j=2$	$j=3$	$j=1$	$j=2$	$j=3$	$j=1$	$j=2$	$j=3$
城镇化率	0.208	0.172	−0.380***	0.184	0.157	−0.341***	0.691***	−0.563***	−0.127**			
	(0.146)	(0.142)	(0.074 1)	(0.145)	(0.163)	(0.081 7)	(0.096 9)	(0.123)	(0.061 6)			
城镇居民可支配	−0.583***	−0.300	0.883***	−0.358**	−0.198	0.556***	−0.667***	0.293	0.374***			
收入（$*10^{-3}$）	(0.193)	(0.188)	(0.103)	(0.158)	(0.179)	(0.081 2)	(0.164)	(0.188)	(0.076 5)			
劳动力人口比重	1.463***	−2.385***	0.922***	1.270***	−2.474***	1.204***				1.474***	−2.29***	0.817***
	(0.360)	(0.350)	(0.153)	(0.344)	(0.375)	(0.188)				(0.315)	(0.293)	(0.154)
家庭规模	−7.819**	2.334	5.486***	−6.794*	2.588	4.206**				−6.794*	1.505	5.289**
	(3.577)	(3.482)	(1.669)	(3.481)	(4.627)	(1.961)				(3.618)	(4.000)	(2.106)
年份固定效应	控制	控制	控制	不控制	不控制	不控制	不控制	不控制	不控制	不控制	不控制	不控制
观测值	217	217	217	217	217	217	217	217	217	217	217	217
调整的可决系数	0.262	0.334	0.416	0.264	0.348	0.274	0.198	0.168	0.100	0.252	0.349	0.101

因素的统计显著性水平看，（4）、（5）、（8）和（11）列不宜用来预测。最后从变量的解释程度，即可决系数的大小看，本书将利用第（10）列和第（12）列预测 90 平方米以下和 144 平方米以上住房的占比，进而获得未来中国住房市场面积结构的变化。

三、 中国住房成交结构预测

根据（11. 1）式和（11. 2）式以及前文对人口变量和经济变量的预测，本书预测了中国未来住房成交的新旧结构和面积结构，对中国 2019—2030 年的新旧房成交面积比的相关预测结果见图 11. 2 和表 11. 5。

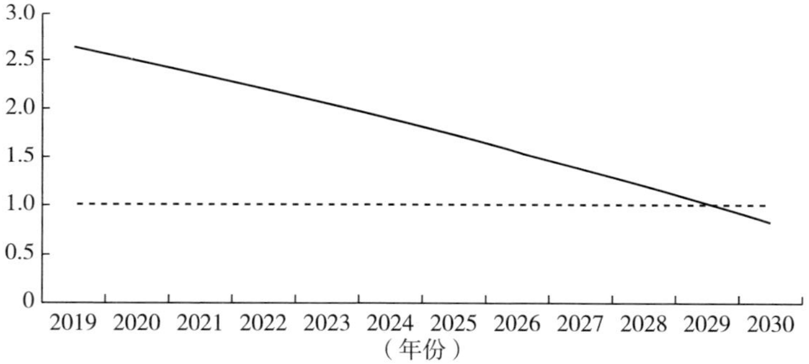

图 11. 2　中国新旧房成交面积比预测图

注：虚线表示新旧房成交面积比为 1。

表 11. 5　中国新旧房成交面积比预测值表

年份	城镇化率（%）	可支配收入（元）	新旧房成交面积比	年份	城镇化率（%）	可支配收入（元）	新旧房成交面积比
2019	61. 50	42 255. 44	2. 62	2025	69. 06	64 604. 45	1. 71
2020	62. 80	45 477. 62	2. 48	2026	70. 25	69 084. 45	1. 54
2021	64. 08	48 902. 73	2. 33	2027	71. 42	73 812. 14	1. 37
2022	65. 35	52 495. 64	2. 18	2028	72. 57	78 779. 29	1. 19
2023	66. 60	56 311. 99	2. 03	2029	73. 70	83 995. 60	1. 00
2024	67. 84	60 352. 48	1. 87	2030	74. 81	89 474. 43	0. 81

从图 11.2 和表 11.5 可以发现，2019—2030 年中国的新旧住房成交面积比将不断下降，到 2030 年我国的新建住房成交量将首次低于二手房，前者大约为后者的 0.81，这是我国城镇化和经济发展的必然结果，也是人口形势发展的必然后果。我国房地产市场将真正进入存量市场阶段。

中国 2019—2030 年的新建住房成交面积结构的相关预测结果见图 11.3 和表 11.6。

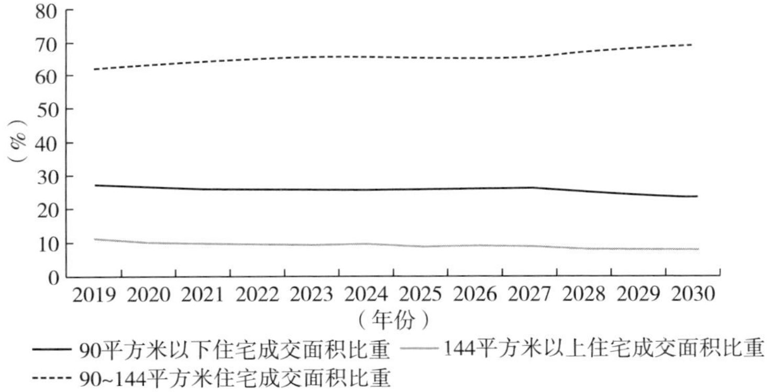

图 11.3　中国新建住房成交面积结构预测图

表 11.6　中国新建住房成交面积结构预测表

年份	劳动力人口比（%）	家庭户平均规模（人/户）	90 平方米以下住宅成交面积比	144 平方米以上住房成交面积比	90～144 平方米住房成交面积比
2018	71.04	2.80	27.24	11.32	61.45
2019	70.49	2.77	26.63	10.71	62.67
2020	69.99	2.74	26.10	10.14	63.76
2021	69.63	2.72	25.70	9.74	64.56
2022	69.22	2.70	25.23	9.30	65.46
2023	69.00	2.68	25.04	9.01	65.95
2024	69.06	2.66	25.27	8.96	65.77
2025	68.95	2.65	25.17	8.81	66.02
2026	69.21	2.63	25.69	8.92	65.39

（续表）

年份	劳动力人口比（%）	家庭户平均规模（人/户）	90 平方米以下住宅成交面积比	144 平方米以上住房成交面积比	90～144 平方米住房成交面积比
2027	68. 95	2. 62	25. 38	8. 66	65. 96
2028	68. 30	2. 61	24. 48	8. 07	67. 45
2029	67. 91	2. 60	23. 97	7. 70	68. 33
2030	67. 50	2. 59	23. 44	7. 31	69. 25

从图 11. 3 和表 11. 6 可以发现，2019—2030 年我国 90 平方米以下住房和 144 平方米以上住房的成交比重会不断下降，目前 90～144 平方米的住房已经是我国主力交易户型，其比重还会继续增加，到 2030 年达到 70% 左右，而 90 平方米以下的住房比重持续萎缩，这一事实表明随着人民群众对幸福生活的追求，我国的住房市场在未来十年将以改善为主。

正如第一章所说，中国住房交易结构的变化与我国的经济、社会、人口发展密切相关，由于我国经济社会、人口情况的快速发展与转变，我国房地产市场结构将发生重大变化。但从更长远的角度看，随着我国经济社会人口情况的基本稳定，我国的住房市场结构也可能会慢慢平稳，从现在到 2030 年的十几年将成为房地产业转型发展的重要窗口期。

第二节　2019—2030 年住房市场规模预判

一、 基于人口需求的住房市场规模预测

从长期看，我国住房需求主要包括城镇化过程中新增城镇人口的居住需求、城镇居民改善性需求和城镇存量住房的折旧拆迁需求。2019 年，我国常住人口城镇化率已经达到了 60. 6%，根据国务院发布的《国家人口发展规划（2016—2030 年）》，2030 年我国城镇化率预期发展目标为 70%，但按照过去 20 年城镇化率年均提高 1. 31% 的速度，2030 年应该可以实现 75% 左右的城镇化率（前文预测的结果为

74.81%），未来 12 年我国城镇人口将会增加 2.15 亿人（按 2018 年人口 13.95 亿人计算）。按照当前城镇居民人均住房建筑面积 39 平方米（根据国家统计局 2018 年数据）计算，未来新增城镇人口的住房需求为 83.85 亿平方米。城市住房折旧拆迁规模未来 12 年将达到 55.58 亿平方米（根据城镇人口与人均居住面积计算的存量面积按照 70 年折旧核算，但如果按照折旧期限 30 年核算，折旧拆迁规模为 129.69 亿平方米）。未来 12 年城镇住房总需求约为 139.43 亿平方米（按照 30 年折旧则为 213.54 亿平方米）。

同时，我国家庭结构也在发生变化。公安部公布的户籍家庭的户均人口数量呈现下降趋势，2017 年全国户均人数为 3.09 人，城市户均人数为 2.99 人，分别较 2007 年下降 6.71% 和 5.41%。户均人数下降的趋势在放缓。1987—2007 年，全国户均人数年均下降 1.06%，城市户均人数年均下降 0.91%，2008—2017 年，全国户均人数年均下降 0.67%，城市户均人数年均下降 0.54%。如果按照近 10 年的变化幅度计算，2030 年全国户均人数为 2.82 人，城市户均人数为 2.77 人。

根据 2030 年我国城镇化率预期发展目标为 75% 计算，未来新增 2.15 亿城镇人口，按照 2017 年的 2.99 人计算，新增户数为 7 191 万户，如果按照户均人数为 2.77 人计算，新增户数为 7 762 万户。家庭结构的变化会导致城市户数增加 571 万户。如果考虑到当前存量家庭户数的变化，2018 年城镇人口为 8.31 亿人，按照户均 2.99 人可以计算出家庭户数为 27 793 万户，当户均人数下降为 2.77 人后，家庭户数变为 30 000 万户，户数增加 2 207 万户。综合看，家庭结构的变化会导致家庭户数增加 2 778 万户。按照户均 100 平方米计算，又要增加 27.78 亿平方米的住房需求。这意味着 2019—2030 年，我国年均仍然需要增加 13.93 亿平方米的住房（如果折旧按 30 年计算，则为 20.11 亿平方米），而我国 2010—2015 年、2016—2018 年的年均新建住房成交量为 10.15 亿平方米和 14.34 亿平方米，即使按照最低限度估计，我国未来 12 年的住房年均交易量也只是低于房地产市场上升周期的 2016—2018 年，但是要高于

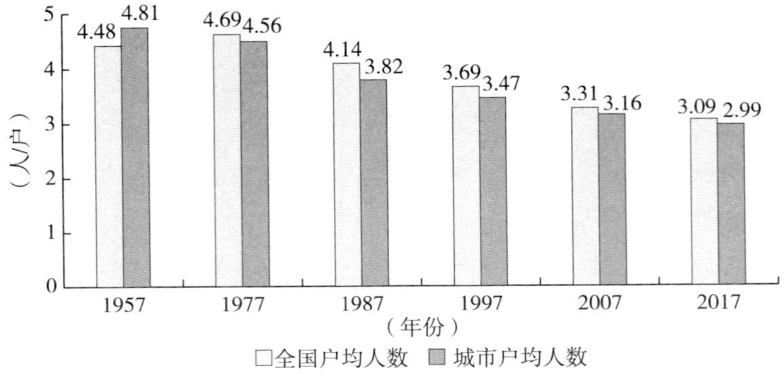

图 11.4 公安部公布的全国和城市户均人数变动情况

资料来源：Wind 数据库，同策研究院整理。

2010—2015 年。而且这还是在没有考虑住房面积改善下的结果，由于我国住房建筑面积都包括公摊面积，如果按 80% 的得房率计算，我国 2018 年的实际人均居住建筑面积仅为 31.2 平方米，而根据表 8.2，早在 2016 年，欧盟国家的人均住房面积就已经达到 38.42 平方米，如果考虑到住房改善的需求，我国未来的新房建设需求还会更大。

除了住房投资需求外，我国还有大量其他的房地产开发投资需求。我国人口城镇化的持续推进必然会带动城市商业需求的增加，同时，居民生活水平提升带动的消费升级同样会产生大量的商业需求，这些都需要持续的商业地产开发投资才能得到满足。而随着老龄化和居民消费升级的进一步发展，以养老地产和旅游地产为代表的产业地产同样会带来大量的住房需求。

二、 基于线性模型住房市场规模需求预测

从前文的分析可知，我国的住房成交面积比与城镇化、收入水平、土地供给和人口年龄结构都存在相关关系。为了定量分析成交面积与这些变量的关系并利用这一结果预测中国未来的住房成交面积，本书将利用成交面积对影响因素进行回归。住房成交面积的数据由新建住房成交

量除以新房占总成交量比重而得，根据本书的计算，我国自 1998 年以来的住房成交形势如图 11.5 所示。

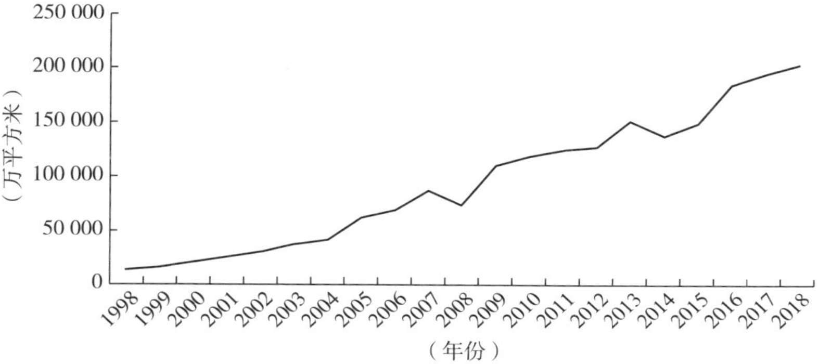

图 11.5　我国住房成交量变化图

资料来源：Wind 数据库。

由于本书能获得的只有 1998—2019 年 21 年的全国时间序列成交量数据，数据量远小于成交结构预测时使用的面板数据，从统计学角度考虑，在不丧失主要影响因素并考虑经济学含义的情况下，采用了如下回归方程式：

$$scale_t = \alpha + \beta_1 urbanization_t + \beta_2 deltapopu_t + \varepsilon_t \tag{11.4}$$

$scale_t$ 为历年住房总成交量，$urbanization_t$ 为历年城镇化率，$deltapopu_t$ 为历年新增城镇人口。（11.4）式通过了协整检验，相应变量估计结果为 $\alpha = -314\ 525.1$、$\beta_1 = 7\ 690.817$、$\beta_2 = 22.089\ 11$。

所有估计结果均在 1% 水平下显著，F 统计值为 244.45，显著性水平同样为 1%。这一结果表明，城镇化率每提高 1 个百分点，住房成交量增加 7 690.8 万平方米；而新增常住人口每增加 1 万人，住房成交量增加 22.089 万平方米。

根据（11.4）式和前文计算的结果，本书预测了 2019—2030 年中国的住房成交量和新建住房成交量结果，图 11.6 展示了这一结果。

从图中可以看出，我国的住房成交量还将持续增加，但是新房成交

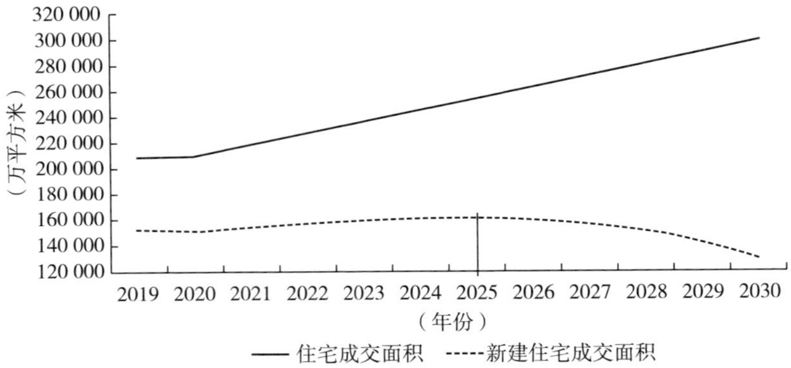

图 11.6　我国住房成交量预测图

量将会在 2025 年达到顶峰，约为 16.02 亿平方米，2019—2030 年新建住房年均成交量为 15.22 亿平方米，恰好位于前文估计的 13.93 亿～20.11 亿平方米。[①]

不同的预测结果都表明我国目前新建住房市场尚未到达顶峰，在城镇化、经济发展及人口等因素的推动下，我国住房市场在未来数年内尚有进一步发展的空间。但随着我国房地产市场结构的根本性变化，我国也将在未来 10 年内迎来房地产增量市场最后的窗口期，住房市场将发生巨大变化。

① 2019 年我国商品住房实际成交面积为 150 144 万平方米，与本书预测的 151 540.7 万平方米相差 0.92%。

第十二章　房地产业的产业地位重塑

经济发展一直是经济学关注的热点问题，也是经济增长的重要目的所在。房地产业作为国民经济的支柱产业，在经济发展中至关重要。正确认识房地产业在经济发展中的地位和作用，理顺房地产业在经济发展中的长期作用，及时推动房地产业转型并加快经济发展本身的转型发展将是本章的研究重点。

第一节　经济发展模式分析

一、其他国家经济发展路径的经验回顾

自18世纪60年代英国工业革命开始，人类的经济发展第一次跳出“马尔萨斯人口陷阱”，经济增长开始摆脱低水平循环，成为人类物质生活不断丰富，精神生活不断升级的动力来源。

进入20世纪之后，人类发展步伐加快，但是不同国家的发展结果大相径庭：阿根廷经济发展水平曾处于世界前列，20世纪初人均收入与德国相当，[①] 但二战以来，阿根廷接连不断地发生政治和经济危机，到2018年人均GDP位于世界第66位，长期在中等收入阶段徘徊；德国同样遭受多次战争破坏，还经历了国家分裂与重新统一等事件，但2018年德国人均GDP排名全球第16位，数值是阿根廷的

① 杨栋．破产的阿根廷货币局制度［J］．金融博览（财富），2016（3）：74－75.

4.56 倍。[①]

表 12.1 给出了不同组别的国家 1970—2018 年的人均 GDP 变化情况，从中我们可以明显看出不同国家的发展情况有显著的差异。这些国家经济发展数据的差异是不同经济发展路径的结果，认真梳理不同经济发展路径，认识导致不同结果的原因，对研究中国经济发展，进而探索房地产业未来在经济发展中的地位有重要作用。

表 12.1　1970—2018 年全球部分国家人均 GDP 变化情况　（单位：美元）

年份	G7	拉丁美洲与加勒比海地区	撒哈拉以南非洲地区	东亚与太平洋地区	中国
1970	3 064.17	612.08	221.25	315.67	113.16
1975	5 895.47	1 215.70	408.58	647.00	178.34
1980	10 925.37	2 161.97	709.17	1 162.52	194.80
1985	11 387.15	1 915.85	594.86	1 398.90	294.46
1990	22 080.33	2 665.29	661.39	2 597.05	317.88
1995	27 855.13	3 981.40	610.58	4 270.98	609.66
2000	27 597.00	4 389.80	596.41	4 044.32	959.37
2005	37 259.79	5 134.45	1 007.49	4 830.35	1 753.42
2010	42 539.70	9 058.33	1 576.18	7 673.74	4 550.45
2011	45 820.17	10 184.85	1 738.48	8 836.85	5 618.13
2012	44 931.73	10 177.56	1 782.41	9 392.90	6 316.92
2013	44 785.51	10 316.49	1 844.58	9 433.15	7 050.65
2014	45 356.24	10 405.48	1 885.51	9 647.93	7 651.37
2015	41 067.67	8 856.93	1 669.09	9 526.58	8 033.39
2016	41 393.57	8 561.88	1 511.18	9 766.12	8 078.79
2017	42 682.47	9 397.62	1 598.97	10 332.83	8 759.04
2018	44 931.62	9 023.50	1 573.94	11 132.23	9 770.85

资料来源：世界银行。

① 数据来自 IMF。

（一）资本积累是促进经济发展的重要原因

根据宏观经济学理论，一国的 GDP 是由消费、投资、净出口和政府支出构成的，在一个封闭的经济体中，消费和投资构成了经济的主体。长期经济增长必须通过不断投资来实现再生产才能得以持续，但是经济增长所需的投资与消费一起构成了当期 GDP，投资越多意味着消费越少。如果无限制地消费，就没有足够的资源进行再生产。因此，世界上不同国家的资本积累率也与经济增长有着比较明显的对应关系。与之相对的是，如果对消费压制过度，就会导致民众福利受损，享受不到经济增长带来的福利，经济增长失去了本来的意义。事实上根据经典的索洛模型和拉姆齐模型，经济体都应该存在一个最优的投资率，从而实现消费与投资的协调发展。

图 12.1 给出了四组不同国家和中国的资本形成额占 GDP 的比重，从中可以看出经历了经济发展灾难的撒哈拉以南非洲较长时间都是最低的，陷入“中等收入陷阱”[①] 的拉美地区资本形成额的比重是次低的。这两个地区生产的资源大多数没有用于扩大再生产。而 G7 国家（七国集团）的资本形成额占比略高，总体呈下降趋势。在过去 50 年取得经济发展奇迹的东亚地区有着较前几者高得多的资本形成比例。中国则有着最高的资本形成比例，创造了大型经济体连续 40 年高速经济增长的奇迹。

尽管高积累可以带来高增长，G7 国家却有着相较于东亚和中国低得多的积累率，但 G7 国家的发展十分成功。这说明尽管像拉美这样过低的积累率可能导致经济增长失败，但发达国家并不是单纯依靠超高积

---

① 印德尔米特·吉尔，霍米·卡拉斯．东亚复兴：关于经济增长的观点［M］．黄志强译．中信出版社，2008．该书首次提出并使用了“中等收入陷阱”这一概念，系指使各经济体赖以从低收入经济体成长为中等收入经济体的战略，对于它们向高收入经济体攀升是不能重复使用的，进一步的经济增长被原有的增长机制锁定，人均国民总收入难以突破 10 000美元上限，一国很容易进入经济增长阶段的停滞徘徊期。

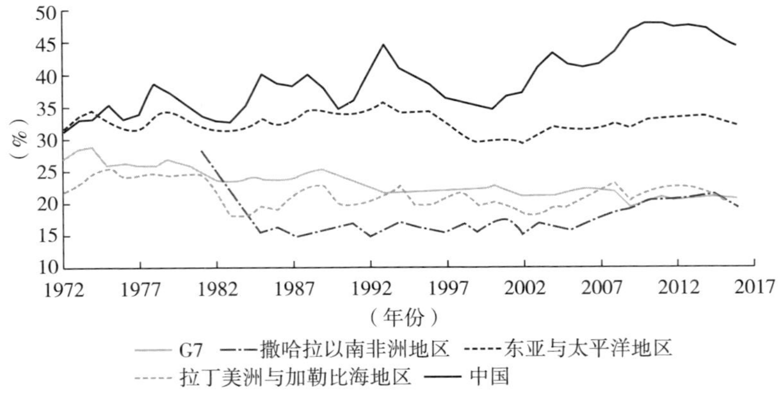

图 12.1　1972—2017 年不同类别国家资本形成额占 GDP 比重

资料来源：世界银行。

累推动经济增长的。而且 G7 国家的资本积累率也已经从 20 世纪 70 年代的 25% 以上下降到了目前的 20% 左右，这并没有带来这些国家的经济崩溃与增长停滞。从理论上看，过高的积累意味着较低的消费，生产出来的产品如果无法通过消费化解，生产循环必然被阻断，经济增长也无以为继。东亚由于主动融入全球化进程，通过外需解决了经济循环问题，但是近年来中国的巨大产能使这一循环也开始变得不畅。从这些方面看，单纯从资本积累看待经济增长并不全面。

（二）经济增长的原动力来自技术进步

除了资本积累，经济增长的另一个源泉就是技术进步。对技术进步的衡量，主要是全要素生产率（TFP），这一指标的含义是指所有要素投入量都不变时，生产量仍能增加的部分。利用全要素生产率分析经济增长比较著名的案例就是诺贝尔经济学奖得主克鲁格曼，① 他在 20 世纪 90 年代指出，东亚新兴经济体都是依靠要素投入而非技术进步取得了经济发展成就，其依据就是东亚国家的全要素生产率几乎没有提高。

① Krugman P. The Myth of Asia's Miracle [J]. Foreign Affairs, 1994, 73 (6): 62-78.

据此，他认为亚洲新兴经济体将会遭遇危机，他正是由于成功预测了1997 年亚洲金融危机而声名鹊起。

图 12.2 给出了 G7 国家、亚洲四小龙、坦桑尼亚、阿根廷和中国的 TFP 变化情况，从中可以看出 G7 国家 TFP 总体呈上升趋势，这使它们在总体投资率下降的情况下也可以获得不断上升的人均国民产出；阿根廷是典型的拉美国家，其在 20 世纪 90 年代之前 TFP 增长长期停滞，加上低下的投资率水平，使阿根廷长期无法摆脱中等收入陷阱；坦桑尼亚则是撒哈拉以南非洲发展的代表，长期的 TFP 不升反降，结合低下的投资率，经济发展陷入灾难性境地；亚洲四小龙则经历了长期的 TFP 增长，取得了经济增长奇迹；而中国在 21 世纪前也面临着 TFP 无法增长的窘迫境地，但是较高的投资率使中国得以快速扩大再生产，从而实现经济的快速增长。

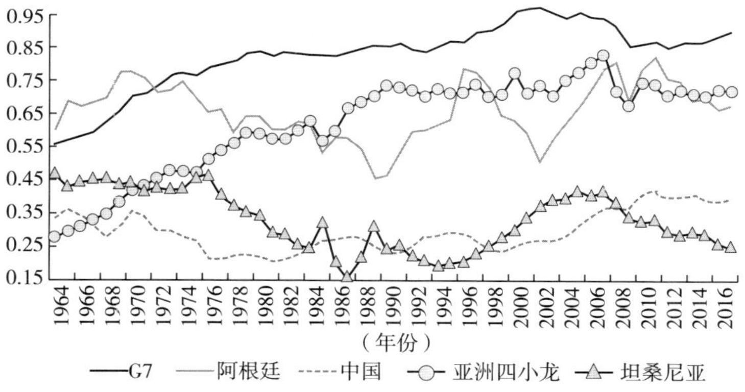

图 12.2　1964—2017 年不同国家资本 TFP 变化图

注：以 2011 年美国 TFP 为基期，根据各国购买力平价 GDP 进行计算。
资料来源：Penn World Tables。

（三）不同增长路径的原因

从上述分析可以看出，尽管 G7 国家没有超高的投资率，但是依靠自身的技术进步，依然实现了经济增长，目前仍然是全球最发达的经济体。而以阿根廷为代表的拉美国家没能实现 TFP 的快速增长，也没有较高的投资率，尽管跨过中等收入门槛却长期处于中等收入陷阱。撒哈拉以南非洲则完全陷入发展灾难，连中等收入门槛都无法跨过。东亚国家尤其是亚洲四小龙已经取得巨大的经济成功，成为新兴高收入国家。结合不同国家的经济增长路径和各国情况的分析，可以挖掘出经济发展的更深层原因。

第一，在经济发展的起飞阶段，资本积累有着重要作用，但发展到一定阶段必须适时转轨，通过提升全要素生产率推动经济发展。对发展中国家而言，经济发展起步时都是劳动力资源存量远大于资本存量，大量劳动力不与现代工业资本相匹配根本就无法形成生产力。因此，在经济起飞阶段必须积累实物资本，并且由于劳动力相对于实物资本严重过剩的情况还会使劳动力价格无法上涨，长期维持在较低水平。20 世纪 70 年代，东亚的人均 GDP 是撒哈拉以南非洲的 1. 43 倍，是拉美的 0. 5 倍左右。但是到了 2017 年，东亚已经赶上拉美，是撒哈拉以南非洲的 7 倍左右，高速的资本积累为经济发展提供了强大动力。

但是随着经济发展，实物资本会不断积累，劳动力资源相对于实物资本过剩的情况不会永远持续下去，一旦到达实物资本与劳动力相互匹配的临界点，劳动力就会开始显得不足，劳动力成本就会上升，这就是所谓的“刘易斯拐点”。到达“刘易斯拐点”之后，实物资本就无法再与低廉的劳动力结合而产生更大的生产能力，因为扩大生产规模必然要求投入更多的资本和劳动，“刘易斯拐点”前，扩大生产可以主要通过扩大劳动力的规模实现，用劳动代替资本，同时不断积累资本；而在“刘易斯拐点”后，参与现代部门生产的劳动力规模的扩大则意味着劳动力成本的快速上升，这会抵消扩大生产带来的收益，这时需要用资本代替劳动。“刘易斯拐点”前的生产技术含量是相对低下的，用劳动就可以替代资本；“刘易斯拐点”后不仅是简单地用资本替代劳动，还需要技术升级，因为用资本替代劳动需要用科技来实现，这时技术或者以资本形式固化的技术就会成为经济增长的最主要推动力。20 世纪 50 年代，拉美有着相对较高的发展起点和略低于 G7 的资本积累率，但只取得了很差的经济增长表现，一个重要原因就是 TFP 增长过慢，没能延续快速发展势头。

第二，贫富差距是导致拉美积累率过低的重要原因。依靠高积累发展经济已经被东亚的发展历史证明是一条可以采用的成功路径，但这种模式只在东亚被采用是一个令人深思的问题。从拉美与东亚的差别看，东亚文化本身偏爱积蓄的特点是原因之一，而贫富差距过大则是拉美无法采用此模式的另一个重要原因。由于贫富差距过大，拉美国家内部矛盾尖锐，民粹主义盛行，无论是 20 世纪 80 年代的军政府独裁统治时期还是后来的民主化时期，政府都不得不将大量资源投入社会福利以稳定社会：1980 年拉美国家的社会支出占 GDP 比重已经达到 5% 左右且有 3 个国家超过 10%，到 20 世纪 90 年代社会支出从占 GDP 的 10% 不断上升到 2000 年左右的 13.8%。[①] 这造成大量资源被用于消费而非积累，经济发展速度下降，至今仍深陷“中等收入陷阱”无法自拔。

第三，社会财富分配方式会严重影响人力资本积累。人力资本是由美国经济学家舒尔茨在 20 世纪 50 年代末提出的，是人们拥有的技能与生产性知识的存量。[②] 人力资本对经济增长有重要的长期效应，赵曙明和陈天渔[③]研究总结了 20 世纪六七十年代不同国家的经济增长经验，发现注重人力资本积累战略的国家和地区，实际人均国民生产总值平均增长率为 4.68%，而实施物质资本积累战略的国家则为 3.86%，并且进入 20 世纪 80 年代以后，两者差距进一步扩大。人力资本积累最终会

---

① 樊纲，张晓晶．“福利赶超”与“增长陷阱”：拉美的教训［J］．管理世界，2008（9）：12－24，187.

② 约翰·伊特韦尔，皮特·纽曼，默里·米尔盖特，等．新帕尔格雷夫经济学大辞典［M］．经济科学出版社，1996.

③ 赵曙明，陈天渔．经济增长方式转型与人力资本投资［J］．江苏社会科学，1998（1）：43－48.

提高TFP水平，从而实现经济的长期增长。而拉美的人力资本积累明显受到社会财富分配方式的影响。

分配方式对人力资本积累的影响主要体现在如下几个方面：首先，劳动收益过低会抑制人力资本所有者对人力资本的投资意愿，造成生产率水平低下。其次，资本或土地收益过高会影响社会风气，形成全社会都希望不劳而获的歪风邪气，降低人力资本积累。再次，过高的非劳动收入必然会侵蚀劳动收入份额，降低消费，最终影响人力资本形成。而这些都会影响全社会TFP的提高，最终降低经济的长期增长潜力。最后，许多需要自我投资的人力资本培育项目会受到收入分配的严重影响。以拉美国家为例，由于教育投资不足和教育资源分配不均衡，不同收入组人群的中等教育完成率存在巨大差异，2008年时20～24岁20%收入最低人群的中等教育完成率比最高收入组低60%。[①]

从直接因素看，生产要素积累和TFP变化基本能解释长期经济增长的大部分。在此基础上我们将探讨当前中国所处的经济发展阶段。

二、中国经济发展阶段分析

（一）资本积累仍是驱动我国经济发展的主要动力

从索洛增长模型的框架看，我国在经济发展初期面临的情况是劳动要素的极大丰富，但是资本要素和技术要素极度稀缺。对资本积累的高度需求可以通过提高投资和抑制消费满足，而抑制消费造成的内需不足则通过出口替代。同时，出口获得的外汇可以购买国外先进的技术和设备，从而可以提高技术要素的积累。通过这种途径，经济可以通过大量资本积聚的方式在短期实现高速增长，又可以通过不断引进技术使高速

① 陆万军．收入分配对经济增长的影响机理与传导机制［J］．经济学家，2012（5）：36－43.

发展得以长期持续。这种发展模式与“刘易斯拐点”理论高度吻合，在劳动力相对过剩的时期，通过资本积累推动经济增长是更为有效的方式。

因为这种经济增长模式需要对居民消费进行一定程度的抑制，所以需要政府采取强有力的手段干预产出分配，使之向投资端倾斜，以扩大再生产。在计划经济时代，政府可以通过行政命令直接干预经济的生产和分配。在进入市场经济以后，政府对经济的干预主要通过宏观调控、产业政策、分配政策等手段进行。这种投资主导的发展模式可以从 GDP 的支出上反映。

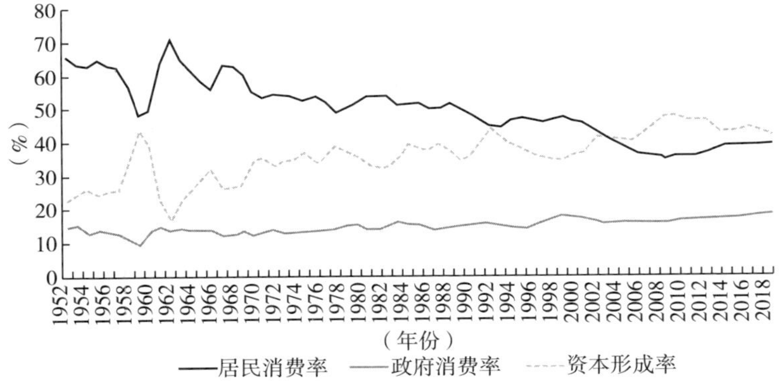

图 12.3 1952—2019 年 GDP 支出分配比例变化

资料来源：国家统计局。

从图 12.3 可以看出，以支出法统计的 GDP 的分配情况。1952—2019 年的数据显示资本形成在产品分配中的比重呈现整体上升趋势。资本形成在 GDP 中的比例从 20 世纪 50 年代的 25% 左右上升到 2010 年的将近 50%，2018 年仍然占 43.96%。相应地，资本积累的增加意味着对居民消费的挤占。居民消费率从 20 世纪 50 年代的 65% 左右下降到 2010 年的 35%，2019 年也不过 39% 左右。资本积累一直是我国经济增长的核心途径。

我国经济的追赶式增长能够持续，得益于较高的外贸依存度。一方面，由于内部需求被长期压抑，产品无法在国内充分被消化，需要依靠外部市场。另一方面，国内技术水平的提升依靠技术进口。一旦外部市场疲软，产品无法被消化，国内生产就存在产能过剩的风险。而一旦技术引进受限，为了追求经济增速而不断增长的国内投资只能在同一技术水平下重复建设，也会带来产能过剩的问题。

从我国经济发展的历程看，对国外市场的依赖使国外经济危机对国内经济增长造成较大的消极影响。1998 年以后，我国确立了以内需为主导的发展道路，经济增长模式开始逐步摆脱对外部的过度依赖。然而，由于分配长期向投资倾斜导致内部消费需求不足，无法在短期内拉动经济增长，所以在以经济增长为核心目标的引导下，依然保持以投资拉动为主要方式。而且经济增长对投资拉动的依赖日益增强。我国固定资产投资增速的变化可以反映这一现象。

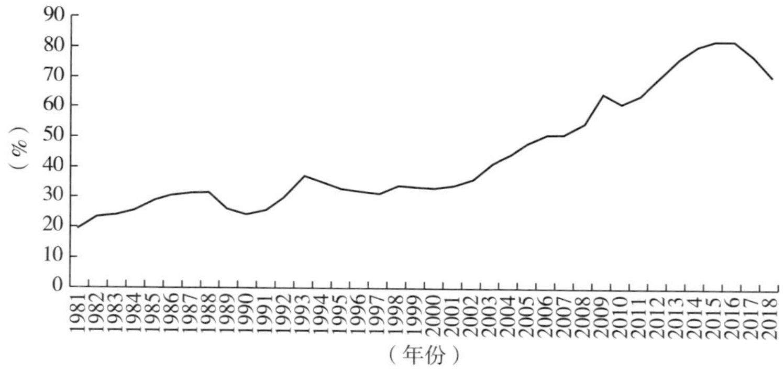

图 12.4　1981—2018 年固定资产投资与 GDP 的比例变化

注：由于 2018 年和 2019 年固定资产投资口径不再一致，不再将 2019 年数据列出。
资料来源：国家统计局。

从图 12.4 可以看出，1981—2018 年，我国固定资产投资规模持续上升。固定资产投资与 GDP 的比例从 1981 年的 19.86% 上升到 2018 年的 71.72%，其中 2015 年达到最高值 81.56%。从该比值的变化趋势看，2000 年以后，固定资产投资增速明显提高。1981—1999 年，固定资产投资与 GDP 的比例平均每年增长 0.69 个百分点，而 2000—2018 年，该比例平均每年增长 2.08 个百分点。这说明 1998 年亚洲金融危机以后，由于经济重心转向内需，经济增长对投资需求的依赖迅速增强。

（二）中国目前已经跨过“刘易斯拐点”

尽管我国经济增长目前仍然主要依靠资本积累推进，但是种种迹象显示我国已经跨越了“刘易斯拐点”，继续依靠资本积累推进经济增长的效率会越来越低。

首先，从第一产业的表现看，在“刘易斯拐点”之前，大量人口被挤压在第一产业，劳动力的边际产出甚至为负，即投入更多的劳动力非但不能增加反而还会降低产出，随着劳动力不断被转移出第一产业，第一产业产出增加。从图 12.5 可以看出，改革开放以来，我国第一产业从业人数长期处于上升区间，直到 2004 年才开始正式进入下行区间；而第一产业增加值也是从 2004 年左右开始摆脱平稳增长甚至零增长态势，开始快速增长。第一产业产出持续增长，就业人数下降，说明我国已经迈过“刘易斯拐点”。

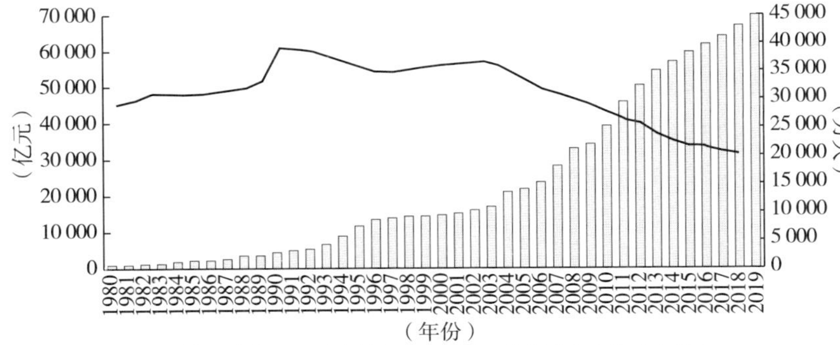

图 12.5　1980—2019 年第一产业就业人数与增加值变化图

资料来源：国研网统计数据库。

其次，根据“刘易斯拐点”的相关假定，在拐点到来之前，传统行业由于劳动力过剩，实际收入水平无法提高，长期处于较低水平；而在拐点之后，传统行业与现代行业都将面临劳动力短缺的局面，劳动的实际收入将与其边际产出相当，传统行业的收入将会提升。因此我们可以通过对传统部门劳动力年收入类别的分析，即农村居民人均纯收入分析，初步判断经济发展所处的阶段。从图 12.6 可以看出，农村居民人均纯收入、工资性收入和家庭经营性收入自 1985 年以来一直呈现上涨趋势，2013 年工资性收入占农民纯收入的比重已经达到 45.25%，农民已经开始主要依靠非传统行业获取收入，劳动力大规模从传统行业转移至现代行业，从各项收入的增长率看，工资性收入增长率除 2004 年以外，均大于家庭经营性收入增长比率。从这些情况可以判断，我国已经基本迈过“刘易斯拐点”。

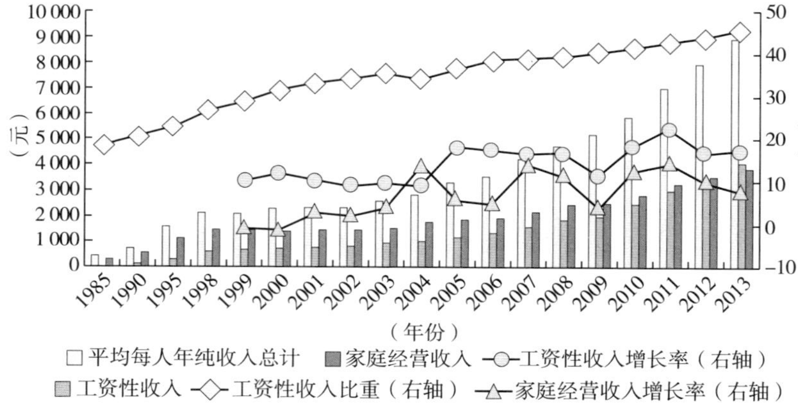

图 12.6　1985—2013 年全国农村居民人均纯收入及类别

注：自 2013 年起中国开始城乡一体化统计，不再区分农村和城市收入差别，故本数据到 2013 年为止。

资料来源：国研网统计数据库。

（三）房价上涨给中国经济带来了巨大挑战

自 1998 年房地产业市场化以来，我国经济发展取得了巨大进步，但是随着房地产业市场化而来的高房价已经成为我国经济发展的重要特征，深刻影响了我国以资本积累为主导的经济增长模式，并在我国已经迈过“刘易斯拐点”的情况下继续对生产要素价格推波助澜，构成我国经济发展的巨大挑战。

从第九章的研究结论看，我国的房价水平明显偏高。即使考虑房价收入比和租售比等指标，我国房价也明显高于国际平均水平。除了中国尚处于快速经济增长期之外，最根本的原因在于中国的住房投资属性过强和土地供给机制僵化。而中国独特的“土地财政”制度将房价与地方经济增长绑在一起，通过房价上涨拉动投资带动经济增长，成为刺激经济增长的特有手段。中国的高资本积累增长方式通过土地与房地产业捆绑，在我国劳动力要素价格已经开始大幅上涨的情况下，仍然是我国经济增长的最主要推动力。

但是，我们必须清醒地认识到，房价上涨已经给我国经济增长带来巨大隐患。高企的房价至少从以下几个方面影响中国经济增长。

（1）高房价推高工资。高房价推高工资主要通过两个途径，对有房者而言，高房价代表家庭财富增加，闲暇的相对价值提升，劳动者更加愿意休息而非工作，这会降低劳动力供给；对无房者而言，房价高涨提高了租房成本和生活成本，迫使劳动者搬离市中心，增加了通勤成本，还会增加有意愿购房者为买房而准备的储蓄。这都导致了劳动力要素成本的上升。

（2）高房价导致了产业结构失衡。由于房价导致的劳动力价格上涨，企业必然倾向于利用资本代替劳动力，资本密集型产业会快速发展。尽管我国劳动力形势已经发生巨大变化，但是我国 2019 年第一产业就业人数仍然高达 1.944 5 亿人，占就业人数比重高达 25.10%，大量过剩劳动力被蓄积在农村，劳动力的短缺只是相对而非绝对。过早的产业升级和资本深化会扭曲要素资源配置，拖累我国经济的整体竞争力。另一方面，高房价会增加房地产业的吸引力，导致资源从实体产业向房地产业和金融业流动，脱实向虚，导致我国产业的不健康发展。

（3）高房价会导致生产效率低下。首先，房价上涨带来的工资上涨效应是不对称的，高技术和高能力人员的工资上涨最为明显，这会降低企业使用高新技术的动力；其次，企业会更倾向于在低房价地区生产，但是高技术和高能力的人员更倾向于在高房价地区工作，企业为了匹配低房价地区人员的素质可能会被迫采用较低水平的技术，从而降低生产率；再次，企业研发活动的融资会遭遇房地产融资的挤出，尤其是房地产的短期收益较高时，投资周期往往较长的研发活动就显得更加没有吸引力。

从我国的发展情况看，我国仍然处于主要依靠要素积累推动经济发展的阶段，在数据上的表现就是超高的资本积累率。资本积累本身也是促进经济发展的方式之一，但是我国已经迈过“刘易斯拐点”的现实则要求资本积累必须与技术进步结合在一起，如果仍然走资本与劳动力简单结合的道路，在新的发展形势下必然会遭遇人力成本过高，出现“用工荒”的情况。而我国的现实是尽管有些资本本身也固化了一定的技术，但是这并不足以支撑中国经济的长期发展。我国 2001—2007 年的资本形成额占 GDP 比重显著低于 2008—2016 年，但前者的经济增长表现明显好于后者，一个重要原因就是 2001—2007 年中国的 TFP 增长迅速，而 2008 年之后则开始缓慢下降。高涨的房价成为这两者矛盾的重要结合点：一方面，高房价是房地产业拉动投资，进行资本积累，为城市基础设施提供资金的重要保障，是中国高资本积累增长方式的重要基础，是高积累增长发展方式的重要环节。但另一方面，高房价进一步加剧了由于跨越“刘易斯拐点”导致的劳动力要素成本高企问题，加剧了资本过分积累导致的产业结构失衡问题，加剧了资本简单重复积累而没有技术积累的问题。两者的矛盾越来越激烈，如何转变经济增长方式是我国面临的重大课题。

第二节　房地产业在不同经济增长模式中的作用

一、房地产业与实物资本积累

（一）房地产业的行业特点

任何产业都应该在经济增长中发挥自己的作用。但是在不同的经济发展路径中，特定产业的特点可能会被放大或加强，成为经济发展的重要支撑。在中国依靠高积累进行经济发展的路径上，房地产业因其与土地密切相关的特征而与这一发展路径捆绑在一起，成为实物资本积累的重要推手。房地产业本身在经济增长中就有重要作用，按照在经济中占比超过5%可以成为经济的支柱产业这一标准，房地产业在大多数国家都是支柱产业，对于经济发展有着重要影响。

表12.2　2000—2019年部分国家与地区房地产业占GDP比重　（单位:%）

年份	美国	日本	中国香港	英国	德国	泰国	马来西亚	越南
2000	10.70	11.25	13.63	14.65	10.80	7.41	4.39	—
2005	11.40	11.26	12.20	13.41	11.00	7.40	4.65	6.72
2010	11.90	11.98	11.59	12.21	11.40	6.37	3.94	6.10
2015	11.90	12.03	10.44	13.83	11.00	6.50	4.37	5.08
2016	12.10	12.10	10.50	14.01	10.80	6.27	4.49	5.08
2017	12.20	12.03	10.33	13.61	10.60	6.25	4.47	4.79
2018	12.20	12.14	10.01	13.29	10.50	6.23	4.63	4.58
2019	12.20	—	10.24	—	10.60	—	4.84	—

资料来源：Wind数据库，经同策研究院整理而得。

在中国，房地产业同时成为支柱产业和“土地财政”实施的重要载体，这与住房本身的特点密不可分。

第一，住房本身具有较强的投资属性，即使没有“土地财政”，它也经常被当成投资品。住房本身价值较高且不易分割，一旦价格上涨就获利颇丰。住房还与普通民众直接相关，常常是居民资产配置组合里的重要组成部分，是可供普通民众参与的重要投资性资产，这使房屋较其他商品更具投资属性，2000年美国互联网泡沫破灭后，住房就成了大多数投资者新的投资标的。

第二，住房购置往往需要金融服务，杠杆设置加强了住房的投资属性。住房价值较高，大多数人在购置房屋时都要通过金融机构融资，由于使用了杠杆，一旦房价上涨，购置者获得的收益率就会大幅提升，这也极大地加强了住房的投资属性。

第三，住房的投资属性与居住属性较难分割。对大多数民众而言，其购买住房可能的确是为了居住，但同时也兼顾投资功能。这一特征的表现就是很多人会在房价较高时将自住房屋卖出，从而获取收益购置新的住房。很显然，这种改善性需求必须依靠房屋本身的投资收益才能得到满足，投资属性与居住属性混同在一起。

由于住房本身具有这些特点，这使之有较强的投资属性。而中国自身独特的国有土地制度使政府可以高效地将未来城市建设和公共服务的外溢价值转化为现在的土地价格，土地增值前景进一步加强了住房的投资属性，成为房地产调控的重要影响因素。也正是由于住房投资属性凸显，房地产业为我国实物资本积累提供了便捷的实施路径。

（二）房地产业对我国实物资本积累的积极作用

本书第七章已经详细计算了“土地财政”产生的效益及对投资的贡献，这是房地产业对我国实物资本积累的重要贡献。简而言之，由于我国土地国有的制度，国家可以出让土地相关权益，或者通过对土地相关权益的抵押来融资，从而获得进一步扩大投资所需的资金，扩张投资规模。除此之外，房地产业本身还有较强的积累作用，结合第七章对“土地财政”拉动投资的测算，可以看出房地产业对我国实物资本积累的积极作用。

表 12.3 给出了我国房地产业自 1997 年以来除去土地购置费之外每年的投资完成额情况，从中可以发现，房地产业投资占固定投资的比重远远超过其占 GDP 的比重，即使单纯考虑房地产业本身，它在实物资本积累中也有重要作用。从我国的发展阶段看，城市化推进也需要房地产业继续加快投资，为更多城市居民提供更好的居住环境。

房地产业对实物资本积累的积极促进作用不仅体现在中国，在美国，住房投资占全社会固定资产投资的比重也在 10% 以上，[①] 这表明房地产业本身对实物资本积累有很强的作用。由于房地产业的发展，实物

---

① 数据来自 Wind 数据库。

资本本身就能快速积累。如果考虑“土地财政”对中国资本积累的作用，房地产业在中国资本积累型的经济增长模式中有着更重要的作用。

表 12.3　1997—2018 年我国房地产业投资完成额与固定资产投资完成额情况

年份	房地产业本年投资完成额*（亿元）	固定资产投资完成额（亿元）	房地产业本年投资完成额占固定资产投资完成额比重（%）	房地产业增加值占 GDP 比重（%）
1997	2 930.77	24 941.10	11.75	3.70
1998	3 238.83	28 406.20	11.40	4.00
1999	3 603.20	29 854.70	12.07	4.10
2000	4 250.15	32 917.70	12.91	4.10
2001	5 305.31	37 213.50	14.26	4.30
2002	6 345.12	43 499.90	14.59	4.40
2003	8 098.63	55 566.60	14.57	4.50
2004	10 583.75	70 477.40	15.02	4.40
2005	13 004.88	88 773.60	14.65	4.50
2006	15 608.42	109 998.20	14.19	4.70
2007	20 415.64	137 323.90	14.87	5.10
2008	25 207.59	172 828.40	14.59	4.60
2009	30 218.11	224 598.80	13.45	5.40
2010	38 259.50	251 683.77	15.20	5.70
2011	50 269.64	311 485.13	16.14	5.69
2012	59 703.64	374 694.74	15.93	5.71
2013	72 511.65	446 294.09	16.25	5.96
2014	77 577.08	512 020.65	15.15	5.92
2015	78 303.41	561 999.83	13.93	6.18
2016	83 801.93	606 465.66	13.82	6.69
2017	86 629.06	641 238.39	13.51	6.86
2018	83 876.50	645 675.00	12.99	7.03

注：* 为除去土地购置费用的房地产业本年投资完成额。

资料来源：国家统计局。

二、 房地产业与人力资本积累

中国经济的崛起除了依靠基础设施和数量庞大的廉价劳动力，劳动力素质较高也是重要原因。从表 12.4 可以发现，1978 年中国的适龄人口小学入学率和预期寿命都要显著高于印度。这使中国的劳动力不但价格低廉而且相对素质较高，为后来的中国经济增长提供了重要支撑。

人力资本的积累主要依靠家庭，而家庭在经济中起着重要作用。经济运行是消费与生产的循环过程，通过图 12.7 我们可以看到，家庭为企业提供资金和劳动，企业则为家庭提供最终产品。家庭可以将薪酬用于消费，亦可用于投资。通过消费，尤其是医疗和教育消费，可以增加人力资本存量，最终促进经济的快速发展。房地产业生产消费同样是这种模式，在人力资本的培养中，房地产业同样可以起到巨大的促进作用，但是也有阻碍作用。

表 12.4　主要国家小学入学率与预期寿命

指标	年份	中国	印度	德国	日本	美国
小学入学率（占适龄人口的百分比）	1978	111.57	81.48	—	98.73	90.94
	2000	—	94.62	105.12	97.77	100.73
	2010	107.46	109.20	102.94	101.59	100.33
	2015	99.33	108.50	102.39	98.80	100.30
	2016	100.85	114.53	102.98	98.24	101.36
出生时的预期寿命	1978	65.86	52.82	72.14	76.04	73.36
	2000	71.96	62.58	77.93	81.08	76.64
	2010	75.24	66.63	79.99	82.84	78.54
	2015	76.09	68.30	80.64	83.79	78.69
	2016	76.25	68.56	80.64	83.98	78.69

资料来源：世界银行。

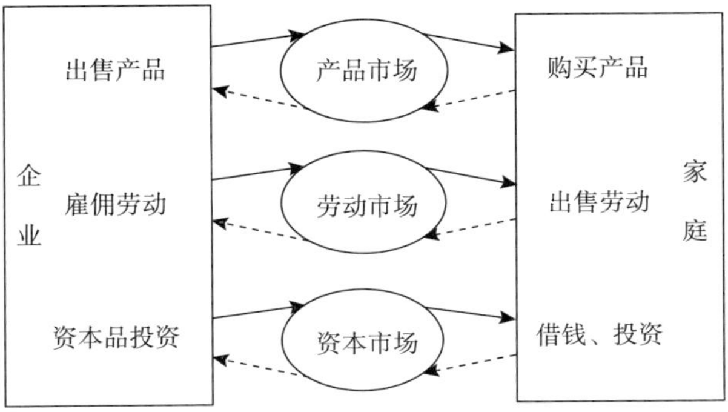

图 12.7　企业与家庭间的经济联系

（一）房地产业对于人力资本积累的积极作用

第一，房地产业提升了居民的居住品质，进而提升了人力资本水平。第八章已经提及了房地产业对经济增长的积极作用，这一过程的一个重要途径就是人力资本积累：居民居住品质提升是我国房地产业发展的重要成果，也为我国人力资本积累发挥了重要作用。有研究表明，仅现代化的厕所系统就使人类的平均寿命延长了 20 年，[①] 中国房地产业的发展为我国城镇居民提供了历史上最优良的居住条件，极大地提高了人民的生活水准。我国城镇居民人均居住面积已经从 1978 年的 3.6 平方米上升到 1998 年的 9.3 平方米，[②] 到 2018 年，城镇居民人均建筑面积达到 39 平方米，[③] 如果按照 80% 的得房率计算，人均居住面积为 31.2 平方米。与居住小区配套建设的医院、学校、公共交通和商场等设施极大地改善了居住环境，优良的居住环境成为房地产营销的重要手段。居住条件与环境的改善成为提高人民生活水平、积累人力资本的重要途径。

第二，房地产业本身也在为整个社会培养人才，积累人力资本。房

---

① 应琛，刘绮黎．厕所：两百年“革命史”［J］．新民周刊，2015（14）：64－65.

② 《中国统计年鉴》。

③ http：//www. gov. cn/xinwen/2019－07/31/content_5417485. htm.

地产业涉及金融、建筑、非金属矿物制品业、交通运输、仓储业、住宿和餐饮业等多个领域，对人力资本能力要求较高，是人才密集型行业，因此房地产业自身的发展也在为整个社会培养人才。表12.5给出了中国最著名的两所高校近年来毕业生签约房地产业的比重，从表中可以发现，这两所学校毕业生就职于房地产业的比重都要高于房地产业本身占城镇就业人员的比重，房地产业的从业人员素质应明显高于其余大部分行业。由于房地产业与金融业、建筑业和仓储业等密切相关，从业者的经验与知识可以直接应用在许多相关行业中，人力资本溢出效应明显。

房地产业还有着较高的工资水平，根据对2017年所有A股上市公司的统计，房地产业员工人均薪酬为21.9万元，仅次于金融、证券和银行，排名第四，显著高于A股上市公司平均薪资水平13.6万元。[①] 尽管房地产业对员工技能要求较高，但更高的工资薪酬会刺激人力资本投资规模扩大，衍生人力资本供给效应。较高的收入水平也是提高医疗保健及文化类消费投入的前提，收入增加能够刺激人力资本投资，近年来我国部分高校开设房地产管理专业就是对相关需求的积极回应。[②]

表12.5　北大、清华毕业生签约房地产业情况　（单位:%）

	北大毕业生签约房地产业比重	清华毕业生签约房地产业比重	房地产业从业人数占城镇就业人员比重
2013	—	5.80	0.68
2014	—	3.38	0.70
2015	1.44	2.24	0.68
2016	1.20	1.71	0.66
2017	1.61	2.80	0.67

注：中国高校自2013年起开始编制毕业生就业质量报告，北大2013年和2014年未单独报告房地产业就业情况。

资料来源：北大和清华历年毕业生就业质量报告，中经网。

① 原始数据来自东方财富，由同策研究院整理而得。

② https://www.sohu.com/a/153679575_99902483.

除此之外，房地产业的发展也会带动经济发展，而经济发展的成果之一就是人民生活水平的提高，这同样会提高全社会的人力资本存量。自 2011 年 1 月 1 日起，我国土地出让金净收益计提 10% 的教育资金更是房地产业直接支持人力资本积累的重要途径。

第三，城镇化对人力资本积累有很重要的正面影响，而房地产业对城镇化又有积极影响，这是房地产业对人力资本积累的一个重要影响途径。

时慧娜[①]认为城镇化对人力资本积累主要有如下积极作用：（1）城市化使专业化分工更加必要，对具有一定素质和能力的劳动者的需求增多，促使劳动者培养专门技能，提高人力资本水平；（2）城市化与工业化提高了劳动者的实际所得，提高劳动者生活水平，加速积累人力资本；（3）城镇化促使劳动力从农村向城镇转移，这会加剧城镇劳动者之间的竞争，并改善农村人力资本较高者的状况，促进人力资本更加合理的配置，提升人力资本价值；（4）劳动力竞争使劳动者意识到人力资本的重要性，并加大对自己或下一代的人力资本投资，促进人力资本积累。

在中国，房地产业对城镇化有着重要作用：（1）房地产业通过“土地财政”为城市建设募集了大量资金，有力地促进了城镇化发展；（2）房地产业本身就是国民经济支柱产业，带动了一系列周边产业的发展，吸引了众多劳动力，将劳动力从传统产业吸引至现代产业本身就是城镇化的重要步骤；（3）房地产业的发展提升了土地价值，使土地的非农业用途更有吸引力，加快了市郊区域的城镇化进程。

（二）房地产业对人力资本积累的消极作用

第一，房地产业的快速发展加剧了贫富差距，而贫富差距对人力资

---

① 时慧娜．中国城市化的人力资本积累效应［J］．中国软科学，2012（3）：117－127．

本积累不利。尽管中国的房价持续上涨不应全部归咎于房地产业的发展，但是房地产业的快速发展离不开房价持续上涨。由于房价持续上涨，造成先买房者与后买房者、买房者与未买房者财富差距拉大。房地产业还通过“土地财政”造成了被征地者和未被征地者、被拆迁者和未被拆迁者的收入差异，甚至培养了一批食利群体。这些都对人力资本积累不利。

第二，房地产业在推进城镇化的同时，也在损害人力资本积累。正如前文所述，城镇化对人力资本积累有着正面作用，但是我们同样要看到其负面影响。例如，城镇化引起的环境污染对人力资本的侵蚀；政府主导的城镇化产生的人力资本错配导致人力资本被浪费，无法进一步积累；二元化体制导致的伪城镇化使众多居住在城市里的外来人口无法享受公共服务，导致人力资本受损。

需要指出的是，尽管城镇化也会带来人力资本损失，但是我们认为这比城镇化带来的人力资本积累要小，并不是城镇化对人力资本影响的主要方面，而且是可以改善的。例如，环境质量的恶化对应的往往是人民生活水准的提高，因为只有生活水准提高到一定水平，民众才会更加重视环境质量的影响，才有能力治理环境；政府主导的城镇化导致的资源错配则需要市场机制发挥作用，政府逐渐退出。总之，城镇化对人力资本积累是积极的，而房地产业促进城镇化的同时也促进了人力资本积累。

综上所述，房地产业对于我国的人力资本积累有着明显的正面影响和负面影响，但通过对比可以发现，房地产业对于人力资本积累的负面影响与其对实物资本积累的影响途径有很强的相关性。房地产业要快速形成实物资本积累离不开房价持续上涨与“土地财政”，这恰恰又是贫富差距扩大的重要原因，而贫富差距对人力资本积累有很强的负面影响。由此看来，抑制房地产业在实物资本积累中的作用不但可以切断房地产业对实物资本积累的影响，还可以有效提高房地产业对我国人力资本积累的正面影响。

第三节　房地产业未来发展模式研究

正如前文分析的那样，我国当前的经济发展已经不能再单纯地依靠资本积累推进，通过提升全要素生产率推动经济发展是未来的必由之路。在此过程中，房地产业应当准确定位自身的作用，并为经济转型做好切实准备，做出重要贡献。

一、房地产业与当前中国经济发展

目前我国处在产业升级和经济结构转型阶段，经济增长需要从数量型增长向质量型增长转变。而房地产业目前的发展模式及其与“土地财政”的紧密联系使房地产业的发展偏离了其满足居住需求的本质属性，成为间接扩大居民储蓄、增加全社会投资水平的渠道。对这种以投资带动的资本积累型发展模式的依赖不利于我国经济转型。

（一）我国房地产业的发展已经开始制约经济发展

房地产业对经济发展的影响主要体现在两个方面：首先，房地产业逐渐偏离其满足居住需求的本质属性。

由于房地产业具备扩大投资规模、拉动经济增长的作用，而我国又将经济增长速度作为政府经济工作的重要目标，所以我国房地产业的发展偏离了其满足居民居住需求的本质作用，而侧重于拉动经济增长的作用。

从住房的供给和需求看，两者已出现总量和结构上的错配。如图12.8所示，从总量上看，2008年以来，房地产企业新开工面积在高速增长，在2011年达到了14.6亿平方米，之后维持在13亿平方米的水平，直到2015年回落到10亿平方米。① 然而，这些新增住房没有被有

① 本小节数据除说明外均来自中指研究院，由同策研究院整理而得。

效吸收。商品住房待售面积从 2010 年起大幅攀升，从 1.1 亿平方米上升到 2015 年底的 4.5 亿平方米，年均复合增长率达到 33.6%。住房待售面积的上升没有导致住房供给下降，住房新开工面积 2010 年后一直维持在较高水平。城市人均住房面积在 2008 年已经达到 30.6 平方米，住房数量基本满足需求。但是为了拉动经济增长，保持经济增速，对住房的投资持续增加，造成了一定程度的供给过度，住房待售面积上升。

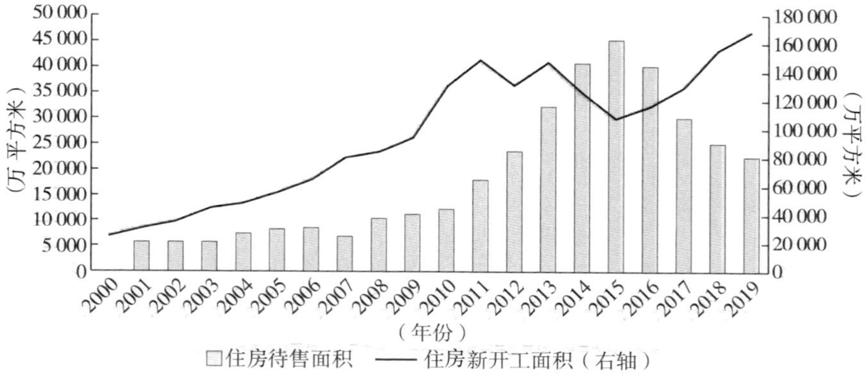

图 12.8　2000—2019 年商品住房新开工和待售情况

资料来源：国家统计局。

从结构上看，三四线城市存在住房供给过剩，而一线城市住房供给相对不足。三四线城市对经济增长有更强烈的渴望，而自身要素禀赋较差，因此对房地产业拉动经济增长的依赖较高。三四线城市由于经济欠发达，税收来源相对有限，更倾向于通过出让土地使用权获得财政收入。因此造成房地产过度开发，住房供给过剩。三四线城市整体呈现人口净流出的情况，住房供给和需求不匹配。2016 年三四线城市整体人口净流出比例为 3.12%，而一些经济欠发达地区的人口流出比例高达 10.2%。三四线城市在经历了 2016 年“去库存”之后，2017 年土地供给仍在增加，规划建筑面积同比增长了 19.8%。三四线城市住房过度供给的问题仍未改观。

从投资规模看，我国房地产投资规模较大。2016 年我国房地产开发投资占 GDP 的比例为 13.8%，其中商品住房投资占 GDP 的比重为 9.2%，全社会口径的住房投资占 GDP 的比重为 11.3%。而 2016 年发达国家的住房投资只占 GDP 的 2% 左右，即使在历史最高时期住房投资也只占 GDP 的 8% 左右。相对于经济规模，我国的房地产投资水平已经远高于发达国家水平。国家统计局报告显示，2017—2019 年，我国房地产开发投资依然保持高速增长，增速维持在 7% 以上，其中 2019 年同比增长 9.9%。房地产开发投资增速高于 GDP 增速，房地产投资规模继续扩大。

以上分析说明，在我国当前的经济增长模式下，房地产业偏重于其拉动经济增长的作用。但是为了保证经济增速而扩大开发投资规模造成了住房在部分地区出现了供给过剩。房地产业的发展偏离了满足居住需求的本质属性。

其次，不动产投资属性过强阻碍了我国经济转型发展。在我国经济增长中，资本积累起到了十分重要的作用，是过去几十年经济增长最重要的动力来源。而住房的投资属性过强一定程度上强化了这一路径依赖。从本质上讲，地方政府通过基础设施建设拉动经济是中国独特的制度安排，使政府掌握的土地这种资本品可以创造信用，高效地积累资本。但是政府选择土地这一标的也是利用了土地及其之上的不动产本身较强的投资属性，从而为地方经济发展寻找到一条捷径，让地方政府对"土地财政"欲罢不能。

我国很多地方土地供给过量就是这种病态依赖的重要体现：2010 年以来，地方政府的土地出让金呈上升趋势。从 2010 年的 2.8 万亿元上升到 2018 年的 6.5 万亿元，2017 年同比增长高达 32.7%。这也使居住用地的供给在整体上有潜在过剩的风险。2016 年我国城镇户均住房达到 1.04～1.16 套，城镇人均住房建筑面积达到 36.6 平方米。在住房数量基本满足需求的情况下，2017 年到 2018 年 4 月，全国城市新增规划建筑面积 11.6 亿平方米，可以容纳约 3 169 万人居住。2017 年中国新增了 2 049 万城镇常住人口，住房的土地规划面积增速明显超过实际的城镇人口增速。

由于“土地财政”的加持，不动产较强的投资属性得到进一步加强，带来了一系列问题。

第一，不动产投资属性的加强进一步加剧了中国的贫富差距。率先购买城市住房的人事实上首先对城市进行投资，城市主政者利用其资金对城市进行开发，进而带动土地升值，他们的房屋增值幅度也最大，后买房的人从中获利就较少，而未买房的人就无法享受房屋增值的收益。从财富分配的角度看，目前这种土地要素收益制度已经成为社会财富的重要分配机制。

这种土地要素收益机制会造成财富积累的“马太效应”，加剧贫富分化。这种分化在有房者和无房者之间体现得更加明显，有房者随着资产的增值越来越富，而无房者由于房价过快增长，不但无法从房产增值中获益，还会因房价过快上涨更加难以拥有自己的不动产，与有房者差距越来越大。以房屋作为投资要素参与分配本身不应该受到指责，但是要素参与分配本身只是一次分配过程，通过二次分配调节收入差距，实现社会公平正义才是当今国际社会的主流发展趋势，过大的贫富差距并非社会发展的福音。

第二，不动产的投资属性过强还扭曲了住房居住属性，由于住房的投资属性过强，很多人购房就是为了卖出，对于出租、自住等带来的收益并不在意，造成了大量空置住房。对于空置率的估计，可以参考相关官员提供的数据：一是 2018 年 3 月全国政协经济委员会副主任、中央农村工作领导小组原副组长兼办公室主任陈锡文在解读“乡村振兴”的专访中提道：2017 年大中城市房屋空置率是 11.9%，小城市房屋空置率是 13.9%，农村房屋空置率是 14%。二是 2018 年 6 月中财办原副主任杨伟民在“2018 陆家嘴论坛”演讲中谈到中国住房空置率问题时指出，无论是城镇还是乡村住房的空置率都相当高，比日本还高，日本是 13%。他没有给出我国城镇住房的具体空置率，但是据此可以推测应该在 13% 以上。综合以上观点，并按保守的 13% 估算，中国城镇住房的空置面积为38.7亿平方米。按照中国2018年城市人均住房建筑面积39平方米计算，仅空置房就可以安排将近1亿人入住。过高的空置率造成了许多民众的合理居住需求得不到有效满足，人力资本得不到有效恢复与补充。

第三，不动产投资属性过强带来的房价高涨还影响了居民消费，阻断了生产消费循环的顺利进行，同样影响了人力资本积累。这在本章第二节中已有详述，此处不再赘述。综上所述，房地产业的发展已经开始影响我国经济发展方式的转型。我国目前经济增长方式过于依赖实物资本积累，尽管主因是中国经济增长的长期路径依赖和政绩考核机制，但也与房地产业本身的特点密切相关，而且依靠房地产发展经济对我国人力资本积累已经形成不利影响。深入思考房地产业在我国经济转型中的作用，化不利为有利将是我国房地产业定位与发展的重要方向。

（二）我国房价与经济出现背离

房地产业发展影响对我国经济发展的一个重要表现就是房价与经济增长出现背离。2015年，我国房地产市场出现了新一轮上涨行情。与以往不同的是，本轮房价上涨是在经济增速持续下行的背景下发生的。这一现象的出现反映了目前房地产业的发展模式对经济的消极影响已经开始显现。

房价与经济增长出现背离的表现如图12.9所示，2015年以后，我国经济增速下行而房价增速上行。从趋势上看，我国GDP增速从2015年第1季度的7%下降到2019年第4季度的6.0%。与此相对的是，同一时期，70城新建商品住房价格指数的同比增速从-5.4%上升到7.4%，增速最快时达到10.5%，全国商品住房平均价格（通过国家统计局公布的全国商品住房销售额和销售面积折算，下同）同比增速从0.72%上升至7.76%，增速最快时达到18.3%。从波动上看，2015年以后，房价增速与经济增速呈现反向变动。分析显示，2015年第1季度至2018年第2季度，70城新建住房价格同比指数和全国商品住房平均价格的同比增速均与 GDP 同比增速呈负相关，相关系数分别为 -0.55和 -0.51。

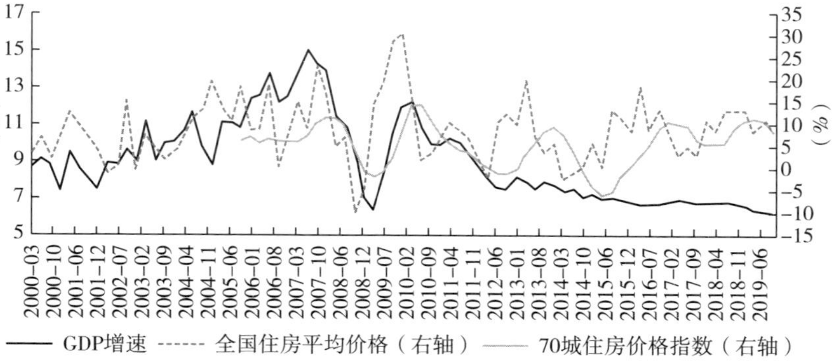

图 12.9　我国近年来房价与经济增长情况

资料来源：国家统计局、中指数据。

2015 年以前，我国房价与 GDP 同比增速的长期走势基本一致。从趋势上看，2009 年 3 月，受国际金融危机的影响，GDP 增速下滑到 6.4%，同期 70 城住房价格指数同比也下降到 -1.9%。2010 年 3 月经济复苏，GDP 增速达到 12.4%，70 城住房价格指数同比上升到 14.1%。2012 年 9 月经济再次陷入低谷，GDP 增速放缓至 7.5%，70 城住房价格指数同比也下降到 -1.2%。从波动情况看，房价与经济呈同向波动。2006 年 3 月到 2014 年 12 月，70 城住房价格指数同比增速与 GDP 增速呈显著的正相关关系，相关系数为 0.62。从更长的时间看，2000 年 3 月到 2014 年 12 月，商品住房平均价格增速与 GDP 增速同样呈正相关，相关系数为 0.39。

从国外经验看，房价也与经济走势相一致。2004 年以后，美国经济开始进入下行通道，GDP 增速从 2004 年 3 月的 4.3% 下降到 2008 年 3 月的 1.1%。同一时期，房价增速也开始下降，20 个大中城市标准普尔/CS 房价指数同比增速从 2004 年 9 月开始下降，房价上涨开始减缓，到 2007 年 1 月，房价指数同比为负，房价开始下跌。2008 年次贷危机爆发，2009 年 3 月 GDP 增速跌至 -3.3%，房价同比增速也下降至 -18%。

日本房价与GDP呈现明显的同向波动。日本GDP同比增速在2009年3月下降到-8.8%，房价（全国综合不动产价格指数）同比增速也跌至-9.4%。经济复苏后，GDP增速在2010年9月上升至5.7%，房价同比增速回升至3.1%。2012年9月经济再次下行，GDP增速下降至-0.1%，房价同比增速也下降至-0.84%。

此外值得我们注意的是，本次房价与经济发展相背离有着深刻的背景，恰逢我国经济发展方式转变的三个重要时点：

（1）这次背离发生在我国产业演进的关键时点。2012年以前我国第三产业对经济增长的贡献率偶尔大于第二产业；而从2012年开始，这一现象变得持久且稳定。到2013年，我国产业结构已经是第三产业为主。同时我国第二产业的就业人数开始持续下滑，而第三产业则稳步上升。[①]

（2）这次背离发生在我国跨越“中等收入陷阱”的关键时刻。我国2012年人均GDP为40 007元人民币，按当年人民币汇率中间价折合为6 337美元，2018年我国人均GDP为9 553美元，[②] 正处于“中等收入陷阱”的发展区间。

（3）这次背离发生在我国资源禀赋发生重大转变时期。我国人口抚养比2011年达到顶峰，根据国家统计局的数据，2011—2018年我国劳动年龄人口下降了4 000万。[③] 经过持续40年的高速发展，我国资源禀赋正逐步由劳动密集型向资本密集型转变，传统经济增长路径已经快到尽头。

我们认为，房价与经济增长背离的直接原因可以从两个方面考虑：房价上涨是由于货币政策与房地产调控政策的双放松导致的，而经济下行的直接原因是实体产业的经济增长率下降。

---

① 资料来自《中国统计年鉴》和统计局相关公报。

② 同上。

③ http：//www. fjii. com/gd/sxc/2019/0220/205503. shtml.

2014 年下半年开始，在货币宽松的环境下，房地产调控放松，导致资金流入房地产业，推高房价。资金进入同时带动土地价格大幅上涨，高土地价格支撑房价难以下行。

2014 年 11 月开始，一年内央行连续 6 次降息，金融机构一年期贷款基准利率从 2014 年 11 月的 5.7% 下降到 2015 年 10 月的 4.3% 。2015 年，中国人民银行四次全面降准，将存款准备金率整体下调了 2.25 个百分点。中国人民银行的降息、降准措施为市场提供了充足的流动性。

房地产市场调控政策从 2014 年下半年开始放松。2014 年 6 月，呼和浩特市正式发文取消限购，之后，其他城市陆续跟进。到 2014 年底，47 个限购城市中的 42 个已经取消限购政策。9 月，中国人民银行发布了《关于进一步做好住房金融服务工作的通知》，对房地产业提供信贷支持，其中包括放松二套房的认定、支持对房地产企业的合理融资需求。10 月，住建部等三部委发布《关于发展住房公积金个人住房贷款业务的通知》，降低公积金贷款门槛，支持二次使用公积金。2015 年底，针对房地产库存严重的问题，“去库存”战略出台，刺激房地产销售。同时，中国人民银行将非限购城市的首套住房首付比例从 25% 下调至 20% ；财政部发布通知降低房地产交易的税费比例；还出台了增加住房补贴和提高棚改货币化安置比例的政策。

在货币宽松的条件下，房地产调控放松使资金流向房地产业。各个行业贷款在人民币贷款余额中构成比例的变化可以反映资金向房地产业流动。2010—2014 年，金融业的贷款余额比例从 0.2% 上升到 0.4% ，平均每年仅上升 0.05 个百分点。而 2015 年，该比例从上一年的 0.47% 猛增到 3.31% ，一年间上升了 7 倍。居民个人住房抵押贷款余额比例在 2012—2015 年从 13.5% 上升到 15.6% ，平均每年上升 0.7 个百分点，而 2016 年该比例上升到 18.6% ，一年上升了 3 个百分点。

资金流入房地产业不仅推高了房价，也抬高了土地价格。2015 年以来，“地王”现象频出，普遍出现了土地价格高于房价的现象。根据中指数据，一线城市以上海为例，2015 年杨浦区平凉社区、新江湾城两个地块拍出 49 000 元/平方米的楼板价，而同年杨浦区商品住房平均销售价格仅为 48 000 元/平方米。二线城市以南京为例，2015 年鼓楼区一地块拍出 22 000 元/平方米的楼板价，当年该区的平均房价仅为21 944元/平方米。三四线城市以昆山为例，2016 年花桥一地块拍出17 480元/平方米的楼板价，而当年该区的商品住房均价仅为16 500元/平方米。高企的土地成本造成了房价上涨刚性，使高房价得以维持。

在房地产业获得大量资金注入，获得较快发展的同时，其他产业却陷入发展困境，拖累了整体经济增长表现。这一现象的直观表现就是在房价与经济增长背离期间，第三产业对 GDP 增长的贡献率大幅上升，而其他产业尤其是第二产业对 GDP 增长的贡献率大幅下降。

图 12. 10 给出了近年来我国经济增长率和第二三产业对经济增长的实际贡献的绝对份额（以下简称绝对份额）。[①] 从图中可以发现，2012 年前，除了个别几个季度，第二产业对经济增长的贡献长期高于第三产业，而且 GDP 增长率变动趋势与第二产业的贡献率高度一致。但从 2012 年开始，第三产业对经济增长的贡献开始超越第二产业，第二产业的变动趋势也不再与 GDP 同步。同时第三产业的绝对份额长期稳定在 4% 左右，而第二产业的绝对份额一路下降，从 4% 下降到 2% 左右，成为经济增长下滑的最主要原因。第三产业绝对份额超越第二产业，第二产业绝对份额逐渐下降的时间点恰恰是经济增长与房价开始背离的起始点。

进一步分析可以发现，自 2012 年开始的经济下行主要是由于第二产业的增长率下行造成的。从图 12. 11 可以发现，第三产业的实际增长

① 通常的经济增长贡献率是指某一产业在经济增长中所占的百分比，这里的绝对份额是指 GDP 实际增长率乘以贡献率。

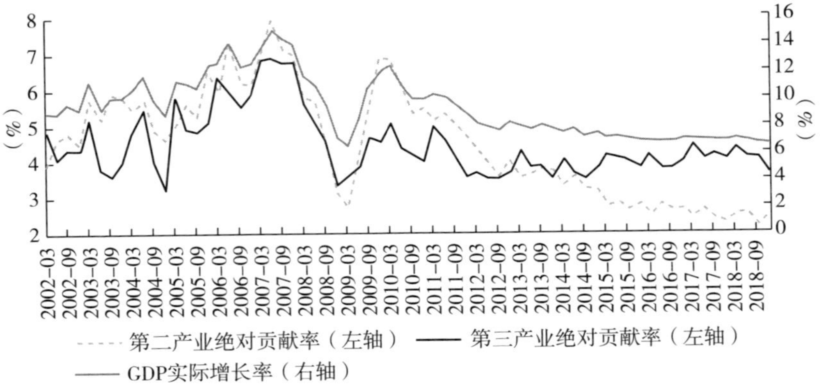

图 12.10　我国近年来第二三产业对经济增长的贡献率

资料来源：Wind 数据库，同策研究院整理。

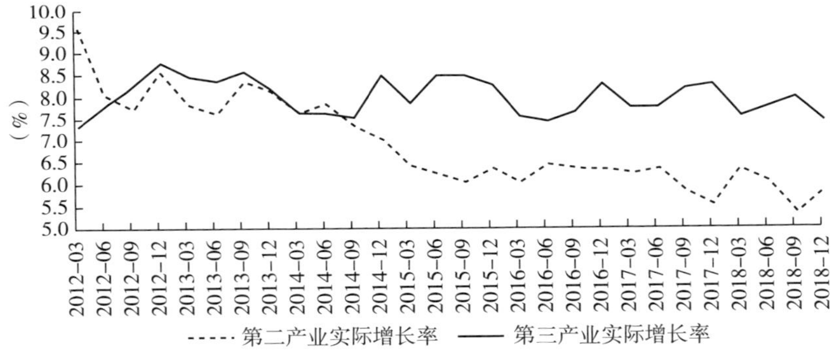

图 12.11　我国近年来第二三产业的实际增长率

资料来源：Wind 数据库。

率近年来一直在8%左右波动，而第二产业的增长率则由8%左右下行至5.5%左右。正如上文所述，自2012年开始，我国房地产业的发展获得大量资金支持，但是工业没有获得太多支持。根据《中国金融年鉴》的相关数据，我国工业中长期贷款余额从2012年的3.17万亿元上升至2018年的4.29万亿元，涨幅为35.33%；而同期的服务业中长期贷款余额从15.91万亿元上升至34.88万亿元，上涨了119.23%；房地产业贷款余额更是从2013年的14.61万亿元上升至2018年的38.7万亿元，上涨了164.89%，巨量资金涌入房地产业和服务业有力地支撑了这两个行业的发展，而工业却无法获得金融业的有力支持。随着产业演进的步伐，我国第二产业在整体发展中的地位开始下降，不但经济增长贡献率开始低于第三产业，就业人员数量自 2012 年达到峰值后也开始逐渐下降。

我国房价与经济背离的深层原因是在技术没有大幅进步的情况下，要素成本上升造成实体产业利润率低下；而投资渠道短缺，资本品属性过强等原因导致了房地产业利润率高企；两者形成了明显的利润率差，要素向房地产业集聚，最终形成房价与经济背离的情况。

2008 年以后，实体经济企业利润开始下降，与房地产业长期存在较大的利润差距。根据国资委数据，2000—2007 年，房地产业销售利润率在 17% 左右波动，而工业企业销售利润率从 13.1% 上升到 15.6%，二者差距缩小至 2.5 个百分点。2008 年，工业企业利润率大幅下降至 11.9%，房地产业利润率大幅上升至 19.5%，两者的差距陡然拉升了 7.6 个百分点。之后，房地产业利润率始终高于工业 7 个百分点左右。由于出现较大的利润率差距，即使货币政策和财政政策都对实体经济进行支持，资金也不会流入第二产业，这才是第二产业无法获得金融资源支持的根本原因。

除了可以观测到的行业利润率差距，第二三产业 TFP 下行也值得注意。尽管第三产业在第二产业增长进入下行区间时获得了更多的生产要素，但是生产要素的增加并没有促进第三产业的快速增长，第三产业只是维持了原有的增长率水平，这也使整体经济由于第二产业的拖累而进入下行区间。为此，本书计算了我国第三产业的 TFP 水平，如图 12.12 所示。从图中可以看出，从 1978 年以来，我国第三产业 TFP 长期呈现上涨趋势直到 2008 年。此后，第三产业 TFP 水平一直下行。从当前的情况看，多投入的生产要素也只是恰好弥补 TFP 下行带来的增长率损失，因此第三产业的经济增长水平一直维持在 8% 左右。而 TFP 无法上升的现象同样发生在第二产业，这是第二产业增长率下行的另一重要原因。

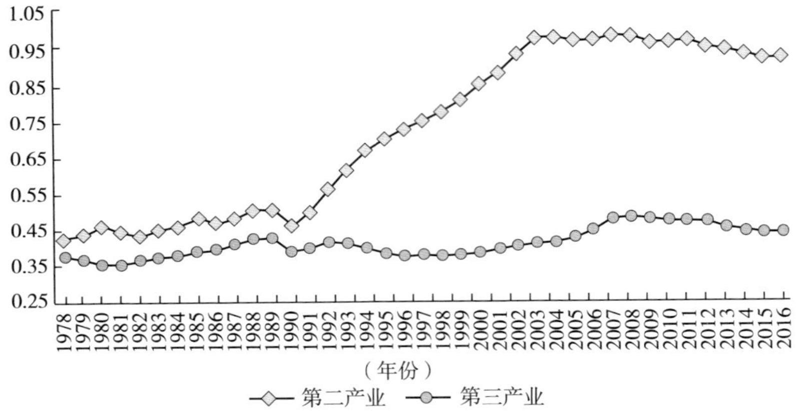

图 12.12　中国第二三产业 TFP 变化图

注：本图是按照柯布－道格拉斯函数计算而得，假定规模报酬不变。固定资本存量按照第七章相同方法计算，劳动力按照就业人数计算，劳动报酬份额假定为 0.5，GDP 与固定资本存量均为 1978 年价格水平。

资料来源：国研网。

2008 年以来，我国实体产业开始逐渐面临要素成本上升问题，在 TFP 不上升甚至下行的情况下，这成为我国实体产业利润率低下的重要原因之一，而需求不振则加剧了这一趋势。

首先，从要素成本看，实体产业的成本在不断上升。以劳动力成本为例，根据收入法核算我国历年的 GDP，劳动报酬的份额已经从 2007 年的 39.74% 上升到 2017 年的 47.51%。①从微观机制上看，以前劳动力成本较低时，劳动力可以根据既定技术水平与资本进行搭配，资本的扩张总能寻找到与之匹配的廉价劳动力，在生产规模扩张的过程中成本扩张的速度相对较慢，企业可以获得较高的利润。但是，随着劳动力成本开始上升，如果没有技术进步，劳动力只能按照原有的比例与资本匹配投入生产，那么随着劳动力价格上涨必然带来成本上涨，从而侵蚀企业利润率，这是实体行业利润率低下的重要原因之一。更为严重的是，除了劳动力，其他要素的成本也在不断上升，高企的房价带来了高昂的物业成本，这使企业在

① 《中国统计年鉴 2018》。

成本端腾挪的空间有限，成本上升带来的利润率下降几乎无法规避。

其次，需求端的严峻形势也压低了实体行业的利润率。2008 年以来，受到国际金融危机、欧洲债务危机的影响，外部需求持续低迷，驱动经济增长的三驾马车中，出口进入下行轨道，出口额同比增速从 2008 年 9 月的 23.3% 下降到 2019 年 9 月的 -3.23%，其中在 2015 年 6 月到 2016 年 12 月出现了持续性的负增长。[①] 而在内需方面，我国内需一直不振，房价上涨对居民消费更是雪上加霜，根据第九章的相关测算，房价每上涨 1%，中国居民消费就会下降 0.29%。需求不振最终压低了产品价格，打压了实体产业的利润率水平。在这种情况下，实体经济利润低，资金不愿意进入，宽松的货币政策无效，反而造成流动性过剩，资金脱实向虚。

由于实体经济无利可图，资金进入市场必然以资本品为目标，因为这可以保证在最短时间内获得最大收益，而房地产恰好满足这一要求，因此成为资本追逐的目标。中国居民由于缺乏合理的投资渠道，也将大量资金配置在房地产上，以期实现资产的保值增值。这些都导致了房价高企，而不恰当的经济刺激措施加剧了这一趋势。最终加剧了实体产业的下行趋势。

按照传统增长模式，为了维持经济增长，必须不断加大投资力度。从“投资—生产—消费—扩大再投资”这一经济循环看，内外部消费不足导致循环受阻，如果要继续以扩大再投资的方式拉动经济增长，则只能通过负债的方式进行。当债务无法偿还时，就会出现投资成本向债权方转移的情况。在我国，由于存在“土地财政”，政府部门的借贷成本可以通过土地出让金的形式最终向居民部门转移，房价不断上涨是其表现形式。

房价上涨加剧经济下行，形成恶性循环。房价上涨推高了房地产的投资属性，吸引资金进入，加剧资金脱实向虚。而房价上涨还挤压了消费，使消费品价格无法提高，实体产业利润率低下。房价还进一步抬高了劳动力价格，企业利润率受侵蚀。这些结果导致了经济进一步下行，

---

① 中国统计局月度数据。

在经济下行压力下，政府为了维持增长，继续增发货币，资金不去实体行业，反而再次进入房地产业，推高房价，形成恶性循环。综上所述，我国自2012年以来出现的房价与经济增长相背离是在经济发展环境出现重大转变的背景下发生的，它与我国传统经济发展模式密切相关，对我国未来经济发展有重要启示。

二、经济发展视角下的未来房地产业定位与发展

（一）我国房地产业应弱化其通过资本积累拉动经济的作用

我国通过房地产业吸引投资、拉动经济的发展模式已经不能适应我国经济进一步发展。房地产业当前的消极影响已开始显现，而对经济的拉动作用逐步减弱。

从房地产业满足居住需求的作用看，房地产业在经济中处于从属地位，房地产业的发展是经济水平提高的结果。其首要任务就是满足居民的合理居住需求，在此前提下，对房地产投资的合理需求应予以满足，同时打击投机需求。让住房回归居住属性，弱化投资属性才是房地产业未来发展的方向。

从我国房地产业特有的吸引投资的作用看，地方政府通过出让土地使用权融资，再通过房地产业使投资成本转移到居民部门。房地产业通过这种方式间接提高了居民部门的实际储蓄率，从而增加全社会的投资规模。但是在现阶段，我国整体的资本形成水平较高，占GDP 40%以上，而居民最终消费较低，占GDP 30%左右。相对于发达国家，GDP的70%～80%被分配到居民最终消费，我国居民部门的消费能力严重不足。较高的房地产投资水平将加剧我国居民部门消费能力不足的问题，不利于扩大内需，带动经济增长。

从我国经济增长模式看，现阶段依靠资本积累的发展模式已经无法有效地推动经济增长。2010年以来，我国经济呈现增速逐渐减慢的态势。这种表现与索洛增长模型的描述相一致：随着人均资本存量的增

加，经济增长接近“稳态”，经济增速逐渐减缓。在技术水平不变的条件下，如果想要保持经济增速，只能通过提高全社会的投资比例，在短期内提升经济增长速度，推迟经济进入零增长的“稳态”。从长期看，技术进步才是经济长期增长的持续动力。而且盲目增加投资的代价是降低居民的消费水平和福利水平，违背了发展经济的初衷。同时也带来重复投资、产能过剩等一系列问题。

从我国经济的实际表现看，我国经济在20世纪90年代保持了10%以上的高速增长，而进入21世纪以来，经济增长下行压力增大，增速下降到10%以下；2014年以来，经济增速进一步放缓到7%左右。与此同时，投资的规模在不断增加，固定资产投资占GDP的比重从1990年的24%上升到2016年的82%，然而，投资对经济增长的贡献率却逐年下降。基于索洛增长模型的回归分析结果显示，代表资本积累贡献率的系数从1990—1997年的0.87下降到1998—2007年的0.73，进而下降到2008—2016年的0.52。[①] 而且经济中也出现了环境污染、产能过剩等问题。由此可见，我国经济发展不能再单纯依靠投资规模的增加，而需要着力提升技术水平。

以上论述说明，由于投资对经济增长的贡献弱化，房地产业通过扩大居民投资规模拉动经济的机制正在逐步失去意义。相反，这种机制带来的资金和土地低效配置、居民消费水平被抑制等负面影响逐渐扩大。因此，现阶段我国房地产业有必要弱化其拉动经济的作用，回归其满足居住需求的本质，着力在人力资本培养中发挥作用，在经济中回归适当地位。

（二）房地产业与我国的就地城镇化

纵观国际发展经验，城镇化起到了重要作用。既有欧美这样通过工业化拉动城镇化，最终实现全民基本均衡快速发展的成功经验；也有拉美、印度这样尚未完全工业化就开始城镇化，最后导致不仅城乡差距巨

① 详见附录12-1。

大，城市内部也大量出现贫民窟，贫富差距拉大的城镇化经验。城镇化是经济发展到一定阶段的必然结果，是提高人民生活水平的重要方式，是推进经济进一步发展的重要手段。2017 年，中国第二三产业的比重已经达到了 92.08%，比城镇化率水平 57.96% 高出 34.12 个百分点；同年，G7 国家的第二三产业比重均值为 98.79%，城镇化率水平为 79.52%，两者之差为 19.27 个百分点。[①] 从发达国家的经验看，中国城镇化率明显滞后于第二三产业的发展，我国城镇化仍然有很大的发展空间，城镇化对我国未来经济发展仍有巨大的推动作用。

长期以来，由于我国的二元经济体制，资源都在不断往城市集中，这一趋势即使在改革开放之后也没有得到明显改善，城市各方面建设都要比农村地区更加完善，城市居民享有的公共服务也比农村居民更好。打破这种情况的根本方法在于推进城镇化，让更多农民成为市民。而我国下一步的城镇化有两种策略可供选择：就地城镇化与迁移式城镇化。我们认为，就地城镇化可能比迁移式城镇化更加符合中国的国情，主要原因有：

第一，中国土地、人口资源情况。中国只有 115 万平方千米的平原，人均平原面积为美国的 1/15，欧洲的 1/10。[②] 这一方面反映了我国土地资源紧张，另一方面也说明我国人口聚集区人口密度高，就地城镇化的门槛低。

第二，中国幅员广阔、地区发展差异过大问题已经给中国社会带来巨大的社会运行成本。春运就是这一问题的体现，迁移式城镇化只会加剧这一问题。不但如此，许多边疆地区的人口规模萎缩也会带来严重的国家安全问题。

第三，就地城镇化可以明显缓解中国大城市和特大城市扩张的步伐，是预防与治理中国城市病的重要手段。由于中国大型城市收入水平更高，迁移式城镇化必然会吸引更多人进入大型城市，这会严重加剧中国的城市病。2000 年，上海市常住人口为 1 608.60 万人，2019 年，这

① 原始数据来自世界银行，由同策研究院整理而得。

② 《中国国土资源年鉴 2016》。

一数字变为 2 428.14 万人,[1] 19 年增长了 50.95%，这还是在人口总量控制下的成果；如果继续以这样的速度增长，且不论可能的大城市病，超过 3 000 万乃至 4 000 万人口的城市管理经验对城市管理者而言也是前所未有的挑战。

第四，防止重蹈发展中国家城市化的覆辙。由于中国人口规模巨大，全数涌入大中城市的迁移式城镇化极易引起拉美和印度式的“贫民窟”问题。

第五，就地城镇化的后发优势明显。如果在现有城市进行迁移式城镇化，许多基础设施和公务服务已经定型，新技术新理念较难被引入。例如在老城区进行管道改造就十分困难，原有不合理规划也难以变动。而就地城镇化则可以发挥后发优势，避免这些问题。

第六，中国独特的政治体制和土地制度可以使地方政府统一规划，迅速为城镇化提供产业基础，降低城镇化成本。例如，中国的开发区建设就可以很快建立起产业园区，形成产业基础。这事实上降低了外地城市对本地居民的吸引力，有利于就地城镇化。

关于就地城镇化的模式，很多文献已经进行了研究。例如根据黄少安[2]的分析，我国目前的就地城镇化可以分为如下几种模式（表 12.6）。

表 12.6　农村就地城镇化的主要模式选择

模式名称	主要内容	主要特征	典型代表
房地产商开发模式	引入房地产开发商，开发商在政府统一规划下，把安置农民所需的房子以及全部配套设施建设好，开发商从节约出来的宅基地中获得部分土地用于商业地产开发	适用于城中村改造、城市郊区农村及可能成为城市的农村地点。农民和政府无须筹资，农民、政府和开发商都受益	北京市房山区

① 上海历年统计公报。

② 吴碧波，黄少安．中国农村就地城镇化模式选择研究［J］．制度经济学研究，2016（1）：163－184.

（续表）

模式名称	主要内容	主要特征	典型代表
企业发展带动模式	以龙头企业为核心，带动周边配套企业，形成基础设施配套体系。企业对驻地村及周边村庄统筹进行集约化建设，出资建设好农民安置所需的房子和基础设施，节约出建设用地用于企业发展	龙头带动能力强，产业集聚度高等，也不需要政府和农民筹资	江西赣州市
集中居住或项目统筹模式	建设铁路、公路、机场、学校等公共设施计划中，统筹考虑和安排新农村建设，对学校、机场所在地及其周围、公路铁路的站点及其周围的村庄，统一组织建设集中居住区	推进了新农村建设和农村城镇化，农民和政府都无须专门为新农村建设筹资，也能减少项目建设过程中征地的难度	广西南宁市
村集体筹资建设模式	由村集体出资按统一标准建新房和基础设施，村民无须出资，或村民自己集资、政府给予适当补偿，补偿方式包括建房资金补贴、帮助建设配套的基础设施、补贴困难村民等方式	这一模式适用于村集体经济状况较好、有财力，村民总体比较富裕的地区	浙江温州市
政府保障性住房模式	地方政府统一规划、统一筹资建房和配套基础设施，村民按标准以旧房换新房，政府整理原有宅基地后可能用于商业开发和基础设施	适用于基层政府财政状况较好、有投资项目的地区，或者出现重大灾害的地区	青海玉树州
偏远地区（中心村）建设模式	远离城镇、居住分散、自然村较多、工副业不发达的纯农业区，基层政府与村集体经济条件差，土地指标相对宽松地区，可规划将几个自然村并到一起，集中建设中心村	优化农村建设用地布局、强化土地节约集约利用、缓解用地矛盾，资金筹集较容易，但需要基层政府大力推动，更需要农业产业化	新疆伊犁州
慈善组织资助模式	本村的或原来是本村的一些人，发家致富以后，出于慈善和公益，自愿出资为村民建房和基础设施	必须在政府统一规划和引导下进行	福建泉州市

从表12.6可以看出，在就地城镇化当中，房地产业可以发挥巨大作用。

首先，房地产业本身有着较强的投资带动作用，可以拉动基础设施建设。在表12.6中，任何一种就地城镇化的渠道都离不开基础设施的建设。而且房地产业通过建筑材料、资金、劳动力等改变了城镇的空间形态，促进了城镇内在结构和功能的优化，提升了城镇整体形象。

其次，就地城镇化必然需要产业支撑，房地产业可以与其他产业一起发展，一起支撑起就地城镇化的产业基础。在表12.6中，除了原本就有产业基础的城市近郊，城中村改造、政府保障性住房模式和慈善组织资助模式外，所有模式都离不开产业支撑。产业发展是城镇化的根本，近年来也有成功的案例。

例如，近些年来，在城市近郊地区“土地流转+现代农业”产业模式已经十分成熟，农民将土地出租给农业企业发展现代农业，企业再返聘农民作为工人在企业就业，土地进行规模化、机械化、智能化经营。房地产业可以结合旅游业开展现代农业旅游，建设并管理旅游物业资产。随着新技术新思想的发展，房地产业带动的就地城镇化的产业支撑基础会越来越多。

此外，房地产业具有产业关联度大、产业链长的特点，是国民经济的先导型基础产业。房地产业能通过较大的乘数作用，直接或间接引导和影响很多相关产业的发展，并为新型城镇化条件下其他产业的发展提供先导性和基础性条件。同时，房地产业发展促进了家庭装修、智能家居、物业维修管理等服务业发展，并催生了新的服务行业，如房地产评估、房地产中介、房地产金融、房地产买卖与租售等，为社会提供了新的就业机会。①

第三，房地产业在就地城镇化中可以显著改善农村居住质量，为

① 李传健，邓良．新型城镇化与中国房地产业可持续发展［J］．经济问题，2015（1）：119-123.

中国人力资本积累贡献力量。目前中国农村落后于城市，不仅仅体现在公共服务和基础设施建设之上，农村居住条件也显著落后于城市地区。而房地产业介入其中有相对可行的路径。城镇化带来的不仅是收入水平的提高，也是文明理念、生活方式的重大变革。人的城镇化比物质的城镇化要重要得多，但人的城镇化离不开物质城镇化的支撑，房地产业有必要发挥自己的作用，通过物质的城镇化带动人的城镇化。

最后，房地产业可以有效集约使用土地，为就地城镇化提供土地资源。正如表12.6显示的那样，几乎所有模式都需要节约土地用于商业或基础设施开发。中国农村住房用地是由村集体统一划拨的。但是中国的农村住房存在着土地规划混乱和容积率过低的问题。而且农村还存在着大量乡镇企业的废弃用地等其他闲置用地。通过土地整理，可以提供大量土地。在中国18亿亩耕地红线的背景下，这些土地可以用于复耕，多出来的土地流转指标可以在城市中拍卖，为就地城镇化提供资金来源。这一构想已经在重庆的“地票”制度中得以实现。在土地整理过程当中，不可避免地要涉及住房改造和拆迁重建等事宜，这是房地产业发展的良好机遇。

三、 房地产业与经济发展转型

上文描述了我国当前的经济发展模式和未来的发展方向，但是不同的经济发展模式如何实现顺利转型仍然是本书需要研究的问题，也是本小节的研究主题。

（一）我国经济发展模式的转型是房地产业健康发展的基础

现阶段，第三产业在我国经济中的份额超过第二产业，我国经济开始进入后工业化时代。从国外经验看，从这一阶段起，居民也从对住房数量的需求转变为对居住质量的需求。住房投资在经济中的份额逐渐减少，而房地产业增加值的份额逐渐提高。这说明优质住房服务更多由房地产业以外的部门提供。

居民的居住服务不仅需要优质的住房，更取决于小区及周边的环境和各项配套设施，如交通、商业、医疗、教育、文体娱乐等设施。房价高并不是因为房屋本身的价值高，而是因为房屋周边能够提供优质的配套服务。居民能够享受优质的配套服务意味着其消费水平的大幅提高：不仅限于消费数量的提高，更重要的是由衣食住行等初级消费向医疗、教育、文体娱乐等高级消费的转变。

消费在经济中起到重要作用。一方面，缺少了消费，投资无法完成经济生产的循环。另一方面，随着我国居民收入的提高，居民对高层次消费，例如医疗、教育、文化、体育等服务的消费需求逐步显现。满足这类消费不仅对经济总量的增长有潜在的巨大贡献，而且是积累人力资本的重要方式。因为这类消费的增加可以提升居民的生活品质，提升劳动者的综合素质。在索洛模型的框架中，人力资本积累是广义技术水平的重要组成部分，是经济长期发展的动力之一。我国改革开放初期劳动密集型产业的成功，不仅是由于我国庞大的人口基数，更得益于新中国成立后卫生、教育等服务的普及培养了大量适应现代化生产关系的劳动力资源。由此可见，由投资拉动转向消费拉动、由实物资本积累转向人力资本积累是我国经济发展模式转变的可行方向。经济转型要以人力资本积累为核心，消费拉动不能单纯依靠初等消费的拉动，而是要逐渐增加对医疗、教育、文体等资源的投入和人才的培养，引导这些行业的发展，从而满足居民高层级的消费需求，以提高居民的人力资本积累。

2008 年以后，居民最终消费占 GDP 的比例有所提升，从 48% 上升到 2016 年的 54%。而这一时期对应着广义技术进步对经济增长的贡献率大幅提升。索洛增长模型的回归结果显示，代表技术进步贡献的系数在 1990—1997 年不显著（贡献度为 0），1998—2007 年为 1.98，而 2008—2016 年，技术进步的贡献度上升到 4.28。从人力资本积累的角度看，如果将居民的教育和医疗消费支出看作人力资本积累，那么人力资本积累对经济增长有显著的贡献。卢卡斯增长模型检验[①]显示人力资本对经济增长的贡献从1998—2007年的不显著到2008—2016年上升至1.50。以上结果说明发展高层级消费带动人力资本积累是我国经济转型的趋势。而人力资本积累所需的医疗、教育、文体等行业的发展为居民提供了更高级的消费对象。而以上各类设施的建设和运营也为房地产业的进一步发展提供了有利条件，为房地产业满足居民优质的居住需求提供了基础。如果继续依靠资本积累拉动经济增长，那么必然离不开“土地财政”和房价拉动。我国的房价已经处于高位，即使只考虑房地产业本身的发展，这么高的房价也已经有竭泽而渔的苗头，从未来房地产市场健康发展的角度看，传统的经济发展模式也不宜持续下去。

（二）房地产业是经济发展模式转型的重要助力

由于房地产业是经济发展的支柱产业，房地产业本身的发展转型同样能够促进整个经济发展模式的转型。

我国房地产本身正面临着由量向质转变的转折点，我国的套户比已经超过1，人口老龄化趋势明显，2019年城镇化率也已经达到60.6%的相对高点，继续高速大规模增长已经没有相应的基础，未来房地产业的发展必须转换发展路径。按照王艳飞等人[②]的研究结论，房地产业可以采取如下措施实现转型。

1. 调整发展战略，进行多元化发展。房地产业应该由单一的地产开发向城市运营、生活服务、产业引导的战略转型，主动转换发展定位，更好地服务社会需求和社会民生。从战略定位上要重视运营和服务业务，向配套商、运营商、服务商转变，改变传统拿地—开发—销售的单一发展模式。房地产业可以加快在非物业开发业务领域的拓展，向行

---

① 详见附录12-2。

② 王艳飞，巫志华，谢海生．我国房地产企业转型特征、路径及建议研究［J］．建筑经济，2019，40（5）：16-19.

业细分领域、消费短板领域、既有空间整合领域拓展。现有的发展经验表明，通过专业化的资产管理和物业运营，房地产企业可以有效提升物业资产价值。

2. 以住房、资产、需求和产业链整合为抓手，加强服务，重视运营，弥补短板，拓展空间。第一，以提升住房品质和服务为中心，增加住房配套服务、寻求增值点是房地产企业延长产业链的重要方式。第二，房地产企业通过持有和运营物业可以获得稳定、持续的租金和管理收益，并通过物业运营提升资产价值，分享资产的增值收益。第三，在消费需求持续增加且个性化、差异化凸显的背景下，房地产企业应以需求为导向，加快提供与产品配套的服务，弥补中国高品质消费品短缺的短板。第四，为适应产业升级的要求，房地产企业可以利用综合开发、资金等方面的优势，以发展产业构建为导向，向特色小镇、产业园区、产业新城领域拓展，形成“开发 + 产业”的综合开发模式，构建产业驱动的转型模式，助力中国城镇化发展。

3. 提升运营能力，加强资源整合，探索金融支持，强化相关研究。第一，持有和运营物业对企业经营能力、专业化水平、持有成本等提出了较高要求，运营管理能力是房地产企业转型成功的核心要素，也是提升物业资产价值和形成新收益增长点的重要途径。第二，房地产企业由开发商转向城市运营商、生活服务商，既需要准确把握城市建设和社会发展的战略、方向，也要具备较强的资源整合能力，特别是根据业务拓展方向和自身特点强化资源的有效整合。第三，自持物业和服务消费领域的运营管理前期投入大、资金回报周期长、收益较低，以贷款、发债为主的传统融资方式难以适应持有运营模式的需要，探索以 REITs 为代表的新型金融服务势在必行。第四，前期研究储备是房地产企业进入新业务领域的重要支撑。房地产企业要根据自身在开发和运营上的优势和经验，确定轻重资产模式，制定多元化的业务策略。

以上房地产业的转型路径无一例外都强调房地产业需要在非资本积累方面寻找长处和优势，获取高收益不再是因为房价上涨预期而是自身服务和技术能力的提升。由于住房的本质属性是居住，通过服务和技术提升资产价格的行为实际上是提升了居住品质，进而提高了价值，这与“房住不炒”的政策基调是一致的。

房地产业自身发展方式的转变对经济发展模式转变有着重要的促进作用。

首先，房地产业在中国的资本积累当中起着重要作用，以开发—销售为代表的一次性盈利经营模式在我国住房相对不足的时代起到了重要作用，既符合房地产企业快速发展的现实需求，又为地方政府筹措发展资金提供了便利。但随着市场环境的变化，房地产业向持有和经营为代表的持续性盈利经营模式转变既符合前文提及的房地产业转型，又会使地方政府卖地筹钱的方式逐渐走向消亡，进而从两个方面大幅提升现行高积累增长方式的成本：一是房屋升值来源将主要从地租收益转变为服务收益，地方政府靠土地将无法获得大量资金；二是房地产企业会更加热心于经营而非土地开发，降低土地收益，这都会迫使地方政府自行寻找转型路线。

其次，房地产业转型本身也就是在推动经济发展模式的转变，由于房地产业本身的支柱产业地位和与其他产业关联效应较强，房地产业有着很强的示范效应。房地产业转型本身就是改变以往以量为主的增长模式。提升运营能力，加强资源整合，探索金融支持，强化相关研究本身就是要求房地产企业必须不断提升自身的生产率水平。以加强运营为例，随着信息技术的发展，人们需要的产品和服务触手可及，房地产企业通过互联网、大数据、物联网等技术，对目标客户、消费人群、消费区域和市场特征进行整合，感知消费习惯、预测消费趋势、评估消费行为、输出管理方案，对平台运营进行精细化管理，实现运营决策和管理能力的提升。推动房地产运营的信息化，可以有效带动上下游行业的信息化建设，为中国经济发展提供新动能。

再次，随着房地产业的转型，其产生的影响本身也会促进整个社会经济发展方式的转变，有着深远的长期影响。例如房地产业通过各种手段提升全社会的人力资本水平，由于人力资本水平的提高带来的个人收益提升会促使人们对自己或下一代进行人力资本投资，长期看会显著提高整个社会的经济增长质量和增速，这是一种潜移默化的长期影响。

需要注意的是，经济发展方式转型要切记不能操之过急，必须契合中央“稳地价、稳房价、稳预期”的政策基调。我国的“土地财政”制度并不是上层凭空设计出来的，而是在中国实践中逐渐探索形成的，有很强的历史合理性，而且目前仍然是中国许多地方的重要基础性经济制度。我国注重资本积累的经济增长方式更是在东亚得到了验证，是符合经济增长基本原理的。但是任何事物都有其适用范围，经济制度也不例外，随着外部环境的变化，经济制度也应当随之改变。在外部环境没有发生剧烈变化的时候，我们也不宜对经济制度做剧烈改动，而是应当研究与预判外部环境，对它们的改进与替代应逐步推进而非一蹴而就。

就我国当前的经济实践看，房地产业的主要盈利方式仍然是开发销售的经营模式，物业开发仍是房地产企业最主要的业务和营业收入来源，如果贸然要求房地产企业全面转型，会造成市场不稳，考虑到我国地方政府巨大的土地质押规模，任何破坏市场稳定的行为都可能通过地方债务危机引起金融和房地产业双双崩溃。从国际经验看，无论是1990年日本主动刺破房地产泡沫还是2007年美国次贷危机都带来了经济大动荡，产生了极其恶劣的宏观经济后果，严重影响了经济发展。对比美国和日本，我国房价和房地产市场与金融的捆绑程度更深，与地方经济发展密切相关，而且我国的宏观经济稳定性更差，任何改革与转型都需要谨慎而行。

经济发展是人民生活提高的最终来源，任何一个产业都应该顺应经济发展的潮流，结合自身特点发挥作用。作为大型经济体，中国经济高速增长已经持续40年，也已成长为世界第二大经济体，现在已经走到了转变经济发展方式的十字路口。房地产业应认真总结过去的发展经验，准确预判未来的发展方向，在新的增长路径中重塑自己的产业地位。

第四篇
房地产业制度设计与长效调控机制建设

第十三章　房地产政策国际对比研究

我国房地产市场化起步较晚，自 1998 年住房市场化改革至今只有 20 年左右的时间。其间，我国也制定了一系列相关法律、法规及部门规章制度，这些法律法规对我国房地产市场健康发展起到了重要作用。但是从我国经济发展的长远目标看，现有的法律、法规体系还不完善。在当前经济下行压力下，针对房地产市场一枝独秀、房价高企的问题，原有的政策法规已经不能满足当前经济发展的需要。

本章主要在借鉴国外房地产市场有关方面的立法经验，结合我国房地产市场的现状及未来健康平稳发展的需要，为构建具有中国特色的房地产市场法律法规体系和国家制定房地产业相关政策提供参考和依据。

第一节　房地产制度建设的国际经验

“以人为鉴，可明得失；以史为鉴，可知兴替。”我国的房地产市场需要广泛吸取国际经验和教训，结合我国国情，走出有中国特色的房地产市场健康发展之路。本书重点借鉴了德国、日本、美国和新加坡四个发达国家的房地产市场法律法规，总结四个国家房地产市场发展过程中的得失经验，帮助我国房地产市场平稳健康发展。

一、德国房地产制度的特点

自二战以来，全球发达国家房地产市场价格均呈现大幅上涨的趋势，但是德国属于例外，尽管也经历了住房“紧缺”时期，但是房价长期看比较平稳。我们知道德国的房地产市场制度比较完善、居住保障体系比较完备，并且属于典型的把市场化调节和国家行政调控相结合的市场。因此，德国房地产相关的制度建设经验值得我们研究借鉴，主要体现在以下几个方面。

第一，法律给予住房的准公共物品定位，侧重居住属性。德国把住房作为国家社会福利体系的重要组成部分，德国《民法典》规定了公民的居住权利，保证公民的基本居住条件，是国家和政府职能的基本体现。法典还明确联邦与各州政府在住房建设和保障方面的权力。因此，保障居民住房需求也被写入德国的《基本法》和《住宅建设法》。1950年和1956年，德国分别出台第一部和第二部《住房建设法》鼓励增加住房供给，此后还陆续颁布《住房补助金法》《住房租赁法》支持租赁市场的发展。此外，针对低收入家庭或者其他原因住不起合适房子的群体，德国政府还制定了向低收入家庭倾斜的住房政策，比如社会福利费和住房津贴等政策。因此，德国房地产业的准公共物品特征比较明显，核心目标是满足社会不同群体的合理居住需求。[①]

第二，供给与需求相结合的方式多渠道保障居住需求。供求平衡是德国房地产市场稳定的一个重要原因。二战以后，大量房屋遭损坏，德国住房严重紧缺。1950年和1956年德国出台第一部和第二部《住房建设法》，以国家财政力量鼓励房地产企业增加住房建设。同时，国家还鼓励私人建房与合作社建房。因此，从1950年到1959年，德国大约累计供给600万套住房，其中55%是在国家财政支持下建成的，这基本缓解了二战后德国住房短缺550万套的问题。20世纪60年代，德国“婴儿潮”时期人口增长迅速，为了解决住房需求问题，政府还大力推进租赁住房建设，通过向企业提供长期无息住房贷款的形式，规定企业在一

---

① 刘中起．德国住房政策对中国的借鉴——以德国为例［J］．中国名城，2014（10）：56－61.

定时期内将住房以低于市场租金的价格出租，差额由政府补贴。政府也鼓励私人投资、建设租赁住房，政府给予免税或者直接补贴。[①] 因此德国租赁市场比较发达，租房成为一种居住常态，根据《德国统计年鉴2017》，德国平均自有住房率为46%，承租率为54%，其中柏林自有住房率仅为14%，汉堡仅为23%。

除了住房供给量的支撑外，德国政府还注重需求端的支付能力。根据《住宅补贴法》和《住房补助金法》，德国政府按不同家庭收入和房租支出水平提供相应的房租补贴，以解决中低收入家庭的住房问题，该政策可以覆盖86%的住房需求群体。德国住房金融机构比较发达，截至2019年2月，德国共有1 579家银行，其中政策性银行达到1 459家，政策性银行比例达到92.4%。[②] 政策性银行基本都会参与住房信贷业务，其中比较典型的是住房储蓄银行、房屋建筑协会、不动产抵押银行等。[③]

供给不仅要与人口相匹配，也要考虑住房消费升级。1979年到2011年，德国人口总量基本停止增长，并且1978年套户比已经达到1.21，整体住房供需紧张的情况已经不存在，但是这个阶段新建的成套住房仍然占到全部存量的27%。背后的原因是改善性需求和结构性需求的增加。[④]

第三，非"支柱产业"，弱化经济对房地产的依赖。如上一段论述，房地产业在德国属于福利性质的服务型产业，并不属于经济发展的"支柱产业"。德国经济之所以能持续稳定健康发展，关键在于德国坚持发展实体经济和生产性服务业。汽车、机械制造、化工医药和电子电

---

① 陈洪波，蔡喜洋．全球房地产启示录之稳定的德国［M］．北京：经济管理出版社，2015：124－127.

② 数据来源于Wind数据库。

③ 张江涛，闫爽爽．房价稳定与政策性住房金融体系：德国的启示［J］．金融与经济，2017（6）：47－53.

④ 陈洪波，蔡喜洋．全球房地产启示录之稳定的德国［M］．北京：经济管理出版社，2015：40.

气是德国传统四大支柱产业，新能源和环保技术也是其优势产业。因此，德国没有依靠房地产投资拉动经济增长，同时，也没有通过抬高当地的土地价格和房价增加政府的财政收入。

第四，通过法律法规弱化“投资属性”，打击房地产市场“投机炒作”。完善及严厉的税收制度是德国房地产市场稳定发展的重要原因之一。土地税、所得税、不动产交易税、资本收益税等多种税收制度遏制投资炒房获取暴利。税种设计可以覆盖房地产业链各个重要环节。

德国《土地税法》规定所有人的土地及地面建筑都要缴税。农业用地的税率指数为6‰，建筑用地的税率指数为3.5‰。实际缴纳的税率是由税率指数和各市镇裁定的税率乘数之积决定的，各市镇每年年初决定下一年度的税率乘数，州政府可以限制市镇土地税率的上限，旨在防止政府单方面追求税收收入而加重民众的负担。所得税方面，在德国投资房地产所得的收入和房产出租的收入均需要缴税，个人和企业的所得税率在15%～45%，税率实行超额累进制。为了限制住房投资炒作，德国法律还规定，如果住房自住超过10年就不用缴纳所得税，如果10年内卖出不超过2套房产，就要征收所得税，如果5年内卖出3套及以上的房产，除了正常征收所得税外，还要对增值部分征收25%的资本利得税。不动产交易税是按照成交价格课税的，从2006年9月1日起，德国各州可以自行决定交易税的税率，比如黑森州为3.5%，柏林和汉堡为4.5%，勃兰登堡州自2011年起提高到5%。交易税由买卖双方共同承担，为了避免出现规避交易税的情况，法律规定即使购买房产所属公司的股权，如果超过95%，同样征收交易税。①

过高的房价或者获取暴利在德国被视为违法，房地产商要承担法律责任。根据德国《经济犯罪法》，如果房地产商定价超过“合理房价”

---

① 许兵，孟学礼，孔炜．德国房地产市场保持平稳的经验［J］．中国货币市场，2011（4）：13－17.

的20%，即被视为“超高房价”，已经构成违法行为。如果开发商不下调房价到合理水平，将面临一定金额的罚款。如果房价超过“合理房价”的50%，即被视为“房价暴利”，将会触犯《刑法》构成犯罪，开发商会面临更高额度的罚款，甚至还会判处三年以下有期徒刑。①

第五，大力发展公共租赁住房。德国1971年颁布了《住房租赁法》保护承租人的权益。二战后德国的经济开始逐渐恢复，20世纪60年代出现人口生育高峰，住房需求急剧上升，普遍出现了房东随意解除合同、调高租金的情况。《住房租赁法》对租房市场进行了严格的规范，比如，对租房合同订立、履行、租金水平的确定及涨幅的约定等都有明确的要求。同时，该政策促进了租赁住房的市场供给，对房东也有相关约束，以此保证租房群体的合法权利，规范租赁市场的发展。2001年出台了《住房租赁改革法》，主要体现为加大对出租人的权益保护力度，比如增加房东的知情权，未经房东允许，不得随意改装房屋；增加房东的平等待遇权利，可以向不同人群收取不一样的房租等。该政策有利于增加出租房屋的供给量。②

严格限制租金水平。一是针对已经签约的情况，当地房管局根据实际情况综合制定房租标准，房东在3年内累计租金上涨幅度不能超过20%，如果签约租金高于该标准的不允许涨价。二是针对新签约的情况，房东和租客可以协商房租，租金可以高于指导价格标准，如果在存续期内涨价，就适用可比价原则。③

德国有《住房中介法》规范中介市场。中介人员大多受过职业培训。《财产估价法》严格限定了估价的工作程序和收费标准。为了增加房租的透明度，德国多数城市都制定了被称为“房租明镜”的基准参考价格表，

---

① 裴凌罡．德国政府对房地产市场的宏观调控政策研究［J］．全国商情，2016（29）．

② 陈洪波，蔡喜洋．全球房地产启示录之稳定的德国［M］．北京：经济管理出版社，2015：127－128.

③ 同①。

该标准一般由住房管理机构、租房者协会及住房中介商协会等机构制定，最终确定的租金要在基准表约束的范围内。《房产中介法》禁止中介乱收费，如果中介随意收取中介费，将会处以高额的罚金。①

第六，构建支持房地产业发展的金融保障体系。住房金融保障体系是德国房地产市场平稳发展的重要影响因素。主要表现在以下三个方面：

（1）住房抵押信贷的稳定性。住房抵押信贷政策的稳定是德国住房市场稳定发展的重要影响因素。德国住房抵押贷款多数以固定利率为主，尤其是五年及以上的中长期贷款，70%采用固定利率，一般期限为20～30年。稳定的利率大大减弱了信贷政策变动对房地产市场的影响，更主要的是稳定了居民购房成本的预期。德国住房金融二级市场发达，银行可以用资产证券化的方式或者利率、期限不同的负债对冲固定利率造成的风险。

抵押资产增值部分不能加按揭，同时抵押贷款比低于60%，购房者的首付比例超过40%。可见，德国住房信贷的杠杆率比较低，能够有效避免房价上涨造成抵押资产价值升值，进而刺激购房需求上升，进一步造成房价上涨的恶性循环。同时，抵押贷款的利息不能抵税，这就限制了家庭的负债水平，加大了购房成本与家庭收入水平的相关性。②

（2）住房储蓄制度。德国的住房储蓄制度有两大特征。一是固定利率、低息互助；二是政府的储蓄奖励。该制度具有先存后贷、存贷结合、专款专用的特点。一般当储蓄达到所需贷款额的40%～50%时，才有资格贷款。住房储蓄存款因为资金来源直接，中间环节较少，降低了资金成本，多年来住房储蓄利率基本保持在6%以下，且贷款实行固

① 佚名．德国房地产“法网恢恢”［J］．求知，2004（9）：45.

② 梅琼，黄瑞玲．借鉴德国经验建立健全房地产健康发展长效机制［J］．发展改革理论与实践，2017（10）：55－59.

定利率。政府奖励参加住房储蓄的行为，奖励一般分为两种：一是储蓄奖励，任何16周岁以上，年收入5万马克以下的单身家庭，每个月不超过1 000马克的住房储蓄可以得到政府每月最高100马克的储蓄奖励；年收入10万马克以下的单身家庭，每个月2 000马克以下部分的住房储蓄可以得到政府每月最高200马克的储蓄奖励。二是购房奖励，通过住房储蓄进行的建房活动可以获得政府给予的贷款总额14%的贷款补助。①

（3）金融担保债券。全担保债券是欧洲国家进行住房建设融资和其他公共事业建设融资的重要方式。发行机构具有高信用等级，因此，风险相对可控。一般而言，全担保债券的投资者拥有双重追索权，对全担保债券的资产池抵押品拥有优先追索权，对发行机构的其他资产抵押品拥有一般索偿权。这样就能够有效降低投资者的风险，吸引市场资金流入，增加住房建设资金的供给规模。②

第七，小城镇发展战略，城市均衡性发展，人口集中度低。德国的小城镇战略构成德国城市和乡镇结构的基础。德国明确实行小城镇战略。德国城市发展均衡，大中小城市并行发展，少数大城市是全国城市龙头，中等城市形成区域经济、文化和交通的中心，众多小城镇遍布全国各地。小城镇距离大中城市半个小时到一个小时的车程，并且不少小城镇是产业集群的所在地。德国人口有8 200多万人，但人口分布均衡，100万人的城市仅有柏林、汉堡、慕尼黑和科隆；50万人以上的中等城市10个；10万人以上的城市70多个；乡镇数量超过13 500个，75%以上的乡镇人口少于5 000人。德国城镇化率较高，但是大部分人口都集中在中小城镇。③

① 陈洪波，蔡喜洋．全球房地产启示录之稳定的德国［M］．北京：经济管理出版社，2015.

② 梅琼，黄瑞玲．借鉴德国经验建立健全房地产健康发展长效机制［J］．发展改革理论与实践，2017（10）：55－59.

③ 丁声俊．德国小城镇的发展道路及启示［J］．世界农业，2012（2）：60－65.

与城市结构分布相对应的是德国经济、文化、教育和公共服务等资源分布也相对合理。因此，德国农业劳动力在进城过程中没有出现向少数大城市集中的局面，减少了区域经济发展的不均衡。人口分布合理，经济发展均衡，这为房地产市场的健康发展奠定了基础。①

二、日本房地产制度的特点

二战后，日本城市住房大量损坏，随着士兵复员回国、农村疏散人口回城，城市人口迅速增长，住房缺口剧增。日本政策颁布了一系列政策增加住房供给，并取得一定的成效。随着日本工业化的快速崛起，1965 年日本进入“伊弉诺景气”，1968 年 GDP 达到 1.6 万亿美元，成为世界第二大经济体，经济的快速增长及人口向都市圈集聚，“列岛改造计划”带来了建设热潮进而带动房地产市场快速发展，尤其是这个阶段日本战后出生人口进入生育年龄，新生人口的增加造成对住房需求的快速上涨，日本政府通过大力发展租赁住房及多主体供给等政策，解决了市场住房需求问题，这段时间与我国目前情况类似，有不少可以借鉴之处。1985 年 9 月，日本签订《广场协议》，此后的一系列政策给日本房地产市场埋下隐患，接着股市下跌传导到房地产市场下跌，最终导致日本经济进入长期低迷状态，其间有些政策的实施值得我们警惕。

第一，完善的不动产登记体系。日本重视不动产登记制度建设，二战后还把一些先进的现代管理理念引入土地管理制度。日本的土地管理制度分为三个体系：第一体系为国土建设省，是自上而下负担了决策、计划、控制、督促等宏观管理功能的行政管理部门；第二体系为法务省土地登记局，是负责法律的落实和监督等职能的司法管理部门；第三体系为以科技手段提供各种技术标准，进行实际操作的土地科技服务部门和人员。各个体系间互相制衡，互相联系。这不仅能够保证信息资料的准确性，而且能够保障各个部门政策制定的独立性和高效性。

---

① 丁声俊．德国小城镇的发展道路及启示［J］．世界农业，2012（2）：60－65.

第二，制定整体住房建设规划。日本住房建设的总目标是：与国民经济发展阶段相适应，与家庭结构以及居住区域特点相适应，为全体国民提供良好居住环境。1966 年后，日本制定《住宅建设规划法》，规定自 1996 年起，每五年为一个阶段，由建设大臣制定该时期的住房建设规划，明确五年内的建设目标。第一个住房建设规划五年期间（1966—1970 年）计划建设住房 670 万套，基本实现"一家一住房"；第二个住房建设规划五年期间（1971—1975 年）计划建设住房 950 万套，预计达到"一人一室"的目标；第三四个住房建设规划五年期间分别计划供给住房 860 万套和 770 万套，并提出"提高居住水准"和"从量到质"等口号。《住宅建设规划法》在日本住房紧张的年代最大限度地保障了住房的供给。①

日本的住房建设规划具有强制性、连贯性、完整性、可操作性等特征。日本国内法律强制要求编制和实施住房建设五年计划，相关规划要由内阁会议审定通过。自 1966 年实施建筑规划以来，日本共制定了八次规划，体现了政策的连贯性。从规划的结构看，不仅有全国层面的规划，也有区域级的规划，还有都道府县级的规划；既包括政府资助资金建设的住房规划，又包括民间力量建设住房的规划，体现了规划的完整性。日本住房规划的可操作性也比较强，衡量指标包括居住水平和居住环境两个方面，每个指标都可以细化到更具体的指标，比如居住水平可以从居住用房面积、配套设施等维度考量。②

第三，构建服务中低收入群体的住房供给保障体系。日本政府为中低收入群体构建了多层次住房保障体系。一是供给主体的多层次，既包括政府背景的地方公共团体、住房公团及住房金融公库，也包括民间非营利组织——住房供给公社和商业营利组织——建设公司。二是供给对象的多层次，包括公营住房、公团住房、公库住房、公社住房和企业职

---

① 杨书臣．日本的住宅政策——兼谈对我国的启示［J］．日本问题，1988（1）：36 - 39.

② 马庆林．日本住宅建设计划及其借鉴意义［J］．国际城市规划，2012，27（4）：95 - 101.

工福利住房。公营住房一般由地方公共团体通过自主建房、收购、租赁民间住房等形式提供给低收入人群。公团住房主要面向中等收入群体进行出售或者租赁，该模式主要依赖民间融资，对政府财政压力较小。三是供给方式多层次，比如出租、出售、自建等。为了充分保障中低收入群体的住房需求，二战后，日本先后制定了《公营住宅法》《住宅金融公库法》《住宅公团法》《产业劳动者住宅资金融通法》《住生活基本法》等40多部住房保障相关的政策、法律、法规。[①]

上述三方面在日本住房紧张的时期对增加住房供给、保障居住需求具有重要的影响。但是，后期一系列政策的实施也带来了房地产市场泡沫的破裂，是我们引以为戒、值得警惕的方面。

（1）房地产业的投资属性趋强，导致房地产市场投机过剩。日本战后经济快速崛起并发展为世界第二大经济体，在《广场协议》签订后，日元的大幅升值导致国际资本流入日本，同时恶化了以出口导向为主的实体制造业的生存环境。随着实体经济下滑，实体投资下降，资本市场开始出现过剩的迹象，房地产市场和股票市成为资本流入的对象。

不合理的土地政策加剧了资本流入房地产市场的现象。按照日本当时的政策，企业如果贷款获得不动产，利息支出可以在计算利润时抵扣，购买的不动产还可以免交固定资产税，导致许多企业以购买不动产的方式避税。由于当时税改的目的在于减轻土地税负，体现为土地转让税率降低，计征价格严重低估，大大降低了土地持有环节的税负。这就造成企业倾向于将土地作为资产保有，待其增值，直接导致土地市场有效供给不足。1985年到1992年，企业购买了约47.3万亿日元的土地，1984年企业购买的土地量占家庭出让土地量的比重为10%，1985年迅速攀升到46%。[②]

① 张运书．日本住房保障制度的法理分析与借鉴［J］．现代经济探讨，2011（6）：88-92.

② 宋涛，尤方圆．日本房地产泡沫研究综述［J］．学术探索，2013（9）：44-47.

在上述因素的影响下，土地及房地产成为资本市场的投资目标，房价快速上涨。房价上涨的预期强化了房地产市场的投资属性，投资的自我增强作用凸显。

（2）宽松的货币环境、积极的财政政策导致大量资金流入房地产市场。自 1985 年《广场协议》之后，日元开始大幅升值，1985 年至 1988 年汇率上升了一倍左右。日本的出口工业受到巨大打击，直接导致经济增长率从 1985 年的 4.1% 下降到 1986 年的 3.1%。为了缓解因日元升值造成的经济下滑和通缩压力，日本央行开始大幅降低利率，官定利率从 1985 年的 5.0% 下降到 1986 年 3 月的 4.0%。抵押拆借隔夜利率从 1985 年底的 8.02% 下降到 1987 年的 3.81%。市场货币供给量迅速扩张，M2 增速从 1985 年的 9.3% 增长到 1987 年的 11.5%。1987 年西方七国首脑在法国巴黎召开卢浮宫会议，目的是稳定美元。日本受制于美国的压力及经济增速降低和物价水平持续走低的影响，在 1987 年 2 月将官定利率进一步降低到 2.5%，并且将该利率水平维持了 27 个月。①

日本政府同时实施积极的财政政策，1987 年 5 月实行了 6 万亿日元的扩张性财政政策，这包括补充增加 4.3 万亿日元资金用于公共建设项目，减税 1 万亿日元，向住房金融公库增加 7 000 亿日元强化住房金融。②

由于实体产业受到重创，又存在货币超发和财政扩张的情况，较低的利率使居民对于银行储蓄投资也失去兴趣，所以，大量居民把房地产和股票作为资产配置的主要方式，导致资金的大量流入，带动房价的快速上涨。

（3）靠房地产业拉动经济的宽松房地产政策导致资产价格快速上涨。日本在战后颁布了《住宅建设规划法》保障住房的供给，并出台一系列相关法案支持住房的信贷消费。日本早在 1975 年城镇化率就达

① 王雪峰. 日本房地产泡沫与金融不安全［J］. 日本研究，2007（1）：41－48.

② 同①。

到76%左右，此后30年都没有大幅度上涨，意味着城镇住房需求快速增长时代的结束。20世纪80年代，为了应对财政赤字及经济增速放缓，日本政府启动房地产市场扩大国内市场需求。出台的主要政策有：增加住房金融公库贷款对象，提高贷款额度，缓和收入低造成的住房消费限制。同时，为了应对土地紧张的局面，政策加大了对旧房改造、装修等存量住房的更新再利用。①

为了进一步刺激房地产市场的发展，日本政府逐步降低了开发企业的土地税费成本，降低个人住房转让的相关税费，并且鼓励居民的住房改善性需求。土地、住房等资产价格因此快速上涨，全国所有城市土地平均价格指数从1980年的123.17上涨到1991年的257.49，上涨了109.05%，其中住房价格指数从91.40上涨到190.2，上涨了108.10%。此时，全国沉浸在“房地产价格永远不会下跌”的臆想中，继续强化房地产市场的投资趋势，房地产市场的风险在逐渐提升。

（4）家庭部门负债率过高造成金融系统风险上升。1981年到1991年，日本居民的年均收入从554.9万日元增加到869.5万日元，此后日本经济进入衰退阶段，收入增长基本停滞，而居民的债务没有因此减少。1981年日本居民的年平均贷款偿付额为60.5万日元，到1991年增加到92.3万日元，债务涨幅与收入涨幅大致相当，但是债务呈现继续扩大的趋势，到2000年增加到143万日元。20世纪80年代，日本居民按揭贷款本息偿还额占收入比重约11%，2000年上涨到16.1%。经济下行使家庭金融状况进一步恶化，家庭的储蓄与债务差额从1991年的816.5万日元减少到2000年的775万日元。拥有住房和土地贷款的家庭，其贷款额在1991年时为224.4万日元，到1995年时显著减少了112.1万日元。经济衰退时家庭偿付住房贷款的压力越来越大，1995年到2000年，期限在6个月以上的住房金融公库贷款违约数从14 205件增加到33 306件，违约金额从1 937亿日元增加到5 002亿日元。当住

① 姜焕柱．日本住房政策简析［J］．日本研究，1991（3）：30－31.

房金融公库的贷款无法得到偿付时，金融保障协会就会接管贷款，这种案例从1990年的4 820件增加到2000年的17 757件。①

（5）不当的调控措施导致日本房地产市场泡沫的破裂。日本面对房地产市场和股票市场的泡沫问题采取了主动出击、刺破泡沫的决策。由于国内通货膨胀水平及房价较高造成的舆论压力，政府在20世纪80年代末开始实施紧缩的货币政策。日本银行从1989年5月开始收紧金融，到1990年8月，再贴现率由2.5%提高到6%。1989年大藏省（现为财务省）依据《巴塞尔协议》按照8%的自有资本比例大规模缩减贷款。1990年3月，大藏省对不动产总量进行控制。货币政策的转向直接导致股票市场泡沫破裂，股价开始大幅下跌，进而造成大量银行、企业及证券公司大幅亏损，公司破产导致大量不动产流转到市场，房地产市场短期供给量大增，房价开始下跌。②

同时，日本政府对房地产贷款和土地交易采取了严格管制。1987年7月，大藏省发布行政指导，要求金融机构严格控制在土地上的贷款项目，比如，房地产贷款增速不能超过总体贷款增速。因此，日本金融机构的房地产贷款增速迅速下降，从1987年6月的36.6%下降到1988年3月的10.2%。到1991年，日本商业银行实际上已经停止了对房地产业的贷款。企业只能靠卖掉持有的股票和土地偿还债务，金融机构也开始处置部分企业抵押的不动产，这进一步增加了市场土地供给量，土地价格大幅下跌。货币政策收紧提高了企业的借款成本，企业投资房地产市场的积极性大幅下降，并且在资产价格下降的预期下，银行考虑到企业抵御资产价值缩水的问题，给企业贷款的积极性进一步下降。这加大了企业资金链断裂的风险，不少企业因此倒闭。③

---

① 尹中立．日本政府调控住房市场的经验与教训［J］．现代物业（上旬），2011，10（2）：113－115.

② 宋涛，尤方圆．日本房地产泡沫研究综述［J］．学术探索，2013（9）：44－47.

③ 长城证券各国房地产市场系列研究之一《日本房地产泡沫破灭对中国的经验借鉴研究》，2017年10月。

三、美国房地产制度的特点

美国房地产市场至今已有200多年的历史，目前已经形成比较完善的房地产市场机制。通过研究美国的房地产市场法律及相关制度能够有效帮助我们认识房地产市场发展规律及相关法律法规对于市场的影响，从而对我国现阶段的房地产市场健康发展及相关政策的制定有较大的参考意义。

（一）以健全的“法律”规范市场

美国房地产市场主要依靠法律调节。房地产市场相关法律分为联邦法和地方法，内容涉及房地产市场运行的各个环节，对市场参与者的行为和规则都有明确的限定和要求。其中最主要的有《宪法》和《财产法》，对包括各种房地产权在内的产权做出明确的界定和规范；《全国环境政策法》《标准州的分区权力实施法》《标准城市计划权力实施法》等授权州和地方政府通过有关立法对私人房地产财产予以限制；《公司法》《代理和合伙法》《商业法》《保险法》等对房地产市场运行主体的行为和市场规则做出详细的要求；《房地产金融法》对房地产金融市场的主体和行为做出明确要求。同时，对房地产市场运行客体和主体进行具体限制的法规大多数是由地方政府制定，比如地方的规划法案、建筑条例、环境保护条例、房地产中介相关法规等。①

（二）通过立法保障中低收入群体的住房需求

1937年9月，国会通过了第一部合众国住房法案（《瓦格纳－斯蒂高尔法》），建立美国住房署，规定为低收入家庭修建公共住房制定长远发展计划，为地方住房机构的低房租工程和清理贫民窟工程提供贷款。1938年2月，通过《国民住房法修正案》，为私人公司的住房工程

① 郝寿义．美国和中国房地产市场的比较分析［J］．中国工商管理研究，1994（1）：61－63，7.

和农民住房提供抵押保险贷款。1941 年 1 月，根据罗斯福总统 8632 号行政命令，建立国防住房协调署，并提出要保障所有人都拥有体面的住房。1948 年 2 月，杜鲁门总统发表《关于房租控制与长期住房致国会的咨文》，咨文提出："国家有责任保证向我国全体人民提供像样的住房，我们应该以低收入家庭支付得起的租金提供简单适宜的住房"。其主要内容有五项：房租控制、更多地建造住房、着重提供出租住房、降低建筑成本、向最低收入家庭提供低房租住房。1949 年国会通过《全国住房法案》，指出美国的住房政策目标是"向全体美国人民提供体面、安全和整洁的住房"。规定政府对公共房屋收取的租金必须比私人房屋的最低租金再低 20%。1961 年肯尼迪政府期间，通过了《综合住房法案》，提出"为更美好的城市和住房改进提供机会"，内容包括增加低房租的公共住房；为中低收入家庭的房租和合住房屋提供长期低息贷款等。1968 年 5 月参议院通过《住房和都市发展法案（S3497 号）》。法案的十年发展目标是为美国家庭提供体面住房，计划十年内将完成 2 600万套住房的建造和修缮，其中 600 万套供给中低收入家庭。①

从国家战略层面看，美国政府把"居者有其屋"写进法律，成为政府的工作目标。1998 年的《居住质量和工作义务法案》提出"为所有公民提供体面且负担得起的住房"的理念。美国政府认为，如果一个家庭每年住房的支出超过年收入的 30% 就属于住房负担过重。②

（三）房地产金融市场比较发达

美国在 1929 年大萧条后，为了刺激经济，解决居民住房问题，先后制定了《联邦住房贷款银行法案》《有房户借贷法案》《联邦住房法》等一系列法案，建立了联邦住房银行系统，并建立联邦存款保险制度和

---

① 黄安年．美国政府的住房福利保障政策——从罗斯福新政到约翰逊"伟大社会"时期［J］．山东师大学报（社会科学版），1998（4）：35－40，71．

② 苏晶．从美国经验反思中国的房地产政策［J］．西部论丛，2006（9）：92．

住房贷款担保制度，解决了抵押贷款资金来源和风险管理的问题。为住房金融抵押贷款一级市场的发展奠定基础。

美国住房金融市场发达更多体现在其二级市场。1938 年，美国依据《国家住房法》设立了联邦国民抵押贷款协会（FNMA，也称为 Fannie Mae，房利美），主要业务是购买联邦住房管理局（FHA）和退伍军人管理局（VA）担保的抵押贷款，增加面向中低收入家庭的贷款供给。1972 年，房利美开始购买非政府担保的普通抵押贷款，为一级市场提供较好的流动性支持。1981 年，房利美发行了第一只抵押贷款证券。1970 年，依据《紧急住房金融法》设立了联邦住房抵押贷款公司（FHLMC，俗称 Freddie Mac，房地美），主要业务是购买普通抵押贷款，也购买联邦住房管理局和退伍军人管理局担保的抵押贷款。1971 年房地美发行以普通抵押贷款为基础的抵押转付证券，1983 年，发行第一只担保抵押债券凭证（CMO）。1968 年，根据《住房与城市发展法》将房利美一分为二，单独设立政府国民抵押贷款协会（GNMA，俗称 Ginnie Mae，吉利美），作为联邦住房与城市发展部的组成部分，吉利美既不从一级市场购买抵押贷款，也不在二级市场发行抵押证券，主要业务是向以联邦住房管理局和退伍军人管理局担保的抵押贷款为基础发行的抵押证券持有者提供按时支付本金和利息的担保。美国抵押贷款二级市场的主要产品分为三类：抵押贷款支持证券（MBS）、担保债务凭证（CDO）和信贷违约互换（CDS）。①

（四）房地产税收对经济和产业的促进和稳定作用

1. 房地产税在不同时期发挥不同的作用并与时俱进

美国在 1787 年《宪法》第一条第二款中授予联邦政府征收直接税的权力，其中包括房地产税。征税的目的主要是为了支付独立战争中巨额的经费开支。19 世纪中期，各州相继成立，为了应对财政危机，各

① 张其光．美国住房金融制度及对我国的启示［J］．人民论坛，2010（20）：134－139.

州政府开始引进一般财产税制度，其中包括与地和房屋相关的税收。20世纪初，随着城镇化进程的加速，房屋价格上涨造成居民房地产税负压力增加，美国政府开始推动针对低收入家庭和老年人税收减免的第一轮房地产税改革。20世纪70年代，美国经济陷入“滞胀”，房屋价格上涨进一步增加居民的房产税负担，各州开启了以税收限制为特征的第二轮房地产税改革。美国统计局数据显示，2002年后，美国房地产税占地方政府税收收入的比重不断提高，房地产税占地方政府税收收入的比重超过70%。①

2. 房地产税宽税基，高覆盖，有保有压，资本利得税约束投机炒作

美国房地产税主要在保有环节，对土地和房屋征收的房地产税（又称为不动产税）归属于财产税。美国的房地产税以“宽税基，少税种”为基本原则，即对除公共、宗教、慈善等机构的不动产实行免征外，其他的不动产所有者均要纳税，并且在保有环节的税种只有财产税。美国各州和地方政府的不动产税率不同，平均为1%～3%，并且每年都要由当地议会审批预算程序来重新制定。除了保有环节外，交易环节也要缴纳相应的税，一般交易税税率在2%左右。②

在美国，个人转让房产的资本利得要并入个人所得。美国法律认为，房产持有时间越长受通货膨胀影响越大，因此，以一年时间跨度为限，将资本利得划分为短期和长期，并实施不同的税率。在不考虑税收优惠的情况下，自2013年起，短期资本利得按照15%、28%、31%、36%、39.6%的累进税率纳税，长期资本利得采用10%和20%的低税率。同时，美国还考虑到年限和家庭情况，规定个人转让的住房持有时间超过5年且作为主要住房超过2年，可享受25万美元的免税优惠，夫妻联合申报免税额会翻倍。美国还实行递延纳税政策，个人出售主要住房后，如果两年内又新购了住房，且新房的买入价高于旧房出售价，

① 杨瑞娥．美国房产税发展经验及对我国的启示［J］．西南金融，2018（6）：35－40.

② 贾康．房产税改革：美国模式和中国选择［J］．人民论坛，2011（3）：48－50.

则旧房的资本利得可以不征税，但是新房的价格基数要变成购房价减掉旧房的资本利得，目的是以后出售该房产时，补收之前卖旧房暂时未征收的资本利得税。资本利得税在一定程度上保护了刚需及改善性住房需求，同时，也打击了对住房的投机炒作行为。①

3. 以支定收、合理评估、差异化征税

美国房地产税是“以支定收”的方式确定的。每年地方政府根据当年财政预算支出计划，再评估非房地产税来源的其他情况，根据两者的差额确定需要征收的房地产税总额，然后再除以房地产评估净值得到房地产税税率。美国各州评估机构和征管机构相互独立，州政府负责制定统一的评估标准和流程，地方政府负责建立评估体系，地方税务部门负责收税。美国房地产税的税基按照评估值的一定比例确定，主要由州政府负责完成。考虑到房地产价值会受到经济形势、政策等因素的影响，政府会定期对征收对象进行市场价值评定，力求估值准确，房地产税在不同州之间也存在较大的差异。② 同时，不同州还会对特定用途的房地产或者特殊群体，比如退伍军人、丧偶或者 65 岁以上老年人的房地产税实施减免政策，以减轻其负担。

4. 税收限制、双向制约

美国房地产税法一方面增加了持有住房的成本，抑制了住房的投资性需求，同时还制定了限制地方政府任意加税的一系列条款，主要包括房地产税税率的限制、税收收入限制、收入或者支出限制、评估价值限制和充分披露真实税率限制。

（1）房地产税税率的限制。美国有 36 个州存在房地产税税率限制，其中，24 个州分州、县、市、镇、学区等区域分别限制其税率或者限制总税率；有些州只限制州、县、市、部分县或学区的税率；有些州采取锁

① 梁先玲．论我国房产交易资本利得税的实现途径——基于英美两国经验［J］．经贸实践，2018（7）：106.

② 杨瑞娥．美国房产税发展经验及对我国的启示［J］．西南金融，2018（6）.

定税率，规定税率增长限制的办法，有的结合使用两三种限制办法。

（2）房地产税收收入或支出的限制。美国有36个州存在房地产税收收入的限制，其中，23个州规定了房地产税收增长限制，有些州对不同类别的房地产规定税收限制，有些对市或县规定税收限制。美国有9个州设置房地产税收入或者支出的限制。有些州将收入和支出限制综合使用，有些州则只限制收入或者支出。

（3）房地产评估增值限制。美国有18个州和哥伦比亚特区存在评估增长限制。主要是对各类型房地产评估价值的增长设定限制，或者对自住用房的评估价值上涨设定限制。

（4）充分披露真实税率的要求。美国有11个州存在要求充分披露真实税率的限制，主要分为相比上年增税时的披露（4个）、相对上年不增税或者减税的披露（3个）和恒定税率的披露（5个）。①

四、新加坡房地产制度的特点

作为亚洲四小龙之一的新加坡是全球人口密度最高的国家之一，经过半个多世纪的发展，成功解决了国民的居住问题，80%以上的高自有住房拥有率和花园般的居住环境，被联合国评为最适合人类居住的国家之一，也一度被视为“居者有其屋”的典范。借鉴参考新加坡的住房政策对我国住房制度的改革具有积极的促进意义。

（一）立法保障国民的居住问题②

新加坡比较注重住房领域相关法律的建设，通过相关立法分别对住房市场、土地市场和金融市场进行规范。

---

① 唐在富，冯利红，张耀文．美国房地产税制对中国的启示与借鉴——基于50个州房地产税制运行及税负结构分析［J］．地方财政研究，2016（4）：102－106，112．以上五段内容均来源于此。

② 黄程栋，朱丽，流端怡．新加坡住房体系建设的经验［J］．上海房地，2017（4）：46－51.

（1）住房发展法。新加坡政府1960年后公布实施《新加坡建屋与发展令》，设定了公共住房发展五年计划以确立住房发展目标，并设立房屋发展局（HDB）行使政府组屋建设、分配和管理职能。政府还颁布了《建屋发展局法》《特别物产法》等相关条例，为“居者有其屋”的住房目标提供法律保障。

（2）土地征用法。1966年新加坡政府颁布了《土地征用法令》，法令明确规定：政府有权征用私人土地用于国家建设，并且可以在任何地方征用土地建造组屋。政府有权调整被征用土地的价格，价格规定后，土地价格基本被锁定，任何人不得随意抬价。

（3）中央公积金。新加坡政府制定《中央公积金法》及相关修正法，该项法律不仅能够为组屋的建设提供资金来源，还能为居民家庭提供住房相关的贷款业务。

（二）构建多元化的住房供给体系满足不同收入阶层人群住房需求①

新加坡以政府保障和市场化的“双轨制”来满足该国不同收入阶层的住房需求，该项制度可以保证80%以上的中等收入家庭能够买到廉价的组屋，20%左右较高收入家庭可以自己购买私宅，购买力较弱的家庭可以租赁组屋。具体表现为三个层面。

第一，租赁组屋。新加坡政府规定：月总收入1 500新元以内的家庭均可以用不同标准的附有津贴的租金租赁组屋。其中家庭月总收入在800新元以内的可以租一房或者两房式的组屋，800～1 500新元的除了一房和两房组屋外，还可以租三房及四房以上的组屋。

第二，申请购买组屋。家庭月总收入不超过12 000新元的可以申请购买组屋。其中，月总收入不超过3 000新元的可以申请三房式组

① 中青班课题组，徐建忠，卢海林．新加坡住房制度及启示［J］．厦门特区党校学报，2017（1）：20－24.

屋；家庭月总收入不超过 8 000 新元的可以申请四房式或者更大单位的组屋；家庭月总收入不超过 12 000 新元的可以申请四房式或者更大单位的多代同堂家庭组屋。

第三，购买私宅。家庭月收入超过 8 000 新元或者 12 000 新元的，建屋发展局不负责提供组屋，该群体可以直接从市场上购买。

（三）科学、合理制定长期发展规划[①]

新加坡的概念规划主要着眼于长期，期限为 40 ~ 50 年。规划明确土地利用方向、结构和重点，为中长期发展“确立指导原则、政策和总体城市结构，将土地使用规划和交通规划相整合，为制定有效的法定总体规划提供理性基础”。概念规划每 10 年修正一次，并且每次修正都是在延续上一轮规划大致空间布局的基础上进一步优化，从整体上保证规划的延续性、一致性。

从规划执行效果看，1971—2011 年，新加坡发展空间布局基本遵循了第一版的规划方案，并逐步完善优化。总体规划是法定文件，一经发布就具有法律效力，必须严格执行。

多部门之间科学合理协助是规划顺利执行的基础。规划从设计到落地实施涉及部门较多，由于部门之间的诉求不同，因此会存在较大的分歧。不同部门需求的衔接、协调成为规划高效落地的重要保障。新加坡政府成立高规格的总体规划委员会（MPC），包括国家发展部、律政部、贸工部、环境与水资源部等各个政府部门以及相关领域的权威专家。在总体规划委员会的主导下，以市区重建局、建屋发展局、土地局、国家公园局、陆路交通局等法定机构专业人员为主体。委员会还承担着保证国有土地最佳使用效率的任务。

---

① 梁梦茵，汤怀志，范金梅．新加坡“多规融合”的启示与借鉴［J］．中国土地，2015（2）：37 – 39.

（四）通过科学合理设置房产税条款，积极落实“房住不炒”①

1. 限制房屋保有量。每个家庭仅能拥有一套组屋，购置组屋后如果想再买其他房产就必须卖掉一套组屋。

2. 限制房屋用途和年限。一般来讲，五年内组屋不能转让，也不能用于商业用途。如果业主出售的组屋持有时限小于一年就需要缴纳比正常使用高很多的房产税。

3. 房产税相对比较稳定，并且成为财政收入的重要组成部分，有效替代了土地出让金。新加坡税务局公布2018年房产税收入为46亿新元，较2017年增长4.7%，房产税占税收收入比重达到8.8%。2013—2015年土地出让的经营性收入在1.4亿～1.5亿新元，仅占房产税收入的3%。其间，土地支出在1.1亿～1.2亿新元，土地出让的净收入大致在0.2亿～0.4亿新元，并且这一趋势还在下降，可见土地出让金对政府财政的支撑作用较小。

4. 以宽税基和弹性税率结合下的市场手段实现“房住不炒”。新加坡房产税以房产年值作为计税依据。② 采用所有房源均缴纳房产税的“宽税基”原则并采取弹性税率的策略。以2015年新加坡房产税改革后的方案看，房源区别自住和其他，自住房源设置了8 000新元的免征额，采用累进税制，其他性质用途没有免征额。以年租金36 000新元（月租3 000新元）为例，如果自住，每年纳税额为（36 000 - 8 000）× 4% = 1 120新元；如果非自住，每年纳税额为36 000 × 12% = 4 320新元。可以看到非自住房源持有成本大大提高，这对稳定房价及落实“房住不炒”都具有积极的作用。

---

① 陈汉芳，梅建明．房产税计税依据：新加坡的经验借鉴与启示［J］．国际税收，2018（11）：62-65.

② 房产年值可以理解为政府认为在这个地区出租房屋一年所得到的收入。

表 13.1　2015 年后新加坡房产税税率参考表

用途	评估的房产年值（新元）	税率（%）	用途	评估的房产年值（新元）	税率（%）
自住	≤8 000	免征额	其他	≤30 000	10
	8 001 ~55 000	4		30 001 ~45 000	12
	50 001 ~70 000	6		45 001 ~60 000	14
	70 001 ~85 000	8		60 001 ~75 000	16
	85 001 ~100 000	10		75 001 ~90 000	18
	100 001 ~115 000	12		>90 000	20
	115 001 ~130 000	14			
	>130 000	16			

资料来源：2018 Property Tax Bills [EB/OL]。陈汉芳，梅建明．房产税计税依据：新加坡的经验借鉴与启示 [J]．国际税收，2018（11）：62 -65.

第二节　中国房地产政策回顾与实现机制

一、房地产政策的脉络

我国住房制度全面市场化以来，国家出台的房地产市场政策根据其目标不同，可分为指导型政策、规范型政策和调控型政策。指导型政策明确了房地产业的发展方向。规范型政策为房地产市场的发展建立了一系列的规章制度，为规范房地产一二三级市场运行以及市场上各主体的经济行为提供依据。调控型政策根据经济和房地产市场情况，对房地产市场的供求进行调节，确保房地产市场健康稳定发展。

（一）指导型政策的演进

在指导型政策方面，国家对房地产业的发展始终保持积极的态度，将房地产业作为保障民生的重要行业，以满足居民住房需求作为房地产业发展和调控的目标。

1998 年，国务院发布《关于进一步深化城镇住房制度改革加快住房建设的通知》，确立了停止住房实物分配，逐步实行住房分配货币化，建立和完善以经济适用房为主的住房供给体系。这标志着我国住房分配制度由福利式分配向市场化分配的重要转变。

2003 年，国务院发布《关于促进房地产市场持续健康发展的通知》，确立房地产业作为支柱产业。截至 2007 年，国务院多次下达通知，强调控制房价和加大廉租房、经济适用房和小户型商品房的供给。

2008 年后，面临国内外过剩流动性的冲击，房地产调控政策在加大保障性住房建设的基础上，强调遏制房价上涨。2010 年，国务院发布《关于坚决遏制部分城市房价过快上涨的通知》，2012 年，时任国务院总理温家宝 5 次强调房价合理回归，不能让房价反弹。同年，中央经济工作会议提出坚持房地产市场调控政策不动摇，继续加强保障性住房建设和管理。

2014 年以后，我国经济进入“新常态”，落后产能过剩、经济风险积累等问题突出。在此背景下，国家调控政策突出保证居民的居住需求，抑制投机投资性需求。2014 年 3 月，国务院总理李克强表示要增加中小户型商品住房和共有产权住房的供给。2016 年，国务院提出鼓励个人租房，完善租购并举的住房制度。同年，中央经济工作会议确立“房子是用来住的、不是用来炒的”指导思想。2017 年，党的十九大重申了这一指导思想，而且反复强调这一政策基调，在此基础上，2018 年 7 月政治局会议提出了“坚决遏制房价上涨”的政策目标；2019 年 4 月政治局会议再次强调“要坚持房子是用来住的、不是用来炒的定位，落实好一城一策、因城施策、城市政府主体责任的长效调控机制”。2019 年 7 月的政治局会议提出“不将房地产作为短期刺激经济的手段”。

住房制度全面市场化以来，国家对房地产业的指导型政策始终以保证民生、保障居民的居住需求为方向，以推动保障性住房、抑制房价过快上涨、严控投机性投资性需求为目标。这类政策保持着很强的一致性和连贯性。

（二）规范型政策的演进

规范型政策是国家在住房制度市场化以后，进一步补充和完善已经初步建立的制度。这类政策从土地出让、税收、信贷和市场操作等方面对房地产市场进行规范。

土地出让制度的规范化是这一类政策的密集区。2002 年，国土资源部签发《招标拍卖挂牌出让国有土地使用权规定》，规范土地使用权转让。之后，国务院于 2003 年下达通知要求解决土地协议出让时期遗留的历史问题。2006 年，国土资源部发布的《招标拍卖挂牌出让国有土地使用权规范》和《协议出让国有土地使用权规范》正式施行，进一步规范土地出让机制。2007 年、2008 年，国土资源部、国务院相继发出通知，打击捂盘惜售、囤地的行为。2009 年，财政部、国土资源部等部委发出通知，对土地出让金的支付方式进行规范。2017 年，国土资源部印发了《关于完善建设用地使用权转让、出租、抵押二级市场的试点方案》，着手规范土地二级市场。

税收方面，2005 年，国税总局发布《关于实施房地产税收一体化管理若干具体问题的通知》，明确二手房买卖必须缴纳个人所得税。2007 年，全国人大通过《中华人民共和国物权法》，确立财产的法律依据，税务总局开展 10 省市房产税“空转”试点。2008 年，房产税“空转”推广到全国。2011 年，上海、重庆作为试点，开始对部分个人住房征收房产税。

信贷方面，1998 年，中国人民银行颁布《个人住房贷款管理办法》。2005 年，银监会发布《加强信托投资公司部分业务风险提示的通知》，规范房地产信托业务。

市场操作方面，2000 年，国家计委、建设部联合发布《关于房地产中介服务收费的通知》，规范中介服务。2007 年，建设部、中国人民银行发布《关于加强房地产经纪管理规范交易结算资金账户管理有关问题的通知》，规范房地产经纪业。2011 年，发改委发布《商品房销售明码标价规定》，规范商品房销售活动。2017 年，住建部起草《住房租赁和销售管理条例（征求意见稿)》，开始规范房地产租赁业。

规范型政策在住房市场化确立以来不断完善和严格规范市场机制，也具有很强的连贯性。房地产市场税收制度的完善从房屋交易的营业税规范开始，扩大到将二手住房的交易和赠予纳入个人所得税，并逐步推进房产税的出台与试点。土地出让制度的规范化也从一级市场的法规制定、严格执行发展到对土地二级市场的规范。

（三）调控型政策的演进

调控型政策是国家为了保证房地产市场的健康均衡发展，对房地产市场的供求双方进行调节的一系列措施。调控措施以国家对房地产业的指导型政策为出发点，以房地产市场发展情况和宏观经济形势为依据，在规范型政策的范围内进行灵活调整。

2003 年 6 月，中国人民银行出台“121 号文件”，提高二套房首付比例，标志着房地产市场调控的开始。2003 年到 2008 年上半年，房地产市场高速发展，房价不断升高，这一时期的调控型政策以抑制投资规模、稳定住房价格为主要方向。2005 年 3 月，国务院出台《关于切实稳定住房价格的通知》（老国八条）。5 月，国务院办公厅转发建设部、发改委等七部委发布的《关于做好稳定住房价格工作的意见》(新国八条)，进一步加强对房地产市场的引导和调控，切实稳定住房价格。2006 年 5 月，国务院办公厅转发九部委发布的《关于调整住房供应结构稳定住房价格的意见》（国六条)，进一步加强市场引导和调控，引导合理消费，调控住房供应结构，控制住房价格过快上涨。

2008 年 10 月，全球金融危机爆发，在经济下行的压力下，国家出台政策促进房地产市场发展，包括加大保障性住房建设、鼓励商品住房消费、引导房地产开发、促进商品住房销售、支持合理融投资需求、减免住房销售营业税、取消城市房地产税。

2009 年，经济复苏，房地产业再次出现过热趋势，政策开始转向抑制房价。12 月，时任国务院总理温家宝在国务院常务会议上提出增加住房有效供给、抑制投资投机性购房、加强市场监管、大规模推进保障性住房建设四项措施（国四条），促进房地产市场健康发展，遏制房价过快上涨。2010 年 5 月，国务院发布《关于坚决遏制部分城市房价过快上涨的通知》。2011 年 1 月，国务院发布《关于进一步做好房地产市场调控工作有关问题的通知》（国八条），落实地方政府责任，收紧税收、信贷政策。2013 年 2 月，国务院办公厅发布《关于继续做好房地产市场调控工作的通知》，完善稳定房价工作责任制，严格执行限购措施，增加普通商品住房及用地供给。

2014 年，经济下行压力再次增大，国家再次通过刺激房地产业拉动经济增长。9 月，中国人民银行、银监会发布《关于进一步做好住房金融服务工作的通知》，支持住房贷款和房地产企业融资的合理需求。2015 年 8 月，财政部推行购买两年以上的普通住房对外销售免收营业税的优惠措施，同时，第二套房的个人住房贷款首付比例由 30% 降为 20%。

2016 年，经济稳中趋缓。房地产市场调控政策出现分化，一二线城市以控房价为中心，三四线城市以去库存为中心。2017 年，调控政策进一步升级，限购、限贷、限价、限售、限商的“五限”政策持续加码。有超过 60 个城市（含县）出台了限购、限售等政策，调控力度史无前例。

自 2018 年以来，住建部对于部分房地产市场变化过于剧烈的城市采用定点约谈的政策，调控时间、地点和手段更加精准。

调控型政策采用灵活手段调节房地产市场的供求。通过这类政策的变化调整可以看到其背后的思路是在经济增长与民生稳定之间进行权衡。在经济形势良好时，政策倾向于限制房价，防止房地产过热；在经济下行压力较大时，政策倾向于放松限制，甚至刺激房地产市场，通过房地产业拉动经济增长。

二、房地产宏观调控的效果

1998 年住房制度市场化改革以来，我国的商品住房价格呈现持续上涨的趋势，20 年来基本没有出现下跌。而我国的房地产调控政策从 2003 年实施以来也在不断调整和完善。有一种观点认为“房价越调越涨”，房地产调控没有起到作用。出现这种现象的主要原因是调控政策存在反复，经济下行时调控政策放松，造成了房价的反弹。如果按不同阶段分析，可以看到房价对调控政策的变动做出的反应。

（一）房价对调控政策的反应

关于房价对调控政策的反应，本书借鉴了“事件研究”（event study）的思路及方法。这一研究方法在金融领域有广泛应用，主要应用于探讨公司并购、收益公报、再融资等事件对公司股票价格的冲击。[①] 在研究步骤上，“事件研究”首先选定事件发生前后的一段时间作为研究的窗口期，再通过定价模型计算金融资产在窗口期内“异常收益”（abnormal return）的变化，以分析市场对该事件的反应速度。

在对调控政策的研究上，本书选取房地产宏观调控政策的转向作为事件，观察调控政策转向前后的一段时间内，商品住房价格的变化情况。考虑到住房价格的特殊性，采用定价模型计算异常收益的方法并不适用，因此本书以商品住房价格的环比变化替代。

我国的房地产调控政策自 2003 年出台以来，经历过几次方向性的转变。2008 年 10 月，为了应对国际金融危机，房地产政策由收紧转为放松；到 2009 年 10 月，经济复苏，房价出现过快上涨势头，房地产政策转为收紧；2014 年 9 月，经济下行压力较大，房地产政策再次放松；2016 年 9 月，政策再次收紧，全国 21 个城市相继出台限购限贷政策。

---

① 袁显平，柯大钢. 事件研究方法及其在金融经济研究中的应用［J］. 统计研究，2006（10）：31 -35.

从两次调控放松看，2008 年 10 月和 2014 年 9 月的放松政策有一定的相似性，都是主要通过信贷和税费的途径，影响市场需求。2008 年 10 月出台的政策有首套房贷款利率 7 折，首付比例最低降至 20%，公积金购房贷款利率下调 0. 27 个百分点，契税下调 1%。2014 年“930 新政”旨在加大对保障性安居工程建设的金融支持，积极支持居民家庭合理的住房贷款需求，增强金融机构个人住房贷款投放能力，继续支持房地产开发企业的合理融资需求。其具体措施包括放松首套房的认定，以“认房不认贷”为标准；首套房房贷利率调整为基准利率的 70%，首付比例降至 30%。2015 年“330 新政”，二套房首付比例由 60% 下降至 30%，成交满两年以上的住房转让免征营业税。

从房价的变化看，国家统计局公布的 70 个大中城市新建商品住房价格环比指数在 2008 年 8 月进入下跌区间，跌幅为 0. 1%。10 月调控放松以后，房价继续经历了 4 个月的下跌，于 2009 年 3 月开始回升，当月环比上涨 0. 1%。2014 年房价的下行周期持续时间较长，70 城房价环比指数于 2014 年 5 月进入下跌区间，在 2015 年 5 月房价回升，持续了 12 个月；而从政策放松到房价恢复上涨则经历了 7 个月的时间。

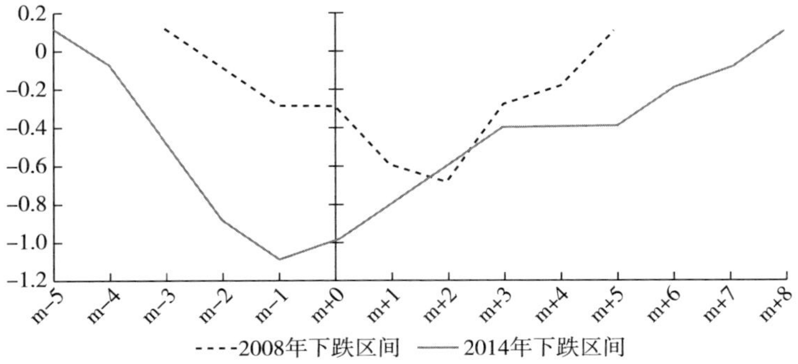

图 13. 1　2008 年、2014 年两次调控放松时期房价环比指数变化情况

注：横轴为以放松政策出台为基准调整后的时间，2008 年调控的 m +0 为 2008 年 10 月，2014 年调控的 m +0 为 2014 年 9 月；纵轴为 70 城新建商品住房价格环比指数。

资料来源：国家统计局。

从房价同比指数的边际变化情况看，政策出台的当月，房价同比增速都出现了一定程度的上扬。2008 年 10 月，70 城房价指数的跌幅为 0.3%，与上月持平。虽然受经济形势影响，房价加速下跌的情况到政策出台后的第三个月才得以扭转，但是可以看到政策出台的当月房价下跌速度明显放缓。而在 2014 年 9 月，这一情况更加明显，调控放松的当月房价加速下跌的趋势就得以扭转，70 城房价环比指数从上月的 -1.1% 上升到 -1.0%，之后环比指数逐月上升，直到 2015 年 5 月房价转降为升。

从调控政策两次由放松转向收紧的情况看，调控的收紧主要反映在限购、信贷与税费政策上，并且呈现政策逐渐加码的特点。调控政策第一次由放松转向收紧开始于 2009 年 10 月出台的“国四条”；2010 年 4 月，“国十条”出台，调控进一步收紧，施行严格的差别化住房信贷政策，第二套住房首付比例不低于 50%，贷款利率不低于基准利率的 1.1 倍。2010 年底到 2011 年初，上海、北京等城市出台限购政策，本市户口的家庭限购两套房，非本市户口且连续 5 年缴纳社保的家庭限购一套房。

2016 年房地产调控政策呈现差异化特征，在三四线城市房地产去库存的背景下，2016 年 9 月，北京等各大城市的调控政策收紧，标志着调控政策第二次由放松向收紧的转向。北京“930”调控政策将首套房首付比例上调到 35%，二套房首付提高到 50%（上海、深圳在更早的时候已经将住房贷款条件收紧）；天津、苏州、武汉等城市重新启动限购政策，并同样收紧贷款条件。

从 70 城商品住房价格环比指数看，房价对调控政策收紧的反应明显。2009 年 9 月，“国四条”发布的时候，住房价格环比从两个月前的 1.1% 下降到 0.9%，说明中央指导思想的转变对房价产生了一定影响。但是等到 2010 年 4 月（图 13.2 中 m +6 时点）“国十条”出台，收紧了房贷条件以后，房价增速骤降，2010 年 5 月以后在 0.2% 左右的水平波动。值得注意的是，2009 年 11 月和 12 月，“国四条”发布之后，房价反而出现了明显的上升。这说明在政策导向转变之后、具体限制政策

（尤其是信贷限制）出台之前，市场预期政策收紧，从而使部分需求提前暴发，推动了短期房价上涨。

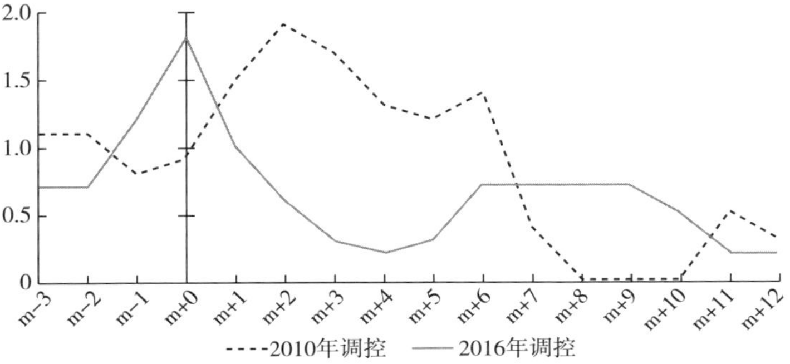

图 13.2　2010 年、2016 年两次调控收紧时期房价环比指数变化情况

注：横轴为以放松政策出台为基准调整后的时间，2010 年调控的 m + 0 为 2009 年 10 月，2016 年调控的 m + 0 为 2016 年 9 月；纵轴为 70 城新建商品住房价格环比指数。

资料来源：国家统计局。

2016 年各大城市在 9 月底 10 月初出台的房地产新政对房价产生了明显的影响。70 城房价指数在 2016 年 9 月环比上涨 1.8%。而在调控政策的影响下，之后 4 个月的房价增速持续下降，到 2017 年 1 月，房价指数环比下降到 0.2%，房价过快上涨的情况基本得到控制。

（二）房地产调控效力的变化①

从两次房地产调控政策由放松转向收紧看，2010 年调控政策收紧

① 本小节涉及的城市名单如下：一线城市包括北京、上海、深圳、广州，二线城市包括天津、重庆、南京、成都、大连、厦门、西安、济南、福州、沈阳、青岛、南昌、郑州、海口、杭州、武汉、苏州、长沙、合肥、长春，三四线城市包括珠海、东莞、昆山、常熟、绍兴、温州、舟山、金华、廊坊、南通、丽水、莆田、湖州、衢州、镇江、惠州、佛山、江阴、无锡、张家口、泉州、芜湖、赣州、香河、汕头、烟台、衡水、肇庆、唐山、桂林、秦皇岛、上饶、岳阳、泰安、徐州、安庆、宜昌、九江、北海、蚌埠、淮北、黄石、连云港、南充、池州、洛阳、襄阳、焦作、韶关、马鞍山、济宁、孝感、包头、吉林、泸州、常德、淮安、平顶山、锦州、遵义。

以后，房价上涨过快的情况得到了比较有效的控制；而2016年的调控政策收紧对一线城市的房价有较好的调控效果，但是对二线和三四线城市，调控收紧的效果较差，房价在调控政策出台之后仍出现了一定的反弹及持续上涨的情况。

从图13.3看，在2010年4月调控政策收紧以来，一线城市房价在较长一段时间内保持稳定或呈现小幅下降的趋势。根据中指数据整理的各一线城市的房价指数显示，北京的房价指数在2010年4月为98.0，到2011年4月，下降到84.1；同时期上海的房价指数从98.0下降到94.7；深圳从102.0下降到100.6。2016年10月，调控政策再次收紧，一线城市的房价在政策收紧之后再次趋于稳定。北京的房价指数在2016年10月以后维持在170左右，虽然2017年下半年上升到200左右，但在2018年重新进入170左右；上海的房价指数在2016年10月以后维持在190左右波动；而深圳由于严格执行限价政策，其房价指数在2016年10月以后基本固定在270的水平上。同时这些一线城市的房价对政策松动同样十分敏感，2019年下半年深圳放宽普通住房认定标准，深圳房价立刻对此做出反应，房价达到新的高点。

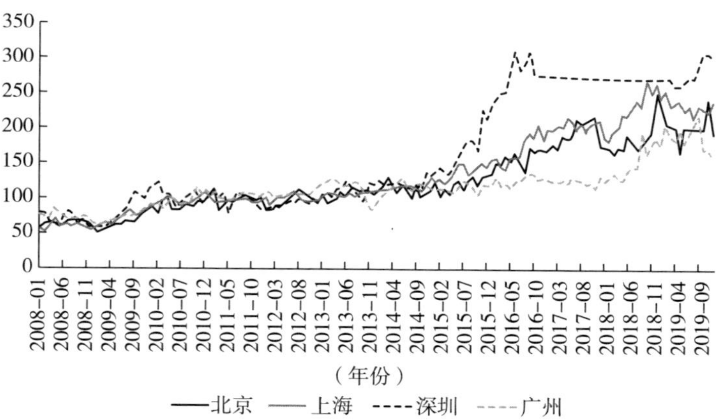

图13.3　4个一线城市新建商品住房价格指数

注：基期为2011年1月。

资料来源：中指数据，同策研究院整理。

对于二线和三四线城市，房地产调控政策的效力相对于一线城市较弱。从调控转向的时间点看，2009 年 9 月“国四条”和 2010 年 4 月“国十条”发布时，房价都有短暂下调，但是很快出现反弹，并继续上涨。直到 2010 年 10 月以后，二线城市的房价才趋于稳定，而三四线城市的房价直到 2011 年 3 月以后才趋于稳定。

2016 年，在房地产差异化调控的背景下，二线城市遏制房价过快上涨与三四线城市“去库存”战略并行。对于二线城市，房价在 2016 年 9 月调控政策全面收紧后出现短暂的大幅下调，房价指数从 9 月的 135.3 下降到 11 月的 118.1。但是随后房价出现反弹，到 2017 年 6 月，房价指数上升到 138.4，重新回到调控全面收紧前的水平。之后，二线城市的房价指数基本稳定在 140。但是从 2018 年 6 月开始，二线城市房价再次开始上涨，到 2019 年底已经上升到 189.3。对于三四线城市，在房地产业“去库存”战略以及棚改货币化安置的影响下，房价在 2016 年以后持续上涨。

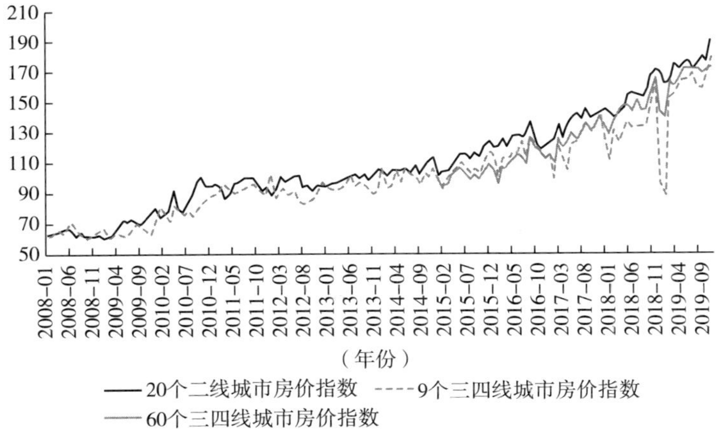

图 13.4　二线、三四线城市商品住房价格指数

注：基期为 2015 年 1 月，由于数据不可得，2008—2019 年仅有 9 个三四线城市数据完整。

资料来源：中指数据，同策研究院整理。

总的来说，房地产调控政策的效力差异主要体现在不同能级的城市之间。一线城市的调控效力较强，调控政策的转向能有效控制房价过快上涨。二线城市的调控效力在短期较为明显，房价在调控政策转向后出现明显下降，但是会出现房价反弹的现象。

（三）中国房地产政策的特征

1. 中国房地产制度的优势

（1）住房制度由计划经济住房配给制向市场经济住房消费制改变

新中国成立后，我国住房制度以计划经济体制为主，住房由国家管控。根据于思远①的分析，从 1949 年到 1978 年，城镇住房投资中，超过 90% 的住房投资由政府提供，到 1978 年城市住房中 74. 8% 是公有住房，并且这些住房主要由市政当局或者工作单位提供。城镇居民的住房实行福利分配制度，住房的分配标准是根据职工的职级、工龄、家庭人口等因素，在居住过程中仅需要缴纳很少的房租。

从 1979 年开始，我国开始进行“公房出售”的住房制度早期试点改革。此后住房私有化成为住房改革的发展方向，1998 年住房的货币化安置成为住房改革的标志性事件，此后，我国住房市场进入以市场化为主导的个人住房消费阶段。

（2）以保障居民的居住需求为核心目标

新中国成立初期，我国也比较注重居民的住房需求问题，一方面严格控制住房租金，同时，对住房进行投资建设。但是，1978 年之前，我国住房投资建设比例比较低。改革开放以后，为了克服住房短缺问题，邓小平同志在 1978 年 9 月北京召开的城市住房建设会议上提出，解决住房问题能不能路子宽些，譬如允许私人建房或者私建公助，分期付款等在当时比较先进的住房理念，这也为后期住房市场化改革奠定了基础。1986 年国家成立“住房制度改革领导小组”拉开了我国住房制

---

① 于思远. 房地产·住房改革运作全书［M］. 北京：中国建材工业出版社，1998.

度改革的序幕。1993 年十四届三中全会颁布了《中共中央关于建立社会主义市场经济体制若干问题的决定》，这从根本上确立了我国未来住房制度改革的方向。1994 年 7 月颁布的《国务院关于深化城镇住房制度改革的决定》，提出要建立与社会主义市场经济体制相适应的新的城镇住房制度，实现住房商品化、社会化，以加快住房建设并最终改善居民的住房条件。此外，政府还努力推进住房在保险、金融和贷款等体制方面的配套改革措施，建立和完善住房公积金制度，推动以不同价格出售公房，建立社会保障性住房制度。1995 年由中央政府启动了安居房计划，主要向中低收入家庭提供住房。1998 年房改后，随着住房市场化的不断深入，经济的快速发展和人民收入水平的不断提高，住房价格也不断快速上涨，2017 年党的十九大报告指出：坚持“房子是用来住的、不是用来炒的”定位，加快建立多主体供应、多渠道保障、租购并举的住房制度，让全体人民住有所居。再次强调了保障居住需求的核心目标。

（3）房地产业是带动经济发展的支柱产业

我国房地产业除了保障居民居住需求的功能以外，还有带动经济增长的支柱产业的作用。《邓小平同志关于建筑业和住宅问题的谈话》中记录了 1980 年 4 月邓小平同志对建筑业的看法：从多数资本主义国家看，建筑业是国民经济的三大支柱之一，这不是没有道理的。过去我们很不重视建筑业，只把它看成是消费领域的问题。建设起来的住宅，当然是为人民生活服务的。但是这种生产消费资料的部门，也是发展生产、增加收入的重要产业部门。应该看到，建筑业是可以赚钱的，是可以为国家增加收入、增加积累的一个重要产业部门。所以在长期规划中，必须把建筑业放在重要地位。与此相联系，建筑业发展起来，就可以解决大量人口的就业问题，就可以多盖房，更好地满足城乡人民的需要。随着建筑业的发展，也就带动了建材工业的发展。①

---

① 邓小平同志关于建筑业和住宅问题的谈话［J］. 中外房地产导报，2000（9）：4.

1986 年国务院成立住房制度改革领导小组，开始中国早期房改的筹划工作。初期以房租改革为试点，以房租收入支付建筑、修缮、维护等费用。在这个基础上，1994 年 7 月颁布《国务院关于深化城镇住房制度改革的决定》，明确提出要建立与社会主义市场经济体制相适应的新的城镇住房制度，住房投资将由国家、单位和个人分担，福利分房制度也将被建立在职级基础上的货币化分配替代。1997 年亚洲金融危机导致我国出口下降、资本外流、经济下行压力增大等问题。面对内忧外患，刺激内需成为带动经济增长的必然选择。房地产业由于较强的关联效应及在 GDP 中比重较高被视为新的经济增长点，因此，1998 年 4 月中国人民银行下发《关于加大住房信贷投入支持住房建设与消费的通知》，这是住房改革后首次明确支持房地产业发展的金融政策。同年 7 月，国务院颁布《关于进一步深化城镇住房制度改革加快住房建设的通知》，停止福利分房制度，开启了住房货币化改革。1999 年颁布《个人住房贷款管理办法》，对个人住房贷款取消限制，并规定了个人住房贷款执行优惠利率，真正激活了房地产的买方市场。伴随着货币化补贴及金融配套政策的支持，城镇居民的购房能力和积极性都有明显提高。城镇住房市场需求的增长带动了我国住房事业和社会经济的发展。2003 年，国务院下发《关于促进房地产市场持续健康发展的通知》（简称“18 号文件”），正式明确房地产业是国民经济的支柱产业。此后，每当经济出现下行压力的关键时期，房地产业都成为拉动经济发展的重要产业。

2. 中国房地产政策的缺点

（1）调控政策缺乏连贯性，在收紧和放松之间反复摇摆

自房改以来，我国房地产调控政策经过多轮调整，最明显的特征之一就是缺乏连贯性。从政策方向看，房改后我国房地产市场至少经历了三轮调控周期。政策在收紧和放松之间反复摇摆，这一规律也被市场掌握，加剧了我国房地产市场炒作情况。

1998 年 7 月，国务院发布《关于进一步深化城镇住房制度改革加

快住房建设的通知》，宣布从当年下半年开始全面停止住房实物分配，实行住房分配货币化，首次提出建立和完善以经济适用住房为主的多层次城镇住房供给体系。为了配合房改的顺利推进，1999年就出台了免征个人所得税、免征交易营业税、契税减半等相关政策，鼓励个人换购住房。2000年继续从公积金政策和相关税费优惠方面鼓励支持住房消费。我国住房市场随着政策刺激力度的不断加强，发展迅速，投资热度不断上升。

2002年下半年我国房地产市场调控开始进入收紧阶段，开始强化土地供给管理，恢复征收土地增值税的政策。其后，房地产信贷政策也开始收紧，相关的优惠政策不断取消，房地产市场全面进入收紧阶段，并一直持续到2007年。

2008年全球金融危机爆发，我国经济受到一定影响，为了拉动经济增长，中国人民银行出台降息、降准政策。财政部颁布《继续加大保障民生投入力度切实解决低收入群众基本生活》的促进住房需求的政策，我国房地产市场再次进入快速上涨时期，一直持续到2010年。

2010年1月，《国务院办公厅关于促进房地产市场平稳健康发展的通知》中指出，出台政策抑制投资投机性购房需求，明确二套房首付比例不低于40%，贷款利率按照风险定价等，也被市场称为“国十一条”。2011年更为严厉的“国八条”政策出台，大部分核心城市开始限购、限贷政策，并不断提高交易的相关税费成本。中国人民银行也开始提高利率和准备金率，房地产市场再次进入收紧时期，一直持续到2014年。

2014年，我国宏观经济形势出现明显下行，投资降速较大，外汇储备出现拐点，以呼和浩特取消限购为标志，此后除了北京、上海、广州、深圳和三亚五个城市以外，其他40多个城市限购政策都陆续取消，非限购城市首付比例开始下调。中国人民银行也开始了多轮的降息、降准政策，我国房地产市场再次进入宽松时期，其间核心城市房价再度上涨，一直持续到2016年3月。

2016年调控政策开始进入收紧时期，以深圳、上海为先导，其后在其他一二线城市开始实施。调控手段从限购、限贷增加到限售、限价、限商、限土地价格等，严厉程度史无前例。

（2）调控政策侧重需求端，供给端调控不足

纵观几轮调控政策，都侧重“堵”购买力，以限购、限贷为主要手段。限购令等调控政策基本压制住了刚需、改善、投资和投机等在内的各种需求，短时间内“堵”住了需求的释放，市场增长会放缓甚至有所下跌，但是这些需求并没有被消化掉，一旦政策松动或者改向，这些需求就会集中释放，对市场的影响将会更大。

从国家统计局历史数据测算，全国房价与总人口具有高度相关性，说明人口是影响房价的重要因素。从人口增长的绝对量和相对量看，热点城市存在人口增量大、增速快的特点。一二线城市的经济发展明显快于三四线城市，使这类城市吸引很多外来人口。一个城市的新增人口，首先要解决的就是衣食住行问题，其中购买商品住房就是城市新增人口要解决的重要问题之一。这些问题仅仅靠“堵”是无法解决的，必须从供给端进行调控，方能解决问题。

（3）政策决策缺乏有效的监控指标导致决策依据的信息不完整

目前，调控的主要参考指标就是城市房价。城市房价具有表象性和滞后性两个特点。表象性是指城市房价体现的是城市住宅的整体均价，结构性的房价问题很难体现出来。比如边远区域房子就能拉低整体城市房价，而房价不一定真的是降低了，别墅的价格能够拉高房价，但也不代表房价真的是上涨了。所以仅仅根据房价或者城市均价做出决策就会有误导性。城市房价也具有时滞性。从真正的购房者入市签订购房合同到成交价格汇总公布，至少需要一个月的时间。城市房价跟购房者的行为不具备同步性。如果再考虑到政策从酝酿到出台以及政策的时滞性，调控政策起作用的时候，往往不是最佳的调控时机。

调控决策需要前导性指标。所谓前导性指标是指在购房者真正入市之前就能够监测到的，并且在一定程度上能够反映未来房地产市场潜在成交情况的指标。考虑到政策和房价的时滞性，前导性指标往往更具参

考价值。

（4）房地产统计机构各成体系，口径不一，数据混乱

①数据渠道来源多样化。新建商品房市场数据的公布机构有：国家统计局、部分地方统计局（房地产交易中心）、民间机构。二手房市场数据公布的机构有：国家统计局、部分统计局（房地产交易中心）、二手房中介机构。这些机构的数据不能一一对应，让使用者莫衷一是，难以取舍。

②不同机构侧重点不同。国家统计局定期公布全国层面房地产投资开发、房地产开发企业资金来源、新开工、施工、竣工、销售及库存情况。城市层面，国家统计局每个月主要公布 70 城房价指数（新建商品房和二手房），每个城市的成交和库存情况基本不公布，城市成交量方面仅以年为统计频率，公布 35 个城市情况。部分地方统计局（房地产交易中心）主要公布新房预售供给情况、新房和二手房签约情况及新房存量情况，对于成交价格基本不公布。民间机构公布的数据包括成交量、成交价格及库存情况。

（5）数据覆盖面较低，容易以偏概全，误导全局

国家统计局公布的 2017 年 35 个城市（来源于 2018 年统计年鉴）商品房成交量占全国成交量的比例为 32.87%，商品住房成交量占比为 31.45%。国家统计局没有公布 70 个大中城市成交量的情况，从中国指数研究院公布的 2018 年数据看，70 个大中城市（实际为 65 个，呼和浩特、三亚、丹东、牡丹江、湛江数据缺失）商品住房成交量仅占全国成交量的 27.84%。

目前，市场或者媒体主要依据 35 个城市或者 70 个城市房价或者成交量的变动说明全国的房地产市场情况，不管是官方数据还是民间数据，规模覆盖率仅有 30% 左右。这样会造成以偏概全，误导 70% 的地区房地产市场调控的精准性。

（6）政策本身的时滞性和针对性问题

①调控政策具有滞后性。房地产市场调控政策是在一个城市房地

产业已经出现过热或者过冷的情况下出台的，调控政策属于补救性政策。一般来讲政策普遍具有时滞性，时滞性又分为外在时滞性和内在时滞性。外在时滞性是指从发现问题到相关部门决策出台政策有一定的时间间隔。内在时滞性是指从政策出台到产生效果有一定的时间间隔。

②调控政策与问题的匹配度失调。从历次房地产调控政策看，政策出台的力度一般难以有效针对市场出现的问题，一般来讲主要表现为如下两个方面：一是力度问题。政策过于轻微，对于市场没有调控作用；政策过于严厉，市场调整过度。二是针对性问题。从购房用途看，政策针对的是具备居住需求的购房者的购房门槛和购房杠杆问题，还是居住需求之外的作为资产配置的投资性需求；从人口的属性看，针对的是本地购房者还是本地的常住非户籍人口，或是外地人口。

（7）一刀切政策与区域市场差异化之间的矛盾

2014 年“930 新政”提出“认房不认贷”及首套房最低首付款比例为 30%，贷款利率下限为贷款基准利率的 70% 等一系列全国性房贷放松政策。尽管北上广深和三亚没有取消限购，但是这一新政对这五城来讲也是一种变相的放松，类似降准、降息等全国性的货币政策，会刺激楼市升温。即使定向降准，也很做到城市之间的差异化。2015 年出台关于住房交易税费减免的“330 新政”同样是全国性的政策，对限购城市也是一种利好。

2015 年中央经济工作会议提出“去库存”战略在一定程度上也起到了同样的效果。一线城市在去库存利好的背景下，原本紧张的库存问题进一步加剧。其实，这一类政策都弱化了“一城一策”差异化调控的效果。这个特征在过去调控中表现得比较明显。不过，本轮调控强调“因城施策”的策略方针，坚持“一城一策”的调控手段将会使该问题有所改善。

第十四章　市场参与者预期的作用机制与管控

自1998年房改以来，房地产业在20年的市场化发展中取得了巨大成绩，也产生了许多问题。其中一个令人十分难以理解的现象就是房价只涨不跌，这一现象相当罕见。根据国家统计局数据，20年来中国的商品房平均销售价格只在2008年有过短暂下跌；即使在2016年房地产调控政策频出的背景下，房价也从头一年的6 793元/平方米上涨到当年的7 476元/平方米。房价持续上涨及伴随而来的中国房价预期形成了几大特点。[①]

第一，经历20年的发展，中国房地产市场至今未经历一个完整的市场周期。自1998年以来，房价和房价预期都一直处于上行通道，甚至在上行通道内的回调都难以出现，单边上涨趋势十分明显，持续20年而未走完一个完整周期的现象世所罕见。

第二，中国经济基本面形势良好，成为房价及房价预期上涨的基础性支撑，但无法解释两者的持续性上涨。一个十分明显的证据就是自2012年开始，中国经济增长和房价出现了背离（见图14.1）。

第三，中国形成了超长期看涨预期，无论是以基于过去长期房价上涨的经验形成的适应性预期，还是基于对未来情况判断的理性预期都普遍认为房价不可能下跌，这同样是十分罕见的。

第四，中国房价预期的社会影响巨大，极易引发社会与经济波动。

---

① 本章主要内容引自《扭转房价只涨不跌的预期正当其时》，今日头条，2018年10月30日。

由于住房问题关系家家户户，全社会高度关注，因此这一问题的解决就显得十分重要；而且房地产业在中国经济当中占有重要地位，房价预期波动会直接影响房地产业的发展。

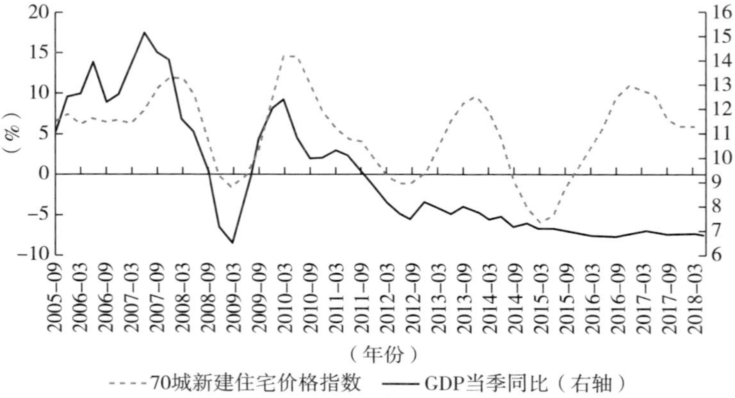

图 14.1　中国房价增长与 GDP 增长

资料来源：国家统计局。

由于以上特点，对房价预期的研究有着重要的理论和现实意义，本书认为，中国只涨不跌的房价预期已经造成了诸多不良后果，包括市场参与者决策受到严重干扰，调控措施屡屡失效，还隐含了巨大的金融风险。造成这种预期的原因很多，主要是：政府对房地产业定位不明确、中央政府与地方政府之间的矛盾与能力差异、调控措施的千城一策、房地产的需求得不到满足、市场信息不对称和契约精神的缺乏。为了管控房价预期，本书认为采取令市场信服的有力措施、建立起房地产市场长效调控机制、从供需两端同时调控、根据各地情况进行差异化调控、消除市场信息不对称情况和重树契约精神都是可以采用的措施。在主动采用这些措施的基础上，扭转房价预期是可行的，这也是房地产长效调控机制建立的重要环节，是我国房地产业健康与经济稳定发展的重要保障。

第一节　市场参与者预期形成的原因

一、中央政府对房地产业定位不明确，政策延续性不强

在我国，房地产业定位始终不甚明确，这导致我国房地产调控政策反复修改，带来了严重的预期管理后果。

梳理我国十几年来的房地产调控，可以发现一个很明显的规律就是经济下行时放松调控拉动经济，房价上涨过快时就加强调控、平抑房价上涨势头，政策始终在两者间反复，而且无论调控多少次，房价从整体上看都没有出现回落。这极大地助长了我国居民的长期房价上涨预期，几乎没有人相信房价下跌的可能性，每调控一次就进一步加强了居民的信念，虽然房价调控有一定的效果，但对房价预期的调控已经积重难返。

政府反复修改政策的原因之一很明显是对房地产业和住房的定位属性不清晰。从根本上讲，房屋是消费品，但这不妨碍其具有消费品和投资品的双重属性，不过这两者是无法同时突出的，强调其中一者必然会弱化另一者，这一矛盾几乎无法调和。我国目前大多数城市都需要通过出让土地获取收入来进行城市建设，也就是著名的“土地财政”制度。在这一制度安排下，地方政府通过一次性资本化未来几十年的土地收益获取大量资金，显而易见只有当未来土地收益越来越高时土地才能拍卖出更高的价格，这使我国建设用地天然具有很强的投资品属性，土地上的房屋很难摆脱这一特征。将房地产业定位为支柱产业拉动经济难以绕过“土地财政”这一作用机制，后果就是土地价格飞涨，房价高企；房价高企之后又担心民生受损，在无法彻底压制土地投资品属性的情况下依靠行政措施压制房价，虽然暂时掩盖了问题却无法根治问题。结果就是政策不断在拉动经济和解决民生之间反复，房价预期越调越高。

二、 中央与地方政府目标不一致，地方政府落实调控政策不积极

地方政府和中央政府在房地产业发展问题上存在着一定的利益冲突，对落实房地产调控措施不积极。自 1994 年分税制改革后，地方政府自主掌握的税源大大减少，相对应的事权却未下降。为了保持地方经济高速增长，“土地财政”成为地方政府融资的最主要渠道，而维系“土地财政”最重要的条件就是土地价格不能下跌，土地价格不下跌会带动形成房价不下跌的预期，这与管控房价上涨预期背道而驰。中国目前仍然处在高速城市化进程当中，地区发展差异巨大，落后地区城市化的主要资金来源依然是“土地财政”，在这样的利益机制下，寄希望于地方政府全心全意进行调控显而易见是不现实的。近些年一个值得玩味的现象就是，每次总是等到中央政府部门约谈地方政府，地方政府才开始出台调控措施。事实上地方政府早就应该知道本地房价上涨过快，但并没有太多作为。

从理论上讲，中央政府的政策目标也包括经济增长，这同地方政府是一致的。但在实施过程中产生“央地矛盾”，除了“土地财政”之外，还有深层次的制度原因。首先就是中央政府对地方政府的激励机制。中央政府对地方政府设定了不同政策目标，而地方政府是根据激励程度依次执行这些政策目标的，地方政府在保增长和控房价之间先选择保增长很大程度上是激励机制设计不合理造成的。其次就是地方政府本身的机制安排。即使没有调控政策，在短期拉高房价从而可以更多收获土地出让金发展经济和长期发展压低房价吸引更多产业进入之间，大多数地方政府还是选择了前者，这反映了地方官员较短任期带来的弊端，任何一任官员都只关心自己任内的政绩，对短期利益过于看重，从本质上讲也是政府运行机制不合理。

三、 中央与地方政府权限不一致，地方政府无力落实调控政策

地方政府作为相对弱势的一方，对房地产政策的执行有着无能为力

之处，以 2016 年 9 月开始的这轮房地产调控为例，2017 年 4 月住建部和国土资源部要求合理安排住房用地供给，各地要根据商品住房库存消化周期，适时调整住房用地供给规模、结构和时序，对消化周期在 36 个月以上的，应停止供地；36 ~ 18 个月的，要减少供地；12 ~ 6 个月的，要增加供地；6 个月以下的，不仅要显著增加供地，还要加快供地节奏。[①] 但根据国务院批复的《上海市城市总体规划（2017—2035 年）》，上海到 2035 年的城市建设用地规模要控制在 3 200 平方千米，但 2015 年上海全市建设用地总规模就已经达到 3 145 平方千米，[②] 20 年间上海只能新增用地 55 平方千米。而 2018 年 8 月上海商品住房库存消化周期为 9. 92 个月，[③] 属于要增加供地的城市。在这种形势下，上海属于典型的巧妇难为无米之炊，上海市政府即使希望拿出土地平抑房价也很困难。此外，我国土地管理制度某些方面过于僵化，无法发挥市场机制的作用。1998 年的《基本农田保护条例》规定：地方各级人民政府应当采取措施，确保土地利用总体规划确定的本行政区域内基本农田的数量不减少。但仅上海常住人口就从 1998 年的 1 306 万人上涨到 2018 年的 2 423. 78 万人，[④] 对建设用地需求的增加十分迫切。内地和沿海的土地在农业产出方面差异不可能很大，但是转换成工商业用地之后的产出有天壤之别。要求每一级政府在本行政区域内的基本农田数量不减少违背了土地资源的最优化配置。18 亿亩耕地红线应建立在全国性的土地流转机制上，而非各地一刀切地保留耕地。

如果不解决权责不对等的问题，地方政府在重压下对房价的控制可能会流于形式，仅做数字文章，造成反向效果。比如地方政府为了压制平均房价，不允许市中心的高价楼盘出售，或者出售后延期备案。这只

---

① 参见 http：//www. mohurd. gov. cn/wjfb/201704/t20170406_231387. html。

② 参见 http：//www. shanghai. gov. cn/nw2/nw2314/nw32419/nw42806/。

③ 中国指数研究院。

④ 数据来自历年上海统计公报。

不过是掩盖而非解决房价预期问题，如果市区周边的低价楼盘仍然在涨，可以说这种掩耳盗铃的做法毫无作用，因为周边房价的上涨必然带动中心城区房价预期的上调，本身就很高的预期被再度推高，一旦压制不住，房价依然会继续上涨。

四、 房地产政策千城一策，缺少差异性，造成各地预期错配

中国房地产市场的地区差异巨大，而以前的许多调控政策未能做到因地制宜，导致很多政策并未产生应有的作用，甚至进一步加剧了原有的问题。

上文已经提及全国所有行政区都要进行基本农田保护，不考虑各地实际情况就是一例，而 2015 年开始的“去库存”战略是另一个例子。我国一二线城市产业基础发达，大量人口持续涌入，土地供给相对不足，从 2003 年到 2017 年，上海和北京的常住人口数占全国人口的比重从 2.45% 上升到 3.30%，但是建设用地面积占比反而从 1.72% 下降到 1.69%，建设用地面积比重的涨幅明显小于人口比重的涨幅，两地人均建设用地面积分别从 2003 年的 132 平方米/人和 212 平方米/人变为 2017 年的 142 平方米/人和 149 平方米/人，房价上涨压力较大；而部分中西部三四线城市产业基础孱弱，人口持续流出，土地供给相对过剩，以中西部两个省份湖南和四川为例，从 2003 年到 2017 年，两地人均建设用地面积分别从 198 平方米/人和 176 平方米/人上升到241 平方米/人和 225 平方米/人。[①] 这已经高于北京和上海，考虑到两省城市人口比重显著低于北京和上海两市，城市的人均建设用地面积会更高，土地充裕情况要远好于上海和北京，对房价的支撑远不如一线城市强劲，从长期看甚至存在着房价预期下跌的可能性。

很显然这两类地区的房地产市场形势有很大不同，房价预期也存在着明显的一线城市过高、三四线城市相对较低的错配问题。但是“去库

① 本段数据来自中国统计局。

存”政策全国一个口径，这导致一二线城市库存不足，房价迅速上涨，房价上涨预期更加明显。根据同策研究院的测算，[①] 2015 年“去库存”战略提出时，35 个一二线核心城市待售面积在总库存中仅占 19.33%，而 80.67% 的库存都集中在三四线城市。而三四线城市由于“去库存”效果明显，地方政府趁机扩大土地供给，“去库存”变成“补库存”，长期房价预期更加严峻。根据同策研究院的数据，31 个三四线样本城市 2017 年 1—10 月商品住房销售面积为 9 530 万平方米，而这期间房地产企业补充土地规模达到 1.5 亿平方米，与 2016 年同期相比增长了 31.5%。[②] 由于政策实施没有考虑不同地区的差异，预期错配问题不但没有改善反而加剧，不同类型城市之间发展不均衡的问题更加严重。

五、 我国住房供给相对不足这一根本问题仍然存在

中国房地产业发展至今尚未解决最核心的问题：随着经济发展和城镇化进程的推进，居民的居住需求仍然在不断增加；同时我国现有的投资渠道匮乏，财富涌入房地产业，推高了住房投资需求。我国尤其是一二线城市的住房供给仍然无法满足这两者导致的需求。由于供给无法满足市场需求，很明显可以预见到当压制需求端的调控政策失效后房价会报复性上涨。因此在供给无法满足需求的情况下，房价的看涨预期无法扭转。尤其对购房者而言，如果其自身购房需求越无法得到满足，就越容易强化其对房价的看涨预期。

我国自改革开放以来，居民生活水平持续改善，城市化水平不断提高，这些都产生了巨大的住房需求。这些需求都是合理的居住需求，是经济发展成果的体现，但这毫无疑问加剧了房价的上涨预期。而且即使合理的居住需求也有可能衍生投资性需求，加剧房价上涨预期。例如，居民为了改善居住条件，从城市远郊到近郊购房是十分合理的，但是居

---

① 盛松成、宋红卫，《对房地产去库存的反思》，财新网，2018 年 9 月 7 日。

② 由同策研究院根据中指数据整理而得。

民如果看好原有住房的升值空间，在购入新房的同时并不卖出旧房，这一行为显然同时增加了需求、降低了供给，进一步推高了房价的看涨预期。我国居民的合理住房需求及其派生出的投资性需求成为房价看涨预期的重要成因。

除了居民的合理居住需求之外，我国投资渠道匮乏也导致大量资金流入房地产市场，助推了房价上涨预期。由于我国投资市场不完善，普通民众的专业能力有限，投资知识匮乏，长期经济增长积累的大量财富无处可去。相较于股票、债券、外汇等传统金融产品乃至古董字画、艺术品等投资产品所需的专业知识和高风险而言，房地产价格的长期增长让普通投资者产生风险低收益高的错觉，资金纷纷涌入房地产领域，造成了需求的大量集聚，形成了财富投资的“堰塞湖”效应，而这进一步助推了房地产市场的看涨预期。而看涨预期吸引更多财富涌入房地产领域，形成正反馈机制。由于长期形成的投资习惯与投资现状短期内难以改变，而我国经济增长带来的财富集聚仍在继续，由此带来的投资性房地产需求高涨的局面短期内难以改变。与我国形成对比的就是美国国民的投资渠道主要集中在股票等金融产品上，2017 年美国家庭财产的 70.5% 是金融资产；[①] 2016 年我国城市家庭金融资产比重为 7.14%，[②] 几乎是美国的十分之一。

在现实中，土地需求导致预期波动的正反案例都发生过：2014 年 3 月，上海市公布了《关于进一步提高土地节约集约利用水平的若干意见》，由于市场理解有误，认为上海以后的新增土地供给将会“零增长”，在该文件公布之前的一年（2013 年 3 月—2014 年 2 月），上海市商品住房土地供给的平均楼板价为 1.11 万/平方米，土地供给紧张的预期导致大量房地产企业集中涌入上海市场，土地市场升温明显。到了 2016 年，楼板价上升到 3.14 万/平方米，短短不到三年的时间

① Wind 数据库。

② 中国家庭金融调查。

涨幅达到183%。这也成为上海房价新一轮快速上涨的重要原因。与之相对的是在全国房价普涨背景下杭州的商品房平均交易价格从2008年的1.47万元/平方米降到了2009年的1.45万元/平方米；同时，杭州的土地交易面积由158.41万平方米猛增为778.48万平方米。[①]正是土地供给增加的预期改变了市场参与者的当期决策，从而降低了房价。这一正一反两个案例充分说明了供给端对市场的决定性影响，也再一次说明预期对房地产市场的影响。

六、误导性信息、错误信息、不当信息广泛传播，加剧信息不对称

信息不对称在房价预期的形成中也会起到一定作用。最常见的就是利用信息不对称误导购房者，导致购房者认为房价仍会上涨，从而影响投资决策。对普通购房者而言，他们掌握的信息远远少于房地产供给者，这导致他们对房地产市场缺乏准确的判断，从而被一些假象迷惑，产生错误的心理预期。而媒体的宣传也进一步加剧了信息不对称现象，导致购房者更加坚定了自己的看涨预期。由于普通购房者的主要信息来源就是媒体，而且对符合自己心理预期的信息会更加敏感，如果媒体集中报道某些房价上涨的消息会导致购房者更加坚信自己的看涨预期。2018年以来，媒体大幅报道一二线城市的新房限价导致疯狂抢购的行为就对许多购房者造成极大冲击，很多购房者看到的只是自己关心的抢购行为，对新开盘的新房更加关注，这会进一步加剧抢购行为，导致更多资金涌入房市，最终推高房价。

在此需要指出的是，部分知名专业人士的言论对看涨预期也起到了推波助澜的作用。部分专家反复强调中国房地产市场看涨前景，经过媒体传播不断强化整个社会的看涨预期。如何以合适的方式传达信息也是专业素养的一种体现，专业人士的言论传播程度高，影响范围大，其言论可能造成巨大的社会影响，公开言论需要谨慎表达，尤其不能对房价

① 中指网。

预期火上浇油。

七、既有住房者形成既得利益集团，阻挠房价下跌

在中国由于很多居民看好房价长期上涨，即使购置住房的行为主要是为了居住消费而非投资，也无法接受自己购置的住房价格下跌。一旦出现这种情况，这些民众就组织维权行为，要求开发商赔偿，轻则拉横幅打砸售楼处，重则到处上访，形成社会不稳定因素。这使开发商不敢轻易降价，从而无法扭转房价上涨预期。从这些人的行为看，他们已经是典型的既得利益群体，成为房价预期无法扭转的重要原因。这种现象近些年屡见不鲜，例如2018年9月，某开发商在中部某省会开发的二期项目由于降价招致头期业主维权，为了平息事件开发商承诺头期业主可以退房然后按照新的价格购房，但是新买的价格必须全款。对于这种事件，表面上看是业主不遵守契约精神，不愿意按市场规律行事，市场经济理念未能深入人心；但从实质上讲，主要是政府对市场秩序维持不够，执法不严造成的。对于社会不稳定因素，很多时候政府机关不是以事实为依据，以法律为准绳进行处理，而是简单地要求当事方赶紧和解，消除隐患，对于故意闹事者不但不予以惩戒，反而想法安抚。这一现象不仅仅出现在房地产市场上，还大范围出现在金融市场上。从这一角度看，我国的市场经济制度建设还有很长的路要走。

第二节　房价看涨预期导致的后果

一、干扰市场参与者的决策行为，导致市场波动

房价预期是影响房价的重要因素，它从多个方面影响房地产市场的发展。从需求的角度看，一旦购房者形成了看涨的价格预期，其未来购买的行为将会前置到当期执行，导致当期需求大幅增加，使房价上涨。从供给的角度看，如果房地产企业预期未来房价上涨，就会推迟住房的

出售，导致当期供给下降，同样使房价上涨。此外，房价上涨的预期会刺激房地产企业高价拿地，造成房屋成本上升，推动房价上涨。

值得注意的是，看涨预期对房价的影响是一个正反馈机制：在看涨预期指导下的行为本身就会推动房价上涨，即所谓的预期自我实现机制。因此，房价看涨预期容易造成房地产市场的剧烈波动。

二、冲击需求端调控政策，导致调控失效

以限购政策为例，大多数城市的调控政策都是在房地产过热时采用，以抑制高涨的需求。正常情况下，限购意味着需求下降，进而导致房价下跌，达到调控目的。但是这种调控模式面对房价上涨预期则会产生相反的后果。一旦房价上涨预期形成，投资者意识到限购之后房价不会跌，但自己丧失了购买资格，那么最优决策就是在限购前赶紧入市，造成短期内需求急剧增加。而住房短期供给弹性较低，供给变化小。因此，限购政策的出台反而导致了需求旺盛，推高了房价。这种需求端政策预期导致的房价暴涨现象在历史上已有前车之鉴：1988 年 8 月，时任英国财政大臣的尼格尔·劳森决定取消自 1969 年开始实施的夫妻双重按揭贷款利率优惠政策，导致大量购房者赶在优惠政策取消之前抢购住房，致使 1989 年英国房价上涨到较高水平。

事实上，所有打压需求端的调控政策在只涨不跌的预期下都会碰到此类问题，根本原因在于需求者会根据未来的政策预期调整自己本期的行为，结合房价只涨不跌的预期，更加严厉的政策只会导致当期需求暴涨和供给下降，从而导致调控政策失败。

三、吸引大量资金入市，隐含了巨大风险

在房价看涨预期下，资金的进入与预期也形成了正反馈机制，看涨预期会吸引更多的资金进入，而资金进入会进一步推高房价。这实际上是典型的非理性泡沫的形成过程。在有新资金进入时，泡沫可以维持；一旦资金中断，泡沫将被打破。由于现代金融的杠杆作用，大量资金都

通过金融体系获得，而这些资金不断在金融体系内部流动，使风险在整个金融系统中扩散。一旦泡沫破裂，会重创房地产市场和金融体系，造成系统性金融风险。

房价预期崩溃带来的风险已在中国部分地区真实发生过，2007 年 1 月到 8 月，深圳新房房价从 10 670 元/平方米涨到 18 976 元/平方米，大量资金涌入房市，其中不乏从银行贷款的资金。为了平抑房价，深圳 9 月出台调控措施，加上当年人民币处于加息周期，深圳房价预期立刻扭转，到次年 12 月，房价下降到 11 084 元/平方米。[①] 房价崩盘带来了许多社会问题，大量断供现象出现，房产中介纷纷关门，众多业主以质量问题要求开发商补偿损失，冲击了社会稳定。

第三节　如何主动扭转只涨不跌的房价预期

房价上涨预期是市场参与者长期相互博弈形成的，一旦形成就极难扭转，这对房地产市场的发展极为不利，因为如果不主动出击而是等待市场自行扭转这种预期，恐怕就是整个市场崩盘。为了避免极端的扭转房价预期的现象发生，主动引导市场参与者形成合理的预期具有十分重要的现实意义。从现有的情况看，为了扭转房价预期可以采用以下五项措施。

一、政府要采取有力行动，给市场以充足的信心

1997 年，新加坡由于遭遇金融危机，房地产市场遭到严重冲击，为了稳定预期，新加坡政府直接进行干预，先后采取了停止土地交易、降低房贷利率、允许已交款项目推迟交房等措施稳定房价，虽然这些措施与目前中国的政策方向相悖，但是通过行动稳定房价预期的道理是一致的。另外一个案例就是德国，德国是发达国家中少有的房价长期保持

---

① http://news.szhome.com/230643.html.

平稳的国家，德国运用各种手段稳定房价预期，例如对于购房贷款实施分业管理，宏观经济政策变动不会影响购房贷款；在城市化增速较快的1960—1980年大力建设新住房，到20世纪90年代，在德国住房问题已经基本解决的情况下，截至2005年仍然新建了1 000万套公共福利住房。[①] 这些措施有力地平息了德国房价上涨预期，让德国成为房价管控的典范。即使不看房地产调控的历史经验，参考我国在汇率预期管控方面的经验也可以说明实际行动的重要性。2018年5月以来，中美贸易摩擦加剧，双方贸易谈判破裂，国内外形势急转直下，中美货币政策分化加剧，人民币汇率开始迅速贬值，形成了自2015年“8·11”汇改之后又一次人民币汇率快速贬值期。为了应对人民币汇率快速上升的态势，2018年8月，中国人民银行相继启动远期售汇的风险准备金、逆周期因子两大逆周期调控工具，并在香港发行中央银行票据。在舆论上，中国人民银行副行长、国家外汇管理局局长潘功胜在10月26日的国务院政策例行吹风会上公开表示：对于那些试图做空人民币的势力，几年前我们都交过手，彼此也非常熟悉，我想我们应该都记忆犹新。这些措施都给予市场明确信号，中国人民银行不会对人民币汇率失控的情况坐视不管，最终成功地将人民币的汇率稳定下来。以上案例都说明房价预期管控事实上是可行的，但是必须要行动有力，让市场感受到政府解决问题的决心与意志。如果整个市场都只听到调控声不见调控举措，甚至算准了政府无地可供，无法可施，只能靠限价控制平均房价水平，就算利用行政权力可以一时压制房价，也无法压制房价预期，等调控结束，必然会带来报复性上涨，调控措施也前功尽弃。

二、政府要建立房地产调控的长效机制，树立起房地产调控的规范

从规则的强制力而言，对房地产市场进行立法是最有效的基础性制度安排，将相应的规则法定化，以立法的形式实现对市场参与者的承

---

① https：//wallstreetcn. com/articles/269693.

诺。由于法律的权威性，房地产调控政策将更加稳定，从理论上看可以改变由政策反复带来的房价上涨预期。此外，还要改革“土地财政”制度。经过几十年的发展，我国东部沿海发达地区基础设施早已完善，依靠卖地大规模建设的年代早已过去，适时启动房产税，以房产税取代“土地财政”的时机已经成熟。而我国中西部地区也不宜再走东部发展的老路，通过中央财政转移支付和房产税，进一步完善基础设施建设才是应当考虑的方向。第七章的相关内容已经论证了土地财政的不可持续性，而且土地价格高企带来的成本上升等负面作用不断扩大，上海近年来屡屡爆出地王，直接拉动了本地房价上涨，“土地财政”需要一步步退出历史舞台。在逐步消除“土地财政”影响的同时，要区分投资性需求和消费性需求，坚持按照“房住不炒”的原则对房地产需求分类对待。限购限贷虽是临时性制度安排，但是其中蕴含的满足刚需、压制投机的调控思路应当长期坚持，成为长效机制的指导思想，这也是一条重要的国际经验：在德国投资房地产获得的收入和房产出租收入均需要交税，个人和企业的所得税率为 15% ~ 45%，税率实行超额累进制。为了限制住房投资炒作，德国法律还规定，如果住房自住超过 10 年就不用缴纳所得税，如果 10 年内卖出不超过 2 套房产，就要征收所得税，如果 5 年内卖出 3 套及以上房产，除了正常征收所得税外，还要对增值部分征收 25% 的资本利得税。[①] 德国法律还严格规定房地产开发商的定价行为，按照《经济犯罪法》规定，如果开发商制定的房价超过合理房价的 20%，购房者就可以向法庭起诉。如果超过 50%，就定性为“房价暴利”，开发商将面临高额罚款和最高三年徒刑的严厉惩罚。这种严格压制房屋投资品属性的举措有力地帮助德国维持房价的平稳，带来了房价预期和社会的长期稳定。

---

① 许兵，孟学礼，孔炜．德国房地产市场保持平稳的经验［J］．中国货币市场，2011（4）：13－17.

三、提升供给能力为主、供需调控相结合，遏制房价上涨

从政策调控事前参与者反应看，由于多次调控形成的政府行为模式已经基本被投机者掌握，投机者有着较为明确的政策预期，除非调控政策的确能有效抑制需求以至于房价会在未来有明显下降，否则投机者都会炒高当期房价。从政策调控事后预期看，被压制的需求无法满足必然会导致调控政策结束后的报复性反弹，根本无法扭转市场的看涨预期，这表明单纯从需求端控制房价已经无法奏效。如果从供给端与需求端同时发力，那么在调控政策实施前，投机者如若试图通过调整自己的行为影响市场，则会因为供给端的增加而化解，调控效果会更加明显；在调控政策结束后，需求因为通过供给增加得到满足，也不会反弹。如果供给端与需求端同时调控属于“固本清源”，那么单纯的需求端调控连“头痛医头、脚痛医脚”都算不上，因为压制需求端事实上加剧了问题。

除了用调控政策控制需求外，还要从其他方面控制购房需求。首先要拓宽社会投资渠道，纾解投资“堰塞湖”困境。根据发达国家的发展经验，随着经济发展，居民投资手段和投资渠道都应该越来越多样化，像中国这样集中在房地产领域是一种不正常的现象。大量资产集中配置在房地产领域，不但造成了房地产市场本身和金融体系的风险，还会将大量普通购房者裹入其中，造成社会稳定的隐患。其次要深入贯彻“房住不炒”的精神，精确定位消费性需求和投资性需求，对于消费性需求衍生的投资性需求也要坚决予以打击。为了实现这一点，我们有必要加强对投资性需求的研究，对于如何定义和识别投资性需求要有更高的标准，要紧紧把握住投资性需求的核心特点，即是否以谋利为目的。尽管识别这种投资性需求较难，但是信息技术的进步让我们可以利用的工具也越来越多，借助大数据技术和完善的个人交易信息数据，实现对交易型投资性需求的识别并非毫无可能，这也应该成为未来的监管方向之一。

四、 因城施策、一城一策的差异化调控

我国是世界第一人口大国，区域之间差异较大，希望靠一套相同的政策管理好全国房地产市场是不现实的。“去库存”政策已经向我们表明，不顾各个城市的差异推行同样的政策会带来什么后果。因城施策、一城一策是目前比较适宜的调控手段，要做到因城施策、一城一策首先不能单纯地只看城市的房价和土地等房地产业相关情况，还要考虑城市长期发展，找到与城市发展相协调的房价，而不是一限了之。其次要全国一盘棋与各地政策统筹考虑，不能出现政策打架的情况。例如 2015 年的“330 新政”在全国范围内下调二套房首付比例，将免征转让营业税年限由五年调低为两年。当时一线城市仍在执行限购政策，很显然两者政策基调不同，一线城市调控失效，房价再度上涨。最后，需要充分考虑地方政府的利益诉求与能力范围，与现行考核机制和地方政府利益诉求一致的政策可以直接要求地方政府执行，例如在受土地财政影响较小而房价较高的地区要求多供地；与之相矛盾的要设立考核机制，根据结果奖惩地方政府，例如限制三四线城市在棚改期趁房价高企继续供地；不能出台地方政府无法实现的目标。实施这一建议的最关键一点在于对央地关系的深刻理解和深入研究，不同层级的政府有着不同的利益诉求是正常的，即使目标相同也可能存在实施路线不同的问题，如何协调好相互利益关系，在既定能力下实现产出最大化才是政策制定者应关注的事项。

五、 降低市场的信息不对称程度，重树市场契约精神

建立高效的住房信息收集和披露系统，对在建和在售以及售出的住房建立系统翔实的数据库，并开放查询，使市场参与者的决策建立在尽量充分的信息基础之上。大力打击各种操纵市场的行为，维护市场的正常秩序。有效把握舆论动向，充分、细致地宣传调控政策走向，使政策及时得到正确的解读。同时，专家学者要有自律意识和社会责任感，公

开发表言论需要谨慎，避免引发公众恐慌情绪。

重树市场契约精神，打击“一跌就闹”的房闹行为也是管控房价预期的重要手段，在这方面，政府要主动发挥作用。契约精神是市场正常运行的基础性支撑，是市场经济的核心精神之一。正如前文所述，对于房闹行为要以事实为根据，以法律为准绳，该怎么处理就怎么处理，不能对按闹分配的行为和现象听之任之。在具体的处理策略上，应当优先处理那些明显以投资为目的的房闹行为，原因如下：首先，如果买房就是为了投资，那么应当意识到有投资风险，这同刚需购房有明显不同；其次，既然是投资，那么这些购房者的承受能力肯定比刚需购房者要强，这些购房者更没有理由房闹；最后，从事件性质而言，投资挣钱就可以自己占有，赔钱就要别人负责，这种行为从感情上更加让人无法接受。当然这需要监管部门能够精确识别投资行为和消费行为，也是对提高监管水平的现实要求。

我国只涨不跌的房价预期的形成是在经济长期增长、住房需求长期得不到满足、政策目标多变等一系列背景下产生的，对于预期的管控已经到了不得不为的阶段，因为它已经严重破坏了房地产业健康发展的环境，甚至已经潜在威胁整体经济的安全发展。但是，我们只要综合运用金融、土地、财税、投资、立法等手段，加快研究建立符合国情、适应市场规律的基础性制度和长效机制，房价预期就是可控可调的，从而既抑制房地产泡沫，又防止出现大起大落的调控目标同样是可以实现的。

第十五章　构建中国房地产长效调控机制

第一节　中国房地产调控政策的目标

房地产业不仅关乎经济发展，还是重要的民生问题，所以政府对房地产业的调控十分必要。房地产调控要以“房子是用来住的、不是用来炒的”为指导思想，引导住房回归居住属性，为经济长期健康发展提供有力保障。房地产调控还需要注意因城施策，根据不同城市的经济发展模式和城镇化水平进行差异化调控。还要调整、协调以及衔接住房、土地、财税、金融等政策，共同构建房地产市场长效调控机制。

一、房地产回归本质属性

从世界范围看，当一个国家经济发展到一定阶段后，都把解决国民的居住问题当成一项重要国策，旨在保障居民“住有所居”。目前我国的经济实力已经大大提高，有能力及义务保障不同层次居民的居住问题。从住房属性本身看，住房的本质是一种长期消费品而不是资本品，住房的居住属性是其基本属性，大量建设住房并不能直接提高全社会的生产能力和生产水平。

自房改以来，我国调控政策对住房居住属性与投资属性的定位不够清晰，经济增长模式对房地产业存在一定程度的依赖性，导致调控政策在“控房价”和“保增长”之间摇摆。此外，地方政府依靠“土地财政”进行城市建设这一做法客观上加重了住房的投资属性，带来房价高企、上涨过快等问题。

对住房的本质属性进行明确定位是房地产调控的重要基础。党的十九大确立“房子是用来住的、不是用来炒的”指导思想，明确了住房向居住属性的回归。实现“房住不炒”这一指导思想，一方面需要完善房地产市场机制，打击炒房、囤地等投机行为，抑制投资性购房需求；另一方面，更需要从土地和住房制度上对住房进行合理界定，使经济增长摆脱对房地产业和“土地财政”的依赖，从根本上弱化住房的投资属性。

二、促进经济长期健康稳定发展

房地产业是经济中的重要组成部分。房地产调控政策的目标是协调房地产业与经济增长的关系，对房地产业的发展进行规范和引导，促进经济长期健康稳定发展。

从房地产业对经济增长的贡献角度看，房地产业的发展是与一个国家的经济发展阶段及发展模式相匹配的。发达国家的房地产业发展经验表明，房地产业的发展经历了由侧重住房数量建设向提供高质量的居住服务的变化。这一变化的背后是经济发展阶段由工业化的初级阶段向高级阶段转变。

我们还可以看到，美国房地产业高度金融化，住房二次抵押贷款发达，住户可以非常便利地将住房升值转化为实际消费能力。这种房地产业发展模式与美国以金融业为主导、以消费为驱动力的经济增长模式相匹配。而在欧洲，尤其是德国的住房保障非常健全，房价长期保持稳定。政府通过承担一部分居住成本，降低居民和企业的生活和经营成本，从而提升企业活力。这种房地产业发展模式与欧洲以高端制造业、第三产业为主导的经济发展模式相匹配。

由此可见，我国房地产调控需要引导房地产业与经济增长模式相匹配。从 1998 年住房制度全面市场化改革以来，我国房地产业的发展不但促进了住房的大规模建设，满足了居民居住数量的需求，还通过“土地财政”这一特殊制度为固定资产投资、城市基础设施建设等提供资金支持。这说明我国的房地产业发挥了提高居民储蓄水平、扩大投资能力的作用。这种房地产业发展模式与我国以资本积累为主要驱动力的经济增长模式相匹配。

2008 年全球金融危机以来，我国经济增速进入下行轨道，资本积累对经济增长的驱动作用逐年降低。从三大产业在经济中的比重看，我国已经进入从工业化的初级阶段向高级阶段的转型期，以往的经济增长模式已经难以适应经济的进一步发展，转变经济增长模式势在必行。

在经济增长模式转变的背景下，我国房地产业的发展模式也需要转变以适应经济发展。目前我国经济出现了较长时间房价增速与经济增速相背离的反常现象。在经济增速持续下行的背景下，房价增速在 2015—2017 年不断攀升。这一现象说明以往的房地产业发展模式已经与经济增长脱节。房地产调控需要以转变经济增长模式为目标，引导房地产回归其本质属性，带动房地产业由提高住房数量向提供高质量的居住服务转变，由扩大投资、加速资本积累向保障民生、促进人力资本积累转变，促进经济长期健康稳定发展。

三、 与人口发展及城镇化进程相协调的房地产调控政策目标

我国的房地产业发展需要与我国的人口情况和城镇化进程相协调。从长期看，人口是居住需求的根本来源，也是房地产业发展的根本。房地产调控需要协调房地产与人口情况的变动。从总量看，我国人口的高增长时期已经结束，现阶段我国面临着人口低增长率、低出生率的情况，人口总量基本接近峰值。从年龄结构看，年轻人占比较高的“人口红利”逐步消失，我国开始逐渐进入老龄化阶段。对房地产业而言，我国人口变化意味着将来房地产业的市场容量整体将呈现下降趋势，依靠大规模新建住房的传统发展模式将逐渐不适合市场的变化。房地产调控政策需要积极引导房地产业发展模式的转型。

城镇化水平不仅体现了人口在城镇与农村的分布结构，更代表着居民可获得的现代化生活方式和优质的居住服务。由于存在城乡二元经济结构，我国的城镇化水平一直低于工业化水平。推进城镇化是房地产业

中期发展的重要动力。然而，由于我国人口基数大，并且分布集中于东部和南部地区，造成了我国大城市人口过度集中，城市承载能力几乎达到极限，而且地区发展差异过大带来了较高的社会成本。因此，我国城镇化的发展不能继续用扩大城市规模的方式，而是要依托中心城市的辐射作用，将产业向周边地区拓展，依靠产业提高周边地区的城镇化水平。这种就地城镇化的方式不是将人集中到城市，而是要将城市的基础设施、公共服务延伸到乡村，通过就地城镇化的方式提高我国的城镇化水平。

房地产业宏观调控可以结合就地城镇化的思路，引导房地产业在农村的城市化改造中发挥积极作用。除了住房的建设之外，还要积极促进房地产业与农业、商业相结合，建设农村的新型产业结构；充分发挥房地产业市场化的优势，对农村土地要素的配置方式进行市场化改革，优化土地配置效率。

四、建立房地产长效调控机制

2014 年中共中央、国务院印发的《国家新型城镇化规划（2014—2020 年）》对健全房地产市场长效调控机制做出了较为系统的表述：调整完善住房、土地、财税、金融等方面政策，共同构建房地产市场调控长效机制；各城市要编制城市住房发展规划，确定住房建设总量、结构和布局；确保住房用地稳定供应，完善住房用地供应机制，保障性住房用地应保尽保，优先安排政策性商品住房用地，合理增加普通商品住房用地，严格控制大户型高档商品住房用地；实行差别化的住房税收、信贷政策，支持合理自住需求，抑制投机投资需求；依法规范市场秩序，健全法律法规体系，加大市场监管力度；建立以土地为基础的不动产统一登记制度，实现全国住房信息联网，推进部门信息共享。

2018 年中央经济工作会议指出，加快建立多主体供应、多渠道保障、租购并举的住房制度。要发展住房租赁市场特别是长期租赁，保护租赁利益相关方合法权益，支持专业化、机构化住房租赁企业发展。完善促进房地产市场平稳健康发展的长效机制，保持房地产市场调控政策连续性和稳定性，分清中央和地方事权，实行差别化调控。

党的十九大报告指出，坚持“房子是用来住的、不是用来炒的”定位，加快建立多主体供应、多渠道保障、租购并举的住房制度，让全体人民住有所居。从上述政府对房地产调控的指导意见可以看到，建立房地产长效调控机制是我国房地产调控的长期目标和指导方针。截至本书出版前，不管是官方还是社会学术研究机构都没有给出明确的有关“长效调控机制”的条例框架及相关内容，甚至连粗条线的机制实现目标和相关说明都没有。按照长效机制的字面意思，应该是一套长期有效的市场化调控机制，借助马克思政治经济学原理，只有当一个行业超额利润消失，回归到行业平均利润率后，才能避免过多的资源配置到该行业中，由此，我们可以得到一些启发。长效机制应该使房地产业的利润水平回归到全社会行业平均水平上来，摘掉“暴利产业”的帽子。

第二节　中国土地制度的未来发展与改革方向

随着社会的发展，任何制度都不是一成不变的。我国的土地制度同样要随着形势的变化而发展。从我国的发展态势看，要建立起长效调控机制，维持房地产业和经济发展的长治久安，改革土地制度是一个必不可少的环节，而我国土地制度改革的两个核心问题就在于效率与公平。

从效率上讲，我国目前的城市化进程尚未结束，如何有效利用土地资源仍然是我国经济发展的一个重大课题，我国土地配置存在着明显的资源错配情况，如何从制度上消除这种现象，为房地产业健康发展继续提供动力，为中国的经济发展提供更大的活力是改革的一个重要方向。从公平角度看，经济发展带来的土地（尤其是城郊土地）增值收益如何分配则是另一个重大课题，土地收益分配不公会造成严重的社会问题，并且会进一步影响房地产业的稳定，甚至还会影响经济发展的效率，这也是我国土地制度改革需要考虑的问题。

本着房地产业与中国经济协调发展的主旨，本书对我国未来土地制度改革提出如下建议。

一、未来土地制度改革要进一步提高土地配置效率

（一）提高工业用地效率

我国当前土地供给存在明显不合理的情况，工业用地供给过多，土地价格过低，这直接造成了工业土地利用效率的低下。[①] 例如，北京平均工业用地容积率仅为 0.5 左右，而东京则为 1.2。[②] 为了提高工业土地利用效率，未来的土地规划需要在以下两方面进行完善：

1. 适当提高转让工业用地的最低容积率要求，并积极鼓励现有工业用地提高容积率。2019 年自然资源部出台的《节约集约利用土地规定》已经明确规定：市、县自然资源主管部门供应工业用地，应当将投资强度、容积率、建筑系数、绿地率、非生产设施占地比例等控制性指标以及自然资源开发利用水平和生态保护要求纳入出让合同。同时要求在符合规划、不改变用途的前提下，现有工业用地提高土地利用率和增加容积率的，不再增收土地价款。在实际操作中，对于意向企业无法满足下限的，可以采取多交土地出让金或者减少出让年限的方式进行引导，而非一刀切地禁止项目入驻，进而减少产业用地虚报容积率，或者大量加盖闲置厂房的情况。

2. 减少工业用地供给，用市场手段调节工业用地容积率。从附录 15－1 中我们可以看到，在价格给定的情况下，工业用地有着对应的最优容积率，如果通过行政手段强制规定容积率，可能会扭曲市场，造成企业的过量投资或挤出原本准备投资的企业。更符合市场规律的做法应当是减少工业用地供给，以提价手段迫使企业主动提高容积率。土地与

---

① 工业用地价格低下导致容积率较低的证明见附录。

② 张舰．中外大城市建设用地容积率比较［J］．城市问题，2015（4）：12－16.

产出之间的关系有着成熟的经验数据可以参考，原重庆市市长黄奇帆就引用过这样的数据。[①] 可以以这样的经验数据或其他方法为依据，测算出合理的容积率要求，再按照这一容积率和经济体量倒算工业土地供给量，用市场价格引导企业更加有效地利用土地，尤其要遏制地方为了发展经济盲目供地的情况。

工业用地价格低廉是我国经济发展的重要动力，也是我国土地制度促进经济发展的重要体现，但这是以高房价为代价实现的。在我国经济发达地区，产业升级已经让土地成本带来的竞争优势不再明显，但是住房用地供给过少带来的高房价负面效应十分明显。合理调配不同类型土地指标，根据各地实际供给工业用地，对实现稳地价、稳房价、稳预期的目标有着重要意义。

（二）动态调整耕地面积指标，建立全国统一的土地指标交易市场

出于粮食安全考虑，我国定下了耕地红线的指标。这一政策的出发点并无问题，但是在执行时有两个问题需要注意：第一，如何科学合理地确保耕地红线？我国人口形势即将发生巨大变化，我国的土地质量也在不断变化，这些情况都决定了我国的粮食安全本身就是动态变化的，在这一基础之上，如何科学合理地确保耕地红线是一个值得仔细研究的问题。第二，耕地指标如何分配？即使按照耕地红线进行土地规划，是否所有地区都需要保有一定量的耕地？每个地区按规划固守一定面积的耕地显然是低效率的，因为高产出地区没有土地资源无法扩大生产，低产出地区土地资源发挥不出更大的效用，从整体上看就是效率损失。

基于此，对于耕地应该采取如下政策：第一，耕地红线应该动态调整。粮食安全的保障目标应当由耕地面积调整为耕地面积和耕地质量的复合指标，对不同耕地应当以质量进行加权，以加权后的耕地面积推算

① 参见 https：//www. sohu. com/a/205796468_159579。

实际需要保留的耕地面积，通过推动农业科技创新和农田整治并结合我国人口变化趋势，可以预期我国未来确保粮食安全的用地规模可以缩小，这可以释放出大量土地用于城市建设，缓解我国城市建设用地匮乏的问题。第二，实现全国范围内的占补平衡。① 以耕地质量加权的耕地面积为基准，建立全国性的耕地指标交易平台。具体步骤如下：首先，确定每年净减少的经耕地质量加权的耕地面积，将这一耕地面积分配给各省级行政区；其次，建立耕地面积配额的一级市场交易机制，完成初始定价；再次，建立耕地面积配额的二级市场交易机制。各省区可根据需要购买或出售配额，从而在确保总量不变的前提下实现地区间的调剂。配额作为稀缺资源，会在市场上形成均衡价格，并在土地地区间的交易中实现最优配置。市场会为这种交易、定价提供良好的机制。

粮食安全是我国经济稳定发展的基石，对粮食安全的重视是合理的，但是粮食安全的实现也需要考虑效率原则。科学合理地实现粮食安全不但有助于提高我国粮食生产效率，也会降低对其他用途土地使用的挤压，缓解发达地区用地的短缺，进而传导到房价，稳定房地产市场。实事求是地考虑粮食生产与其他用地之间的关系，可以更有效释放土地潜力，实现房地产业和经济的稳定发展。

（三）改革土地供给制度，建立规划完成跟踪制度和土地动态供给制

目前我国土地供给指标由规划决定，在“土地财政”作用机制下，地方政府进行规划时有动机夸大未来城市发展规模，这造成了前文提及的土地城镇化快于人口城镇化和我国规划人口规模远大于实际的情况。与此同时，部分发达地区受限于规划，无法得到充足的土地供给，发展受限。

---

① 这一制度设计主要参考：中国金融 40 人论坛课题组，蔡洪波，李波，等．土地制度改革与新型城镇化［J］．金融研究，2013（5）：114 – 125.

为了从根本上杜绝这一情况，未来的地方土地供给制度要从如下两个方面改革：第一，对地方发展规划要在规划实施过程中进行完成度审核，建立规划终身跟踪制度。城市发展与规划进度基本一致的，应给予规划制定方和批准方一定的奖励；城市发展与规划发生明显偏差的，应给予制定方和批准方一定的惩罚；对于因规划不当造成重大损失的情况，应当追究相关方的法律责任。规划的审核不但要看总体人口与供地情况，也要看不同类型土地的供给和使用情况，从土地规划开始就遏制供地不平衡，随便乱供工业用地的现象。第二，建立跟随人口变化而变动的动态土地供给制度。这一制度目前已经在许多政策中得到体现，例如2018年4月住建部和国土资源部联合签发《关于加强近期住房及用地供应管理和调控有关工作的通知》，其中明确表示：对消化周期在36个月以上的，应停止供地；36～18个月的，要减少供地；12～6个月的，要增加供地；6个月以下的，不仅要显著增加供地，还要加快供地节奏。但这一制度仍然没有脱离规划的限制，对某些城市来说，如果规划就是无地可供，即使土地现状要求加快供给，地方政府也无计可施。因此建立跟随人口变化而变动的动态土地供给制度也必须包括对发展规划的适度更新，这也再次说明了规划与实际发展差距过大的危害性。

产业和人口迁移都是长期工程，规划的实现就是为了有效引入产业和人口，推动经济合理发展。如果规划只是获取土地指标的工具，可以预期失真失实在所难免，回归规划本源、有序实现合理的经济建设目标，有利于平稳发展，也有利于土地的合理供给，最终实现稳地价、稳房价、稳预期的目标。

（四）合理规划农村建设用地，建立并完善农村闲置土地交易市场

相较于高度集约的城市土地使用，我国农村土地利用效率明显较低，而且随着我国城镇化进程的持续推进，越来越多的农民进入城市落户，他们在城市和农村同时占有土地，两头占地的情况十分明显，对农村土地进行大力整顿，将整理出来的土地投入市场交易，可以为我国城

市发展提供大量土地来源，而且可以提高土地利用效率。

根据中国社科院农村所发布的《中国农村发展报告（2017）》，全国农村居民点闲置用地大致面积为 3 000 万亩。该报告指出，2000—2010 年农村人口减少 1.33 亿人，农村居民点用地反而增加了 3 045 万亩。每年因农村人口转移，新增农村闲置住房 5.94 亿平方米，折合市场价值约 4 000 亿元。

对于我国目前明显存在的农村建设用地闲置现象，可以结合我国的土地制度进行制度设计，为城镇化提供土地支撑：首先，根据地随人走的原则，允许户籍人口迁入地城市政府向户籍人口迁出地购买土地指标，当然这一购买行为必须建立在宅基地已经整理，被转换为其他有真实用途土地的基础之上，同时必须符合自愿原则。其次，对于主动进行土地整理的地区，多出的土地允许进入土地市场交易，在不同地区之间建立不同类别土地的交易市场。或者允许地方政府将多余的土地转化为土地指标，向缺地地区的政府出售。再次，对于两头占地现象，可利用税收进行调节，对于户籍已经迁出而仍在农村占有宅基地的农民应当征收税款，利用经济手段迫使这些进城农民主动放弃宅基地，消除两头占地现象。

我国存在着明显的土地错配现象，农村闲置用地入市可以有效缓解城市土地短缺现象，降低房价，提高土地配置效率，这对于稳地价、稳房价、稳预期有着积极意义。但是，在农村土地整理的过程中，要充分尊重农民意愿，不能强迫农民上楼房，应尽可能多地采用经济手段整理农村居住用地。

（五）改变城市建设思路，更加合理利用城市土地

我国的土地资源有着鲜明的中国特色，在城市建设中必须考虑中国的实情。例如，不宜在我国大多数城市进行单中心规划建设，我国适宜建设的土地面积并不多，同时又是一个人口众多且仍在快速城镇化的国家，这些都决定了我国的城市平均规模不会太小，如果建设单中心城

市，在经济规律的作用下，位于市中心的核心区必然会集聚大量人口，容积率也将非常高，但随之带来的交通拥堵、空气污染、生活质量下降、公共设施负荷过重和破坏等问题也会十分严重；而在郊区，可能由于土地价格低，造成住房的容积率过低，公共设施利用率不足，造成资源浪费，社区活力不足等问题。经济上的最佳容积率不能等同于环境意义上的最佳容积率，因此，城市需要有一定规划调控。① 同时我们也不能只盯着高容积率带来的不便，而对低容积率造成的资源浪费、能量耗费大、空气污染、内城空洞化等问题视而不见，对城郊地区同样要设定容积率下限。要做到这些，需要一开始就从土地政策入手，具体而言，土地政策应该进行如下改革。

（1）中国城市应该根据城市发展的实际情况对土地进行规划。大中型城市不应单纯以价格为导向进行土地规划，应该考虑城市人口、区域分布、道路交通和污染治理等实际情况进行规划，在规划时要考虑多中心建设，降低城市的环境、交通和人口压力。小型城市要充分考虑未来发展的可能性，收缩型城市甚至要降低土地使用规模，真正实现集约化用地。

（2）要对容积率不合理的土地进行治理，提高土地使用效率。土地是有着合理容积率的，由于存在集聚的经济效益，所以才会存在城市。但同样的，过高的容积率会带来污染、拥挤等问题，因此土地的容积率不能过高或过低。对城市中现有的土地，应当进行及时的统计与清查，结合土地所处位置、交通情况、周边资源配套和污染情况，确定合理的容积率。容积率明显过低的，应当征收土地浪费税；容积率明显过高的，建设新中心吸引人口外流，以经济手段引导土地的合理有序利用。

从根本上讲，改变城市建设思路，更加合理地利用城市土地是为了降低土地存在的结构性差异，提高土地使用效率，可以有效改变市中心

① 陈昌勇．城市住房容积率的确定机制［J］．城市问题，2006（7）：6－10.

住房价格过高带来的示范效应，有利于实现稳房价、稳地价、稳预期的目标。

二、未来的土地收益分配要更加注重公平正义

（一）改革土地出让制度，遏制土地价格过快上涨

自2004年8月31日起，我国所有经营性土地出让都开始采用公开交易的方式，即招拍挂方式。公开交易的方式降低了地方政府在土地出让中腐败的可能性，但也束缚了地方政府土地出让的自主性，并推高了土地出让价格。对于招拍挂制度，由于其符合公开、公正、公平的方向，不宜废除。但是，对于招拍挂可能形成的非理性行为需要予以遏制，进一步完善土地转让制度。同时要积极借助现代金融工具，降低成本。具体而言，可以进行如下改革。

（1）实施限价政策，防止土地价格过高。在此可以参考日本的经验。日本政府从20世纪70年代开始建立了一整套以限制土地交易为主要目的的土地交易管理制度。在该制度体系中，最重要的是土地交易审批制度，用以直接控制某些地区的土地价格水平及土地使用目的。日本的都道府县各地方政府在自己的行政区范围内确定“限制区域”。限制区域一经确定，其时效一般为5年，5年后，或者重新确定该地区仍然为“限制区域”，或者自动取消。限制区域确定后，在这个区域内的土地交易面积如果超过一定的标准，就必须得到地方政府的批准，土地交易双方正式签订交易合同以前，必须向地方政府提出申请，政府对土地交易主要是从交易价格和土地使用目的两个方面进行审查。交易价格审查以交易土地附近的土地价格水平及政府确定的限制价格为依据，使用目的审查以城市规划要求为依据。[①] 借鉴日本经验，将土地价格过高或上涨过快的地区设置为监控区，对于监控区内的土地出让和转让都进行

---

① 肖得意．土地管理之日韩经验［J］．国土资源导刊，2010，7（6）：93－95.

事后审查，如果价格过高则不予批准。

（2）调整地方官员考核体系，纳入土地价格变动指标。尽管理论上招拍挂都能实现最优价格，达到社会效率最高的目标，但是理论上的条件在现实中基本无法实现。赵娅（2013）[①] 的研究就表明，不同出让方式的选择会影响土地出让价格，招标的价格最低，挂牌能在提价的同时降低土地不成交的可能性，而拍卖的价格最高。地方政府会根据财政情况和中央政府的压力选择土地出让方式。从根本上讲，这还是激励机制造成的。如果激励机制能够诱导地方官员选择土地出让方式，那改变激励方式也可以调整当前的土地出让方式。因此，对地方政府的考核需要加入土地价格变动指标，如果土地价格上涨过快就予以惩戒，这会有力地改变地方政府的行为方式。新加坡就明确规定，土地出让金不能超过政府收入的5%。[②] 虽然我国的土地禀赋和资源情况都与新加坡大不相同，但通过类似手段遏制地方政府高价卖地的思路是一致的，也是可以借鉴的。

（二）进一步完善失地农民社会保障体系，保护进城务工者在乡权益

农村土地既是农民的生产资料，也具有社会保障功能。如果土地征收之后的社会保障没有及时跟进，那么失地农民既失去原有由土地带来的保障，也无法享受城市居民同等的社会保障。农民不能顺利地转换为市民，不但会形成新的社会不稳定因素，还会制约城乡要素流动，不利于引导农业人口转移和抑制农村经济活力，最终影响城镇化进程。征地制度改革要尽量不给予货币补贴，从政府角度看，货币补贴意味着一次性的大量资金需求，难度相对较大。从失地农民角度看，即使不考虑一夜暴富可能带来的负面后果，一次性货币补偿也不一定就比稳定的

① 赵娅．中国经营性土地使用权招拍挂出让机制的理论和实证研究［D］．上海：上海交通大学，2013.

② 参见 http：//free. chinabaogao. com/fangchang/201712/121430J1R017. html。

长期保障更有吸引力。对于在城镇化中失地的农民，最有效的手段就是给予这些农民以市民身份，将其纳入城市社会保障体系。例如苏州就建立了失地农民的“土地换社保”“宅基地换房”两个基本制度，有效地将农民转换成市民，在满足城镇化对土地需求的同时化解了社会矛盾。

2019 年我国常住人口城镇化率为 60.6%，户籍人口城镇化率为 44.38%，再加上在城市中居住不到半年的人口（不纳入常住人口统计），生活在城市而没有落户的进城务工者很多，这些人大部分没有城市的社保，农村的土地和宅基地的确是他们现阶段最后的保障，不一定有实际作用，却是最后的退路。进城务工农民在城镇稳定就业和定居是一个长期过程，他们对事关切身利益的承包经营权、宅基地使用权等土地权益更加关注。这就要求在深化农村土地制度改革的过程中，要维护好进城农民的合法土地权益，不得以退出土地承包经营权、宅基地使用权、集体收益分配权作为农民进城落户的条件，使他们能安心在城镇工作生活，提高城镇化发展质量，促进社会和谐稳定。

（三）要坚持绝大多数土地增值收益“涨价归公”

在土地制度改革过程中，还必须要坚持绝大多数土地收益“涨价归公”。尽管我国现行土地制度和建立在此基础上的土地财政制度有种种弊病，但如果不考虑其中的贪污腐败和浪费情况，绝大多数土地收益都实现了“涨价归公”，被转换成全民共享的基础设施和其他公共行政支出。土地国有的基础性制度设计是这一结果能够实现的根本原因，这一成果有如下好处：

（1）从最大程度上实现了公平正义。城市土地归全民所有，即使原本集体所有的土地被征收为国有土地后，原有土地上的农民也转换成了市民，扣除这些新市民的基本生活保障后，这些土地的收益也应当归全民所有，这是社会公平正义的本意所在。

（2）降低了产生新食利阶层的可能性。如果这些土地的所有涨价收益都归原来的土地所有者，那么土地位置好的所有者不劳动也可以坐享巨额收入，形成新食利阶层。事实上，我国部分地区已经形成了拆迁户食利群体，这无助于社会良好风气的形成，还会降低人力资本投资的吸引力，从长期看影响我国经济发展。

在土地制度改革中，我们必须要坚持大多数土地增值收益归公众所有而非某些特定阶层所有的原则，这不但是社会公平正义的要求，从长期看也是经济发展的要求。

（四）全面开放农村集体建设用地入市要审慎，不能成为城市建设和稳定的障碍

根据2019年修订的《土地管理法》，原来只有国有建设用地才能进入市场，用于各项建设，现在允许集体可以把集体的经营性建设用地，直接由集体出让、出租用于建设，改变了原有的土地供给格局。但是在此过程中应注意到，我国并没有开放所有的集体建设用地入市，而是只放开了集体经营性建设用地。根据贺雪峰（2015）[①] 的研究，这些经营性建设用地主要集中在东部地区，是20世纪八九十年代乡镇企业的遗产，大多已经闲置，是历史遗留问题，且总量较小。对于这些土地，由于邻近发达地区，价值较高，但是又因为集体用地的性质无法流转，造成了明显的土地闲置，同时周边城市发展迫切需要土地资源，因此开了一个口子。

但是，对于集体建设用地是否全面放开，我们必须要审慎考虑。第一，全面放开集体建设用地入市交易并不能惠及全国所有农村地区，很明显只有东部发达地区和中西部城郊地区受益，这一政策并不公平。第

① 贺雪峰．论土地资源与土地价值——当前土地制度改革的几个重大问题［J］．国家行政学院学报，2015（3）：31－38．

二，我国农村建设用地规模巨大，根据贺雪峰（2015）[①]的估计，我国有2亿～3亿亩农村集体建设用地，这些土地入市会严重冲击土地市场，甚至导致稳地价、稳房价、稳预期的政策受到影响。第三，农村建设用地全面入市会严重影响我国土地收益分配格局。一旦集体建设用地全面入市，考虑到体量和成本优势，可能大多数土地都会变为由集体供给，同时收益归集体所有，最终只会让发达地区和城郊农村受益，并培养一批不劳而获的食利阶层。第四，还会造成明显的效率损失。夏柱智（2019）[②]就曾研究过苏南和珠三角地区不同的征地模式，由于历史上的经济发展路径不同，两地形成了对集体土地的不同产权意识，苏南农民认为土地是国家的，征地模式以政府主导为主，将集体土地变更为国有土地；而珠三角农民认为土地是个人的，土地出让以集体建设用地直接出让为主，政府只负责公益性用地的征用。不同路径导致的后果是苏南土地征收快，成片土地开发难度低，城镇化速度快；而珠三角则面临着土地征收成本高，土地开发碎片化，城镇化用地受到严重影响。我国仍然处在快速城镇化时期，如果开放集体建设用地全面入市可能会造成严重的效率问题。

对于我国的农村集体建设用地，本书建议只开放现有的集体经营性建设用地和前文提及的农村多余闲置土地入市，因为这些土地本身就是低效无用的，进入市场可以减轻我国土地错配情况，增加城市土地供给，进而缓解高房价问题；同时将收益从城市向农村转移，既有效率上的提升，又进一步降低收入分配不均现象。但是，大规模开放农村建设用地入市需要十分审慎，并不一定适宜我国的国情。

我国土地制度为我国经济发展提供了巨大的制度动力，是我国经济

---

① 贺雪峰．论土地资源与土地价值——当前土地制度改革的几个重大问题［J］．国家行政学院学报，2015（3）：31－38.

② 夏柱智．城市化进程中的土地制度改革比较研究——基于苏南和珠三角的经验［J］．社会科学，2019（2）：81－88.

发展的原动力之一。我们对土地制度的改革，理应继承优点，规避缺点，为进入新发展阶段的中国经济继续提供基础性制度支撑。

第三节　住房公积金改革建议

一、　我国住房公积金制度的发展历程

我国住房公积金制度最早起源于上海。20 世纪 90 年代初期，上海面临住房供给日趋紧张，居住环境亟须改善的局面。住房建设资金以企业为主，财政会给予一定支持，但面对快速增长的住房需求，资金越来越紧张。上海在借鉴了香港特别行政区、新加坡等地的住房供给情况后，于 1991 年 2 月推出《上海市住房制度改革实施方案》，方案提出：推行公积金、提租发补贴、配房买债券、买房给优惠、建立房委会的房改方案，其中住房公积金制度是关键。从上海公积金制度出台的背景看，公积金在当时主要发挥筹措住房建设资金的作用，住房建设资金来源由原来的地方财政和企业转化成地方财政、企业和个人。

1994 年 4 月，《国务院关于深化城镇住房制度改革的决定》颁布，其中明确提出，把住房建设投资由国家、单位统包的体制改变为国家、单位、个人三者合理负担的体制；把住房实物福利分配的方式改变为以按劳分配为主的货币工资分配方式；建立住房公积金制度；发展住房金融和住房保险，建立政策性和商业性并存的住房信贷体系等。1994 年 11 月 23 日，财政部、国务院住房制度改革领导小组、中国人民银行共同颁布《建立住房公积金制度的暂行规定》，这标志着公积金制度在全国推广。1999 年 4 月，国务院颁布《住房公积金管理条例》，意味着公积金制度正式上升为全国性制度法规。

此后，公积金制度不断完善和修订，在管理上越来越成熟，不仅提高了管理效率，还侧重风险防范；在功能上，公积金的使用范围越来越广泛，从起初的住房贷款、修缮房屋等发展到后期的可以支付房

租、贫困家庭的保障。区域限制也逐渐打开，跨省市的公积金贷款业务也不断推进和展开；在覆盖人群方面，从最初以央企、国企、事业单位为主，发展到后期进城务工人员以及港澳同胞在大陆地区都可以享受公积金制度。从公积金制度的发展演进看，大致可以分为三个阶段：

第一个阶段：1991—1994 年，我国住房公积金制度探索和建立阶段。该阶段处在全国房改大背景下，公积金制度是房改的重要内容。1991 年，上海成为首个试点公积金制度的城市。1993 年，全国先后有 26 个省、自治区、直辖市出台了房改方案，除新疆实施住房储蓄制度（单位不资助个人）外，其他地区都实施了公积金制度。①

该阶段公积金的主要功能有：（1）职工购买、建造自住住房抵押贷款；（2）职工自住住房大修理贷款；（3）城市经济适用住房建设贷款；（4）单位购买、建设住房抵押贷款；（5）在满足支付需要和安排以上贷款后，其余额可用于购买国债。

第二个阶段：1995—1998 年，我国住房公积金制度在全国大范围试运行及推广。该阶段公积金制度在我国大范围推广，1993 年末全国有 131 个城市开始试行住房公积金制度，到 1998 年末公积金制度发展到 231 个地级市、437 个县级市，缴款总额从 1993 年末的 110 亿元增长到 1 231 亿元。

该阶段各个城市由于没有公积金改革的经验，在推广过程中基本借鉴上海等试点城市的相关政策，实际执行过程中基本上各自为政，由于经验不足，在公积金提取、封存以及保值增值等方面存在较多问题。在管理机构、监督、罚则方面也仅仅是给出指导性规定，可操作性不强。②

---

① 侯淅民．发展中的中国住房公积金制度——从“上海效应”到房改《决定》［J］．中国房地产金融，1998（2）：18－20.

② 程殊，王重志．我国住房公积金制度演进历程［J］．决策与信息（财经观察），2006（3）：42－43.

住房公积金制度为我国住房体制改革奠定了基础，实现了住房供给由计划体制向市场化转变。公积金制度不仅形成了稳定的住房资金来源和持续增加住房供给的能力，还提高了城镇居民的购买力，改善了城镇居民的住房条件，促进了房地产市场的繁荣。

第三个阶段：1999 年至今，我国住房公积金制度不断规范、升级、完善。1999 年国务院颁布《住房公积金管理条例》，较 1994 年颁布的《建立住房公积金制度的暂行规定》在细则条款上有了更详细的规定，使用范围也有部分调整。1999 年以前是按照职工工资总额的 5% 缴纳，新的条例规定最低额度为 5%，有条件的省市可以适当提高公积金缴纳比例。对单位的新成立、合并、分立、撤销、解散或者破产等情况下相关公积金业务提出明确的日期限定要求。在公积金使用功能上取消了城市经济适用房建设贷款和单位购买、建设住房抵押贷款；增加了住房公积金的增值收益可用于建立住房公积金贷款风险准备金、住房公积金管理中心的管理费用和建设城市廉租住房的补充资金。

2002 年国务院公布《国务院关于修改〈住房公积金管理条例〉的决定》，进一步强化了管理与监督，尤其是相关组织机构的权力与职责。从修订内容看，八条与管理、监督、执行机构相关，体现了限制、压缩各机构权力自由度；三条涉及归集、增值收益、提取，进一步开放和保障参加职工的权利。①

2005 年发布《关于住房公积金管理若干具体问题的指导意见》，本次指导意见进一步完善了公积金相关条款，在功能上不仅体现了分配公平，还侧重向中低收入者倾斜，凸显了住房保障功能。比如，收入困难群体可以提取公积金余额，公积金不仅设定缴纳的最低比例，还增设了公积金缴纳的最高比例，同时，对缴纳公积金的月工资基数进行了限制。意见中还提出进城务工人员可以缴纳公积金，不仅体现了公积金制

① 程姝，王重志．我国住房公积金制度演进历程［J］．决策与信息（财经观察），2006（3）：42－43.

度的与时俱进和普适性，还有利于城镇化进程的推进。意见还提出改善公积金管理，建立并完善风险防范机制。

此后，住房公积金管理和使用方面不断创新、完善，以适应社会发展要求。2014 年住房城乡建设部、财政部、中国人民银行发布《关于发展住房公积金个人住房贷款业务的通知》，提到可以提高公积金贷款额度；推进异地贷款业务；设区城市统筹使用资金；盘活存量贷款资产；优化贷款办理流程，提高贷款服务效率等条款。2015 年 1 月，住建部、财政部和中国人民银行发布《关于放宽提取住房公积金支付房租条件的通知》，在公积金使用方向上增加了支付房租，对于促进住房租赁市场的发展有积极意义。同年 9 月，住建部发布《关于住房公积金异地个人住房贷款有关操作问题的通知》，专门针对公积金异地贷款问题进行规范和指导。2017 年 11 月，《关于在内地（大陆）就业的港澳台同胞享有住房公积金待遇有关问题的意见》出台，推动在内地（大陆）就业的港澳台同胞同等享有住房公积金待遇，为港澳台同胞在内地（大陆）就业、生活提供便利，促进港澳台同胞更好地融入内地（大陆）的经济社会发展。

二、 我国住房公积金制度改革方向

（一）扩大住房公积金的覆盖范围，提高公积金人群的缴纳基数

住房和城乡建设部、财政部、中国人民银行发布《全国住房公积金 2019 年年度报告》显示，2019 年住房公积金缴纳职工 14 881.38 万人，同期城镇就业人口为 44 247 万人，住房公积金缴纳人群占比仅为 33.63%。从缴纳公积金的职工人员结构看，国家机关和事业单位占比 30.01%，国有企业占比 19.44%，城镇集体企业占比 1.52%，非公有制企业职工占比为 49.03%。

目前住房公积金覆盖率仍然偏低，仅为 33.63%，意味着城镇就业人口中仍然有 66.37% 未被公积金覆盖。覆盖人群仍然以公有制企

业为主。从未来城镇化发展趋势看，新城镇化人口仍然会以非公有制企业为主，这部分人群应该是住房保障的核心群体。因此，应该扩大住房公积金覆盖范围，尤其是当前未覆盖的无房群体以及未来进城的人群。

（二）加强全国公积金机构的统筹协调，提高公积金利用效率

《全国住房公积金2019年年度报告》显示，2019年全国共设有住房公积金管理中心341个；未纳入设区城市统一管理的分支机构139个，其中，省直分支机构24个，石油、电力、煤炭等企业分支机构71个，区县分支机构44个。现有的住房公积金体系存在明显的割裂性，不同地区公积金很难融通，当有些城市公积金额度不足，而有些城市余额充裕的时候，不能实现跨区域调拨，提高公积金使用效率。

2014年10月，住建部等三部委发布公积金新政时，首次提到要求推进公积金异地贷款，但是在实际操作层面障碍较多。由于公积金归地方公积金管理中心统一调配，跨区域协调就有障碍。另外，地方公积金还有支持当地保障住房和棚改住房的信贷功能，因此，各地都不希望自己的公积金额度被其他地区使用。在城镇化过程中，这将对返乡置业人群的购房造成较大影响，尽管顶层制度设计已经有所突破，但是需要有更详细的实施条款来实现公积金的跨区域协调。

（三）调整缴存额度，费用率跟经济发展挂钩，以降低企业负担为主

在经济下行压力下，或者受到外部冲击影响，企业减负就会成为社会关注的焦点。社会上出现呼吁取消公积金制度的现象。公积金制度对我国房地产市场建设起到了积极推进的作用，目前以及未来在保障低收入家庭“住有所居”方面仍将起到至关重要的作用，因此公积金制度还应保留。但是，在缴存方式上可以做出相应的改革。

我国公积金制度是在借鉴新加坡公积金制度成功经验的基础上演变

形成的。纵观新加坡公积金缴费率的演变历程，[①] 缴费率与经济增长存在正相关关系。经济快速发展阶段，公积金缴费率适度上涨，利用公积金投资国家住房和基建，对余额款项进行专业投资保值增值管理，给予公积金缴纳职工较高的收益。在经济下行压力下，缴费率显著性下调，降低企业的缴费负担，为企业创造良好的生存环境。在 1955—1967 年的经济发展初始阶段，公积金缴费率最低，占工资的 10% 左右；在经济快速增长的阶段，公积金的保障功能也不断增加，公积金缴费率从 1975 年的 30% 一直增加到 1985 年的 50%；1986 年受经济衰退的影响，公积金缴费率下调到 35%，随着经济的恢复，缴费率逐渐上调，1990 年恢复到 40%；1997 年受金融危机的影响，公积金缴费率下调到 30%，此后，随着经济的恢复又逐渐上调到 36% ~37%，并持续到当前。

缴费调整的规律为：费率上调阶段，企业和职工同比例上调，二者占比各 50% 左右；费率下调阶段，主要是下调企业端，1986 年以来，新加坡企业缴纳公积金费率基本为 10% ~20%，职工缴纳费率为 20% ~25%。因此，我国公积金改革方向也要进行费率调整，结合经济下行趋势，应该下调企业端缴费水平。

（四）向低收入群体倾斜，凸显保障功能

我国《住房公积金管理条例》明确住房公积金制度是国家法律规定的重要住房社会保障制度，旨在促进城镇住房建设，提高城镇居民的居住水平。《条例》规定公积金按照工资额的一定比例缴纳，这就会造成不公平现象：高收入群体可以获得更多公积金贷款，同时本身就有更高的支付能力，且高收入群体中大部分已经拥有了个人住房；低收入群体往往会因为支付能力或者缴纳公积金额度限制未能满足贷款条件，因此处于“只存不贷”的境况。相关数据显示，当前缴存公积金的职工 70%

---

① 肖金喜，董克用，武玲玲．基于经济发展的新加坡中央公积金缴费率变迁研究［J］．河北经贸大学学报，2019，40（4）：32－37.

左右只缴纳公积金，但是至今未使用，这部分人群只能在离退休后才能获得以比银行更低的利息存储的公积金。[①] 因此，公积金制度确实存在着向高收入群体倾斜的情况，这将进一步加剧收入分配不公。

改变这一现状，使公积金政策向更广大的中低收入群体倾斜，将是公积金改革的内容之一。可以从以下几个方面着手。

第一，加大对首次置业人群的支持力度，给予这部分人优先贷款的资格，尤其在公积金贷款额度紧张的情况下。

第二，对于二套及以上的改善及多次改善的住房需求，公积金贷款额度要给予限制。公积金贷款额度紧张的城市可以考虑禁止二套房使用公积金贷款。

第三，可以适当降低未来城镇化人群申请住房公积金贷款的门槛，鼓励这部分人加入公积金互助置业的队伍。

第四，提高公积金收益率，可以参考一年期存款利率为基准小幅上调，不仅可以增加缴纳公积金的群体规模，还能改善“已缴未贷”人群的收益，缩小收入分配差距。

第四节　构建长效调控机制的政策重点

一、 构建房地产业完善的法律体系

尽管政策与法律均为国家治理的工具，但是我国房地产市场调控主要侧重政策或者通知的形式，而相关的法律缺失。国外成熟的房地产市场对房地产的产业属性及产业作用均上升到法律层面，构建了比较完善的法律体系，形成了以法律主导市场的方式。尽管政策以其灵活性和及时性对市场稳定起到一定作用，但长期看，仍然需要补充法律政策的稳

① 牛明，朱小玉．住房公积金制度何去何从：存废之争、定位重思与改革方向［J］．社会保障评论，2019，3（2）：137－152.

定性功能，因此我国也应该逐渐完善房地产市场调控方面的相关法律体系。其优势表现如下：

（1）有利于厘清政府和市场的关系，实现逐步市场化的机制。以立法的形式构建以“市场调控”为方向，规范政府调控权力的运行机制，合理确定房地产市场干预的范围和力度，给政府找准职能定位；同时，也给企业一定的自主权。这不仅是房地产市场化的需要，也是健全我国社会主义市场经济体制的必要过程。

（2）有利于形成长期稳定的预期。调控政策尽管具有灵活性和及时性的特征，但是因其灵活多变而失去了政策的稳定性特征，从长期看，不利于我国房地产业持续健康的发展。我国房地产市场调控政策的多变性强化了房价只涨不跌的预期，这增加了我国房地产市场投资、投机的比例，也给调控造成较大的压力。

（3）有利于构建房地产市场长效调控机制。房地产长效调控机制是房地产业、财政、税收、金融及土地等多方面政策的协同机制，必须有法律作为有效实施的保障。短期的各个调控政策目标是抑制房价过快上涨，打击投机需求，而长效调控机制是以房地产业长期健康发展为目标。立法有利于使短期目标向长期目标转化，同时，也有利于各个部门之间的通力协作，权责分明，各尽其职。

二、 给房地产业合理定位，确立住房的居住属性

居住权作为全体公民的一项基本权利，在土地资源稀缺的背景下，贯彻落实“房住不炒”的政策十分必要。所以必须要对居住需求做出合理的认定。目前热点城市即使在严格的调控形势下，仍然存在“万人抢房”现象，试问所有人是否都是符合限购标准的刚需人群？如果都属于合理需求，那么摇号只是解决了少量房源在过多需求上的分配问题，这个城市最大的问题不是如何摇号分配，而是如何增加实际供给。如果参与摇号的大多为投机者，一房难求不过是虚假的火热局面，却会向市场传递错误信号，甚至造成恐慌。所以必须合理鉴别居住需求，并且贯

彻落实“房住不炒”的政策。

三、把供给和需求相结合进行动态管理调控

以往调控政策主要侧重需求端，以“限”为主。这样短时间内抑制住了需求释放，量价增长会放缓，甚至会有所下跌，但是需求问题并没有解决，一旦政策松动或者转向，被抑制的需求集中释放将会造成更大的冲击，这种现象过去多次被验证。这也说明仅从需求端调控往往达不到预期效果。

供给和需求相结合进行调控才是解决房地产业问题的根本途径。未来调控要注重两点：一是供给端调控，二是动态调控。供给端调控的思路侧重于解决市场上的需求问题，动态调控则需要因时而变，根据市场需求的变化及时调整供给。避免因侧重供给端调控而造成供给过量，进而产生库存压力，或短期内需求增加而供给不足，造成房价上涨。

四、真正落实“一城一策”

房地产业带有很强的地区差异性。不同城市间经济、产业、人口、收入水平等存在较大差异，导致各城市之间的房地产业发展水平差别较大。一二线城市以及部分发达的三四线城市由于经济发达、收入水平高，而且有人口大量流入，所以住房供不应求，房价不断上涨。而一些中西部地区的三四线城市由于经济欠发达、人口流出，住房供大于求，存在库存压力。如何结合每个城市的实际情况，合理调控和引导房地产业，才是差异化调控的根本。

实现差异化房地产调控不能局限于对房价和库存的调控，更应该根据城市的具体特点，对房地产业进行合理定位，并制定与经济发展相匹配的房地产业长期发展目标。这需要做到短期调控和长期目标相结合。短期内对房价的管控不能以单一的数量指标为准绳，而要在城市的长期发展目标和经济增长方式的框架下，结合目前城市所处的经济发展阶段和城市具备的比较优势进行统筹规划，充分发挥房地产业对经济发展的

积极作用。

从对房价和库存的短期调控看，如果一个城市未来计划引入产业人口，则可以保有适当的库存，以备未来流入人口的住房需求。如果城市的房价收入比不高，产业发展带来收入增长，在不影响实体产业发展的前提下，可以允许房价适当上涨。从房地产业对经济的长期驱动作用看，以制造业为主导的城市需要将房价控制在较低水平，政府可以适度承担居住成本，降低企业和居民的负担，提高企业活力。以服务业为主导的城市可以适当放宽对房价的限制，带动经济活力。各城市需要依照其产业特点，合理定位房地产业，发挥房地产业的积极作用。

差异化房地产调控需要协调全国性政策和城市政策的关系。2015年3月出台的全国性房地产市场新政就与一线城市的调控目标不一致。新政将二套房的首付比例统一下调到40%，同时减免购房税费，而当时一线城市仍在执行限购政策。新政违背了既定的政策，导致调控弱化，造成房价再度上涨。因此，需要将全国性政策和城市政策相结合，合理评估政策影响并准备相应的对冲措施。

五、 建立全面有效的信息监测体系

由于政策的时滞性以及缺乏有效的监控体系作为决策的参考依据，建立和健全房地产市场的有效监控系统成为当前和长期调控的重要任务。为稳定房地产市场服务，确保房地产监控体系的高效性，应该从以下几个方面着手建设。

（一）建立以城市为主体的房地产市场监测体系，并且要按照科学的方法建设全国性的监测系统

由于我国房地产市场的区域性特点比较明显，区域间以及城市间房地产市场有较大差异，所以监测系统也要坚持“因城施策”。这样不仅能监测到单一城市房地产市场的局部区域风险，也能够整体衡量全国性的房地产市场风险程度。从监管层面看，要坚持中央和地方的同步监

控，尽量避免地方政府在二次汇报的过程中产生数据方面的偏差。

（二）要强化前导性指标监测系统，做到调控未雨绸缪

由于制度本身具有时滞性，房价在一定程度上也具有滞后性，因此，如果要提高调控效率和效果，前导性指标就成为调控政策的重要参考依据。从数据的可得性及有效性看，如下指标具备一定的参考意义。

购房者人气指数。购房者人气指数是反映售楼处来人来电变化情况的指标，是前导性需求监测指标。一般来讲，来人来电反映的是潜在购房者变化情况，一个城市的潜在购房者和实际购房者之间有一个转换系数。因此，该指标在一定程度上能够反映未来房地产市场的成交趋势变化。目前市场上有些企业已经把该指标作为前导性监测指标，并且取得较好的预测效果。比如，知名的房地产代理公司同策咨询已经把该指标作为前导性监测指标为企业营销战略提供借鉴，该指标能够提前一个月左右反映出市场成交变化情况。如果由政府主导，让城市代理机构参与共建该指标系统，就可在一定程度上提前预测未来房地产市场的变化。

系统性的复合潜在供给指标。该指标主要反映一个城市未来潜在的供给变化情况，是具有前导性的供给监测指标。目前主要用土地供给或者新开工情况反映一个城市潜在的供给情况，但是由于有些企业拿地后并未开工，即使开工后工期进度情况不明，监测效果往往与实际情况有偏差，因此需要建立系统性的精准供给监测指标。就土地供给而言，不仅要考虑政府批租土地的情况，还要考虑已批未建情况，将它纳入潜在供给统筹考虑。该指标需要企业部门定期汇报，政府部门定期检查。新开工情况的统计也要做到精准统计，企业要定期汇报新开工的计划和进度，政府相关部门要定期检查，如果有变更，要及时更新监测数据。在数据精准的基础上，建立从土地到新开工再到预售的系统性监控，确保做到准确了解，精准把控。

购房者信心指数。该指标主要反映城市不同购房群体对当期房地产市场的态度和满意情况。调控政策要综合考虑城市不同人群对房地产市场的态度和看法，要充分考虑到城市无房群体、居住改善群体及投资群体不同的实际诉求，要平衡各方的利益诉求。无房群体抱怨较大，也是政府调控政策出台的一个考虑角度，毕竟房地产很大程度与民生紧密相关。该指标可以由政府主导或者委托相关机构以定期调研的方式提供。

（三）要进行结构性数据指标监测，达到政策调控精准可靠

结构性数据指标主要解决房价表象性和购房需求不明确两个问题，避免由结构性成交造成的数据假象。目前该类监测系统较为缺乏的数据可以从以下三个方面建设。

对指标分类监测，保证数据的连续性、可比性、有效性。第一，监测同一性质的房源，把住房和别墅分开统计。第二，按照全市和区域同步监测，避免由于区域差异化或者物业类型差异化造成的数据变动假象。

监控购房用途。一个城市的房地产市场应该在保证实际居住需求的基础上合理控制居民的作为资产配资的长期持有行为。这样，才能保证城市房地产市场合理健康地成长，但是一定要控制投资性需求的比例。因此，必须较为清楚地了解购房者家庭用房情况。为此，可按照一定的标准设定投资行为。比如，一个城市家庭超过 2 套房就属于投资性房产配置。该数据指标应该由当地房管局统筹制定，中央和地方政府同时监管。

监控房屋空置情况。房屋空置情况不仅能够反映一个城市房地产市场的投资情况，还能反映住房资源浪费情况。目前很少有城市对该数据情况摸底调查。该数据指标应该由当地房管局、统计局等多部门统筹制定，中央和地方政府同时监管。

六、提高统计数据质量，加大数据乱象整顿力度

1. 加强房地产数据信息化建设，利用计算机和互联网信息技术手段完成数据信息的采集和汇总工作，提高数据的精准性、时效性。

2. 建立高素质的专业统计队伍。统计工作人员的业务能力和工作素质对数据质量有直接影响，而房地产统计数据的获取、记录及汇总工作属于系统性的工程项目，因此，要加强房地产企业和政府统计部门的专业统计队伍建设。

3. 加强数据标准化建设，统一数据口径。由于不同部门参考的统计规则可能存在一定的差异，比如给各省统计局展开统计调查依据的是国家统计局下发的《房地产开发统计报表》，而各地房管部门的统计则依据省建设部下发的《房地产统计报表》。两种报表统计口径存在一定差异。因此，应该加强数据指标的标准化建设，加强部门协调，比如国家统计局和地方统计局、统计局和房管局之间的协调，做到同一数据同一口径，避免数据差异造成可信度下降。

4. 加大官方数据的公开力度，尤其是三四线城市的相关数据。在信息和数据时代，数据的重要性日益显现，很大程度上影响企业的战略投资决策和居民的置业理财方略。由于官方数据在某些领域和某些城市公开力度较小，容易造成企业和居民决策的盲目性，且更容易受到部分不客观舆论导向的影响，对房地产业及整体经济造成一定的冲击。

5. 加强房地产数据的监管力度。互联网大数据及人工智能技术的发展为加强房地产数据监管奠定了基础。当前应该加强相关方面的数据监管，加强数据横向、纵向的关联审核，严格质量抽查，对统计造假行为进行整治。

6. 加强媒体舆论监管，打击以片面或者非客观数据炒作市场的行为。媒体新闻除了重视真实性、可靠性，也要重视问题的全面性，不能断章取义、截取部分数据引导市场舆论。更为重要的是，媒体也要有家国情怀，更要注重经济稳定健康发展，在舆论方向上尽量减少与当时国

家产业政策相悖的舆论出现。

七、加强预期管理的作用，消除投资者的恐慌

中国房地产市场价格的波动除了受到经济发展、市场供需的影响，还会受到市场舆论及心理预期的影响。舆论和心理预期往往交叉在一起，对于房地产市场价格起到推波助澜的作用。因此，合理正确的预期指导成为房地产市场调控政策有效运行的重要影响因素。预期管理主要从以下四个方面进行。

1. 政策长期稳定性的预期管理。首先要重视房地产市场信息的公开、透明并保证信息的充分性，避免片面信息造成市场的误解。其次要保证房地产市场政策的连贯性、持续性。在以前的调控过程中，一旦遇到房地产市场下行波动，购房者就寄希望于政府政策变动来承担风险，并且屡试不爽，这也是以往调控政策效果不佳的主要原因。所以，必须坚持调控政策的连贯和持续，消除市场对过往政策规律的把控和房地产市场对经济的绑架。

2. 房地产市场投资的预期管理。第一，要通过经济政策改革和正确合理的引导，让民众接受我国当前所处的经济增长方式转换阶段经济趋于下行的现实，打消再次启动房地产刺激经济增长的惯性思维，保证房地产企业合理的投资需求，避免企业盲目的过激投资行为。第二，要对我国的城镇化政策给予正确的观念引导。要打消发展城镇化就是发展房地产的思维，保证城镇化发展的质量和水平，合理引导企业的投资。

3. 引导媒体和一些相关人士的言论。尤其是任意的猜测性言论或者恶意性的误导言论，以免扰乱房地产市场正常运行，对市场有潜在重大影响或者已经造成恶性影响的行为要追究法律责任。

4. 要合理引导和灌输个人购房风险自担的意识，逐步培养居民的责任风险意识，避免房价大幅上涨时皆大欢喜，房价调整波动时，发生恶性群体事件，比如打砸售楼处、围堵开发商等行为。房价波动是市场行为，风险应该由购房者自己承担。对于扰乱市场的行为要进行法律制裁。

八、完善房地产市场税收体系，发展房地产金融，促使房地产市场投资从买卖型收益转向持有型收益

我国房地产市场持续火热，除了真正的居住需求，还有一定比例的投资、投机需求。投机需求产生的原因是房价持续快速上涨带来超高的资本利得。我国目前也在加紧研究房产税，这在一定程度上可以抑制投机成分。

房地产业目前仍然是我国的重要产业，未来我国还有巨大的城镇化发展空间，所以房地产业仍将发挥重要的作用。但是，要改变房地产业原有的单边价格上扬的买卖型收益机制，应发展 REITs、类 REITs 等产品，以持有型收益作为未来投资收益的主要方式。

附　录

附录 1－1　对收入水平与新旧房成交面积比的证明

为了证明前文中城镇居民收入与新旧房成交面积比的相互关系，本书需要证明城镇居民收入越高，土地资源越紧张。附图 1.1 表示 2017 年我国地级市的建成区人口密度与城镇居民可支配收入之间的关系，可以明显看出，建成区人口密度与城镇居民可支配收入呈现 U 形关系，收入水平较低的城市虽然人口密度也较高，但城市本身规模较小（见附图 1.2），而收入水平较高的大城市不但城市规模较大，而且扣除拥堵时间之后的平均通勤时间也较长（见附图 1.3）。这些情况表明：（1）收入最高的城市人均占地较少，但收入最低的城市人均占地也同样较少。（2）收入最高的城市规模较大，通勤时间长，说明已经出现明显的人口与土地资源错配现象，而这正是土地资源紧张的表现。收入最低的城市虽然同样人口密度高，但城市规模小，通勤时间短，这只是城市尚未充分发展的表现，城市活动被集中在一小片区域之中。由此可以看出城市收入水平越高，土地资源越紧张。

除了前述证据外，我们还可以从反面论证。按照前文的逻辑推理，一个城市的发展如果不是依靠土地资源，那么土地资源就会相对充足，即使发展程度很高也会有较高的新旧房成交面积比。附图 1.4 是 2017 年我国新旧房成交面积比与人均 GDP 的散点图，与附图 1.1 对比，东营偏离拟合线的程度明显变大。东营是我国典型的资源型城市，中国第二大石油生产基地胜利油田就位于东营。很明显，东营的发展对土地的依赖程度没有其他城市高，因而即使东营有较高的人均 GDP，也不意味着土地资源的紧缺，因此它的新旧房成交面积比就会相对较高，这恰恰是现实反映的情况。

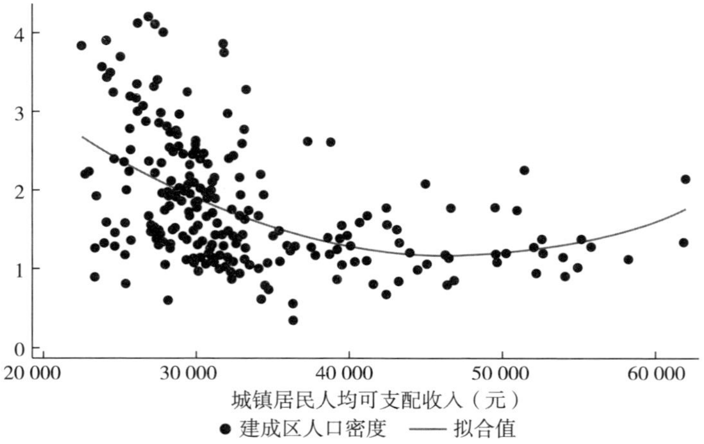

附图 1.1　2017 年建成区人口密度与城镇居民人均可支配收入

注：建成区人口密度由该地级市的常住人口数除以总建成区面积而得。

资料来源：Wind 数据库和《中国城市建设统计年鉴》。

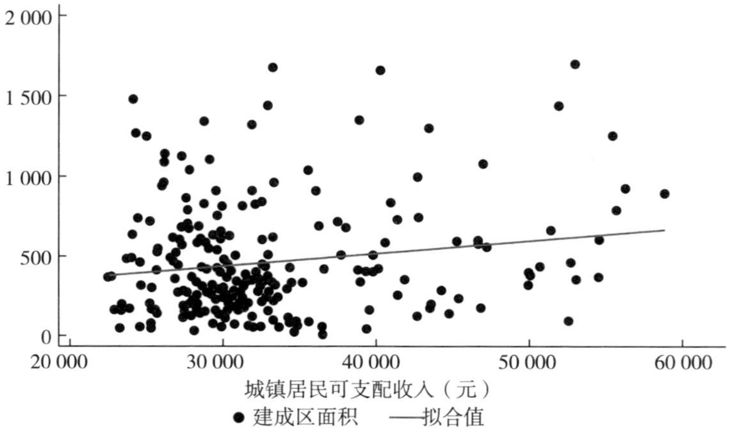

附图 1.2　2017 年城市建成区面积与城镇居民人均可支配收入

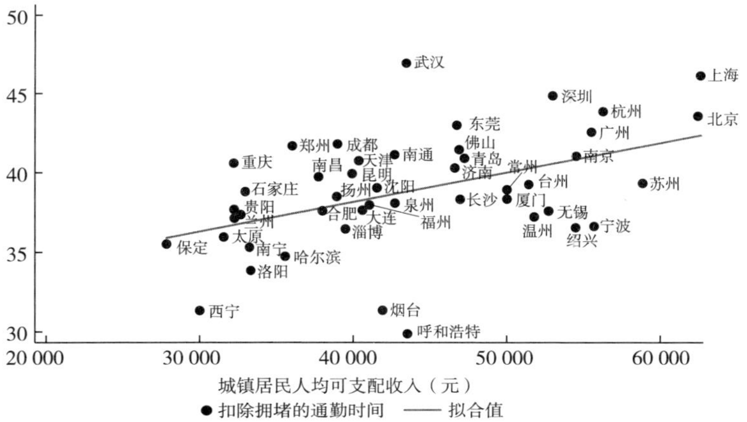

附图 1.3 城市通勤时间与城镇居民人均可支配收入

资料来源：通勤数据来自高德地图发布的《2018 年度中国主要城市交通分析报告》，可支配收入来自 Wind 数据库。

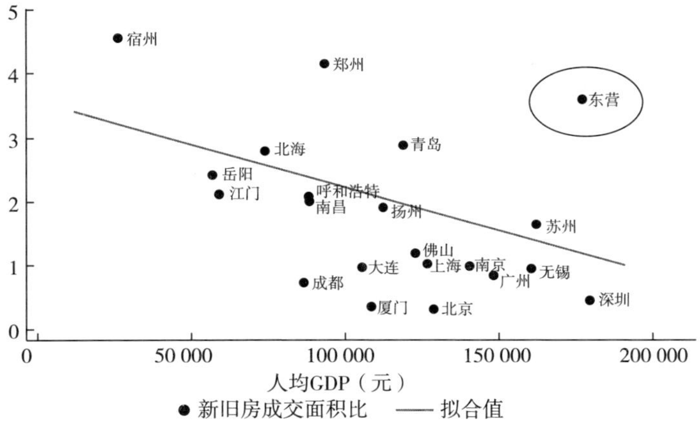

附图 1.4 2017 年我国新旧房成交面积比与人均 GDP

附录4－1　住房供给对房价影响的实证分析

对于住房供给的衡量，本书选取批准上市面积、新开工面积、竣工面积三个指标进行衡量。由于开工和竣工面积的数据在每年的1月和2月合并，因此，将住房供给指标及价格都合并成季度数据进行分析。由于三四线城市数据缺失比较严重，因此选择20个一二线城市为样本。20个样本城市为：北京、上海、天津、重庆、深圳、广州、杭州、南京、武汉、成都、苏州、大连、长沙、无锡、沈阳、青岛、济南、南昌、郑州、长春。

附表4.1　数据描述性统计

	均值	中位数	标准差	偏度	峰度	Jarque－Bera P值	观测数	截面数
价格	14 297.86	10 206.74	10 492.15	2.166	7.788	0.000	640	20
批准上市面积	394.18	333.85	265.07	1.729	6.815	0.000	640	20
新开工面积	258.15	168.43	272.01	2.678	12.037	0.000	640	20
竣工面积	240.55	217.24	153.68	1.068	4.324	0.000	640	20

模型采用面板数据模型进行估算，并控制了不同城市间的固定效应以及时间固定效应。回归模型为：

$$P_{i,t} = \alpha_i + \beta_1 permit_{i,t} + \beta_2 new_{i,t} + \beta_3 completed_{i,t} + \varepsilon_{i,t}$$

其中P为商品住房销售价格，*permit*为批准上市面积，*new*为新开工面积，*completed*为竣工面积，i为城市标记，t为时间标记。

回归结果显示，对于2011—2018年的全样本时期，修正可决系数为0.85，说明模型的整体解释力良好。在当期的供给指标中，批准上市面积与价格存在显著的负相关关系，而新开工面积和竣工面积与价格相关性不显著。子样本时期的检验显示，批准上市面积与销售价格的相关性如下：在2015年以前，两者相关性不显著，2015年以后为负相关。

附表 4.2　回归结果

$P_{i,t}=\alpha_i+\beta_1 permit_{i,t}+\beta_2 new_{i,t}+\beta_3 completed_{i,t}+\varepsilon_{i,t}$						
		截距 α	批准上市面积 β_1	新开工面积 β_2	竣工面积 β_3	Adj - R^2
2011 年第 1 季度—2014 年第 4 季度	系数 （P 值）	11 321.26 （0.00***）	0.65 （0.60）	0.68 （0.26）	0.21 （0.71）	0.94
2015 年第 1 季度—2018 年第 4 季度	系数 （P 值）	19 570.85 （0.00***）	-8.73 （0.00***）	-0.17 （0.91）	-0.68 （0.54）	0.95
2011 年第 1 季度—2018 年第 4 季度	系数 （P 值）	16 512.79 （0.00***）	-11.46 （0.00***）	1.42 （0.22）	-0.07 （0.98）	0.85

注：*** 表示显著性水平为 99%。

附表 4.3　加入滞后期的回归结果

$P_{i,t}=\alpha_i+\beta_1 permit_{i,t}+\beta_2 new_{i,t-6}+\beta_3 completed_{i,t-2}+\varepsilon_{i,t}$						
		截距（α）	当期批准上市面积（β_1）	6 个季度前的新开工面积（β_2）	2 个季度前的竣工面积（β_3）	Adj - R^2
2012 年第 3 季度—2018 年第 4 季度	系数 （P 值）	17 809.20 （0.00***）	-11.36 （0.00***）	0.35 （0.78）	-0.10 （0.93）	0.87
$P_{i,t}=\alpha_i+\beta_1 permit_{i,t}+\beta_2 new_{i,t+1}+\beta_3 completed_{i,t-2}+\varepsilon_{i,t}$						
		截距（α）	当期批准上市面积（β_1）	1 个季度后的新开工面积（β_2）	2 个季度前的竣工面积（β_3）	Adj - R^2
2012 年第 3 季度—2018 年第 4 季度	系数 （P 值）	16 629.46 （0.00***）	-10.74 （0.00***）	0.18 （0.88）	0.49 （0.65）	0.85

注：** 表示显著性水平为 95%，*** 表示显著性水平为 99%。

为了验证竣工面积和新开工面积与价格间是否存在滞后影响，模型分别用 6 个季度前的新开工面积和 2 个季度前的竣工面积替换相应的当期指标，但是回归结果显示价格与前期的开工、竣工面积不存在不显著的相关关系。为了验证新开工面积是否对价格的变动做出反应，模型用 1 季度后的新开工面积替换当期新开工面积，结果显示两者同样不存在不显著的相关关系。

附录 4－2　住房负担与住房销售面积关系的分析

住房销售价格和销售面积的趋势项分析显示，全国 59 个样本城市在 2016 年房价大幅上涨以后，销售面积呈下降趋势。为了进一步验证这一发现，本附录仅采用一线城市为样本，使观测期延长至 2006 年 7 月到 2018 年 5 月，并用同样的方法计算一线城市的新建商品住房的平均价格和总面积，然后用 HP 滤波提取出售价与销量的趋势项，结果如附图 4. 1 所示。

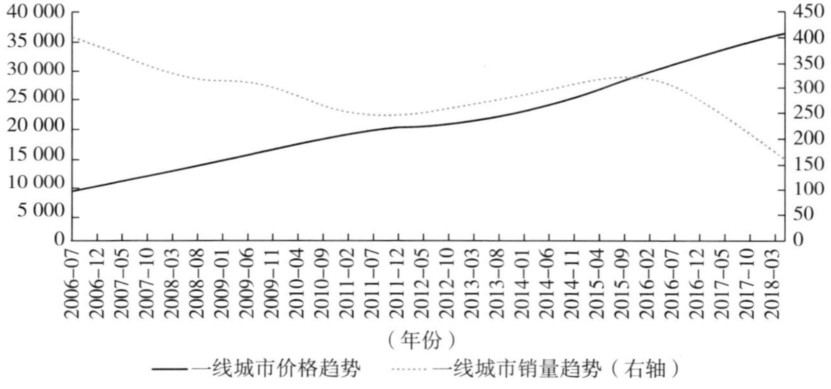

附图 4. 1　2006—2018 年一线城市新建商品住房销售价格和销售面积的趋势项情况

资料来源：中指数据，dataln。

在扩大的样本时期下，一线城市的销量趋势出现两次反转：2006—2011 年销量呈下降趋势，2011—2016 年销量呈上升趋势，而 2016—2018 年销量又呈下降趋势。然而，从图中可以看到，一线城市价格一直呈现上升趋势，但曲线的斜率存在一定的变化，即一线城市价格增速不同：2006—2011 年房价增速较快，2011—2016 年房价增速较慢，而 2016—2018 年房价增速再次变快。

直观上，房价趋势的二阶变化与住房销量呈对应关系：房价增速与住房销售面积成反比。而这一直观观察的深层原因可能是房价上涨速度高于居民收入上涨速度导致居民购房负担发生变化。居民的长期购房负担是指居民购房贷款的总付款额与其 20 年总收入的比值（具体测算方法见相关章节）。居民 20 年总收入的估算考虑到收入增长的因素。因此，这一比值的上升标志着房价增速超过居民收入增速。下图显示了 2002—2016 年北京、上海和广东居民长期购房负担变化情况。

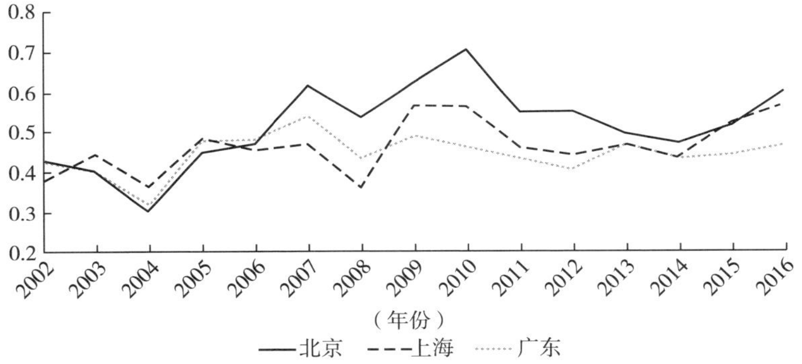

附图 4. 2　2002—2016 年北京、上海、广东居民长期购房负担

资料来源：国家统计局。

测算结果显示，居民购房负担在 2002—2010 年呈上升趋势，在 2010—2014 年呈下降趋势，2015 年以后再次呈上升趋势。这一时间段的划分与商品住房销售面积的趋势变化基本一致。可见居民收入情况是影响住房需求的深层因素。

附录4－3 住房价格与销量实证分析

这一实证研究方法与样本如下：研究方法采用对销售价格、销售面积的波动项之间进行非协整分析和格兰杰因果检验。首先计算各能级城市的平均销售价格和总销售面积。之后，对各能级城市的价格波动与销量波动进行格兰杰因果检验和协整检验。最后，对住房价格与销量进行非对称协整分析。

附表4.4 变量的描述性统计

	均值	中位数	标准差	偏度	峰度	观测数
*price*_T1	20 826.92	19 071.53	7 706.555	0.518 402 7	2.328 572	144
*price*_T2	8 924.617	8 430.918	2 617.077	0.562 138 2	2.770 368	144
*price*_T3	6 890.179	6 684.093	1 700.953	0.695 030 5	3.235 909	144
*sale*_T1	83.927 12	78.848 75	27.681 8	0.632 514 9	2.970 782	144
*sale*_T2	71.880 62	73.39	24.408 22	0.110 658 7	2.610 233	144
*sale*_T3	25.916 63	26.433 65	8.339 015	−0.054 596 9	2.286 737	144

由于部分城市有数据记录的时间有限，出于一致性考虑，本研究选取了全国57个城市，包括4个一线城市、20个二线城市和33个三四线城市。[①] 时间段选取了2008年1月至2019年12月，数据频率为月度数据。数据通过中指数据库获得，并利用X－12进行了季度调节，然后进行了对数化处理。指标选择新建商品住房销售价格和销售面积，对于北京、上海等城市，剔除了保障房数据。城市数据按城市能级分类，并计

① 一线城市包括北京、上海、深圳、广州，二线城市包括天津、重庆、南京、成都、大连、厦门、西安、无锡、福州、沈阳、青岛、南昌、郑州、海口、杭州、武汉、苏州、长沙、合肥、长春，三线城市包括东莞、常州、唐山、镇江、佛山、惠州、中山、绍兴、肇庆、南通、徐州、连云港、汕头、金华、泉州、济宁、韶关、莆田、东营、江阴、淮安、洛阳、芜湖、焦作、包头、蚌埠、锦州、吉林、宜昌、岳阳、泸州、淮北、宿州。

算一线城市、二线城市、三四线城市的平均销售价格和总销售面积。其中 *price* 表示商品住房销售价格，*sale* 表示商品住房销售面积，T1、T2、T3 分别表示一线、二线、三四线城市。

由于数据的平稳性对时间序列数据分析十分重要，故本书首先利用 KPSS 和 SS 分析法对房地产的量价序列进行检验，相关结果见表 4.2，检验结果表明我国不同城市的房地产量价序列均为 I（1）序列，无法直接利用格兰杰因果检验处理，需要利用差分数据，同时两者的长期关系也不能直接回归，必须首先通过协整检验，证明两者之间存在协整关系才能使用回归处理。

对于格兰杰因果检验，本书首先对原始数据进行差分处理，得到差分数据后对两者进行 VAR 处理，通过 AIC 和 SC 准则选择最优滞后期，如果两者无法同时达到最小，则再结合 LR 值判断房地产量价格兰杰因果检验的最优滞后期。

附表 4.5　格兰杰因果检验阶数选择

滞后阶数	AIC	SC	LR	城市类别	最优滞后阶数
1	-3.275 763	-3.150 869	238.579 2	一线城市	2
2	-3.265 110	-3.055 978	240.190 3	一线城市	
3	-3.271 320	-2.977 155	242.992 4	一线城市	
4	-3.252 224	-2.872 220	244.029 6	一线城市	
1	-3.720 401	-3.595 506	270.148 4	二线城市	2
2	-3.840 662	-3.631 530	280.766 7	二线城市	
3	-3.826 552	-3.532 388	281.858 6	二线城市	
4	-3.778 426	-3.398 422	280.600 6	二线城市	
1	-3.147 710	-3.022 816	229.487 4	三线城市	2
2	-3.278 424	-3.069 292	241.128 9	三线城市	
3	-3.249 553	-2.955 389	241.468 7	三线城市	
4	-3.244 985	-2.864 981	243.526 4	三线城市	

在证明量价之间的格兰杰因果关系后，需要进一步研究两者之间的

长期关系，一般都采用协整分析的方法。利用 Johansen 检验可以判断两者之间是否存在长期协整关系。长期关系见（4.3）式到（4.5）式。

附表 4.6　不同能级城市协整关系判断

城市能级	存在几个协整关系的原假设	特征值	迹统计量	0.05 判断值	概率**
一线城市	没有	0.128 783	30.907 480	25.872 11	0.010 8
	至多一个	0.079 560	11.606 420	12.517 98	0.070 6
二线城市	没有	0.241 037	39.163 940	19.387 04	0
	至多一个	3.57E－02	5.155 371	12.517 98	0.574 2
三四线城市	没有	0.157 338	23.795 370	19.387 04	0.010 7
	至多一个	0.059 942	8.592 136	12.517 98	0.207 0

肖德雷特（Schorderet，2003）提出可以把非平稳的时间序列分解为正的增量和负的增量，从而探讨和检验非对称的长期均衡关系。利用这样的分解，肖德雷特将传统的协整模型扩展为非对称协整模型，并对检验方法和统计特征进行了研究。该方法为探讨不同宏观变量之间长期关系的非对称性提供了很大便利。就模型而言，检验非对称协整的第一步是将一个服从随机游走的时间序列 $\{y_t\}_0^T$，如本书关心的房地产交易量与交易价格序列，分解成两个部分：正向冲击的累积和与负向冲击的累积和，即：

$$y_t^+ = \sum_{i=0}^{t-1} 1(\Delta y_{t-i} > 0)\Delta y_{t-i} \tag{1}$$

$$y_t^- = \sum_{i=0}^{t-1} 1(\Delta y_{t-i} < 0)\Delta y_{t-i} \tag{2}$$

这两个和数均包含线性趋势，都是具有单位根的 I（1）过程。分解后，如果存在一个向量 $\beta' = (\beta_1, \beta_2, \beta_3, \beta_4)$，$\beta \neq 0$，使两个非平稳序列 $\{y_{1t}\}$ 和 $\{y_{2t}\}$ 能够由一个满足平稳性的线性组合表示，即：

$$z_t = \beta_1 y_{1t}^+ + \beta_2 y_{1t}^- + \beta_3 y_{2t}^+ + \beta_4 y_{2t}^- \tag{3}$$

肖德雷特定义这两个序列是非对称协整的。其中，$\{y_{jt}^{+}\}$ 和 $\{y_{jt}^{-}\}$ 是根据（1）式、（2）式对两个序列进行分解得到的；$j = 1,2$；z_t 是一个平稳过程（可称之为误差纠正项）。该模型意味着在分别受到正向和负向冲击时，系统内的序列之间可能存在不一样的长期均衡关系，在本书中也即房地产交易量在上升和下降时与房地产价格间的长期关系可能是不同的。肖德雷特（2003）在不失一般性的前提下，将（3）式转化为如下形式：

$$z_{1t} = y_{1t}^{-} - \beta^{-} y_{2t}^{-} \quad 或 \quad z_{2t} = y_{1t}^{+} - \beta^{+} y_{2t}^{-} \tag{4}$$

如果序列 $z_{jt}(j = 1,2)$ 是非平稳的，说明不存在协整关系，反之则存在。由于 z_{jt} 具有非线性特征，在有限样本情况下进行 OLS（最小二乘回归）结果将是有偏的，需要通过以下两个辅助回归实现对协整关系的检验：

$$y_{1t}^{-} + \Delta y_{1t}^{+} = \alpha^{-} + \beta^{-} y_{2t}^{-} + \varepsilon_{1t} \tag{5}$$

$$y_{1t}^{+} + \Delta y_{1t}^{-} = \alpha^{+} + \beta^{+} y_{2t}^{+} + \varepsilon_{2t} \tag{6}$$

对 ε_{1t} 和 ε_{2t} 分别进行单位根检验，如果残差项是平稳的，表明它们对应的两个序列的和数项存在协整关系。在进行单位根检验时，ADF 检验法和其临界值仍然适用，但由于两个辅助回归得到的残差项之间存在自相关性，OLS 回归中得到的标准差不再适用，需要采用 Newey－West（1987）的方法调整线性回归得到的标准差。就本书而言，y_{1t} 和 y_{2t} 代表房地产价格和房地产销量序列，（5）式和（6）式分别衡量了销量上升和下跌与我国房地产价格间的关系。[①]

三四线城市的价格波动与销售面积的波动同样存在协整关系，显著

① 张大永，曹红．国际石油价格与我国经济增长的非对称性关系研究［J］．经济学（季刊），2014，13（2）：699－722．Schorderet Y．Asymmetric cointegration［M］．Genève：Université de Genève/Faculté des sciences économiques et sociales，2003.

性水平在95%以上。三四线城市价格波动与销售面积波动情况与一线城市相似。销售面积的波动是价格波动的格兰杰原因。

附表4.7　三四线城市销售价格波动与销售面积波动的格兰杰因果检验

零假设	F－统计量	P值
滞后期：6期，观测数：83		
价格波动不是销量波动的格兰杰原因	0.624 83	0.709 9
销量波动不是价格波动的格兰杰原因	2.788 13	0.016 6**
滞后期：9期，观测数：80		
价格波动不是销量波动的格兰杰原因	0.883 67	0.544 3
销量波动不是价格波动的格兰杰原因	1.993 71	0.053 3*
滞后期：12期，观测数：77		
价格波动不是销量波动的格兰杰原因	1.082 67	0.391 0
销量波动不是价格波动的格兰杰原因	2.340 47	0.015 7**

注：* 表示显著性水平为90%，** 表示显著性水平为95%，*** 表示显著性水平为99%。

三四线城市的销售波动是价格波动的格兰杰原因，所以回归分析以价格波动为因变量，销量波动为自变量。回归结果显示，价格波动与滞后1期的价格波动、当期销量波动、滞后6期的销量波动呈显著正相关关系。

附表4.8　三四线城市销售价格波动与销售面积波动的回归分析

$cy\_price\_t3_t = c + \alpha_1 cy\_price\_t3_{t-1} + \alpha_2 cy\_sale\_t3_t + \alpha_3 cy\_sale\_t3_{t-6}$					
样本时期：2011年1月至2018年5月					
	截距项	滞后1期价格	当期销量	滞后6期销量	Adj－R^2
系数	－0.00	0.27	0.07	0.06	0.37
P值	0.85	0.00***	0.03**	0.00***	
样本时期：2016年1月至2018年5月					
系数	－0.00	0.20	0.08	0.04	0.17
P值	0.78	0.21	0.03**	0.29	

注：* 表示显著性水平为90%，** 表示显著性水平为95%，*** 表示显著性水平为99%。

附录6-1 土地供给对商品住房价格影响的回归分析

土地供给对商品住房价格的影响机制分为长期的供求机制和短期的信号机制。以住房价格与当期土地供给代表短期的信号机制，以住房价格与滞后期的土地供给代表长期的供求机制，同时加入商品住房批准上市面积以控制住房市场供求的直接影响。

数据：研究采用20个样本城市的商品住房平均销售价格、规划建筑面积、批准上市面积，数据从中指土地和市场数据库获得。20个样本城市为：北京、上海、天津、重庆、深圳、广州、杭州、南京、武汉、成都、苏州、大连、长沙、无锡、沈阳、青岛、济南、南昌、郑州、长春。样本时期为2011年第1季度到2019年第4季度，数据频率为季度数据。

附表6.1 变量的描述性统计

变量	均值	中位数	标准差	偏度	峰度	Jarque-Bera P值	观测数	截面个数
商品住房价格	15 150.040	10 660.7	11 347.05	2.028 03	6.851 32	0.000	720	20
规划建筑面积	299.980 4	249.895	248.391 6	1.923 425	10.656 84	0.000	720	20
批准上市面积	246.954 2	218.04	160.511 5	1.167 733	4.545 464	0.000	720	20

模型如下：

$$P_{i,t} = c_i + \beta_1 landsup_{i,t} + \beta_2 landsup_{i,t-1} + \beta_3 landsup_{i,t-4} + \beta_4 landsup_{i,t-8} + \beta_5 housesup_{i,t} + \beta_6 housesup_{i,t-1}$$

其中 P 为商品住房价格，$landsup$ 为规划建筑面积，$housesup$ 为批准上市面积，下标 i、t 分别代指不同城市和不同时间的观测。模型采用控制城市间固定效应的面板线性回归。将一年前的土地供给纳入方程代表从土地供给到住房批准上市之间约 1 年的时滞，将 2 年前的土地供给纳入方程代表从土地供给到住房交付之间约 2 年的时滞。

回归结果如附表 6.2 所示：

附表 6.2　模型回归系数

$$P_{i,t} = c_i + \beta_1 landsup_{i,t} + \beta_2 landsup_{i,t-1} + \beta_3 landsup_{i,t-4} + \beta_4 landsup_{i,t-8} + \beta_5 housesup_{i,t} + \beta_6 housesup_{i,t-1}$$

样本时期	变量	当期土地供给	1 季度以前土地供给	1 年以前土地供给	2 年以前土地供给	当期住房供给	1 季度以前住房供给	Adj－R^2
2011Q1—2019Q4	系数 （P 值）	0.033 （0.985）	－2.703* （0.063）	0.448 （0.79）	－2.030 （0.223）	－15.246*** （0.000）	－13.097** （0.000）	0.89

注：* 表示显著性水平为 90%，** 表示显著性水平为 95%，*** 表示显著性水平为 99%。

回归结果显示，住房价格与 1 季度以前的土地供给存在显著的负相关关系，与 1 季度以前的住房供给出现显著的负相关关系。而住房价格与当期、1 年以前、2 年以前的土地供给，以及当期住房供给之间的关系不显著。这一结果说明土地供给对房价的短期信号作用机制被证实，而长期的供给作用被拒绝。因为土地供给需要转化为实际的住房供给才能对房价产生实际影响，其作用机制已经被住房的供求影响包含。

附录6－2　土地价格对商品住房价格影响的回归分析

本附录通过回归分析考察土地价格对商品住房价格的长期和短期影响。土地价格对住房价格的长期影响代表成本传导机制，短期影响代表信号机制。

数据：研究采用20个样本城市的商品住房平均销售价格、规划建筑面积、批准上市面积，数据从中指土地和市场数据库获得。20个样本城市为：北京、上海、天津、重庆、深圳、广州、杭州、南京、武汉、成都、苏州、大连、长沙、无锡、沈阳、青岛、济南、南昌、郑州、长春。样本时期为2011年第1季度到2018年第4季度，数据频率为季度数据。

变量选取：被解释变量为20个城市的新建商品住房平均销售价格，解释变量为相应城市的成交土地平均楼板价。平均楼板价通过成交土地金额除以规划建筑面积计算得到。解释变量的期限选取当期和滞后1个季度的数据代表土地价格对房价的短期影响，选取滞后1年和滞后2年的数据代表土地价格对住房价格的长期影响。选取1年滞后期代表从供地到期房销售的时间跨度，选取2年滞后期代表从供地到现房交付的时间跨度。模型选取住房的批准上市面积和住房的销售面积作为控制变量，分别代表住房供给和市场行情对住房价格产生的影响，并加以控制。

附表6.3　变量的描述性统计

变量	均值	中位数	标准差	偏度	峰度	Jarque－Bera P值	观测数	截面数
住房价格（*p*）	15 150.04	10 660.7	11 347.05	2.028 030	6.851 320	0	720	20
土地价格（*landprc*）	5 866.414	3 724.08	5 807.873	2.152 649	8.175 518	0	720	20
住房供给（*housesup*）	299.980 4	249.895	248.391 6	1.923 425	10.656 840	0	720	20
住房销售（*sale*）	249.940 8	215.64	154.493 8	1.159 092	4.418 160	0	720	20

土地价格与住房价格通过面板协整检验（基于 Engle - Granger 的 Perdroni 检验），说明二者之间存在长期均衡关系。

回归模型如下：

$$P_{i,t} = c_i + \beta_1 landprc_{i,t} + \beta_2 landprc_{i,t-1} + \beta_3 landprc_{i,t-4} + \beta_4 landprc_{i,t-8} + \beta_5 housesup_{i,t} + \beta_6 housesup_{i,t-1} + \beta_7 sale_{i,t}$$

回归结果如附表 6. 4 所示：

附表 6. 4　模型回归系数

$P_{i,t} = c_i + \beta_1 landprc_{i,t} + \beta_2 landprc_{i,t-1} + \beta_3 landprc_{i,t-4} + \beta_4 landprc_{i,t-8} + \beta_5 housesup_{i,t} + \beta_6 housesup_{i,t-1} + \beta_7 sale_{i,t}$

样本时期	变量	土地价格				住房供给		住房销售	Adj - R^2
		当期	1 季度前	1 年前	2 年前	当季	1 季度前	当季	
2011Q1—2019Q4	系数（P 值）	0. 36*** (0. 00)	0. 38*** (0. 00)	0. 45*** (0. 00)	0. 83*** (0. 00)	-2. 18 (0. 39)	-3. 15 (0. 15)	-6. 00** (0. 03)	0. 79

注：* 表示显著性水平为 90%，** 表示显著性水平为 95%，*** 表示显著性水平为 99%，模型已经将不显著的变量剔除。

回归结果显示，住房价格与当期土地价格、1 季度以前土地价格、1 年以前土地价格、2 年以前的土地价格都呈显著的正相关关系。住房价格与 1 季度以前的住房供给和当季的住房销售面积呈负相关关系。这说明土地价格对住房价格存在短期和长期两个方面的影响。从短期看，住房价格对土地价格变动的反应较为迅速，并具有一定的持续性；从长期看，土地价格对住房价格的影响持续时间较长。

附录 6－3　土地价格与房价相互关系的联立方程模型

本附录通过联立方程模型研究土地价格与房价间的相互关系。

根据本书前文的结论，土地供给和住房供给对房价和土地价格都存在一定的影响，因此模型将土地供给和住房供给都纳入房价和土地价格方程。商品住房投资可以代表房地产业的繁荣程度，所以将其纳入两个方程之中。人均产出和人均收入都是衡量经济情况的重要指标，人均产出代表一个城市的经济发达程度，城市越发达，土地价格越高；人均收入代表城市居民收入水平，收入越高能承担的房价越高。因此将人均产出纳入土地价格方程，将人均收入纳入房价方程。贷款余额代表该城市的融资环境，对房地产企业融资和居民购房贷款都会产生影响，因此纳入两个方程。常住人口代表城市的人口规模，同样纳入两个方程。

因此，纳入土地价格方程的变量有：房价、土地供给、住房供给、住房开发投资、人均地区生产总值、贷款余额、常住人口。纳入房价方程的变量有：土地价格、住房供给、土地供给、住房开发投资、人均可支配收入、贷款余额、常住人口。

可得联立方程模型：

$$LP = \alpha_0 + \alpha_1 HP + \alpha_2 LS + \alpha_3 HS + \alpha_4 REinv + \alpha_5 GDPpc + \alpha_6 Loan + \alpha_7 POP + \varepsilon$$

$$HP = \beta_0 + \beta_1 LP + \beta_2 HS + \beta_3 LS + \beta_4 REinv + \beta_5 income + \beta_6 Loan + \beta_7 POP + \varepsilon$$

方程的识别： 第 i 个方程可识别的条件为：$G - 1 \leqslant m_i, m_i = (G + K) - (g_i + k_i)$。其中，$G$ 是所有内生变量的个数，K 是所有先决变量的个数，g_i、k_i 分别是第 i 个方程中内生变量、先决变量的个数。对于以上方程组，$m_1 = 2$，$m_2 = 1$，两个方程都可以识别。

指标的选取： 样本选取 20 个一二线城市 2010—2018 年的年度数

据。土地价格指标为成交楼板价格，土地供给指标为规划建筑面积；房价指标为该城市商品住房平均销售价格，住房供给指标为批准上市面积，其中部分城市的房价和住房供给剔除了保障房数据；以上数据来自中指数据库。商品住房开发投资完成额、人均 GDP、人均可支配收入、贷款余额、常住人口指标数据来自国家统计局。数据全部采用对数化处理以减轻变量间多重共线性对估计结果的影响。

附表 6.5　变量的描述性统计

对数化变量	均值	中位数	标准差	偏度	峰度	Jarque – Bera P 值	观测数	截面数
HP	9.356	9.214	0.562	0.885	3.089	0.000	180	20
LP	8.229	8.116	0.791	0.534	2.490	0.005	180	20
LS	6.840	6.944	0.880	–1.595	7.187	0.000	180	20
HS	6.716	6.805	0.571	–0.454	2.807	0.040	180	20
REinv	6.839	6.850	0.569	–0.338	2.630	0.108	180	20
GDPpc	11.431	11.452	0.343	–0.496	3.296	0.018	180	20
Income	10.485	10.497	0.307	–0.203	2.522	0.228	180	20
Loan	9.633	9.556	0.656	0.339	2.564	0.088	180	20
POP	6.943	6.829	0.463	0.755	2.742	0.000	180	20

相关系数矩阵显示，经过对数化的各变量间仍然存在较强的相关性，因此在建立模型时需要对多重共线性问题进行相应处理，以保证估计质量。

模型估计方法：对联立方程模型采用二阶段最小二乘法（2SLS）进行估计，豪斯曼（Hauseman）检验拒绝了随机效应，因此模型估计中控制不同城市间的固定效应及时间固定效应。

第一阶段，使用所有前定变量作为工具变量，对两个内生变量分别运用最小二乘法进行线性回归，并获取内生变量的估计值：$\widehat{HP}$、$\widehat{LP}$。

附表 6.6　变量的相关性矩阵

相关系数（P值）	HP	LP	LS	HS	REinv	GDPpc	Income	Loan	POP
HP	1 —								
LP	0.849 (0.000)	1 —							
LS	-0.376 (0.000)	-0.357 (0.000)	1 —						
HS	-0.358 (0.000)	-0.156 (0.056)	0.525 (0.000)	1 —					
REinv	0.437 (0.000)	0.509 (0.000)	0.274 (0.001)	0.408 (0.000)	1 —				
GDPpc	0.607 (0.000)	0.653 (0.000)	-0.490 (0.000)	-0.266 (0.000)	0.287 (0.000)	1 —			
Income	0.703 (0.000)	0.771 (0.000)	-0.388 (0.000)	-0.173 (0.021)	0.4041 (0.000)	0.862 (0.000)	1 —		
Loan	0.795 (0.000)	0.808 (0.000)	-0.111 (0.136)	0.149 (0.045)	0.758 (0.000)	0.475 (0.000)	0.679 (0.000)	1 —	
POP	0.396 (0.000)	0.406 (0.000)	0.199 (0.008)	0.442 (0.000)	0.695 (0.000)	-0.092 (0.219)	0.142 (0.058)	0.761 (0.000)	1 —

回归模型为：

$$LP = \gamma_0 + \gamma_1 LS + \gamma_2 HS + \gamma_3 REinv + \gamma_4 GDPpc + \gamma_5 Loan + \gamma_6 POP + \gamma_7 Income + \mu$$

$$LP = \widehat{LP} + \mu$$

$$HP = \gamma_0 + \gamma_1 LS + \gamma_2 HS + \gamma_3 REinv + \gamma_4 GDPpc + \gamma_5 Loan + \gamma_6 POP + \gamma_7 Income + \mu$$

$$HP = \widehat{HP} + \mu$$

第一阶段回归的意义是将外生因素导致的房价（土地价格）变动分离出来。第一阶段回归的估计值是在纯粹外生因素影响下的房价（土地价格）水平，而内生因素对房价（土地价格）造成的影响则被纳入残差项。

第一阶段回归估计结果如下：

$$\widehat{LP} = 29.81 - 0.06LS + 0.25HS + 0.26REinv - 0.34GDPpc - 0.24Loan + 0.43POP - 2.04Income$$

$$\widehat{HP} = 17.63 + 0.04LS - 0.17HS + 0.17REinv - 0.11GDPpc + 0.47Loan - 0.54POP - 0.77Income$$

附表 6.7　房价估计值和土地价格估计值的描述性统计

对数化变量	均值	中位数	标准差	偏度	峰度	Jarque - Bera P 值	观测数	截面数
$\widehat{HP}$	9.356	9.251	0.555	0.703	2.551	0.000	180	20
$\widehat{LP}$	8.229	8.178	0.751	0.341	2.295	0.027	180	20

第二阶段回归，用内生变量的估计值代替观测值代入原方程进行估计：

$$LP = \alpha_0 + \alpha_1 \widehat{HP} + \alpha_2 LS + \alpha_3 HS + \alpha_4 REinv + \alpha_5 GDPpc + \alpha_6 Loan + \alpha_7 POP + \varepsilon$$

$$HP = \beta_0 + \beta_1 \widehat{LP} + \beta_2 LS + \beta_3 HS + \beta_4 REinv + \beta_5 Income + \beta_6 Loan + \beta_7 POP + \varepsilon$$

在第二阶段中，使用内生变量的估计值代替实际值的意义是将排除了内生因素影响的解释变量引入方程，因此可以排除因变量对自变量的内生影响。

将第一阶段获得的土地价格与房价估计值代入联立方程，为了避免多重共线性的影响，采用逐步回归法确定纳入模型的变量。第二阶段回归的估计结果：

附表 6.8　联立方程模型回归结果

土地价格方程：$LP = \alpha_0 + \alpha_1 \widehat{HP} + \alpha_2 LS + \alpha_3 HS + \alpha_4 Loan + \varepsilon$						
变量	常数	房价（估计值）	土地供给量	住房供给量	贷款余额	$Adj - R^2$
系数 （P 值）	-2.494 (0.492)	1.870*** (0.001)	-0.152** (0.015)	0.571*** (0.000)	-0.992** (0.024)	0.87

（续表）

房价方程：$HP=\beta_0+\beta_1\widehat{LP}+\beta_2 LS+\beta_3 HS+\beta_4 Loan+\beta_5 POP+\varepsilon$							
变量	常数	土地价格（估计值）	土地供给量	住房供给量	贷款余额	人口	Adj $-R^2$
系数 （P值）	5.677** (0.013)	0.489*** (0.000)	0.081*** (0.000)	−0.293*** (0.000)	0.065*** (0.000)	−0.748* (0.066)	0.97

注：* 表示显著性水平为 90%，** 表示显著性水平为 95%，*** 表示显著性水平为 99%。

房价与土地价格的联立方程模型如下（方程中各变量均为对数值）：

$$LP=-2.494+1.870\widehat{HP}-0.152LS+0.571HS-0.992Loan+\varepsilon$$

$$HP=5.677+0.489\widehat{LP}+0.081LS-0.293HS+0.065Loan-0.748POP+\varepsilon$$

模型显示，房价与土地价格呈现相互影响的关系，但是房价对土地价格的推动作用远大于土地价格对房价的推动作用。房价的估计值上涨1%会带动土地价格上涨1.87%，而土地价格的估计值上涨1%仅会带动房价上涨0.49%。

模型还显示，土地价格与土地供给呈负相关关系，土地供给量增加1%，土地价格会下降0.15%；土地价格与住房供给正相关，住房供给增加1%，土地价格上升0.57%；土地价格与贷款余额负相关，贷款余额增加1%，土地价格下降0.99%。

房价变动除了受土地价格影响，还与土地供给量呈正相关关系，土地供给量增加1%，房价上涨0.08%；房价与住房供给负相关，住房供给量增加1%，房价下跌0.29%；房价与贷款余额正相关，贷款余额增加1%，房价上升0.65%，房价与人口负相关，人口增加1%，房价下降0.75%。而收入、人均GDP等变量由于影响不显著或会引起多重共线性等原因，没有被纳入模型。

附录8－1　美国房地产业增加值与房地产固定资本的回归检验

本检验旨在说明美国1950年以来，住房固定资产形成对房地产业产出的影响。检验基于索洛增长模型，把房地产业产出的动力分为资本积累和广义技术水平的提升。

$$y = \alpha + \beta k$$

其中，y 为房地产业人均产出的对数，k 为人均资本存量的对数，β 代表资本的贡献率，α 为残差项，即索洛余值，代表广义技术进步对产出的贡献。

本检验引入虚拟变量将整个样本时期划分为前期、中期、后期三个阶段，以考察不同时期住房资本积累及广义技术进步对产出贡献程度的变化。而两者分别表现为回归方程的斜率和截距项的变化，因此回归模型为：

$$y_t = \alpha + \beta k_t + \gamma_1 k_t \times middle_t + \gamma_2 k_t \times late_t + \gamma_3 middle_t + \gamma_4 late_t$$

其中，*middle* 表示中期的虚拟变量，当观测值 t 处于1970—1989年，*middle* 取值为1，其他年间取值为0。*late* 表示后期的虚拟变量，当观测值 t 处于1990年以后，*late* 取值为1，其他年间取值为0。

测试数据来源于美国经济分析局。房地产业增加值为1947—2016年的年度数据，住房固定资产投资和住房固定资产折旧为1929—2016年的年度数据，人口为1929—2016年的年度数据。

变量估算：

$$y_t = \ln\left(\frac{\text{房地产业增加值}_t}{\text{人口数}_t}\right)$$

$$k_t = \ln\left[\frac{\sum_{i=1929}^{t-1}（住房固定资产投资_i - 住房固定资产折旧_i）}{人口数_t}\right]$$

附表 8.1　变量的描述性统计

	平均	标准差	方差	峰度	偏度	最小值	中位数	最大值	观测数
y	7.090	1.258	1.584	-1.428	-0.191	4.919	7.306	8.859	69
k	6.253	1.067	1.139	-1.476	-0.115	4.439	6.430	7.970	69

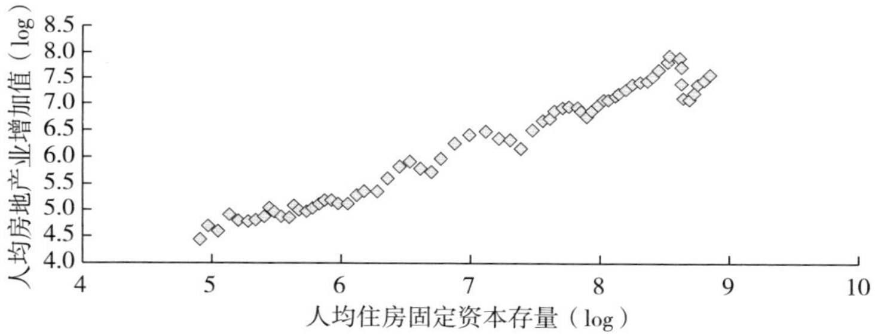

附图 8.1　1949—2016 年美国人均房地产业增加值与人均住房固定资本存量散点图

附表 8.2　回归结果

$y_t = \alpha + \beta k_t + \gamma_1 k_t \times middle_t + \gamma_2 k_t \times late_t + \gamma_3 middle_t + \gamma_4 late_1$							
	intercept	*k*	*middle* k*	*late * k*	*middle*	*late*	Adj - R^2
Coefficients	-2.145***	1.554***	-0.555**	-0.930***	2.969**	5.946***	0.975
T - stat	-2.097	7.533	-2.456	-3.897	2.530	4.404	
P 值	0.040	0.000	0.017	0.000	0.014	0.000	

注：** 表示显著性水平为 95%，*** 表示显著性水平为 99%。

回归结果显示，模型的整体拟合程度较高，修正可决系数为 0.975。模型的各系数均显著。k 的系数为 1.554，说明在早期的 1948—1969 年，住房的固定资本积累对房地产业增加值的贡献较高，资本存量每增加 1 个单位会带来房地产业增加值 1.554 倍的提升。中期的 1970—1989 年，固定资本的贡献有所下降，系数降为 0.999（1.554 - 0.555），而广义技术的贡献率有所提升，由前期的 -2.145 上升到 0.824（-2.145 +2.969）。后期的 1990—2016 年，资本存量的贡献进一步下降，系数降为 0.624（1.554 -0.930），而广义技术进步的贡献率进一步提升，系数上升为 3.801（5.946 -2.145）。

附录8-2　美国、日本住房投资与经济增长的格兰杰因果检验

检验步骤：

1. 首先构建关于被解释变量的自回归模型，即无约束模型（模型1）。

$$y_t = a_0 + a_1 y_{t-1} + a_2 y_{t-2} + \cdots + a_m y_{t-m}$$

2. 在模型1中加入关于解释变量的滞后项，构造约束模型（模型2）。

$$y_t = a_0 + a_1 y_{t-1} + a_2 y_{t-2} + \cdots + a_m y_{t-m} + b_{t-p} x_{t-p} + \cdots + b_{y-q} x_{t-q}$$

3. 构造 F 统计量判断显著性。

$$F = \frac{(SSR_1 - SSR_2)\ /\ (k_2 - k_1)}{SSR_2 /\ (n - k_2 - 1)}$$

其中 SSR 为残差平方和，n 为观测数，k 为模型中参数的数量。

检验数据：美国采用1929—2017年住房投资和GDP年度数据，数据来源于美国经济分析局；日本采用1960—2016年住房投资和GDP年度数据，来源分别为Wind数据库和世界银行数据库。

我们采用住房投资和GDP的增速作为检验数据，ADF检验显示，美国和日本的住房投资增速和GDP增速都是平稳的时间序列，可以对其进行格兰杰因果检验。

滞后期的选择：根据赤池信息准则（AIC）确定最优滞后期数为4期。

附表 8.3　格兰杰因果检验结果

	H0：住房投资不是 GDP 的原因	H0：GDP 不是住房投资的原因
美国 1930—2019 年	0.090 7*	0.031 7**
美国 1930—1970 年	0.576	0.133
美国 1971—2019 年	0.016 9**	0.018 8**
日本 1960—2019 年	0.025 6**	0.168 5
日本 1960—1990 年	0.039**	0.436
日本 1991—2019 年	0.235 5	0.763 5

注：* 表示显著性水平为 90%，拒绝 H0；** 表示显著性水平为 95%，拒绝 H0；*** 表示显著性水平为 99%，拒绝 H0。

值得注意的是，美国 1930—2019 年住房投资引起 GDP 增长的结果对滞后期的变化较为敏感，当选取 2 期和 3 期滞后期时，住房投资引起的 GDP 增长不显著。而其他时段的检验结果对滞后期的变化不敏感。

检验结果显示住房投资与 GDP 增长的格兰杰因果关系并不稳健，国家间和不同时段间显示出不同的因果关系。美国整体呈现住房投资与 GDP 互为因果的情况，而且因果关系主要出现在 1971—2019 年。日本则主要表现出住房投资是 GDP 增长的单向原因，反之则不成立，而且在 1991—2019 年，两者不存在显著的因果关系。

附录9-1　第九章第二节第二部分相关附录

附表9.1　1978—2017年中国实际GDP、资本存量、劳动力和消费情况

指标	单位	均值	观测值	最大值	最小值	标准差
GDP	亿元	36 946.23	40	124 032	3 593.0	35 931.31
资本存量	亿元	113 576.20	40	529 495	7 884.9	148 259.90
社会总消费	亿元	19 474.80	40	68 251.83	2 232.9	19 079.57
就业人数	万人	65 224.13	40	77 640	40 152.0	12 510.15

资料来源：GDP来自历年《中国统计年鉴》，根据GDP平减指数进行处理而得；资本存量原始数据包括历年固定资本形成额和固定资产投资价格指数，根据张军的方法处理而得，社会总消费来自历年《中国统计年鉴》，根据CPI处理而得，就业人数来自历年《中国统计年鉴》。

附表9.2　变量平稳性检验结果

变量名	ADF值	5%临界值	单整阶数
LnConsum	-2.858 59	-3.533 083	1
dlnConsum	-3.573 453	-3.533 083	0
LnK	-2.446 67	-3.536 6	1
dLnK	-2.632 05	-2.610 26	0
LnL	-3.506 2	-2.938 99	0
LnGDP	-3.260 82	-3.540 33	1
dLnGDP	-3.287 88	-2.948 4	0

附表9.3　变量协整检验结果

变量	最大特征值	似然比	5%临界值	假设的协整方程数
LnGDP	0.631 334	37.918 86	27.584 34	None
LnConsum	0.305 971	13.879 2	21.131 62	At most 1
LnK	0.197 475	8.359 701	14.264 6	At most 2
LnL	0.055 021	2.150 518	3.841 466	At most 3

附录9－2 房价通过影响居民可支配收入进而影响居民消费的测算

根据第九章的估计结果，房价每下降1%，工业企业净利润率就会上升0.219 2%，同时工资水平会下降0.068 9%。2016年中国城镇居民可支配收入为33 616.2元，其中工资性净收入、经营性净收入和财产性净收入分别为20 665.0元、3 770.1元和3 271.3元，如果假定这三者收入的来源与GDP的产业结构一样，当年这部分收入应当有37.4%的收入来自第二产业，即37.4%×20 665＝7 728.71元来自第二产业的工资收入，37.4%×（3 770.1＋3 271.3）＝2 633.48元来自第二产业的投资收益。房价每下降1%，个人可支配收入受到的影响为：－7 728.71×0.068 9%＋2 633.48×0.219 2%＝44.75元。总体看会轻微上升，对居民可支配收入的边际影响为0.133 1%，对消费的总体影响微乎其微。

附录 10 -1　土地出让金对于土地购置费影响测算

根据前文计算结果可知，当期土地出让金会影响一年内的土地购置费。这既有政策的支撑，也得到了实际数据的支持，因此本书利用当期的土地购置费对过去一年每个季度的土地出让金进行回归，方程式如下：

$$gouzhi_t = \alpha + \beta_1 churang_t + \beta_2 churang_{t-1} + \beta_3 churang_{t-2} + \beta_4 churang_{t-3} + \varepsilon_t$$

其中，$gouzhi_t$ 代表第 t 期的土地购置费，而 $churang_{t-i}$ 则代表第 $t-i$ 期的土地购置费，$i=0$，1，2，3。即当期的土地购置费由追溯到一年前的土地出让金决定。ε_t 表示残差项。为了验证结果的正确性，本书分别对 2012 年第 1 季度到 2018 年第 4 季度和 2012 年第 1 季度到 2020 年第 2 季度进行了回归，回归结果如附表 10. 1。

附表 10. 1　土地出让金与土地购置费的相互关系

	2012Q1—2018Q4	2012Q1—2020Q2
当期土地出让金	0. 305 593 7***	0. 248 866 1***
	(0. 043 014 5)	(0. 030 27)
滞后一期土地出让金	-0. 233 552***	-0. 163 753 4***
	(0. 070 739 5)	(0. 029 498 5)
滞后两期土地出让金	0. 356 477 6***	0. 336 758 8***
	(0. 076 016 2)	(0. 045 033 8)
滞后三期土地出让金	0. 303 398 1***	0. 350 464 4***
	(0. 053 643 4)	(0. 036 919 4)
常数	-2 454. 532***	-2 781. 982***
	(595. 786 1)	(403. 993 6)
修正可决系数	0. 879 9	0. 934 1

注：2020Q1 表示 2012 年第 1 季度，2018Q4 表示 2018 年第 4 季度，2020Q2 表示 2020 年第 2 季度。

从附表 10. 1 的结果可以看出，过去一年每个季度的土地出让金都对当期的土地购置费有着十分显著的影响，除了滞后一期，其余各期都为正。滞后一期为负的原因可能在于：在当期支付 50% 的首付款后，后续的付款计划可能不会立即执行；同时前一期高土地出让可能会让政府加强土地控制，从而降低了下一期的土地出让，由于土地出让金需要在出让后 10 天内缴纳 50% 的首付，这带来土地购置费的下降。

利用附表 10. 1 第一列的结果，本书预测了 2019 年第 1 季度到 2020 年第 2 季度的土地购置费，结果见附图 10. 1。从图中可以看出预测值较为准确地反映了土地购置费的波动趋势。利用当前的土地出让金预测未来一年的土地购置费的变化是可信的。

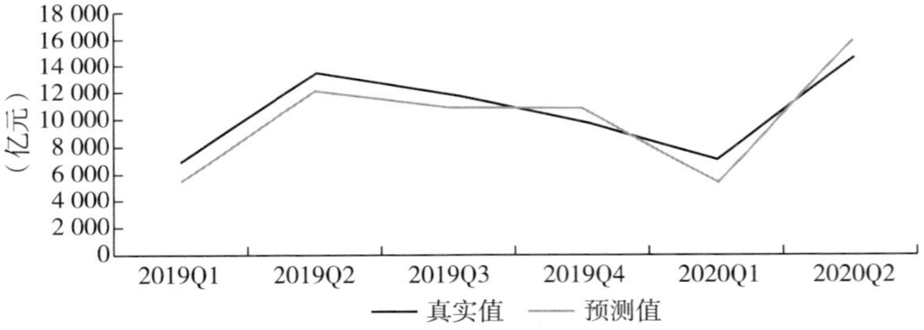

附图 10. 1　2019Q1—2020Q2 土地购置费的预测值与实际值

注：Q1、Q2、Q3、Q4 分别表示第 1 季度、第 2 季度、第 3 季度、第 4 季度。

资料来源：同策研究院整理。

按照这一结果，本书利用当期的土地出让金变化预测未来一年内的土地购置费变化，从附表 10. 1 第二列的结果可以得知，如果当期的土地出让金增加 1 亿元，当期至未来三个季度的土地购置费分别会增加 0. 248 866 1 亿元、 -0. 163 753 4 亿元、0. 336 758 8 亿元和 0. 350 464 4 亿元，累计增加 0. 772 335 9 亿元。同理，如果当期土地出让金下降 1 亿元，未来一年的土地购置费也会下降 0. 772 335 9 亿元。

附录 12 -1　我国经济增长的索洛增长模型回归分析

索洛增长模型：

$$\frac{Y_t}{L_t} = A\left(\frac{K_t}{L_t}\right)^{\alpha}$$

其中 t 为时期数，Y 为产出，K 为资本存量，L 为劳动力数量，A 为技术水平，α 为资本产出份额。

由索洛增长模型取对数得出的回归模型为：

$$\ln(y_t) = \ln(A) + \alpha\ln(k_t) + \varepsilon_t$$

其中 t 为时期数，y 为人均产出，k 为人均资本存量，ln（A）为常数项，ε 为误差项。

数据来源为国家统计局，通过 Wind 数据库及国家统计局网站获得，数据频率为年度数据。

人均产出：通过实际 GDP 除以劳动人口数估算，实际 GDP 通过名义 GDP 乘以 GDP 定基指数估算，其经济意义为每个劳动人口创造的产出。

$$y_t = \left[\text{名义 GDP}_{1990} \times \left(\frac{\text{GDP 指数}_t}{\text{GDP 指数}_{1990}}\right) / \text{劳动人口}_t\right]$$

人均资本存量：以过去 10 年的累计实际固定资本形成除以劳动人口估算。实际固定资本形成由名义固定资产形成除以固定资产价格指数估算，其经济意义为每个劳动人口使用的资本量。

$$k_t = \frac{\sum_{i=1}^{i=11} \frac{\text{固定资本形成}_{t-1}}{\text{固定资产投资价格指数}_{t-1}}}{\text{劳动人口}_t}$$

对于资本存量的估算没有采用常用的 $k_t = I_t + (1-d)k_{t-1}$ 方法。因为该方法需要一个初始 K_0 的值，并且需要确定的固定资本折旧率 d。由于该数据不可得，本书假定固定资产的平均使用期限为 10 年，到期后报废。因此采用过去 10 年的累计固定资本形成额之和估算。需要指出，第 t 期的固定资产为 $t-1$ 期到 $t-11$ 期的累计值。其意义为实际参与第 t 期生产活动的固定资产。固定资本形成额统计的是当年新形成的固定资本，是当年产出的一部分，第 t 期新生产出的固定资本需要在下一期才能投入生产活动。

劳动人口：为国家统计局提供的就业人口。

回归模型采用最小二乘法估计参数，总样本时间为 1990—2016 年，划分 3 个子样本时间分别为 1990—1997 年、1998—2007 年、2007—2016 年。

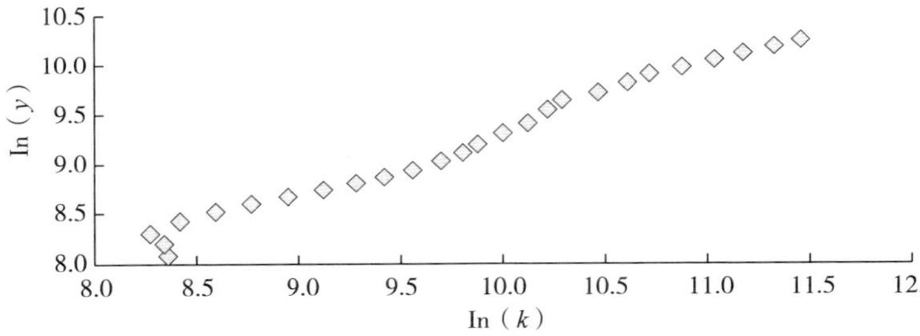

附图 12.1　变量散点图

附表 12.1　变量描述统计

变量	平均	标准误	中位数	标准差	方差	峰度	偏度	观测数
ln（y）	9.15	0.13	9.10	0.70	0.48	-1.21	-0.01	27
ln（k）	9.75	0.20	9.80	1.02	1.03	-1.20	0.03	27

附表 12.2　回归结果

回归模型：$\ln(y_t) = \ln(A) + \alpha\ln(k_t) + \varepsilon_t$				
样本时期	截距 （t－统计量）	系数 α （t－统计量）	F 统计量	修正可决系数 Adj－R^2
1990—2016 年	2.534 （13.71***）	0.679 （36.00***）	1 296***	0.980
1990—1997 年	0.970 （0.479）	0.865 （3.639**）	13.24**	0.636
1998—2007 年	1.981 （4.400***）	0.731 （15.796***）	249.5***	0.965
2008—2016 年	4.284 （22.14***）	0.521 （29.33***）	860.0***	0.991

注：** 表示显著性水平为 95%；*** 表示显著性水平为 99%。

附录 12－2　我国经济增长的卢卡斯模型回归分析

卢卡斯模型是索洛增长模型的扩展，将人力资本的积累纳入生产要素。

$$y = Ak^{\alpha}\ (uh)^{1-\alpha}$$

其中 y 为人均产出，k 为人均实物资本存量，u 代表劳动者用于生产活动的时间分配比例（$1-u$ 为劳动者用于人力资本积累的时间），h 代表人力资本的积累。

对该模型取对数可得：

$$\ln y = \ln A + \alpha \ln k + (1-\alpha)\ln u + (1-\alpha)\ln h$$

将含有 A 和 u 的项合并成为常数项，可得回归方程：

$$\ln y = \alpha + \beta_1 \ln k + \beta_2 \ln h + \varepsilon$$

其中 y 为人均产出，k 为人均实物资本存量，h 为人均人力资本存量。α、β_1、β_2 分别为待估计的参数，ε 为残差项。

数据来源为国家统计局，通过 Wind 数据库及国家统计局网站获得，数据频率为年度数据，样本时间为 1992—2016 年。

人均产出和人均物质资本存量的估算采用索洛模型中的方法，人力资本的估算采用人均医疗和教育支出的累计值，并通过 CPI 折算，剔除通货膨胀的影响。根据《中国劳动力动态调查：2017 年报告》，我国劳动力人均受教育年限为 9.02 年，因此人力资本折旧系数取整定为 10%。

$$h_t = \frac{(\text{人均教育消费支出}_t + \text{人均医疗消费支出}_t) + h_{t-1} \times 0.9}{\text{年末总人口}_t}$$

附表 12.3　变量描述统计

	均值	标准误	中位数	标准差	方差	峰度	偏度	观测数
ln（y）	9.243	0.128	9.192	0.640	0.409	-1.294	0.022	25
ln（k）	9.862	0.194	9.885	0.972	0.945	-1.056	-0.071	25
ln（h）	7.867	0.217	8.179	1.085	1.178	0.153	-0.935	25

Johnson 检验显示，三个变量之间存在协整关系。

附表 12.4　回归结果

$\ln(y)=\alpha+\beta_1\ln(k)+\beta_2\ln(h)+\varepsilon$				
样本时期	截距 α（t-统计量）	系数 β_1（t-统计量）	系数 β_2（t-统计量）	修正可决系数 Adj-R^2
1998—2016 年	2.20（11.13***）	0.502（6.01***）	0.256（2.56**）	0.987
1998—2007 年	-1.388（-0.64）	1.830（2.63**）	-0.922（-1.58）	0.971
2008—2016 年	-1.385（-1.20）	-0.181（-1.27）	1.502（4.93***）	0.998

注：** 表示显著性水平为 95%；*** 表示显著性水平为 99%。

模型整体的拟合程度较高，修正可决系数在 0.97 以上。从 1998—2016 年的全样本时期看，实物资本和人力资本对经济增长都有显著贡献，其中实物资本的贡献程度更高。而截距项的存在说明二者并不能完全解释经济增长，还有其他要素对经济增长做出了贡献。从两个子样本时期看，1998—2007 年，实物资本对经济增长的贡献占主导地位。三个参数中仅有代表实物资本贡献的系数是显著的。2008—2016 年，参数中仅有代表人力资本的系数显著，人力资本对经济增长的贡献占主导地位。

附录 15 - 1　容积率与工业用土地价格的关系

给定一块工业用地，假定其面积为 $land$，其价格为 P_L。企业的成本为土地成本、建筑物成本和日常运营成本。如果容积率为 vfr，那么建筑物面积就是 $vfr \times land$，建筑物的建造成本为 $C_B \times (vfr \times land)^{\alpha}$，其中 C_B 为成本系数，$\alpha > 1$。对于低层建筑，这一假定是比较符合实际情况的，因为一层建筑往往不需要混凝土结构，甚至简单的钢框架结构即可，而二层以上建筑可能就需要更加复杂的混凝土结构，两层结构建筑的成本要大于两座一层建筑的成本，而工业建筑很少有高层结构。日常运营成本与产品产量 Q 线性相关，假定 Q 为建筑面积的线性函数，那么日常运营成本为 $C_Q \times A \times vfr \times land$，$A$ 为建筑面积和产量之间的关系系数，C_Q 为成本系数。那么企业面临的总成本为：

$$
\begin{aligned}
TC &= P_L \times land + C_B \times (vfr \times land)^{\alpha} + C_Q \times A \times vfr \times land \\
&= \frac{P_L}{A} \times \frac{Q}{vfr} + C_B \times \left(\frac{Q}{A}\right)^{\alpha} + C_Q \times Q
\end{aligned}
$$

那么企业的平均成本为：

$$
\begin{aligned}
ATC &= \frac{TC}{Q} = \frac{P_L}{A} \times \frac{1}{vfr} + C_B \times \left(\frac{1}{A}\right)^{\alpha} \times Q^{\alpha-1} + C_Q \\
&= \frac{P_L}{A} \times \frac{1}{vfr} + C_B \times \frac{(vfr \times land)^{\alpha-1}}{A^{\alpha}} + C_Q
\end{aligned}
$$

根据企业平均成本最小化的要求，令 ATC 对 vfr 求导，导数为 0，那么：$\frac{\partial ATC}{\partial vfr} = -\frac{P_L}{A} \times \frac{1}{vfr^2} + (\alpha - 1) \times \frac{C_B}{A^{\alpha}} land^{\alpha-1} \times vfr^{\alpha-2} = 0$

对上式求解，可得最优容积率为：

$$
vfr^{*} = \left[\frac{A^{\alpha-1}}{C_B \times (\alpha - 1)}\right]^{1/\alpha} \times (P_L)^{1/a}
$$

由上式可见，最优容积率与土地价格成正向关系，当土地价格越高时，对企业而言的最优容积率就越高。这一现象的直观经济学解释是提高容积率固然可以扩大产出，降低平均固定成本，但土地价格的提升又会提高平均固定成本，两者最终会达到平衡，此时的容积率就是最优容积率。

由此可以看出，中国的工业用地容积率过低与工业土地价格过低密不可分。

参考文献

[1] Adalid R, Detken C. Liquidity shocks and asset price boom/bust cycles [J]. Working Paper, 2007.

[2] Barror R J. Government spending in a simple model of endogenous growth [J]. Journal of Political Economy, 1990, 98 (5): 103 – 125.

[3] Borio C E V, McGuire P. Twin peaks in equity and housing prices? [J]. BIS Quarterly Review, March, 2004.

[4] Burch T K. The size and structure of families: A comparative analysis of census data [J]. American Sociological Review, 1967: 347 – 363.

[5] Burns L. S. Grebler L. The housing of nations: Analysis and policy in a comparative framework [M]. Springer, 1977.

[6] Farkas M. Housing Demand and Demographic Trends: Evidence from Hungary [D]. Central European University, 2011.

[7] Foldvary F E. The depression of 2008 [J]. Available at SSRN 1103584, 2007.

[8] Hodrick R J , Prescott E C. Postwar U. S. Business Cycles: An Empirical Investigation [J]. Journal of Money, credit, and Banking, 1997: 1 – 16.

[9] Jahan S. Inflation Targeting: Holding the Line [J]. Finance & Development, 2012 (4): 72 – 73.

[10] Knoll K, Schularick M, Steger T. No Price Like Home: Global House Prices, 1870—2012 [J]. American Economic Review, 2014, 107 (2): 331 – 353.

[11] Krugman P. The Myth of Asia's Miracle [J]. Foreign Affairs, 1994, 73 (6): 62 – 78.

[12] Kutty, N K. A new measure of housing affordability: Estimates and analytical

results [J]. Housing Policy Debate, 2005, 16 (1): 113 - 142.

[13] Leung C. Macroeconomics and housing: a review of the literature [J]. Journal of Housing Economics, 2004, 13 (4): 249 - 267.

[14] Love I , Zicchino L. Financial development and dynamic investment behavior: Evidence from panel VAR [J]. The Quarterly Review of Economics and Finance, 2006, 46 (2): 190 - 210.

[15] Muellbauer J, Murphy A. Booms and busts in the UK housing market [J]. The Economic Journal, 1997, 107 (445): 1701 - 1727.

[16] Nocera A, Roma M. House Prices and Monetary Policy in the Euro Area: Evidence from Structural VARs [J]. USC - INET Research Paper, 2018 (11 - 13).

[17] Northam, Ray. M. Urban geography [J]. Routledge, 1979, 23 (2): 430 - 444.

[18] Piazzesi M, Schneider M. Housing and Macroeconomics [J]. Handbook of Macroeconomics, 2016, 2: 1547 - 1640.

[19] Schorderet Y. Asymmetric cointegration [M]. Genève: Université de Genève/Faculté des sciences économiques et sociales, 2003.

[20] Solow, Robert M. A contribution to the theory of economic growth [J]. The Quarterly Journal of Economics, 1956, 70 (1): 65 - 94.

[21] Solow R M. Technical change and the aggregate production function [J]. The Review of Economics and Statistics, 1957: 312 - 320.

[22] Stadelmann D, Billon S. Capitalisation of fiscal variables and land scarcity [J]. Urban Studies, 2012, 49 (7): 1571 - 1594.

[23] Tsatsaronis K, Zhu H. What drives housing price dynamics: cross - country evidence [J]. BIS Quarterly Review, 2004.

[24] Wen H , Goodman A C. Relationship between urban land price and housing price: Evidence from 21 provincial capitals in China [J]. Habitat International, 2013, 40: 9 - 17.

[25] 艾伯特·赫希曼. 经济发展战略 [M]. 北京：经济科学出版社，1991.

[26] 艾伦·W·埃文斯. 经济、房地产与土地供给 [M]. 北京：中国人民大学出版社，2013.

［27］巴曙松，曾智，王昌耀．非传统货币政策的理论、效果及启示［J］．国际经济评论，2018（2）：146－161.

［28］白重恩，张琼．中国的资本回报率及其影响因素分析［J］．世界经济，2014，37（10）：3－30.

［29］柏培文，许捷．中国三大产业的资本存量、资本回报率及其收敛性：1978—2013［J］．经济学（季刊），2018，17（3）：1171－1206.

［30］卞志村，胡恒强．中国货币政策工具的选择：数量型还是价格型？——基于DSGE模型的分析［J］．国际金融研究，2015，338（6）：12－20.

［31］博迪，凯恩，马库斯．投资学（第九版）［M］．北京：机械工业出版社，2012.

［32］蔡波，程顺森，赵智群．网络大数据在自有住房折算租金推算上的应用［J］．统计科学与实践，2016（10）：20－24.

［33］蔡昉．中国经济增长如何转向全要素生产率驱动型［J］．中国社会科学，2013，1：56－71，206.

［34］蔡潇．中国土地财政转型路径研究［D］．杭州：浙江大学，2016.

［35］蔡雪雄，林南艳．新型城镇化与房地产业耦合协调分析——以福建省为例［J］．经济问题，2016，9：116－119，125.

［36］曹清峰，王家庭．我国工业用地与居住用地的合理比价估算——基于35个大中城市的实证研究［J］．财经科学，2014（9）：88－98.

［37］曹永福．格兰杰因果性检验评述［J］．数量经济技术经济研究，2006，23（1）：155－160.

［38］曹振良，等．房地产经济学通论［M］．北京：北京大学出版社，2003.

［39］钞小静，沈坤荣．城乡收入差距、劳动力质量与中国经济增长［J］．经济研究，2014，49（6）：30－43.

［40］陈斌开，黄少安，欧阳涤非．房地产价格上涨能推动经济增长吗？［J］．经济学（季刊），2018，17（3）：1079－1022.

［41］陈斌开，金箫，欧阳涤非．住房价格、资源错配与中国工业企业生产率［J］．世界经济，2015，38（4）：77－98.

［42］陈斌开，陆铭．迈向平衡的增长：利率管制、多重失衡与改革战略

[J]. 世界经济, 2016, 39 (5): 29-53.

[43] 陈斌开, 杨汝岱. 土地供给、住房价格与中国城镇居民储蓄 [J]. 经济研究, 2013, 48 (1): 110-122.

[44] 陈斌开, 张川川. 人力资本和中国城市住房价格 [J]. 中国社会科学, 2016 (5): 43-64, 205.

[45] 陈斌开. 收入分配与中国居民消费——理论和基于中国的实证研究 [J]. 南开经济研究, 2012 (1): 33-49.

[46] 陈昌勇. 城市住房容积率的确定机制 [J]. 城市问题, 2006 (7): 6-10.

[47] 陈汉芳, 梅建明. 房产税计税依据: 新加坡的经验借鉴与启示 [J]. 国际税收, 2018 (11): 62-65.

[48] 陈洪波, 蔡喜洋. 全球房地产启示录之稳定的德国 [M]. 北京: 经济管理出版社, 2015.

[49] 陈将浩. 房价影响因素及 R 语言实现 [D]. 合肥: 中国科学技术大学, 2014.

[50] 陈卫民, 施美程. 人口老龄化促进服务业发展的需求效应 [J]. 人口研究, 2014, 38 (5): 3-16.

[51] 陈锡康, 杨翠红, 等. 投入产出技术 [M]. 北京: 科学出版社, 2011.

[52] 陈锡文: 农地入市收益应覆盖政府农民等五大群体 [J]. 农村. 农业. 农民 (A 版), 2013 (12): 6.

[53] 陈享光, 黄泽清. 我国房地产价格变动的金融化逻辑 [J]. 经济纵横, 2017 (12): 35-43.

[54] 陈寻斌. 地方政府融资平台转型研究——以重庆市地产集团为例 [D]. 重庆: 重庆大学, 2017.

[55] 陈彦斌, 陈军. 我国总消费不足的原因探析——基于居民财产持有的角度 [J]. 中国人民大学学报, 2009, 23 (6): 80-86.

[56] 陈轶, 刘涛, 李子豪, 等. 大城市边缘区居村农民就地城镇化意愿影响因素——以南京江北新区为例 [J]. 地域研究与开发, 2018, 37 (6): 70-75.

[57] 陈宇. 中国土地收支预算管理研究 [D]. 武汉: 华中科技大学, 2012.

[58] 陈志强, 刘喆. 投资回报率: 一个值得关注的问题 [J]. 发展研究,

2016（5）：32－36.

［59］程殊，王重志．我国住房公积金制度演进历程［J］．决策与信息（财经观察），2006（3）：42－43.

［60］崔惠民，马涛，崔永．中国的财政赤字与通货膨胀：1952—2012［J］．经济学家，2014（4）：61－71.

［61］大卫·李嘉图．政治经济学及赋税原理［M］．北京：北京联合出版公司，2013.

［62］戴一鑫，吕有金，姜青克．资本过度积累与中国经济动态效率——基于土地财政视角的一个解释［J］．经济问题探索，2018，39（6）：11－20.

［63］单伟健．中国企业的利润率之谜［J］．商界：评论，2006，10：12－13.

［64］邓富民，王刚．货币政策对房地产价格与投资影响的实证分析［J］．管理世界，2012（6）：177－179.

［65］邓宁华．城市化背景下日本住房问题和政策干预［J］．日本研究，2013（3）：37－47.

［66］邓小平同志关于建筑业和住宅问题的谈话［J］．中外房地产导报，2000（9）：4.

［67］丁杰，李仲飞，郑军．房地产调控政策的连续性与有效性——基于信贷资源再配置的视角［J］．经济评论，2015（4）：96－108.

［68］丁声俊．德国小城镇的发展道路及启示［J］．世界农业，2012（2）：60－65.

［69］董礼华．房地产业总产出和增加值的计算方法［J］．中国统计，1997（11）：22－23.

［70］董普，李京．国外城市基础设施建设融资模式的启示［J］．中国财政，2017（13）：63－65.

［71］恩格斯．论住宅问题［M］．北京：人民出版社，1951.

［72］樊纲，张晓晶．“福利赶超”与“增长陷阱”：拉美的教训［J］．管理世界，2008（9）：12－24，187.

［73］范超，王雪琪．我国35个大中城市房价—持久收入比研究［J］．统计研究，2016，33（8）：95－100.

［74］范剑勇，莫家伟，张吉鹏．居住模式与中国城镇化——基于土地供给

视角的经验研究［J］. 中国社会科学，2015（4）：44－63，205.

［75］范剑勇. 城市化推进速度的地区差异：基于产业集聚视角的分析［J］. 江海学刊，2008（2）：77－81，238.

［76］方明. 中国房地产金融化演变趋势分析与未来发展路径展望［J］. 清华金融评论，2018，59（10）：87－90.

［77］冯佳. 房地产成本控制的分析与对策研究［J］. 南方企业家，2018（2）：98，100.

［78］冯肇伯. 英国的货币供给量定义［J］. 财经科学，1986（2）：85－86，30.

［79］欧阳峣，傅元海，王松. 居民消费的规模效应及其演变机制［J］. 经济研究，2016，51（2）：56－68.

［80］高玲玲. 中国房价上涨是否引发工业衰退［J］. 现代财经（天津财经大学学报），2015（9）：15－23.

［81］高培勇. 奔向公共化的中国财税改革——中国财税体制改革30年的回顾与展望［J］. 财贸经济，2008，11：53－61，126.

［82］高强，李鹏进. 我国城市基础设施建设投融资现状及对策研究［J］. 开发研究，2012（1），117－122.

［83］高铁梅. 计量经济分析方法与建模——EViews应用及实例（第三版）［M］. 北京：清华大学出版社，2016.

［84］葛瑛. 房地产市场的过度繁荣：日本与美国的比较［J］. 财经科学，2011（1）：101－108.

［85］谷亚丽. 三大需求对GDP增长贡献率分析［J］. 统计研究，2016，33（4）：86－89.

［86］顾东东，杜海峰，王琦. 就地就近城镇化背景下农民工市民化的成本测算与发现——基于河南省三个县市的比较［J］. 管理评论，2018，30（3）：240－247.

［87］顾海峰，张元姣. 货币政策与房地产价格调控：理论与中国经验［J］. 经济研究，2014，49（S1）：29－43.

［88］郭敏，覃琪，秦义春. 英国住房金融政策演变、现状及启示［J］. 区域金融研究，2013（9）：60－66.

［89］郭树龙，刘文彬．房价上涨对企业规模分布的影响研究［J］．财经研究，2017，43（11）：44－56.

［90］郭威，李明浩．从动态不一致性探究房地产长效机制［J］．中国经济报告，2017（11）：59－61.

［91］国家发改委宏观经济研究院课题组．关于消费率调控的政策有效性分析［J］．经济研究参考，2014（72）：2－13.

［92］韩刚，袁家冬，韩宗白．中国城市化建设投融资模式研究［J］．经济地理，2013，33（7）：36－40.

［93］韩树杰．土地收益分配与人力资本积累［J］．中国人力资源开发，2016（7）：107－112.

［94］郝寿义．美国和中国房地产市场的比较分析［J］．中国工商管理研究，1994（1）：61－63，7.

［95］何青，钱宗鑫，郭俊杰．房地产驱动了中国经济周期吗？［J］．经济研究，2015，50（12）：41－53.

［96］何樟勇，袁志刚．基于经济动态效率考察的养老保险筹资模式研究［J］．世界经济，2004（5）：3－12，80.

［97］贺雪峰．论土地资源与土地价值——当前土地制度改革的几个重大问题［J］．国家行政学院学报，2015（3）：31－38.

［98］洪涛．中美货币政策协调性实证量化评估与比较［J］．经济问题探索，2013（6）：103－111.

［99］侯淅民．发展中的中国住房公积金制度——从“上海效应”到房改《决定》［J］．中国房地产金融，1998（2）：18－20.

［100］侯长江．房地产价格影响因素研究［D］．天津：天津大学，2013.

［101］胡彬．制度变迁中的中国房地产业：理论分析与政策评价［M］．上海：上海财经大学出版社，2002.

［102］胡草，范红忠．高房价抑制新企业进入了吗？——来自于中国工业企业的经验证据［J］．华东师范大学学报（哲学社会科学版），2017，49（1）：146－153，117.

［103］胡家勇．地方政府“土地财政”依赖与利益分配格局——基于东部地区 Z 镇调研数据的分析与思考［J］．财贸经济，2012（5）：27－36.

[104] 虎田方. 从“租售同权”和“租售并举”看房产运营金融化发展[J]. 吉林金融研究, 2018 (3): 27-30, 47.

[105] 黄安年. 美国政府的住房福利保障政策——从罗斯福新政到约翰逊“伟大社会”时期[J]. 山东师大学报 (社会科学版), 1998 (4): 35-40, 71.

[106] 黄程栋, 朱丽, 刘端怡. 新加坡住房体系建设的经验[J]. 上海房地, 2017 (4): 46-51.

[107] 黄红梅, 石柱鲜, 李玉梅. 中日房地产价格影响因素的比较研究[J]. 现代日本经济, 2014 (1): 46-56.

[108] 黄健柏, 徐震, 徐珊. 土地价格扭曲、企业属性与过度投资——基于中国工业企业数据和城市土地价格数据的实证研究[J]. 中国工业经济, 2015 (3): 57-69.

[109] 黄珺, 黄妮. 过度投资、债务结构与治理效应——来自中国房地产上市公司的经验证据[J]. 会计研究, 2012 (9): 67-72, 97.

[110] 黄嵩, 魏恩遒, 刘勇. 资产证券化理论与案例[M]. 北京: 中国发展出版社, 2007: 237-238.

[111] 黄新华, 屈站. 中央政府房地产调控政策决策逻辑的理论解释——基于1998—2013年间相关政策文本的研究[J]. 厦门大学学报 (哲学社会科学版), 2014 (4): 66-75.

[112] 黄迎春, 杨伯钢, 张飞舟. 世界城市土地利用特点及其对北京的启示[J]. 国际城市规划, 2017, 32 (6): 13-19.

[113] 黄忠海, 孙秀梅. 赤峰地区居民杠杆率、房地产信贷与房地产泡沫风险[J]. 北方金融, 2017 (8): 48-50.

[114] 霍利斯·钱纳里, 莫伊思·赛尔昆. 发展的型式: 1950—1970[M]. 北京: 经济科学出版社, 1988.

[115] 纪建悦, 孙启伟. 住房价格、社会保障支出和居民消费——基于面板门槛模型的实证分析[J]. 南京审计大学学报, 2018, 15 (3): 1-10.

[116] 贾康. 房产税改革: 美国模式和中国选择[J]. 人民论坛, 2011 (3): 48-50.

[117] 贾晓俊, 顾莹博. 我国各省份地方债风险及预警实证研究[J]. 中央财经大学学报, 2017 (3): 16-24.

［118］姜焕柱．日本住房政策简析［J］．日本研究，1991（3）：30－31.

［119］姜轶嵩，朱喜．中国的经济增长与基础设施建设［J］．管理评论，2004（9）：57－62，64.

［120］金戈．中国基础设施与非基础设施资本存量及其产出弹性估算［J］．经济研究，2016，51（5）：41－56.

［121］金戈．中国基础设施资本存量估算［J］．经济研究，2012，47（4）：4－14，100.

［122］金学惠．我国35个大中城市人力资本存量估算及其空间演变［J］．北方民族大学学报（哲学社会科学版），2017（2）：112－117.

［123］荆林波，王雪峰．消费率决定理论模型及应用研究［J］．经济学动态，2011，29（11）：71－79.

［124］康远志．中国居民自有住房虚拟租金的一个估算［J］．统计与信息论坛，2014，29（5）：15－19.

［125］柯善咨，向娟．1996—2009年中国城市固定资本存量估算［J］．统计研究，2012，29（7）：19－24.

［126］孔煜，高波．中国房地产市场的量价波动关系——基于联立方程模型的实证分析［J］．中央财经大学学报，2012（7）：66－73.

［127］况伟大，丁言豪．中国城市居民住房支付能力时空分布研究——35个大中城市租金负担能力分析［J］．价格理论与实践，2018（10）：16－19.

［128］况伟大，李涛．土地出让方式、地价与房价［J］．金融研究，2012（8）：56－69.

［129］况伟大．房产税、地格与房价［J］．中国软科学，2012（4）：25－37.

［130］况伟大．房价变动与中国城市居民消费［J］．世界经济，2011，34（10）：21－34.

［131］况伟大．利率对房价的影响［J］．世界经济，2010，33（4）：134－145.

［132］况伟大．预期、投机与中国城市房价波动［J］．经济研究，2010，45（9）：67－78.

［133］况伟大．中国住房市场存在泡沫吗［J］．世界经济，2008（12）：3－13.

［134］雷潇雨，龚六堂．基于土地出让的工业化与城镇化［J］．管理世界，2014（9）：29－41.

［135］雷仲篪．我国房地产业的作用、地位及发展趋势［J］．中国房地产金融，1994（3）：3－8.

［136］李成友，孙涛，焦勇．要素禀赋、工资差距与人力资本形成［J］．经济研究，2018，53（10）：113－126.

［137］李崇梅，焦桂花，刘文斌．基于平均家庭规模的家庭结构预测方法［J］．人口与经济，2017（4）：98－107.

［138］李传健，邓良．新型城镇化与中国房地产业可持续发展［J］．经济问题，2015（1）：119－123.

［139］李春风．房价波动对我国城镇居民消费的影响研究［D］．长沙：湖南大学，2013.

［140］李春风，陈乐一，刘建江．房价波动对我国城镇居民消费的影响研究［J］．统计研究，2013，30（2）：14－22.

［141］李春风，刘建江，陈先意．房价上涨对我国城镇居民消费的挤出效应研究［J］．统计研究，2014，31（12）：32－40.

［142］李达．唯物辩证法大纲［M］．北京：人民出版社，1978.

［143］李稻葵，徐翔．中国经济结构调整及其动力研究［J］．新金融，2013（6）：10－19.

［144］李飞．心理预期在房价调控中的作用［J］．中国房地产，2008（9）：24－25.

［145］李菲菲．中国房地产财富效应研究［D］．北京：中国社会科学院研究生院，2017.

［146］李海明，祝志勇．扩大再生产的动态最优模型——马克思经济增长理论的一个解说［J］．经济科学，2012（6）：12－22.

［147］李嘉楠，游伟翔，孙浦阳．外来人口是否促进了城市房价上涨？——基于中国城市数据的实证研究［J］．南开经济研究，2017（1）：58－76.

［148］李健，邓瑛．推动房价上涨的货币因素研究——基于美国、日本、中国泡沫积聚时期的实证比较分析［J］．金融研究，2011（6）：18－32.

［149］李景国，李奇昤．宏观经济因素与住房价格关系的中韩比较研究

[J]. 中国社会科学院研究生院学报, 2010 (5): 5-12.

[150] 李力行, 黄佩媛, 马光荣. 土地资源错配与中国工业企业生产率差异[J]. 管理世界, 2016 (8): 86-96.

[151] 李佩菊. 1990 年代以来邻避运动研究现状述评 [J]. 江苏社会科学, 2016 (1): 40-46.

[152] 李尚蒲, 罗必良. 我国土地财政规模估算 [J]. 中央财经大学学报, 2010 (5): 12-17.

[153] 李素文. 中国一线城市房租形成机理和调控对策 [J]. 财经理论与实践, 2014, 35 (6): 114-118.

[154] 李霞. 工业企业利润率的计算与评价 [J]. 当代会计, 2014 (8): 11-13.

[155] 李献国. 中国基础设施投资的经济增长效应研究 [D]. 大连: 东北财经大学, 2017.

[156] 李秀婷, 刘凡, 吴迪, 等. 基于投入产出模型的我国房地产业宏观经济效应分析 [J]. 系统工程理论与实践, 2014, 34 (2): 323-336.

[157] 李雪松, 黄彦彦. 房价上涨、多套房决策与中国城镇居民储蓄率[J]. 经济研究, 2015, 50 (9): 100-113.

[158] 李郇, 洪国志, 黄亮雄. 中国土地财政增长之谜——分税制改革、土地财政增长的策略性 [J]. 经济学 (季刊), 2013, 12 (4): 1141-1160.

[159] 李妍, 赵蕾, 薛俭. 城市基础设施与区域经济增长的关系研究——基于 1997—2013 年我国 31 个省份面板数据的实证分析 [J]. 经济问题探索, 2015 (2): 109-114.

[160] 李颖湉. 吸引社会资本进入基础设施建设领域对策研究 [D]. 天津: 天津大学, 2015.

[161] 李永友. 我国需求结构失衡及其程度评估 [J]. 经济学家, 2012, 1 (1): 64-73.

[162] 李玉桃. 上海市房地产周期波动实证研究 [D]. 广州: 暨南大学, 2007.

[163] 李治邦. 浅谈改造农村厕所的意义 [J]. 农业与技术, 2018, 38 (15): 174-175.

［164］李仲飞，于守金，郑军．房地产属性、收入差距与房价变动趋势［J］．财经研究，2016，42（7）：122－133.

［165］梁梦茵，汤怀志，范金梅．新加坡“多规融合”的启示与借鉴［J］．中国土地，2015（2）：37－39.

［166］梁先玲．论我国房产交易资本利得税的实现途径——基于英美两国经验［J］．经贸实践，2018（7）：106.

［167］梁刚．日本城市土地价格变动及其经济影响分析［J］．现代日本经济，2005（2）：52－56.

［168］林善浪，叶炜，王娜．高速公路发展对于新企业选址的影响——来自中国制造业微观企业数据的证据［J］．财贸研究，2017，28（3）：28－38.

［169］林毅夫，任若恩．东亚经济增长模式相关争论的再探讨［J］．经济研究，2007（8）：4－12，57.

［170］凌妍雯．我国地方政府融资平台管理研究——以江苏省Y镇为案例［D］．上海：华东政法大学，2016.

［171］刘斌，黄坤，王雷．谁更愿意去库存：国有还是非国有房地产企业?［J］．经济研究，2018，53（6）：112－126.

［172］刘斌，李冀申，张挽虹，等．上海Case－Shiller二手房价格指数的编制与应用研究［J］．上海金融，2016（7）：13－20.

［173］刘常青，李磊，卫平．中国地级及以上城市资本存量测度［J］．城市问题，2017（10）：67－72.

［174］刘晨晖，陈长石．货币政策对房地产泡沫的非线性影响研究——基于Threshold－VAR模型的实证分析［J］．投资研究，2014，33（10）：17－30.

［175］刘芳．我国城市基础设施建设融资问题研究——以GL市为例［D］．南宁：广西大学，2014.

［176］刘洪玉，郑思齐，许宪春．房地产业所包含经济活动的分类体系和增加值估算［J］．统计研究，2003（8）：24－27.

［177］沈悦，刘洪玉．住宅价格与经济基本面：1995—2002年中国14城市的实证研究［J］．经济研究，2004（6）：78－86.

［178］刘嘉毅，陶婷芳，夏鑫．产业结构变迁与住宅价格关系实证研究——来自中国内地的经验分析［J］．财经研究．2014，40（3）：73－84.

［179］刘建华．深圳农地入市改革困难重重［J］．小康，2014（12）：72－74.

［180］刘丽娜，马亚民．实体企业金融化，过度负债与股价崩盘风险——基于上市公司投资视角的检验［J］．云南财经大学学报，2018，34（3）：41－55.

［181］刘明慧，路鹏．地方土地财政收益分配：基本逻辑与转型路径［J］．财经问题研究，2014（2）：73－80.

［182］刘起运，陈璋，苏汝劼．投入产出分析［M］．北京：中国人民大学出版社，2006.

［183］刘守英，蒋省三．土地融资与财政和金融风险——来自东部一个发达地区的个案［J］．中国土地科学，2005，19（5）：3－9.

［184］刘燕妮，安立仁，金田林．经济结构失衡背景下的中国经济增长质量［J］．数量经济技术经济研究，2014，31（2）：20－35.

［185］刘宇，逄金玉，陈伟．两大部类协调性之量化测算——基于我国现实经济活动的视角［J］．中央财经大学学报，2007（6）：71－78.

［186］刘中起．德国住房政策对中国的借鉴——以德国为例［J］．中国名城，2014（10）：56－61.

［187］卢峰．我国资本回报率估测（1978－2006）——新一轮投资增长和经济景气微观基础［J］．经济学（季刊），2007（3）：723－758.

［188］鲁晓东，刘京军．不确定性与中国出口增长［J］．经济研究，2017，52（9）：39－54.

［189］陆明涛，刘潋．人力资本测度与国际比较［J］．中国人口科学，2016（3）：55－68，127.

［190］陆铭，张航，梁文泉．偏向中西部的土地供应如何推升了东部的工资［J］．中国社会科学，2015（5）：59－83，204－205.

［191］陆万军．收入分配对经济增长的影响机理与传导机制［J］．经济学家，2012（5）：36－43.

［192］罗坚毅，何晓洁，张勇．中国对世界经济增长贡献率的研究——基于1996—2016年数据分析［J］．经济学家，2017，12（12）：91－100.

［193］骆永民，刘艳华．金融集聚、人力资本与房价——基于PanelVAR模型［J］．财贸研究，2011，22（4）：93－101.

［194］骆永民，伍文中．房产税改革与房价变动的宏观经济效应——基于DSGE模型的数值模拟分析［J］．金融研究，2012（5）：1－3，5－14.

［195］骆祖春，赵奉军．美国土地财政的背景、经历与治理［J］．学海，2012（6）：39－45.

［196］吕冰洋，毛捷．高投资、低消费的财政基础［J］．经济研究，2014，49（5）：4－18.

［197］马庆林．日本住宅建设计划及其借鉴意义［J］．国际城市规划，2012，27（4）：95－101.

［198］毛中根，孙豪，黄容．中国最优居民消费率的估算及变动机制分析［J］．数量经济技术经济研究，2014，31（3）：134－147.

［199］梅冬州，崔小勇，吴娱．房价变动、土地财政与中国经济波动［J］．经济研究，2018，53（1）：35－49.

［200］梅琼，黄瑞玲．借鉴德国经验建立健全房地产健康发展长效机制［J］．发展改革理论与实践，2017（10）：55－59.

［201］孟庆斌，荣晨．宏观经济因素对房地产价格的长短期影响［J］．统计研究，2014，31（6）：25－32.

［202］孟祥仲，严法善，王晓．对我国经济增长动态效率的实证考察［J］．世界经济文汇，2008（5）：90－100.

［203］穆子犁．住房制度改革开启了美好生活的大门——纪念改革开放40周年［J］．上海房地，2018（4）：9－13.

［204］年志远，王天骄．国有企业“地王”行为辨析［J］．管理世界，2012（8）：182－183.

［205］聂辉华，江艇，杨汝岱．中国工业企业数据库的使用现状和潜在问题［J］．世界经济，2012，35（5）：142－158.

［206］牛明，朱小玉．住房公积金制度何去何从：存废之争、定位重思与改革方向［J］．社会保障评论，2019，3（2）：137－152.

［207］潘爱民，韩正龙．经济适用房、土地价格与住宅价格——基于我国29个省级面板数据的实证研究［J］．财贸经济，2012（2）：106－113.

［208］潘雨红，孙起，孟卫军，等．中国西南山区旅游村镇就地城镇化路径［J］．规划师，2014，30（4）：101－107.

［209］裴凌罡．德国政府对房地产市场的宏观调控政策研究［J］．全国商情，2016（29）：70－71.

［210］戚鉏良．日本的财政投融资体系［J］．广东金融，1995（4）：29－31.

［211］乔坤元．我国官员晋升锦标赛机制：理论与证据［J］．经济科学，2013，35（1）：88－98.

［212］乔坤元．我国官员晋升锦标赛机制的再考察——来自省、市两级政府的证据［J］．财经研究，2013，39（4）：123－133.

［213］秦嗣毅．日本产业政策的演变及特点［J］．东北亚论坛，2003（2）：68－71.

［214］瞿亢，盛琢．英国房地产泡沫：现实还是幻觉［J］．国际金融，2014（5）：38－45.

［215］任景波，杜军．日本经济战略转型与对策［M］．北京：经济日报出版社，2014.

［216］任泽平，夏磊，熊柴．房地产周期［M］．北京：人民出版社，2017.

［217］日野正辉，刘云刚．1990年代以来日本大都市圈的结构变化［J］．地理科学，2011，31（3）：302－308.

［218］萨缪尔森，诺德豪斯．经济学（第十九版）［M］．北京：商务印书馆，2012.

［219］邵朝对，苏丹妮，邓宏图．房价、土地财政与城市集聚特征：中国式城市发展之路［J］．管理世界，2016（2）：19－31，187.

［220］沈峥，刘洪波，张亚雷．中国“厕所革命”的现状、问题及其对策思考［J］．中国环境管理，2018，10（2）：45－48.

［221］盛松成，宋红卫，李首均．本轮房价上涨与调控政策的六大特征［EB/OL］．http：//opinion.caixin.com/shengsongcheng_mjxx/index－2.html，2018－07－19.

［222］盛松成，宋红卫，李首均．高度警惕房地产泡沫出现在三四线城市应加快制定房地产市场长效调控机制［J］．人民日报内参，2018（54）.

［223］盛松成，宋红卫，汪恒．如何理解政治局会议对房地产市场健康发展的要求［EB/OL］．http：//opinion.caixin.com/2019－08－11/101449653.html，2019－08－11.

［224］盛松成，宋红卫，汪恒．扭转房价只涨不跌的预期正当其时［EB/OL］．https：//www.yicai.com/news/100049555.html，2018－10－30.

［225］盛松成，宋红卫．警惕新一轮房价上涨 坚持房地产调控不动摇［EB/OL］．https：//www.yicai.com/news/100164439.html，2019－04－17.

［226］盛松成，宋红卫．中国房地产业对经济增长的贡献被严重低估［EB/OL］．https：//cn.ceibs.edu/new－papers－columns/13825，2018－05－28.

［227］盛松成，宋红卫，汪恒．新冠疫情对房地产市场的冲击与对策建议［EB/OL］．https：//finance.ifeng.com/c/7u4CnhmaC4O，2020－02－14.

［228］盛松成，翟春．中央银行与货币供给［M］．北京：中国金融出版社，2015.

［229］施建刚．房地产开发与管理［M］．上海：同济大学出版社，2004.

［230］石庆玲，郭峰．高房价与中国犯罪率的上升——基于35个大中城市的实证研究［J］．南开经济研究，2017（6）：113－130.

［231］时慧娜．中国城市化的人力资本积累效应［J］．中国软科学，2012（3）：117－127.

［232］时磊，刘志彪．“福利赶超”、政府失灵与经济增长停滞——“中等收入陷阱”拉美教训的再解释［J］．江苏社会科学，2013（1）：30－36.

［233］宋涛，尤方圆．日本房地产泡沫研究综述［J］．学术探索，2013（9）：44－47.

［234］苏贵光，路迹．日本产业政策的演变及对我国的启示［J］．国际经济合作，2004（7）：14－16.

［235］苏晶．从美国经验反思中国的房地产政策［J］．西部论丛，2006（9）：92.

［236］孙伟增，郑思齐．居民对房价的预期如何影响房价变动［J］．统计研究，2016，33（5）：51－59.

［237］孙文杰．中国劳动报酬份额的演变趋势及其原因——基于最终需求和技术效率的视角［J］．经济研究，2012，47（5）：120－131.

［238］孙小雨．真实竞争和利润率下降：真实竞争理论与MF模型的比较［J］．世界经济，2018，41（3）：3－28.

［239］孙秀林，周飞舟．土地财政与分税制：一个实证解释［J］．中国社会

科学，2013（4）：40－59，205.

［240］谭小芬．房地产泡沫破裂对美国经济增长的影响［J］．国际经济评论，2008（2）：12－15.

［241］谭政勋．商品房供求的二元特征及其对房价格局的影响：广州案例［J］．南方金融，2010（7）：42－45.

［242］唐莹，王玉波．土地财政驱动农村建设用地入市程度及区域调控政策［J］．经济地理，2016，36（2）：167－175.

［243］唐在富，冯利红，张耀文．美国房地产税制对中国的启示与借鉴——基于50个州房地产税制运行及税负结构分析［J］．地方财政研究，2016（4）：102－106，112.

［244］陶然．土地融资模式的现状与风险［J］．国土资源导刊，2013，10（8）：26－30.

［245］陶冶．农地入市试点中的成效、分歧与担忧［J］．农村·农业·农民（A版），2016（12）：15－16.

［246］田传浩，李明冲，郦水清．土地财政与地方公共物品供给——基于城市层面的经验［J］．公共管理学报，2014，11（4）：38－48，141.

［247］田卫民．基于经济增长的中国最优消费规模：1978－2006［J］．财贸研究，2008，19（6）：1－7.

［248］汪付荣．关于我国土地出让金管理问题探讨［J］．中外企业家，2014（31）：62－63.

［249］王必达，张忠杰．中国刘易斯拐点及阶段研究——基于31个省际面板数据［J］．经济学家，2014（7）：16－26.

［250］王国刚．城镇化：中国经济发展方式转变的重心所在［J］．经济研究，2010，45（12）：43－59.

［251］王昊．从我国房产税发展及发达国家经验看房产税改革［J］．改革与战略，2014，30（7）：64－66.

［252］王宏利．美国土地财政收入演进规律及启示［J］．地方财政研究，2011（5）：74－80.

［253］王家庭，曹清峰，田时嫣．产业集聚、政府作用与工业地价：基于35个大中城市的经验研究［J］．中国土地科学，2012，26（9）：12－20.

［254］王家庭，谢郁．房价上涨是否推动了城市蔓延——基于我国 35 个大中城市面板数据的实证研究［J］．财经科学，2016（5）：103－111.

［255］王金营．对人力资本定义及涵义的再思考［J］．南方人口，2001（1）：47－52.

［256］王克强，刘红梅，张璇．美国土地财政收入发展演化规律研究［J］．财政研究，2011（2）：73－76.

［257］王丽霞，李静．城市化的人力资本“侵蚀效应”——三个维度的理论逻辑与检验［J］．经济学家，2017（7）：80－86.

［258］王猛．略论房地产信托的兴起与发展前景的分析［J］．科协论坛（下半月），2009（11）：139－140.

［259］王任远，杨铭．房价对社会保障支出的影响研究［J］．财贸研究，2018，29（7）：71－84.

［260］王盛．房价上涨会影响企业人力资本投资决策吗［J］．当代财经，2018（5）：81－90.

［261］王松涛，任荣荣，龙奋杰．住房市场的政府干预：来自新加坡的启示［J］．城市发展研究，2008（3）：121－127.

［262］王旺平．中国城镇住房政策体系研究［D］．天津：南开大学，2013：61－63.

［263］王炜．住房：总量充足，区域性短缺（民生视线）［EB/OL］．http：//finance. people. com. cn/n/2013/0412/c1004－21108454. html，2013－04－12.

［264］王文甫，明娟，岳超云．企业规模、地方政府干预与产能过剩［J］．管理世界，2014（10）：17－36，46.

［265］王文雯，陶永亮．中国房地产价格因素分析［J］．统计研究，2014，31（7）：111－112.

［266］王贤彬，张莉，徐现祥．地方政府土地出让、基础设施投资与地方经济增长［J］．中国工业经济，2014（7）：31－43.

［267］王晓东，邓丹萱，赵忠秀．交通基础设施对经济增长的影响——基于省际面板数据与 Feder 模型的实证检验［J］．管理世界，2014（4）：173－174.

［268］王雪峰．日本房地产泡沫与金融不安全［J］．日本研究，2007（1）：41－48.

［269］王雪琪，赵彦云，范超．我国城镇居民消费结构变动影响因素及趋势研究［J］．统计研究，2016，33（2）：61－67.

［270］王艳飞，巫志华，谢海生．我国房地产企业转型特征、路径及建议研究［J］．建筑经济，2019，40（5）：16－19.

［271］王业强，魏后凯．大城市效率锁定与中国城镇化路径选择［J］．中国人口科学，2018（2）：24－38，126.

［272］王玉波．农村建设用地入市影响土地财政区域效应［J］．经济地理，2016，36（5）：159－167.

［273］王云清，朱启贵，谈正达．中国房地产市场波动研究——基于贝叶斯估计的两部门DSGE模型［J］．金融研究，2013（3）：101－113.

［274］韦伟，赵光瑞．日本都市圈模式研究综述［J］．现代日本经济，2005（2）：40－45.

［275］温海珍，吕雪梦，张凌．房价与地价的内生性及其互动影响——基于联立方程模型的实证分析［J］．财贸经济，2010（2）：124－129.

［276］温忠麟，叶宝娟．中介效应分析：方法和模型发展［J］．心理科学进展，2014，22（5）：731－745.

［277］巫和懋，冯仕亮．人力资本投资与跨越“中等收入陷阱”［J］．当代财经，2014（8）：5－14.

［278］吴碧波，黄少安．中国农村就地城镇化模式选择研究［J］．制度经济学研究，2016（1）：163－184.

［279］吴璟，郑思齐，刘洪玉．编制住房价格指数的特征价格法细解［J］．统计与决策，2007（24）：16－18.

［280］吴士炜，汪小勤．房价、土地财政与城镇化协调发展关系——基于空间经济学视角［J］．经济理论与经济管理，2017（8）：25－33.

［281］吴文君．法国房地产市场的历史及现状［J］．中国房地产，2008（6）：79－80.

［282］武晋生．我国房地产住宅项目成本构成浅析［J］．建设科技，2016（13）：112－113.

［283］武文静，周晓唯．过度金融化对我国实体经济的影响及例证分析［J］．理论月刊，2017（5）：120－124.

［284］夏方舟，李洋宇，严金明．产业结构视角下土地财政对经济增长的作用机制——基于城市动态面板数据的系统 GMM 分析［J］．经济地理，2014，34（12）：85－92.

［285］夏鹏．大连市城市基础设施建设融资渠道研究［D］．大连：大连理工大学，2014.

［286］夏柱智．城市化进程中的土地制度改革比较研究——基于苏南和珠三角的经验［J］．社会科学，2019（2）：81－88.

［287］肖得意．土地管理之日韩经验［J］．国土资源导刊，2010，7（6）：93－95.

［288］肖金喜，董克用，武玲玲．基于经济发展的新加坡中央公积金缴费率变迁研究［J］．河北经贸大学学报，2019，40（4）：32－37.

［289］肖强，司颖华．货币政策对房地产价格影响的非对称性分析——基于 LSTVAR 模型［J］．数学的实践与认识，2014，44（10）：108－115.

［290］肖卫国，陈宇，尹智超．房地产价格对中国宏观经济的影响研究［J］．统计与决策，2016（2）：124－126.

［291］谢小平，汤萱，傅元海．高行政层级城市是否更有利于企业生产率的提升［J］．世界经济，2017，40（6）：120－144.

［292］辛永容，陈圻，肖俊哲．要素产出弹性与技术进步贡献率的测算［J］．管理科学，2009，22（1）：113－120.

［293］徐春华．我国房地产调控的政策困境及其长效机制初探——基于动态一致性理论的检视与设想［J］．兰州学刊，2012（8）：127－131.

［294］徐滇庆．房价与物业税［M］．北京：机械工业出版社，2008.

［295］徐豪．土改探索之三：安徽“农地入市”［J］．中国报道，2014（2）：22－23.

［296］徐建国．低利率推高房价：来自中国、美国和日本的证据［J］．上海金融，2011（12）：5－13.

［297］徐建炜，徐奇渊，何帆．房价上涨背后的人口结构因素：国际经验与中国证据［J］．世界经济，2012，35（1）：24－42.

［298］徐晶．房价上涨与经济增长的退耦分析［J］．管理世界，2013（9）：172－173.

［299］徐淑丹．中国城市的资本存量估算和技术进步率：1992—2014 年［J］．管理世界，2017（1）：17－29，187．

［300］徐思超，朱道林，伦飞，等．工业与住宅用地比价关系的重新考察——兼论工业与住宅用地价格差异的内在原因［J］．中国土地科学，2017，31（5）：47－54．

［301］徐现祥，周吉梅，舒元．中国省区三次产业资本存量估计［J］．统计研究，2007（5）：6－13．

［302］许兵，孟学礼，孔炜．德国房地产市场保持平稳的经验［J］．中国货币市场，2011（4）：13－17．

［303］许宪春，贾海，李皎，等．房地产经济对中国国民经济增长的作用研究［J］．中国社会科学，2015（1）：84－101，204．

［304］许宪春．我国住户调查与国民经济核算统计指标之间的协调［J］．财贸经济，2014（1）：5－13．

［305］许宪春．中国国民经济核算中的若干重要指标与有关统计指标的比较［J］．世界经济，2014，37（3）：145－159．

［306］许宪春．准确理解中国的收入、消费和投资［J］．中国社会科学，2013（2）：4－24，204．

［307］薛白．财政分权、政府竞争与土地价格结构性偏离［J］．财经科学，2011（3）：49－57．

［308］严友良，刘巍．新一轮土地改革路径争议［J］．农村．农业．农民（A 版），2013（10）：26－29．

［309］颜色，朱国钟．“房奴效应”还是“财富效应”？——房价上涨对国民消费影响的一个理论分析［J］．管理世界，2013（3）：34－47．

［310］杨朝军，廖士光，孙洁．房地产业与国民经济协调发展的国际经验及启示［J］．统计研究，2006（9）：59－64．

［311］杨朝军，廖士光．“批租制”下中国地产投资价值研究［J］．经济研究，2005（9）：66－77．

［312］杨东，赵树宽．我国近十年商品住宅需求的弹性变化［J］．社会科学研究，2013（4）：27－31．

［313］杨栋．破产的阿根廷货币局制度［J］．金融博览（财富），2016（3）：

74 – 75.

［314］杨广亮．政企关系影响土地出让价格吗？［J］．经济学（季刊），2019，18（1）：193 – 212.

［315］杨红旭．高房价构成的五大要素［J］．上海房地，2016（1）：7 – 9.

［316］杨俊杰．房地产价格波动对宏观经济波动的微观作用机制探究［J］．经济研究，2012，47（S1）：117 – 127.

［317］杨其静，卓品，杨继东．工业用地出让与引资质量底线竞争——基于2007—2011年中国地级市面板数据的经验研究［J］．管理世界，2014（11）：24 – 34.

［318］杨瑞娥．美国房产税发展经验及对我国的启示［J］．西南金融，2018（6）：35 – 40.

［319］杨书臣．日本的住宅政策——兼谈对我国的启示［J］．日本问题，1988（1）：36 – 39.

［320］姚忠国，黄自新，陈高瞻，等．房屋整体平移技术及模拟试验研究［J］．建筑结构，1995（11）：53 – 57.

［321］叶剑平，谢经荣．房地产业与社会经济协调发展研究［M］．北京：中国人民大学出版社，2005.

［322］佚名．德国房地产“法网恢恢”［J］．求知，2004（9）：45.

［323］易纲，吴有昌．货币银行学［M］．上海：上海人民出版社，2004.

［324］易行健，杨碧云．世界各国（地区）居民消费率决定因素的经验检验［J］．世界经济，2015，38（1）：3 – 24.

［325］易宪容．房地产业作为支柱产业可持续吗［J］．中国房地产，2006（7）：11 – 13.

［326］尹中立．日本政府调控住房市场的经验与教训［J］．现代物业（上旬），2011，10（2）：113 – 115.

［327］印德尔米特·吉尔，霍尔·卡拉斯．东亚复兴：关于经济增长的观点［M］．黄志强译．中信出版社，2008.

［328］印堃华，赵传葆，胡彬．房地产业在上海经济发展中的支柱地位研究——房地产业增加值统计数据剖析及思考［J］．财经研究，2000（12）：44 – 50.

［329］应琛，刘绮黎．厕所：两百年“革命史”［J］．新民周刊，2015（14）：

64－65.

［330］于强静，张帝．中国城市居住用地和工业用地比例情况分析［J］．智能城市，2016，2（7）：278.

［331］于思远．房地产·住房改革运作全书［M］．北京：中国建材工业出版社，1998.

［332］余华义．经济基本面还是房地产政策在影响中国的房价［J］．财贸经济，2010（3）：116－122.

［333］余宇新，张平．刘易斯模型框架下中国刘易斯拐点问题探讨——来自企业微观数据的实证研究［J］．世界经济文汇，2011（6）：32－45.

［334］喻国平．事件研究：经济和金融研究的重要方法［J］．金融与经济，1998（10）：14－16.

［335］袁诚，何西龙，涂悦．住房自有率、房价变化与社会保障支出［J］．经济科学，2016（2）：28－41.

［336］袁金辉，刘琳娜．当前农村义务教育的困境及出路［J］．中共成都市委党校学报（哲学社会科学），2006（1）：66－67.

［337］袁显平，柯大钢．事件研究方法及其在金融经济研究中的应用［J］．统计研究，2006（10）：31－35.

［338］约翰·伊特韦尔，皮特·纽曼，默里·米尔盖特，等．新帕尔格雷夫经济学大辞典［M］．经济科学出版社，1996.

［339］岳金桂，陆晓晨．地方政府竞争、土地价格与外商直接投资——基于69个地级市面板数据的分析［J］．南京审计大学学报，2018，15（2）：35－45.

［340］张车伟，赵文．中国劳动报酬份额问题——基于雇员经济与自雇经济的测算与分析［J］．中国社会科学，2015（12）：90－112，206－207.

［341］张川川，贾坤，杨汝岱．“鬼城”下的蜗居：收入不平等与房地产泡沫［J］．世界经济，2016，39（2）：120－141.

［342］张传勇，刘学良．房价对地区经济收敛的影响及其机制研究［J］．统计研究，2017，34（3）：65－75.

［343］张大永，曹红．国际石油价格与我国经济增长的非对称性关系研究［J］．经济学（季刊），2014，13（2）：699－722.

［344］张德荣，郑晓婷．“限购令”是抑制房价上涨的有效政策工具

吗？——基于70个大中城市的实证研究［J］. 数量经济技术经济研究，2013，30（11）：56－72.

［345］张东，杨易. 中国房地产市场供给对房价影响的实证分析［J］. 统计与决策，2014（12）：133－136.

［346］张浩，李仲飞. 房价预期、土地价格与房地产商行为［J］. 管理评论，2016，28（4）：52－61.

［347］张洪力. 房地产经济学［M］. 北京：机械工业出版社，2004.

［348］张季风. 日本国土综合开发论［M］. 北京：世界知识出版社，2004.

［349］张舰. 中外大城市建设用地容积率比较［J］. 城市问题，2015（4）：12－16.

［350］张江涛，闫爽爽. 房价稳定与政策性住房金融体系：德国的启示［J］. 金融与经济，2017（6）：47－53.

［351］张杰，黄泰岩，芦哲. 中国企业利润来源与差异的决定机制研究［J］. 中国工业经济，2011（1）：27－37.

［352］张军，吴桂英，张吉鹏. 中国省际物质资本存量估算：1952—2000［J］. 经济研究，2004（10）：35－44.

［353］张军，章元. 对中国资本存量K的再估计［J］. 经济研究，2003（7）：35－43，90.

［354］张利军，赵鑫铖. 经济动态效率视角下的省际最优消费率研究［J］. 资源开发与市场，2018，34（4）：526－531.

［355］张明海. 经济发展中的脱实向虚是怎么形成的——一个利率政策过程解释和简单模型［J］. 科学发展，2017（11）：51－58.

［356］张其光. 美国住房金融制度及对我国的启示［J］. 人民论坛，2010（20）：134－139.

［357］张潜伟. 同地同权：农地入市的制度障碍与对策［J］. 农业经济，2015（10）：47－49.

［358］张清勇，年猛. 中国房地产业关联度高、带动力强吗——兼论房地产业的定位［J］. 财贸经济，2012（10）：123－129.

［358］张清勇，郑环环. 中国住宅投资引领经济增长吗？［J］. 经济研究，2012，47（2）：67－79.

［360］张清勇．房价收入比的起源、算法与应用：基于文献的讨论［J］．财贸经济，2011（12）：114－119，135.

［361］张清勇．中国城镇居民的住房支付能力：1991—2005［J］．财贸经济，2007，4：79－84，129.

［362］张清勇．中国地方政府竞争与工业用地出让价格［J］．制度经济学研究，2006（1）：184－199.

［363］张亚丽，梁云芳，高铁梅．预期收入、收益率和房价波动——基于35个城市动态面板模型的研究［J］．财贸经济，2011（1）：122－129.

［364］张莹．货币流动性政策影响房地产价格波动的实证研究［J］．统计与决策，2015（12）：121－123.

［365］张永岳，陈伯庚，孙斌艺，等．房地产经济学［M］．北京：高等教育出版社，2011.

［366］张永岳，胡金星，王盛．中国房地产业快速发展奇迹：驱动因素与可持续性研究［J］．华东师范大学（哲学社会科学版），2018，50（6）：82－91，174－175.

［367］张运书．日本住房保障制度的法理分析与借鉴［J］．现代经济探讨，2011（6）：88－92.

［368］张照，王德．我国城市基础设施建设资金运作模式研究［J］．城市规划，2009（3）：9－16.

［369］张正峰，陈百明．土地整理潜力分析［J］．自然资源学报，2002（6）：664－669.

［370］赵剑锋．基于新型城镇化的基础设施融资模式变革探讨［J］．武汉金融，2014（6）：16－18.

［371］赵明，弗兰克·舍雷尔．法国社会住宅政策的演变及其启示［J］．国际城市规划，2008（2）：62－66.

［372］赵曙明，陈天渔．经济增长方式转型与人力资本投资［J］．江苏社会科学，1998（1）：43－48.

［373］赵松，李超．工业用地市场及工业与居住用地比价研究综述［J］．中国土地科学，2015，29（6）：4－10.

［374］赵娅．中国经营性土地使用权招拍挂出让机制的理论和实证研究

[D]. 上海：上海交通大学，2013.

[375] 赵燕菁. 范式转变：从均衡到竞争 [J]. 学术月刊，2016，48 (9)：59－72.

[376] 赵燕菁. 土地财政：历史、逻辑与抉择 [J]. 城市发展研究，2014，21 (1)：1－13.

[377] 郑思齐，师展，吴璟. 土地出让、城市建设与房地产价格——对中国特色城市建设投融资模式的探讨 [J]. 学海，2014 (5)：157－163.

[378] 郑思齐，孙伟增，吴璟，等. “以地生财，以财养地”——中国特色城市建设投融资模式研究 [J]. 经济研究，2014，49 (8)：14－27.

[379] 郑思齐，王寅啸. 房价上涨预期对住房需求的放大效应研究 [J]. 中国物价，2007 (6)：52－55.

[380] 中国金融 40 人论坛课题组，蔡洪波，李波，等. 土地制度改革与新型城镇化 [J]. 金融研究，2013 (5)：114－125.

[381] 中国经济增长前沿课题组，张平，刘霞辉，等. 突破经济增长减速的新要素供给理论、体制与政策选择 [J]. 经济研究，2015，50 (11)：4－19.

[382] 中国人民大学国家发展与研究院. 中国 35 大中城市住房支付能力指数研究报告 [EB/OL]. http：//nads. ruc. edu. cn/displaynews. php？id＝6586.

[383] 中国人民银行研究局房地产金融分析小组. 中国房地产金融报告 2004 [M]. 中国金融出版社，2006.

[384] 中国社会科学院财政税收研究中心“中国政府资产负债表”项目组，汤林闽. 中国政府资产负债表 2017 [J]. 财经智库，2017，2 (5)：103－138，144.

[385] 中青班课题组，徐建忠，卢海林. 新加坡住房制度及其启示 [J]. 厦门特区党校学报，2007 (1)：20－24.

[386] 周彬，谢佳松. 虚拟经济的发展抑制了实体经济吗？——来自中国上市公司的微观证据 [J]. 财经研究，2018，44 (11)：74－89.

[387] 周彬，周彩. 土地财政、产业结构与经济增长——基于 284 个地级以上城市数据的研究 [J]. 经济学家，2018 (5)：39－49.

[388] 周尔民，朱进，王贵用. 房价影响因素模型的构建与实证分析——以江西省为例 [J]. 兰州财经大学学报，2016，32 (4)：34－43.

［389］周凤英．我国地方政府土地财政规模估算、成因分析及危害风险研究［D］．苏州：苏州大学，2014.

［390］周华东，高玲玲．中国房价上涨助推了制造业“用工难”吗［J］．当代经济科学，2018，40（4）：66－74，126.

［391］周华东，周亚虹．收入差距推动了我国房价上涨吗？［J］．产业经济研究，2015（4）：81－90.

［392］周建锋．我国的“刘易斯拐点”研究——诠释、判断与反思［J］．人口与经济，2014（5）：104－113.

［393］周黎安．中国地方官员的晋升锦标赛模式研究［J］．经济研究，2007（7）：36－50.

［394］周其仁．为什么城市化离不开农地农房入市［J］．环球市场信息导报，2014（35）：71.

［395］周伟军，余霞．基于合理房价水平的房地产调控框架研究［J］．浙江金融，2012（4）：40－44.

［396］周星，周超．“厕所革命”在中国的缘起、现状与言说［J］．中原文化研究，2018，6（1）：22－31.

［397］周雪飞．房地产融资与商业银行信贷业务创新［J］．中国房地产金融，2007（4）：7－11.

［398］周义．英国的房地产市场与住房政策及其启示［J］．学术研究，2003（6）：37－39.

［399］朱天，张军．中国的消费率被低估了多少？［J］．经济学报，2014，1（2）：42－67.

［400］朱晓龙．新型城镇化进程中的城市财政体制研究［D］．北京：中国财政科学研究院，2016.

［401］朱庄瑞，藏波．房地产市场促进城镇化建设的作用机理与协调发展研究［J］．中国人口资源与环境，2016，26（9）：116－122.

［402］宗振利，廖直东．中国省际三次产业资本存量再估算：1978—2011［J］．贵州财经大学学报，2014（3）：8－16.

［403］左翔，殷醒民．“土地财政”模式与地方公共品供给［J］．世界经济文汇，2014（4）：88－102.